foto-
idee
index

Things – groß, klein, lebendig, unbeweglich, natürlich, künstlich, schön, hässlich, einfach und komplex.

Things – groß, klein, lebendig, unbeweglich, natürlich, künstlich, schön, hässlich, einfach und komplex.

foto-idee index

things

JIM KRAUSE

mitp

Bibliografische Information der Deutschen Nationalbibliothek
Die Deutsche Nationalbibliothek verzeichnet diese Publikation in der Deutschen Nationalbibliografie. Detaillierte bibliografische Daten sind im Internet über http://dnb.d-nb.de abrufbar.

ISBN 978-3-8266-9073-0
1. Auflage 2011

Übersetzung der amerikanischen Originalausgabe: Jim Krause: photo idea index: places

Printed in China

E-Mail: kundenbetreuung@hjr-verlag.de
Telefon: +49 89/2183-7928
Telefax: +49 89/2183-7620

www.mitp.de

Übersetzung: Claudia Koch
Lektorat: Katja Völpel
Korrektur: Petra Heubach-Erdmann
Satz: III-satz, www.drei-satz.de

… wieder meinem Sohn gewidmet, Evan.

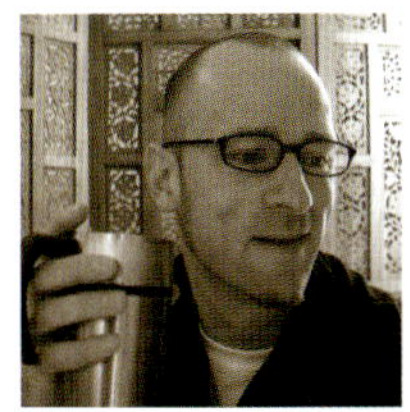

Der Autor:

Jim Krause arbeitet seit den 80er Jahren als Designer/Illustrator im Nordwesten der USA. Er schuf preisgekrönte Arbeiten für große und kleine Kunden und ist Autor von neun weiteren Titeln:

index idee, index foto-idee, index layout, index farbe, index farbe 2, index typo-idee, index basic design, funkenflug und index foto-idee places.

WWW.JIMKRAUSEDESIGN.COM

Inhaltsverzeichnis

1 .... **Außergewöhnlich** **4-21**

2 .... **Sammlungen** **22-39**

3 .... **Details** **40-57**

4 .... **Nahaufnahmen** **58-75**

5 .... **Abstraktion** **76-93**

6 .... **Wasser und Stein** **94-111**

7 .... **Wolken** **112-129**

8 .... **Lichtspender** **130-147**

9 .... **Schattenreich** **148-165**

10 .... **Frisch bleiben** **166-183**

11 .... **Pflanzen und Wald** **184-201**

12 .... **Tiere** **202-219**

13 .... **Ähnlichkeiten** **220-237**

14 .... **Metapher und Andeutung** **238-255**

15 .... **Zeichensprache** **256-273**

16 .... **Verborgene Schätze** **274-291**

17 .... **Von innen** **292-309**

18 .... **Fahrzeuge** **310-327**

19 .... **Kunst unterwegs** **328-345**

Glossar **346-348**

Einführung

»Lassen Sie sich nicht vom Aussehen dieses Buches täuschen. Das ist kein Bilderbuch. Sondern ein Ideenbuch.«

Exakt genau so begann die Einführung zum Vorgänger dieses Buches, **index foto-idee places**. Für dieses Buch, **index foto-idee things**, gilt das ebenso, darum wiederhole ich mich. Diese beiden Bücher – genau wie alle meine anderen Veröffentlichungen – haben eines gemeinsam: Sie sind »Was-wäre-wenn-Bücher«, keine »Das-geht-so-und-so-Bücher«. Im Fall der Reihe index foto-idee sollen Ihnen die Bilder also nicht demonstrieren, was ich mit meiner Kamera anstellen kann, sondern sollen Vorschläge sein, was Sie mit Ihrer Kamera ausprobieren können. Nehmen Sie zum Beispiel die ersten Bilder dieses Buches auf den Seiten 4 und 5. Ja, das ist tatsächlich eine Glühlampe. Ich biete Sie Ihnen jedoch als Ausgangspunkt für ein Brainstorming an, das Sie auf Ideen bringen könnte. Zum Beispiel: »Wenn ich nun durch mein Haus liefe und versuchte, einige Alltagsobjekte in Studioqualität abzulichten?« Oder: »Wenn ich im nächsten Papierladen nun einige Blätter Dekopapier kaufen und als Hintergrund verwenden würde?« Oder: »Vielleicht sollte ich mir ein Makroobjektiv für meine SLR zulegen, um interessante, winzige Details von Dingen in meiner Umgebung aufnehmen zu können?«

Die Betonung liegt zwar auf der Kreativität und dem Brainstorming, einige Anleitungen und Tipps sind dennoch im Buch enthalten. Sogar eine ganze Menge. Die letzten beiden Seiten jedes Kapitels enthalten Texte zu den Bildern im entsprechenden Kapitel.

Manchmal erläutert der Text die kreativen Überlegungen zu einem Bild, manchmal erzählt er eine Geschichte, die zu diesem speziellen Bild geführt hat. Und manchmal enthält er die technischen Informationen, entweder die Kameraeinstellungen oder wie das Bild in Photoshop bearbeitet wurde.

Wo wir gerade bei Photoshop sind, das Programm taucht am Ende eines Kapitels öfter auf. Photoshop ist hier die digitale Dunkelkammer meiner Wahl, denn ich bin ein Fan seiner Fähigkeiten und Funktionen, außerdem ist es als Bildbearbeitungswerkzeug unter Profis und Hobbyisten weit verbreitet. Wenn Sie bereits einige Zeit mit Photoshop zu tun hatten, werden Sie sich wahrscheinlich mit den Einstellungen, Befehlen und Filtern auskennen, die ich auf die Bilder in diesem Buch angewendet habe. Und falls Sie sich nicht mit Photoshop auskennen, keine Sorge. Selbst der blutigste Anfänger sollte in der Lage sein, mit etwas Übung die genannten Bearbeitungen durchzuführen (vielleicht lesen Sie mal kurz im Handbuch nach ...).

Falls Sie überhaupt nicht mit Photoshop arbeiten oder auf Film fotografieren, können die digitalen Effekte dennoch für Sie interessant sein; die meisten Techniken können nicht nur in anderen Bildbearbeitungsprogrammen nachvollzogen werden, Sie können sie auch in der Dunkelkammer anwenden.

Noch eins zur Digitalgeschichte. Computer und Software entwickeln sich ständig. Einige digitale Effekte in diesem Buch können sicher irgendwann aktualisiert oder anders erzeugt werden oder sind vielleicht auch überhaupt nicht mehr möglich. Nur ein Beispiel. Zwischen diesem Buch und seinem Vorgänger, **index foto-idee places**, erschien eine neue Photoshop-Version. Diese enthielt eine neue Funktion namens Schwarzweiß, die sich als deutlich praktikabler erwies, was die Umwandlung von Farb- in Schwarzweiß-Bilder angeht, als die Version, die ich beim ersten Buch verwendete. (Dennoch funktioniert die alte Methode noch, aber mit der neuen Software wird der Vorgang deutlich einfacher.) Was die Gültigkeit dieses Buches angeht, mache ich mir um diese Neuerungen in der Technik keine Sorgen, und Sie sollten das auch nicht. Die Ideen, die ich Ihnen hier vorstelle, behalten ihre Gültigkeit, egal wie Sie sie umsetzen.

Ein Buch zu schreiben erfordert immer viel Aufwand und Mühe, aber für dieses haben mir die Fotoaufnahmen besonders viel Spaß gemacht, ebenso die digitale Bearbeitung und letztendlich das Schreiben darüber. Danke, dass Sie sich für **index foto-idee things** entschieden haben. Ich hoffe, dass es Ihren Enthusiasmus für die Fotografie unterstützt und vielleicht noch vorantreibt – und auch für die Dinge um Sie herum.

Jim K.

1

Außergewöhnlich

Alles ist fotogen: Jede Person, jeder Ort und alle Dinge haben dem kreativen und einfallsreichen Fotografen etwas Außergewöhnliches zu bieten – es geht lediglich darum, aus dem richtigen Winkel, in interessantem Licht oder in spannendem Kontext zu fotografieren.

Dinge (Things) sind in diesem Buch die Motive meiner Wahl. Hier im Einführungskapitel geht es darum, alltägliche Dinge interessant und attraktiv abzulichten – Gegenstände, die Sie in Ihrem Haus, im Büro oder in Ihrer Umgebung finden.

Die Bilder in diesem Buch sind nicht beschriftet. Technische Informationen, kleine Anekdoten und Projektideen, die zu den Fotos in einem Abschnitt geführt haben, finden Sie auf den letzten beiden Seiten eines Kapitels.

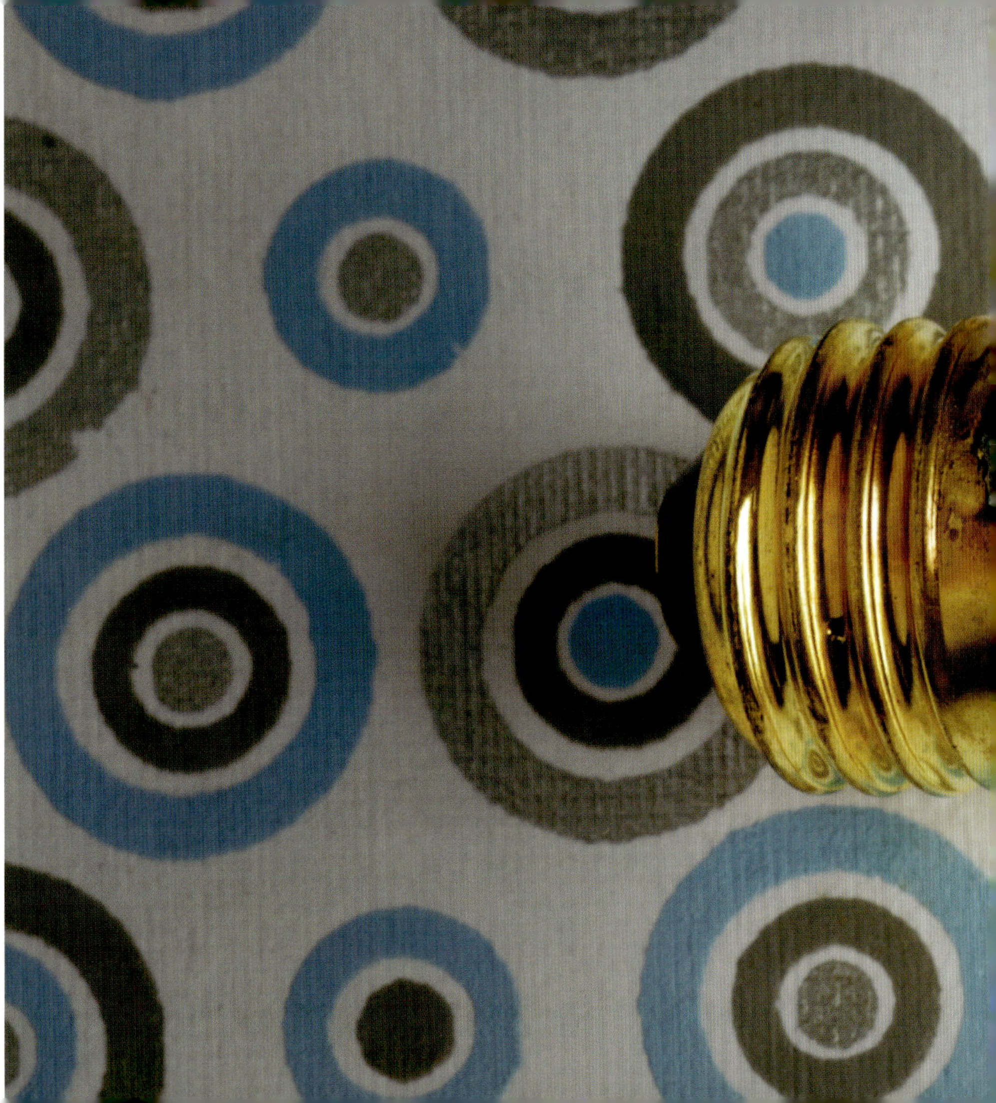

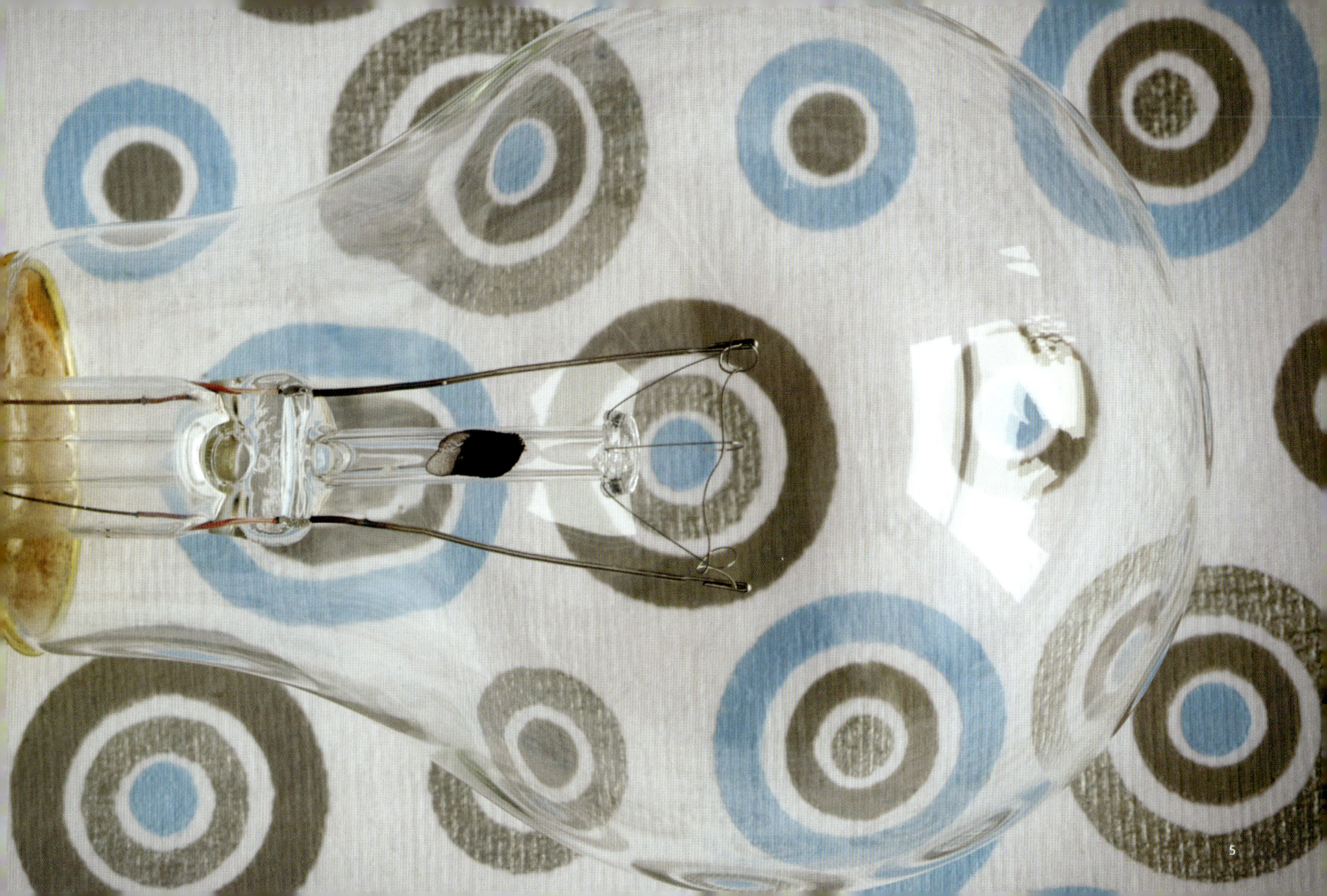

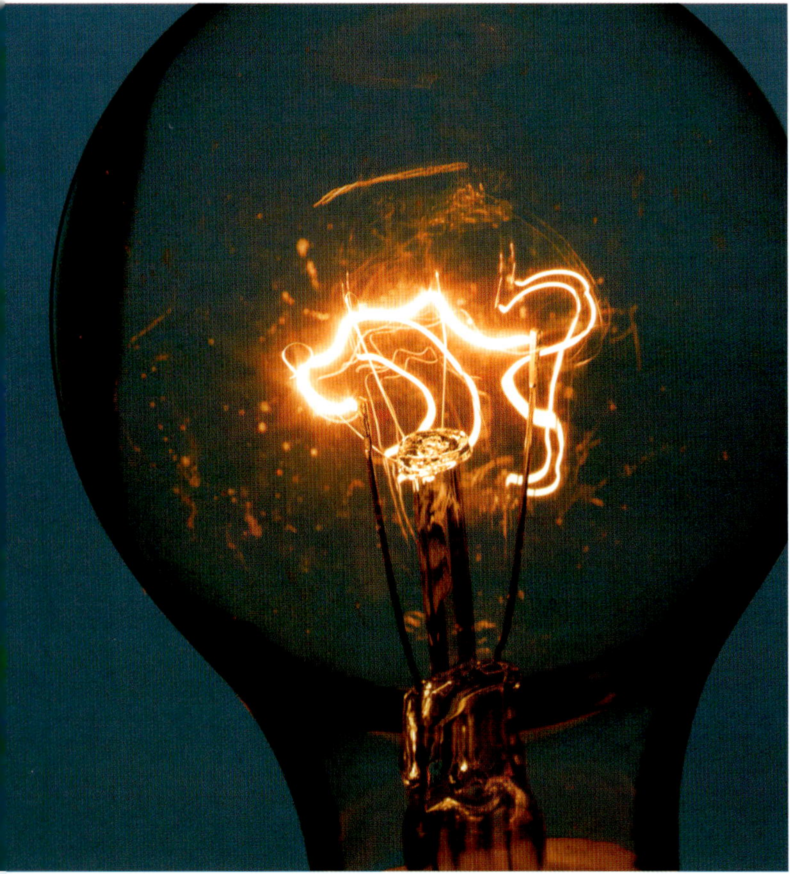

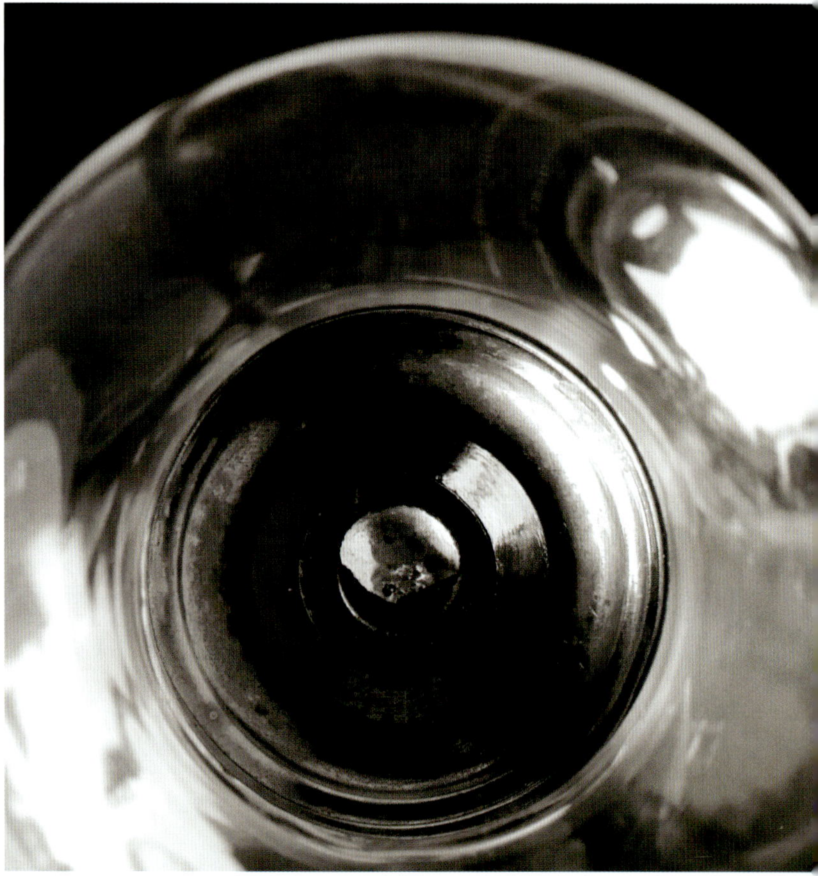

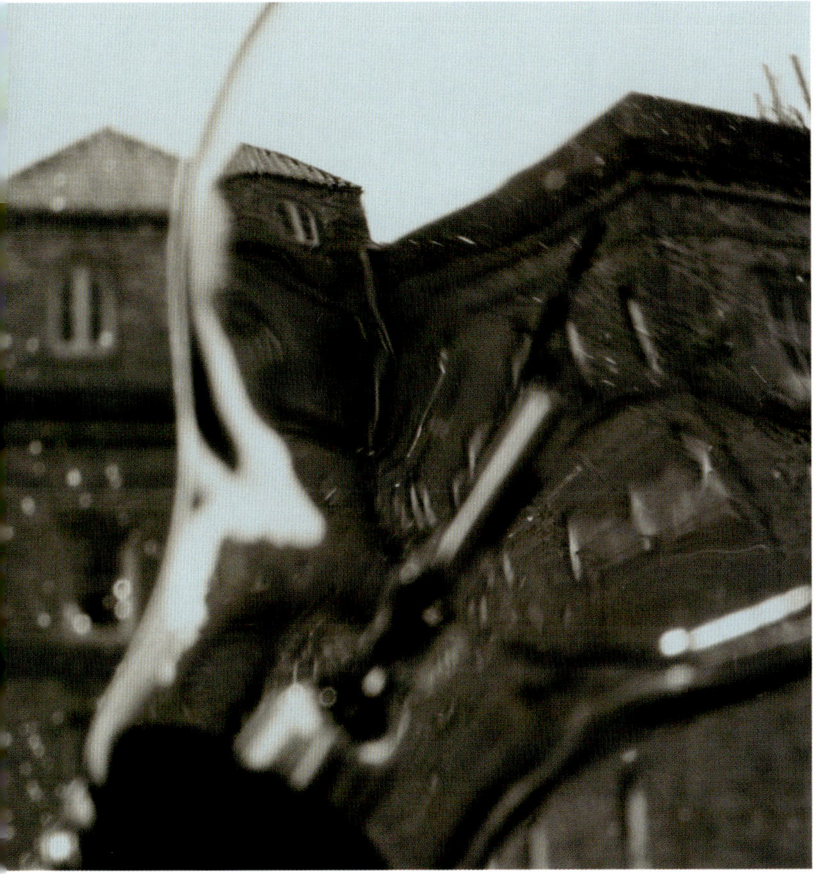

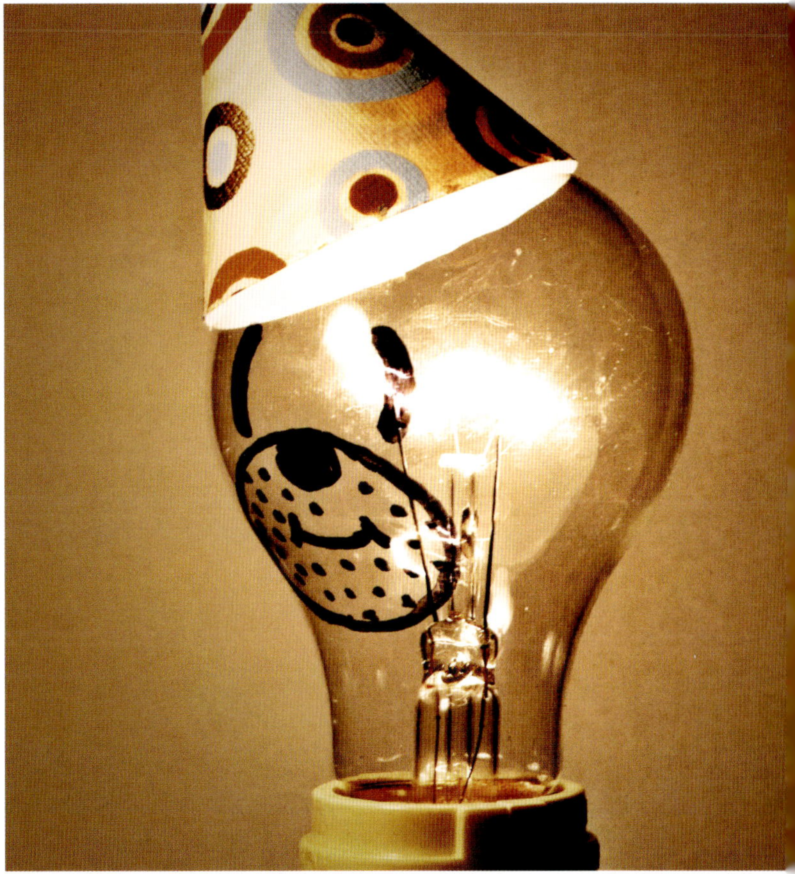

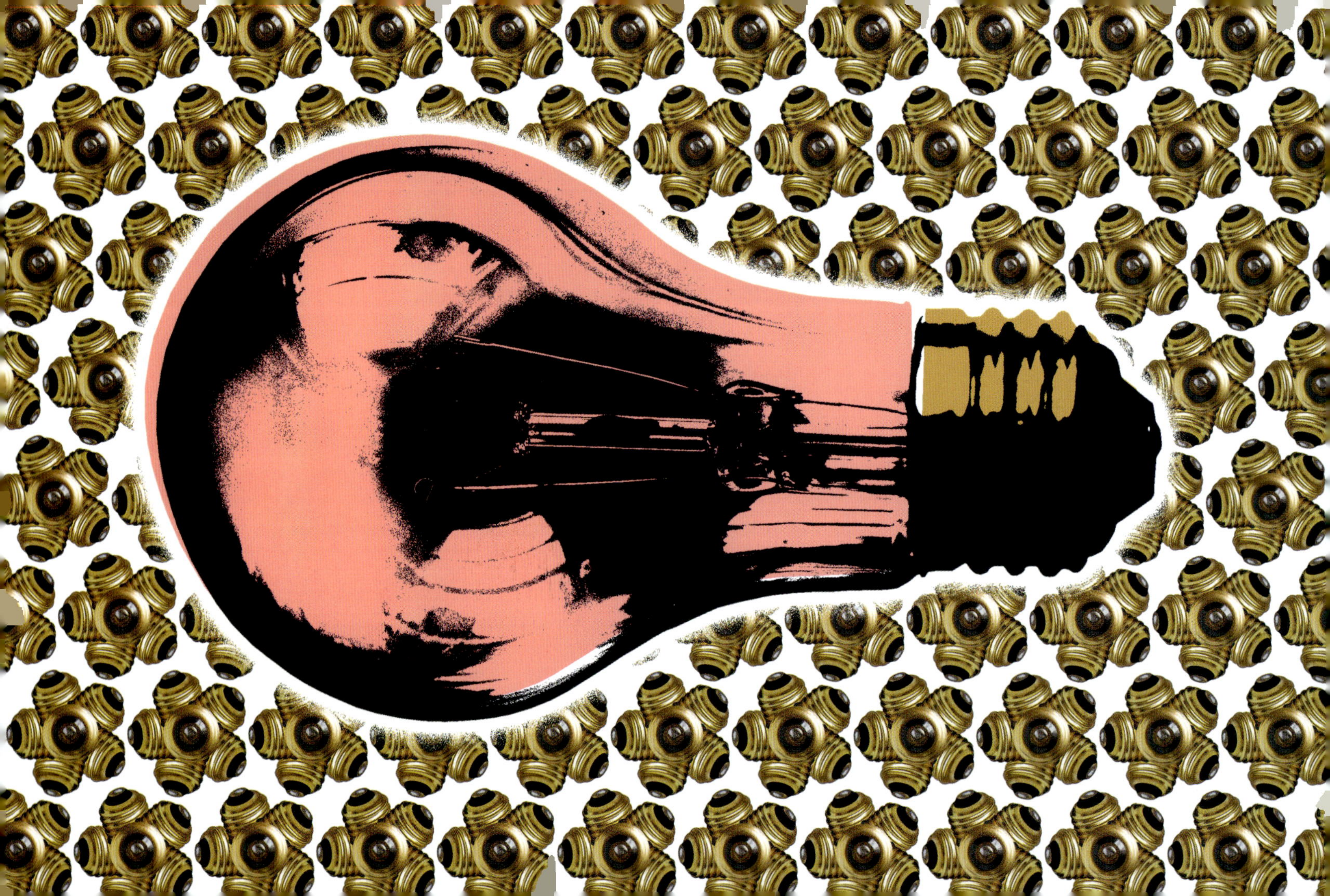

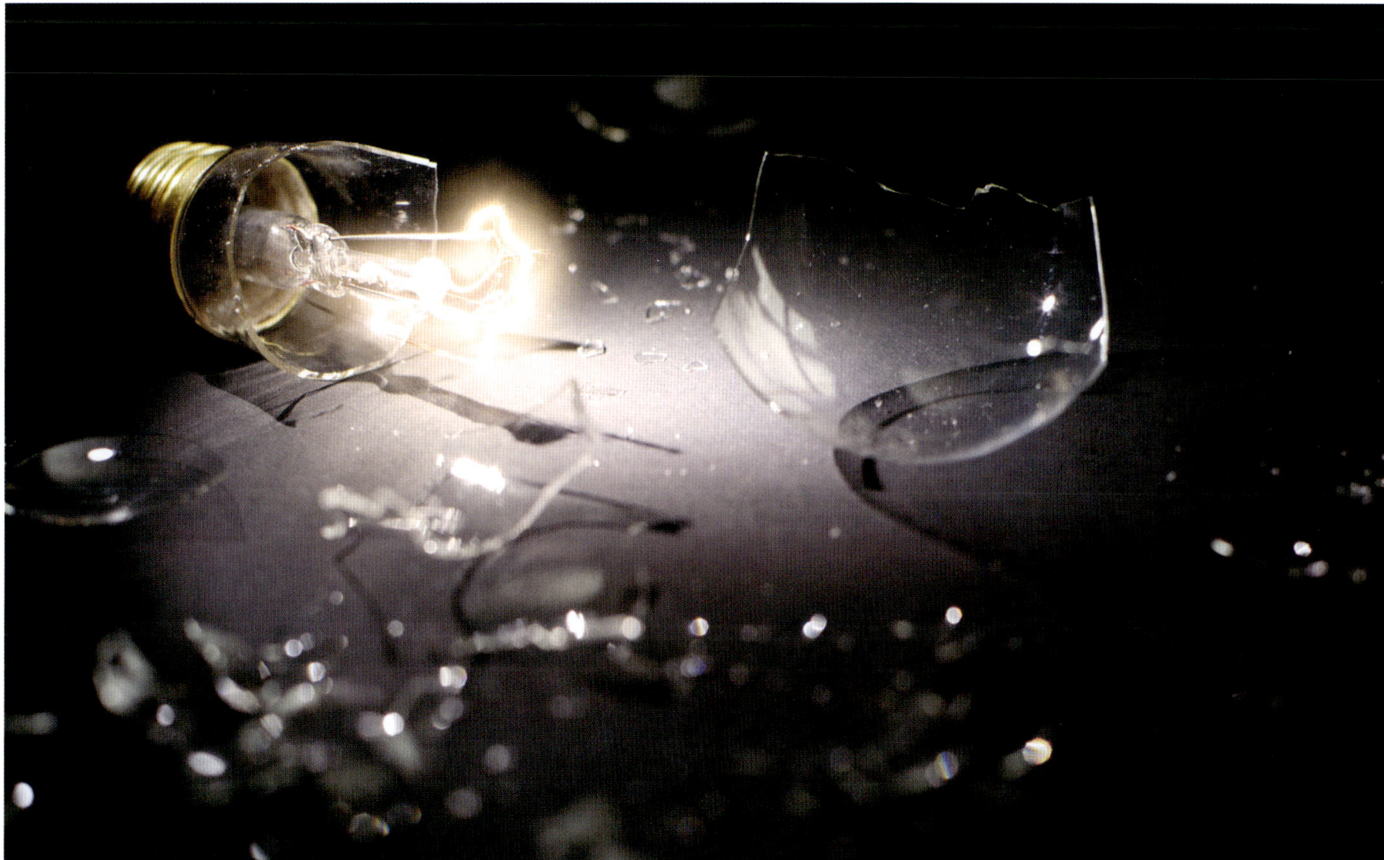

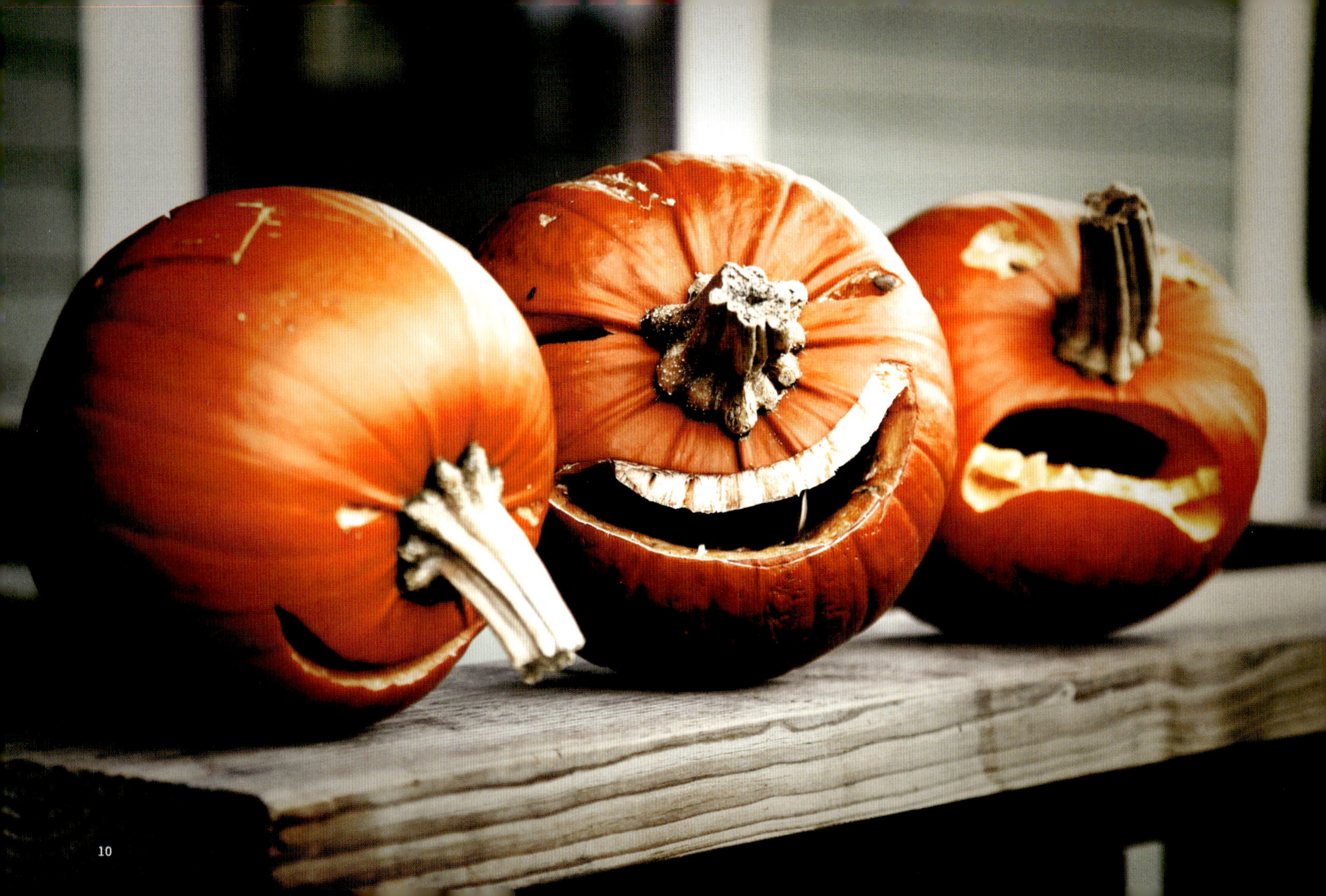

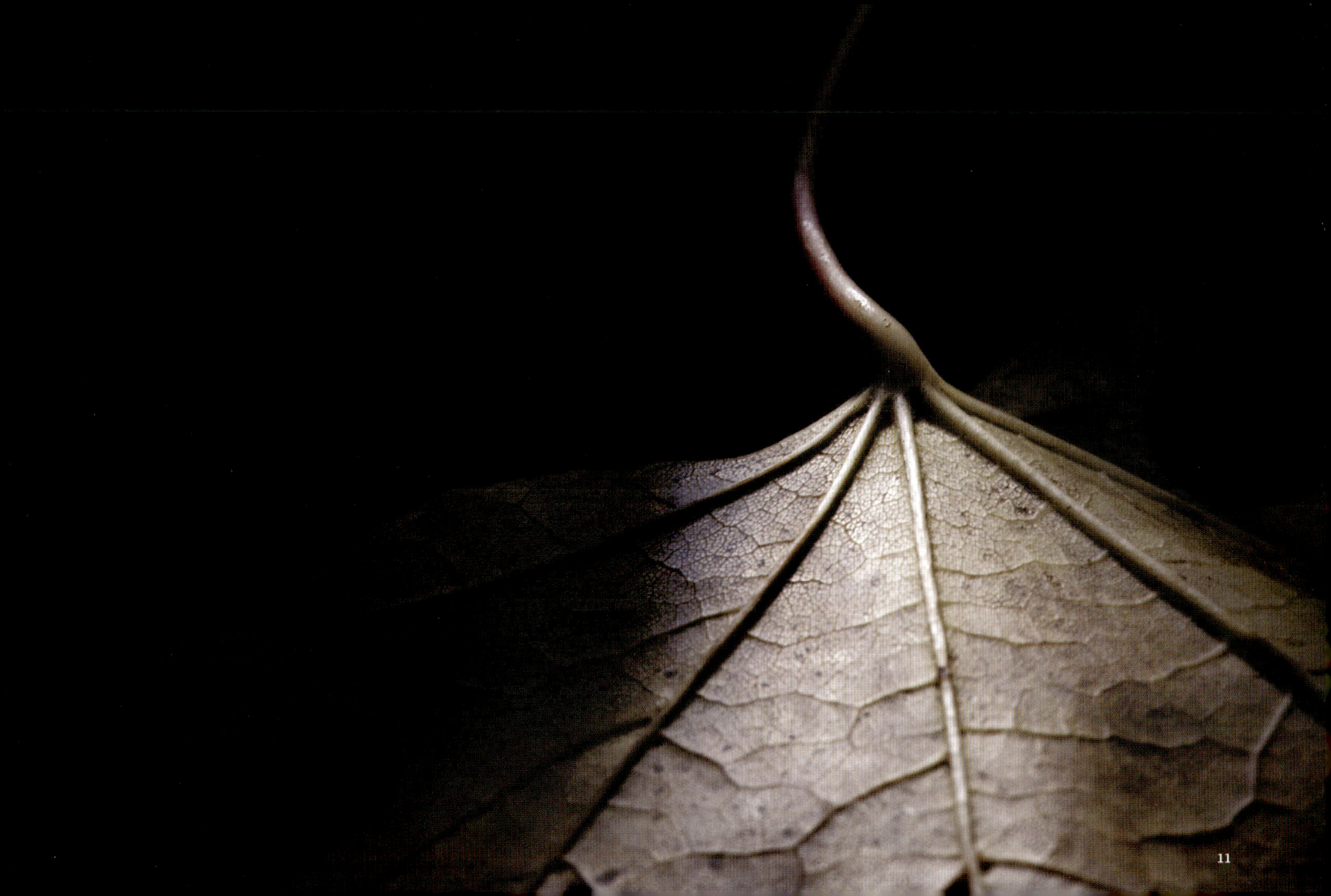

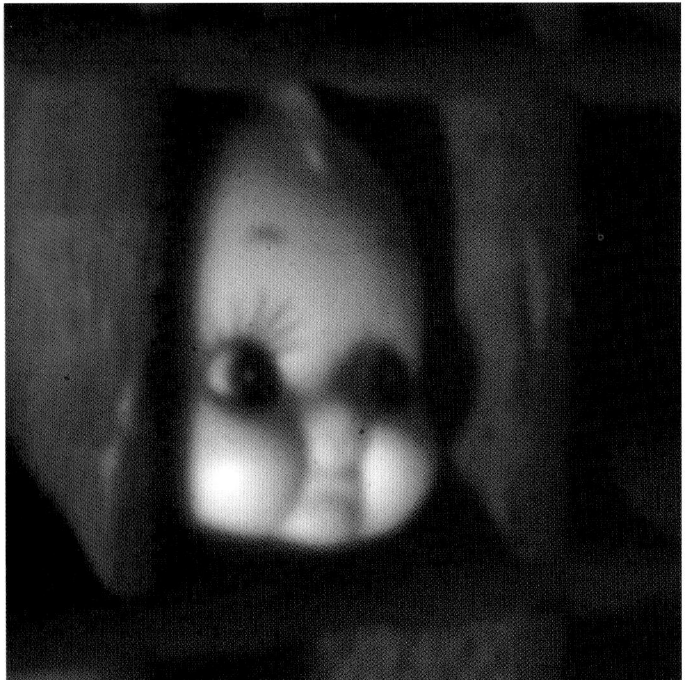

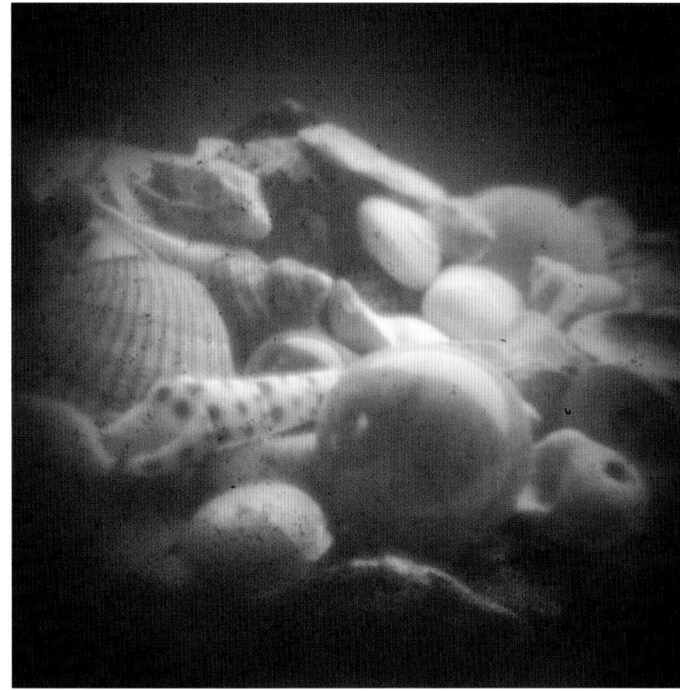

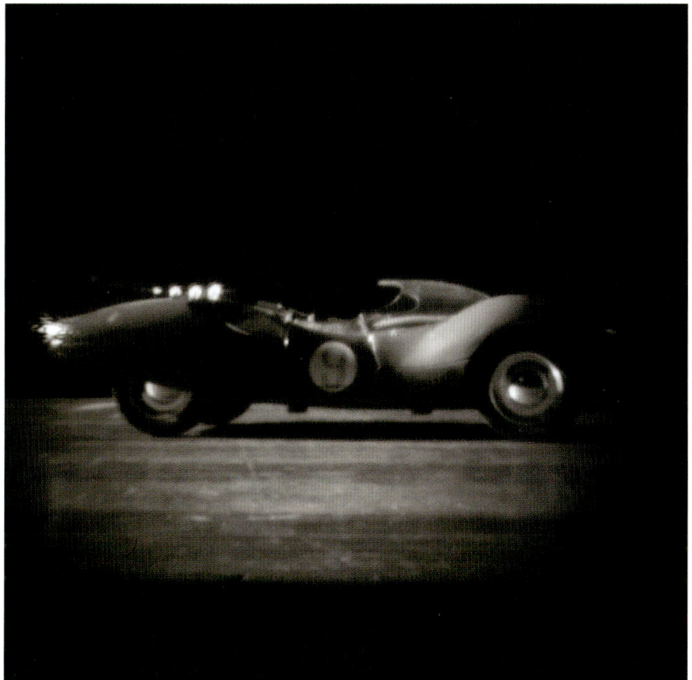

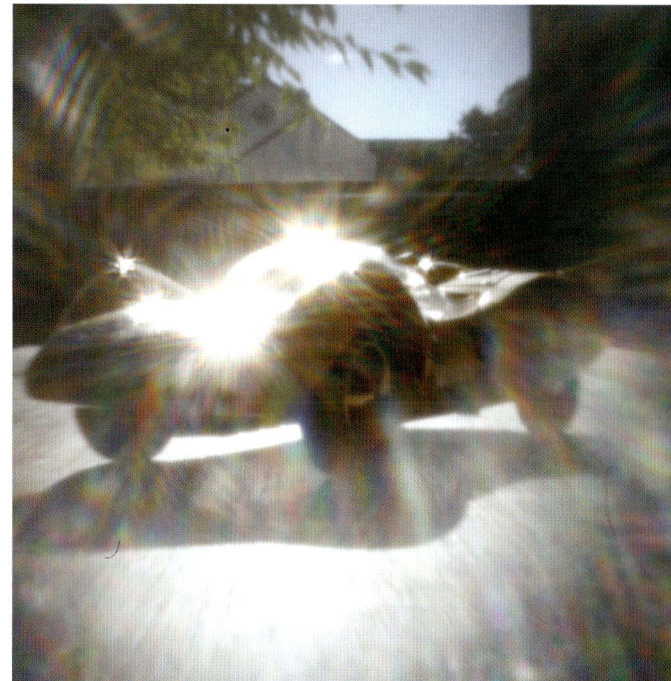

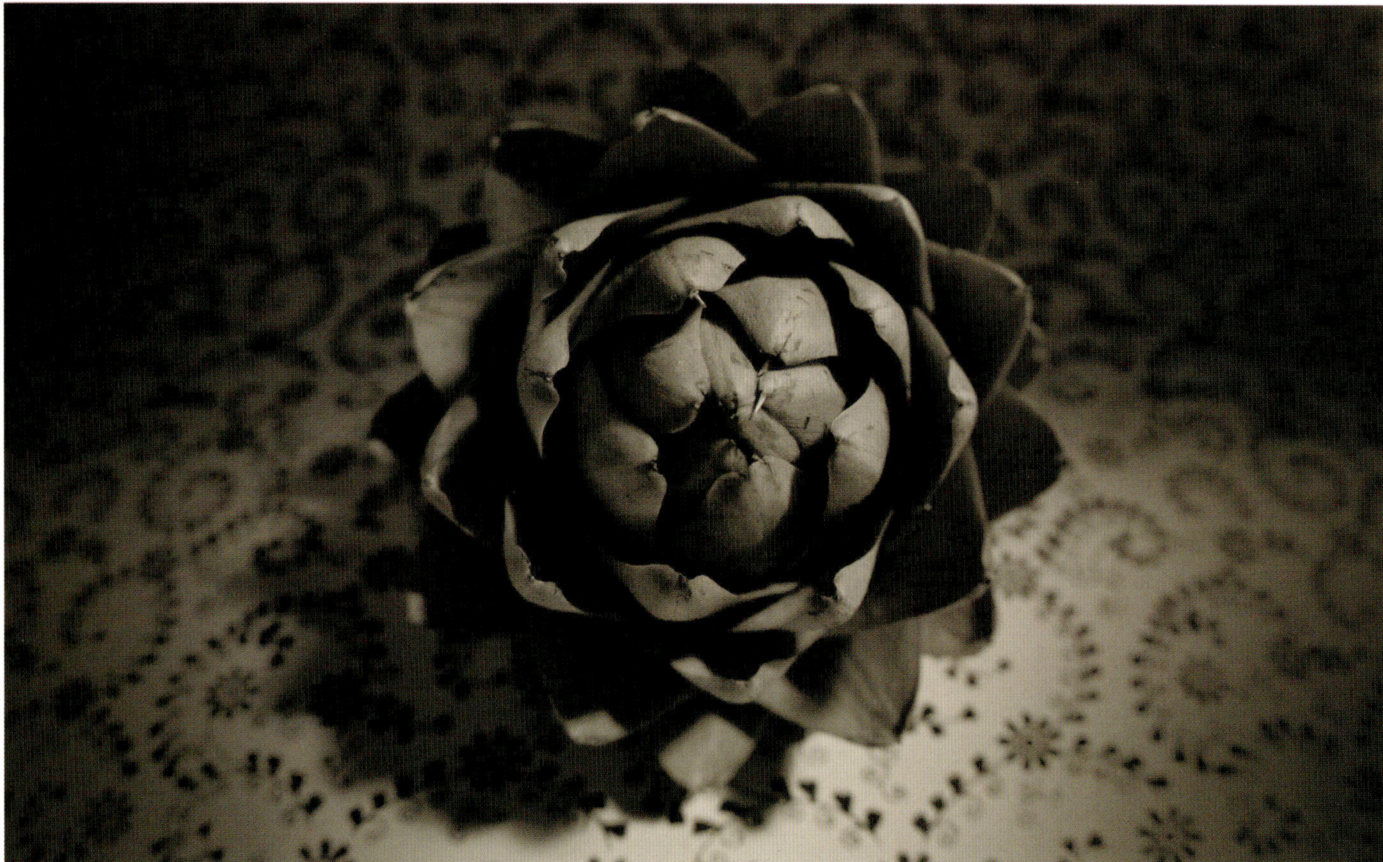

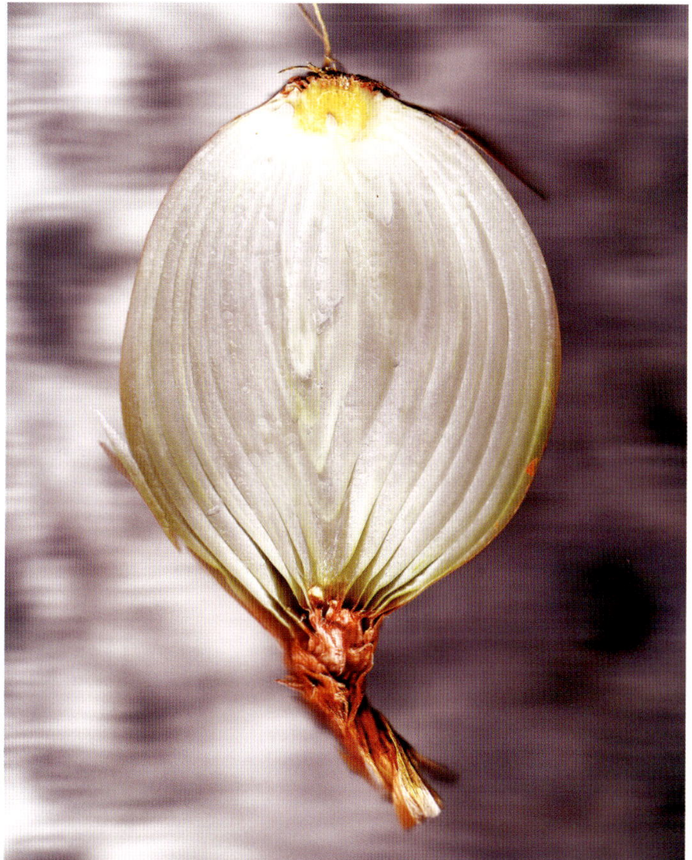

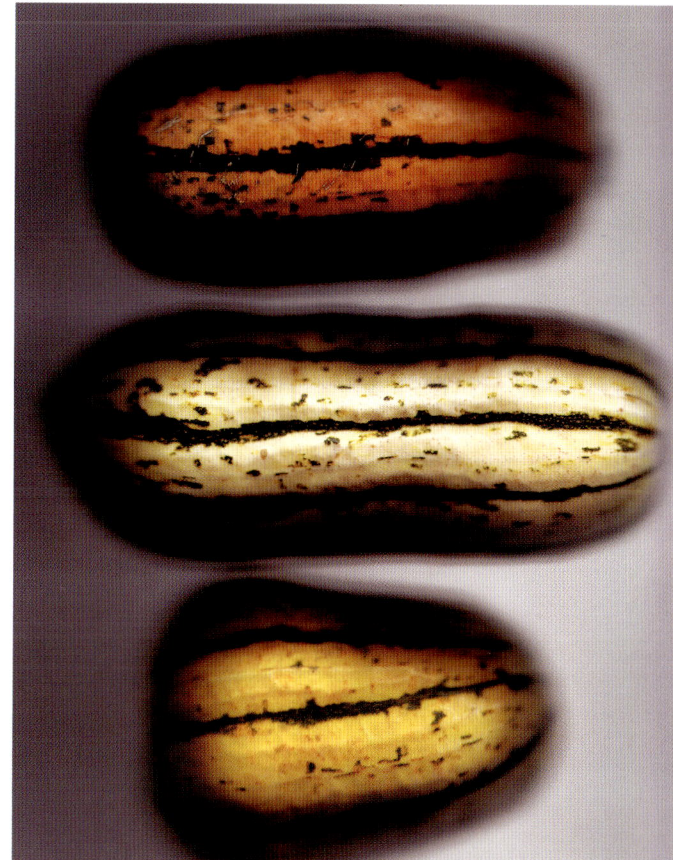

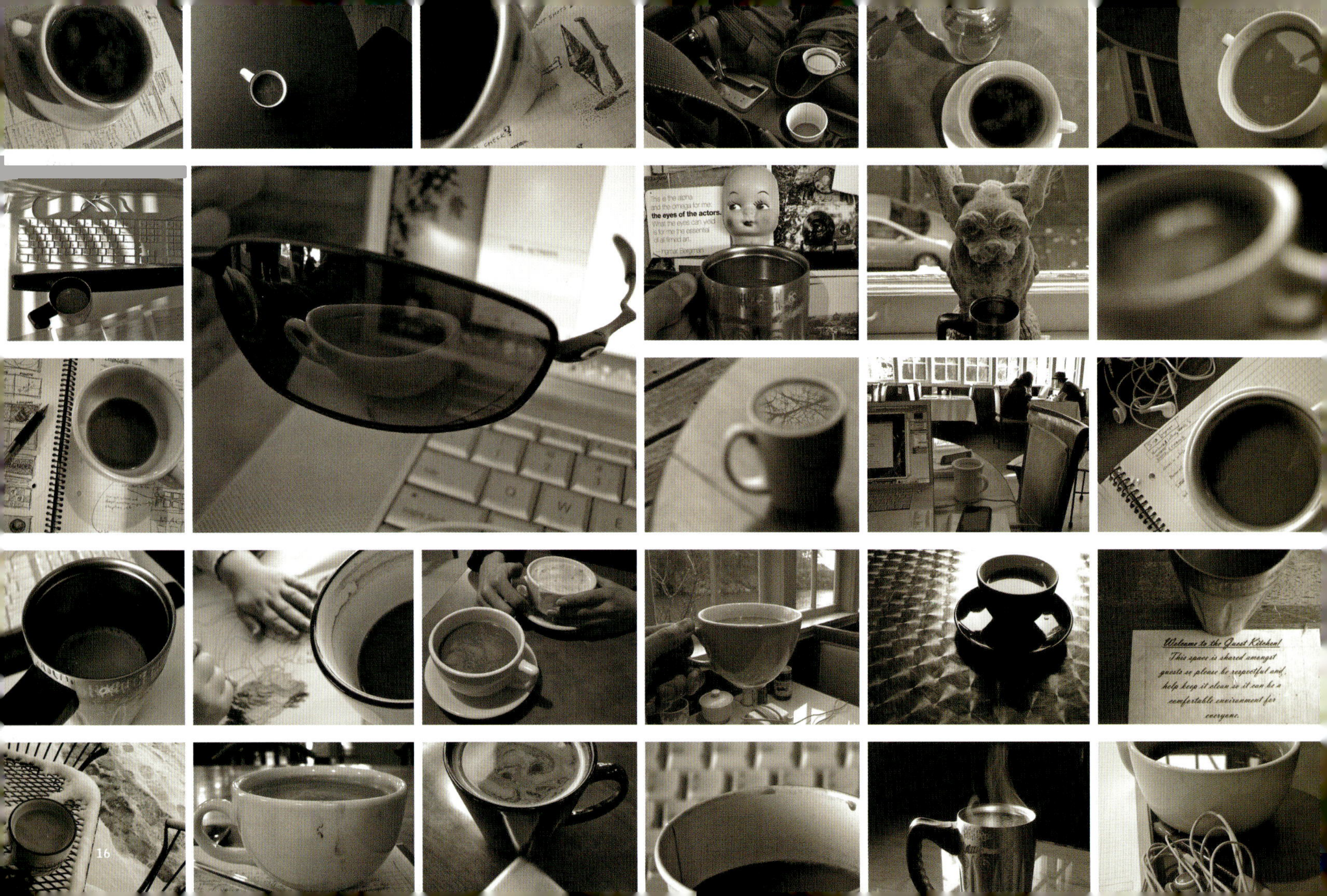
the eyes of the actors.
Welcome to the Guest Kitchen!
This space is shared amongst guests so please be respectful and help keep it clean so it can be a comfortable environment for everyone.

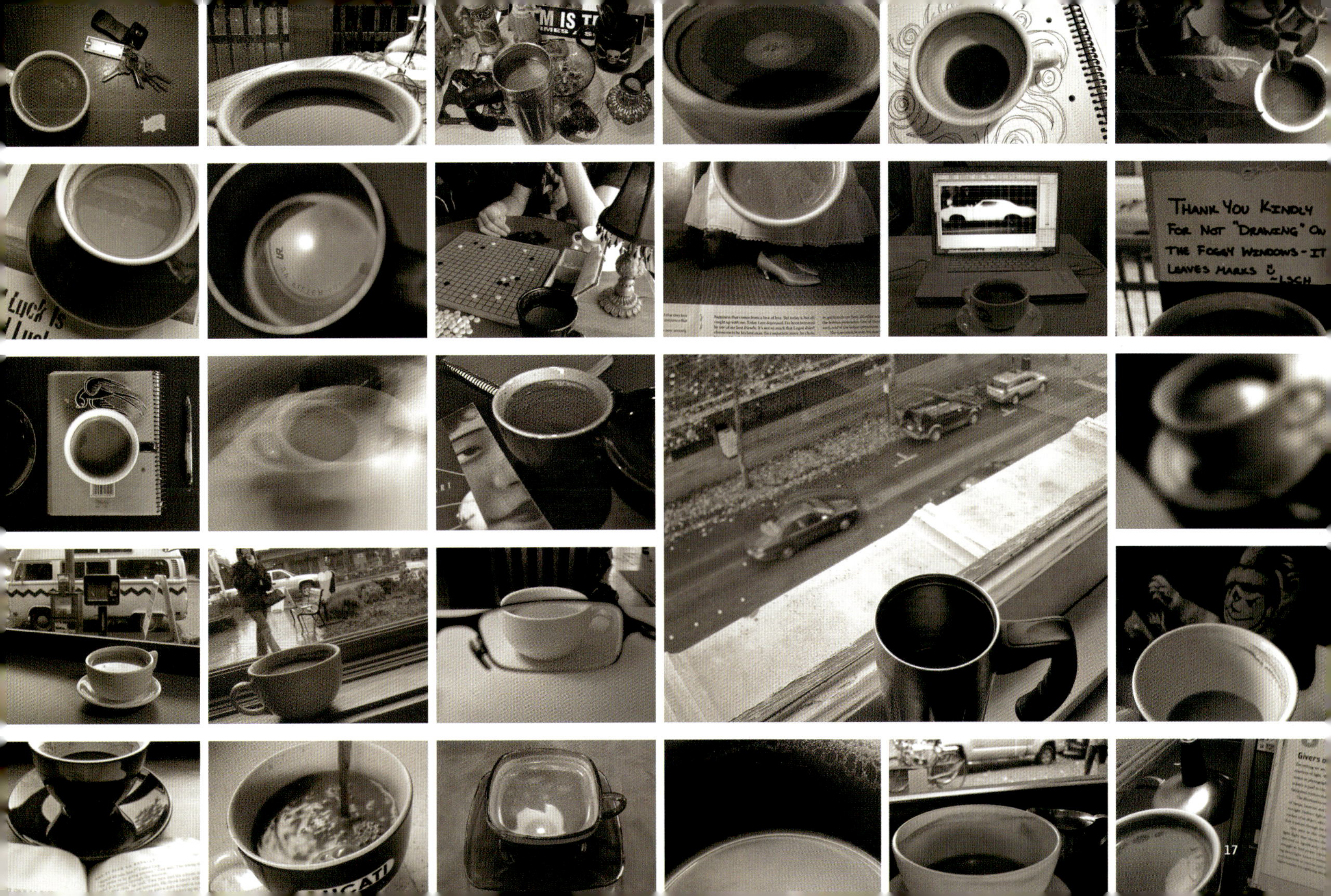
THANK YOU KINDLY
FOR NOT "DRAWING" ON
THE FOGGY WINDOWS - IT
LEAVES MARKS &

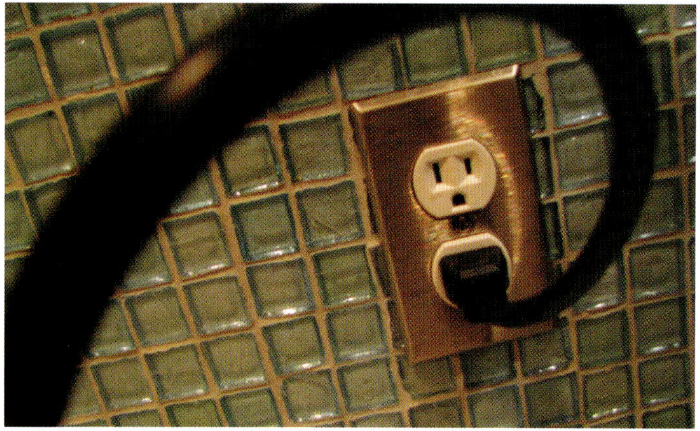

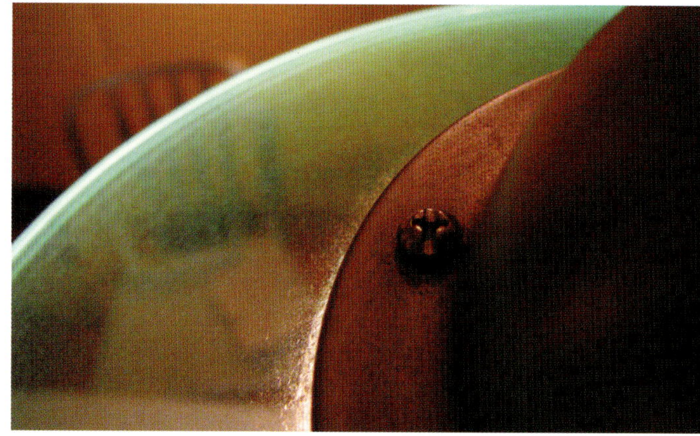

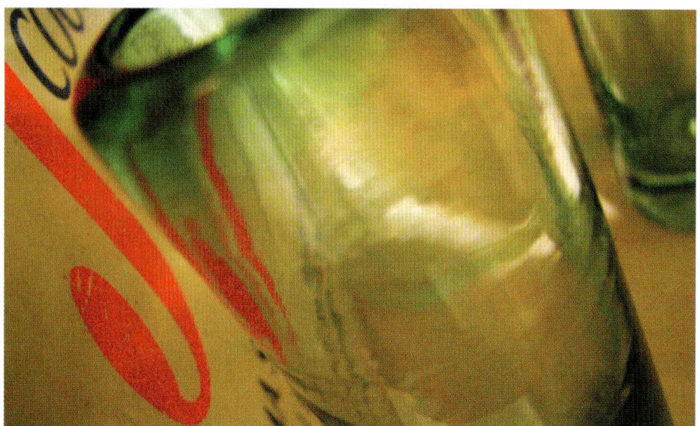

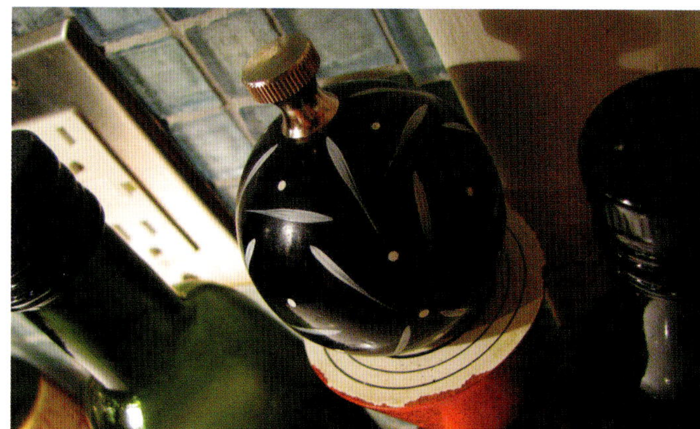

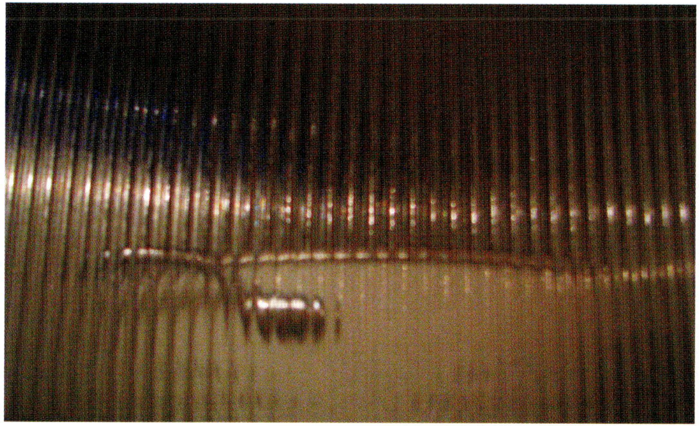

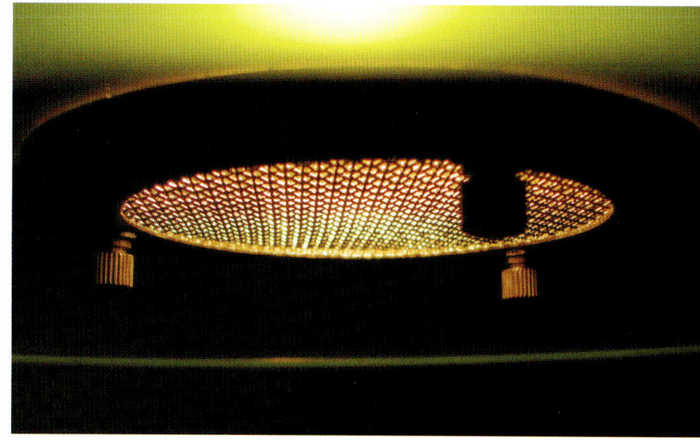

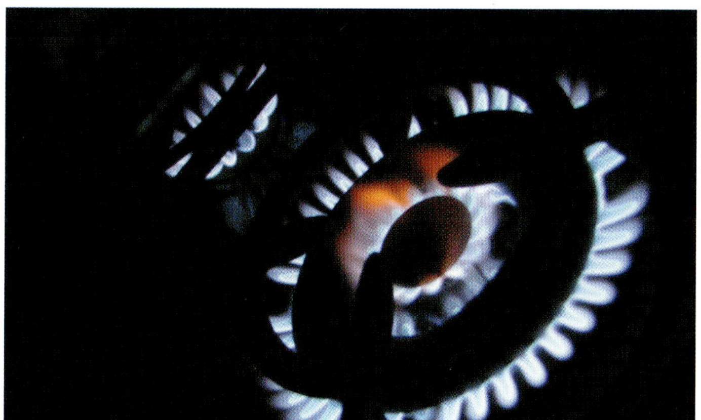

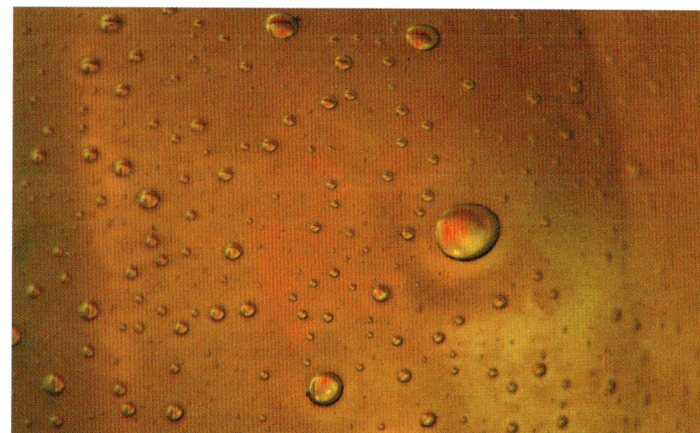

Nehmen Sie eine Glühlampe zur Hand. Betrachten Sie sie genauer. Ganz normal, oder? Was halten Sie nun davon, eine Stunde mit einem solchen unscheinbaren Objekt und der Kamera zu verbringen? Machen Sie nur originelle und spannende Aufnahmen. Wie weit können Sie das treiben? Werden aus der einen Stunde vielleicht zwei? Oder drei? Sie werden überrascht sein, wie eine so einfache Übung Ihr Gefühl für Alltägliches und Ihre Fähigkeiten als Fotograf schult.

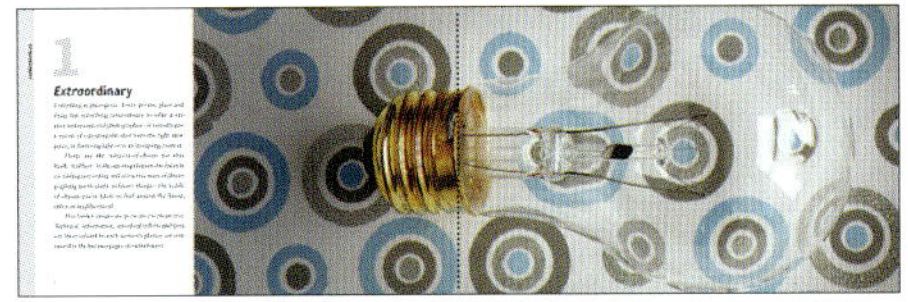

4 5

Es ist schon erstaunlich, was ein Hintergrund bewirken kann. Sehen Sie doch nur einmal an, wie lebendig die Glühlampe wirkt, weil ich sie vor einem Blatt Dekopapier platziert habe. In meinem Studio habe ich hinter einem Regal eine riesige Mappe mit solchen Papieren und anderen Materialien. So habe ich immer einen Hintergrund zur Hand, wenn ein Bild etwas Pepp braucht.

Betonen Sie auch die Eigenschaften dessen, was Sie fotografieren wollen – bevor Sie mit dem Shooting beginnen. Sehen Sie sich die Formen, Funktionen und Strukturen Ihres Motivs genau an. Fragen Sie sich, welche Nuancen das Motiv am besten beschreiben. Wo muss ich die Kamera platzieren? Passt das vorhandene Licht zu dem Foto oder muss ich die Szene besser ausleuchten? Kann ich den Gegenstand in eine bestimmte Umgebung platzieren, um eine Botschaft zu vermitteln?

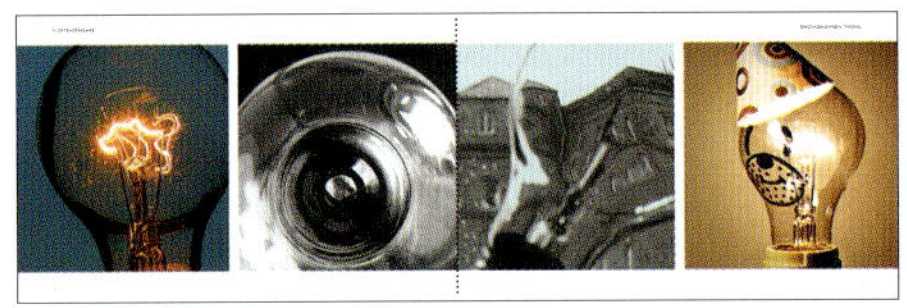

6 7

Auf dieser Doppelseite von links: Die Lichtfäden der leuchtenden Glühlampe mit einem 100-mm-Makroobjektiv aufgenommen; Ansicht von unten, mit dem Schwarzweiß-Effekt in Photoshop in ein Schwarzweiß-Bild verwandelt; durch den geschwungenen Glaskolben der Lampe wirkt ein Gebäude in der Nähe verzerrt; die Lampe nach leichter Bearbeitung mit einem Folienstift und dem Dekopapier von der Seite vorher.

Ein Foto mithilfe von Photoshop in eine Grafik verwandeln – warum nicht? Dieses blumenähnliche Design für das Hintergrundmuster der Seite entstand als Kombination aus zwei Ansichten des Glühlampensockels. Für die Illustration der großen Lampe wendete ich eine Schwellenwert-Anpassung auf ein normales Foto an. Die pink und goldenen Flächen malte ich in einer Ebene unter der Lampe. Den weichen weißen Rand fügte ich mit dem Ebenenstil Schein nach außen hinzu.

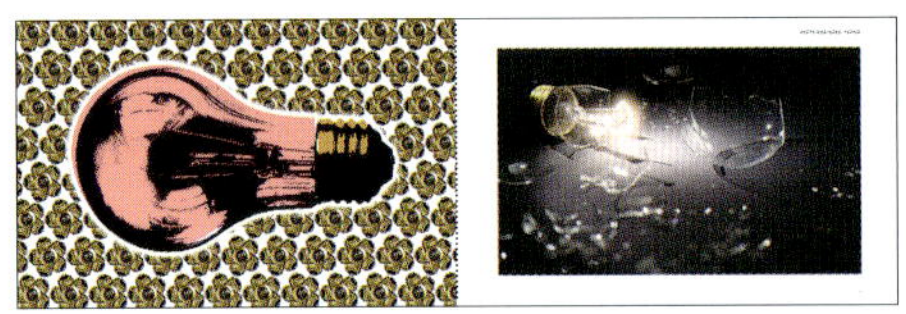

8 9

Ich hatte mit meiner Glühlampe eigentlich noch einige Aufnahmen machen wollen, als sie aus Versehen von ihrem Ständer fiel. Dieses kleine Studiodesaster entpuppte sich als Chance (das tun die meisten kleinen Studiounfälle). Für dieses Bild fotografierte ich die Überreste der Glühlampe, den Leuchtfaden borgte ich mir per Photoshop aus einem anderen Bild. Weil die kaputte Lampe nicht selbst leuchten konnte, strahlte ich sie mit einem kleinen Blitz an, um so einen Lichtfleck zu schaffen.

Nun ab nach draußen ... drei geschnitzte Kürbisse lachen (und weinen) gemeinsam im Hof. Wenn Sie auf ein fertiges Arrangement wie dieses treffen, probieren Sie verschiedene Blickwinkel zum Fotografieren aus – suchen Sie den, der die beste Komposition und eine gute Interaktion zwischen Motiv und Hintergrund bietet.

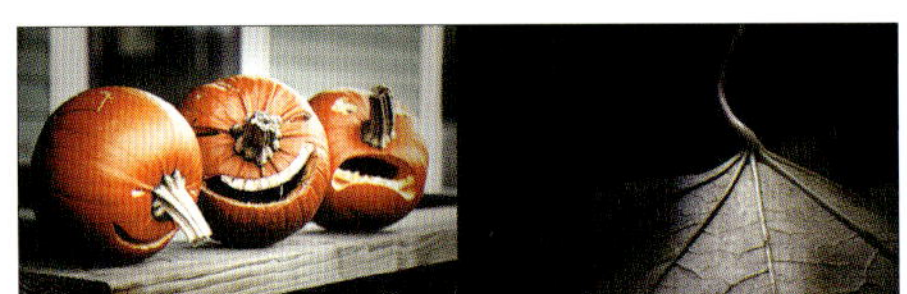

10 11

Holen Sie doch einfach Elemente aus der Natur ins Haus. Dieses Ahornblatt klemmten wir im Studio an einen Ständer und beleuchteten es mit einem engen Strahl von einem LED-Schlüsselanhänger. Die Kamera stand auf einem Stativ, denn die schwache Beleuchtung schrie förmlich nach langer Belichtungszeit. Foto mit 100-mm-Makroobjektiv.

Eine Serie von Pinhole-Fotos alter Schule – aufgenommen mit einer modernen digitalen SLR. Das Pinhole-Objektiv erzeugte ich, indem ich mit einer Nadel ein Loch in die Staubkappe der Kamera piekte (die Staubkappe, die man entfernt, bevor man ein normales Objektiv aufsteckt). Die SLR bietet viele Möglichkeiten für Pinhole-Aufnahmen – dies ist nur eine davon. Mein Rat: Suchen Sie online nach den neuesten Tipps, Techniken und Fotobeispielen.

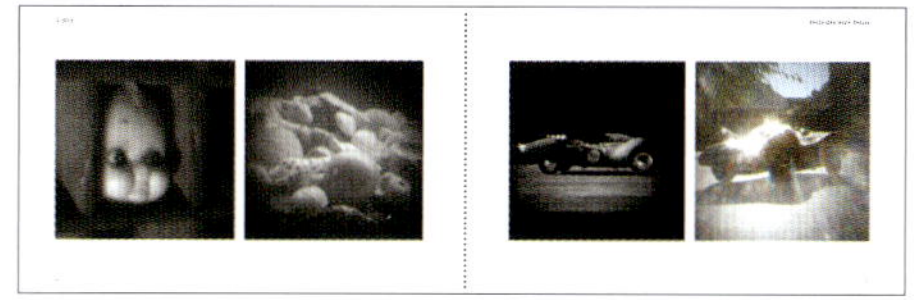

12 13

Bei Aufnahmen mit Pinhole-Objektiv müssen Sie die Kamera meist auf einem Stativ befestigen (eine typische Pinhole-Belichtung dauert zwischen 3 und 20 Sekunden). Digitale SLRs lassen uns jedoch nicht zu viel herumraten, denn wir können die Aufnahmen sofort auf dem Display bewerten und entsprechende Korrekturen vornehmen.

Im Gemüseladen um die Ecke finden Sie willige und attraktive Models für das nächste Fotoshooting. Vor allem beschweren sich Obst und Gemüse nur selten, sind auch kurzfristig buchbar und treten in erstaunlich vielen Formen, Größen und Hautfarben auf. Auf dieser Seite posiert eine Artischocke frech vor einem Blatt Dekopapier.

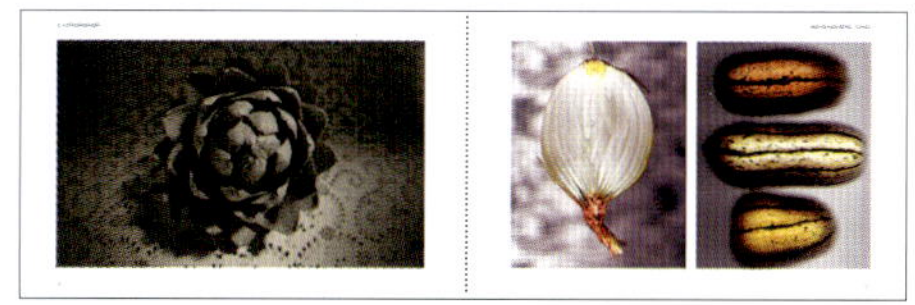

14 15

Falls Sie als Grafikdesigner arbeiten, haben Sie Zugriff auf eine Kamera, die Ihnen noch nie in den Sinn gekommen ist: den Flachbettscanner, mit dem Sie normalerweise Zeichnungen, Dokumente und Fotoabzüge scannen. Hier habe ich eine halbe Zwiebel und drei Zierkürbisse einfach auf die Glasplatte eines preiswerten Scanners gelegt und gescannt. (Ich entschied mich für das billigere Modell, denn ich fand die fehlerhaften Bilder mit den Farbstreifen attraktiv.) Als Hintergrund legte ich einen Lappen auf die Zwiebel bzw. die Zierkürbisse.

Während ich dieses Buch schreibe, habe ich noch ein anderes Projekt am Laufen: Ich fotografiere jede Tasse Kaffee, die ich mir kaufe oder mir zubereite, und zwar ein Jahr lang. Die Fotos sind kaum geplant, eine kleine Kamera trage ich dazu immer bei mir. Das Projekt lohnt sich mehr, als ich anfangs annahm: Ich erinnere mich daran, was ich wann wo getan habe; außerdem trainiere ich mein kreatives Empfinden (mindestens 2x täglich) und ich vergesse nie meine Kamera, wenn ich das Haus verlasse.

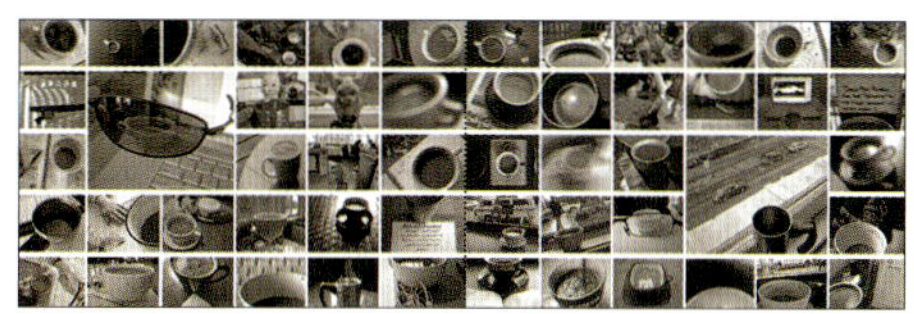

16 17

Und Sie? Gibt es eine tägliche Tätigkeit, die Sie zum kreativen Training verwenden können? Und wenn Sie ein Projekt wie dieses anfingen – was könnten Sie mit den entstandenen Bildern anstellen? Einige Vorschläge: Gestalten Sie aus den Fotos eine Diashow oder einen Minifilm (mit Sprache oder Soundtrack); zeigen Sie die Bilder als wandfüllende Installation, zu Hause oder in einer Galerie; kleben Sie die Bilder in ein Buch; füllen Sie damit die Seiten eines handgefertigten Albums.

Noch eine kreative Übung? Nehmen Sie Ihre Kamera und probieren Sie aus, wie viele Bilder Sie innerhalb einer Stunde in einem begrenzten Raum aufnehmen können (einem Zimmer, dem Büro oder zum Beispiel im Hof). Das können Weitwinkel- oder Nahaufnahmen sein und als Motiv können sowohl Gegenstände als auch abstrakte Impressionen herhalten. Alles ist möglich, bei der Übung geht es nur darum, mit der Kamera etwas Spaß zu haben (Stress oder hohe Erwartungen sind nicht erlaubt), während Sie Ihre kreativen Instinkte und technischen Fähigkeiten trainieren.

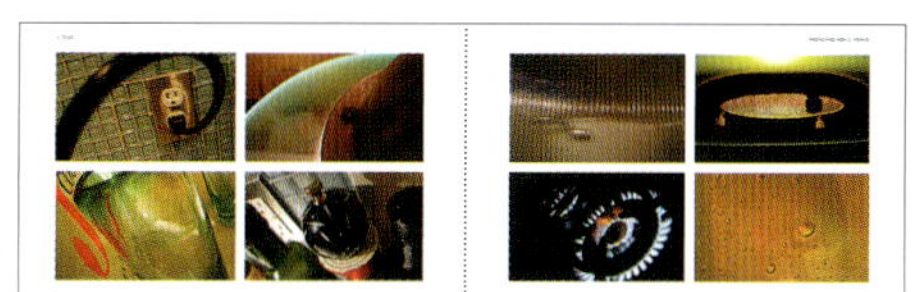

18 19

Diese Art Fotoübung gefällt mir besonders. Sie hilft mir nicht nur bei meinen kreativen und fotografischen Fähigkeiten, sie macht auch unheimlich Spaß. Glauben Sie nicht? Probieren Sie es doch selbst aus, wenn Sie das nächste Mal eine Stunde Zeit haben (oder etwas Unterhaltung suchen und keine Lust auf Fernsehen oder Internet haben). Die Fotos auf dieser Doppelseite (und eine Reihe weiterer) habe ich innerhalb einer Stunde mit einer einfachen Digitalkamera in meiner Küche aufgenommen.

2

Sammlungen

Auch wenn es auf den ersten Blick so aussieht, ist dies kein Kapitel über Türen und Tore. Eigentlich steckt dahinter die Idee, Sets von Bildern aufzunehmen, die zueinander in Beziehung stehen, und zu demonstrieren, wie vielfältig dieses Thema umgesetzt werden kann.

Fotosammlungen können um konkrete Motive angeordnet sein, z. B. Blumen, Oldtimer oder Kaffeetassen. Sie können sich aber auch um abstrakte Konzepte ranken, wie Rot, Hoch, Fröhlich oder Melancholie.

Sie arbeiten bereits an einigen Sammlungen? Falls nicht, fangen Sie eine an (oder mehrere). Sammlungen anzulegen ist recht praktisch: Thematische Bilderreihen sind für Galerien und Agenturen interessanter als Portfolios mit Einzelbildern. Auch um die Beobachtungsgabe zu trainieren, sind Fotosammlungen gut geeignet, denn so sind Sie gezwungen, die Augen offen zu halten und nach potenziellen Motiven Ausschau zu halten.

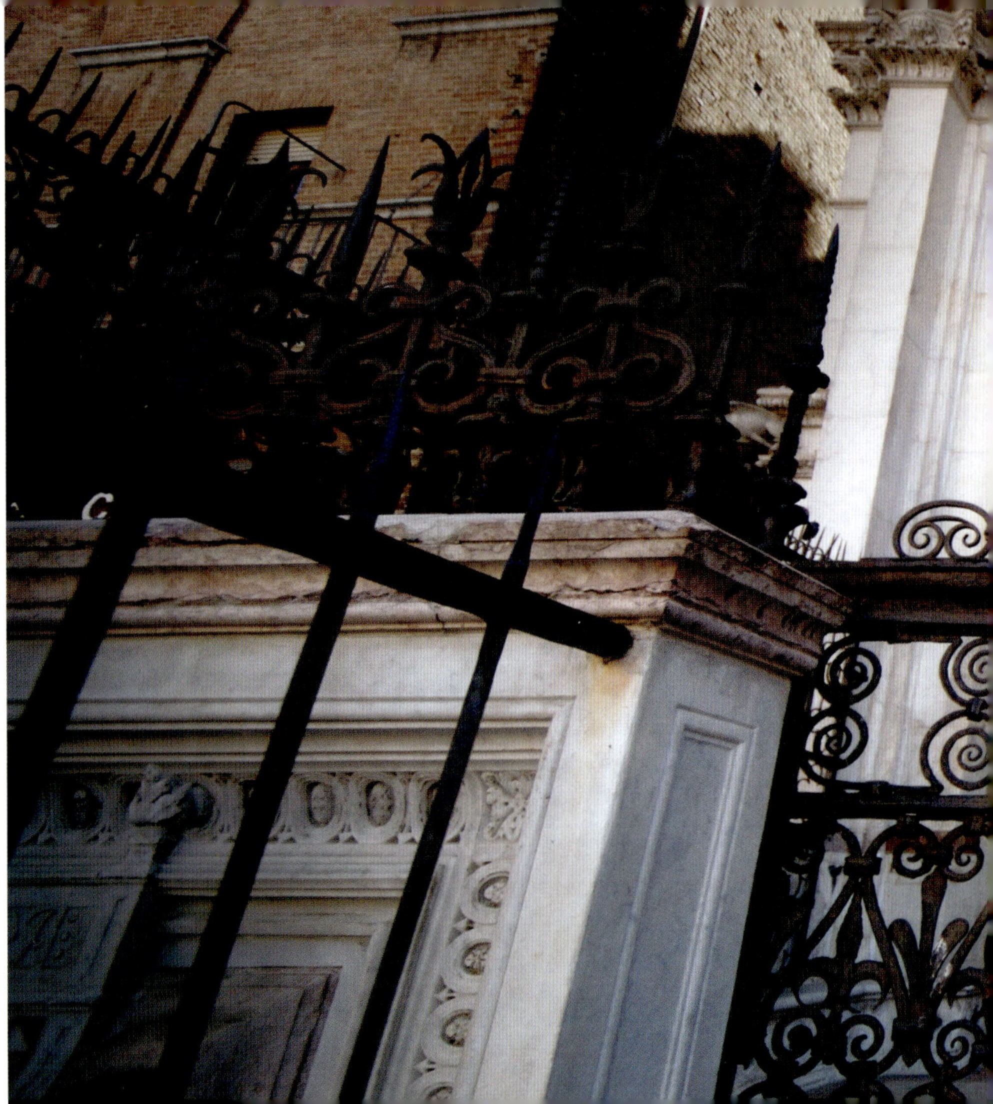

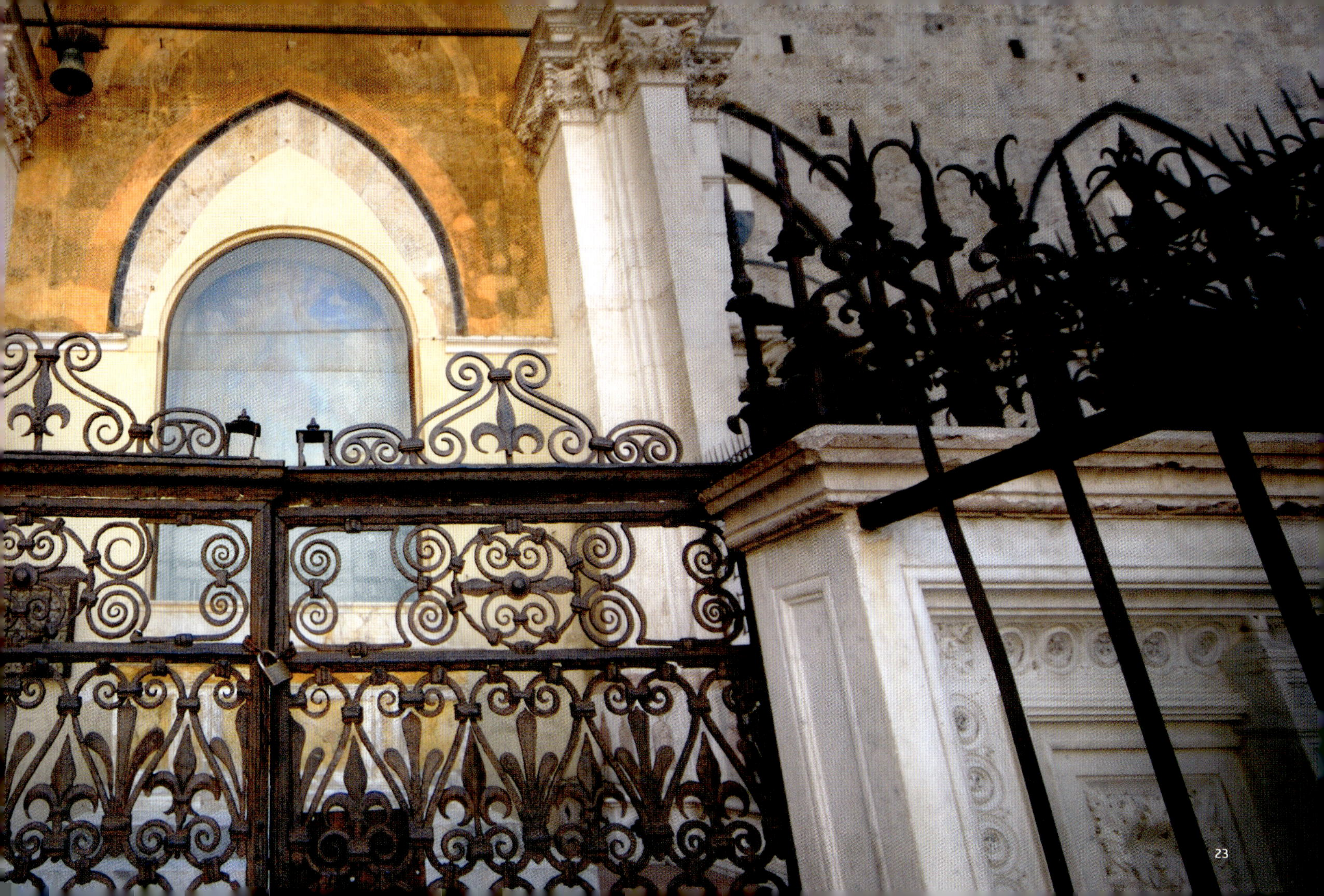

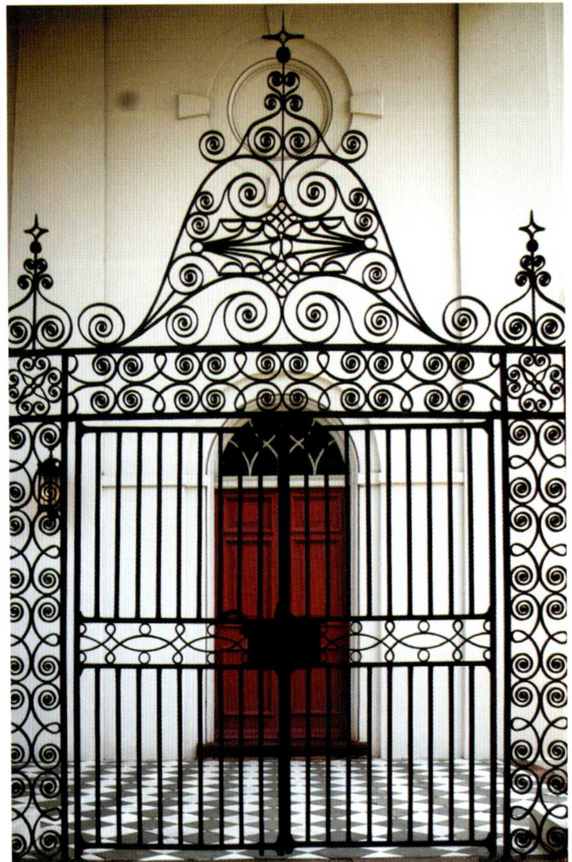

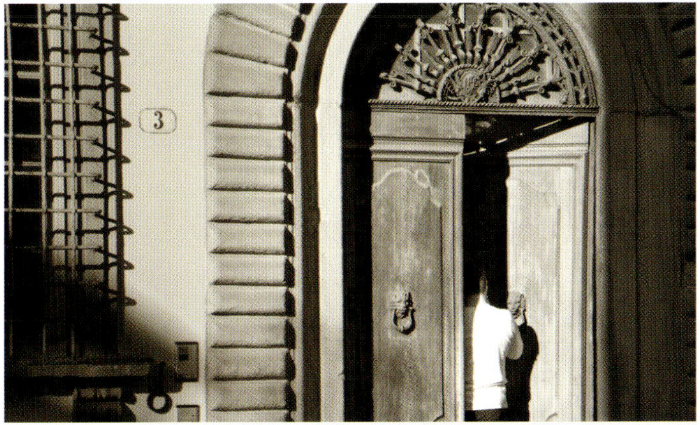
3

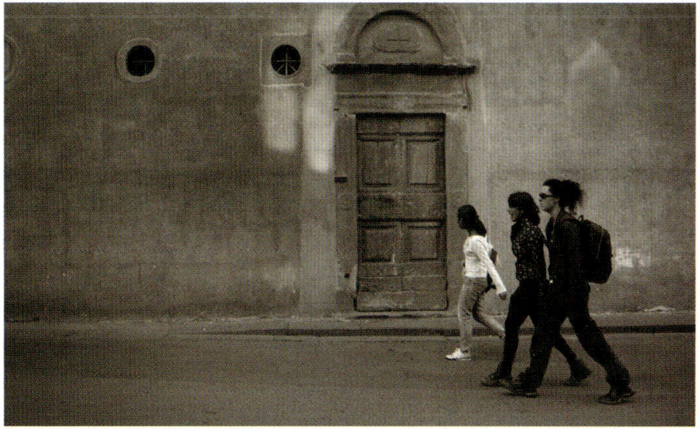

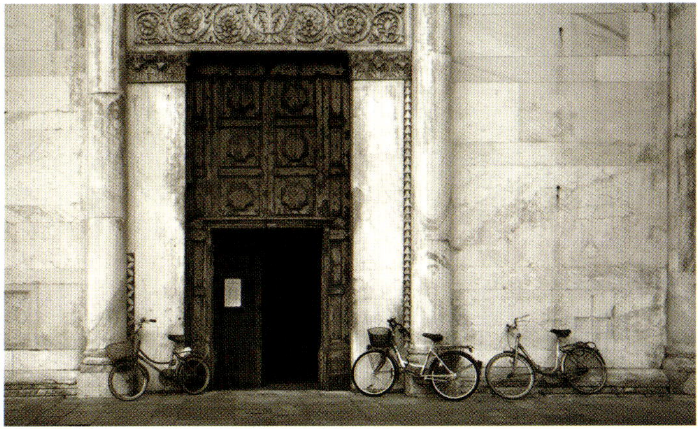

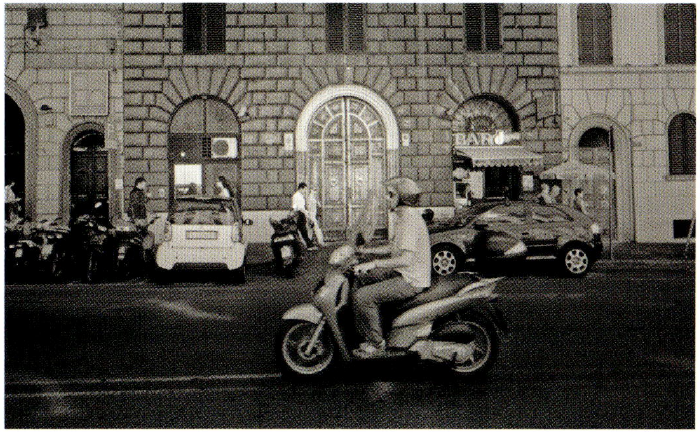
BAR

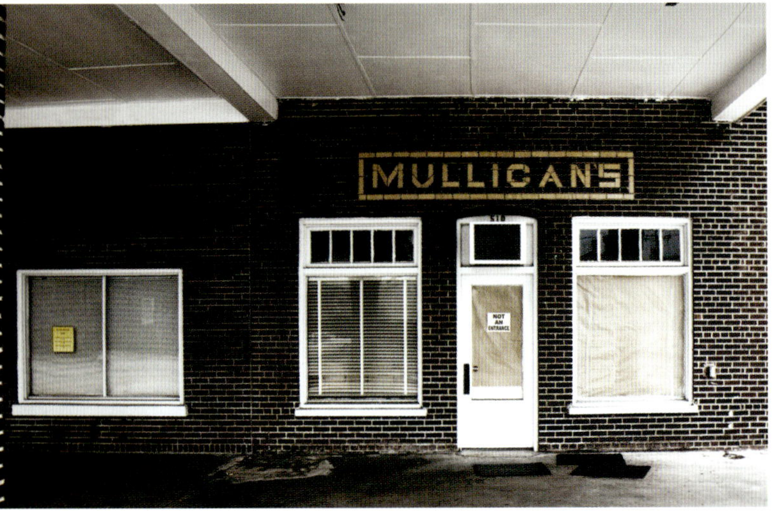
MULLICAN'S
NOT AN ENTRANCE

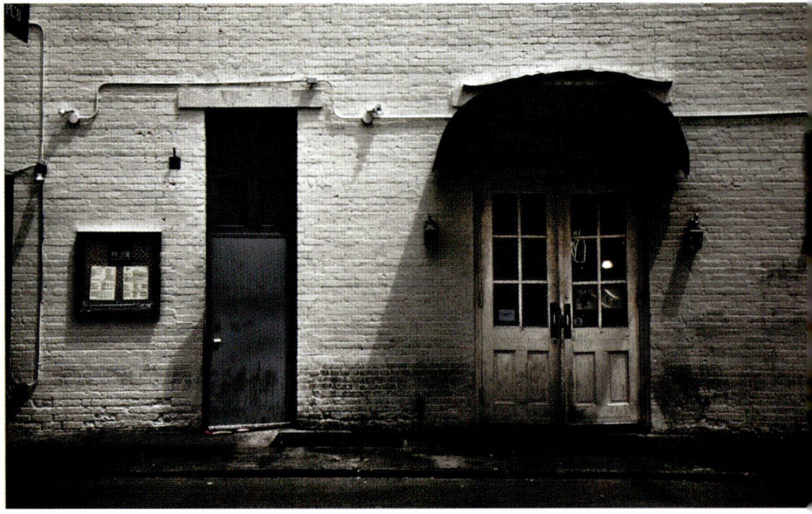

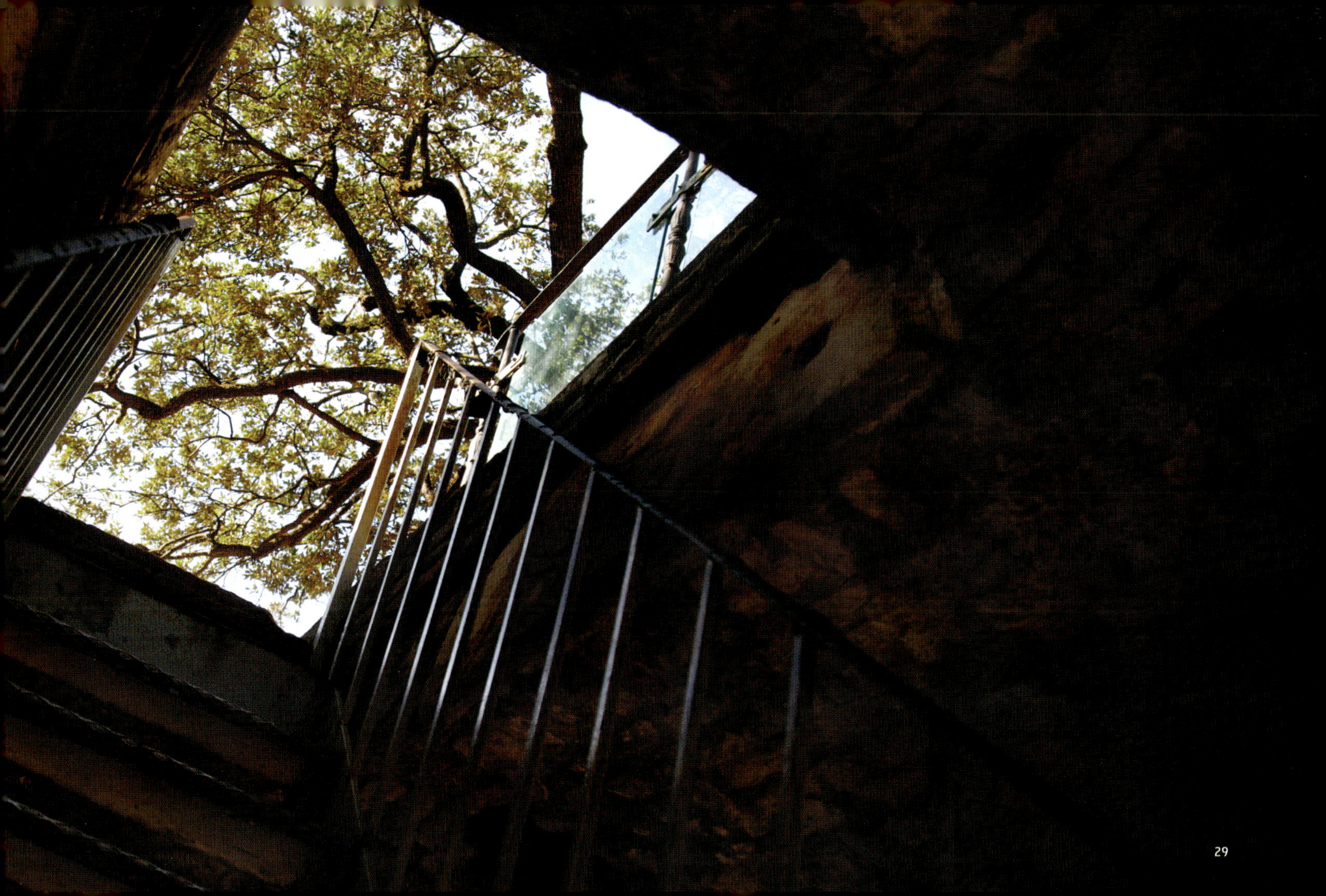

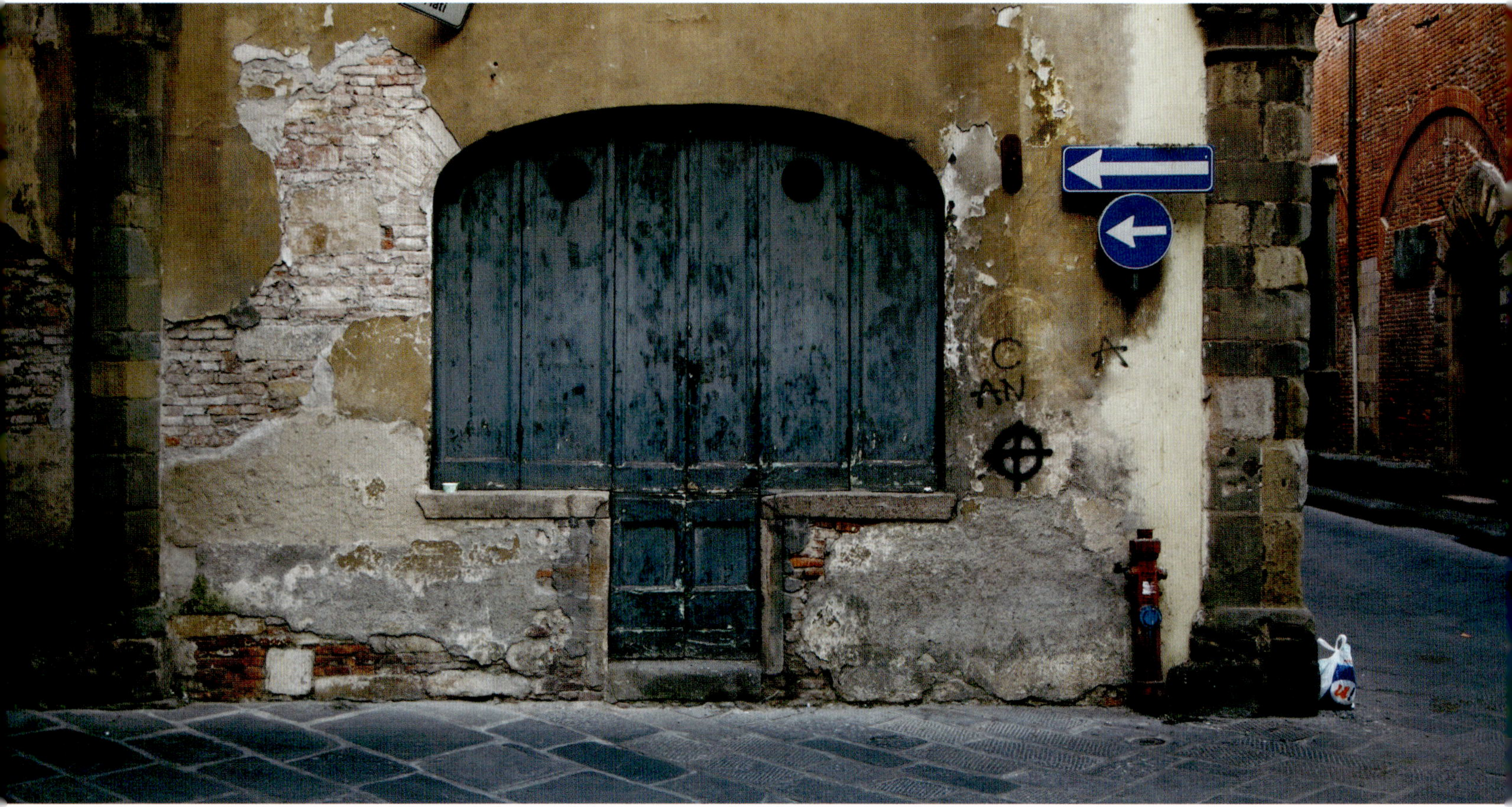

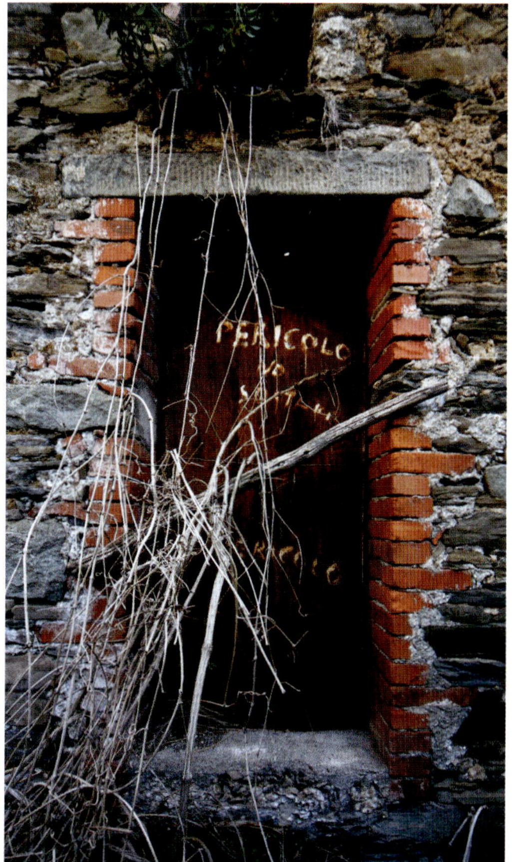
PERICOLO

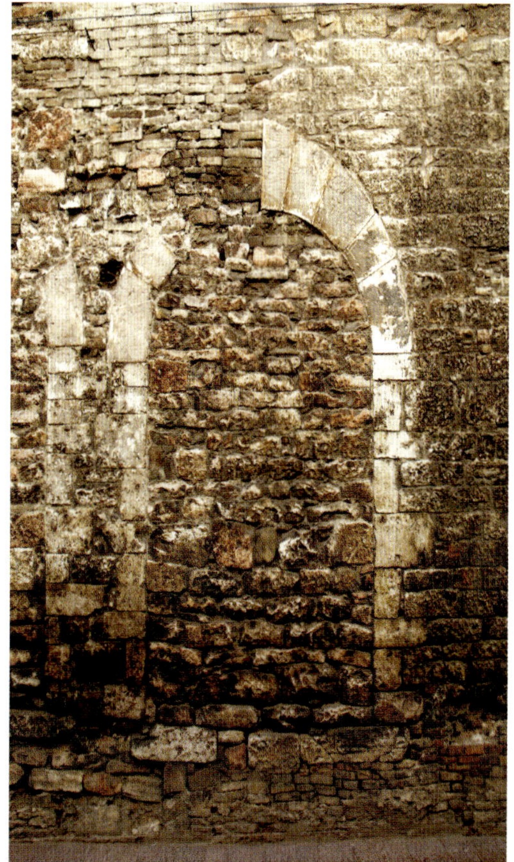

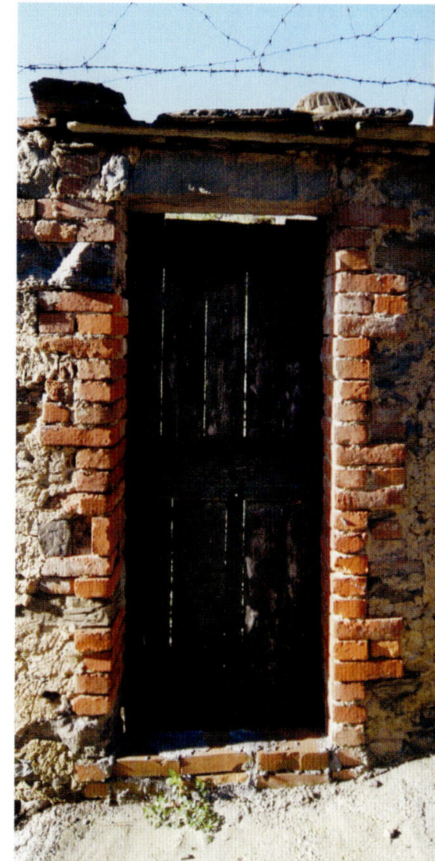

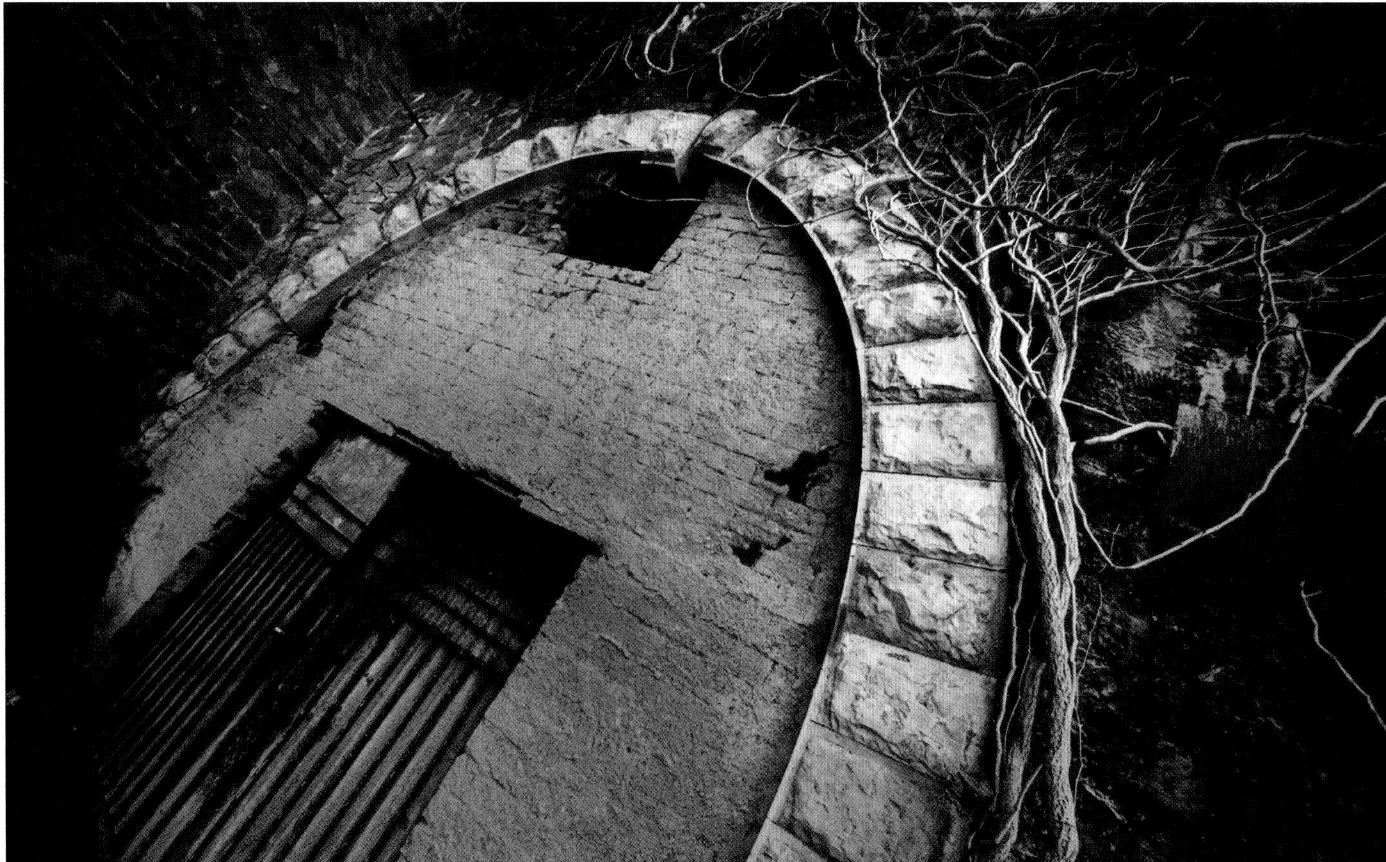

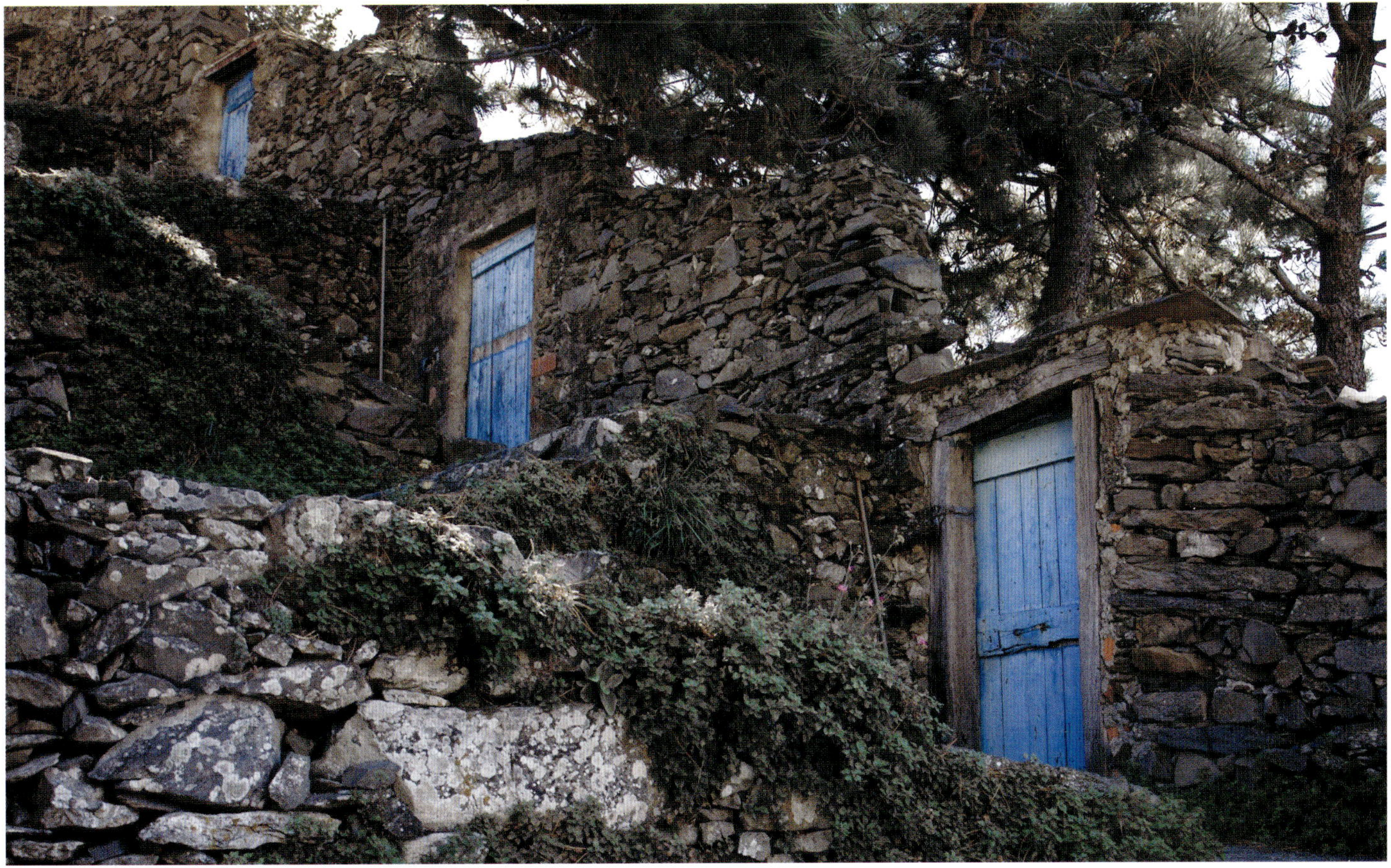

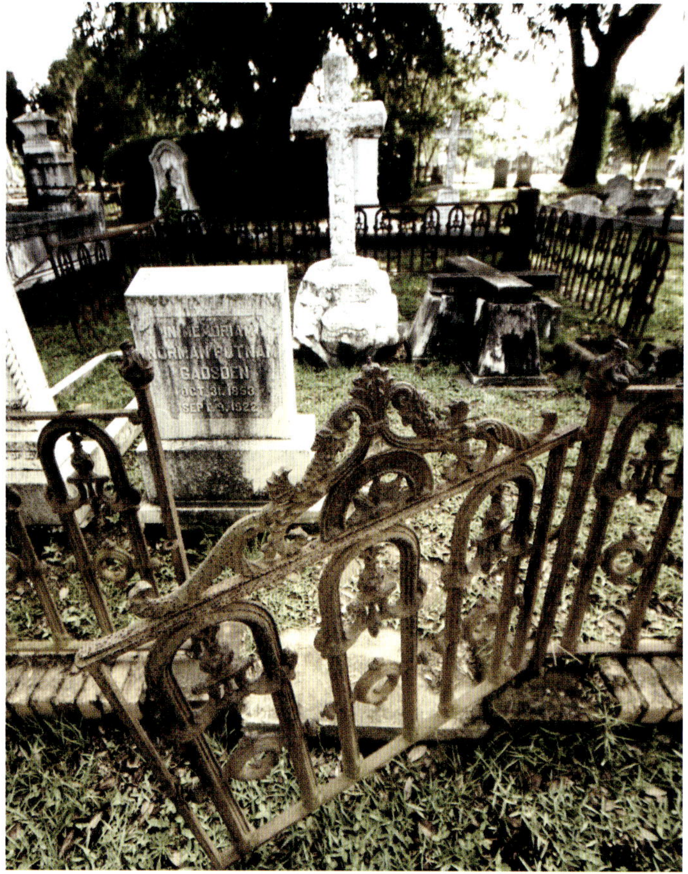
IN MEMORIAM
GADSDEN
OCT. 31. 1853

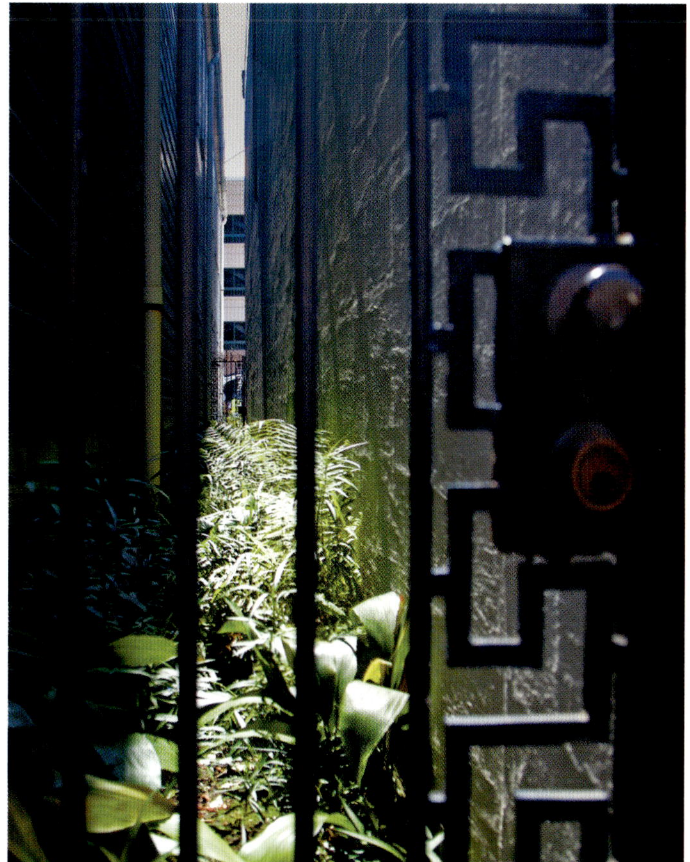

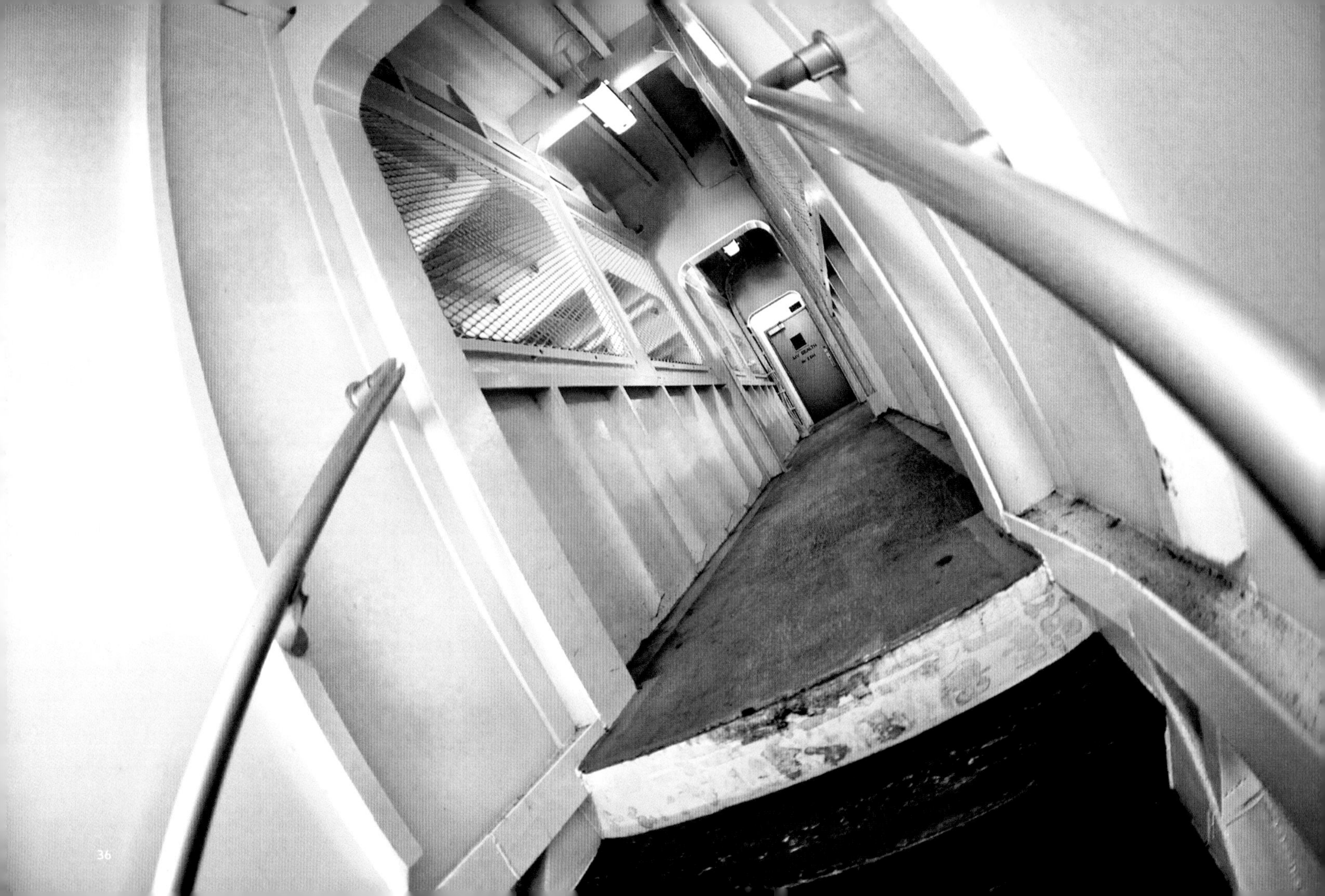

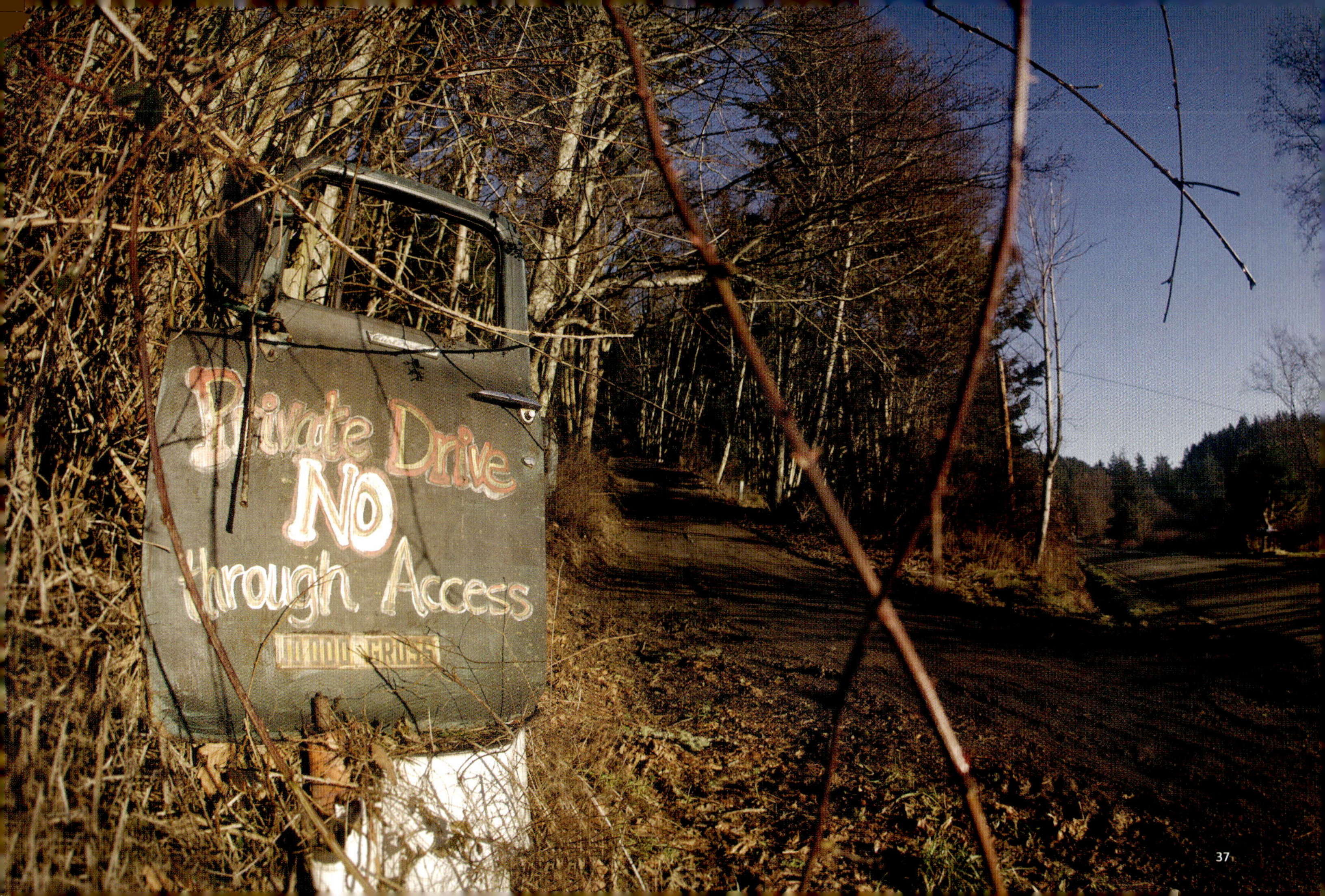
Private Drive
NO
through Access

Manche Tore vermitteln die Botschaft freundlicher als andere: Bitte draußen bleiben. Dieser aufwändig geschmiedete Zaun um eine Kirche in Siena, Italien, gibt sich bei seiner Aussage deutlich wortgewaltiger als viele andere. Auf meinen Reisen und überall, wo ich bin, sammle ich Bilder von Toren und Türen.

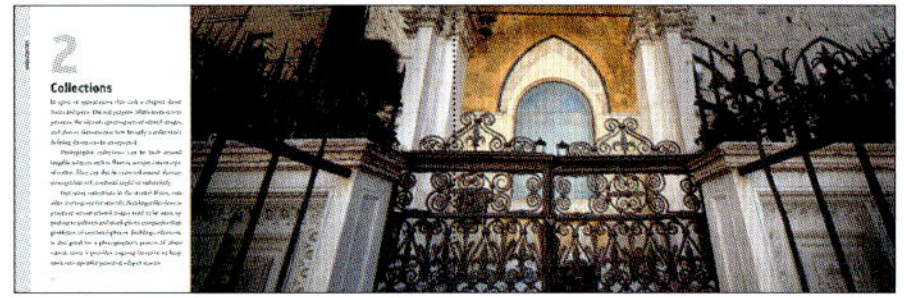

22 23

Lust auf Ideen für Ihre eigene Sammlung? Vielleicht ist für Sie etwas dabei: Türen, Tore, Blumen, alte Werkzeuge, Schuhe von Freunden, Haustiere von Freunden, Radkappen, geknüllte Getränkedosen, leere Flaschen, Briefkästen, Schornsteine, Hundehütten, Reflexionen in Fenstern, Parkuhren, Schilder vom Trödelmarkt, Menschen unscharf, Hüte, Mülltonnen, Blumenkästen, Antennenmasten, Fastfood, Wohnwagen, Zahlen, Buchstaben oder Symbole. (Zu den letzten drei Themen finden Sie Fotos auf den Seiten 256 bis 273.)

Hier steht die massive Rechteckskonstruktion einer farbigen Tür im schönen Kontrast zur feinen und dunklen Toranlage davor. Mit Gradationskurven aus Photoshop erhöhte ich den Kontrast zwischen dem dunklen Tor und der weißen Wand. Mit Farbton/Sättigung intensivierte ich den Rotton der Tür, während alle anderen Farben in der Szene gedämpft wurden.

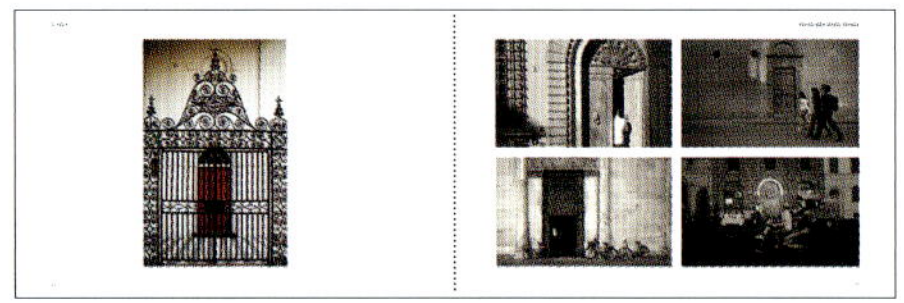

24 25

Wenn Sie an fremde Orte reisen, halten Sie nach Details Ausschau, die Ihren optischen und emotionalen Eindruck von diesem Ort widerspiegeln. Ich fand die vergoldeten und geschnitzten Hauseingänge äußerst typisch, als ich 2007 monatelang durch Italien reiste – genau wie Mopeds, uraltes Kopfsteinpflaster, winzige Tassen mit dem perfekten Espresso und spektakuläre Gemälde und Skulpturen. Das alles fotografierte ich auf meiner Reise Dutzende Male.

Im krassen Gegensatz zu den verzierten Hauseingängen auf der vorherigen Doppelseite ist Zweckmäßigkeit das Thema der hier gezeigten Türen. Und im Einklang mit diesem Eindruck habe ich die Bilder hier in Photoshop bearbeitet: Mit Farbton/Sättigung verringerte ich die Sättigung der Farben und erhöhte den Kontrast mit Gradationskurven.

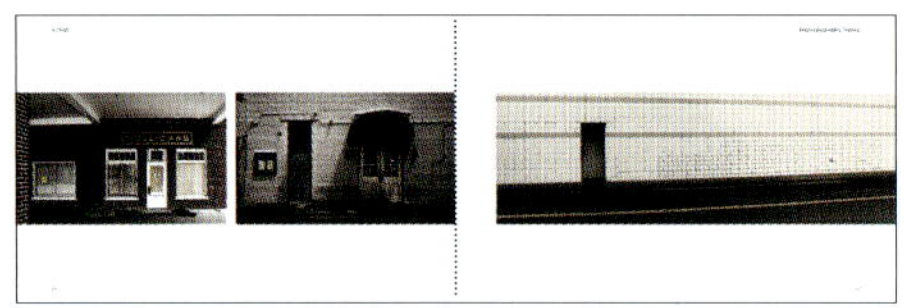

26 27

Nicht viel los hier, oder? Minimalisten argumentieren vielleicht, dass eine Komposition dem Betrachter mehr Raum lässt, je weniger Sie darin unterbringen.

Wenn der Besucher diese Luke gen Himmel auf dem Guinigi-Turm in Lucca, Italien, durchschritten hat, findet er sich auf einer Aussichtsplattform über der Stadt wieder, in überraschender Gesellschaft gut gewachsener und üppiger Bäume.

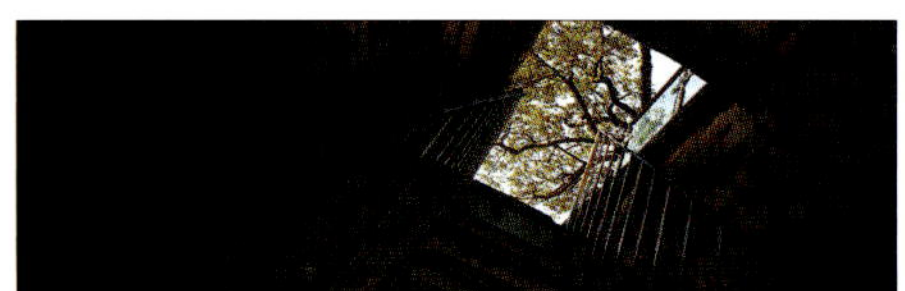

28 29

Für eine Kamera ist es schwer, alle Bereiche dieser Szene korrekt auszuleuchten, denn hier treffen sehr helle und sehr dunkle Fläche aufeinander. Unter diesen Bedingungen belichten Sie am besten die helleren Bereiche und holen mit Tiefen/Lichter in Photoshop ausreichend Details in die unterbelichteten Bildregionen zurück.

Ob Sie Schmetterlinge, Briefmarken oder Fotos von Türen sammeln, seltene und fremdartige Exemplare sind immer ein Blickfang in einer Sammlung. Gleich unterhalb des Turms von der vorherigen Doppelseite stieß ich auf die eigenartig angeordneten Türen.

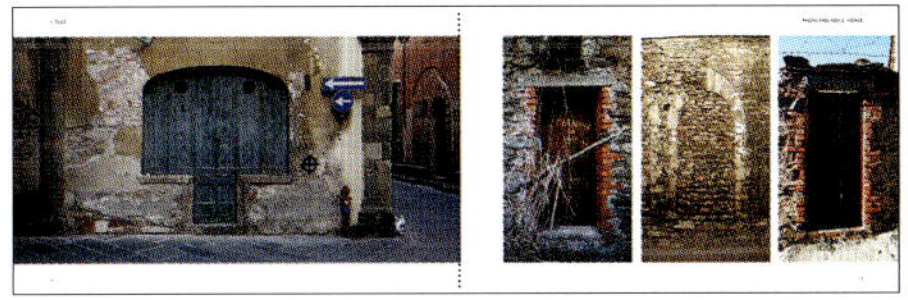

30 31

Als Amerikaner war ich natürlich besonders überrascht, wie der Lauf der Zeit an vielen alternden Türen und Toren in Städten und Städtchen Italiens zu erkennen war (und früheren Eingängen, wie in der Mitte dieser Seite zu sehen). Schließlich komme ich aus dem Nordwesten der USA, wo die ältesten Bauwerke im Vergleich zu europäischen Verhältnissen geradezu jugendlich wirken.

Eine verschlossene und vergitterte Tür verweigerte uns den Zutritt zu einem zugemauerten Eisenbahntunnel zwischen zwei Orten im italienischen Cinque Terre. Ursprünglich hatte ich das Bild in Farbe aufgenommen, es dann aber mit den SCHWARZWEISS-Steuerungen in Photoshop in ein Graustufenbild verwandelt. Mit einer GRADATIONSKURVEN-Einstellungsebene verstärkte ich die Dramatik der Weinreben, die den Eingang zum Tunnel einrahmen.

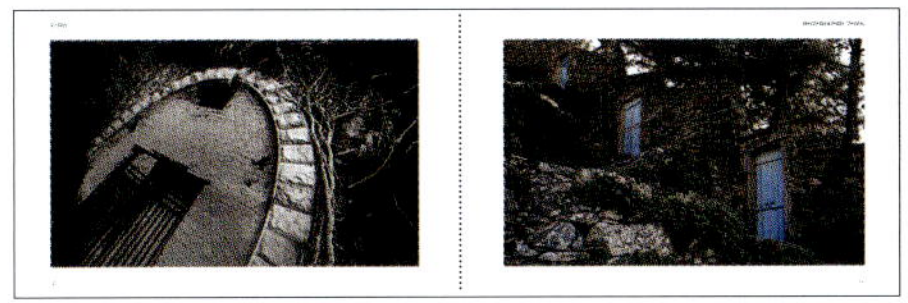

32 33

Eine Natursteinmauer folgt dem Verlauf der terrassenartigen Landschaft um die Küstenstadt Vernazza, Italien. Die blau gestrichenen Türen führen zu privaten Aussichtspunkten auf das ähnlich gefärbte Mittelmeer. Mit FARBTON/SÄTTIGUNG verstärkte ich das Blau der Türen, während ich die anderen Farbtöne gleichzeitig etwas dämpfte.

Offene Tore laden ein. Das ist im Leben so, und in der Fotografie nicht anders: Auch hier lädt ein offenes Tor den Betrachter in eine Szene ein. Hier rahmt das geöffnete Tor gemeinsam mit dem Eisenzaun in Charleston, South Carolina, eine Gruppe von über hundert Jahre alten Grabsteinen ein.

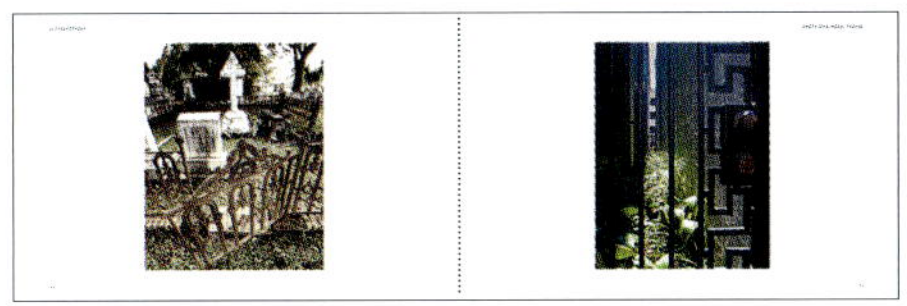

34 35

Die geometrischen Formen des Metalltors rahmen den Blick auf ein Zeile Grün zwischen zwei hohen Gebäuden im historischen Stadtkern von Charleston ein. Dieser kuriose grüne Streifen ist mehr als nur eine zufällige Ansammlung von Pflanzen – eine Ladenbesitzerin aus einem der angrenzenden Gebäude beobachtete mich und kam heraus, um mir zu erzählen, dass sie diesen Streifen persönlich pflegte.

Verschiedenartige Türen. Diese Seite: Ein metallverkleideter Durchgang führt zu einer Stahltür in einer Autofähre. Gegenüber: Ein auf eine alte Autotür handgemaltes Schild an der Einfahrt zu einer unbefestigten Straße. Beide Fotos wurden mit einem 15-mm-Fischaugenobjektiv aufgenommen.

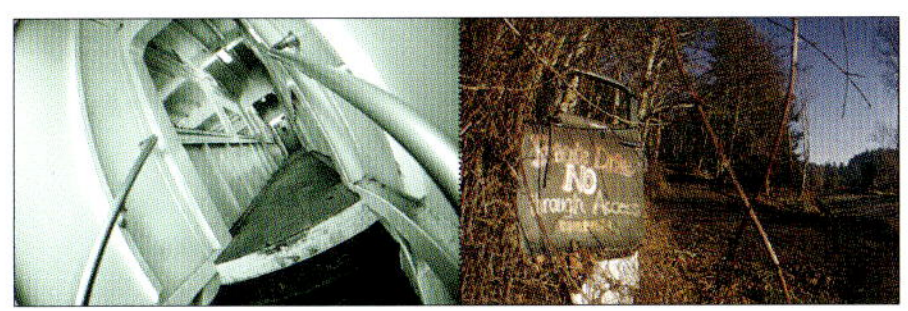

36 37

Wenn Sie eine Sammlung thematisch ähnlicher Bilder präsentieren wollen, sollten Sie überlegen, ob Sie die Bilder nicht auch ähnlich bearbeiten. Wandeln Sie zum Beispiel alle Bilder in Schwarzweiß um, färben Sie alle ähnlich oder zeigen Sie alle mit intensiven Farbtönen. (Sie sehen, dass ich die Bilder von Türen und Toren in diesem Kapitel nicht einheitlich bearbeitet habe – ich wollte einfach zeigen, dass es für die Präsentation viele Möglichkeiten gibt.)

3

Details

Der Zweck und die Persönlichkeit einer Abendrobe, einer Armbanduhr oder eines Flugzeug-Oldtimers werden nicht nur durch die Gesamterscheinung kommuniziert, sondern auch durch die Form und Funktion von Bauteilen und Details.

Probieren Sie Folgendes: Sehen Sie sich in Ihrer Umgebung um und wählen Sie ein Objekt aus. Fragen Sie sich nun, *welche Details des Ganzen – groß, mittelgroß oder klein – spiegeln am besten dessen Charakter, Funktion und Alter wider? Welcher Blickwinkel auf das Objekt stellt die meisten ästhetisch angenehmen Details dar?* Führen Sie diese Übung doch immer dann durch, wenn Sie überlegen, was ein bedeutsames Objekt fotografisch zu bieten hat.

Alle Bilder in diesem Kapitel entstanden an einem Nachmittag an einem außergewöhnlichen Ort: dem Museum of Flight in Seattle, Washington.

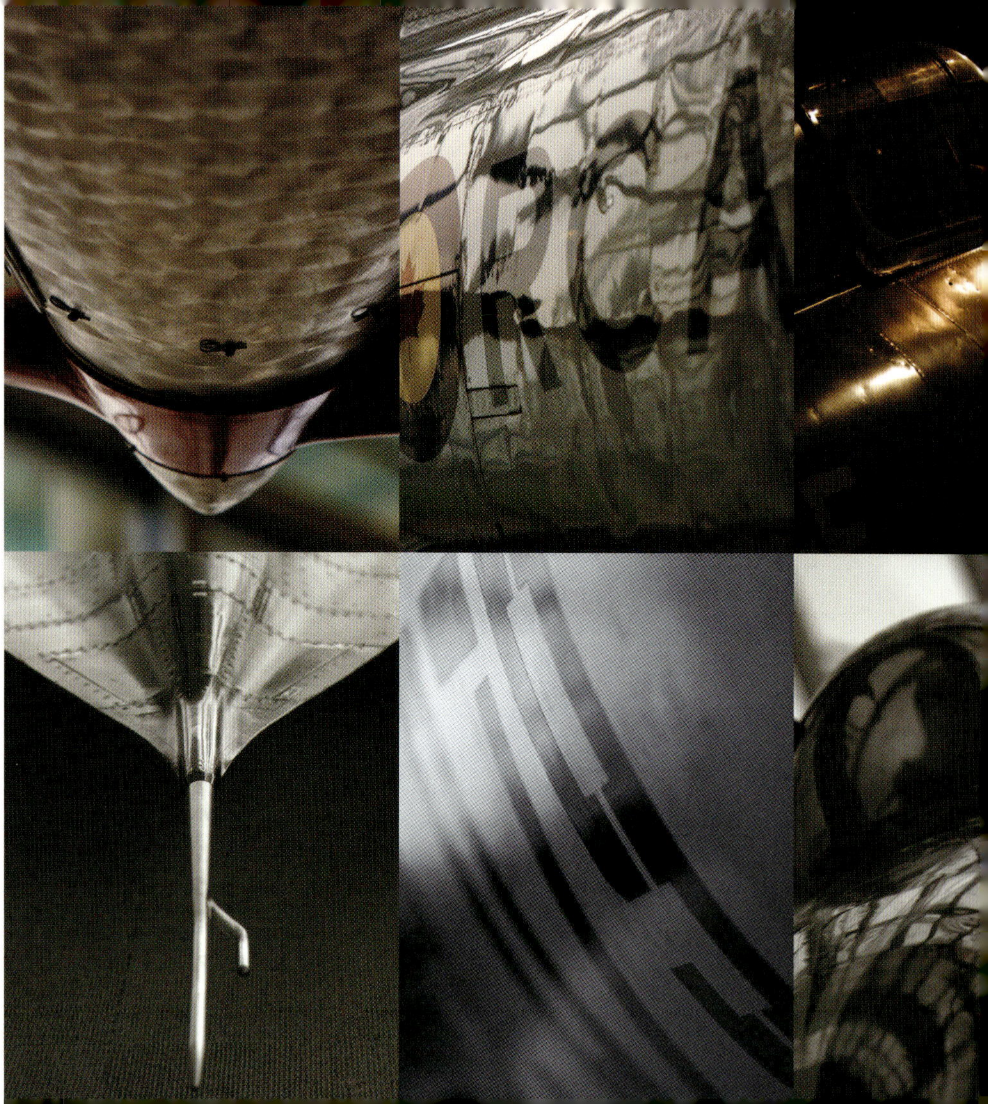

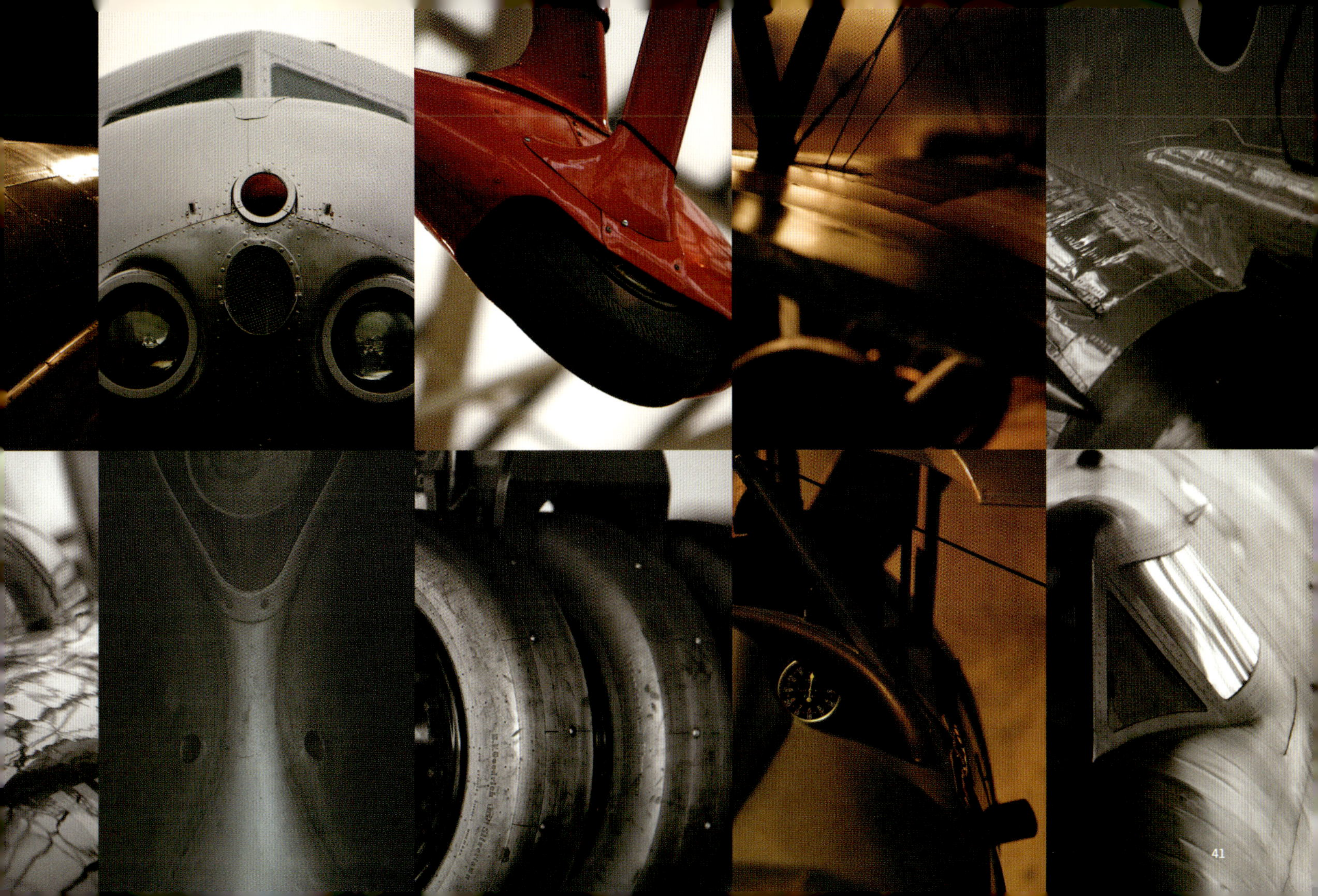

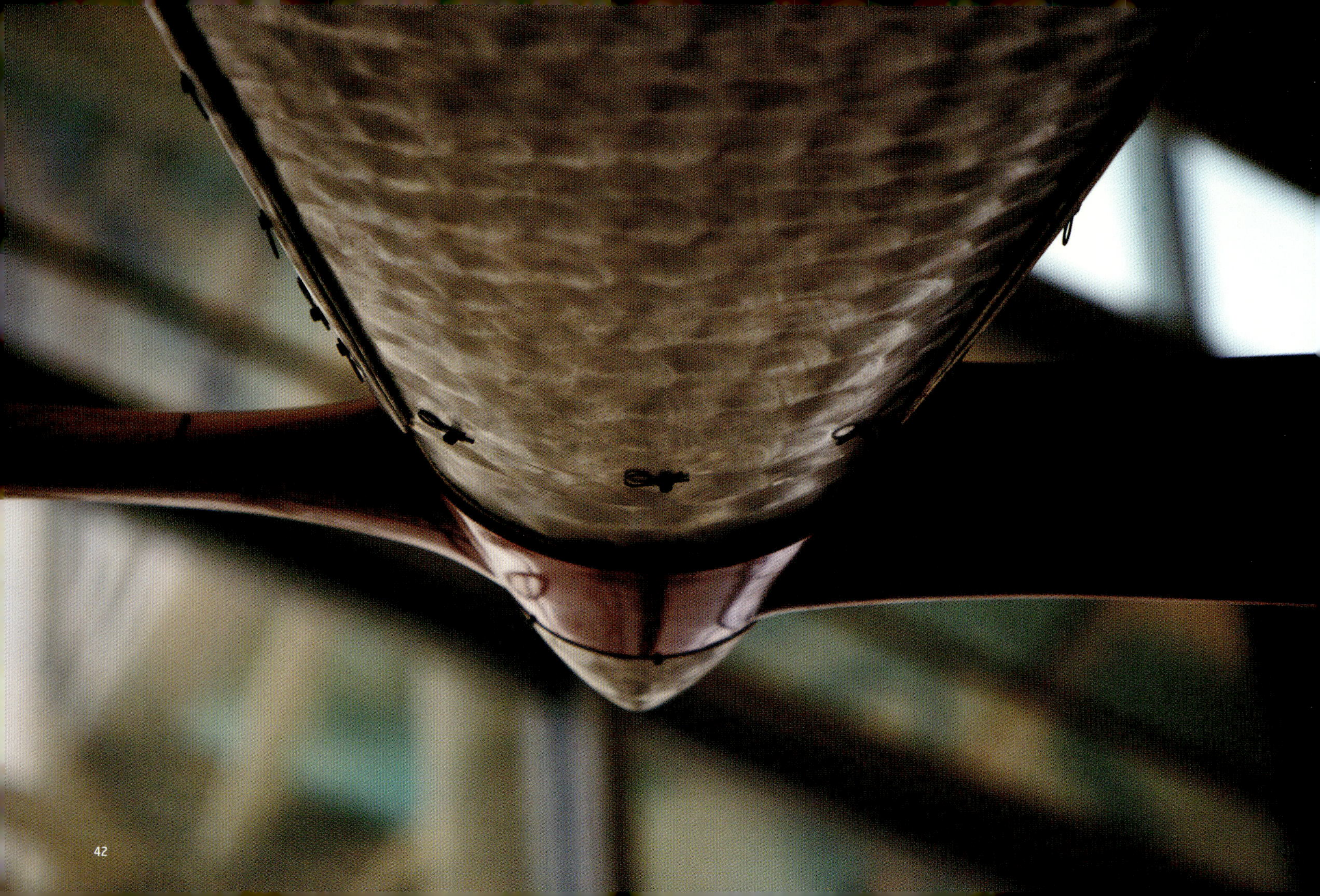

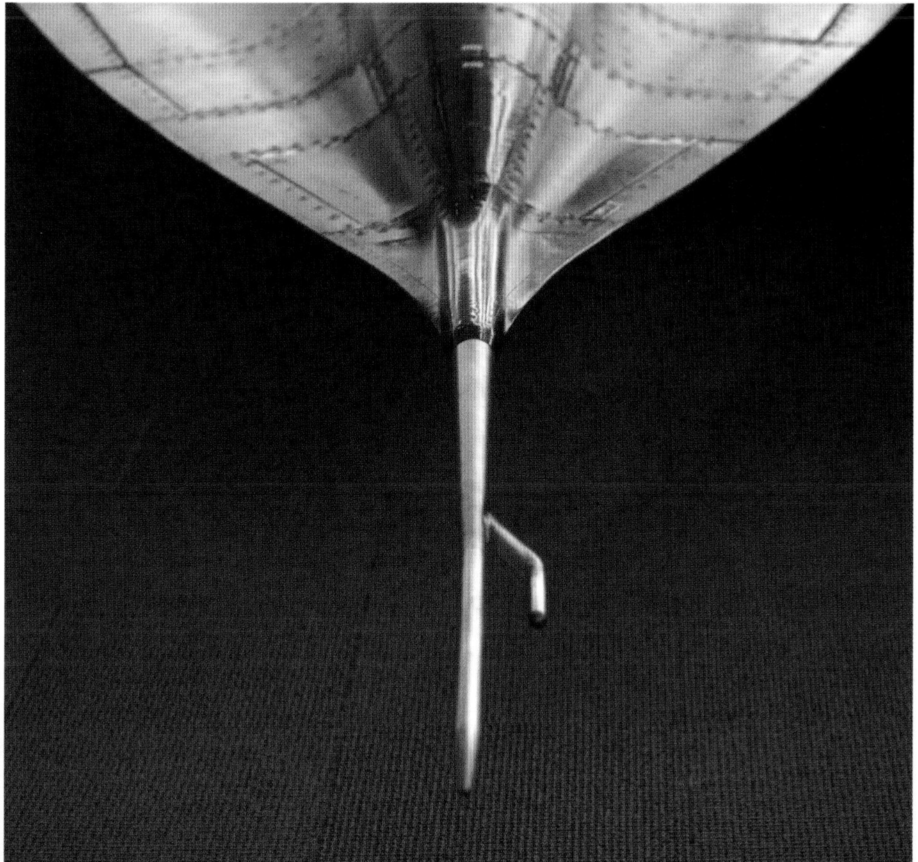

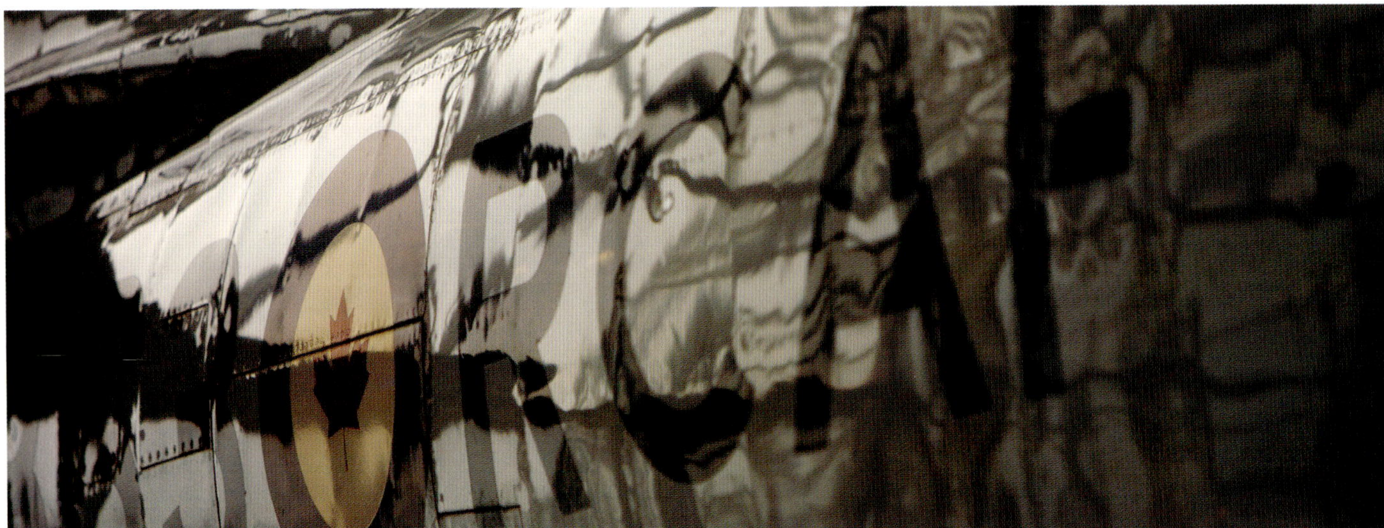

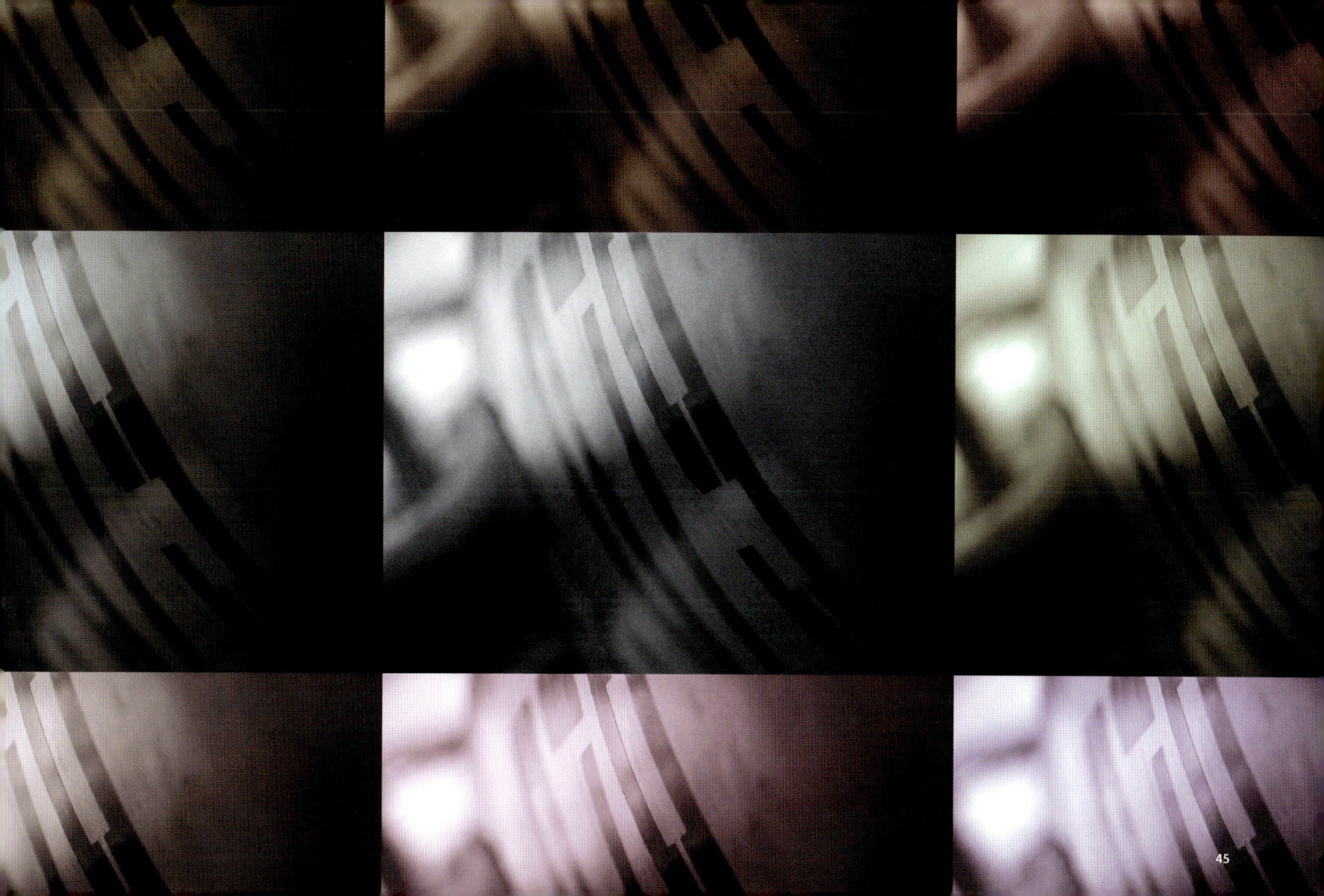

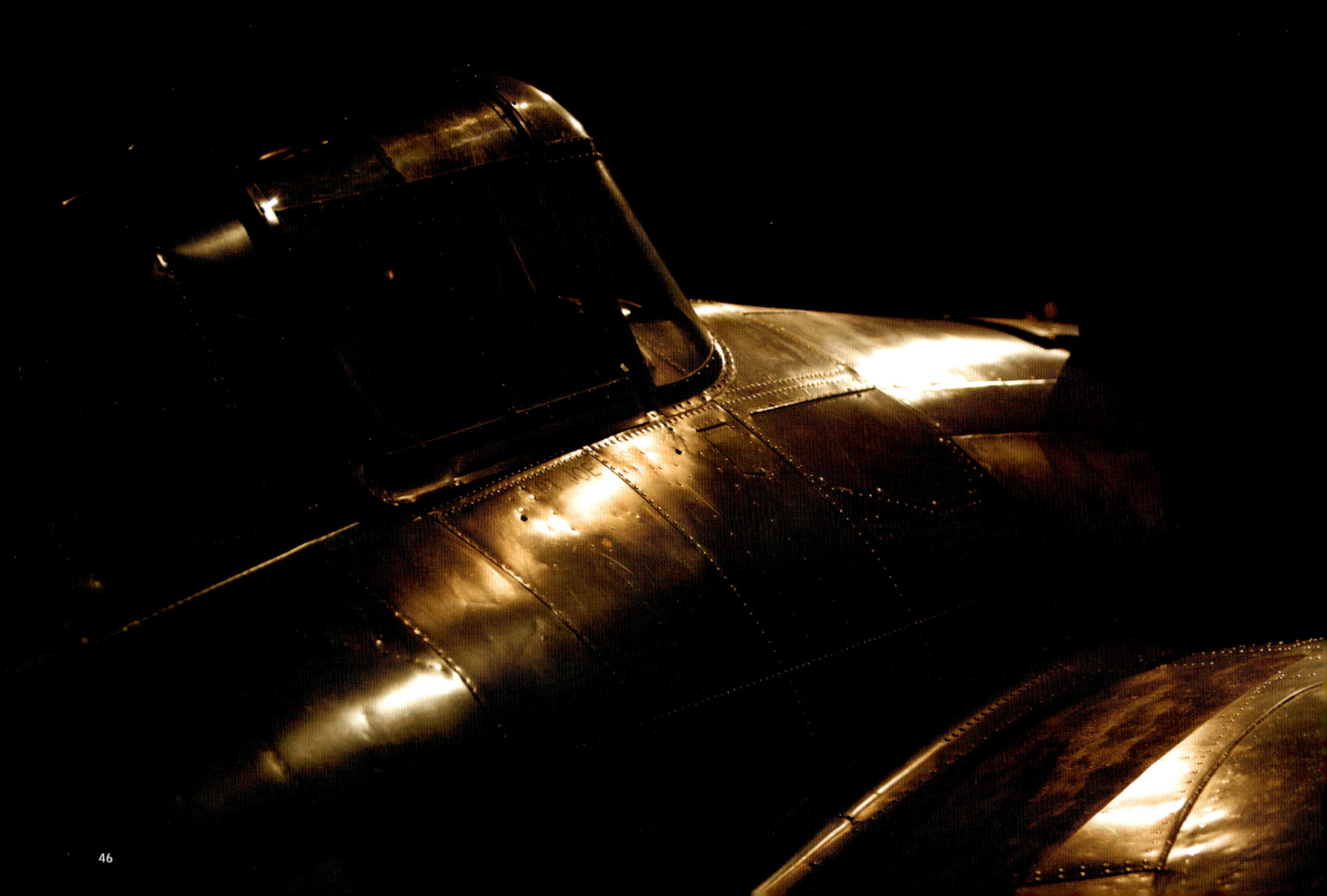

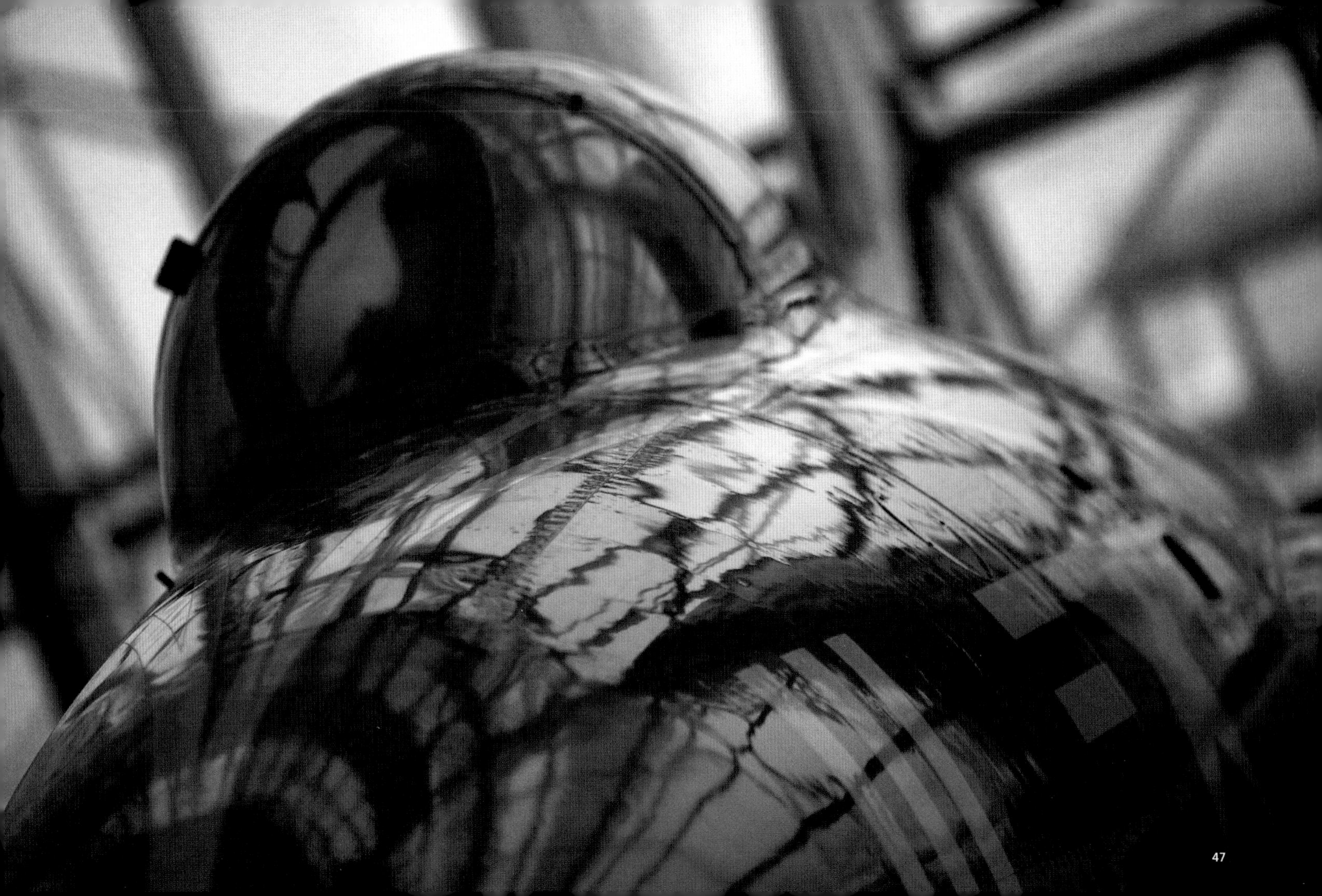

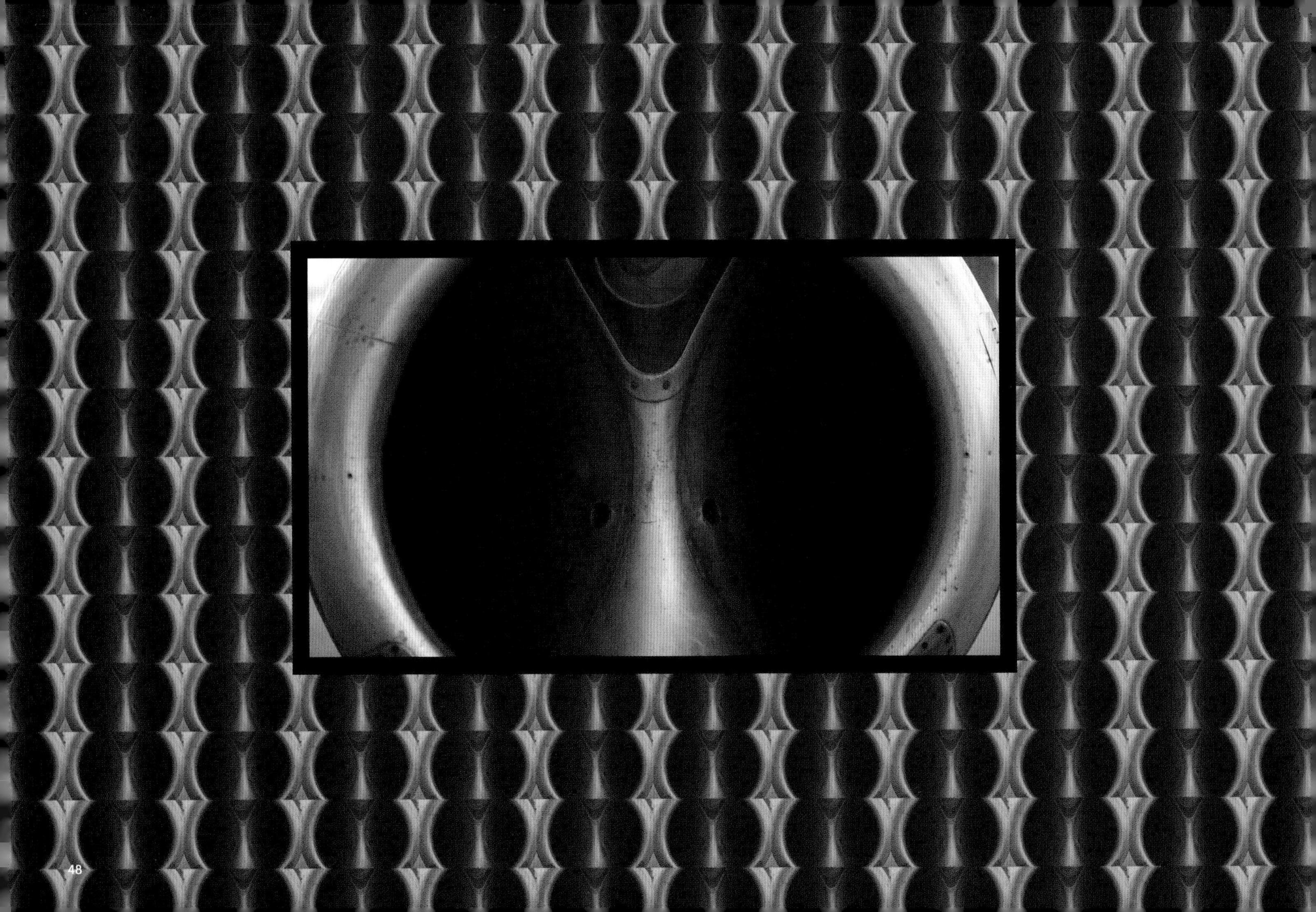

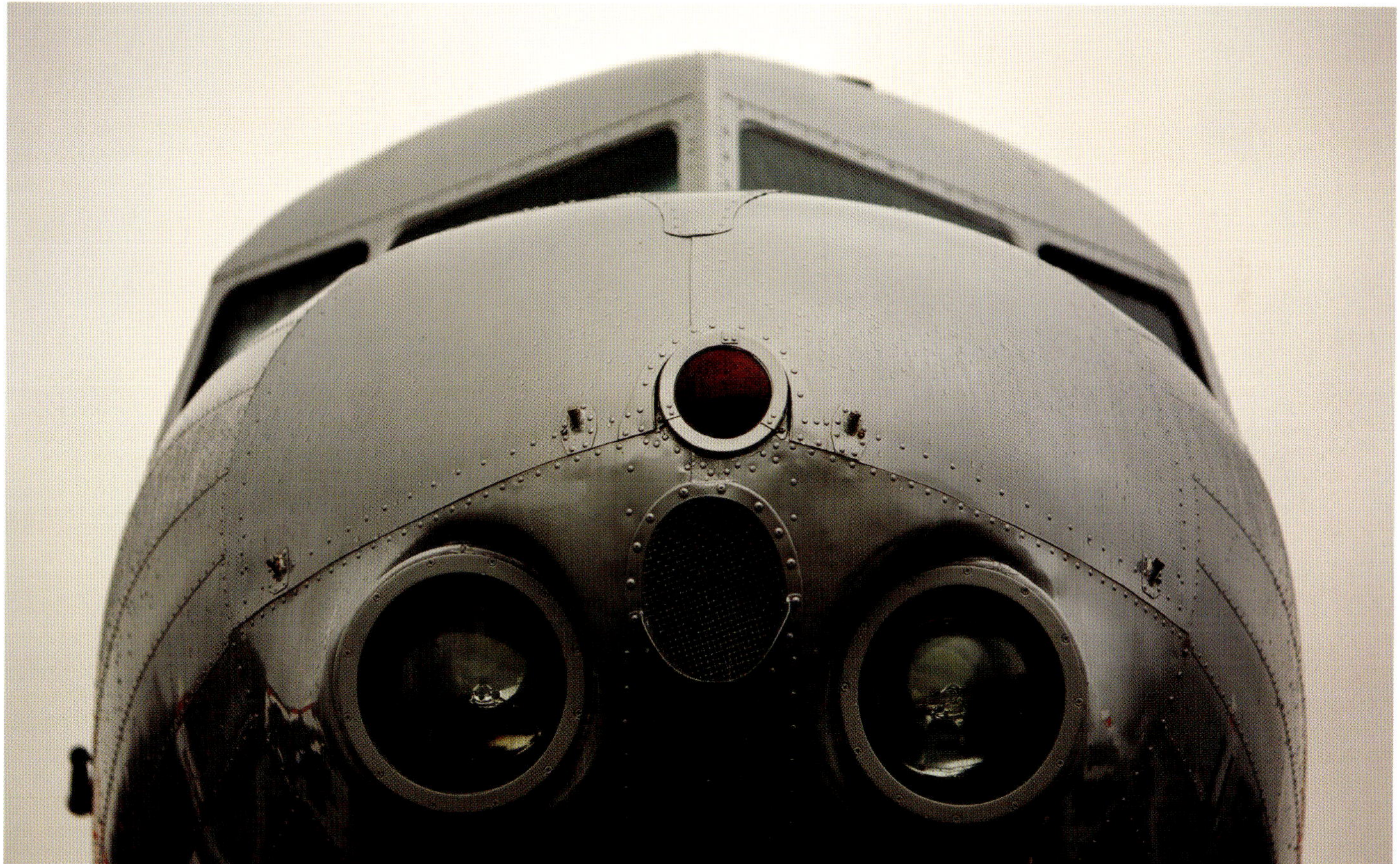

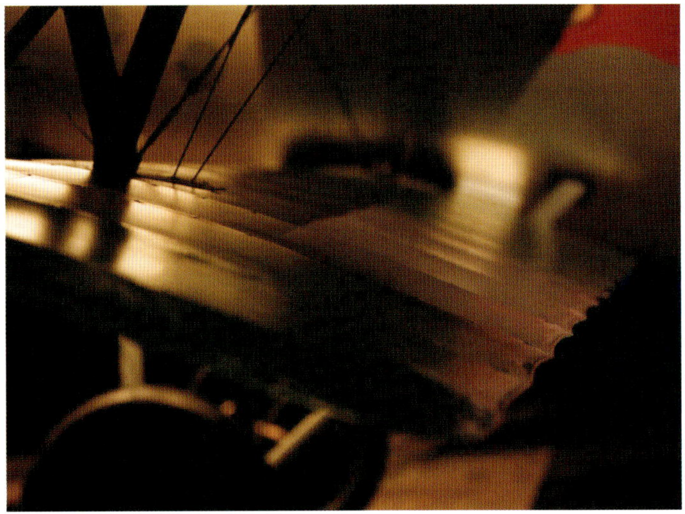

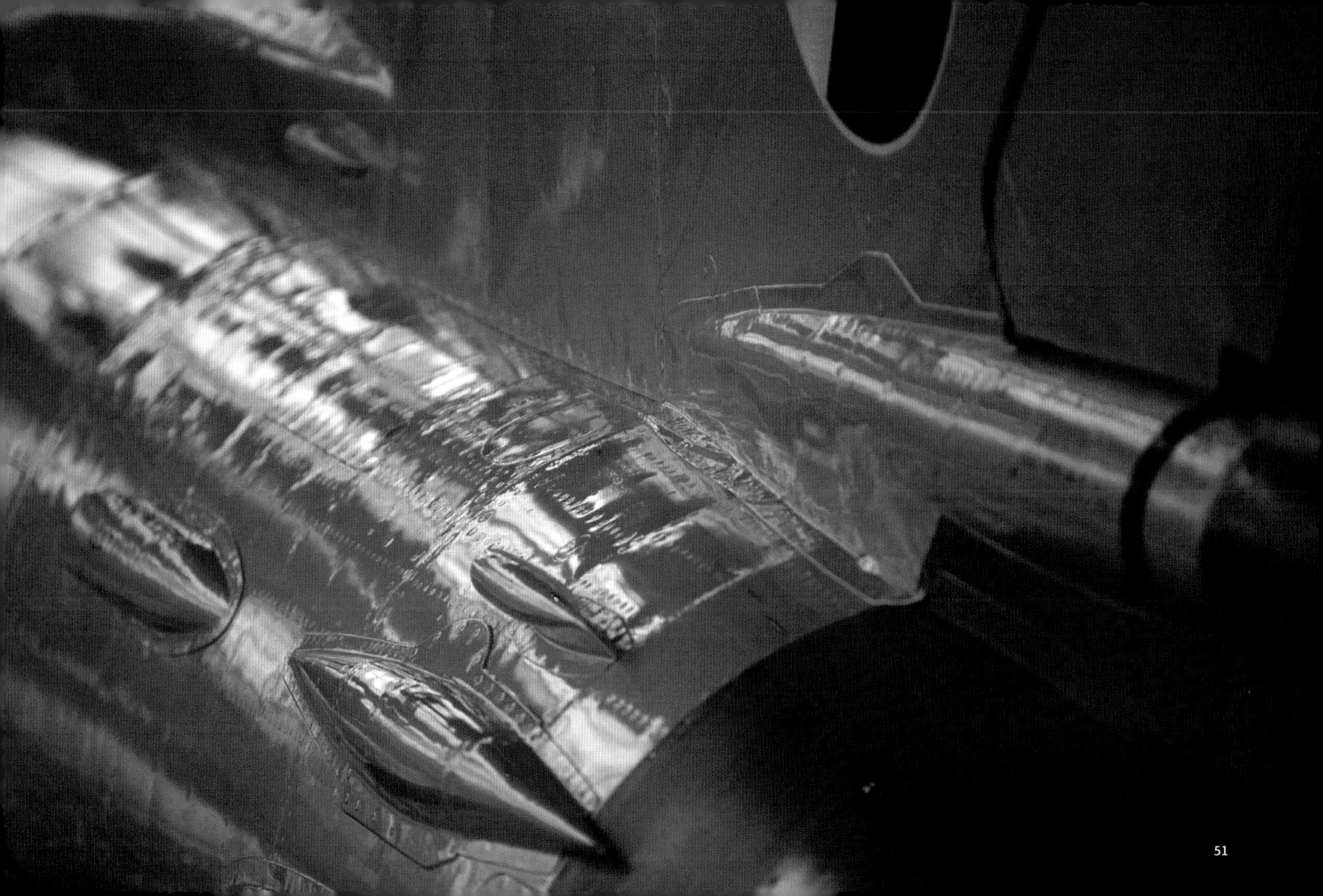

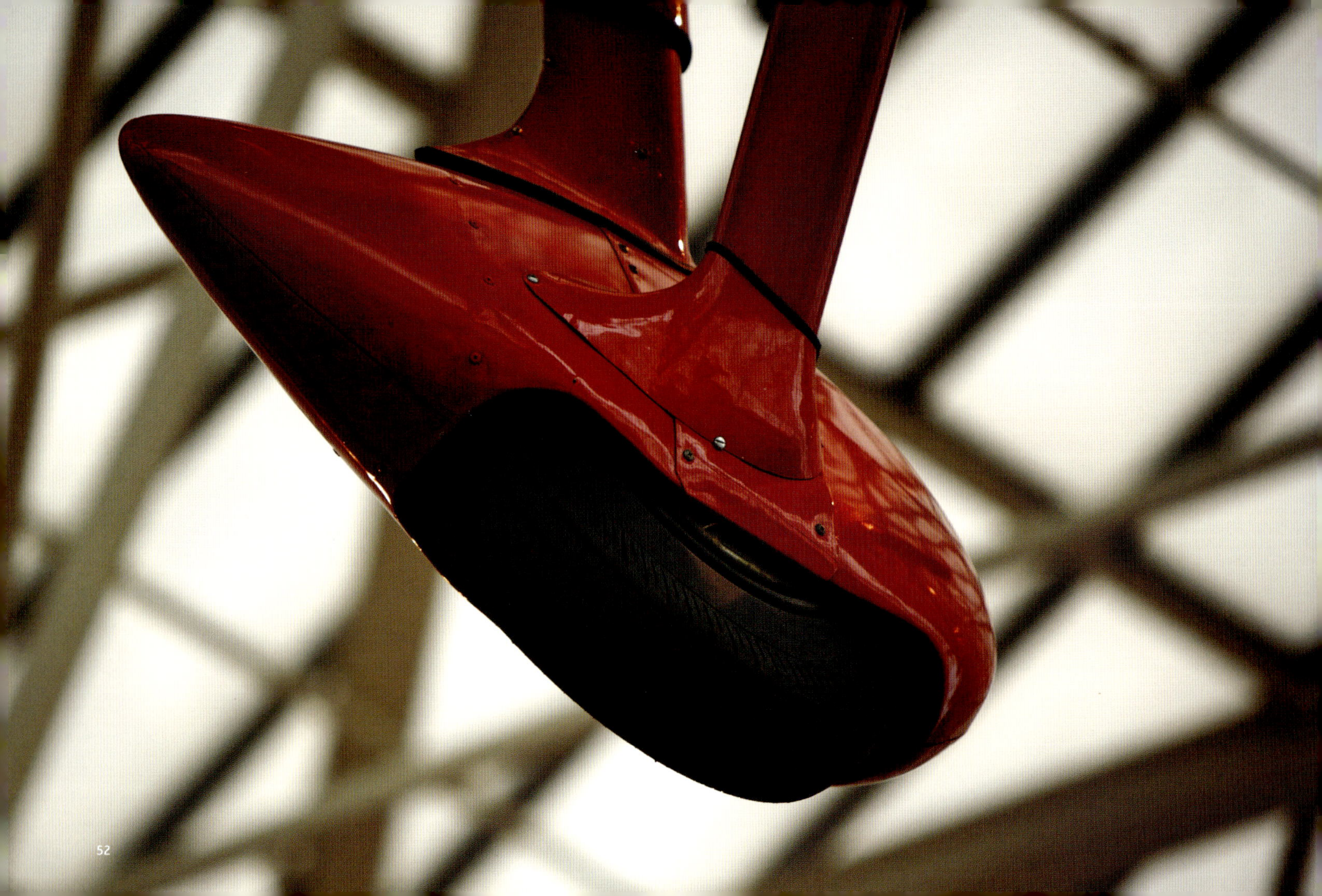

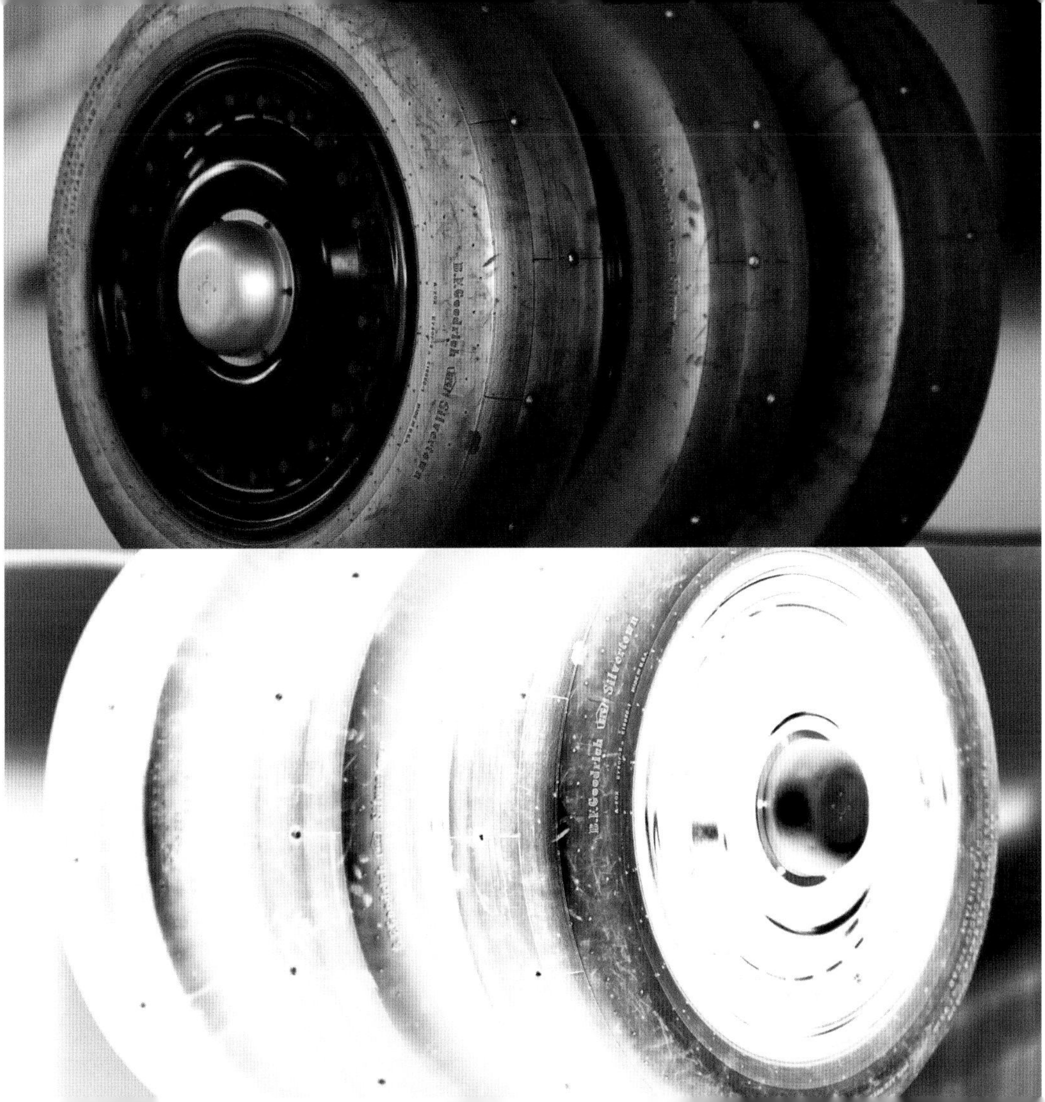
B.F.Goodrich
Silvertown

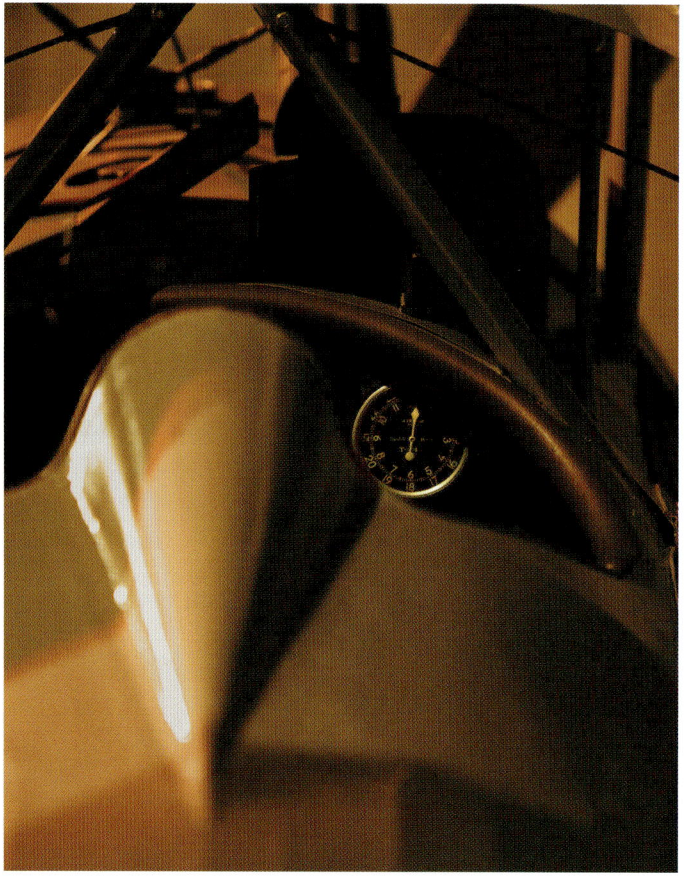

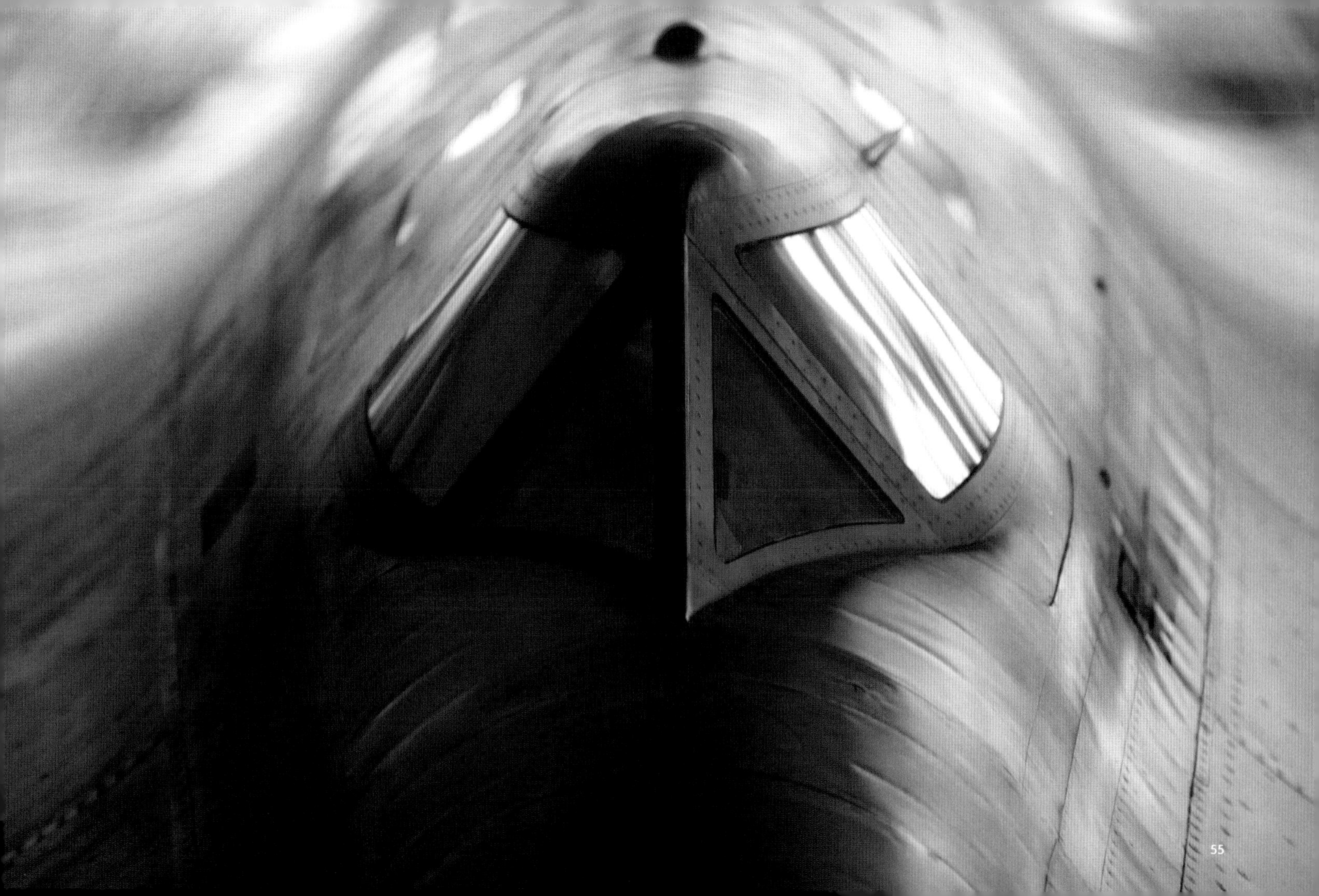

Ich erwähnte es in der Einleitung bereits, alle Fotos in diesem Kapitel wurden im Museum of Flight in Seattle, Washington, aufgenommen. Während meines gesamten Besuchs konzentrierte ich mich eher auf die Details als auf die Gesamtobjekte.

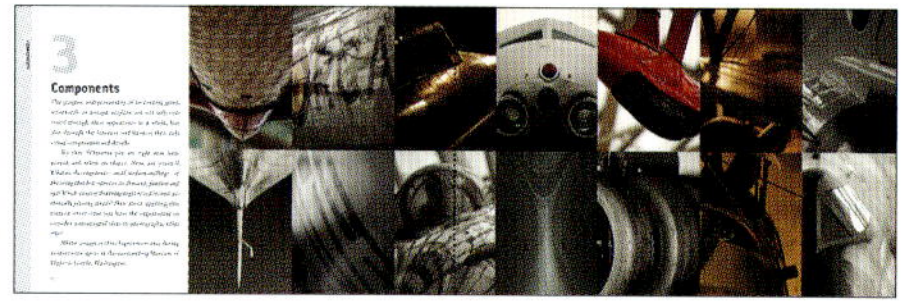

40 41

Im Museum machte ich über 400 Fotos (Digitalkameras und großen Speicherkarten sei Dank). Freilich sind darunter falsch fokussierte oder fehlbelichtete Ausschnitte, außerdem nicht verwendete Aufnahmen aus Belichtungsreihen (Sets desselben Bildes in verschiedenen Belichtungen). Von meinen ca. 400 Bildern wollte ich letztlich 42 behalten. Immerhin, eine »Erfolgsrate« von 10% – Durchschnitt bei vielen Fotografen (bei mir auch, an guten Tagen).

Die Spitze. Hölzerne Propeller, ein Metallring und ein Kolbenmotor in gehämmerter Blechummantelung: So sah die Luftfahrt der 30er Jahre aus. Zeitsprung von 40 Jahren, und Sie haben das glatte, propellerfreie Design auf der rechten Seite. Schwer vorstellbar, dass bereits vor hundert Jahren Menschen mit dem Flugzeug geflogen sind.

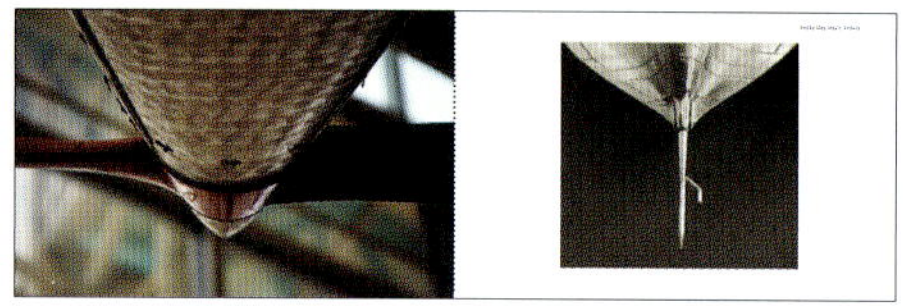

42 43

Jedes Foto in diesem Kapitel wurde mit einer digitalen SLR mit 50-mm-Objektiv oder 70–200-mm-Tele aufgenommen. Dieses Pärchen ist ein ideales Team: Das 50-mm verwendete ich, wenn ich nah ans Motiv herantreten konnte, mit dem Tele fotografierte ich bei Distanzaufnahmen. Beide Objektive sind auch in der Lage, Bilder mit angenehm flacher Schärfentiefe aufzunehmen.

Grafikdesigns. Wenn das, was Sie aufnehmen, typografische Elemente enthält, sollten Sie sich die Zeit nehmen und diese Elemente einzeln ablichten. Die Zahlen, Buchstaben und Symbole verleihen einer Szene nicht nur gewisse optische Ästhetik, sie vermitteln auch Hinweise auf Zweck, Alter und kulturelle Bedeutung der Objekte, die sie zieren.

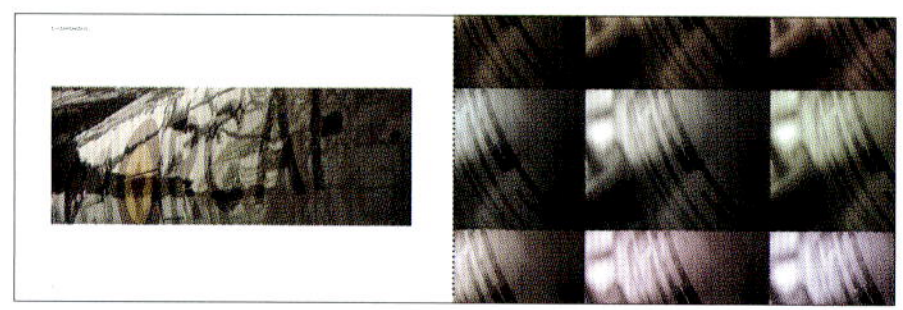

44 45

Vielleicht sollten Sie Ihr Foto einfärben, nachdem Sie es in Schwarzweiß gewandelt haben. Probieren Sie verschiedene Farben und Intensitäten aus, so dass das Ergebnis möglichst gut zu Ihrem Motiv passt. Überlegen Sie, welche Optionen Sie haben, entweder mit dem Fotofilter-Effekt oder den Reglern im Schwarzweiss-Befehl in Photoshop.

Vorhandenes Licht. Die meiste Zeit im Museum verbrachte ich in den zwei Hauptbereichen der Ausstellung. Der eine ist ein fensterloser Komplex von Räumen, er wird wie eine Gemäldegalerie mit Spots von oben beleuchtet. Der andere ist ein großer, offener Raum, umgeben von Glaskonstruktionen. Ich stabilisierte die Kamera im ersten Abschnitt, denn dort waren die Lichtverhältnisse eher schwach (ich wollte nicht blitzen, sonst hätte ich die kunstvolle Raumbeleuchtung zunichte gemacht). Der zweite Raum bot ausreichend natürliches Licht, so ließ es sich gut arbeiten und Fehler fielen kaum ins Gewicht.

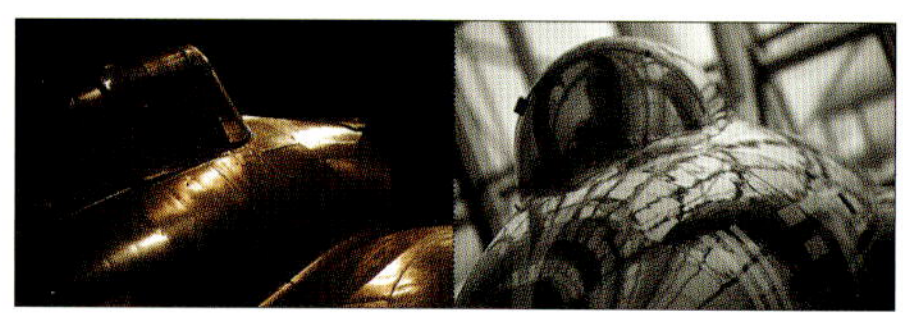

46 47

Man kann eigentlich kaum etwas falsch machen, wenn man glänzende Flugzeuge in einer Umgebung aus Stahl und Glas fotografiert. In diesen wunderbar gestalteten Räumen lebten die Oberflächen der Flugzeuge von Licht und Reflexionen förmlich auf.

Hungriger Blick. Während moderne Maschinen üblicherweise eine eher spitze Nase haben, sieht die stumpfe Vorderseite dieser russischen MIG-15 aus den 50er Jahren aus wie ein weit geöffnetes Maul zum Luftholen (um den Lufthunger des Turbomotors zu stillen). Erstellen Sie doch einmal ein Muster aus einer Nahaufnahme wie dieser und verwenden Sie es als Hintergrund für das eigentliche Bild! Genau das habe ich hier getan. Die Hintergrundbilder wurden leicht aufgehellt und eingefärbt, um sich vom Original abzuheben.

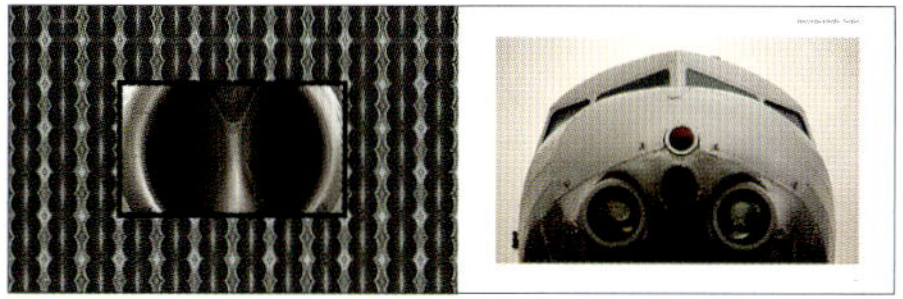

48 49

Ein Gesicht, wie es nur Flugzeugfanatiker lieben. Die Lande- und Navigationsleuchten verleihen dieser DC-2 vor dem Eingang zum Museum eine eher zweckmäßige Persönlichkeit. Farbton/Sättigung aus Photoshop betonen, wie wenig Farbe in der Szene zu finden ist. Wenn ich diese Einstellungen verwende, setze ich sie meist als Einstellungsebene ein und wähle Farbe aus dem Aufklappmenü Ebene. Damit schränke ich digitales Rauschen ein, das sonst beim Verstärken der Farben entsteht.

Um diesen Schmelztiegel von Licht, Reflexion und Form zu fotografieren, verwendete ich ein 50-mm-Festbrennweitenobjektiv. »Festbrennweite« bezeichnet Objektive, die nicht gezoomt werden können (Sie müssen also die Kamera bewegen, um einen Bildausschnitt zu wählen, und können nicht einfach am Zoom-Ring drehen). Die Konstruktion dieser Objektive - kombiniert mit ihrer Fähigkeit, auch bei schlechten Lichtverhältnissen gute Bilder zu machen, und das bei extrem feiner Schärfentieferegulation - machen sie zu Favoriten bei vielen Fotografen.

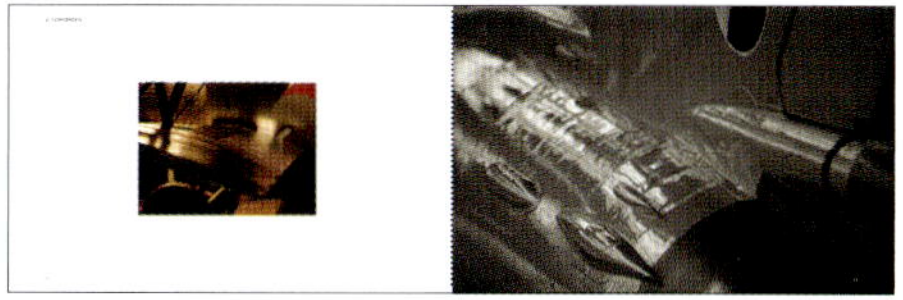

50 51

Die Graustufenbilder in diesem Kapitel waren eigentlich Farbfotos. Ich wandelte sie mit Schwarzweiss in Photoshop um. Dabei probierte ich alle Regler in der Dialogbox aus, um herauszufinden, welche zu den attraktivsten Ergebnissen führen würden. Die Schwarzweiss-Dialogbox ist ein leistungsstarkes Werkzeug, um Farbbilder in Graustufen zu verwandeln. Es ist deutlich flexibler als der Befehl Graustufen, außerdem können Sie das Foto gleich einfärben.

Sekundäre Motive. Nachdem Sie typische Details eines Objekts abgelichtet haben (bei Flugzeugen zum Beispiel Flügel, Propeller und Cockpits), vergessen Sie nicht die weniger signifikanten Details.

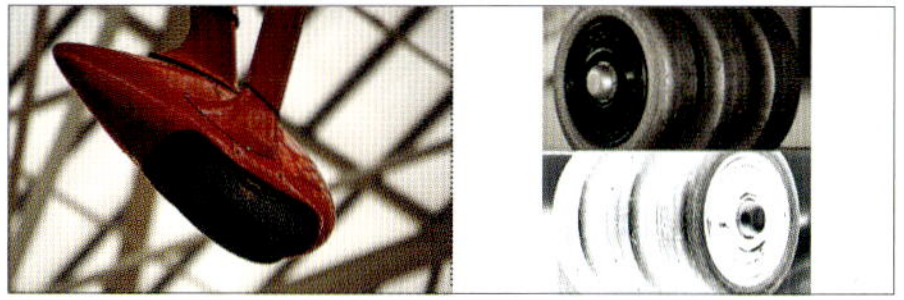

52 53

Dieses Motiv ist ebenso ästhetisch ansprechend wie inhaltlich bedeutsam. Hier sind drei beschlagene Räder aus dem Weltraumzeitalter nett als monochromatische Komposition aus Kurven, Farbwerten und Strukturen zu sehen. Fotos, deren Reiz in einfachen Farbkompositionen liegt, sehen auch als Negativ oft interessant aus. Kombinieren Sie doch einmal ein Negativ und ein Positiv einer Aufnahme wie dieser und präsentieren Sie beide gemeinsam.

Die beiden Fotos auf dieser Doppelseite wurden mit einem 70–200-mm-Teleobjektiv aufgenommen. Viele setzen Teleobjektive nur für Außenaufnahme von Tieren, Bergen etc. ein. Sie merken häufig gar nicht, dass sie auch im begrenzten Innenraum durchaus ihre Berechtigung haben. Zum Beispiel zoomte ich mit einem Tele, um die Instrumententafel dieses Flugzeugs von außerhalb der umfangreichen Absperrungen zu fotografieren.

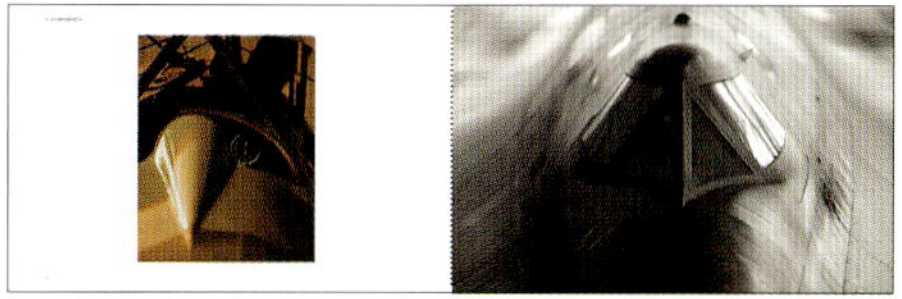

54 55

Auch hier setzte ich ein Tele ein, denn diese Aufnahme wäre mit einem normalen Objektiv unmöglich gewesen. In diesem Fall zoomte ich von einem Balkon viele Meter vom eigentlichen Motiv entfernt. Beachten Sie auch die beeindruckend komprimierte Tiefe, wenn man mit dem Teleobjektiv entlang des Rumpfes zielt.

4

Nahaufnahmen

Ein Bild mit einer Nahaufnahme kann Verschiedenes darstellen. Zum einen kann es ein winziges Motiv zeigen (oder ein winziges Detail in einem großen Motiv), das aus der Nähe des Objektivs aufgenommen wird. Eine weitere Art Nahaufnahme entsteht, wenn eine Szene Objekte in unterschiedlicher Entfernung von der Kamera enthält und die Kamera bei der Aufnahme nah an einem Objekt im Vordergrund platziert wird.

Die meisten Fotos in diesem Kapitel wurden entweder mit einer kleinen Kamera im Makromodus aufgenommen oder aber mit einer digitalen SLR mit Makroobjektiv. Ein Makroobjektiv (oder die entsprechende Einstellung) vergrößert das Motiv nicht unbedingt, kann jedoch Bilder aufnehmen, die mehr Details enthalten, als das Auge wahrnehmen kann. Die Bilder können dann so groß präsentiert werden, dass noch mehr Details zu Tage treten.

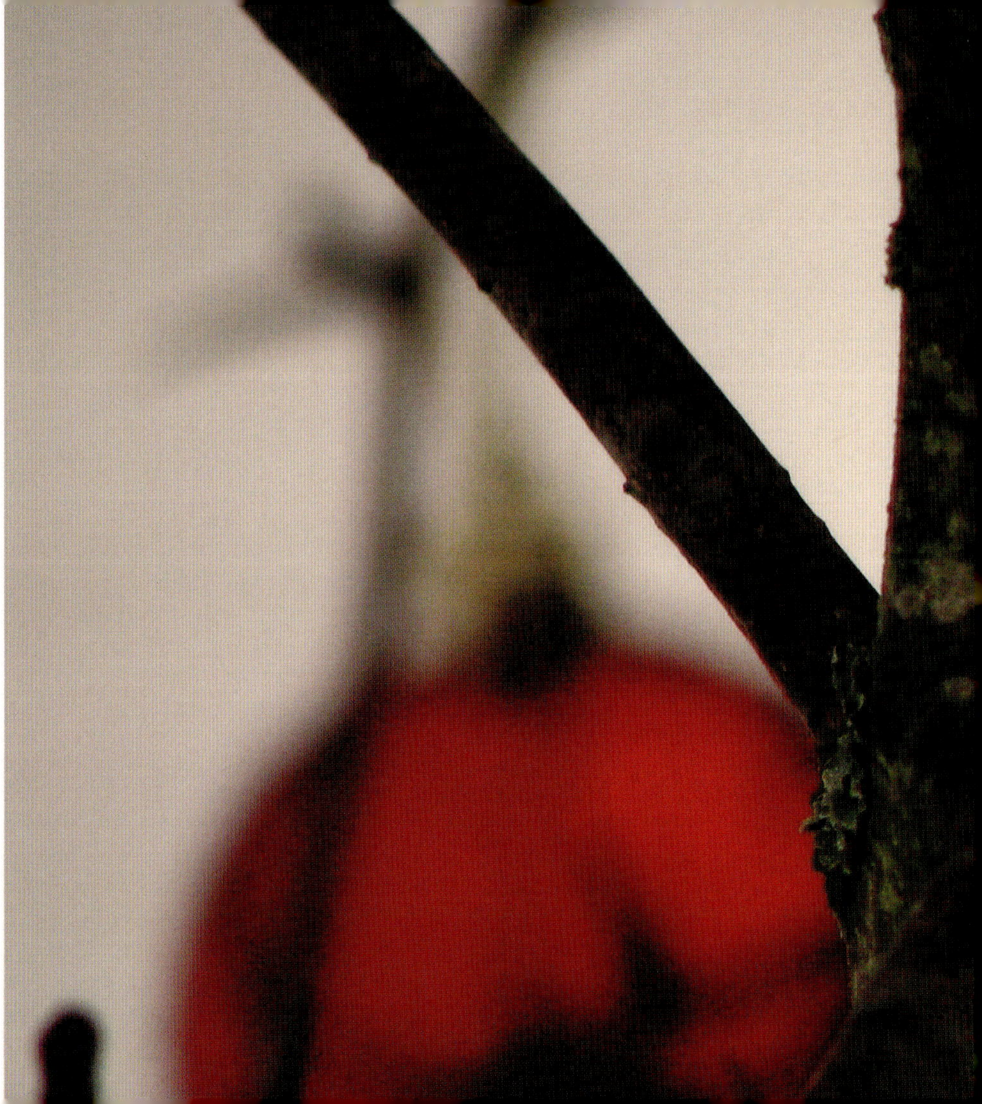

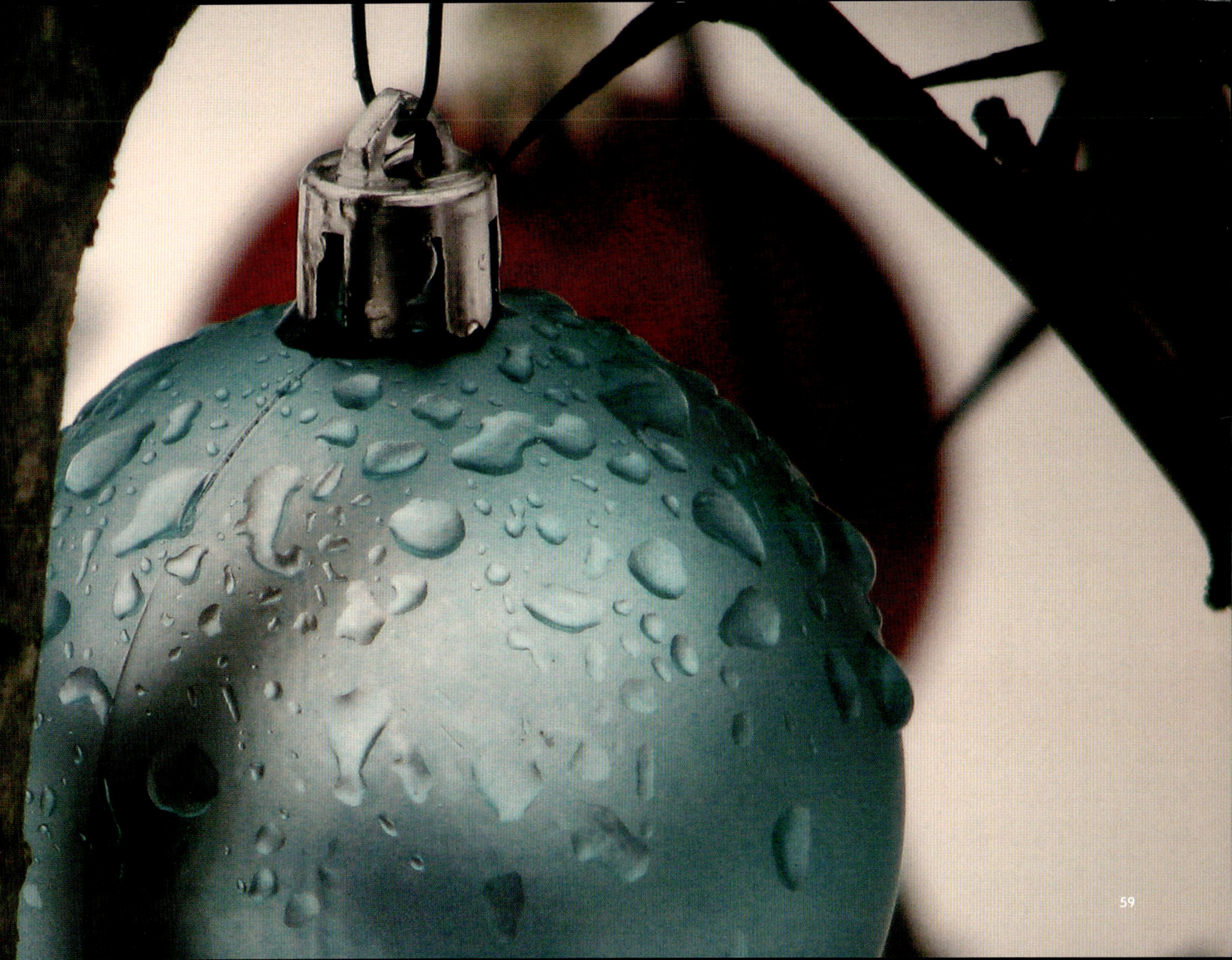

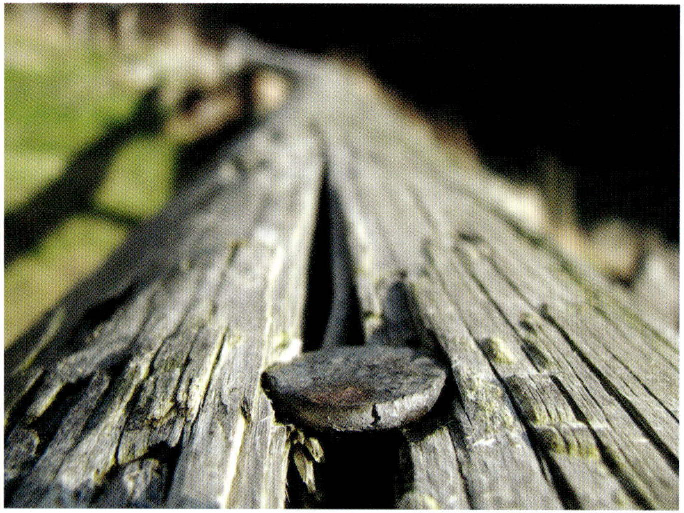

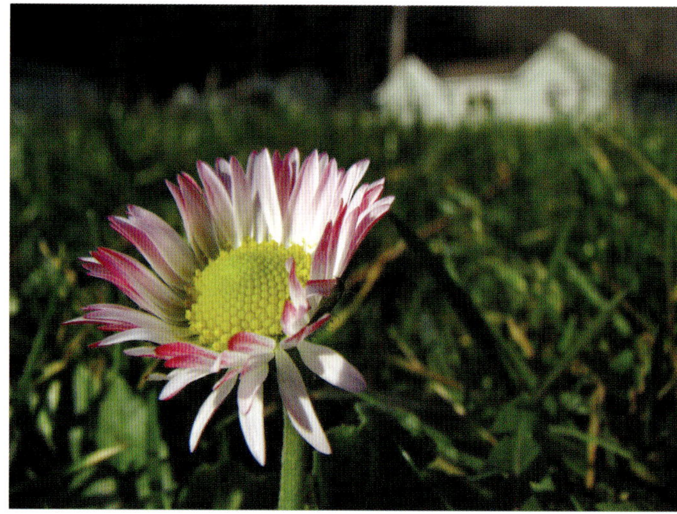

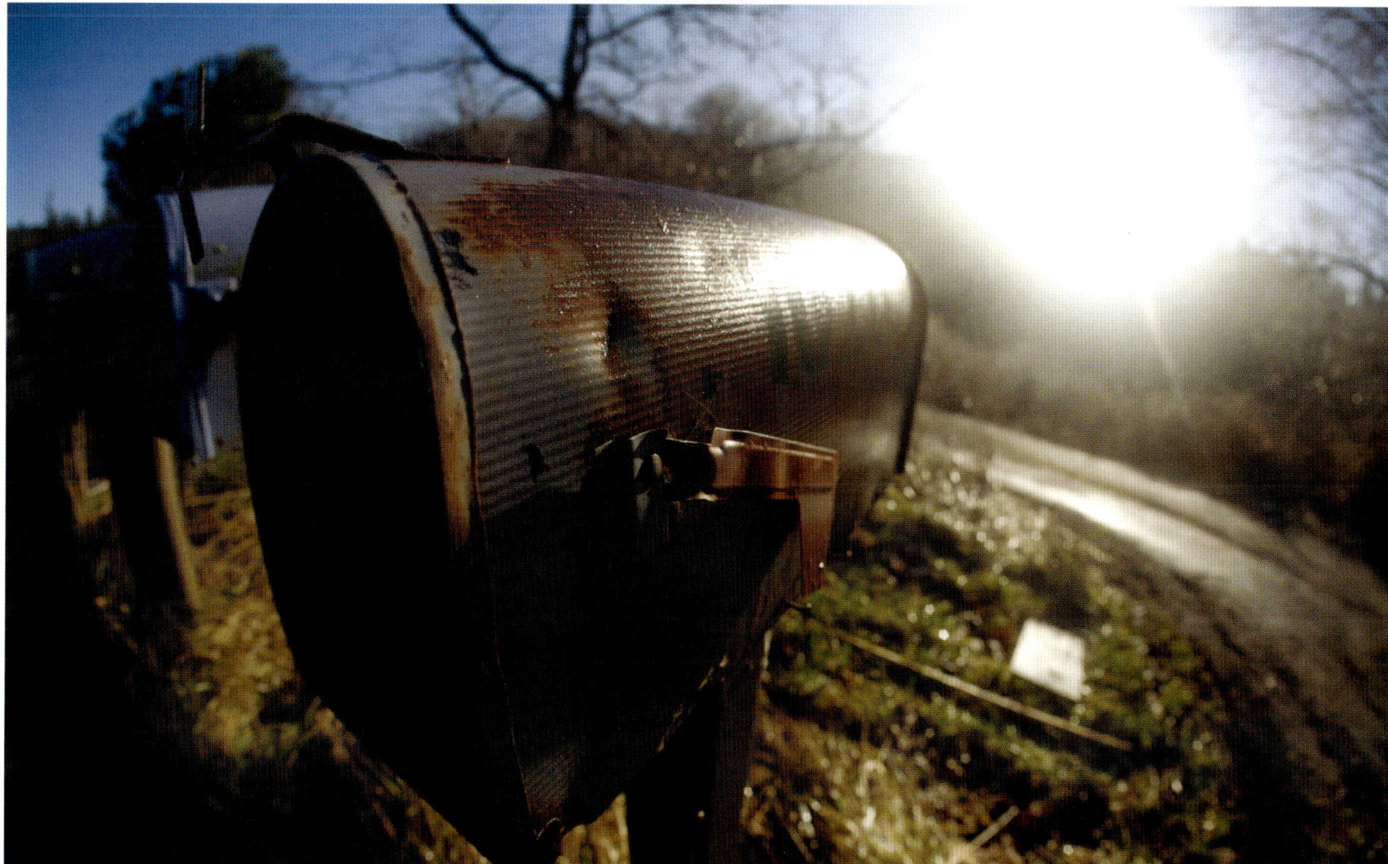

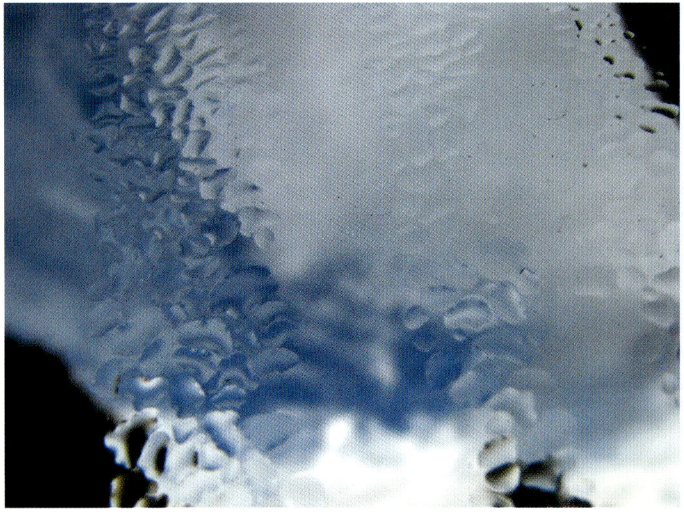

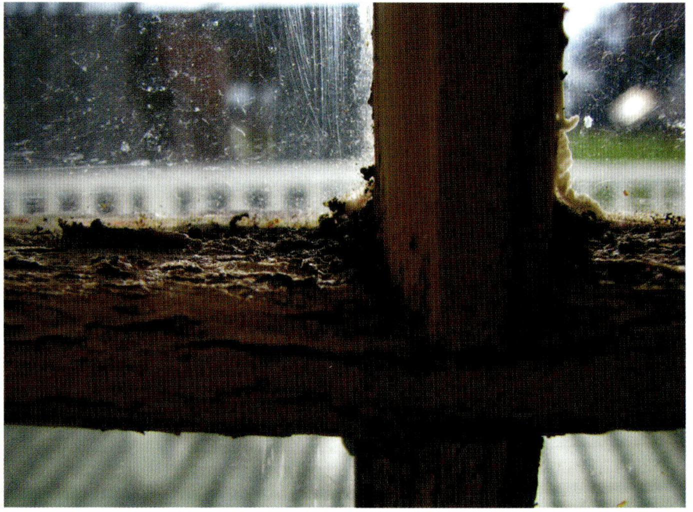

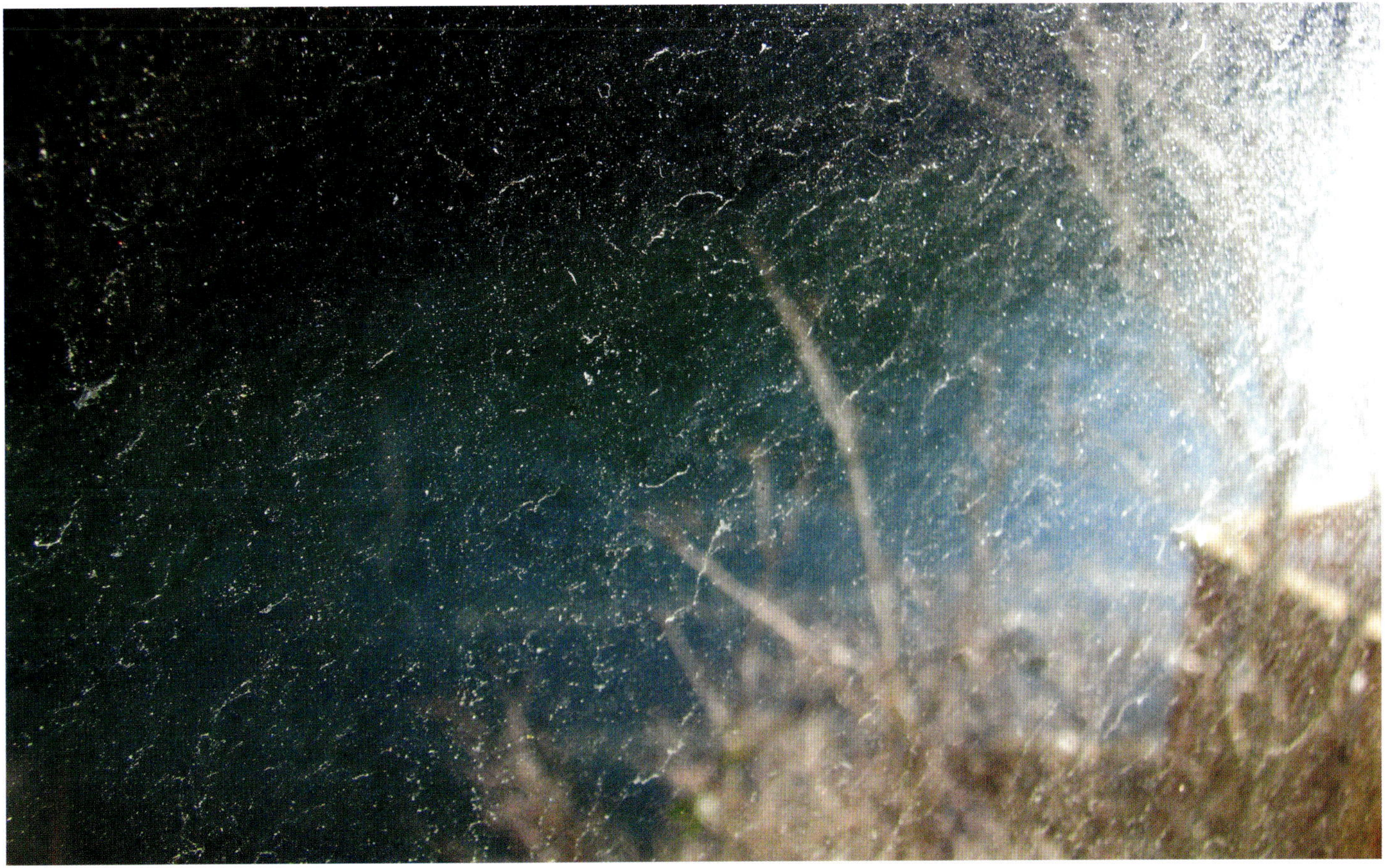

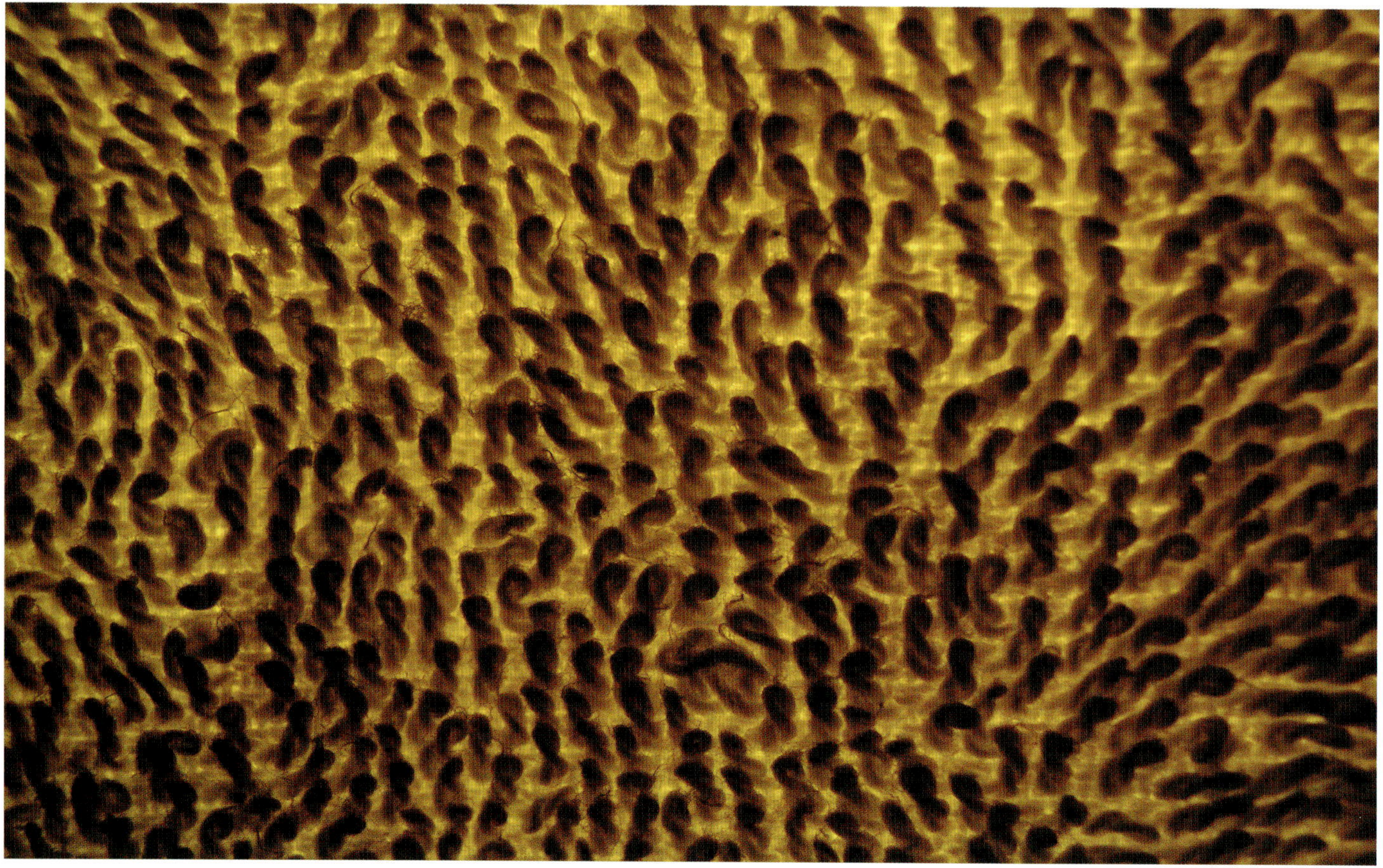

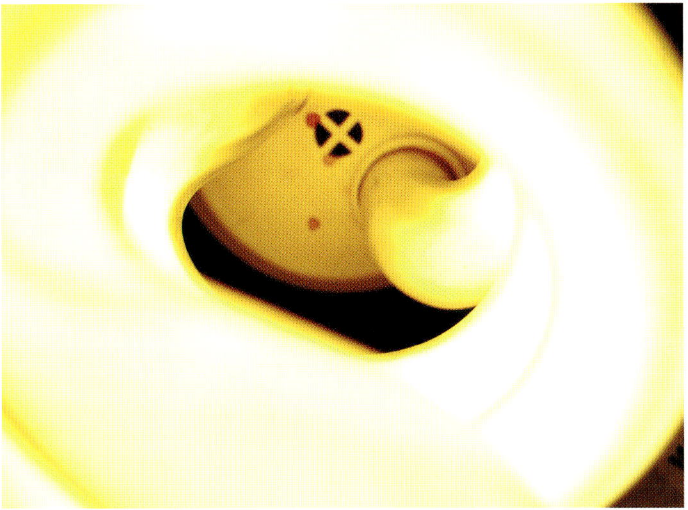

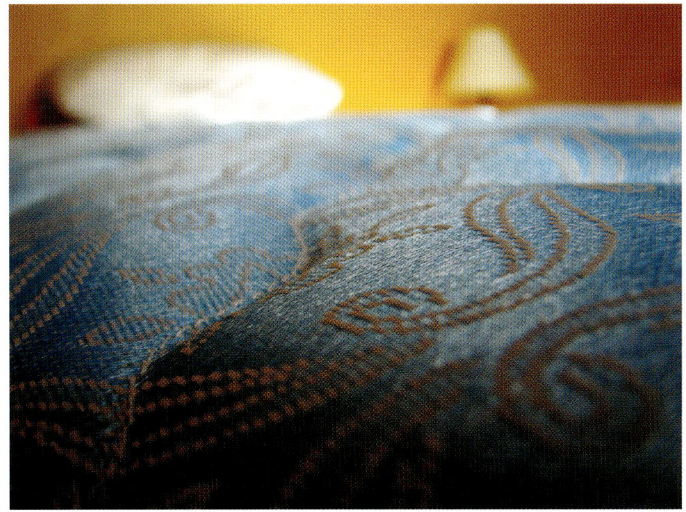

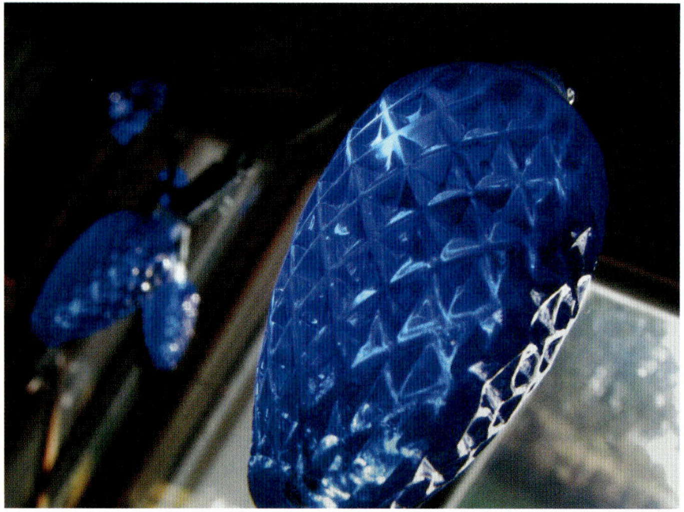

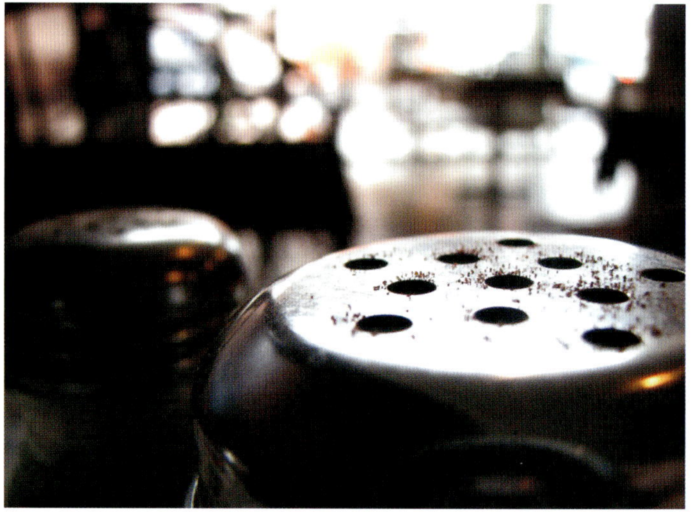

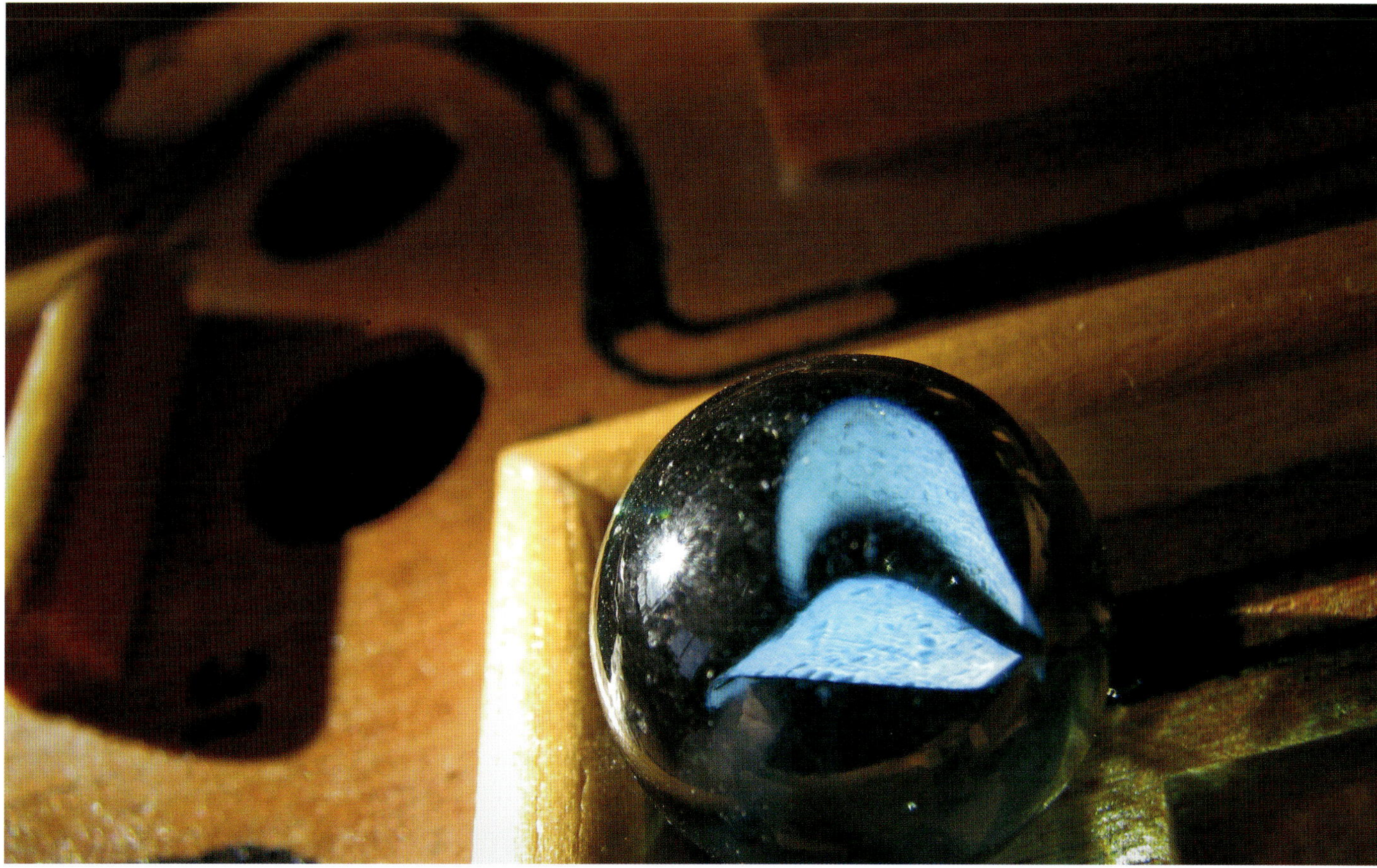

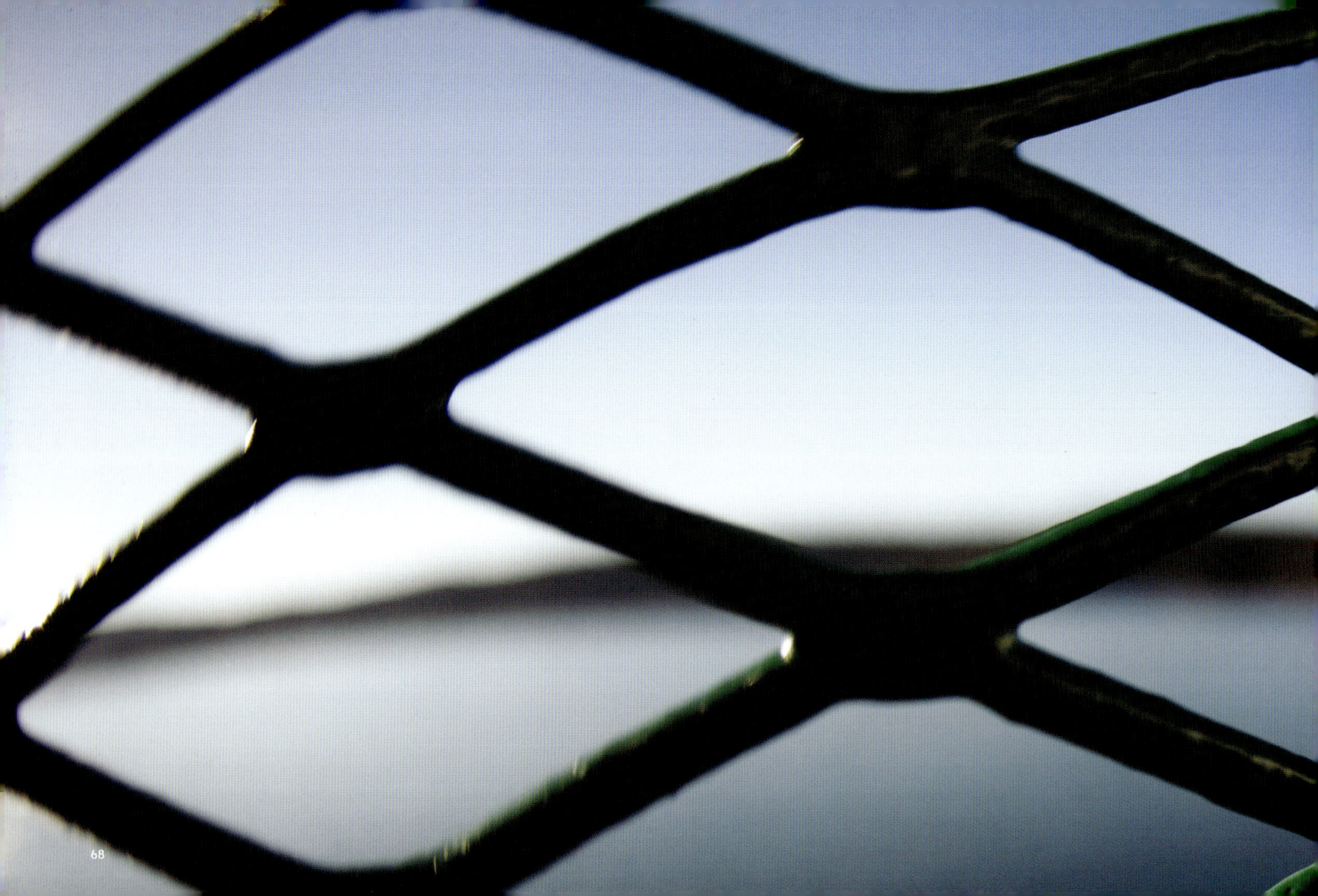

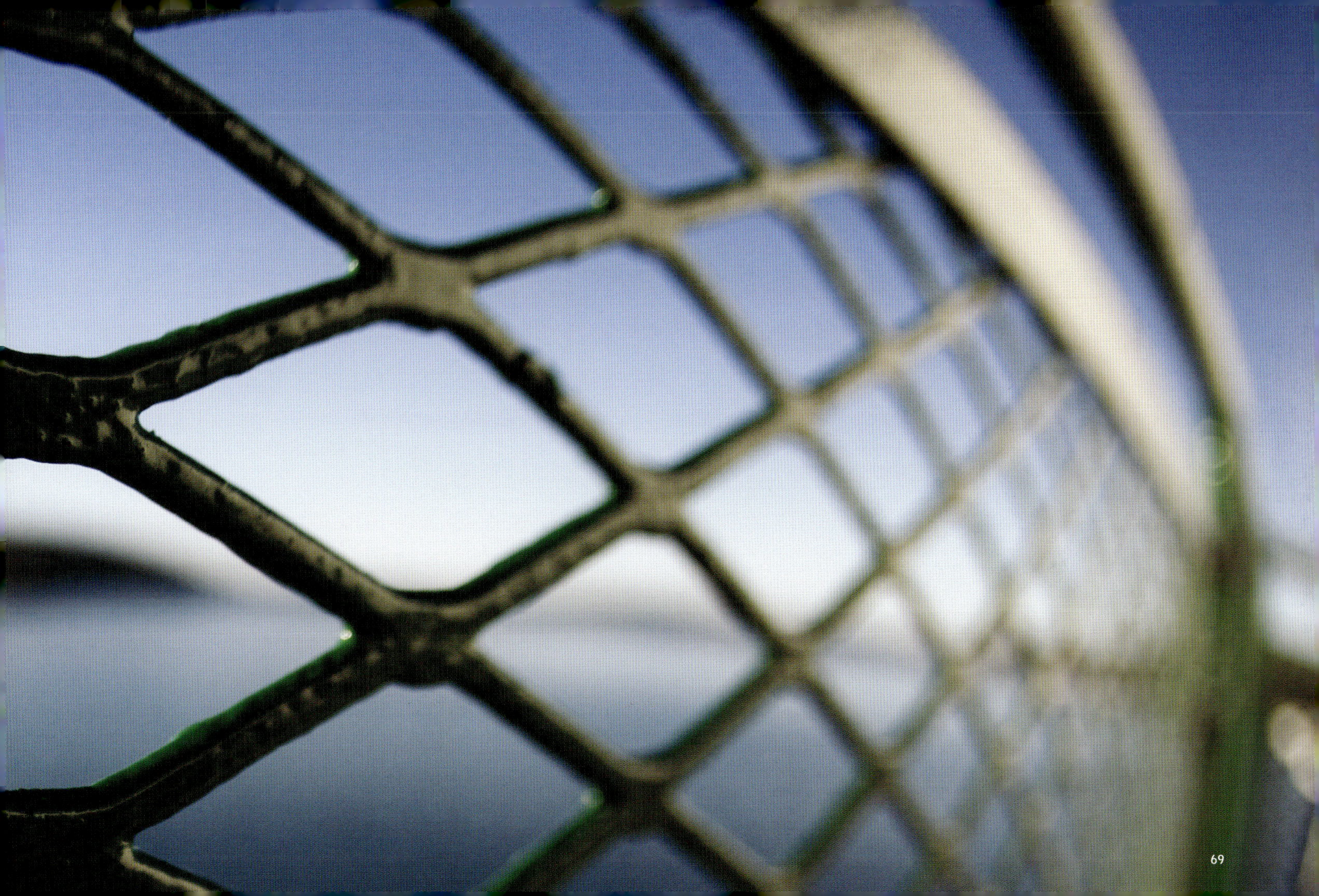

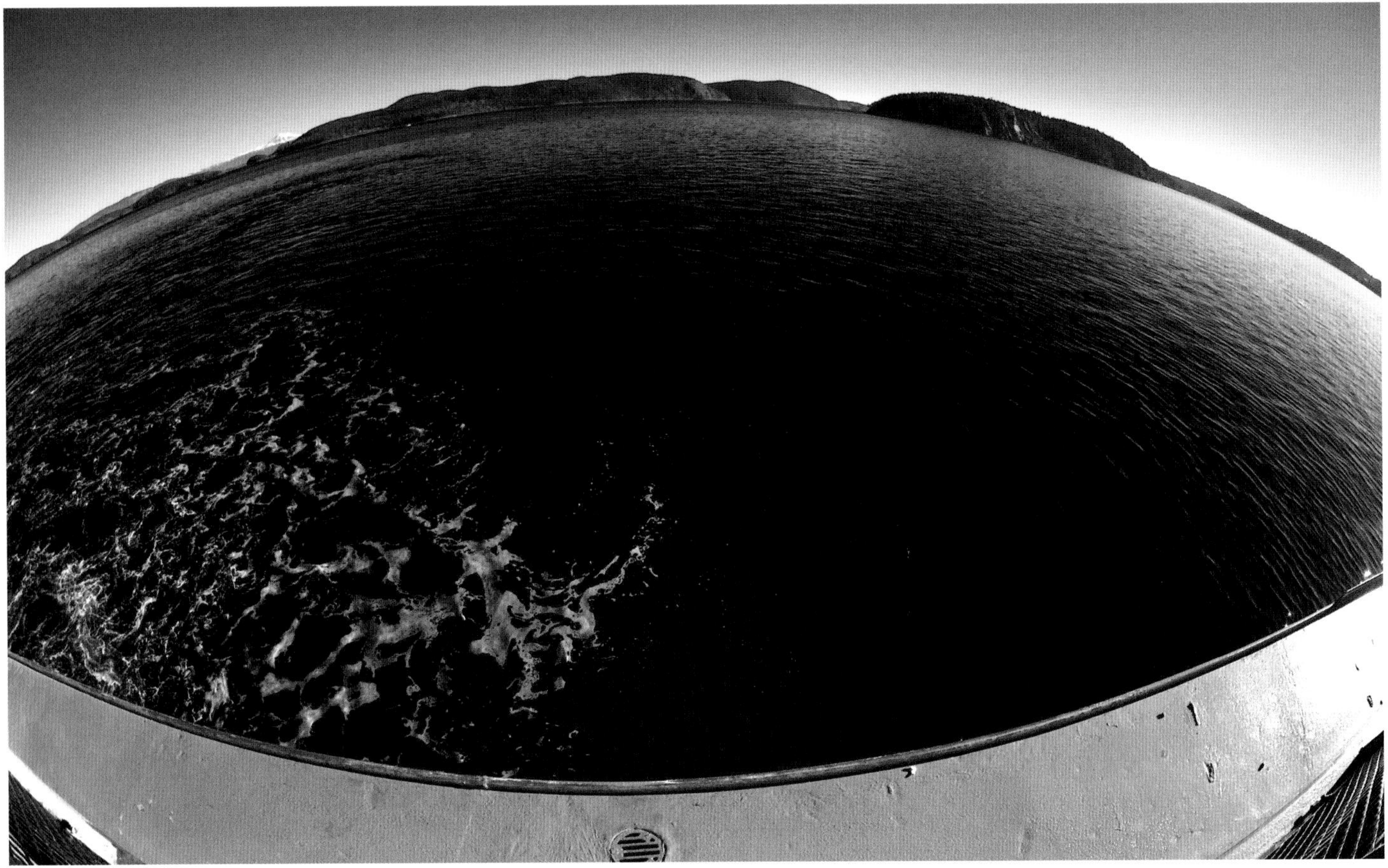

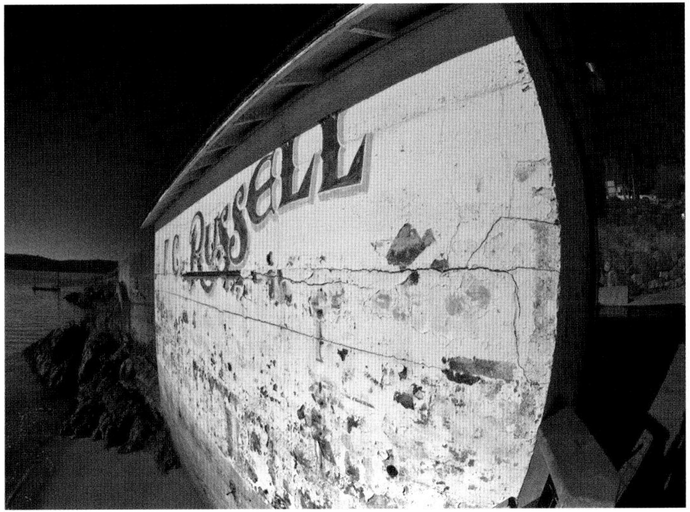
RUSSELL

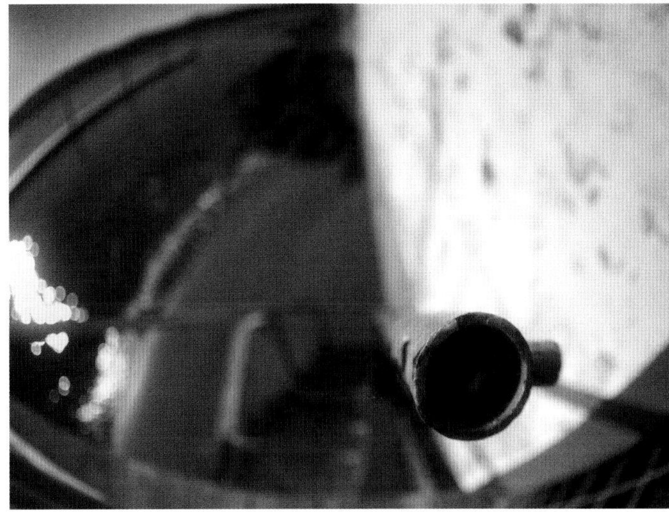

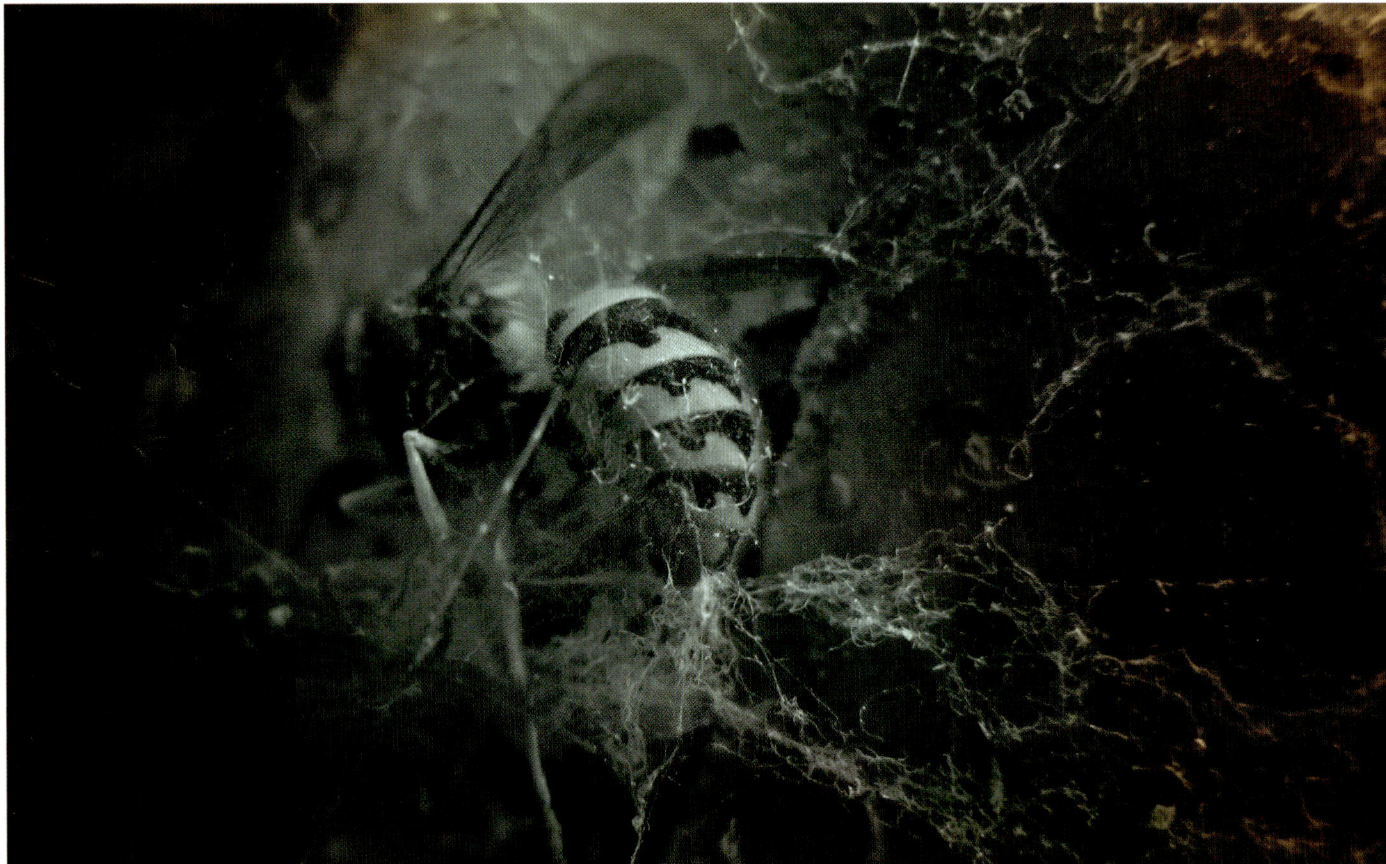

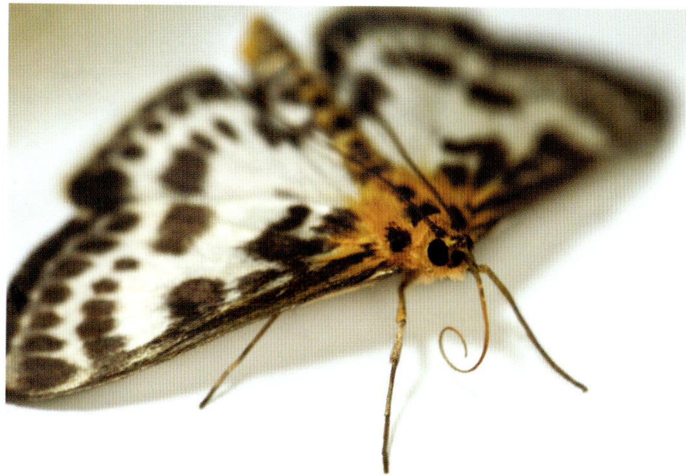

Gefrorene Wassertropfen zieren die Weihnachtsbaumkugeln an einem kahlen Baum. Ursprünglich legte ich die Kamera an, um den ganzen Baum zu fotografieren, zusammen mit der vollständigen Dekoration und dem Vorgarten, in dem sie aufgebaut war. Als ich jedoch am Fotografieren war, merkte ich, wie ich immer näher und näher an den Baum herantrat und die Bilder mir immer besser gefielen. Schließlich entschied ich mich für Aufnahmen so nah am Baum, dass mein Objektiv noch fokussieren konnte.

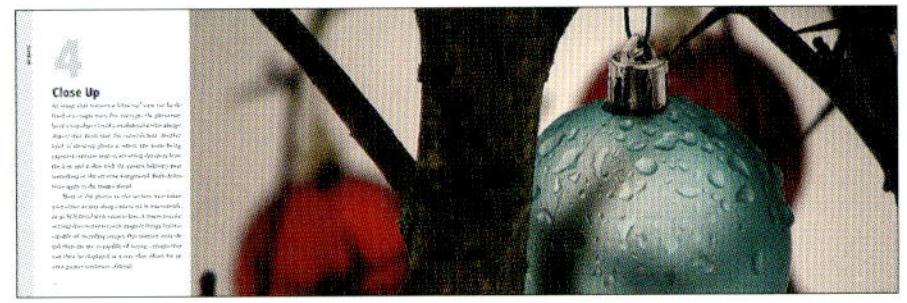

58 59

Dieses Foto wurde mit einem 50-mm-Objektiv an einer digitalen SLR aufgenommen. Dieses Objektiv lässt sich äußerst vielfältig einsetzen. Es ist nicht nur zu scharfen Nahaufnahmen, sondern auch für Aufnahmen im mittleren Bereich und Porträts geeignet. Weitere Vorteile des 50-mm: Es gehört zu den preiswertesten Objektiven. Es funktioniert ausgezeichnet auch unter schwachen Lichtverhältnissen, die Schärfentiefe lässt sich gut steuern; und es ist leicht und gut zu verpacken.

Nah und fern. Der Eindruck von Raum und Entfernung kann verstärkt werden, indem Sie mit dem Objektiv auf etwas in Ihrer Nähe fokussieren, entfernte Objekte aber in unscharfer Entfernung mit ins Bild einbeziehen. Diese beiden Bilder entstanden im Makromodus einer kompakten Digitalkamera.

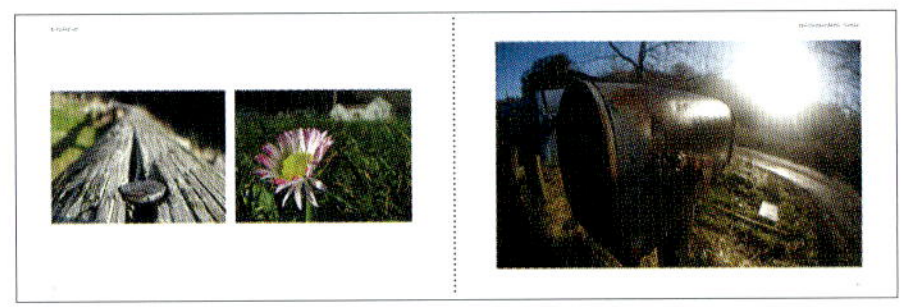

60 61

Nur Zentimeter von diesem taubedeckten Briefkasten entfernt fängt ein Fischaugenobjektiv den Sonnenaufgang ein. Auch die Fotos auf den Seiten 66 bis 69 wurden mit dem Fischauge aufgenommen.

Von drinnen nach draußen. Diese Seite, links: Kondenswasser innen am Fenster eines Cafés versperrt die Sicht auf einen bewölkten Himmel. Rechts: Nahaufnahme eines alten Fensterrahmens und unscharfer Blick durchs Fenster. Gegenüber: Hier fokussierte die Kamera auf die schmutzige Fensterscheibe im extremen Vordergrund, während der Hintergrund impressionistisch weich verschmelzen darf.

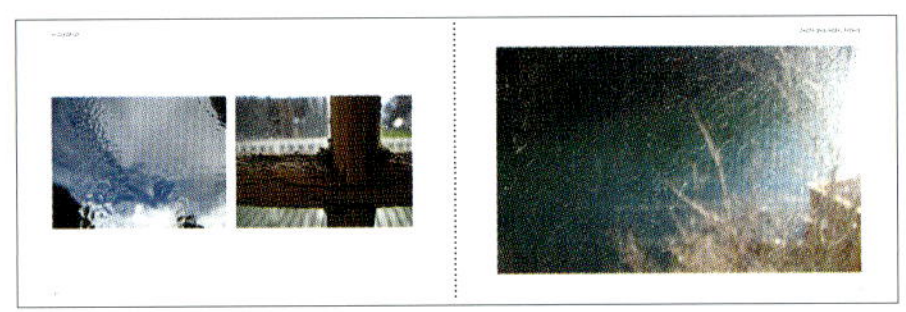

62 63

Die meisten kompakten Digitalkameras besitzen eine Makroeinstellung, mit der Sie auf Objekte sehr nah am Objektiv fokussieren können (manche Kameras können sogar Objekte scharfstellen, die sie *berühren*).

Offenbarungen im Haushalt. Der Makromodus einer digitalen Kompaktkamera kann überraschende Sichtweisen auf normale Haushaltsobjekte eröffnen. Dieses abstrakte Bild zum Beispiel ist eine Nahaufnahme im Makromodus einer Digitalkompaktkamera von einem Handtuch (dieses wurde auf einem Lampenschirm fotografiert, war also von hinten beleuchtet).

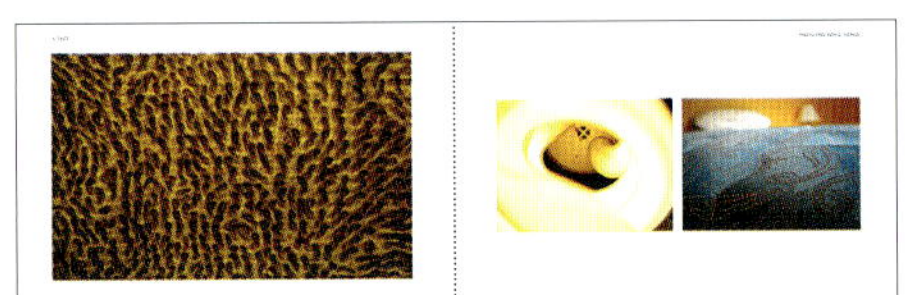

64 65

Links: Innenansicht der Leuchtwendel einer Energiesparlampe. Rechts: Kamera im Makromodus liegt auf einer unbezogenen Matratze (»in der Ferne« sind ein Kissen und eine Lampe zu sehen). Hier eine einfache Projektidee: Durchstöbern Sie Ihr Haus ein oder zwei Stunden mit einer Kamera im Makromodus. Die Bilder werden Sie begeistern.

Warum nicht einmal kleine Objekte ganz groß herauskommen lassen – Dinge, die normalerweise nur als winzige Punkte in großen Szenen auftreten? Auf dieser Doppelseite sind eine Weihnachtslichterkette, Salz- und Pfefferstreuer und eine einzelne Murmel die Hauptmotive.

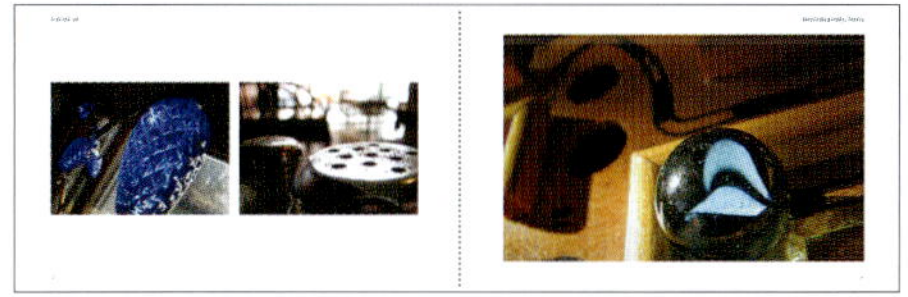

66 67

Am Setup für diese Aufnahme war ganz und gar nichts Besonderes – es entstand an einem sonnigen Morgen im Spielzimmer einer Bibliothek. Ich betone das hier, um zu zeigen, dass Sammlungen sinnvoller Bilder auch von Leuten zusammengestellt werden können, die ihre Kamera immer zur Hand haben, während sie ihren Alltag bewältigen – vielleicht noch besser als von Fotografen, die Stunden im Studio zubringen.

Sie können sich sicher vorstellen, dass die anderen Touristen auf diesem Boot ihre Kameras zum Fotografieren über die hüfthohe Reling gehalten haben. Ich hatte keine Lust, mit der Masse zu schwimmen, also machte ich dieses Bild mit einem Fischaugenobjektiv hinter dem Sicherheitsgitter. Wenn Sie eine einzigartige Aufnahme einer Szene oder eines Objekts machen wollen, beginnen Sie, indem Sie nicht das tun, was alle tun.

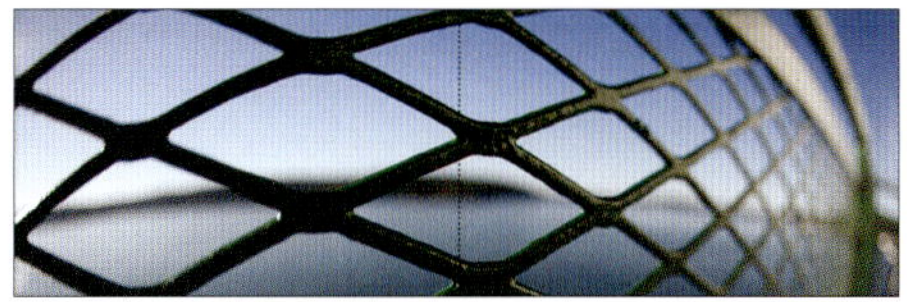

68 69

Diese und die drei folgenden Bilder wurden mit einem 15-mm-Fischaugenobjektiv aufgenommen. Ich fotografiere damit gern nah an einem Objekt im Vordergrund, während ich eigentlich die Landschaft in der Ferne aufnehmen will. Die kunstvolle, geschwungene Perspektive von derart aufgenommenen Szenen (und die nicht-normalen Aufnahmen, die so entstehen), führen häufig zu künstlerisch attraktiven und optisch interessanten Bildern.

Mehr Fischauge und Küste: In jeder Aufnahme befand sich etwas nah am Objektiv – und etwas anderes in der Ferne. Manchmal laufe ich den ganzen Nachmittag mit einem ungewöhnlichen Objektiv auf meiner Kamera herum (normalerweise einem Fischaugenobjektiv, aber auch einem Lensbaby oder Pinhole). In gewisser Weise ist es so einfacher, auffällige Fotos zu machen, denn die entstehenden Bilder sind zumindest immer originell.

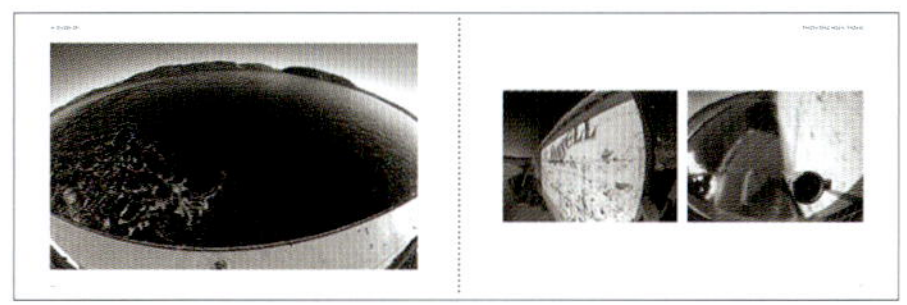

70 71

Wie bei allen einfarbigen Bildern in diesem Buch wurden auch diese Fotos in Farbe aufgenommen. Ich wandelte dieses Set mit Schwarzweiss in Photoshop in Graustufen um. In diesem Fall sorgte die Vorgabe Rotfilter mit hohem Kontrast für die effektvollste Umwandlung.

Insekten, tot oder lebendig. Die Szene auf dieser Seite war ein glücklicher Zufall. Ich hatte gerade die holzgerahmte Glasscheibe auf Seite 62 fotografiert, als ich die Leiche dieser armen Wespe in der Ecke des Fensterbrettes fand. Mit der Makrofunktion meiner Kompaktkamera hielt ich die Szene fest. Mit Schwarzweiss wandelte ich das Foto in ein eingefärbtes Schwarzweiß-Bild um, mit dem Pinsel im Überlagern-Modus fügte ich etwas Farbe entlang der Bildkanten hinzu.

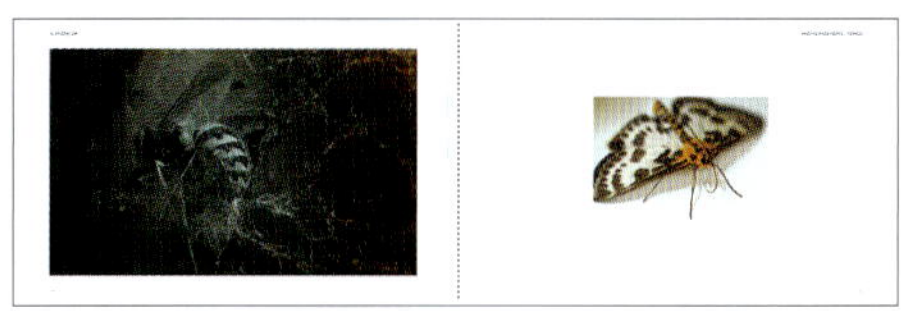

72 73

Diese bunte Motte tauchte eines Abends an einer Zimmerdecke in meinem Haus auf. Sofort, als ich sie erblickte, kletterte ich mit meiner SLR und einem 100-mm-Makroobjektiv auf einen Hocker und schoss einige Dutzend Porträts der wunderschönen Kreatur, bevor ich sie wieder nach draußen beförderte. Ein qualitativ hochwertiges Makroobjektiv kann unwahrscheinlich viele Details kleinster Motive aufnehmen – diese Motte war nur wenig größer als ein Fünfcentstück.

5

Abstraktion

Durch den Einsatz von Software werden auch sehr abseitige visuelle Interpretationen von Fotos möglich. In diesem Kapitel habe ich Fotos von normalen Szenen und Objekten in abstrakte Kompositionen umgewandelt, dabei kamen ein oder mehr einfache Photoshop-Filter und -Korrekturen zum Einsatz (unten das Bild vom Kühler des alten Trucks zum Beispiel bearbeitete ich mit SCHWELLENWERT und einer Volltonfarbe-Füllebene, um das Bild rechts zu erhalten). Alle in diesem Kapitel bearbeiteten Originalfotos sehen Sie neben dem abstrakten Ergebnis. Erläuterungen finden Sie auf den Seiten 92–93.

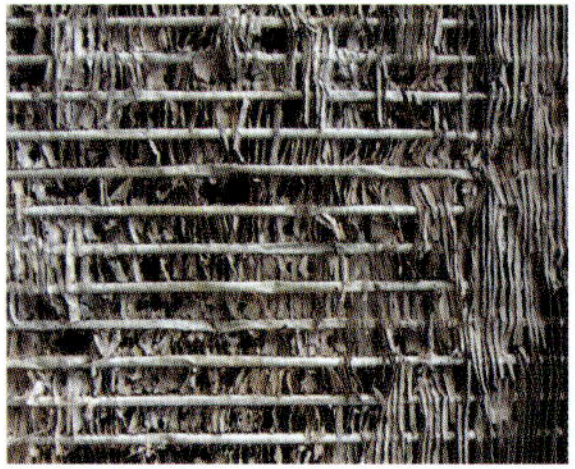

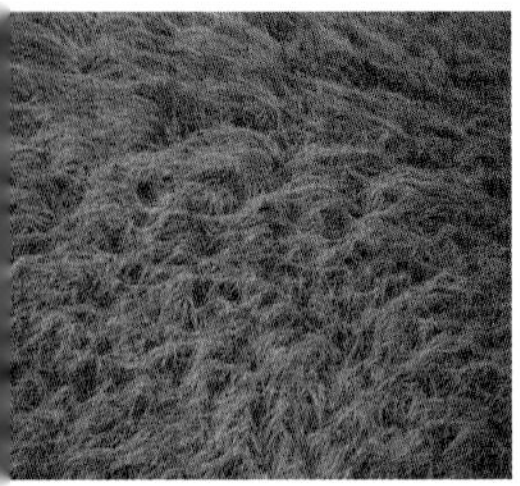

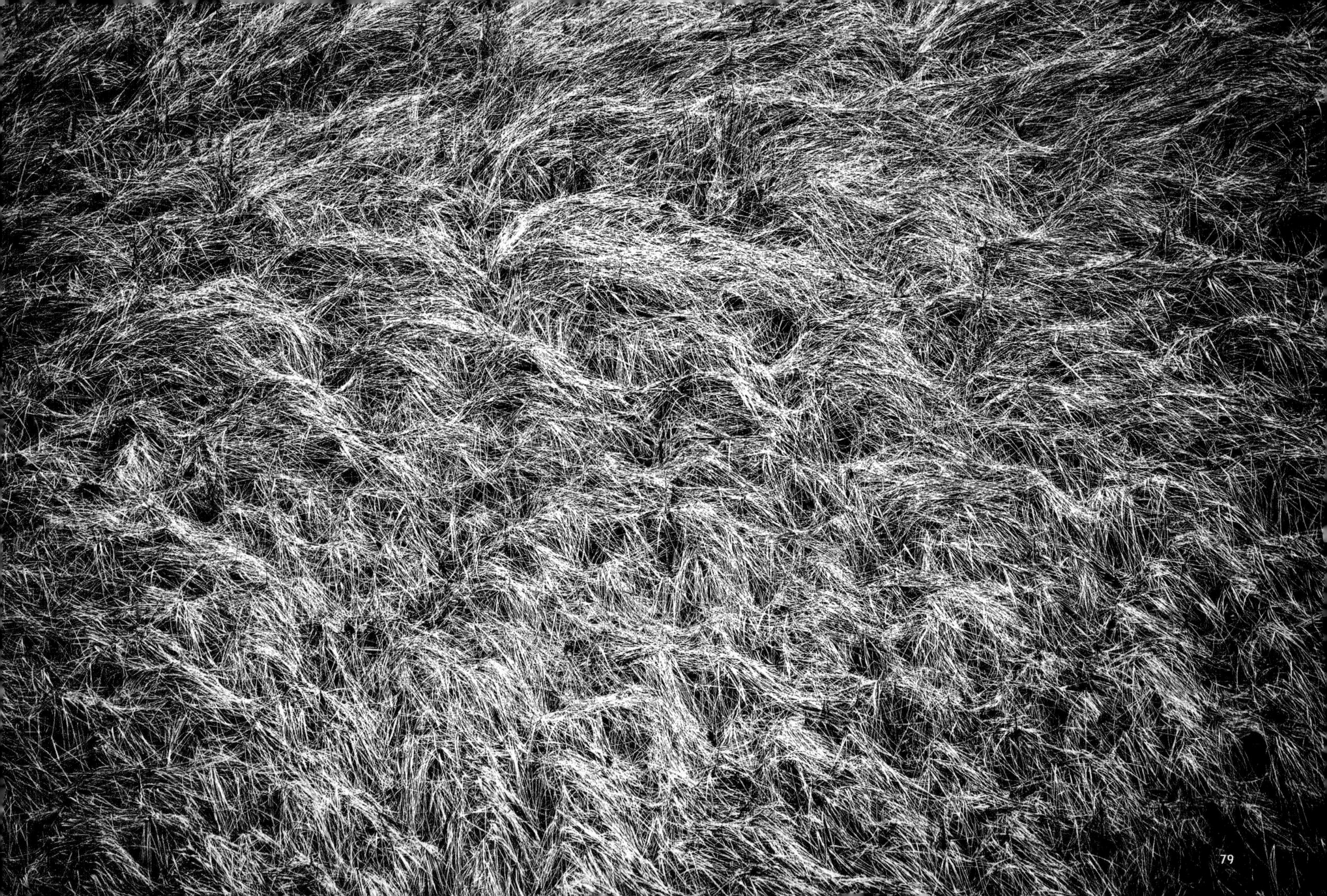

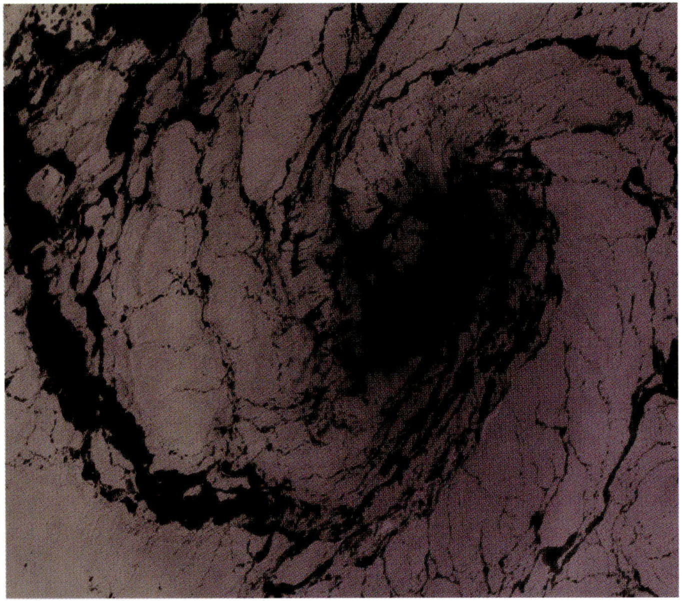

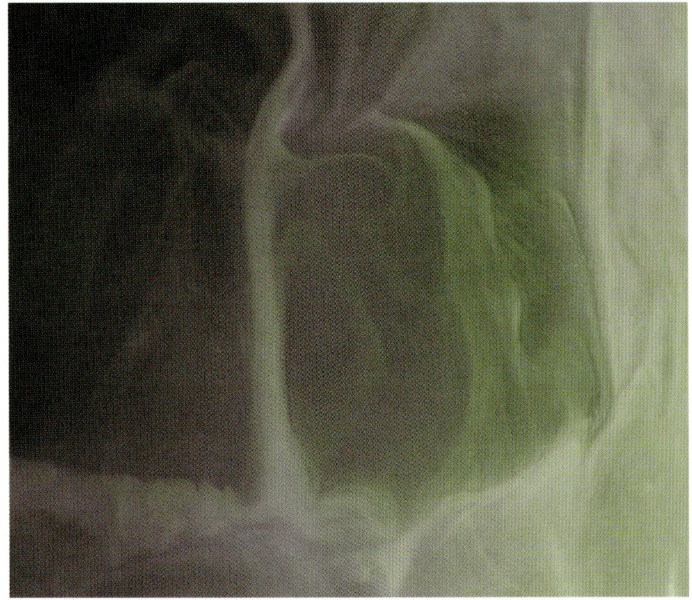

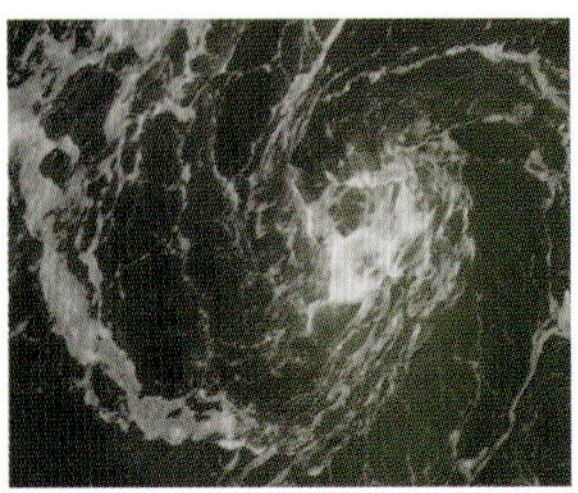

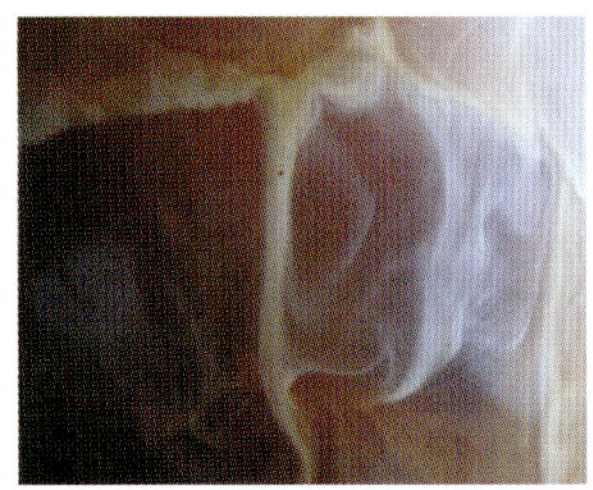

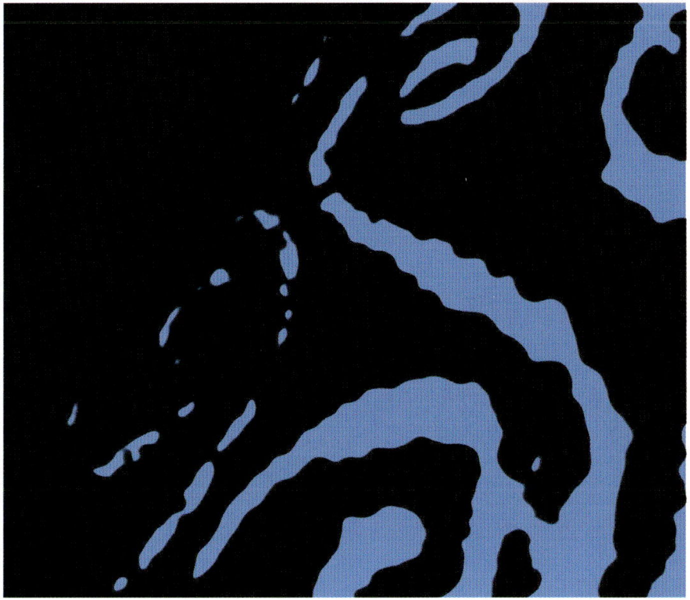

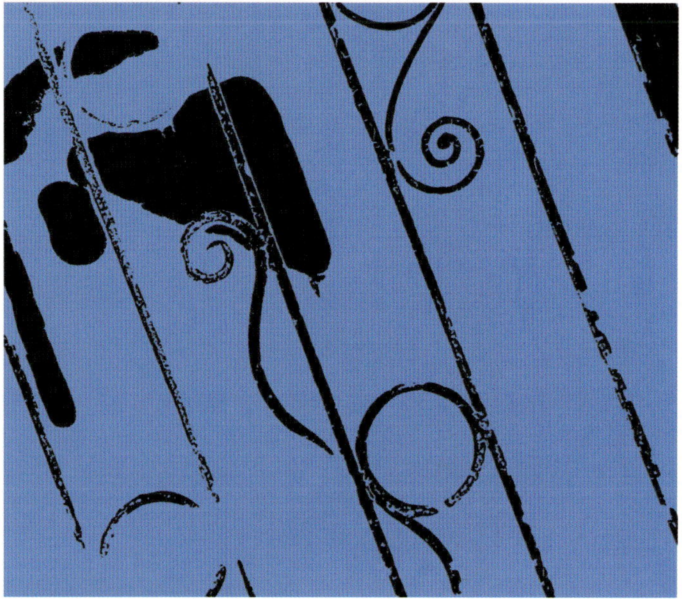

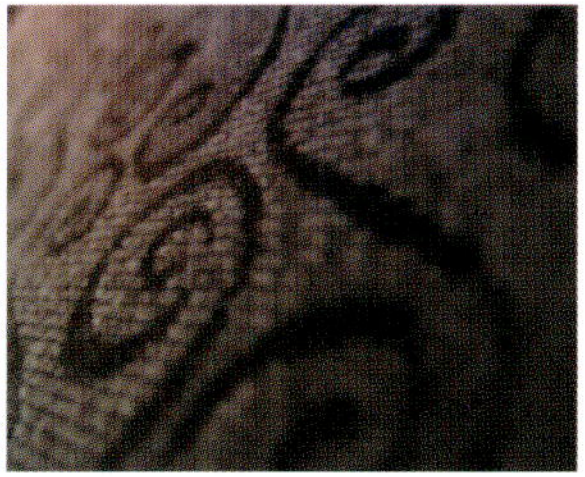

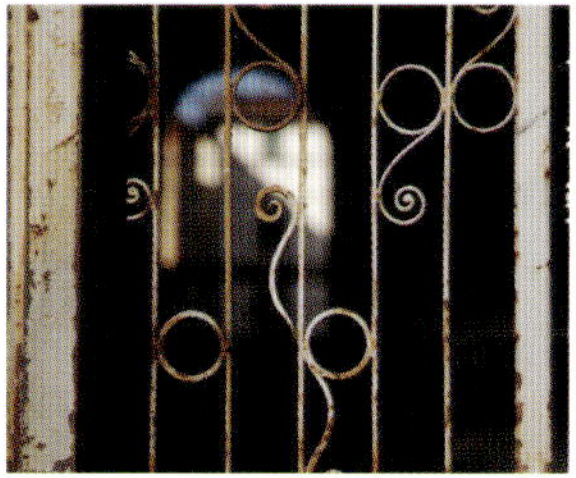

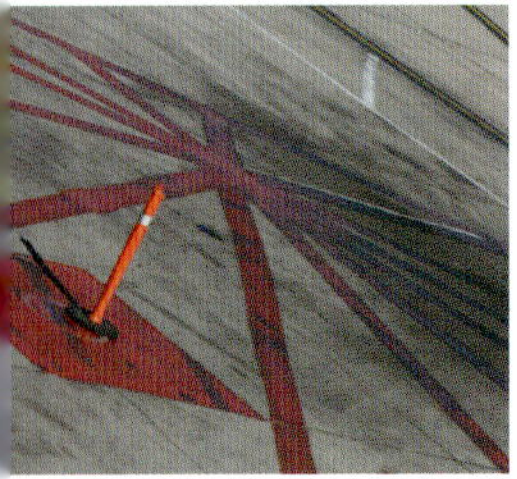

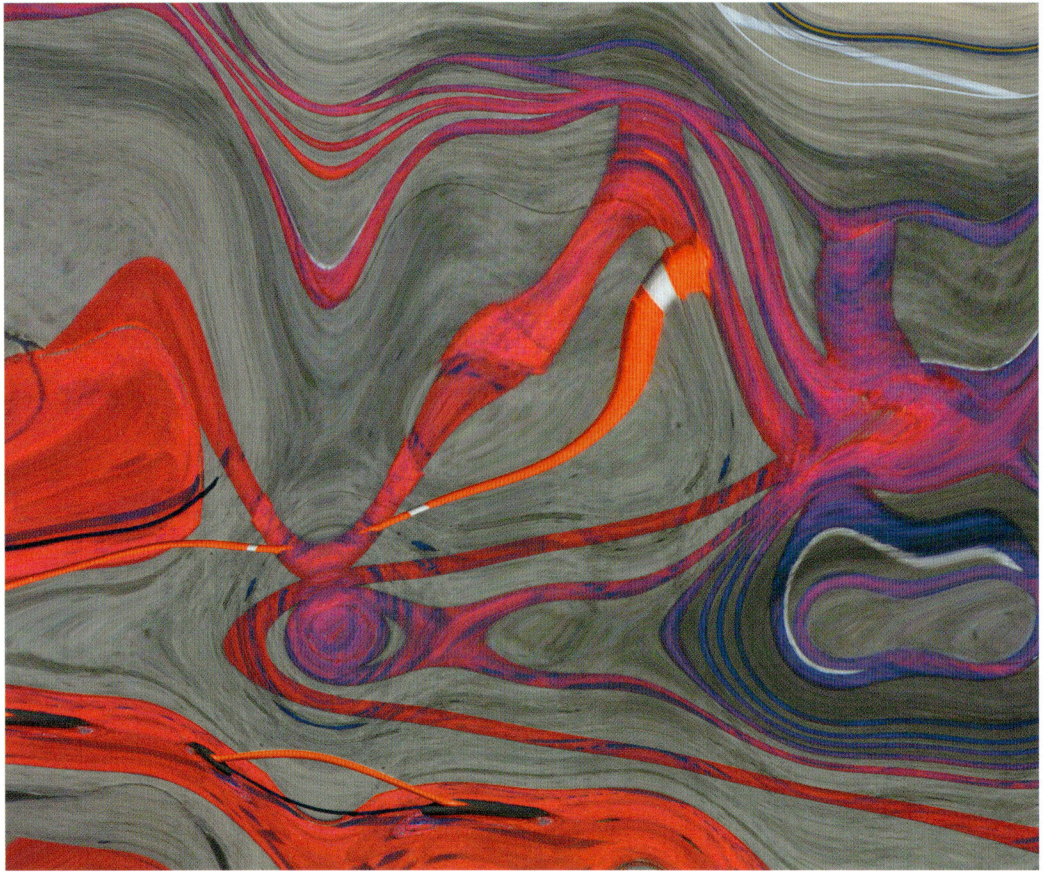

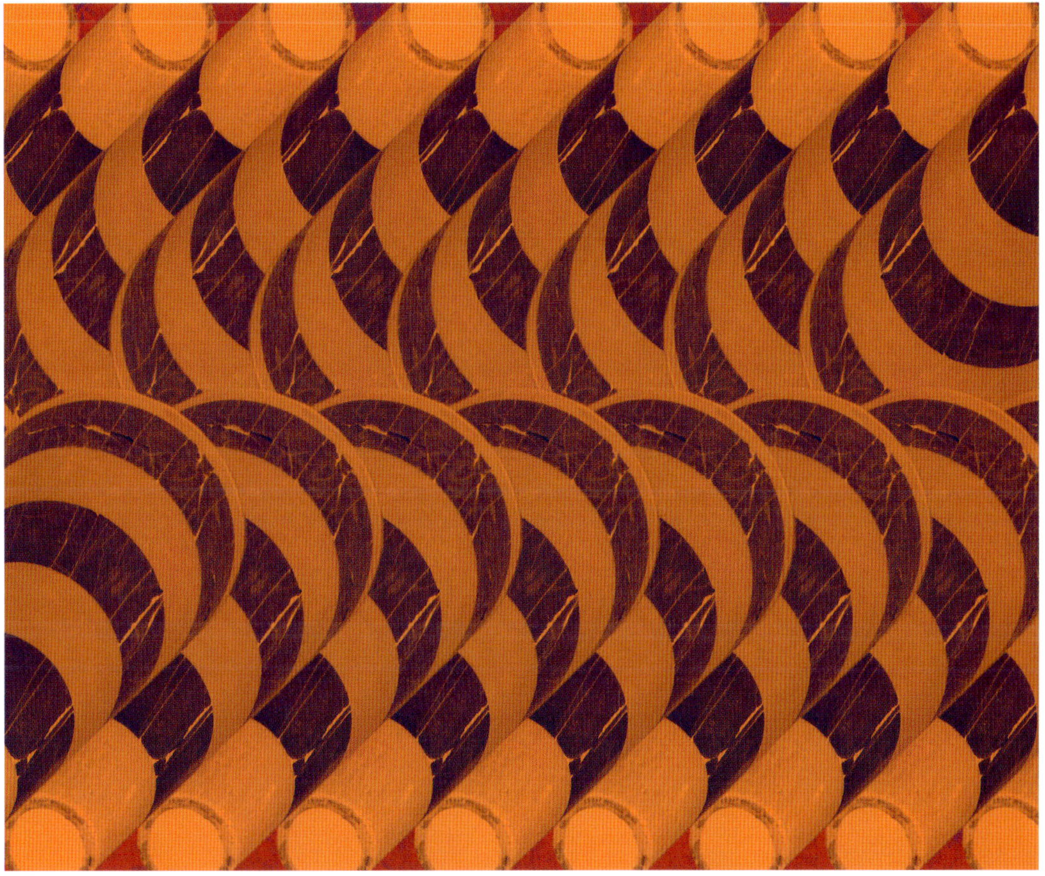

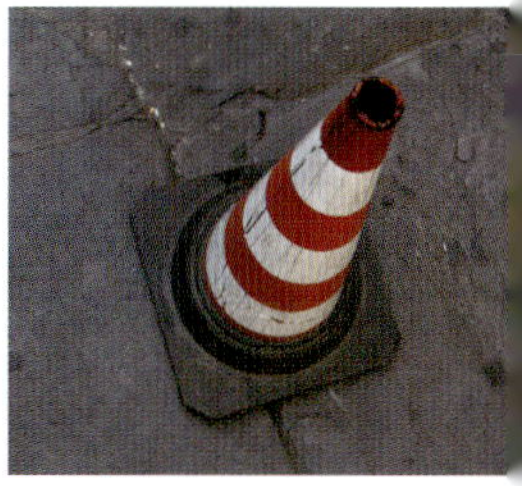

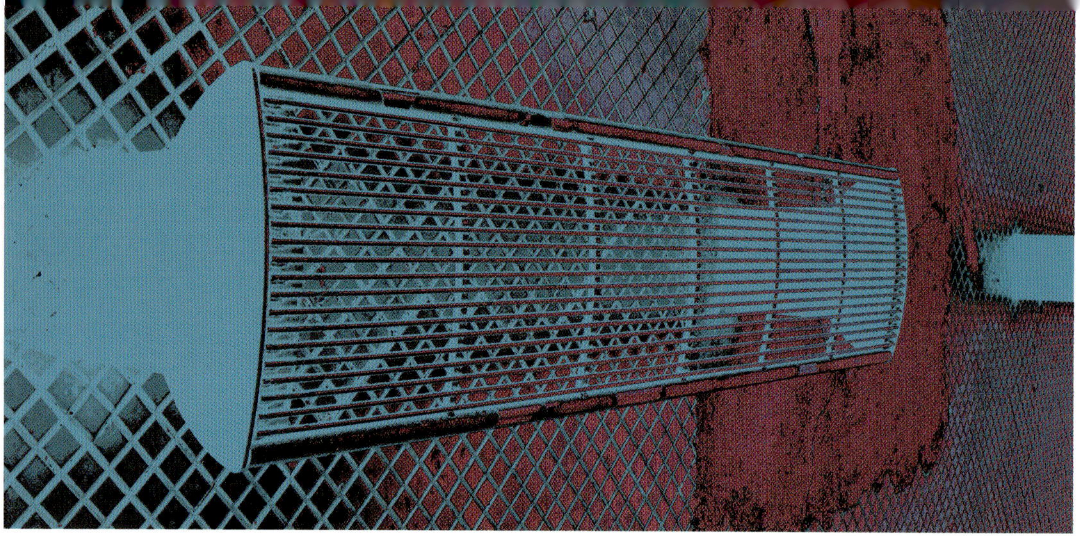
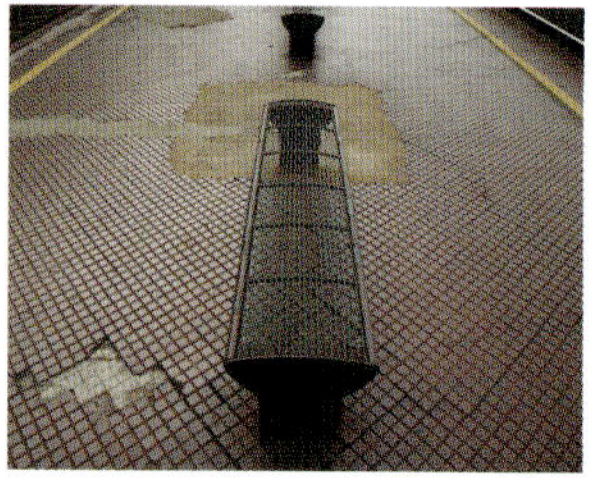
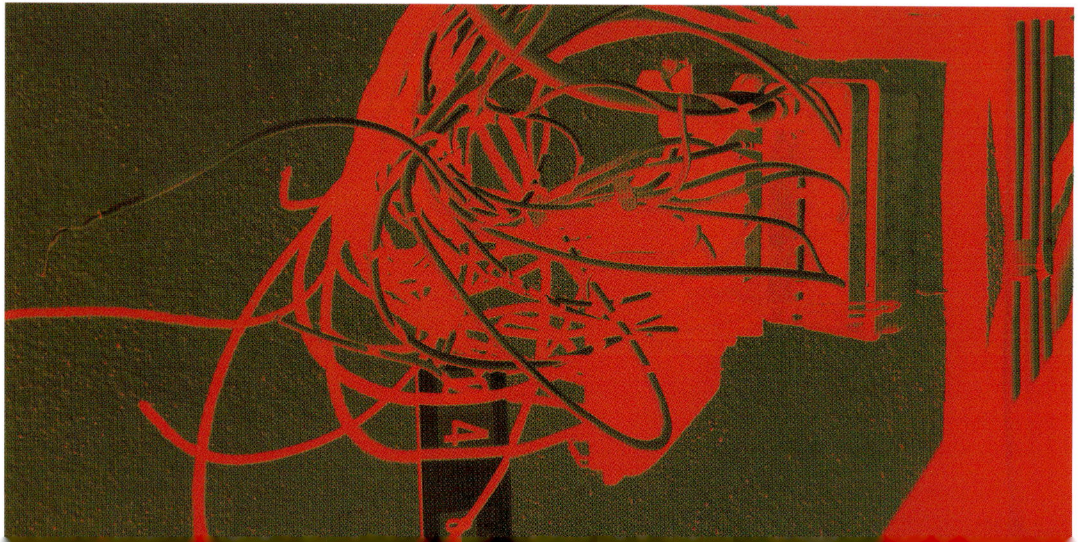
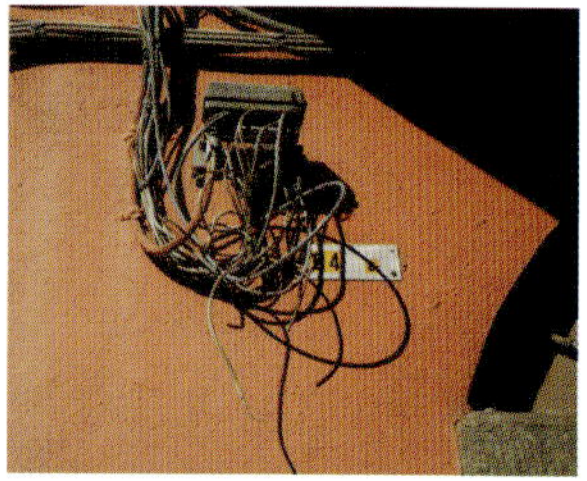

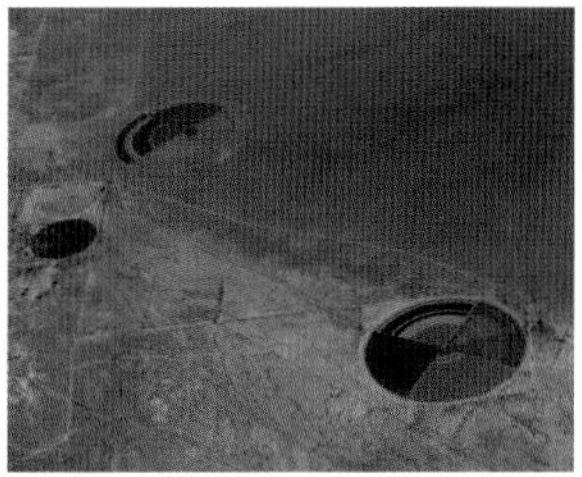
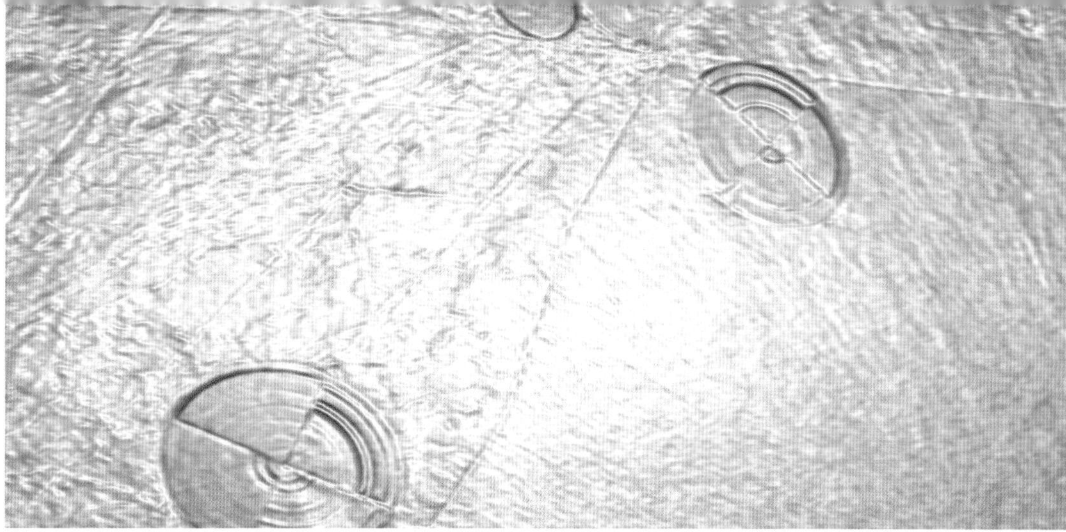
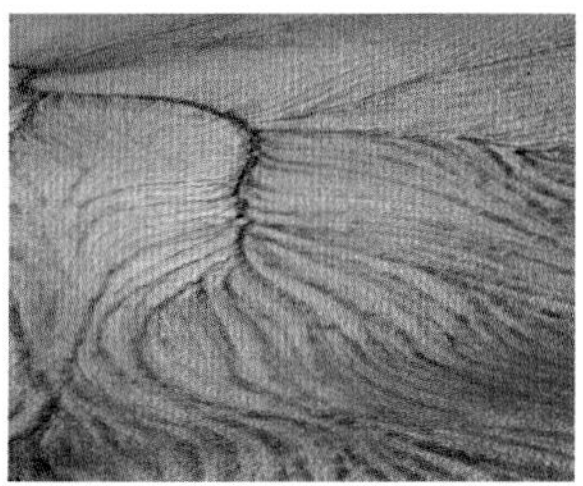
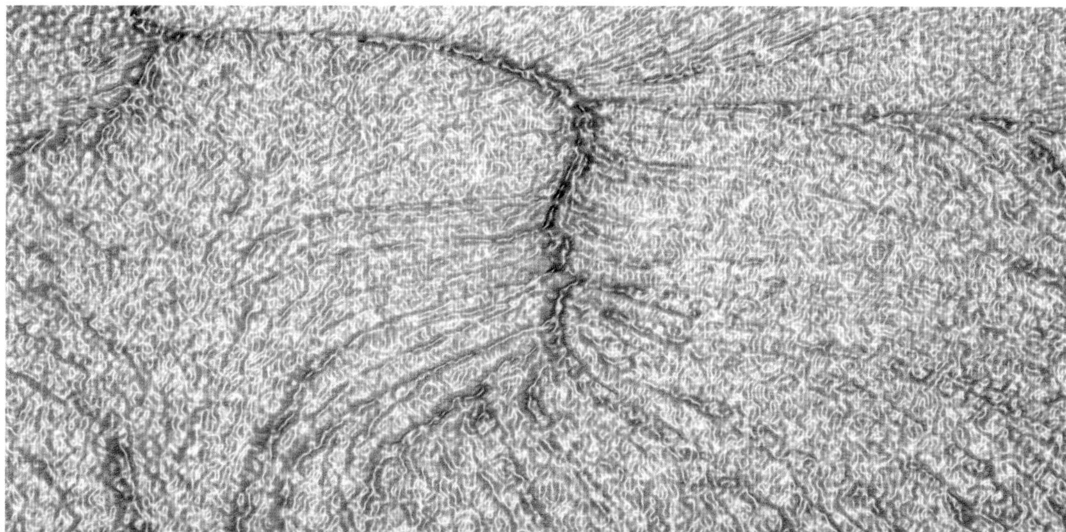

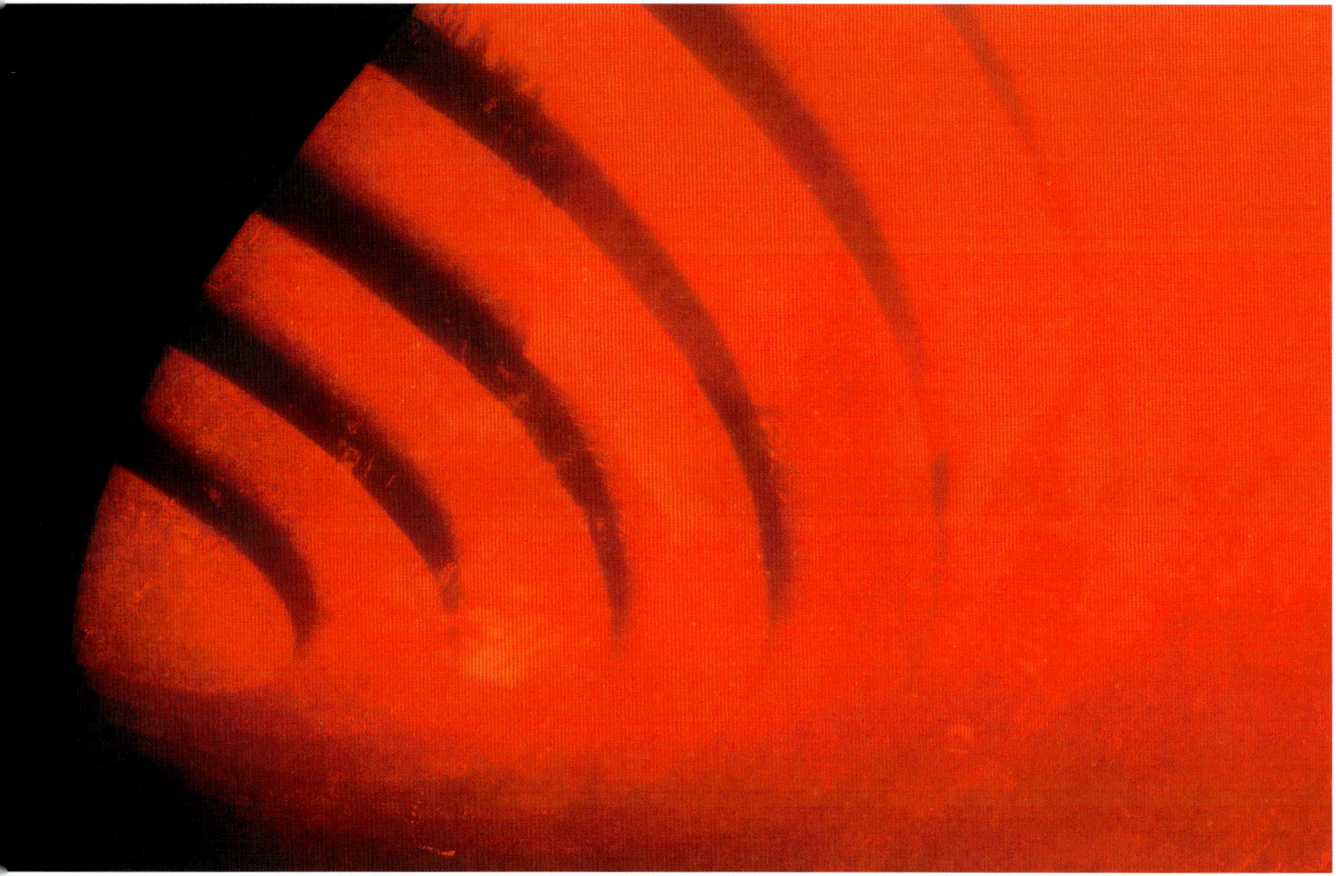

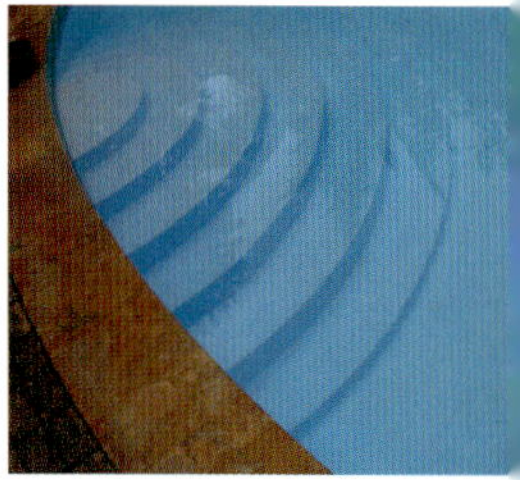

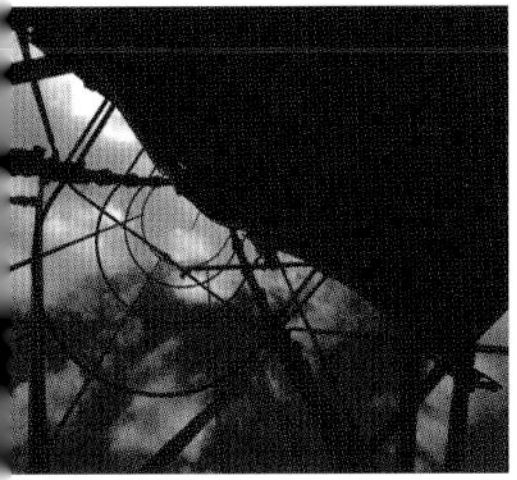

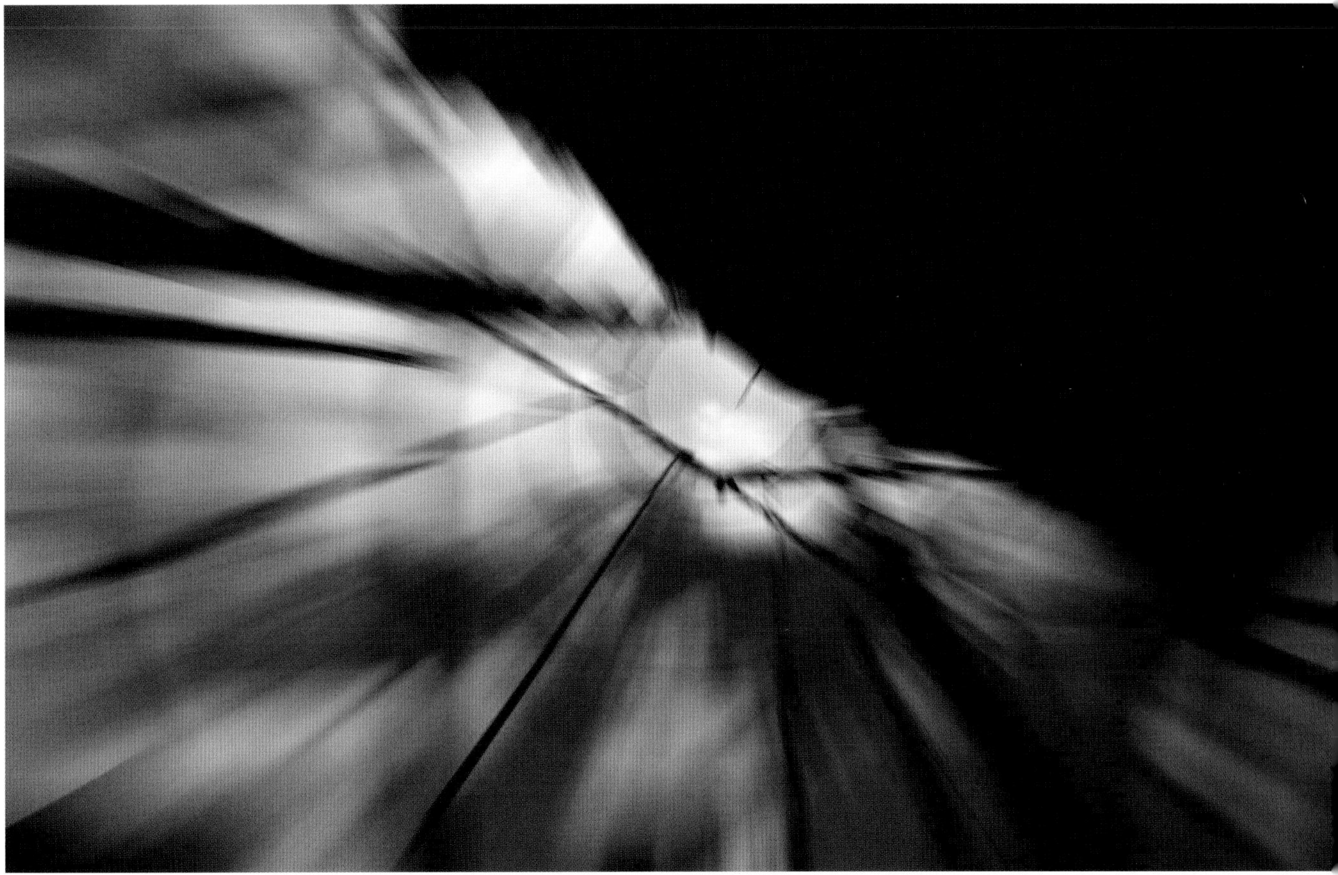

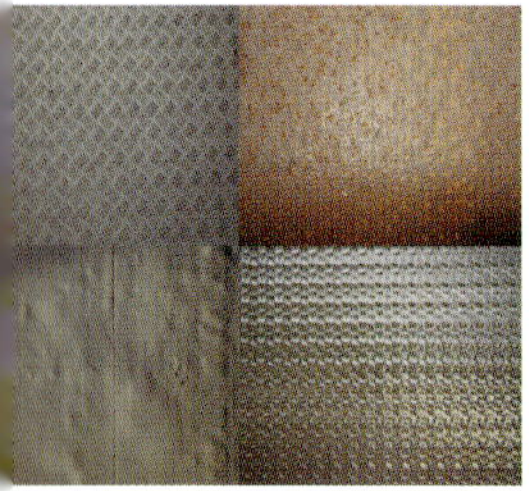

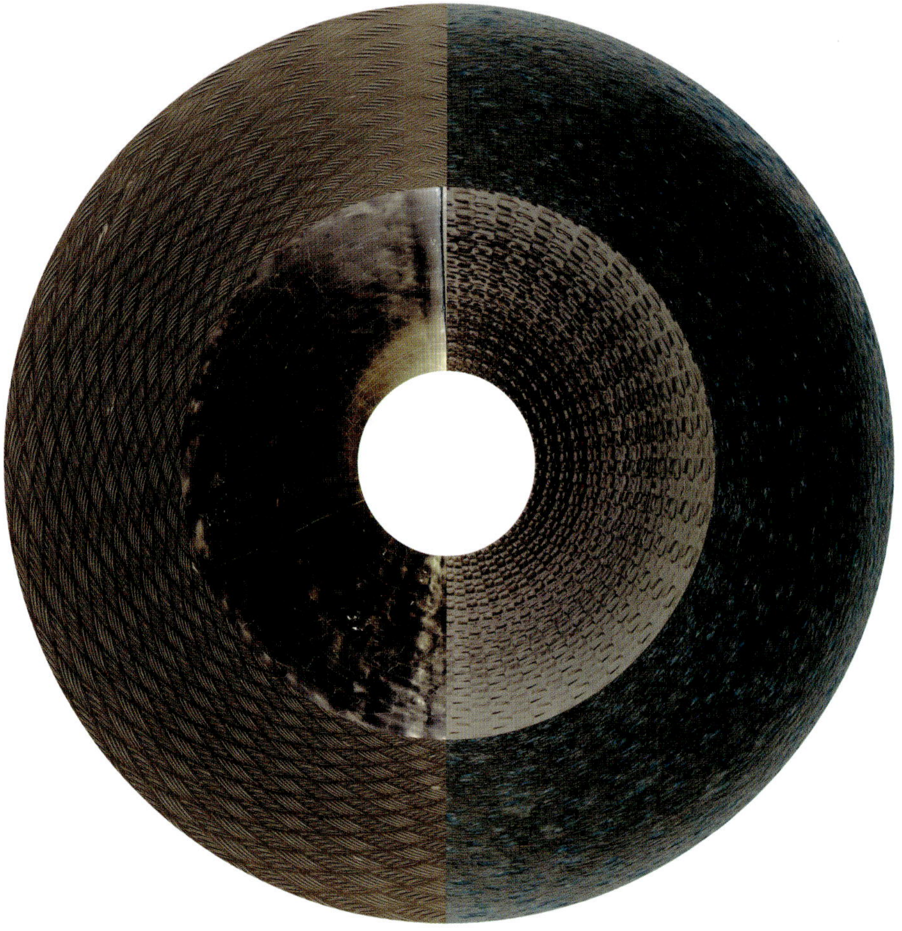

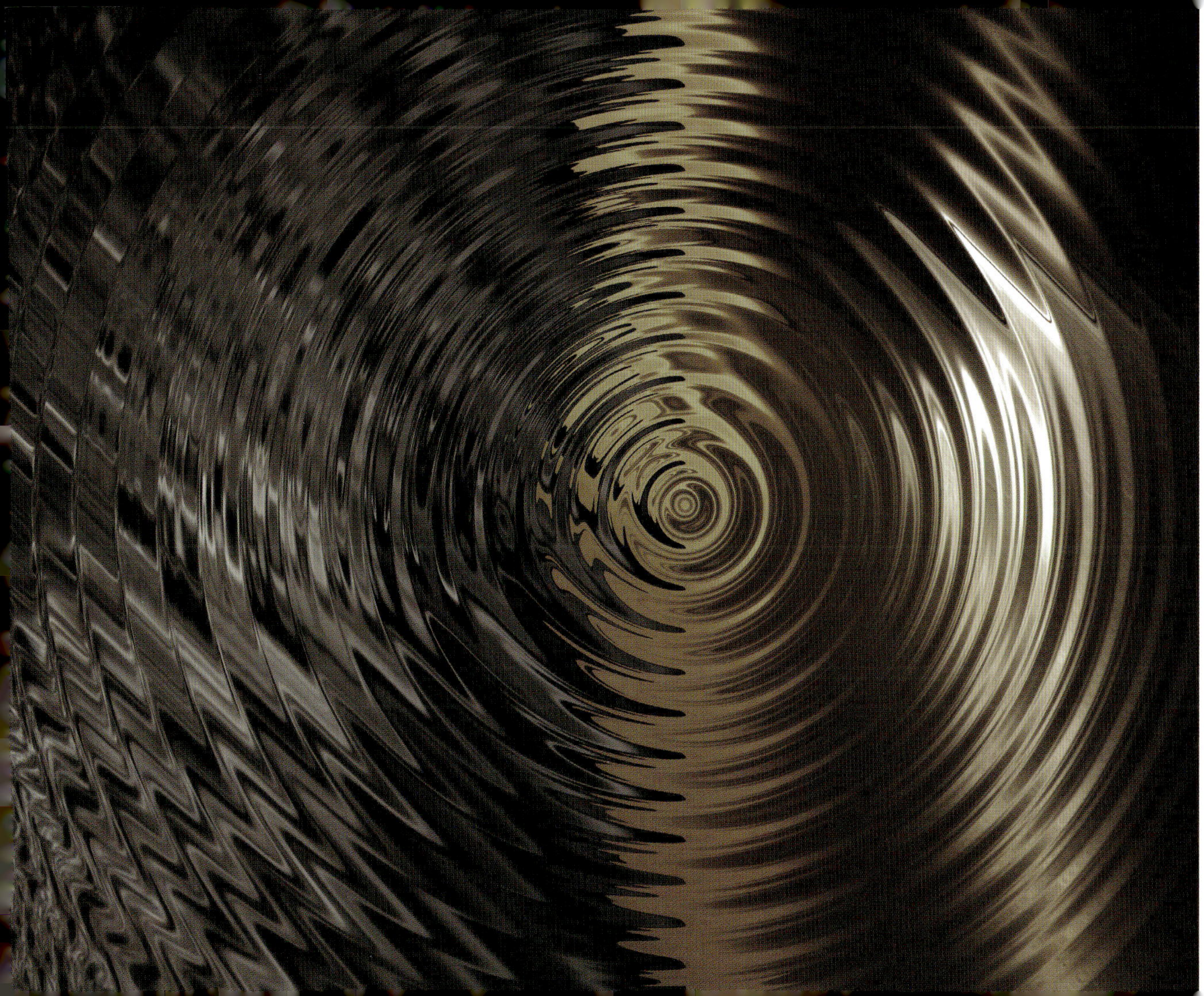

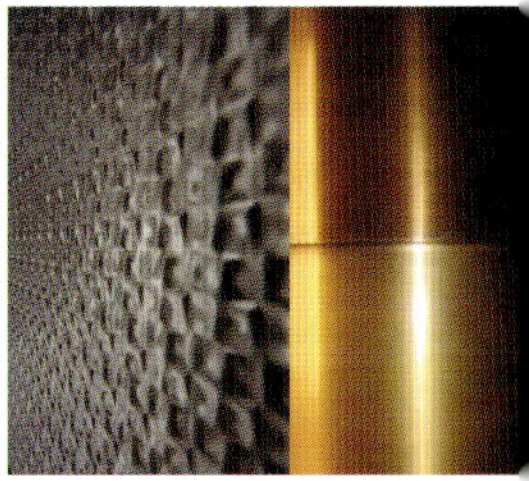

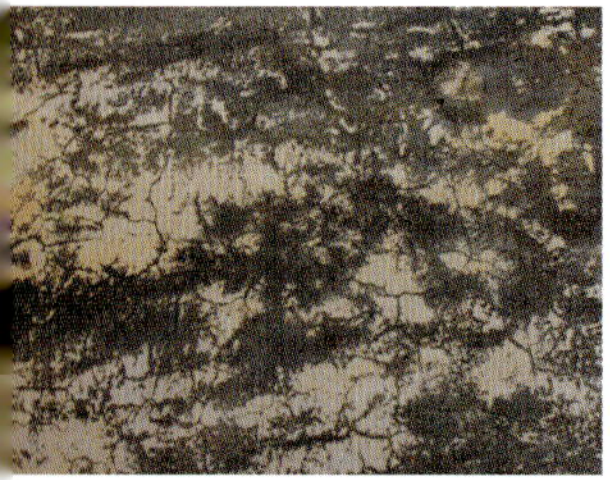

+

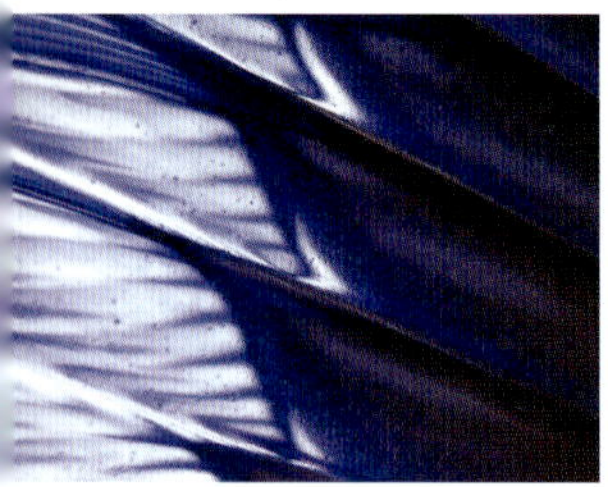

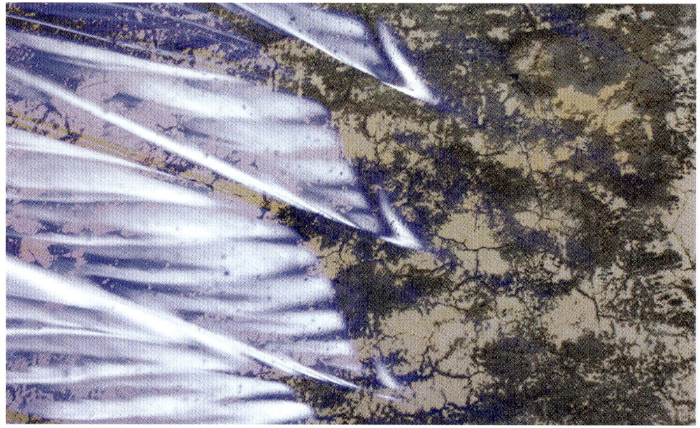

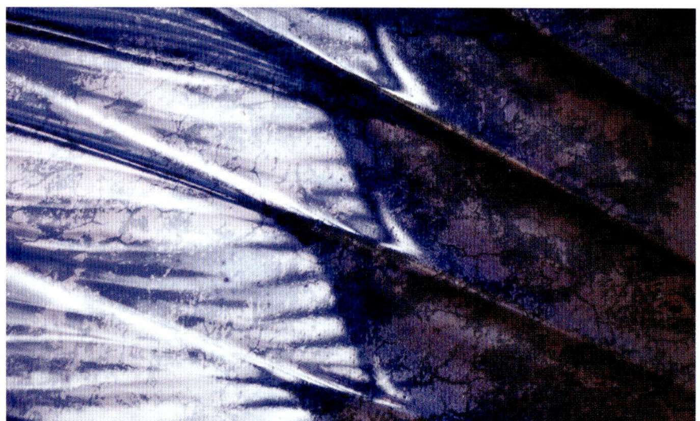

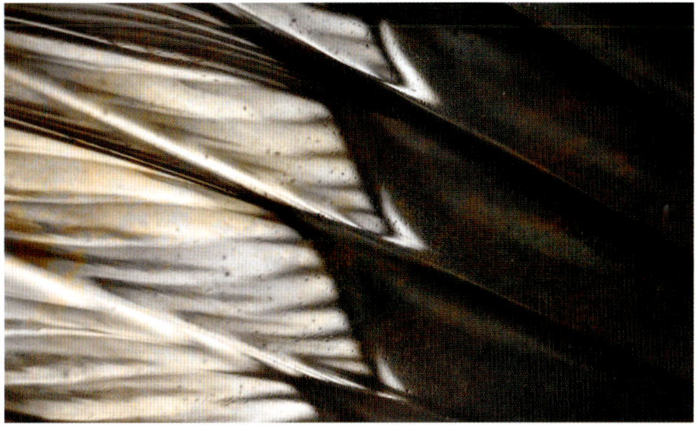

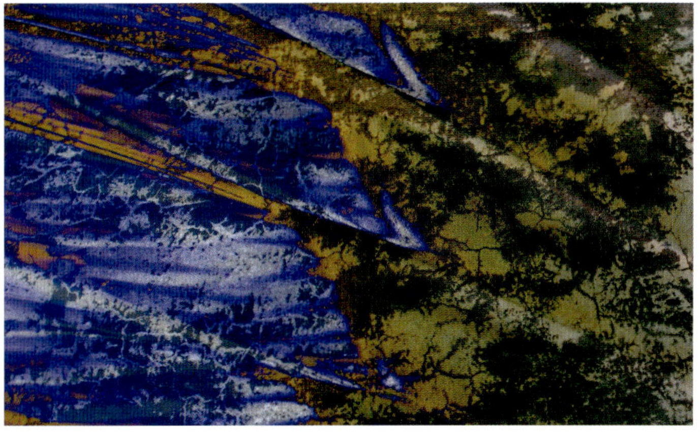

Wie auf Seite 76 versprochen sehen Sie neben der Bearbeitung auf diesen beiden Seiten auch das Originalfoto. Das Original sehen Sie in der Seitenspalte, dazu einige Erläuterungen zur Bearbeitung.

76 77

Der Kühler eines Range Rover (rechts) bildet die Grundlage für diese Doppelseite. Mit dem Schwellenwert-Befehl in Photoshop verstärkte ich den Kontrast im Foto. Das Ergebnis färbte ich mit einer Volltonfarbe-Einstellungsebene.

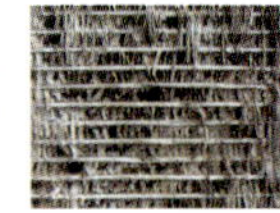

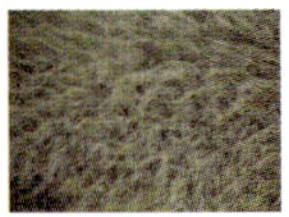

Hier wurde dieses Foto eines grasbewachsenen Hügels in eine malerische Schwarzweiß-Komposition umgewandelt, dazu verwendete ich die Befehle Schwarzweiss und Gradationskurven. Das Ergebnis duplizierte ich und spiegelte es.

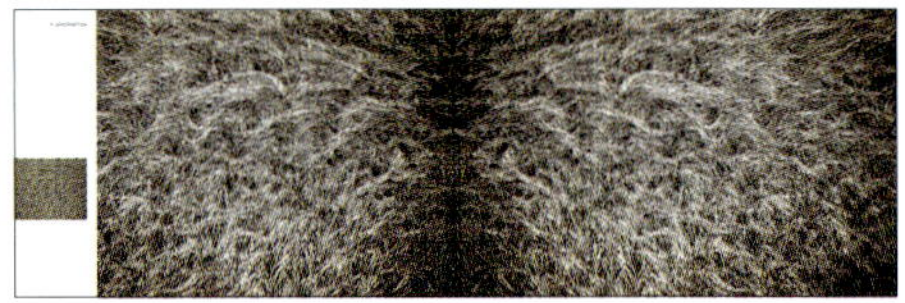

78 79

Die Leichtigkeit, mit der Filter und Effekte in Photoshop angewendet, ausprobiert, gespeichert oder verworfen werden können, vereinfacht das Ausprobieren völlig neuer Ideen. Indem Sie einfach herumexperimentieren (wie hier), lernen Sie das Programm am besten kennen.

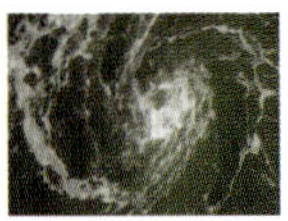

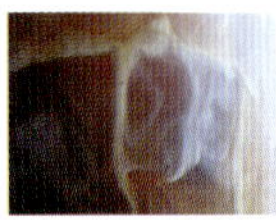

Ein Foto von Gischt im Ozean, ein zweites von Milch, die sich im Kaffee verteilt (seitlich in einem Glas), wurden mit Farbton/Sättigung bearbeitet, um diese stimmungsvollen Abstraktionen zu erzielen.

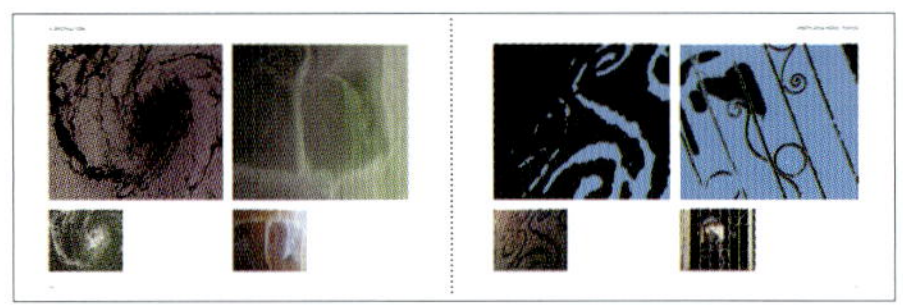

80 81

Hier wurden ein Stück Stoff und ein geschmiedetes Tor mit Schwellenwert und einer Volltonfarbe-Füllebene dramatisch verändert. Wenden Sie den Schwellenwert-Befehl am besten als Einstellungsebene an, um ihn später zu überarbeiten und den Effekt anzupassen, bis Ihnen das fertige Bild gefällt.

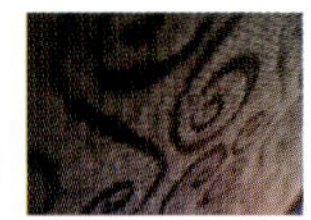

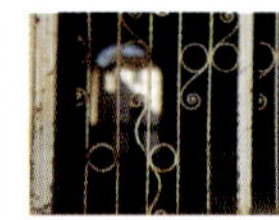

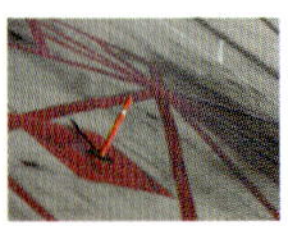

Der Filter Schwingungen und eine Bearbeitung mit Farbton/Sättigung – mehr war nicht nötig, um dieses Foto der Rollbahn eines Flughafens in eine Pop-Art-Abstraktion zu verwandeln.

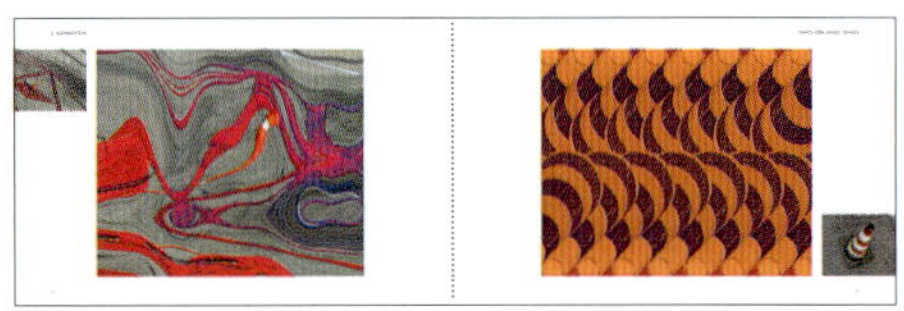

82 83

Ich wählte den Umriss dieses Verkehrskegels in Photoshop aus, wendete den Befehl Umkehren an, färbte das Bild mit Farbton/Sättigung und kopierte ihn mehrfach, um das Muster hier links zu erzeugen.

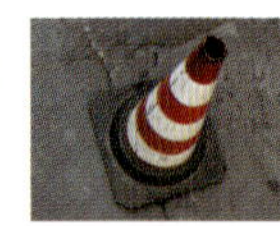

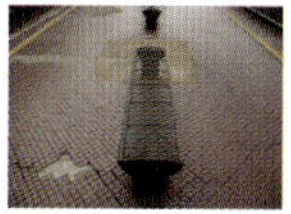
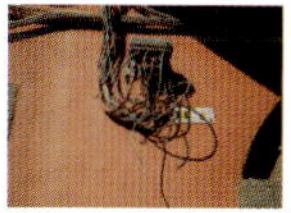

Auf diese beiden Fotos wurden Verlaufsumsetzungen angewendet, um die grellen Bilder hier rechts zu erzeugen. Testen Sie, was passiert, wenn Sie die mitgelieferten Einstellungen der Verlaufsumsetzung anwenden, probieren Sie aber auch eigene Effekte aus.

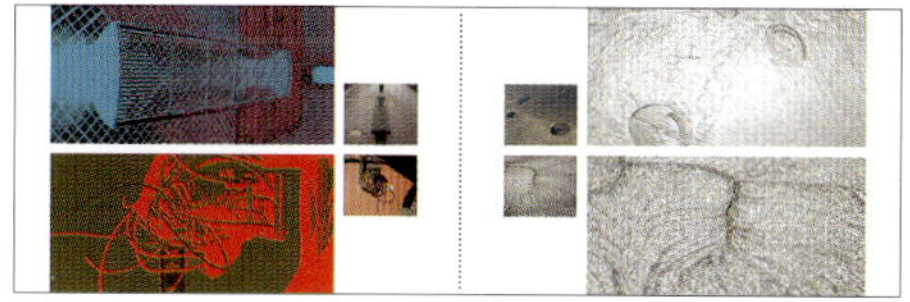

84 85

Mit dem Filter Kunststofffolie verstärkte ich die Abstraktheit dieser beiden Luftbilder (eines zeigt Felder, das andere ein schneebedecktes Tal). Photoshop bietet jede Menge starker Bildbearbeitungseffekte und Steuerungen. Probieren Sie sie aus.

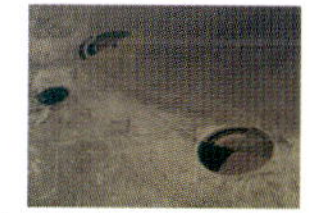
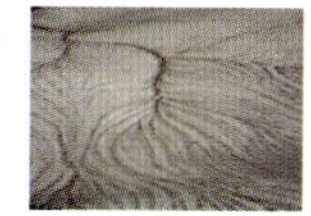

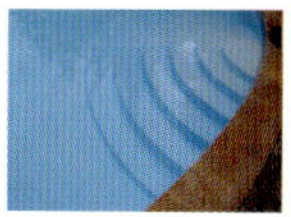

Ein Foto von Stufen in einen Swimmingpool wurde in die glühende Komposition rechts verwandelt. Dazu verwendete ich den Befehl Umkehren und verstärkte die Farben mit Gradationskurven. Außerdem drehte ich das Bild um 180 °.

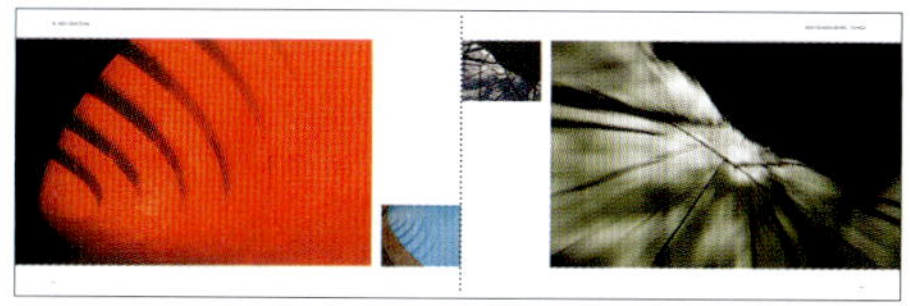

86 87

In diesem Beispiel wurde die Konstruktion einer Turmspitze mit dem Filter Bewegungsunschärfe (Zoom) bis zur Unkenntlichkeit verwischt. Die Farben des Originals bearbeitete ich mit Farbton/Sättigung in einer Einstellungsebene.

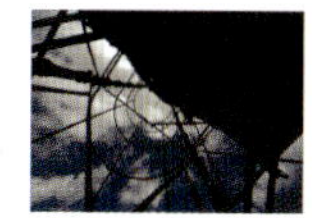

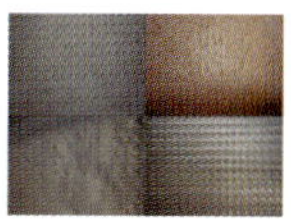

Eine Komposition aus vier Fotos von Metalloberflächen. Ich bearbeitete sie mit dem Filter Polarkoordinaten, um sie in einer Kreisform umzusetzen. Mit Umkehren und Gradationskurven passte ich die Farben an.

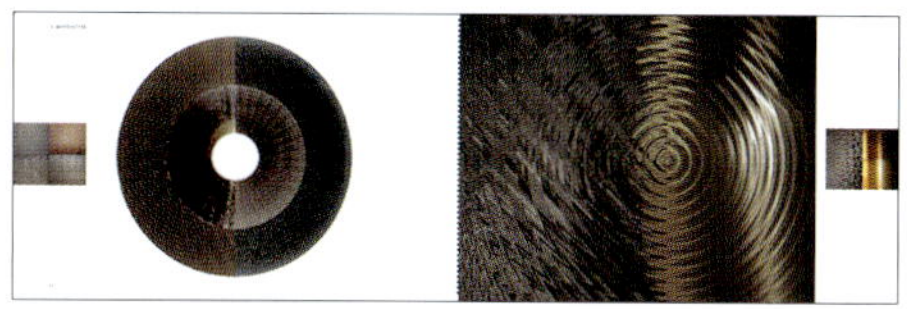

88 89

Um die ringförmige Komposition links zu erzielen, fügte ich zuerst ein Foto eines strukturierten Metalls mit einer Bronzetür eines Aufzugs zusammen und wendete dann den Wellen-Filter mehrfach an. Mit Farbton/Sättigung korrigierte ich schließlich die Farben.

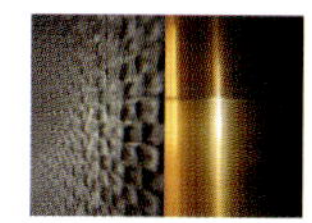

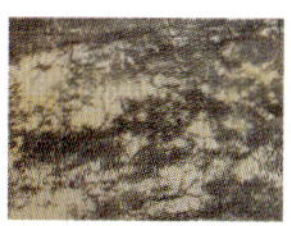
+
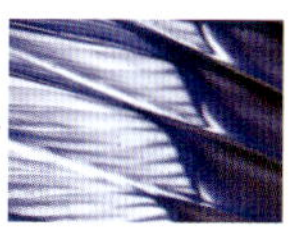

Zwei Fotos (eine Granitmauer und die Außenseite einer blauen Glasvase) wurden in Ebenen unterschiedlich montiert, um diese vier Bilder zu erzeugen. Auf dieser Seite fügte ich die Ebenen mit der Füllmethode Aufhellen zusammen, im nächsten Bild wählte ich Ineinanderkopieren.

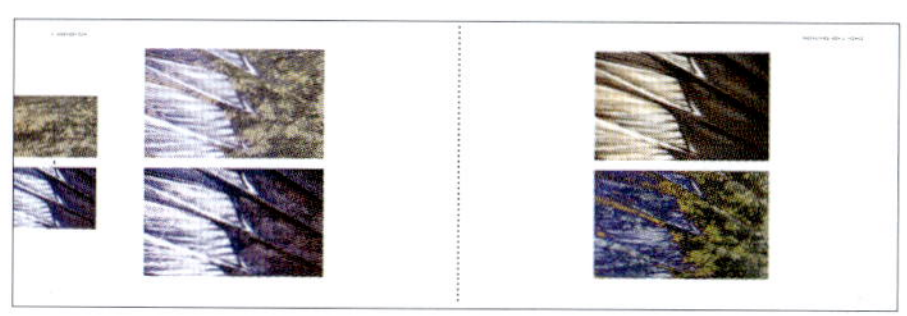

90 91

Beim dritten und vierten Beispiel verwendete ich die Füllmethode Farbe und Differenz. Experimentieren Sie ruhig mit den vielfältigen Füllmethoden in Photoshop, wenn Sie Bilder montieren. Testen Sie auch, was passiert, wenn Sie die Stapelreihenfolge der Bilder ändern – oder die Deckkraft der einen oder anderen Ebene.

6

Wasser und Stein

Gary Larson, der Schöpfer der Far-Side-Cartoons, zeichnete einst einen Comic, der den Beginn der menschlichen Existenz zeigte. Dort ist eine fischähnliche, frei denkende primitive Kreatur zu sehen, die sich aus dem Wasser erhebt und mit aufgeplusterten Wangen (vermutlich voller Wasser) über einen Stein sprintet, bevor sie sich wieder in Sicherheit begibt.

Ob Sie nun glauben oder nicht, dass sich die Entstehung des Menschen so vollzogen haben könnte, die Komik ist in dieser Szene offensichtlich, denn Wasser und Stein sind wichtige Bestandteile der Welt, wie wir sie heute kennen. Und während Mr. Larson diesen Grundelementen mit Papier und Stift durchaus Respekt zollte, soll dieses Kapitel eine eigene Hommage an unsere Vorfahren sein, hier jedoch mit Kamera und Pixel.

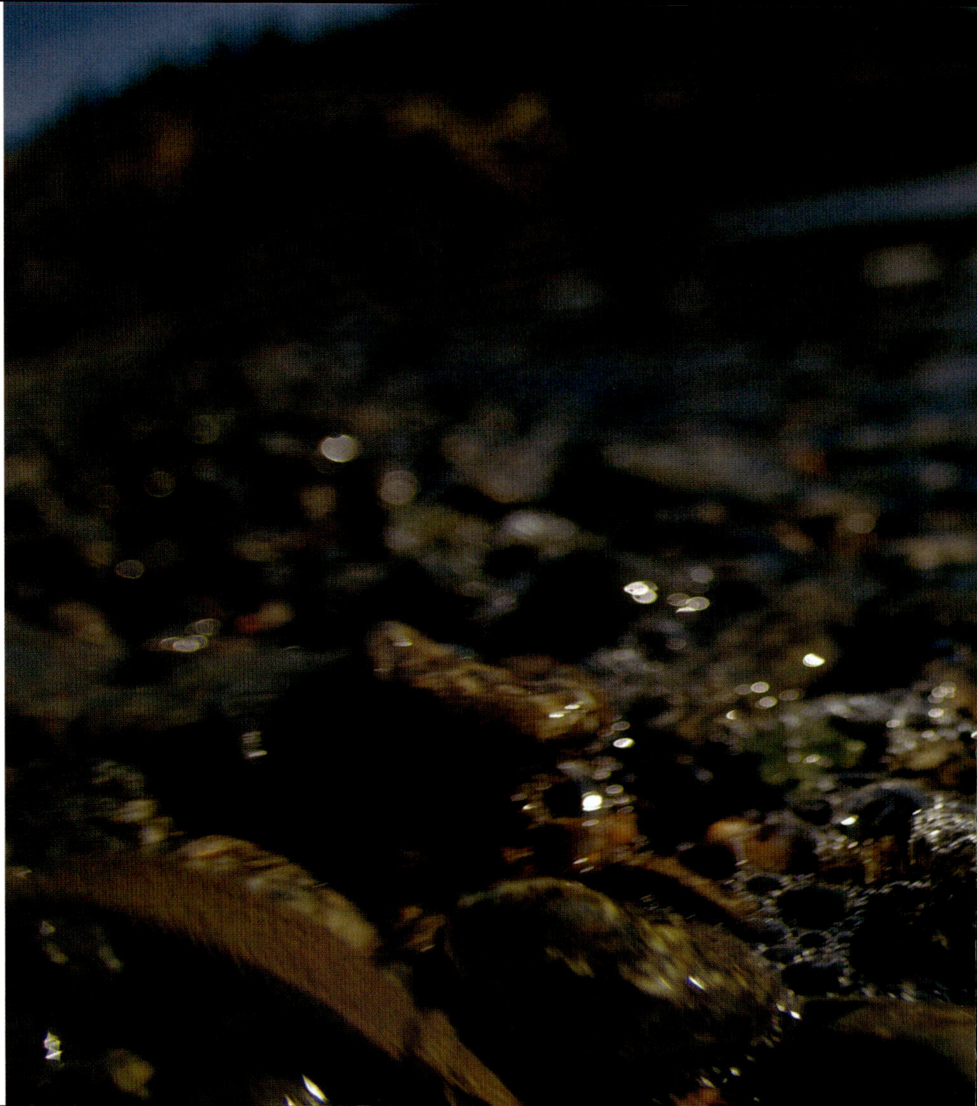

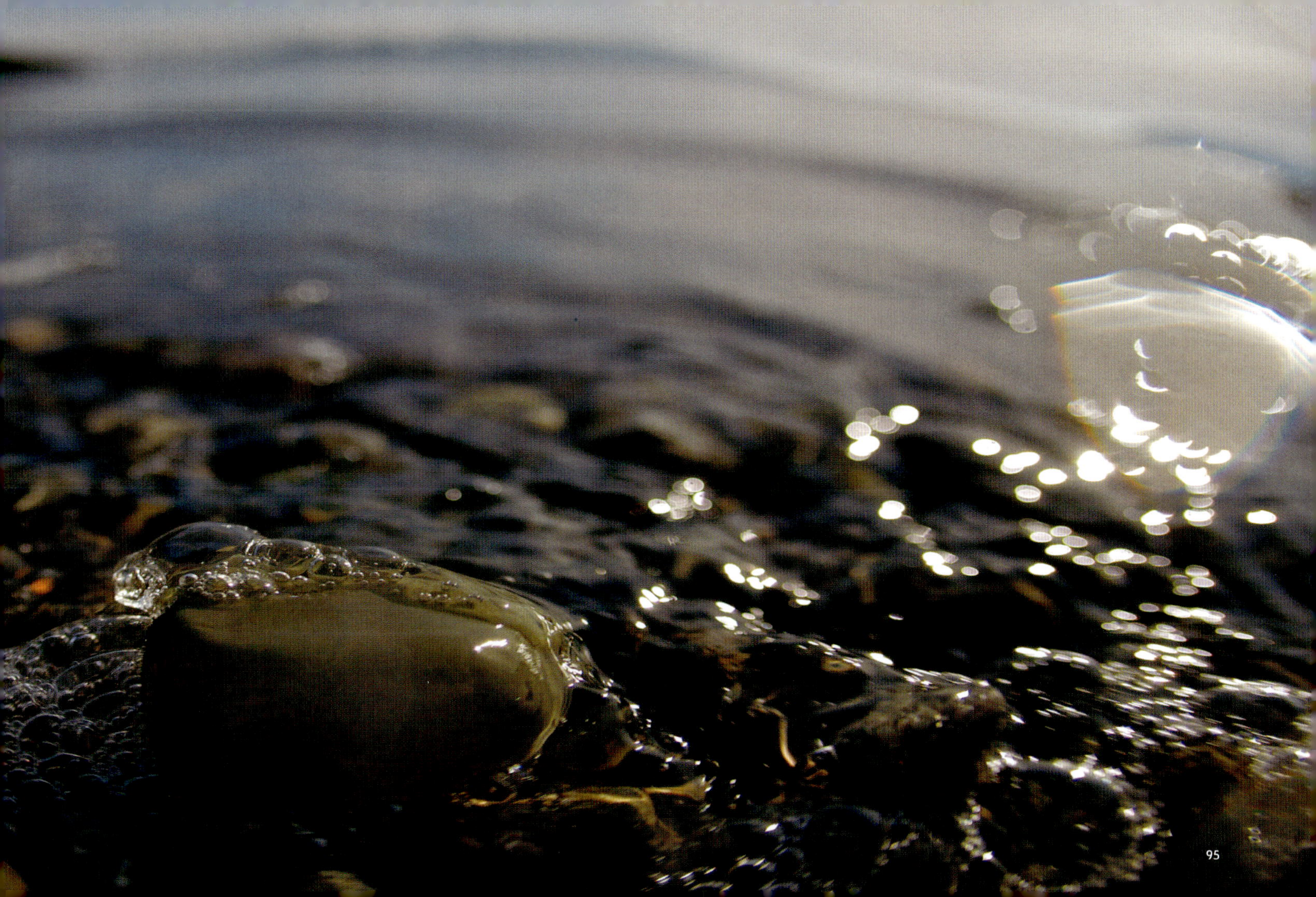

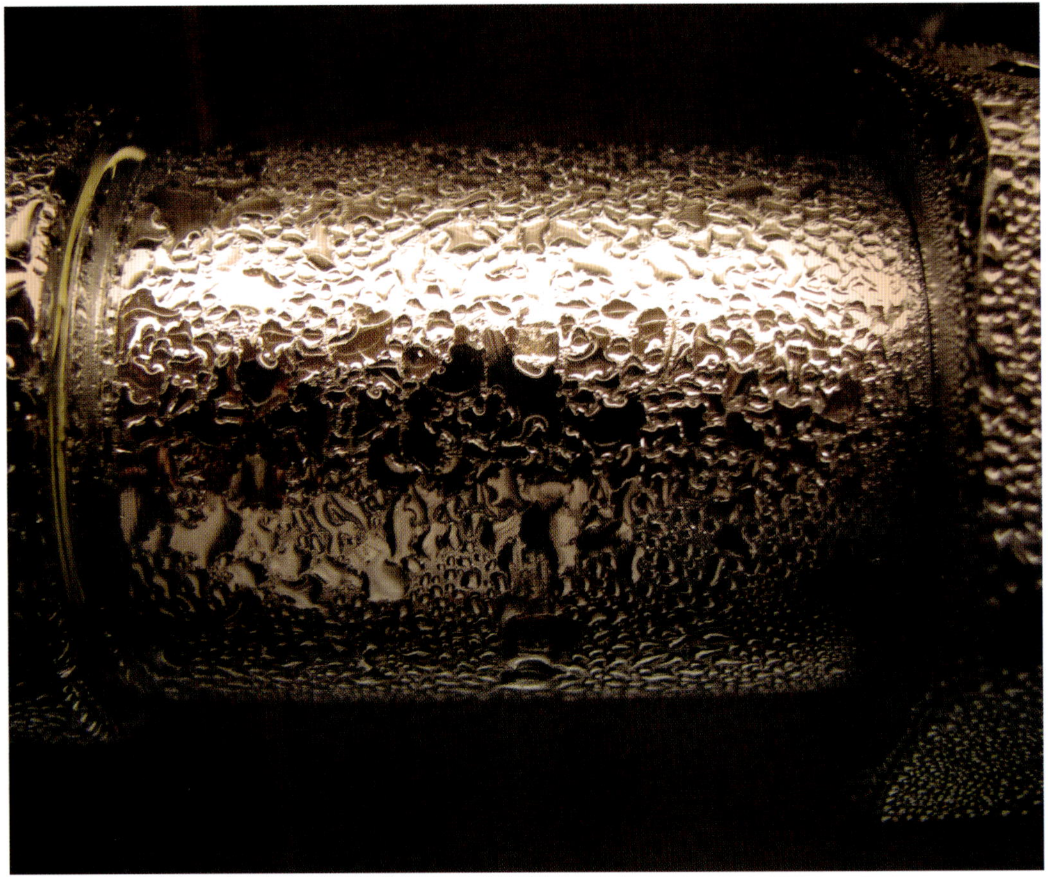

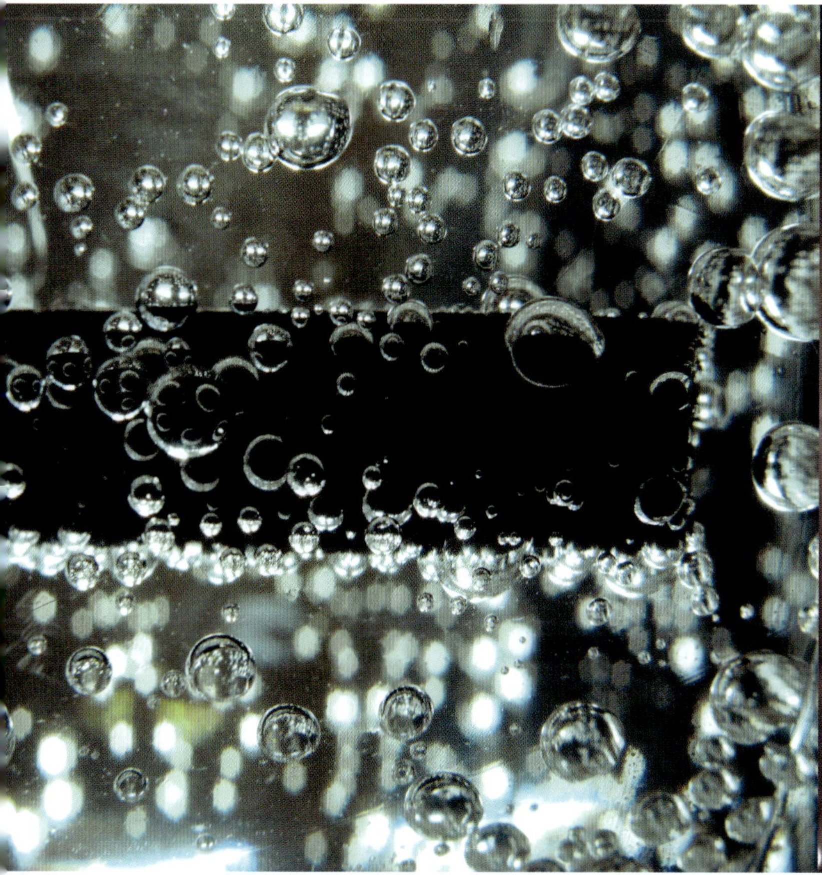

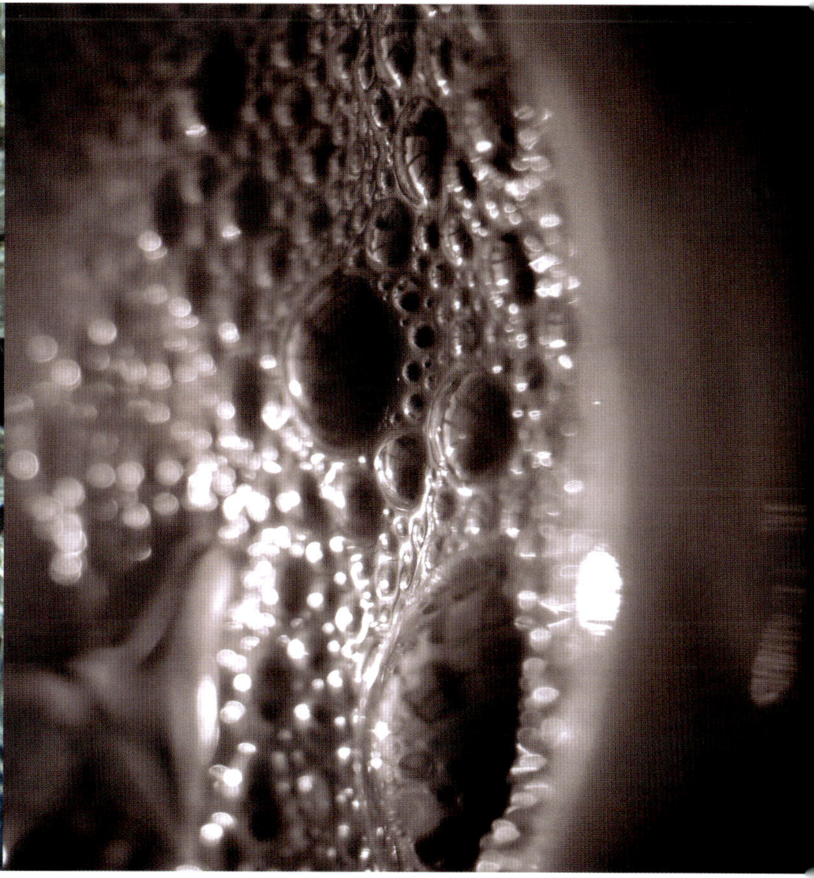

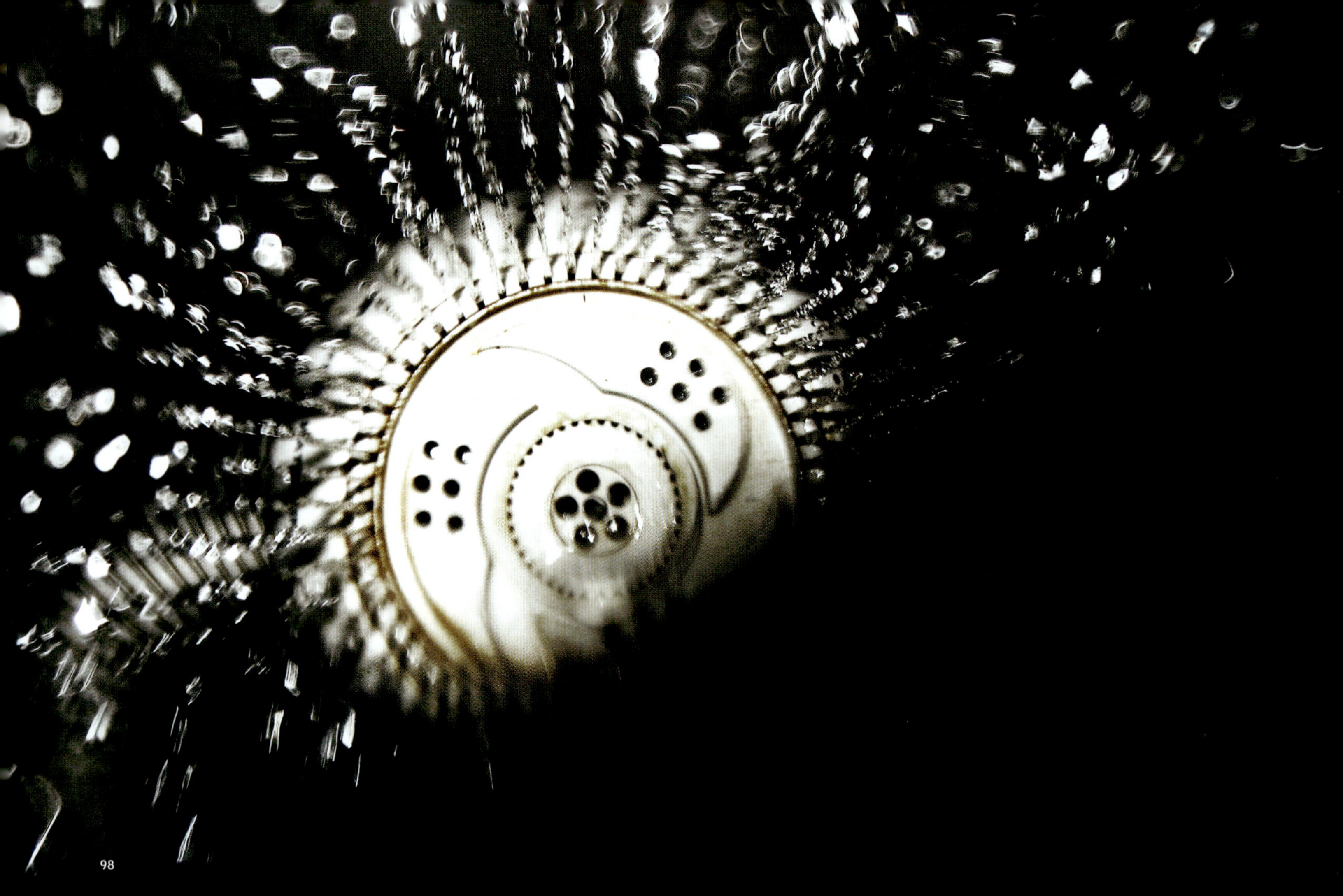

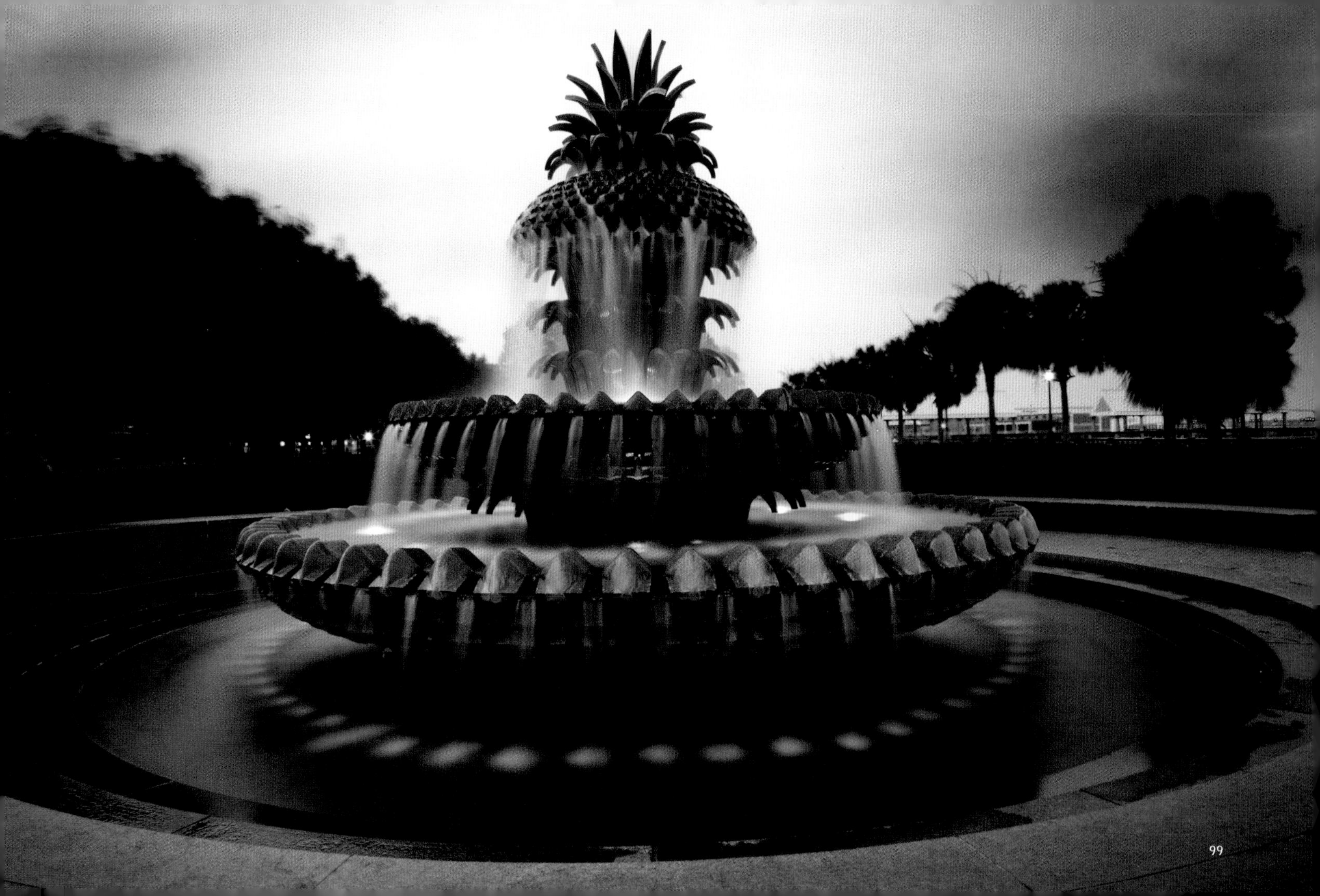

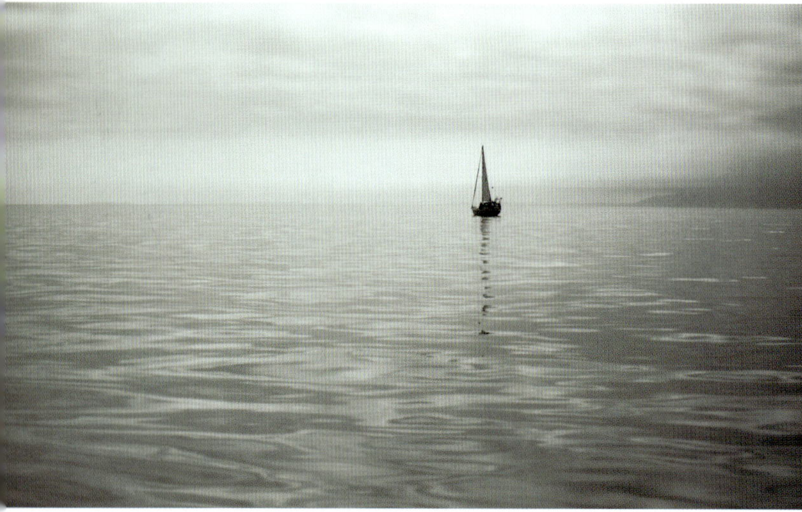

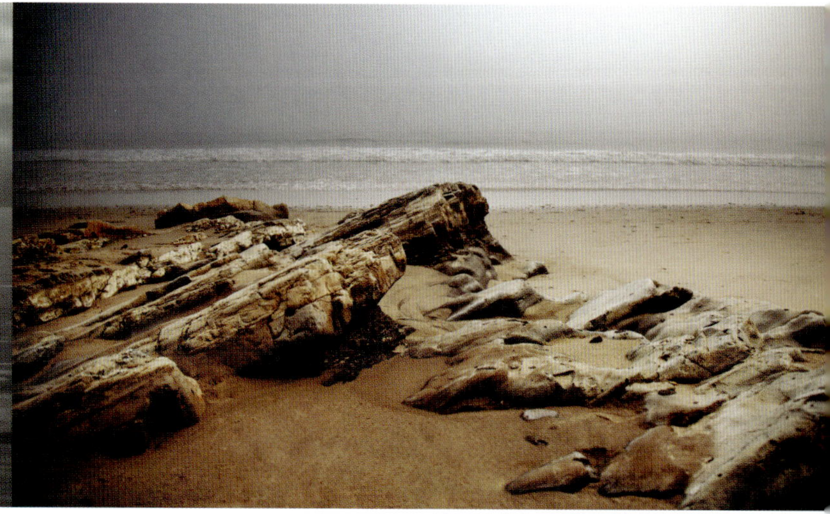

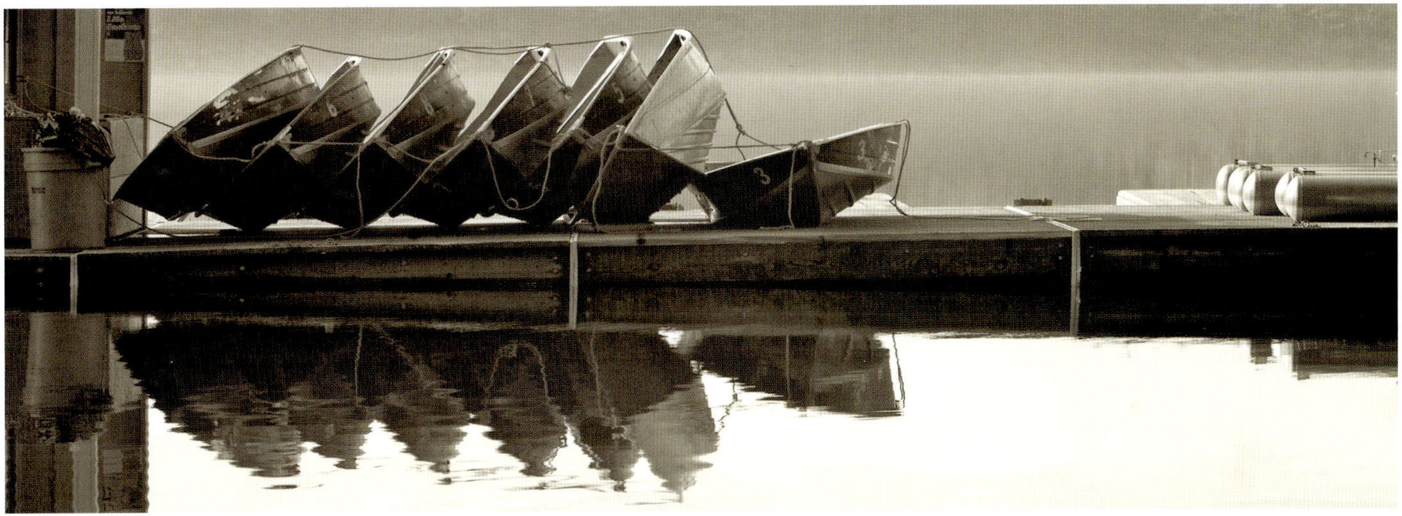

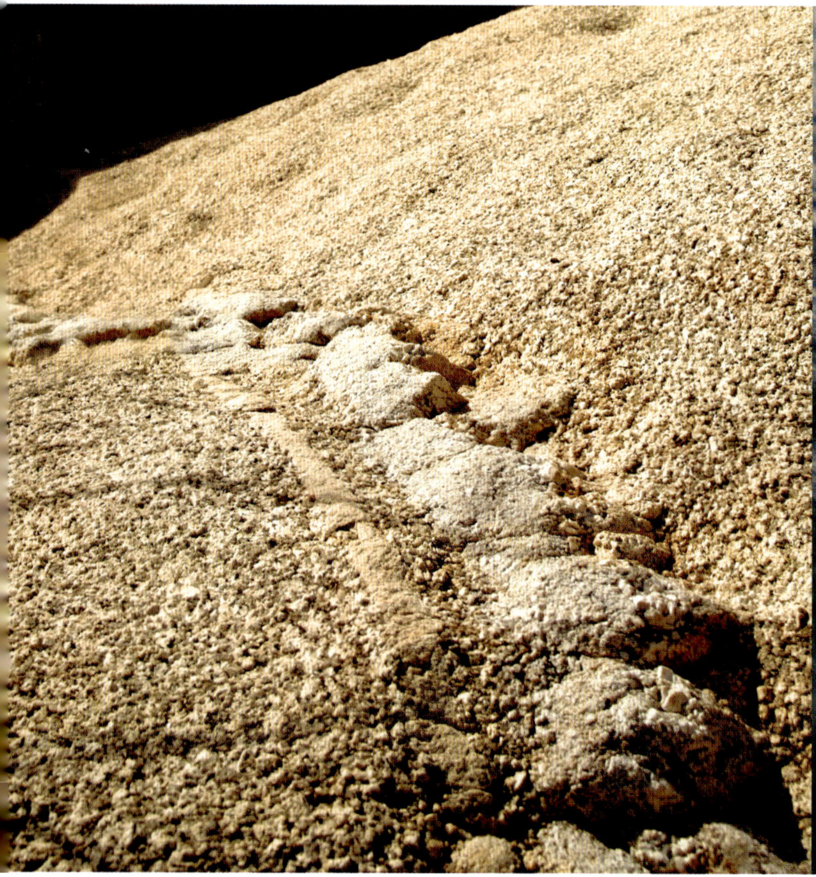

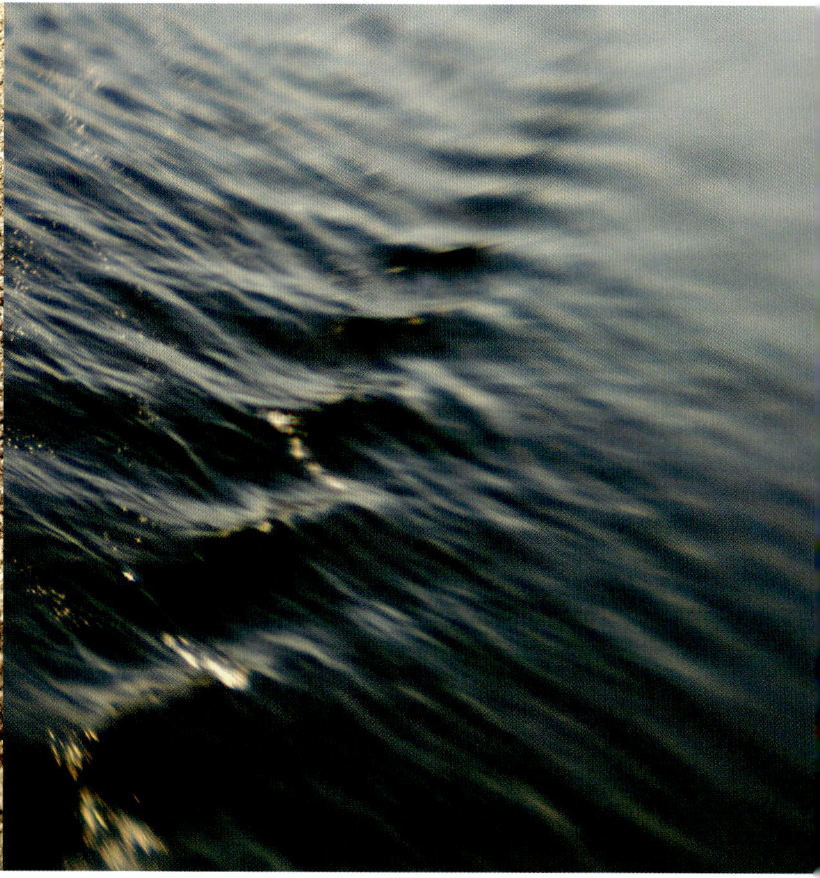

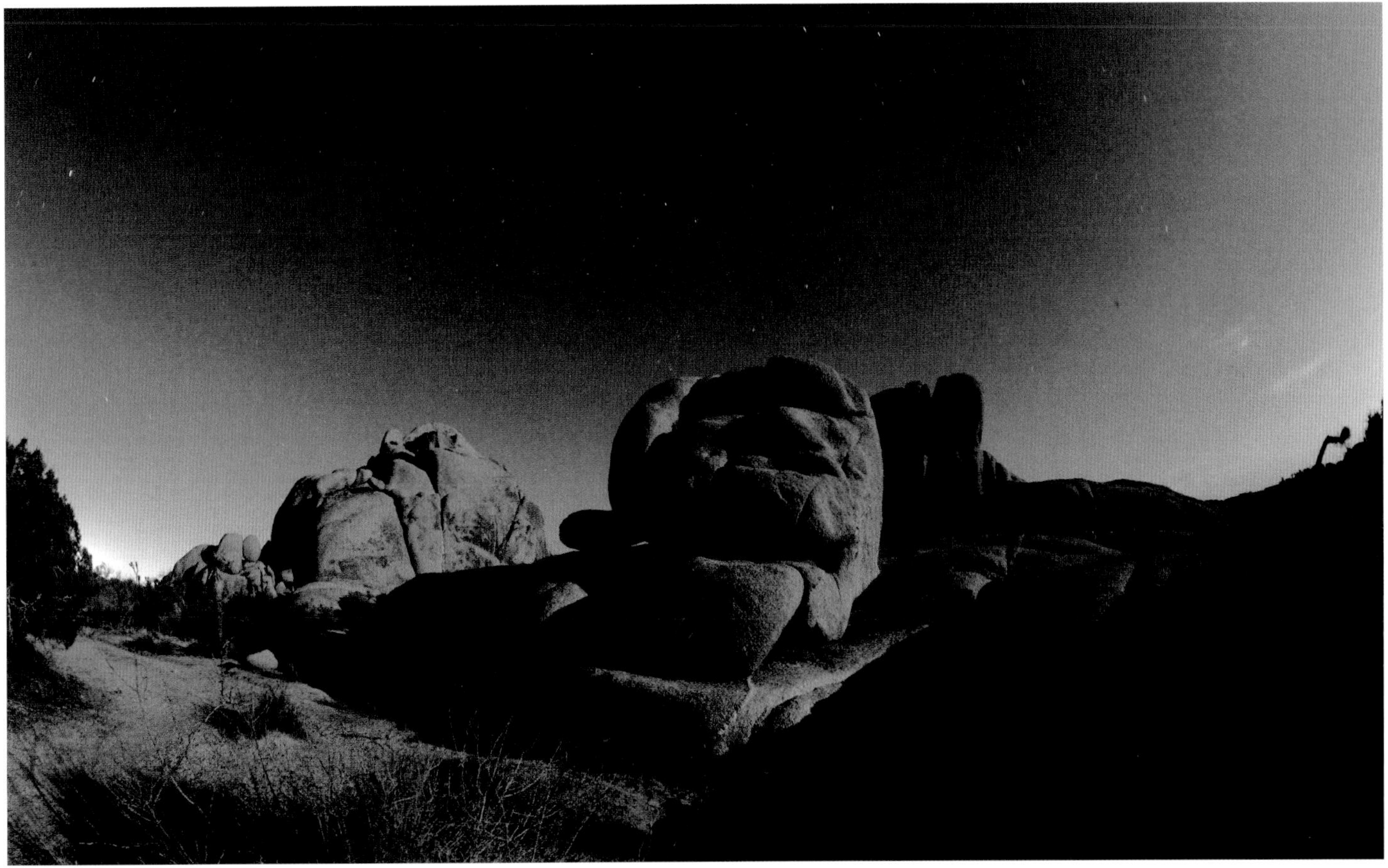

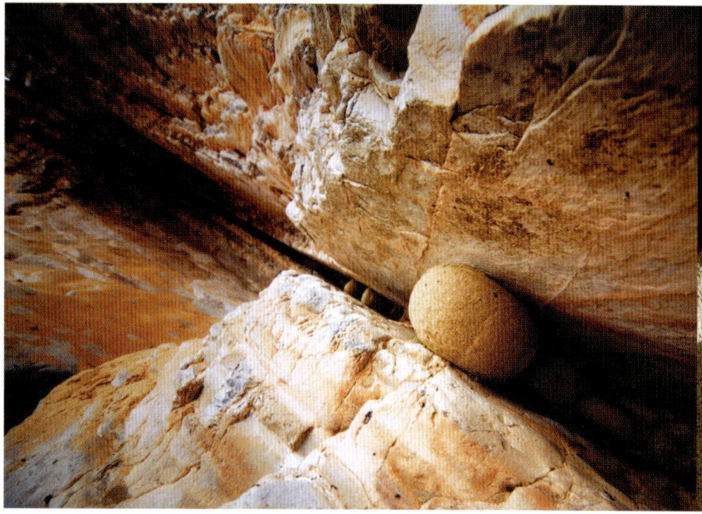

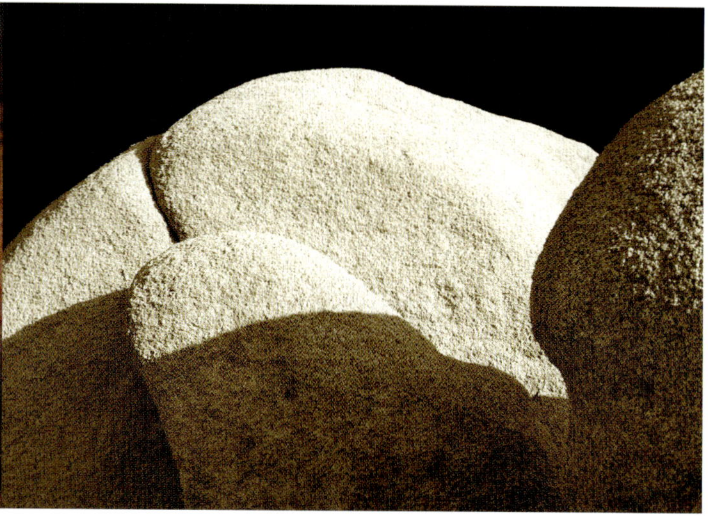

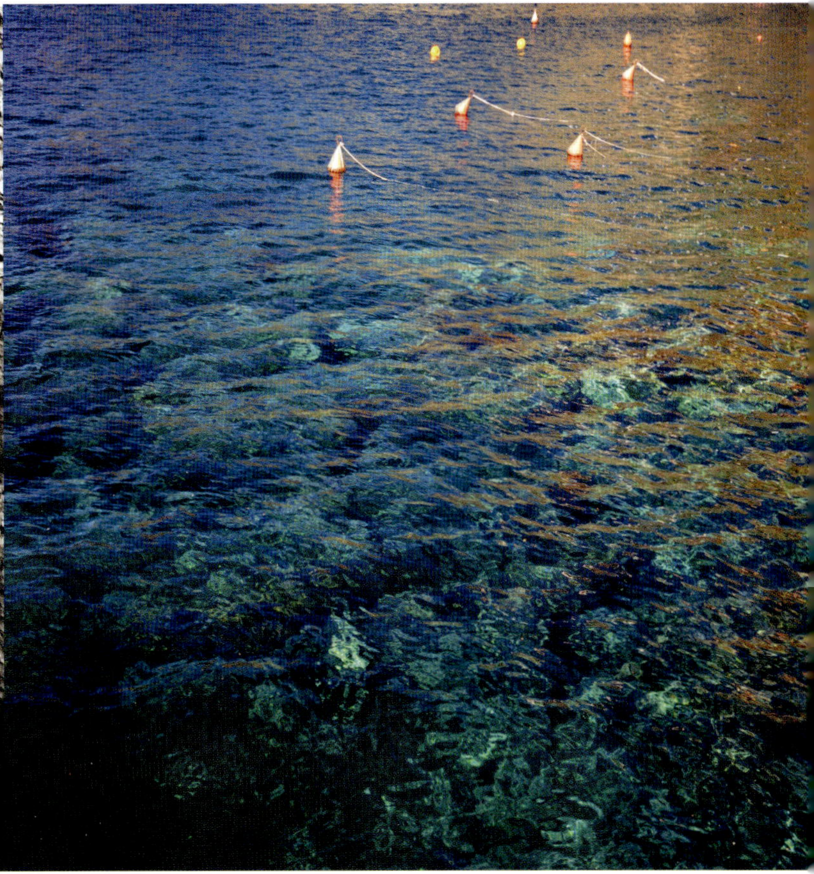

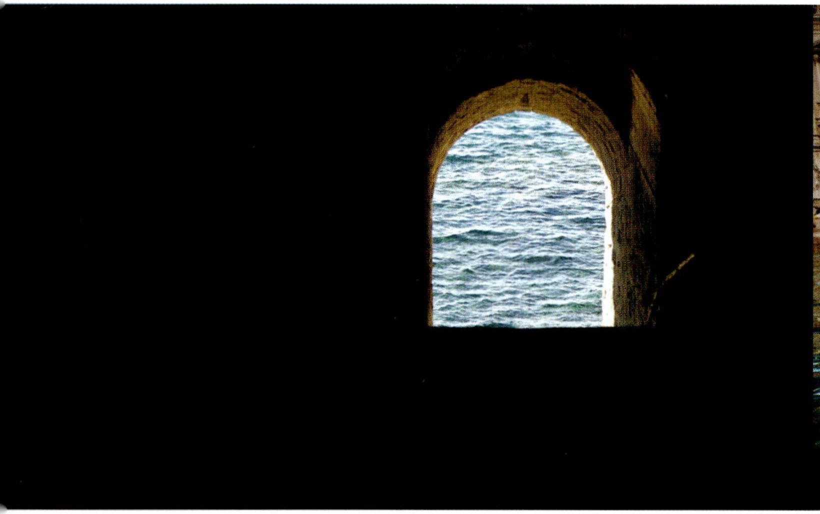

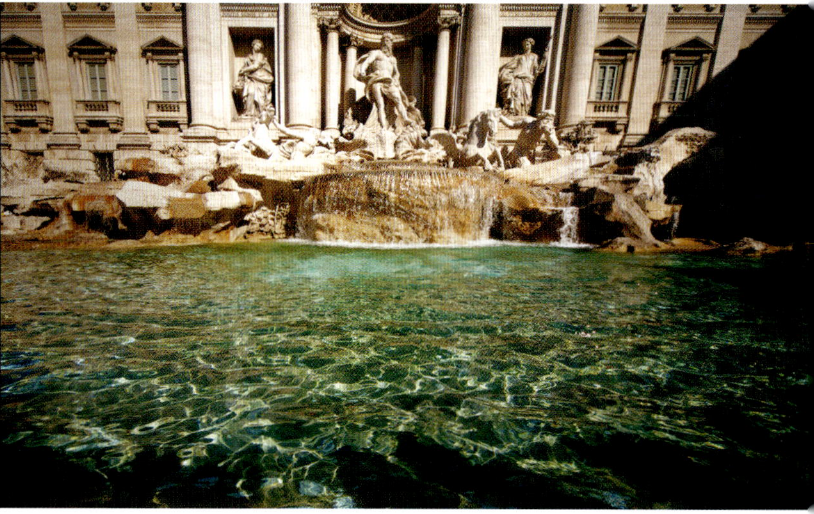

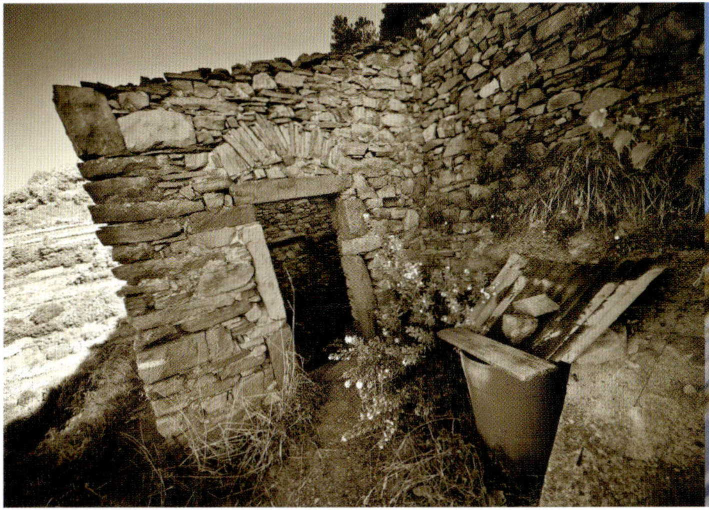

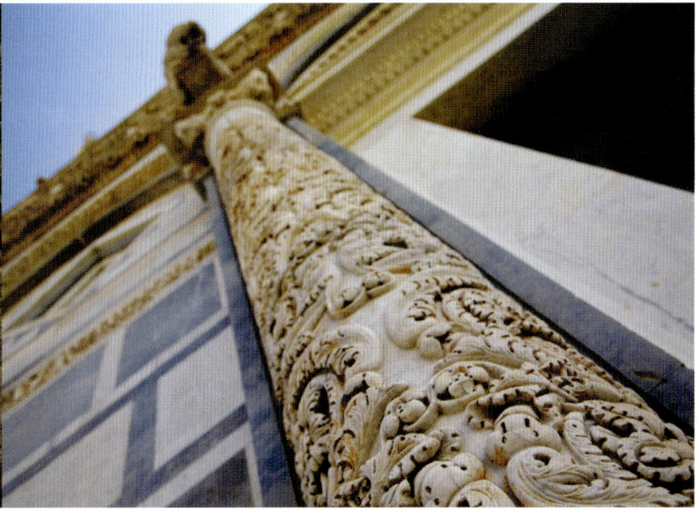

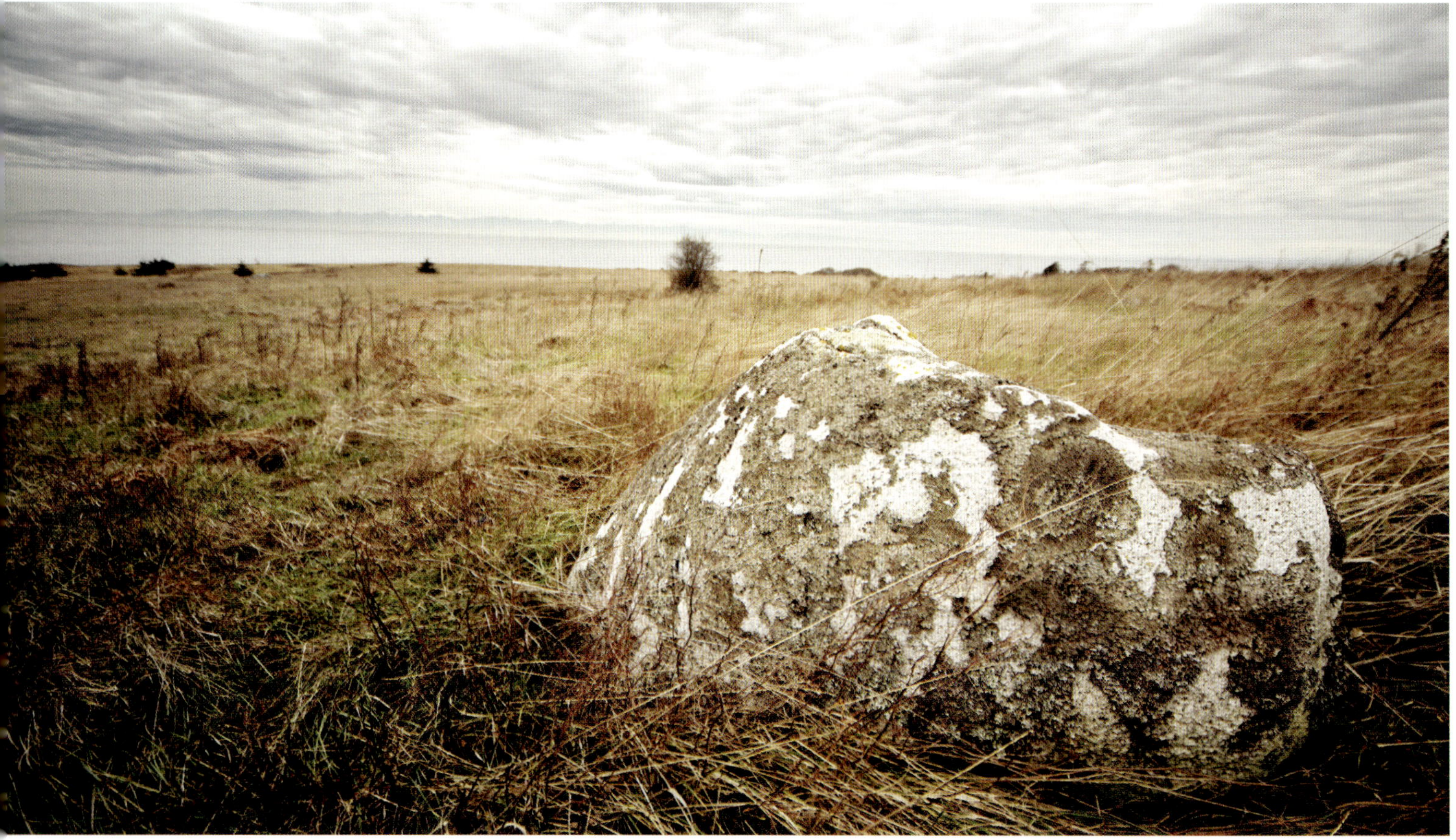

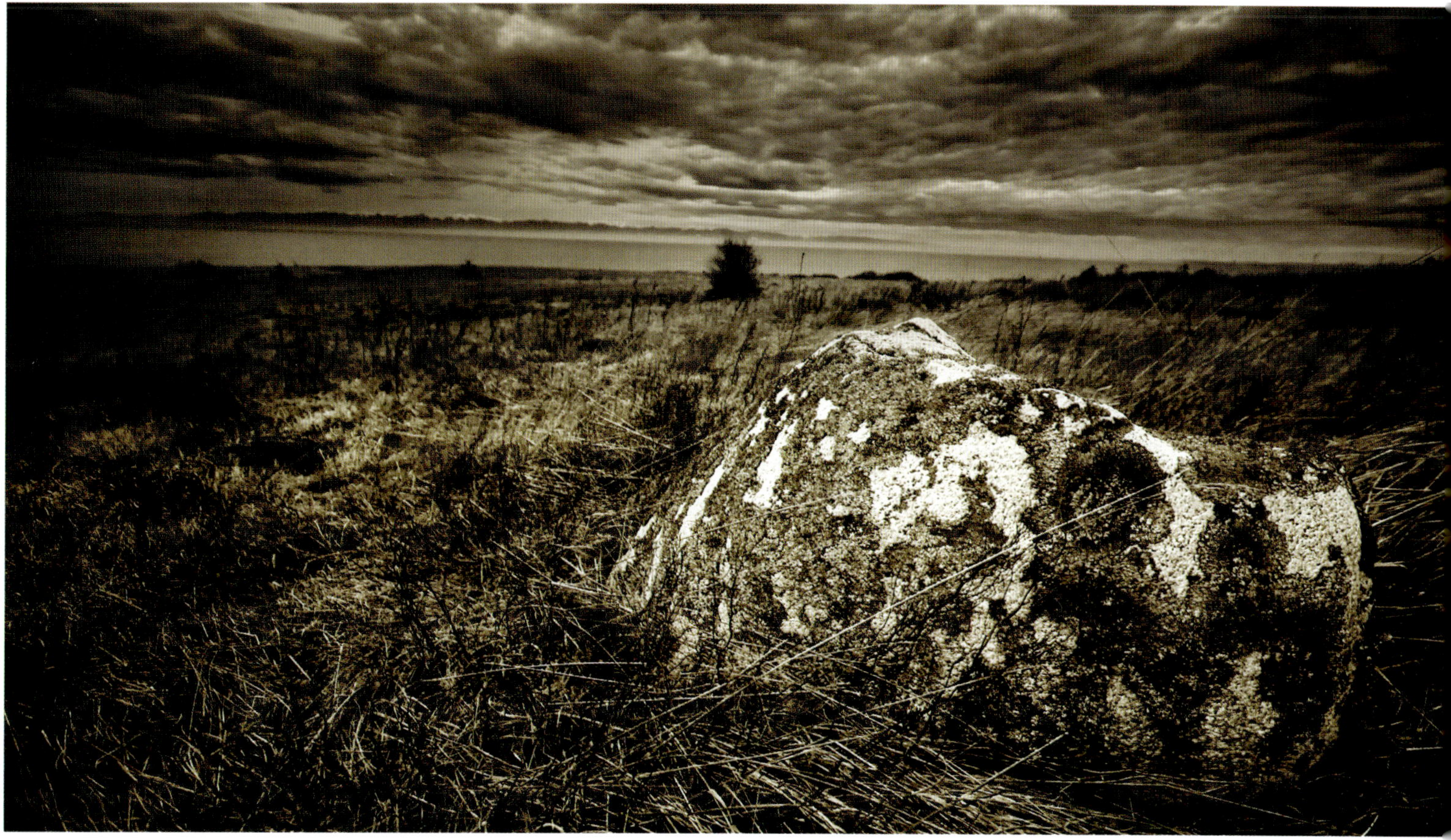

Für manche Fotos können Sie auf Ihre Klamotten keine Rücksicht nehmen. Für dieses Bild lag ich mit Knien, Ellbogen und Ärmeln im Matsch bzw. im Flussufer (nur so kam ich mit dem Fischaugen-objektiv in die richtige Position, um die Wellen über einen kleinen Stein zu erwischen). Da die Wellen schnell aufeinanderfolgten, stellte ich die Kamera auf Schnellfeuer und machte jedes Mal viele Aufnahmen, wenn eine Welle ankam. So konnte ich schließlich aus mehreren Bildern wählen.

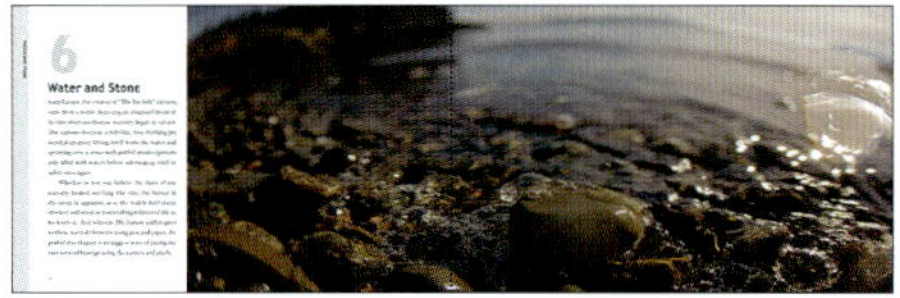

94 95

Ich habe den Kauf des Fischaugenobjektivs (15 mm) für meine digitale SLR nie bereut. Ich arbeite gern damit, der Blick durch den Sucher macht mir immer großen Spaß – alles ist so verrückt verzerrt und kurvig. Und besonders teuer war das Objektiv auch nicht (nur mein 50-mm und das Lensbaby waren billiger).

Die Luftfeuchtigkeit kondensiert auf der Oberfläche dieses kalten Stahlrohres. Dieses faszinierende Beispiel optischer Struktur fotografierte ich mit einer kompakten Digitalkamera im Makromodus in einer öffentlichen Toilette. Ich verstärkte den Kontrast des Bildes mit Gradationskurven in Photoshop und verlieh ihm mit dem Fotofilter einen leichten Rotstich.

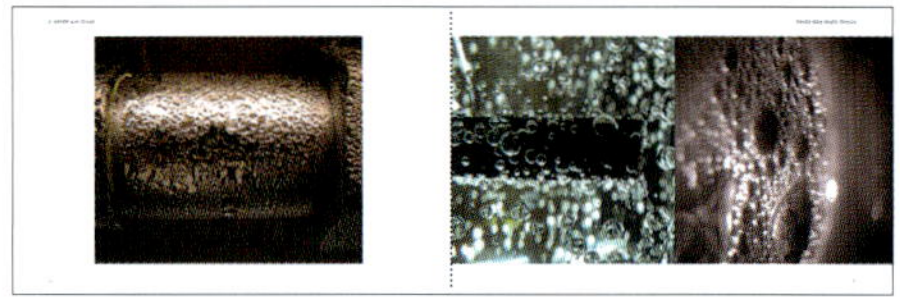

96 97

Links: Seitlicher Blick auf einen Trinkhalm in einem klaren Plastikbecher mit Sprudelwasser. Dem Bild wurde eine blaugrüne Volltonfarbe-Einstellungsebene hinzugefügt. Ich verringerte die Deckkraft dieser Ebene auf 80%, um die Originalfarben des Fotos durchscheinen zu lassen. Rechts: Nahaufnahme der Blasen auf einer frisch eingeschenkten Tasse Kaffee. (Das Foto stammt aus meiner Dauersammlung von Kaffeetassen, Seiten 16–17.)

Vor einer Zeit legte ich mir ein preiswertes wasserdichtes Gehäuse für meine Kompaktkamera zu. Ein nützliches Accessoire. Manchmal verwende ich es tatsächlich für Unterwasseraufnahmen, meist jedoch, wenn ich meine Kamera vor Feuchtigkeit schützen muss. Diese Aufnahme entstand, als ich meine Kamera unter die Dusche hielt und mit Blitz fotografierte. Das halbe Bild ist dunkel, weil ich aus Versehen einen Finger vor das Objektiv hielt. Ist aber nicht schlimm, die Komposition gefiel mir trotzdem.

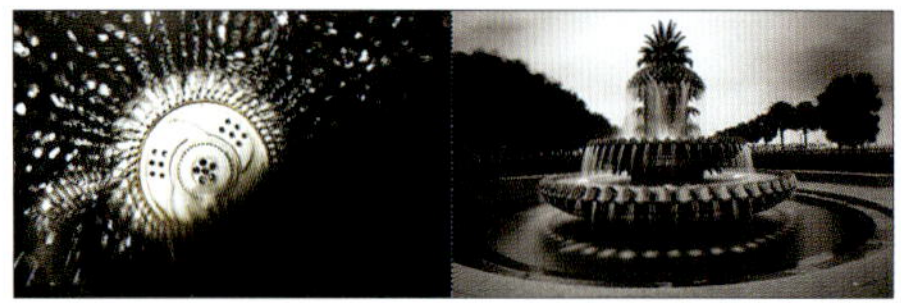

98 99

Auf dem eben gezeigten Bild wurde die Bewegung der Wassertropfen durch den Blitz eingefroren. In dieser Aufnahme machte ich es umgekehrt: Ich belichtete manuell und einige Sekunden lang. Deswegen sind die Wasserstrahlen des Brunnens unscharfe Flüsse (den vom Wind gezausten Baumwipfeln im Hintergrund geht es genauso).

Haben Sie schon gemerkt, dass Wasser das eine oder andere Mal nasser aussieht als sonst? Hier sehen Sie ein Bild, das Wasser in besonders fließendem Zustand festgehalten hat. Ich nahm das Foto vom unteren Deck eines Schiffs auf, an einem Morgen, als sowohl Meer als auch Himmel verschieden grau waren. Die dunkle Silhouette des Segelboots in der Ferne schien mir gerade der richtige Akzent zu sein, um die Szene zu vervollkommnen. Im Nachbarbild treffen sich Steine, Sand und Meer am Strand von Santa Barbara, Kalifornien.

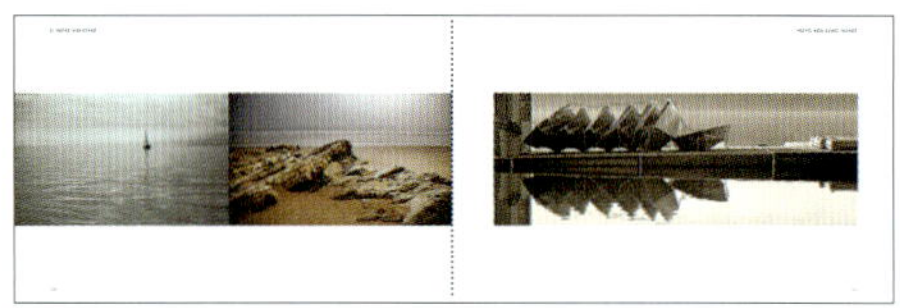

100 101

Wasser als Spiegel. Die kleine Flotte einer Bootsvermietung wirft ein gekräuseltes Spiegelbild von einem verlassenen Dock. Das Foto entstand von einem niedrigen Aussichtspunkt aus ca. 30 m Entfernung von den Booten. Mit einem 200-mm-Objektiv zoomte ich in die Szene ein. Der Morgennebel – er beginnt sich gerade zu heben – dämpfte den Hintergrund recht vorteilhaft, so dass die Elemente vorn im Bild hervorstechen. Das Bild ist als extremes Querformat freigestellt, haben Sie das schon einmal probiert?

Dieses Fotopaar erinnert an die Wirbelsäule des Menschen: Wirbel aus Stein und Wasser. Ich schaue meine gespeicherten Bilder gern nach Fotos durch, die Ähnlichkeiten aufweisen oder zumindest in Konzept oder Optik zueinander passen – auch wenn der Inhalt vollkommen verschieden ist. In Kapitel 13, Ähnlichkeiten, (Seiten 220 bis 237), finden Sie einige solcher Sets und Fotopaare.

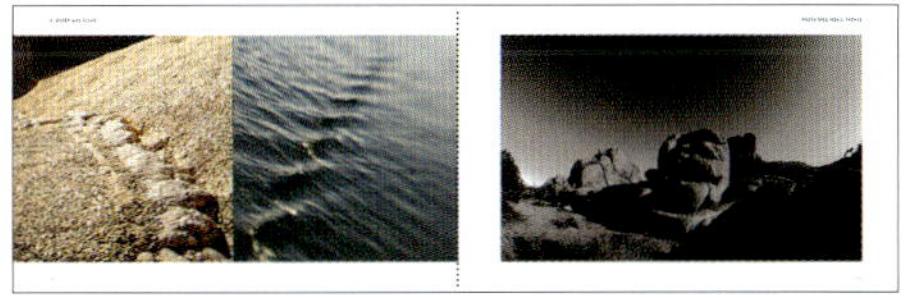

102 103

Riesige Monolithen beim Sonnenbad im Mondschein im Joshua Tree National Park. Dieses Foto nahm ich fast im Dunkeln auf, ich stellte die Kamera auf ein Stativ und stellte die Belichtung manuell auf zwei Minuten ein (gerade lang genug, um die Sterne am Rand des Fotos in kurze Bögen zu verwandeln). Dann wandelte ich das Bild in Graustufen und erhöhte den Kontrast mit Gradationskurven.

Links: Ein runder Stein hat sich in einer Felsspalte verklemmt. Der eiförmige Stein tut der Szene kompositorisch gut: So erhält das Bild einen starken Fokus und bildet die optische Quelle für die zahlreichen fließenden Linien, die auf seine Position zulaufen. Rechts: Schatten decken die Konturen dieser abgeschliffenen Felsen im Joshua Tree National Park. Mit Schwarzweiss in Photoshop (Infrarot) wandelte ich die Originalfarben des Bildes in eine kontrastreiche Palette monochromer Farbtöne um.

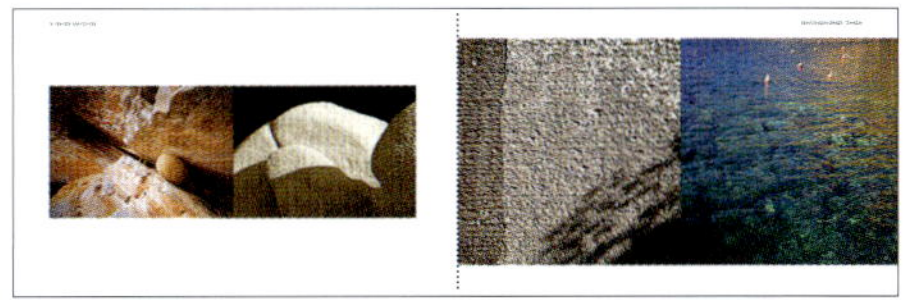

104 105

Links: Die Struktur dieser behauenen Marmorplatte war ebenso interessant zu berühren wie anzuschauen. Ich fand dieses Jahrhunderte alte Stück (ungefähr so groß und so dick wie eine stabile Tür) vor dem Marmormuseum in Carrera, Italien. Zum Finish wurde die Oberfläche von Hand mit einem Meißel behauen. Rechts: Noch eine optische Struktur – hier auf der blaugrünen Oberfläche des Mittelmeeres.

Diese Seite: kultivierter Stein. Links: Ein warmer Sonnenstrahl und das kühle Meer werden vom steinernen Torbogen zu einer Eisenbahnunterführung eingerahmt. Rechts fließt Wasser unter den behauenen Füßen von Göttern, Menschen und Tieren in das riesige Becken der berühmten Fontana di Trevi in Rom. Die schrägen Schatten im Vordergrund des Bildes (sie stammen von Touristen) tragen zur Bildkomposition bei, denn sie lenken das Auge des Betrachters auf die Figuren des Brunnens.

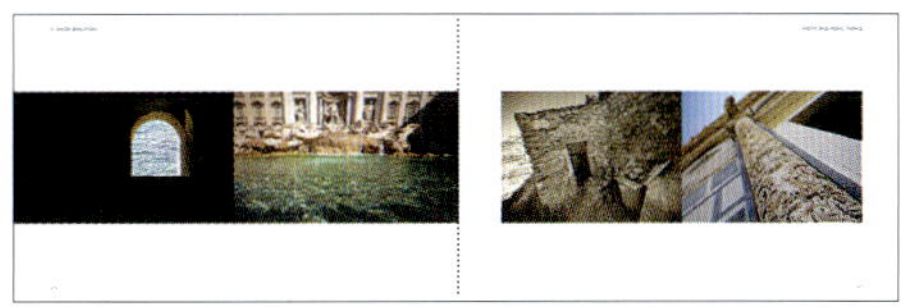

106 107

Links: Offener Speicher aus aufgeschichteten Steinen in den Weingütern des Cinque Terre in Italien. Das Foto entstand an einem sonnigen Nachmittag, der Vordergrund wurde unterbelichtet, um eine Überbelichtung des Himmels und des hellen Hintergrunds zu vermeiden. Mit Tiefen/Lichter in Photoshop holte ich Details in den dunklen Vordergrund zurück. Rechts: Interessante geschnitzte Säule zwischen Marmorintarsien an einer Kirche in Pisa, Italien.

Realität vs. Drama. Auf dieser Seite sehen Sie das Foto unverändert, wie es aufgenommen wurde. Das Foto ist eine realistische Abbildung der Szene, die sich meinem Auge bot. Im Bild auf der gegenüberliegenden Seite wurden reale Eigenschaften des Originalbildes gegen dramatische Bearbeitungen ausgetauscht: Farben wurden mit Schwarzweiss in Photoshop in eine gefärbte Monochrom-Palette umgewandelt, den Kontrast erhöhte ich mit einer Gradationskurven-Einstellungsebene.

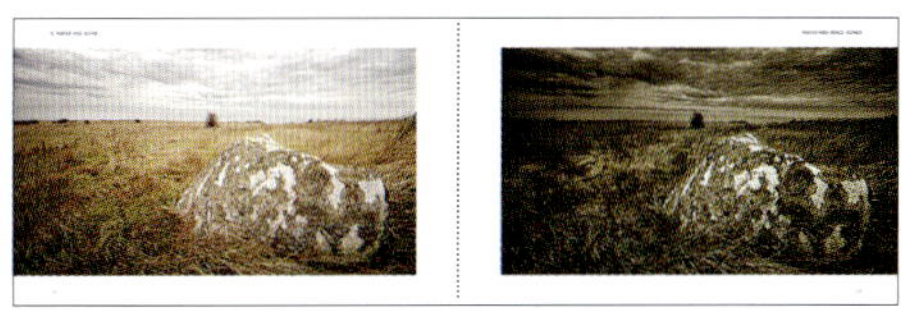

108 109

Die Aufnahme eines Bildes ist lediglich der Beginn einer Reise von der Realität in die fotografische Darstellung. Wie sagte Ansel Adams einst: »You don't take a photograph, you make it.« (Deutsch etwa: Sie nehmen ein Foto nicht auf, Sie machen es.)

7

Wolken

Kaum etwas lässt mich so schnell zur Kamera greifen wie eine interessante Wolke. Zum einen sind schon die Wolken allein ein dankbares Motiv. Aber Wolken sind auch wunderbar als Kulisse für Fotos anderer Objekte, Landschaften oder Personen geeignet. Immer, wenn ich unter einer spannenden Wolkenformation fotografiere, suche ich zuerst nach Blickwinkeln, aus denen sie in eine szenische Komposition eingebunden sind (dazu muss ich mich zuweilen schon mal hinlegen oder knien oder auch mal ein Weitwinkel aufsetzen – oder alles zusammen).

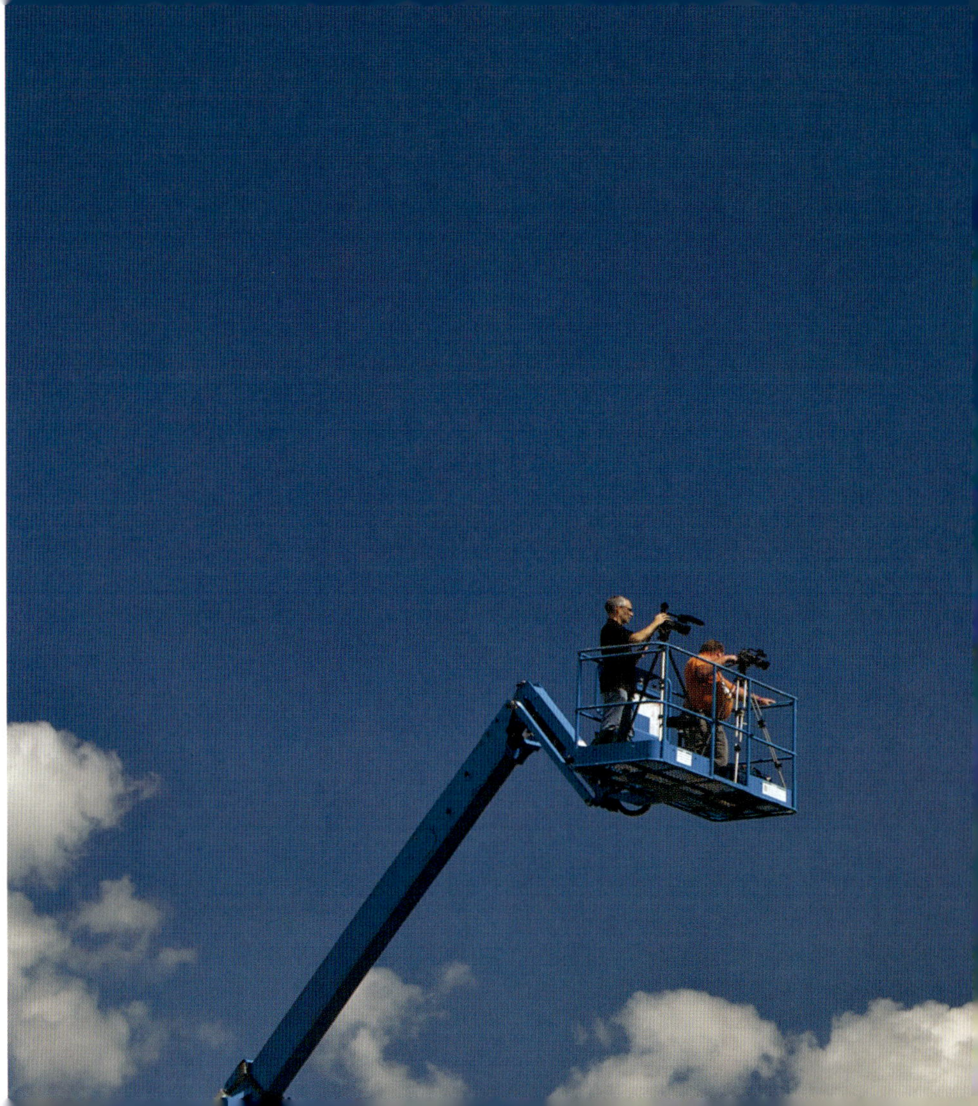

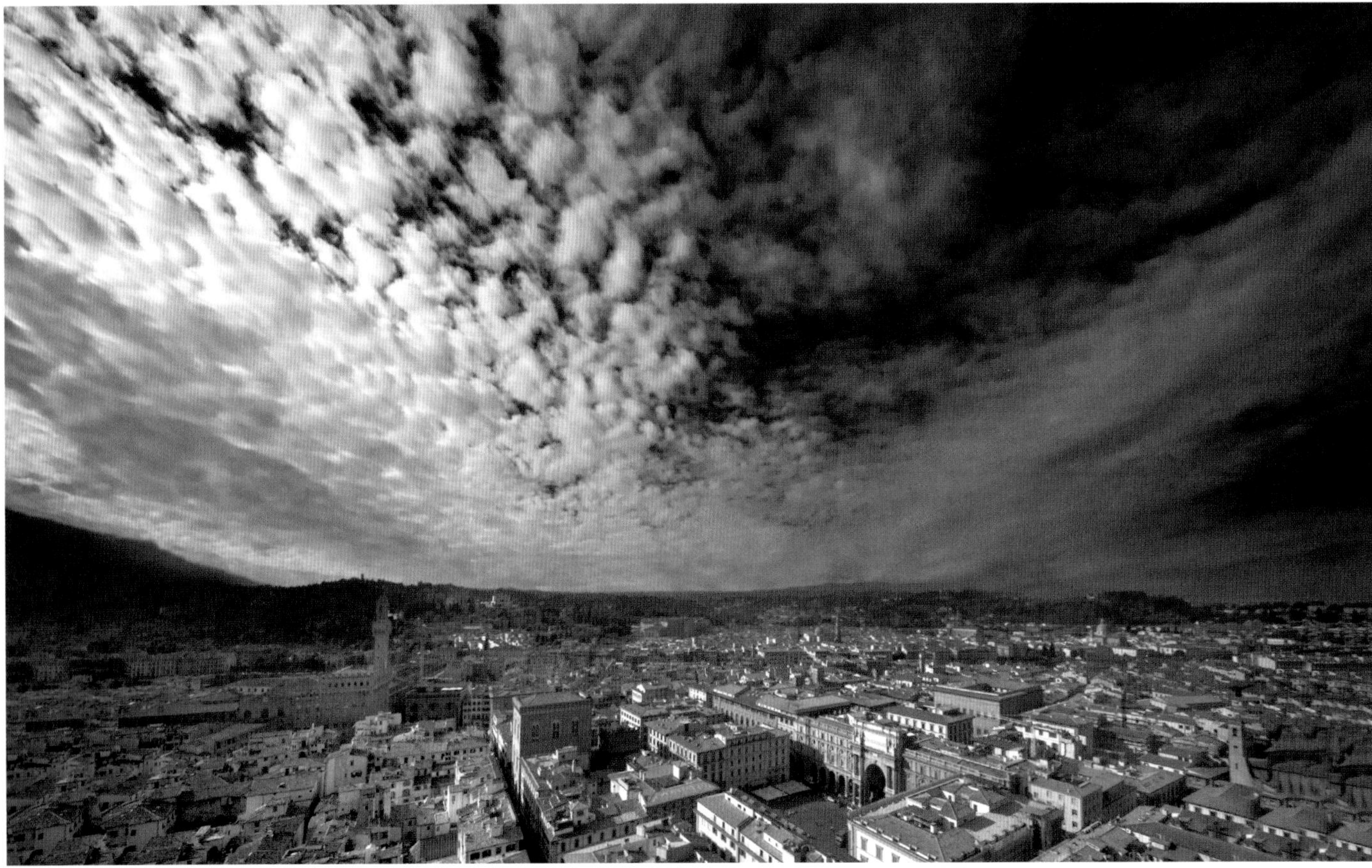

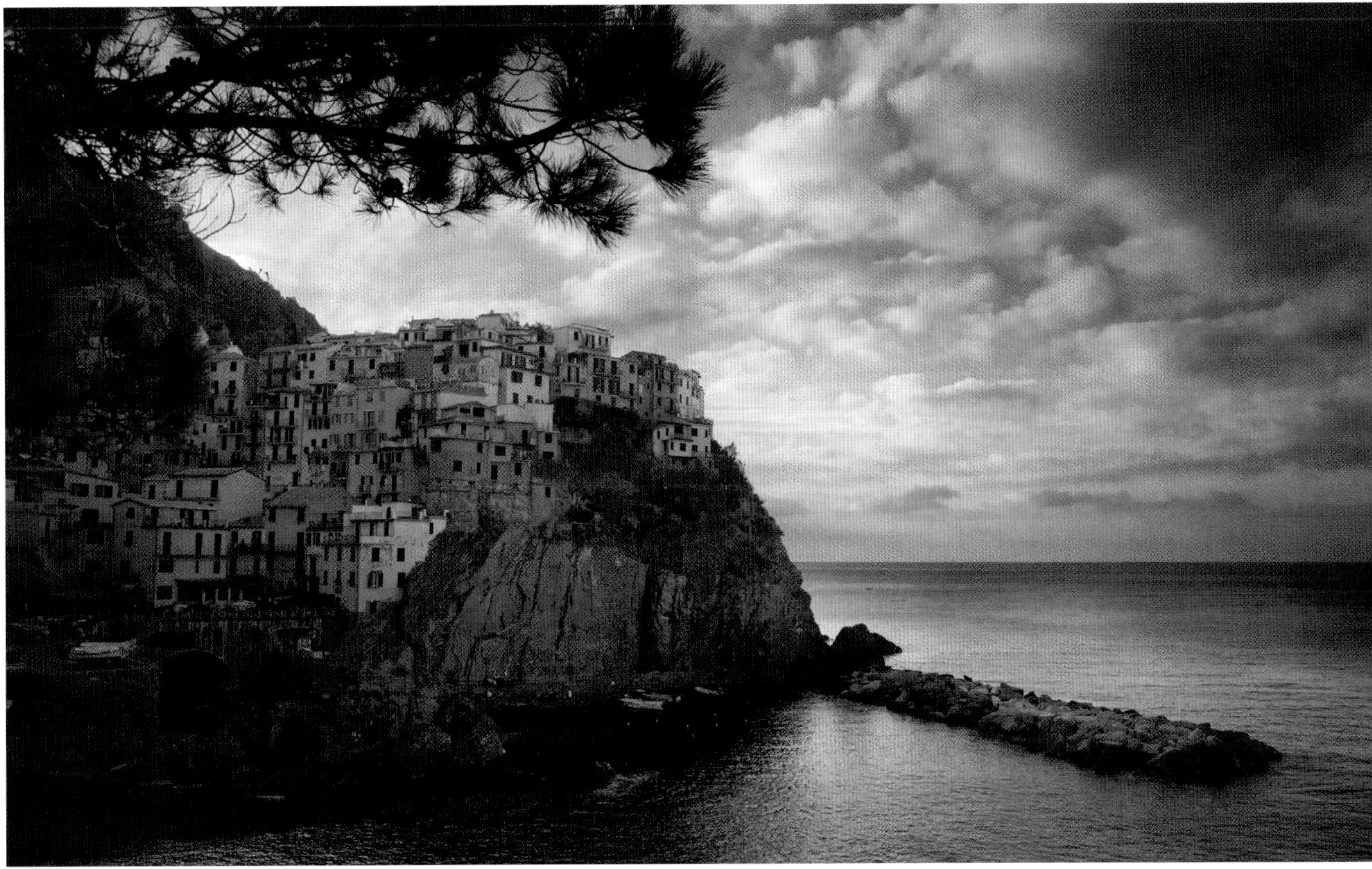

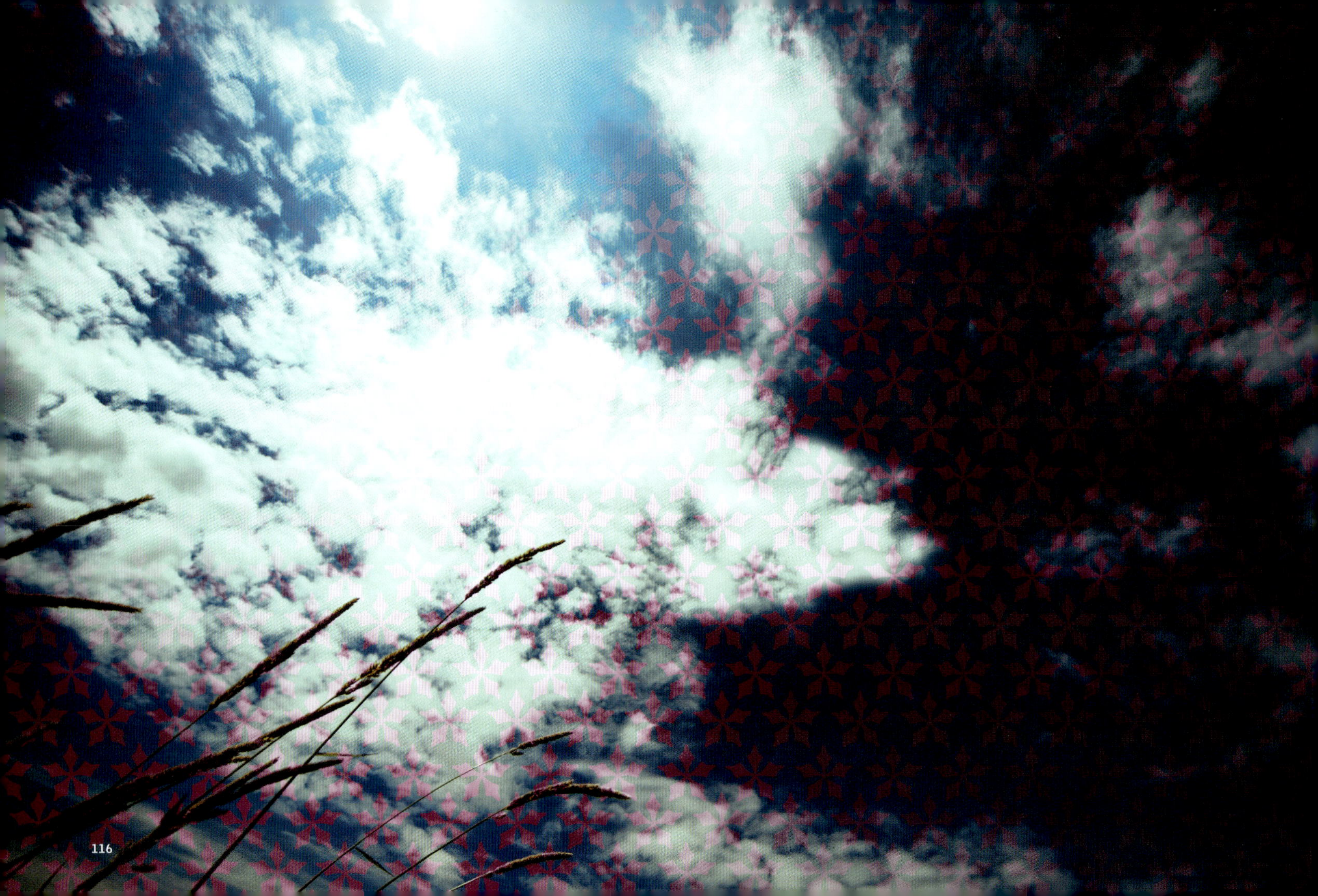

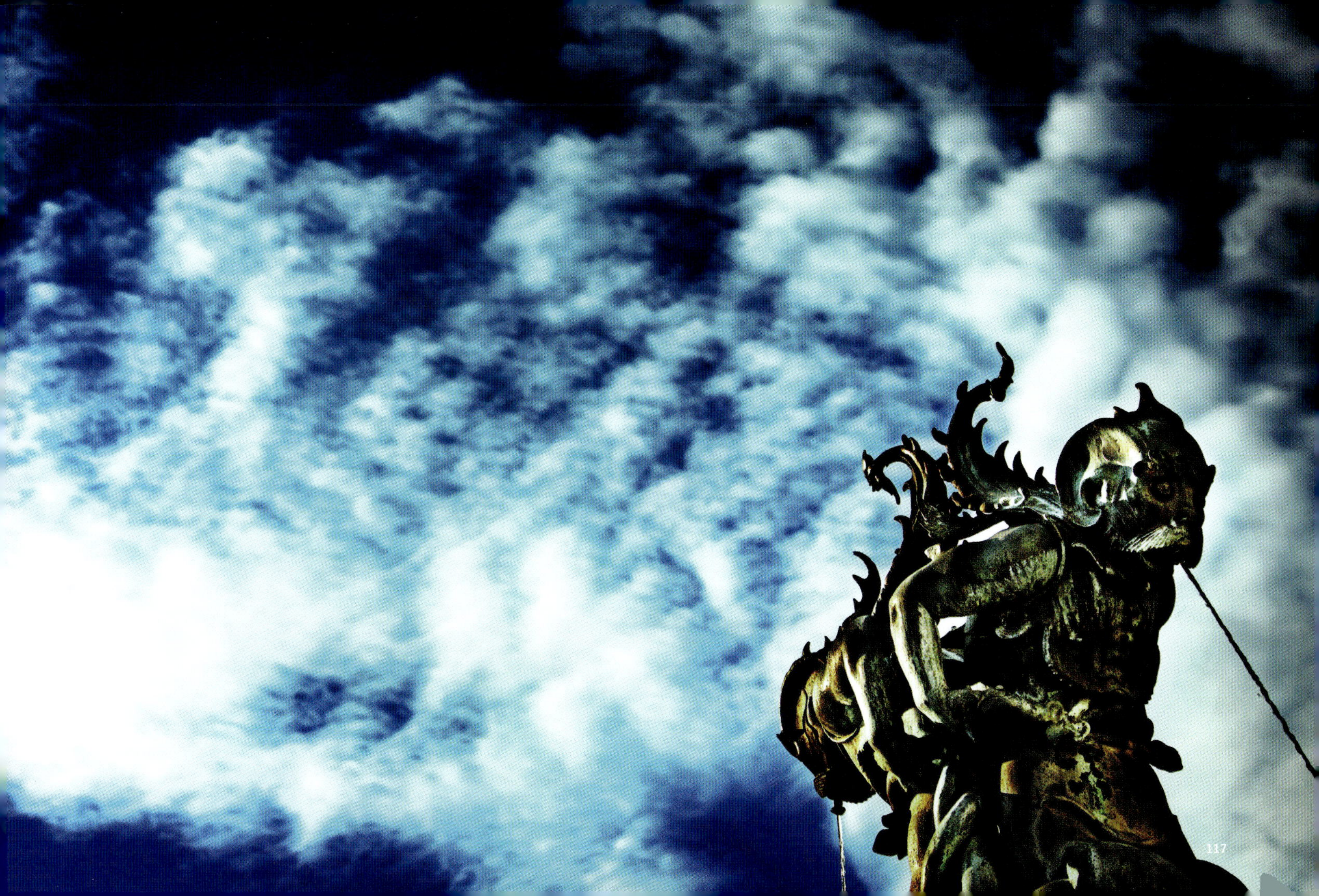

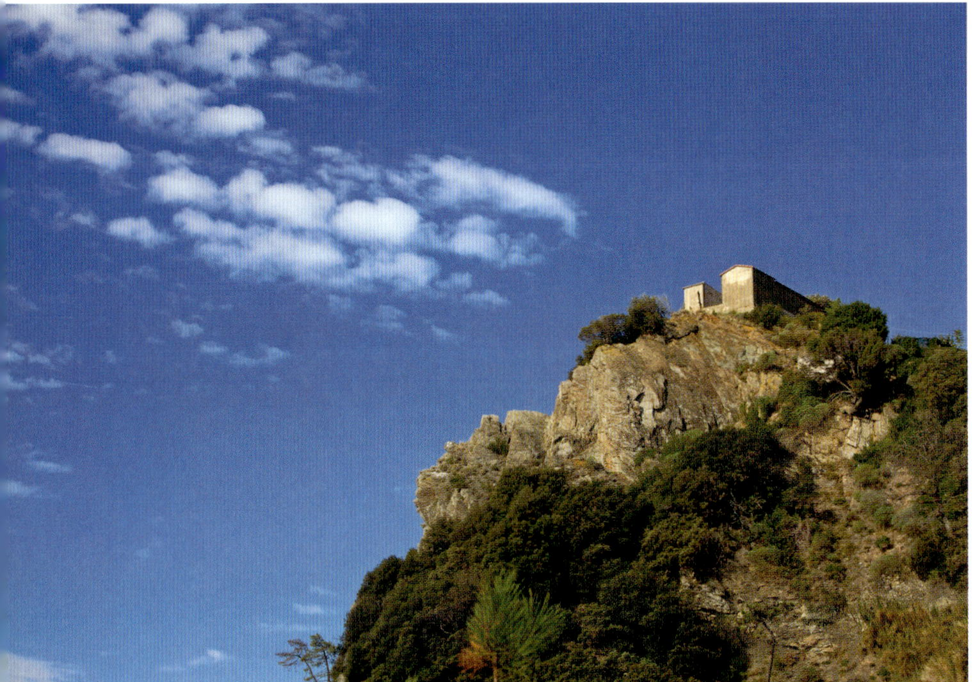

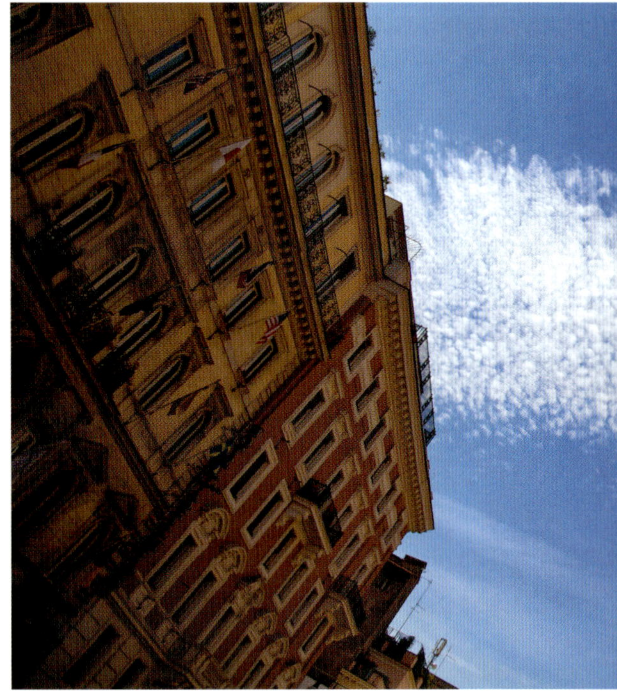

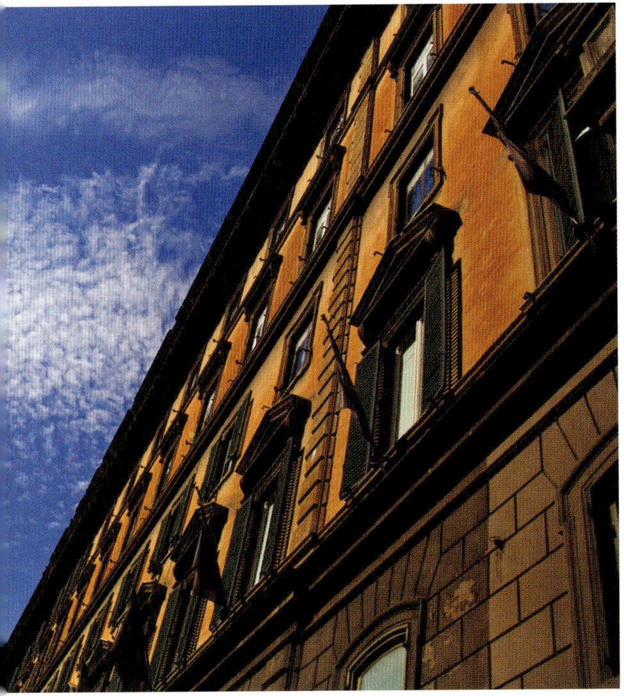

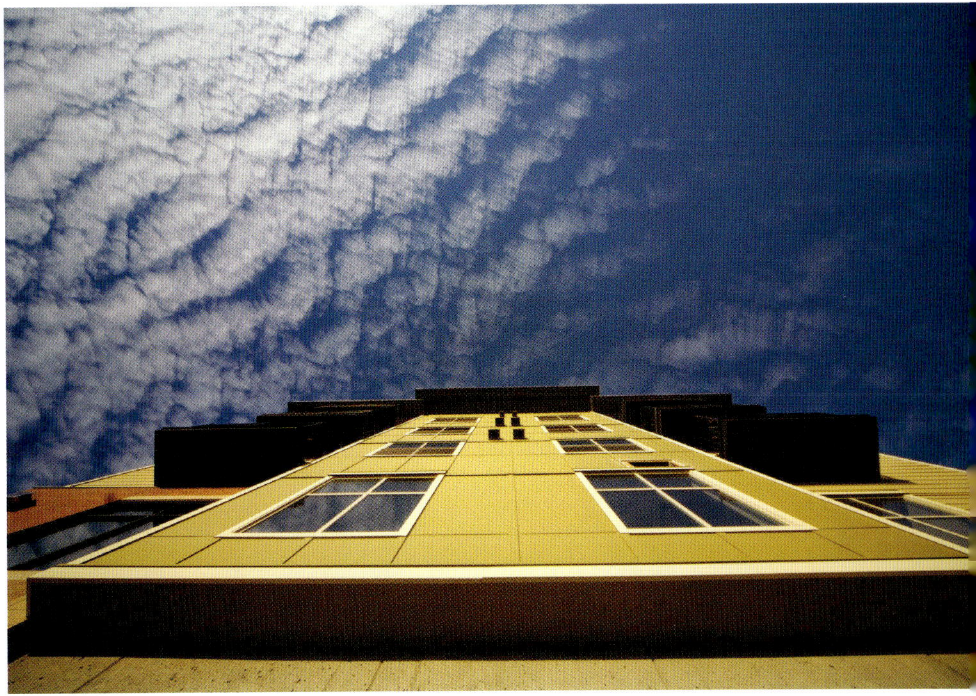

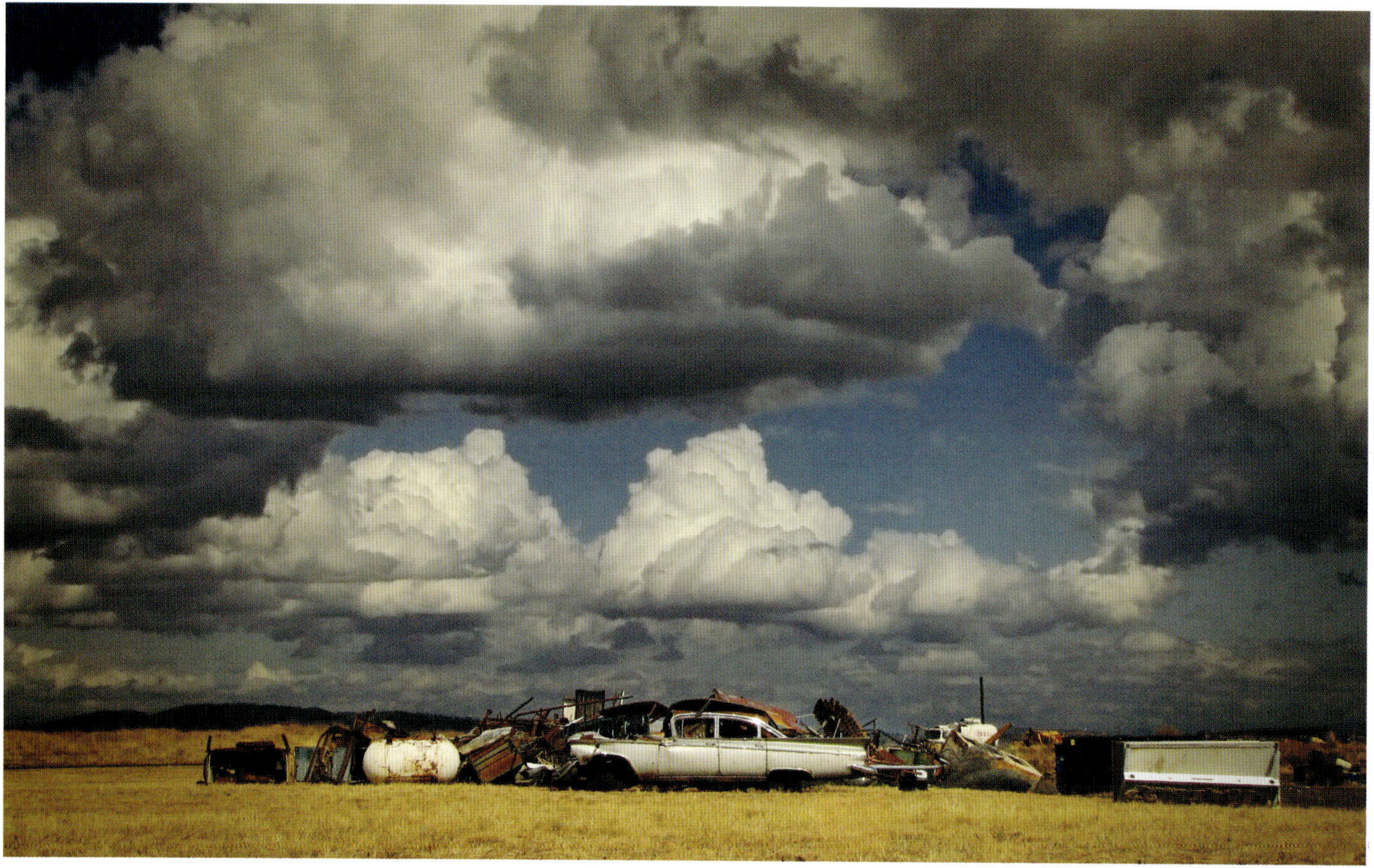

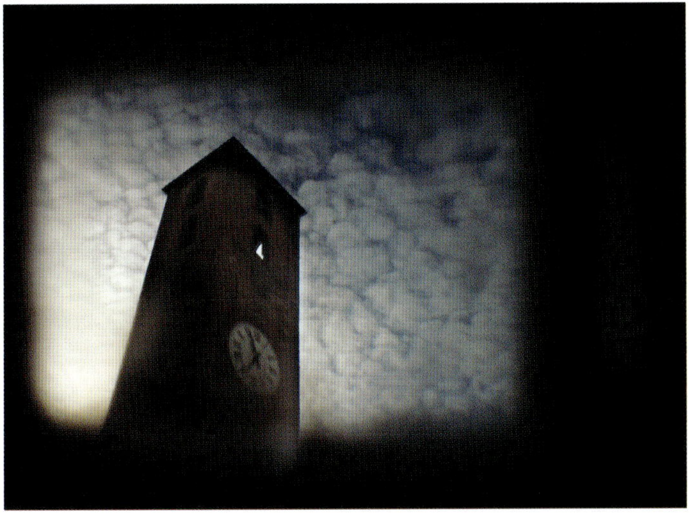

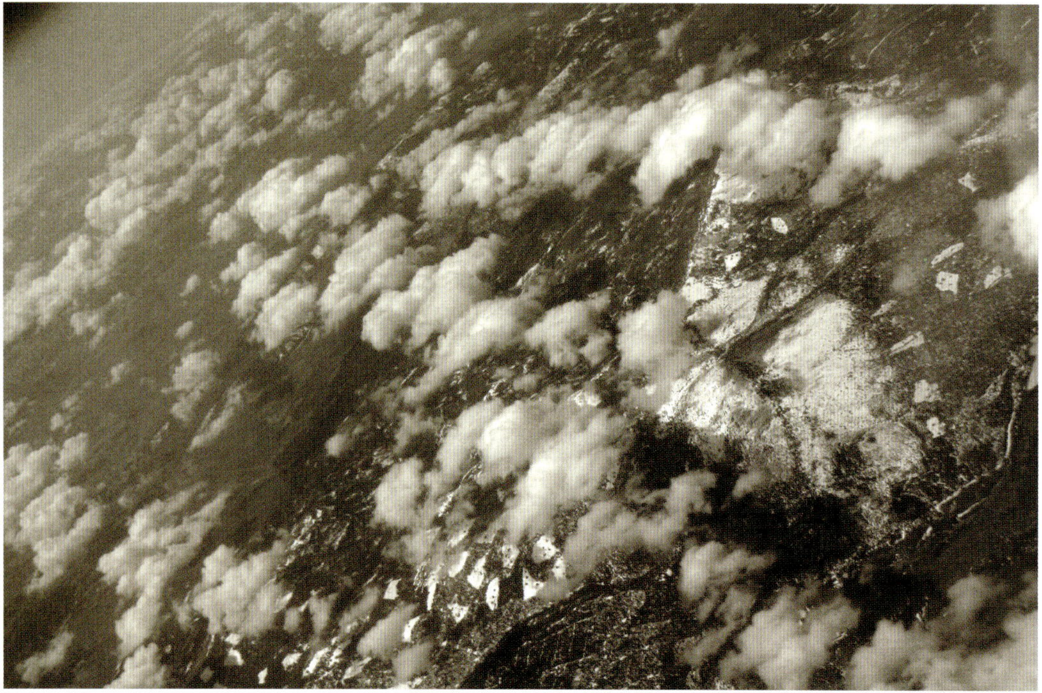

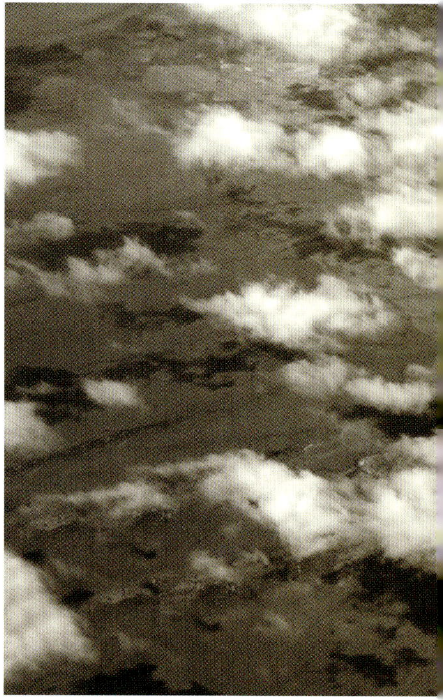

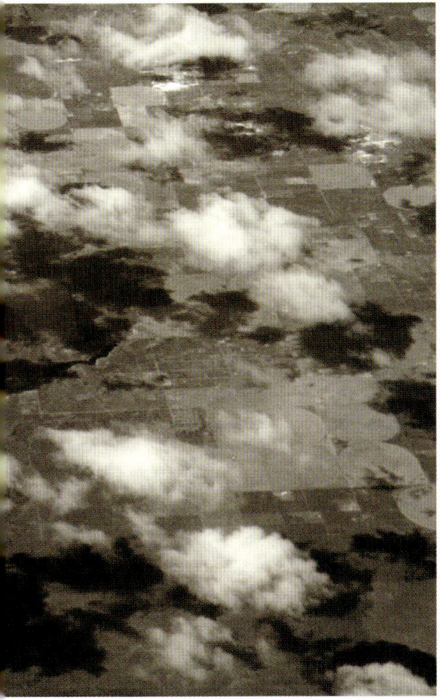

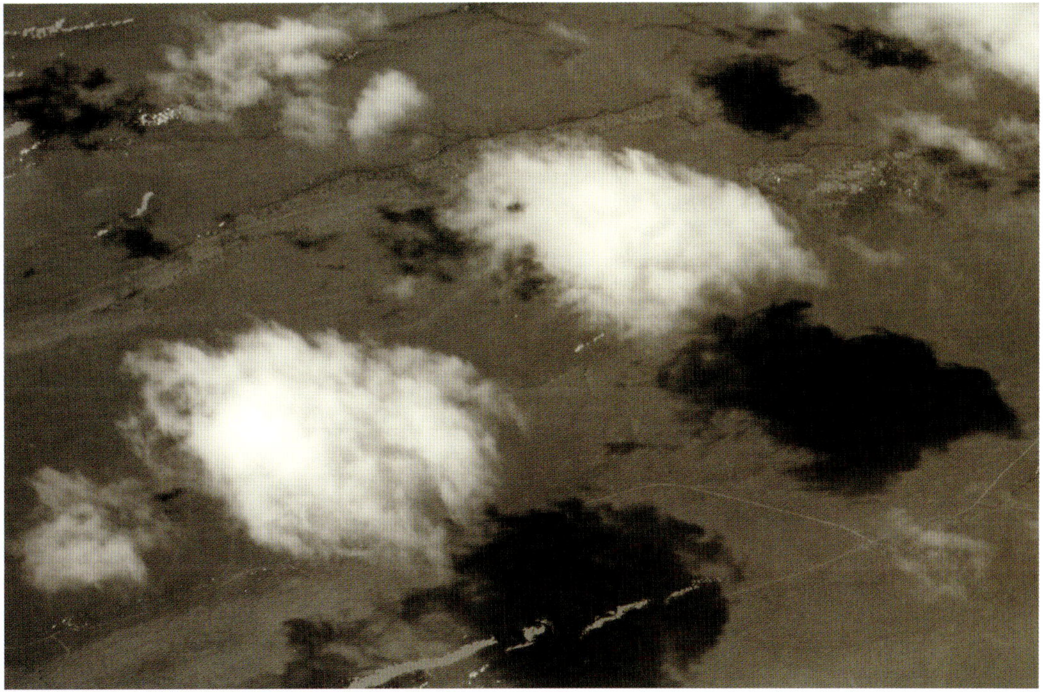

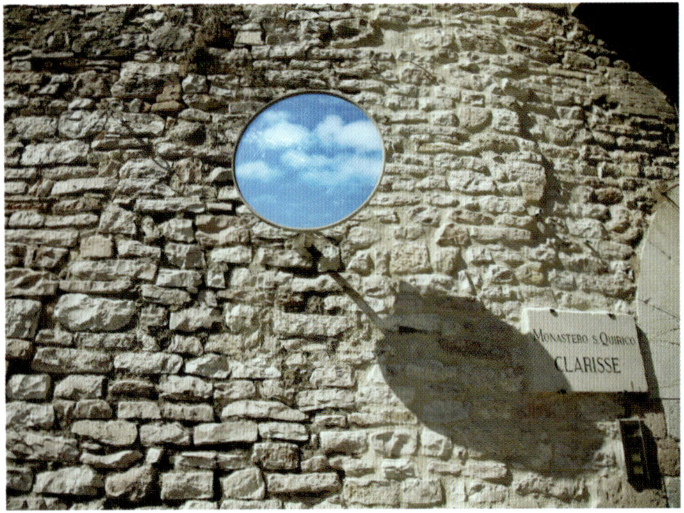
MONASTERO S. QUIRICO
CLARISSE

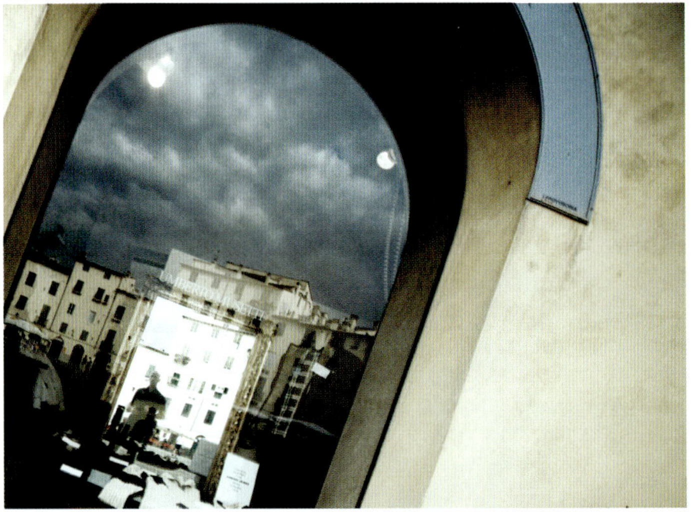

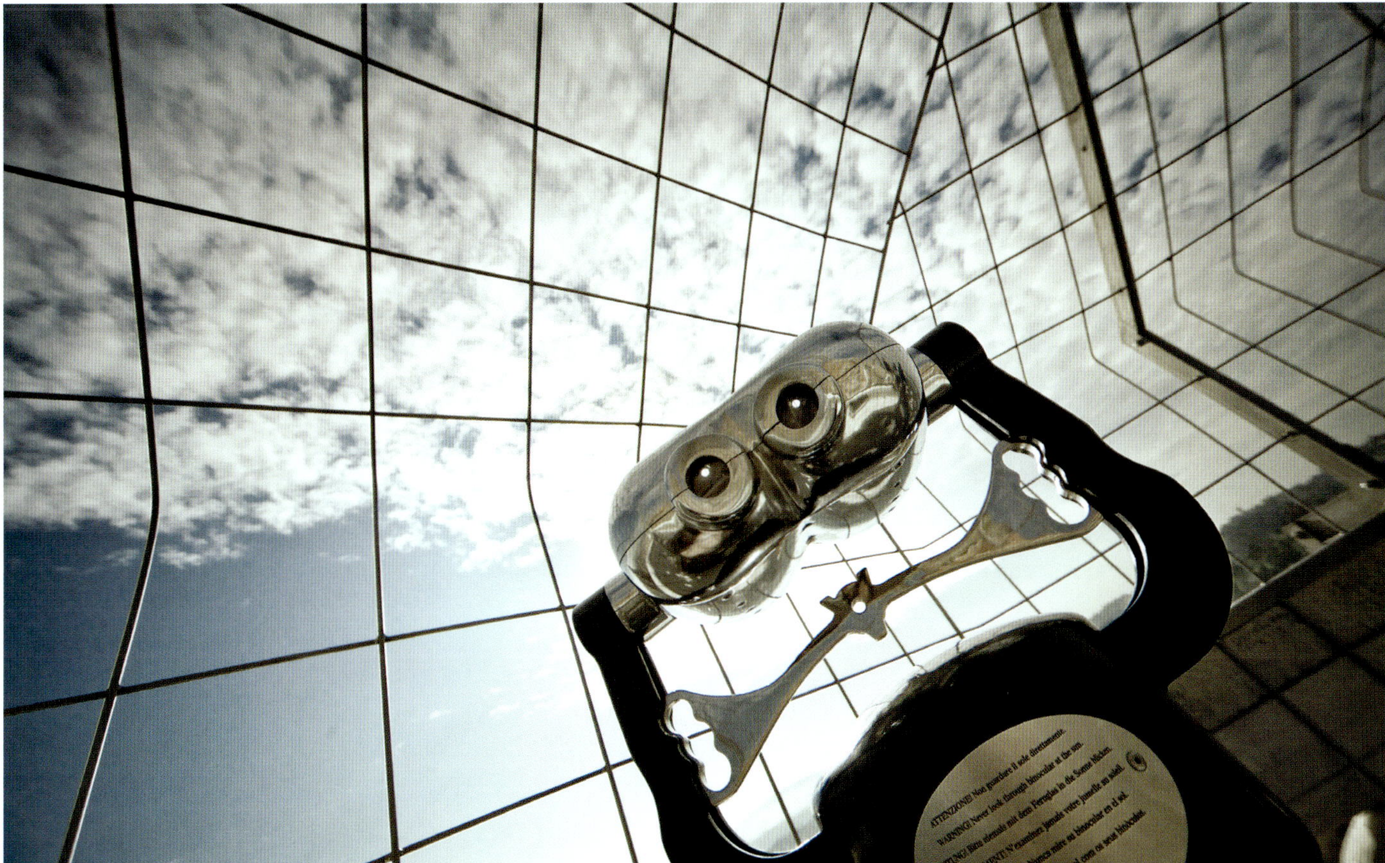
ATTENZIONE! Non guardare il sole direttamente.
WARNING! Never look through binocular at the sun.

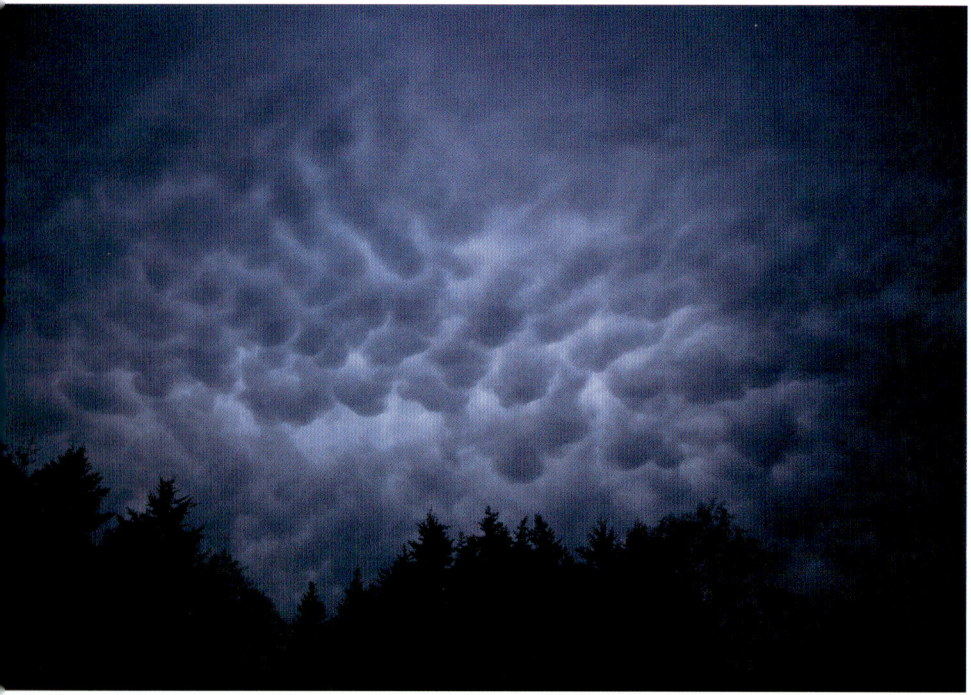

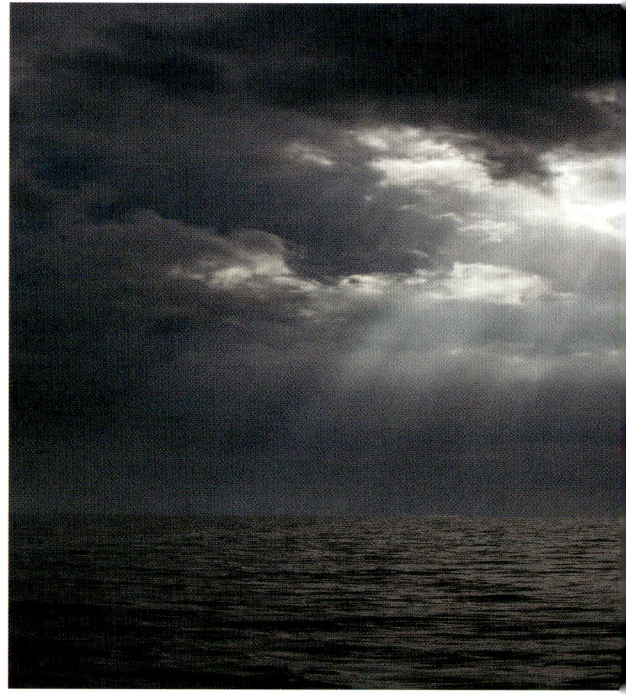

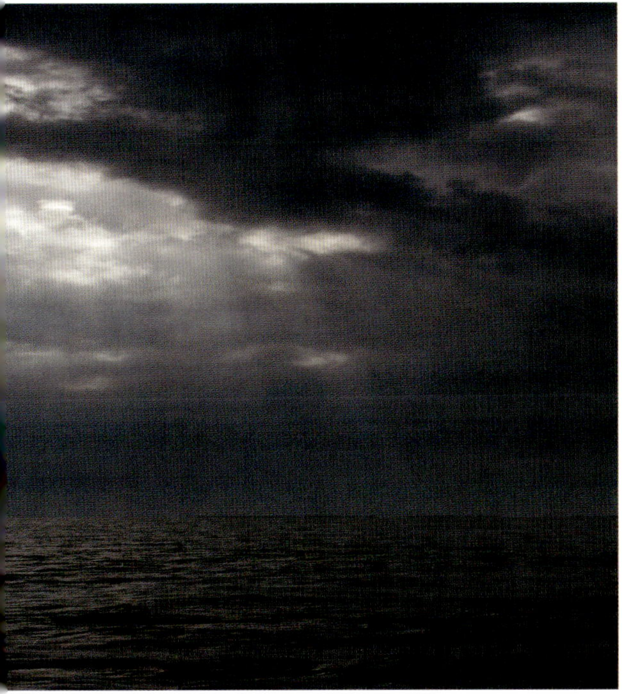

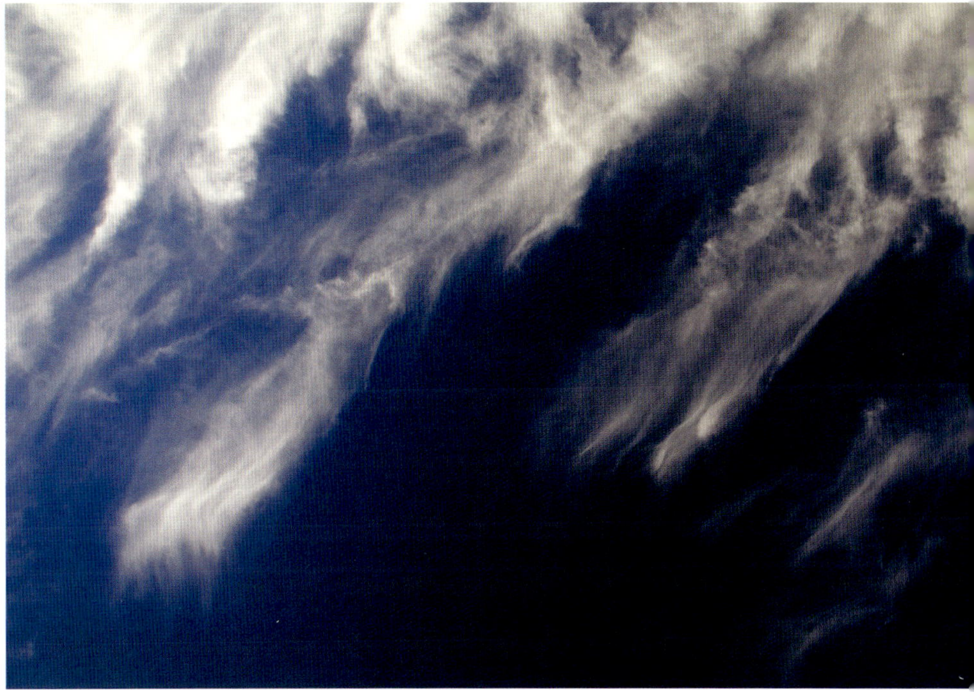

Die beiden Männer auf dieser Hebebühne sollten das bevorstehende Demolition-Derby filmen. Bei diesem Anblick dachte ich mir, man könnte da auch leicht etwas anderes hineininterpretieren, wenn man sie nur aus dem richtigen Winkel fotografierte. Ich musste grinsen, als ich die Männer aus diesem Winkel betrachtete – plötzlich sah es so aus, als wollten sie die weiche weiße Wolke interviewen oder warteten auf die Ankunft einer Himmelsgestalt.

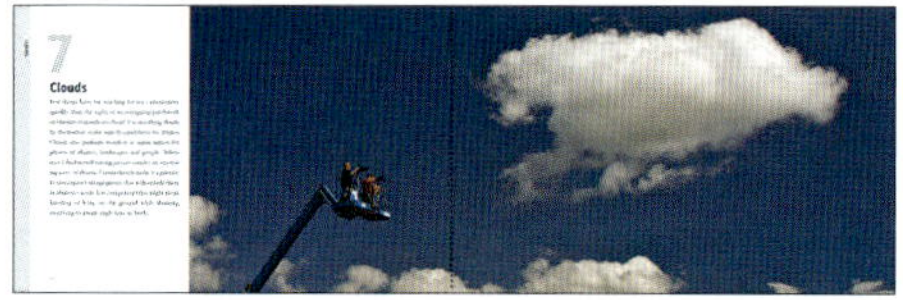

112 113

Ich nahm dieses Foto von meinem Platz auf halber Höhe der Zuschauertribüne in der Arena auf. Ich fotografierte mit vollem Tele-Zoom (70–200 mm) mit Blende f18. Die kleine Blende ließ zu, dass das gezoomte Objektiv alle Elemente der Szene scharf aufnahm – die gefühlte Entfernung zwischen den Personen auf der Plattform und der Wolke, mit der sie scheinbar interagierten, jedoch minimierte.

Mit einem 12–14-mm-Weitwinkel nahm ich dieses Stadt- und Wolkenpanorama vom Campanile de Giotto in Florenz auf. Weitwinkelobjektive erzeugen gern geschwungene Wolkenkompositionen wie diese – eine Konvergenz, die die Aufmerksamkeit des Betrachters auf die Objekte am Boden lenkt.

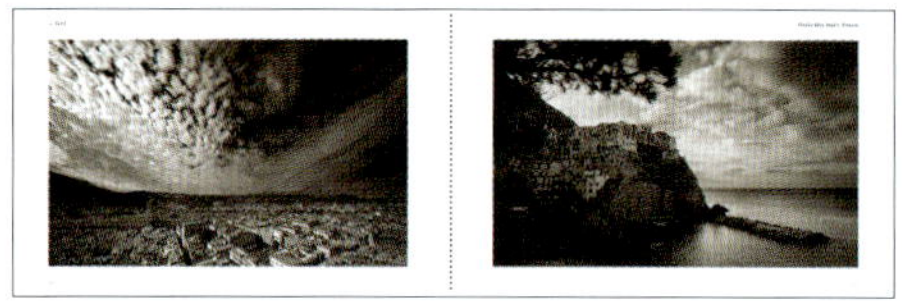

114 115

Auf die Wolken wendete ich eine Gradationskurven-Einstellungsebene stellenweise an, um den Kontrast zu vertiefen und deren launige Wirkung in der Szene zu verstärken (Sie können den Effekt einer Einstellungsebene kontrollieren, indem Sie die Deckkraft ihrer Maske mit Mal- und Auswahlwerkzeugen bearbeiten).

Warum nicht einmal Text- oder Grafikelemente in Ihre Bilder einfügen? Hier habe ich mit Photoshop eine einfache Musterebene mit Asterisken in eine Himmelsszene eingebaut. Was könnte man mit einer solchen Idee noch anstellen? Welche Symbole oder Begriffe könnten Sie in Ihre eigenen Bilder einsetzen? Vielleicht überlagern Sie ein Foto ja einmal mit einem Gedicht oder einer Kurzgeschichte?

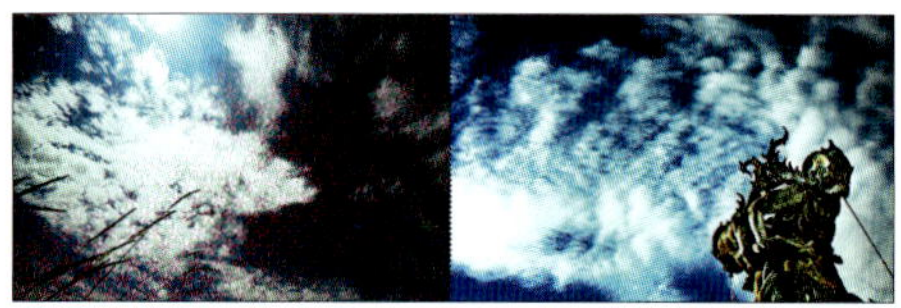

116 117

Wenn sich eine interessante Wolkenformation über Ihnen aufbaut, sollten Sie überlegen, diesen Wolken in Ihrer Bildkomposition Priorität einzuräumen. In diesem Bild drängte ich die Wasserspeier eines Brunnens in Florenz in die Ecke, um dem Himmel den Löwenanteil zu überlassen. Die Dramatik im Bild erhöhte ich durch eine starke Gradationskurven- und Farbton/Sättigung-Anpassung.

Das entscheidende Element in einer Szene. Beachten Sie den optischen Effekt, den die Wolken in diesen Bildern haben – wie ihre Formen die Strukturen darunter zueinander führen, sie verbinden und ergänzen. Die Moral von der Geschicht': Achten Sie auf die Wolken und nehmen Sie deren ästhetische Angebote an, wann immer Sie können.

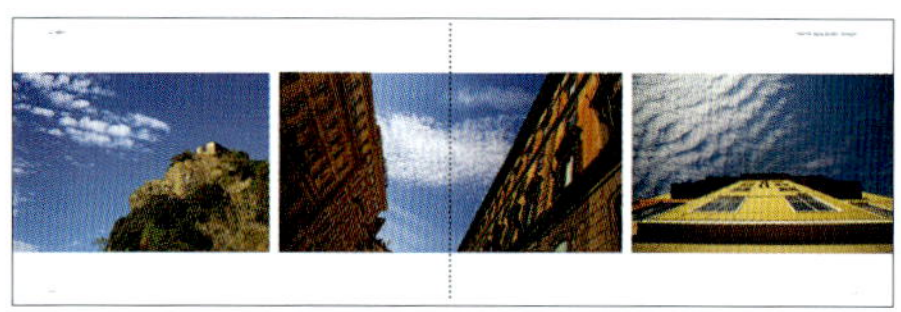

118 119

Wenn Sie mit einer Kompaktkamera arbeiten, können Sie eine Überbelichtung des hellen Himmels in einer Szene mit dunkleren Elementen auf dem Boden vermeiden, indem Sie so vorgehen: Richten Sie die Kamera zum Himmel; drücken Sie den Auslöser halb und halten Sie ihn halb gedrückt, während Sie mit der Kamera jetzt tiefer zielen; drücken Sie jetzt den Auslöser ganz durch. Obwohl der Himmel zwar nicht überbelichtet wird, kann es sein, dass der Vordergrund recht dunkel wird – was sich mit Tiefen/Lichter in Photoshop beheben lässt.

Zwei meiner Lieblingselemente in einem Foto: Wolken und Müll. Ich fand diesen Schrotthaufen (inkl. einem alten Chevy) auf einem Acker in Spokane, Washington. Welch ein Schnappschuss! Anmerkung: Schauen Sie sich dasselbe Auto auf dem Foto von Seite 276 an. Wahnsinn, oder? Wie die Präsentation eines Motivs durch einen anderen Blickwinkel verändert werden kann!

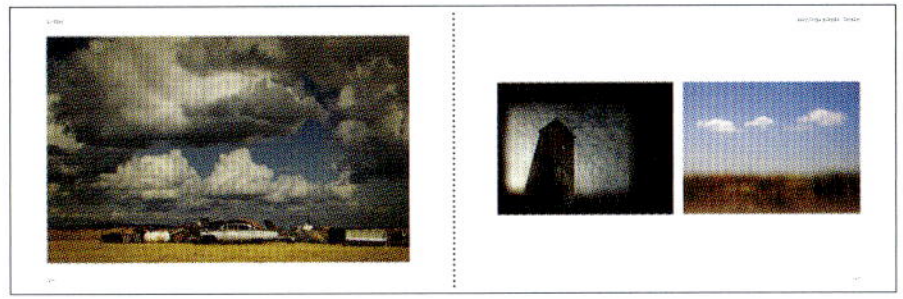

120 121

Welche Möglichkeiten haben Sie beim Objektiv? Hier links: Dieses Bild entstand, als ich mit einer digitalen Kompaktkamera durch den Sucher einer Instamatic fotografierte. Rechts: Diese impressionistische Szene fing ich mit einem Lensbaby ein. Die gedämpften Farben im ersten Foto – auch die leuchtenden Töne im zweiten – entstanden mit Farbton/Sättigung in Photoshop.

So sehen Wolken also von oben aus. Gewöhnen Sie sich an, Ihre Kamera immer bereit zu halten, wenn Sie sich an einen Ort begeben, von dem aus Sie einen ungewöhnlichen Blick haben. Diese Aufnahmen – Sie werden es erraten haben – nahm ich aus einem Flugzeug auf.

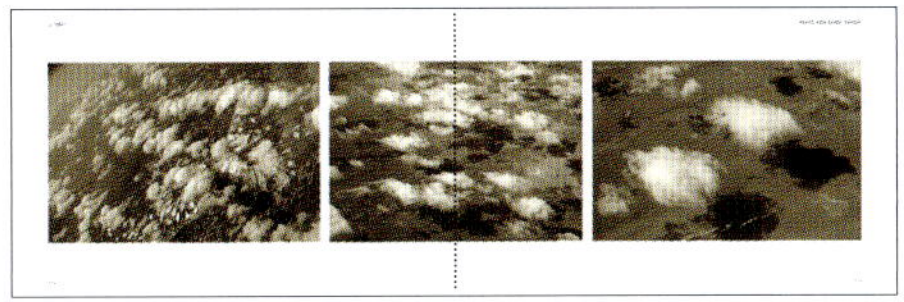

122 123

Mit etwas Hilfe von den Korrekturwerkzeugen in Photoshop werden Sie überrascht sein, wie toll ein Foto werden kann – auch wenn es nur mit einer Kompaktkamera durch ein nicht besonders klares Plexiglas-Flugzeugfenster aufgenommen wurde. Tonwertkorrektur, Gradationskurven und Schwarzweiss wurden hier eingesetzt, um die Tonwerte für die Fotos festzulegen, den Kontrast zu verstärken und Monochrom-Bilder daraus zu machen.

Ein Spiegel, ein Fenster und ein Fernglas mit Chromplatte reflektieren den wolkigen Himmel. Reflexionen gehen ebenso wie Schatten oft unbeachtet im Alltag unter. Viele Leute sehen sie nicht einmal – auch wenn sie direkt vor ihrer Nase auftreten. Dieses Übersehen von Reflexionen und Schatten können Sie aber umgehen, indem Sie einfach direkt danach suchen (vor allem, wenn Sie eine Kamera dabeihaben).

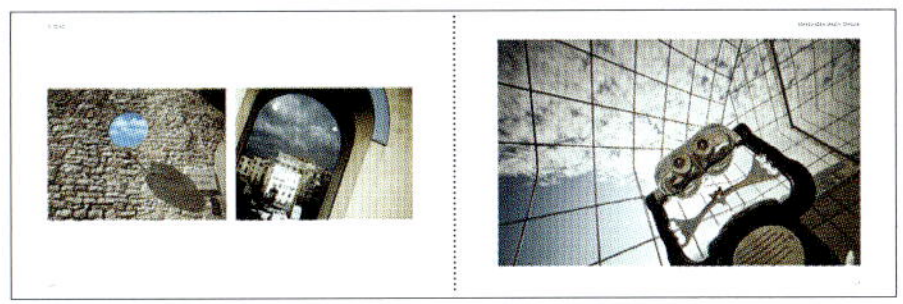

124 125

Die beschränkte Farbpalette in diesen drei Fotos erreichte ich, indem ich eine Schwarzweiss-Einstellungsebene hinzufügte und aus dem Ebene-Menü die Option Maximales Schwarz wählte. Die Feinabstimmung nahm ich über Gradationskurven vor. Probieren Sie bei den Schwarzweiß-Steuerungen mehrere Varianten aus, das führt zu völlig unterschiedlichen Ergebnissen.

Haben Sie schon einmal Wolken wie in diesem Bild gesehen? Ich nicht – bis an einem feuchten, windigen glücklichen Winternachmittag im vorigen Jahr. Die Wolken blieben nur ein paar Minuten so – gerade genug Zeit, um die Kamera zu nehmen und ein paar Aufnahmen zu machen. Jetzt, da man stets und ständig Zugriff auf die eine oder andere Kamera hat (sogar Mobiltelefone fotografieren ja heute einigermaßen), haben wir die traumhafte Möglichkeit, eigenartige und nie gesehene Ereignisse sofort im Bild festzuhalten und anderen zu zeigen, die nicht so viel Glück hatten.

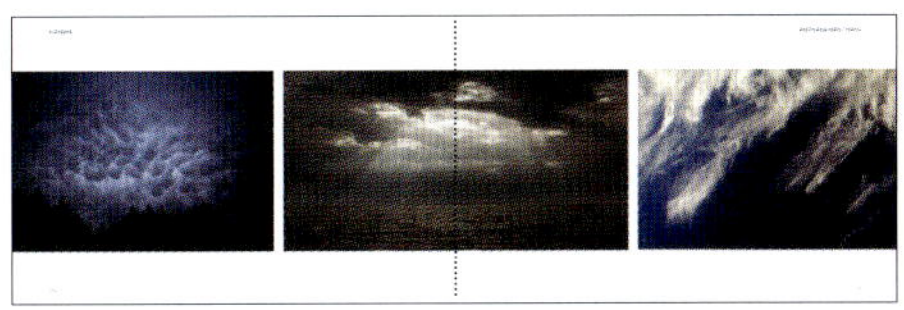

126 127

Ein Foto wie das in der Mitte könnte man sich auch gut als Poster mit einer inspirierenden Botschaft vorstellen oder in einer spirituell angehauchten Broschüre. Und die Wolken im rechten Bild haben sogar ein gewisses kommerzielles Potenzial – man könnte sie als Hintergrund oder Füllbild für alle möglichen Werbeanzeigen oder Layouts verwenden. Falls Sie also in der Werbung arbeiten, speichern Sie solche Wolkenfotos – Sie könnten sie eines Tages gebrauchen.

8

Lichtspender

Bei allem, was wir sehen – und fotografieren –, geht es um Licht. Licht macht das Sehen und die Fotografie (also in diesem Fall uns als Fotografen) erst möglich. In diesem Kapitel würdige ich die Lichtspender: natürliche und von Menschenhand geschaffene Einrichtungen, die unser Leben erleuchten.

Licht gelangt auf drei Wegen in unsere Kamera: direkt, indirekt und gestreut. *Direktes* Licht gelangt ohne Umwege von der Lichtquelle in die Kamera, ohne durch die Atmosphäre dazwischen verändert worden zu sein. *Indirektes* Licht erreicht die Kamera, nachdem es von der Oberfläche eines oder mehrerer Objekte reflektiert wurde. Licht ist dann *gestreut*, wenn es durch durchscheinendes Material strahlt (oder durch eine nicht ganz klare Atmosphäre), bevor es auf die Kamera trifft. Beispiele für diese Lichtarten finden Sie auf den Fotos in diesem Kapitel.

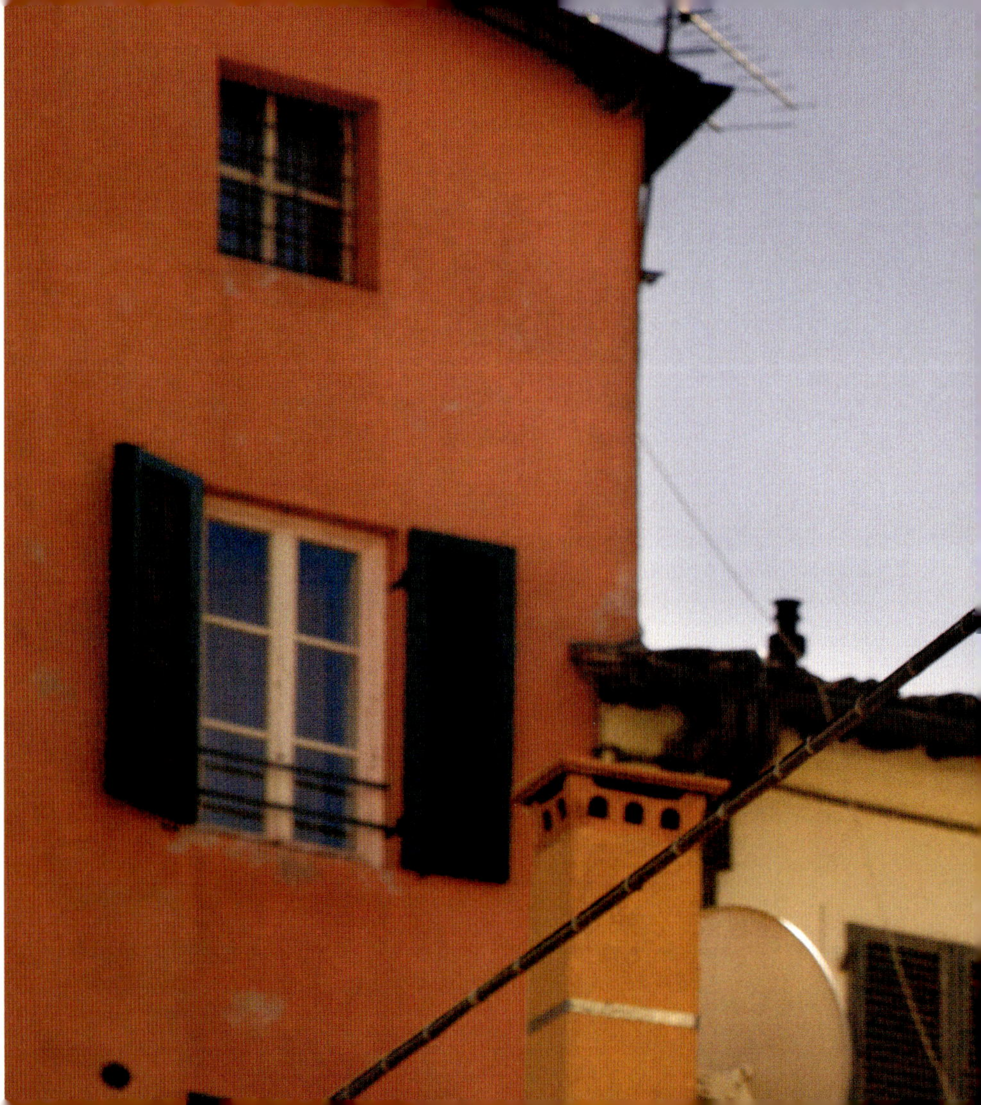

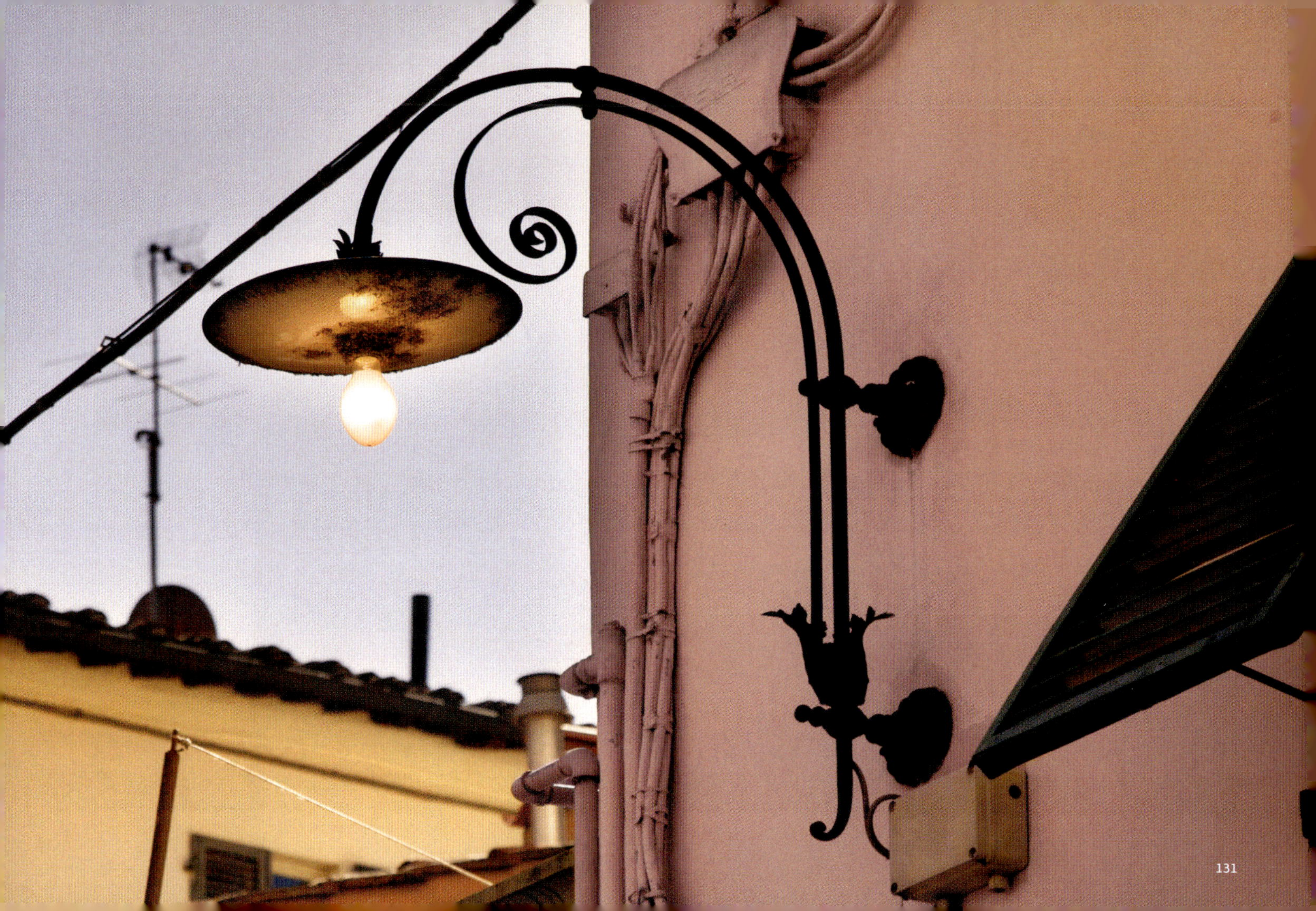

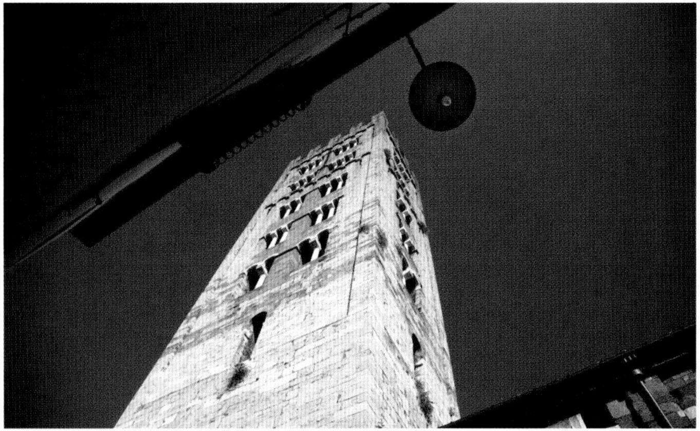

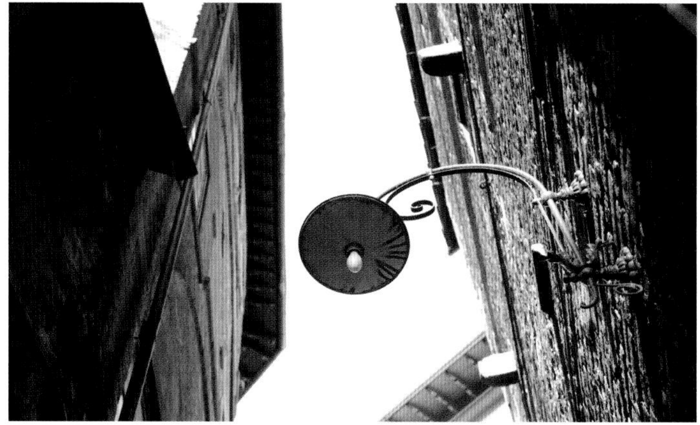

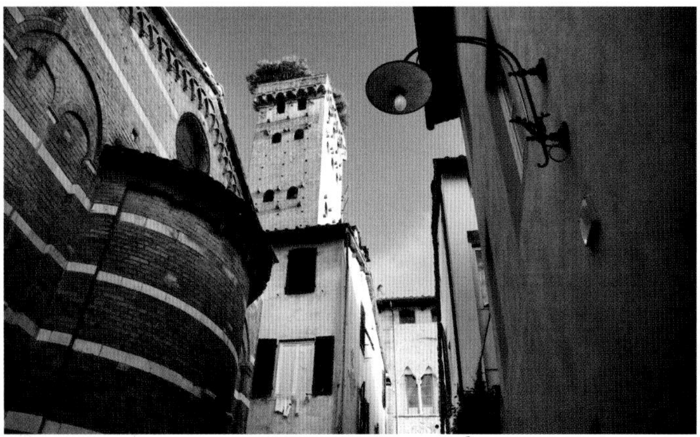

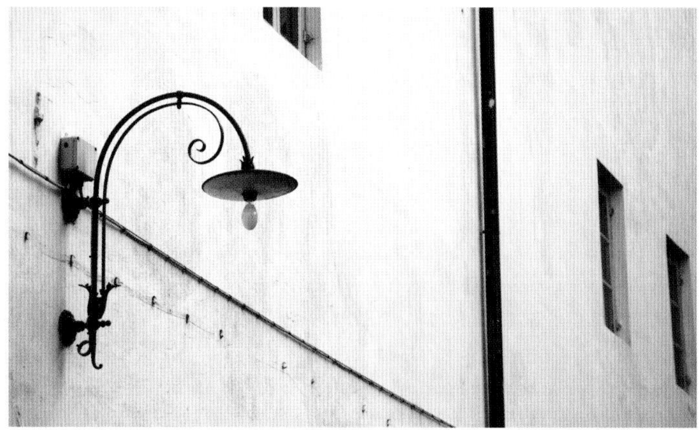

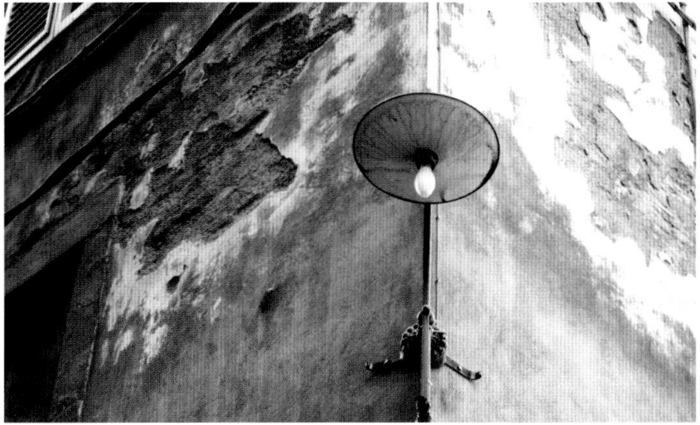

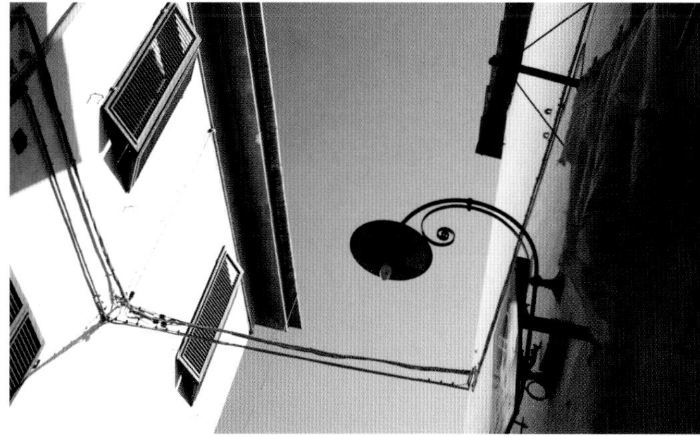

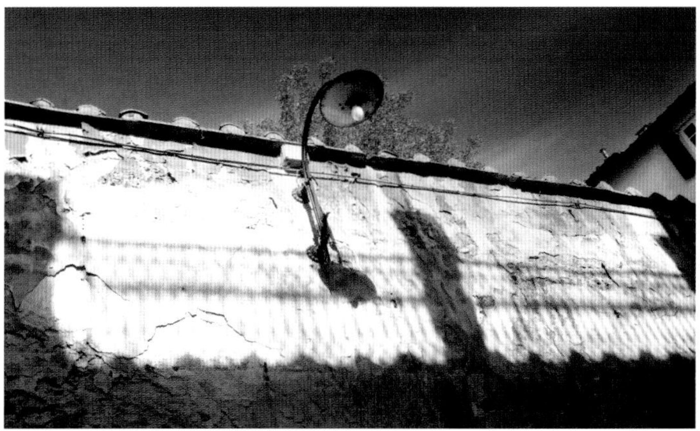

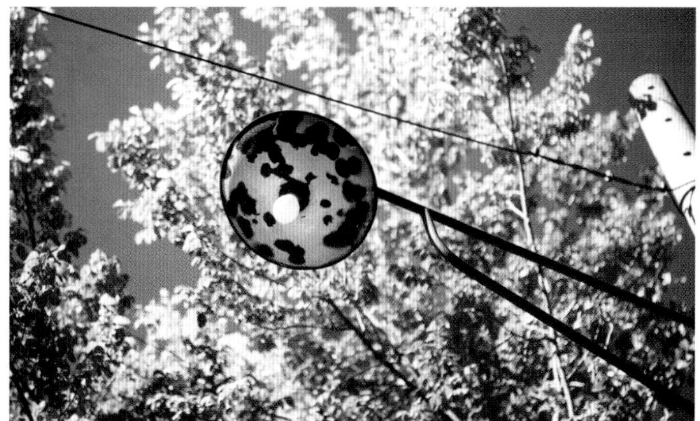

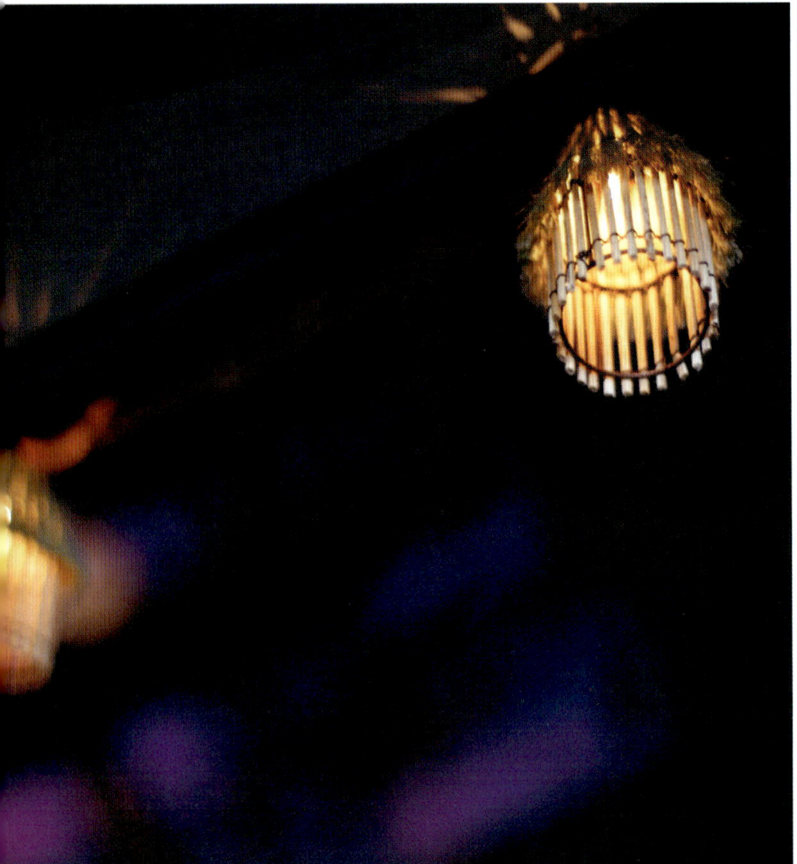

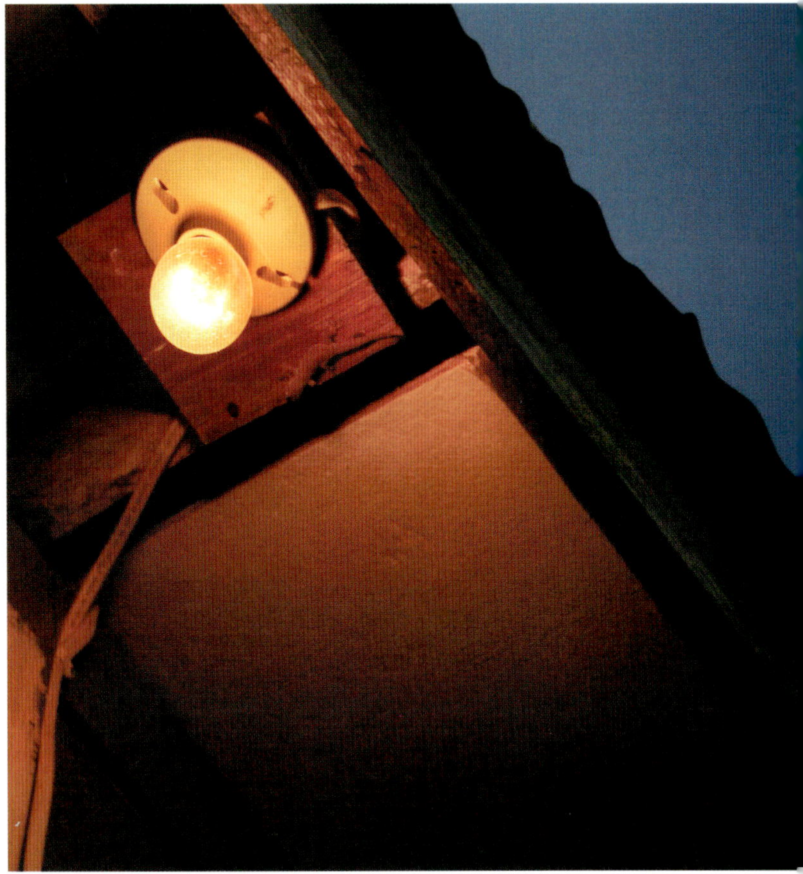

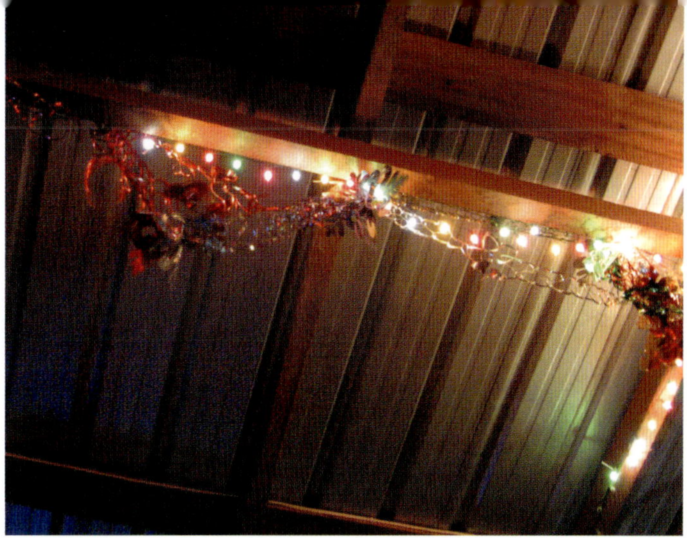

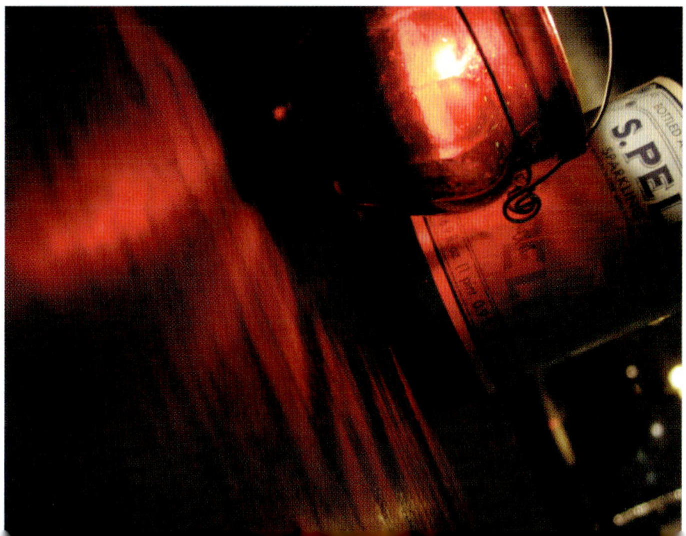

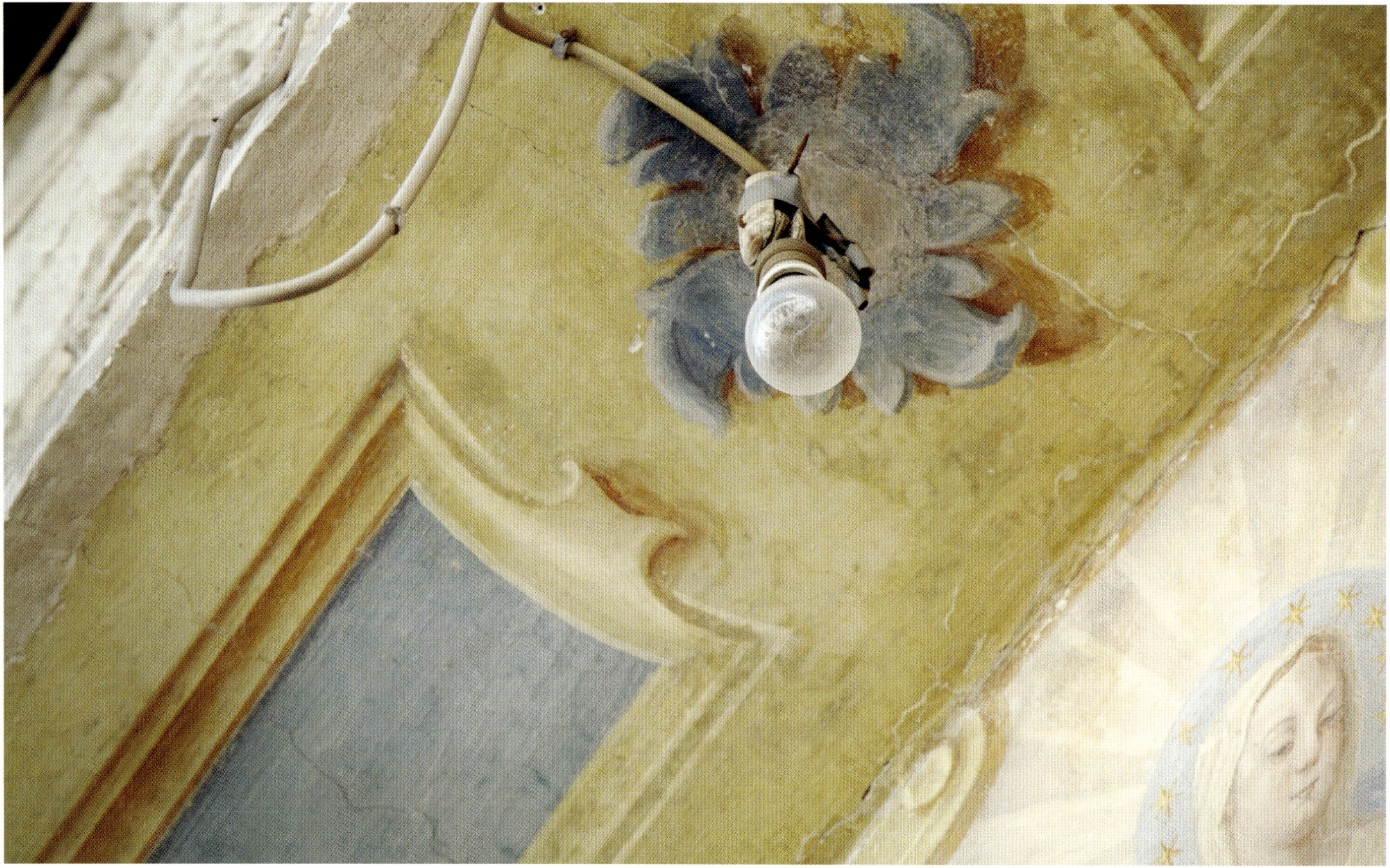

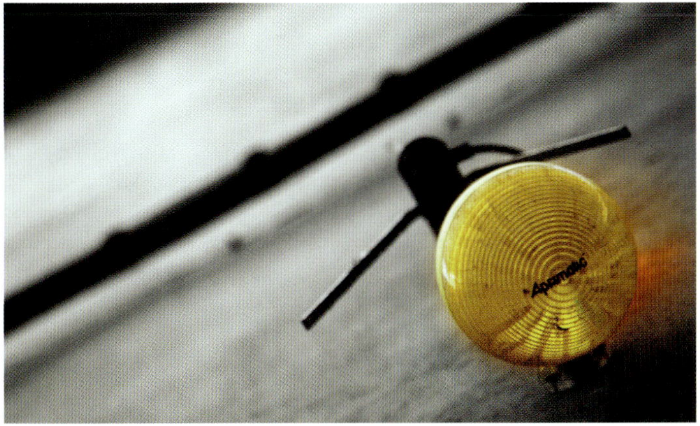

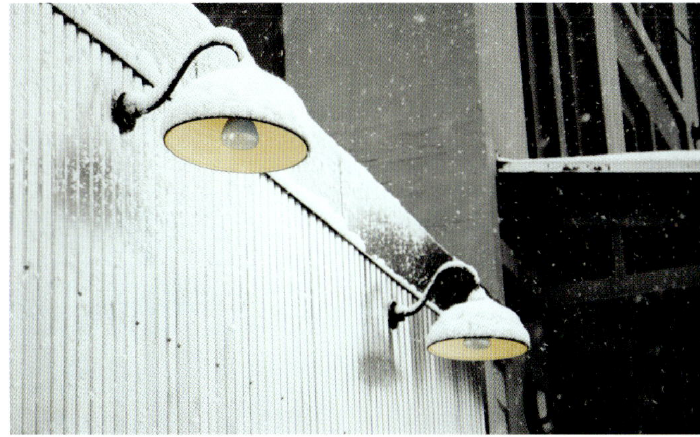

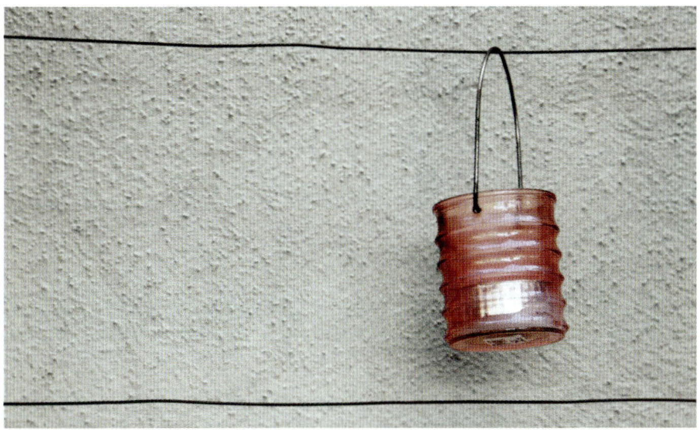

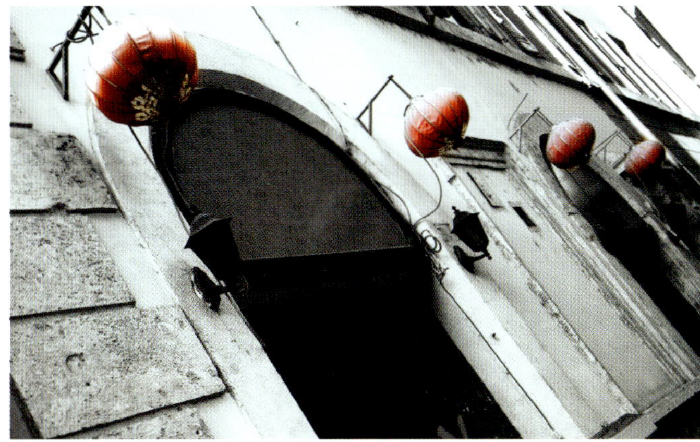

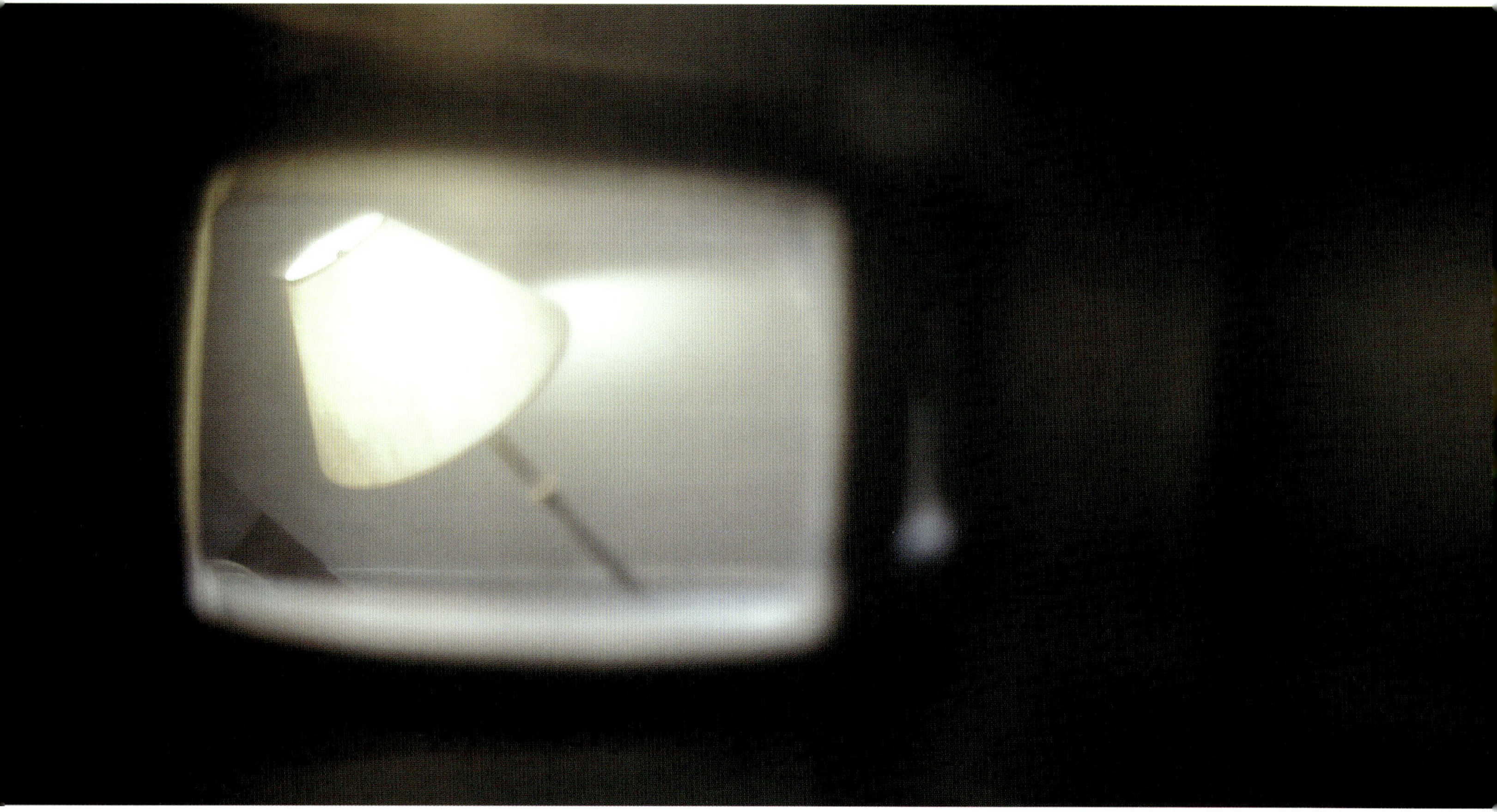

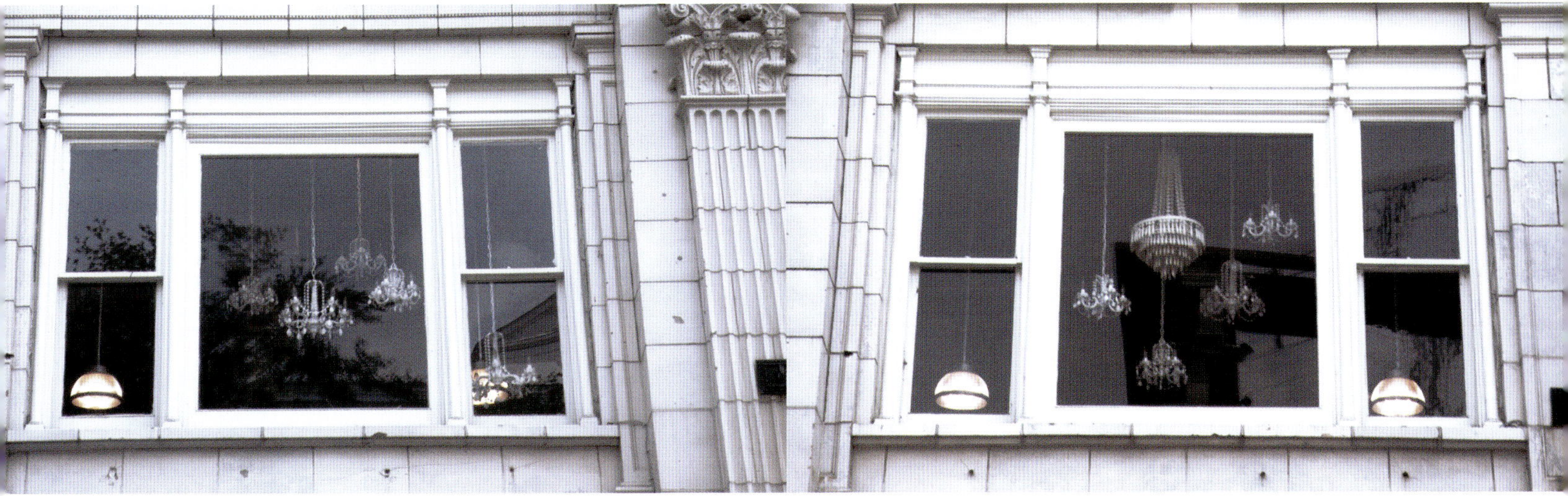

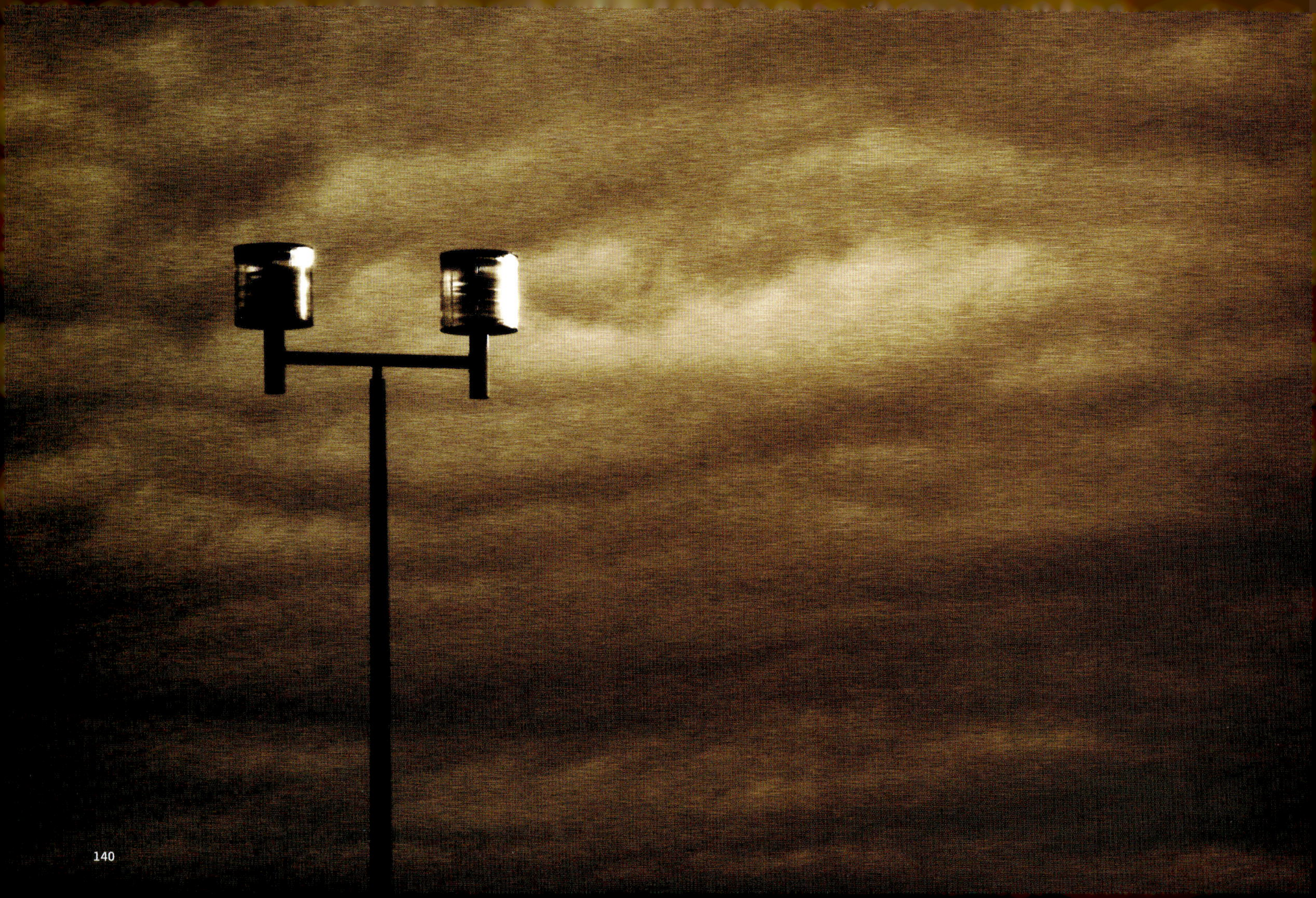

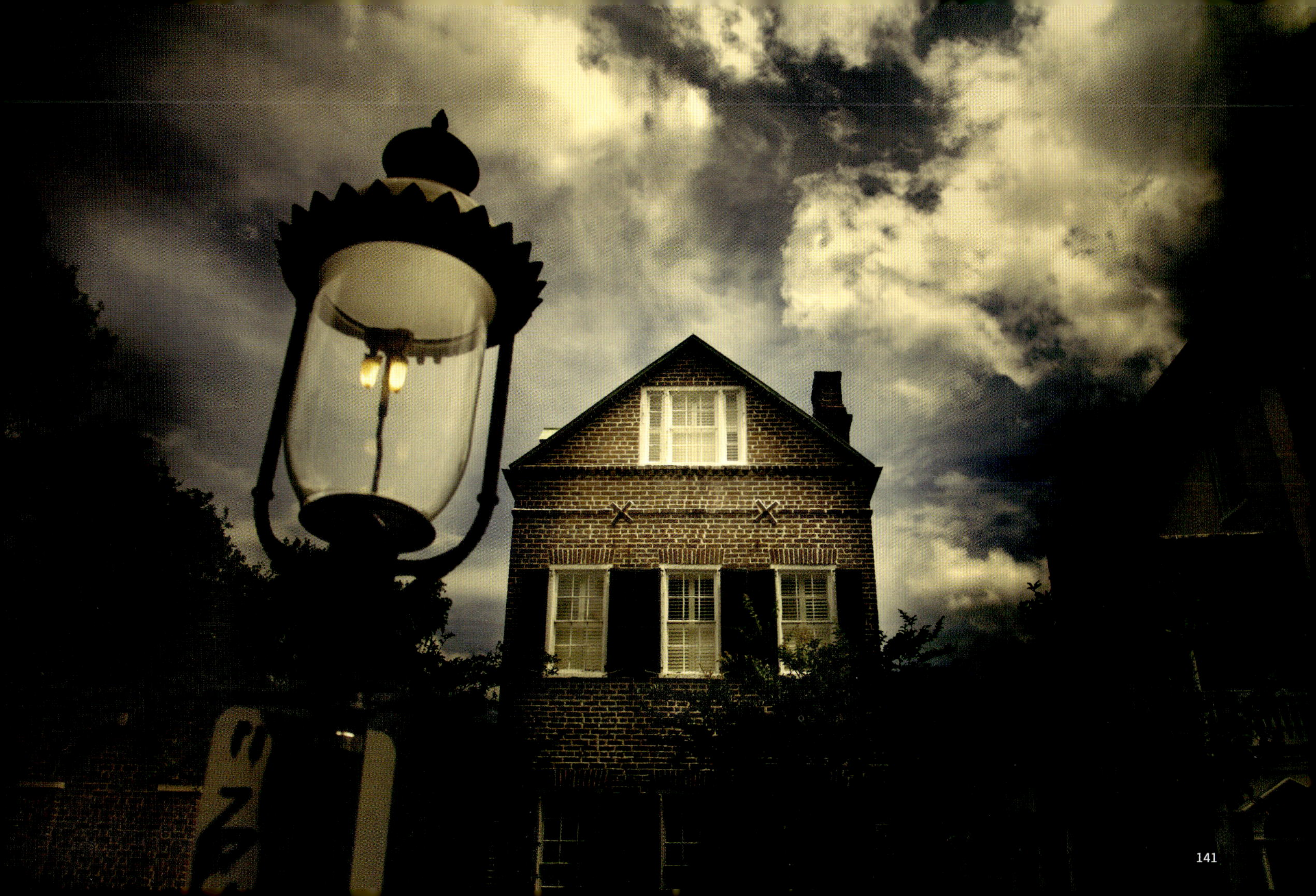

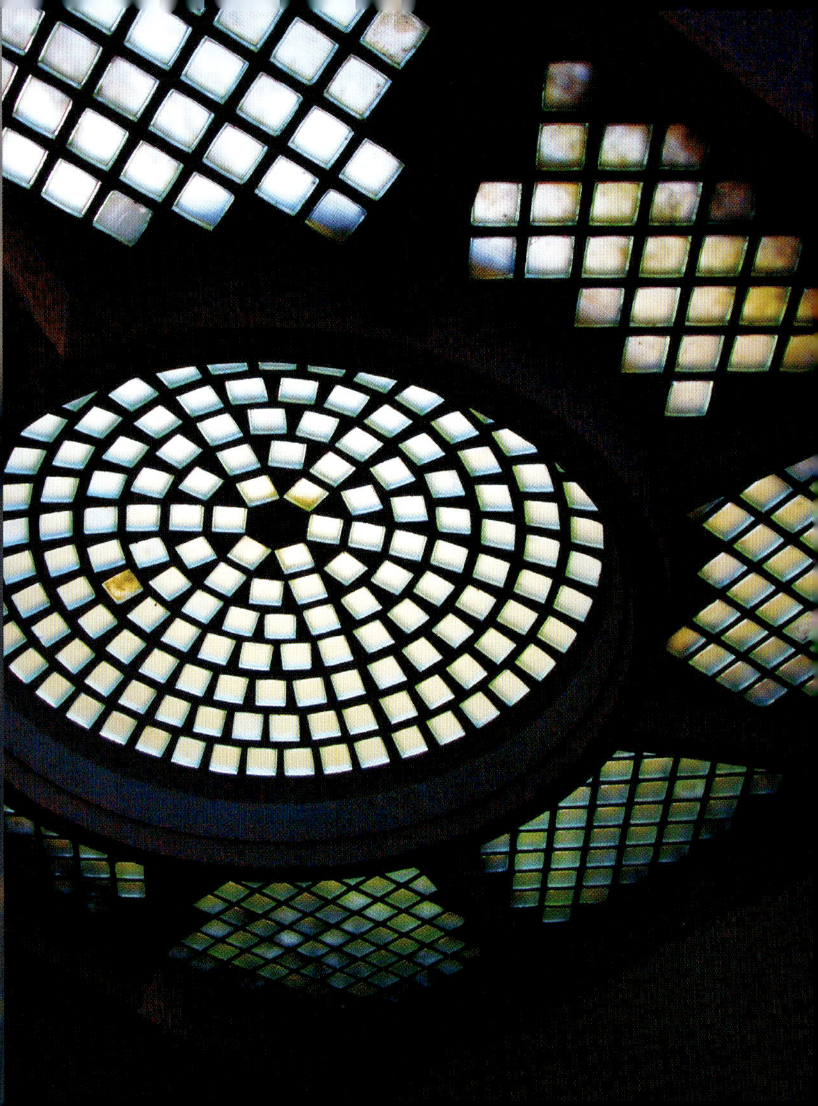

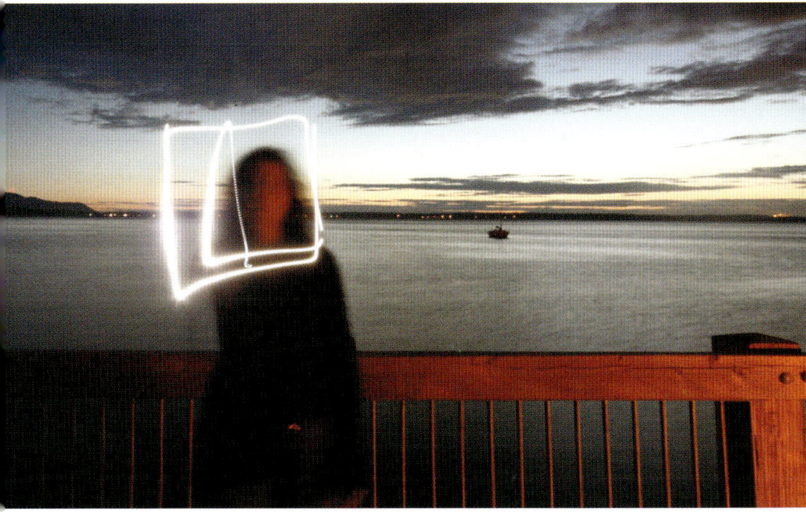

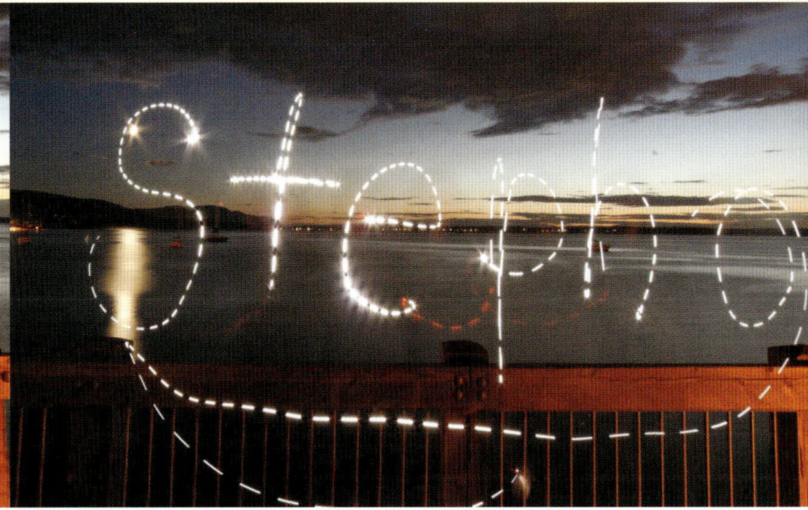

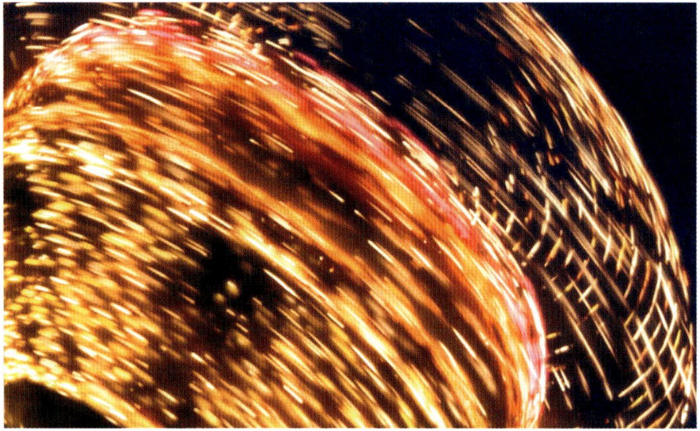

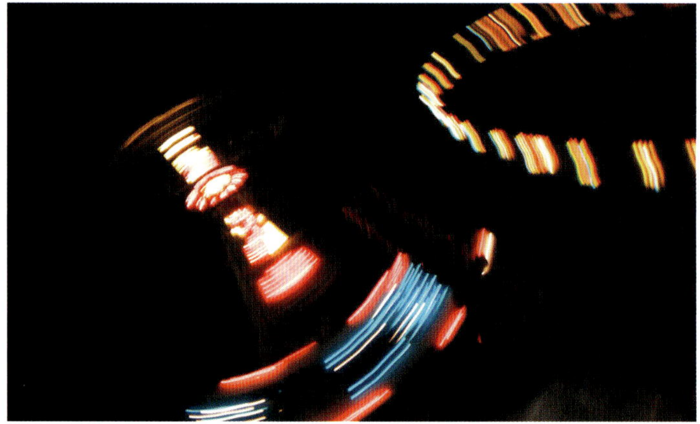

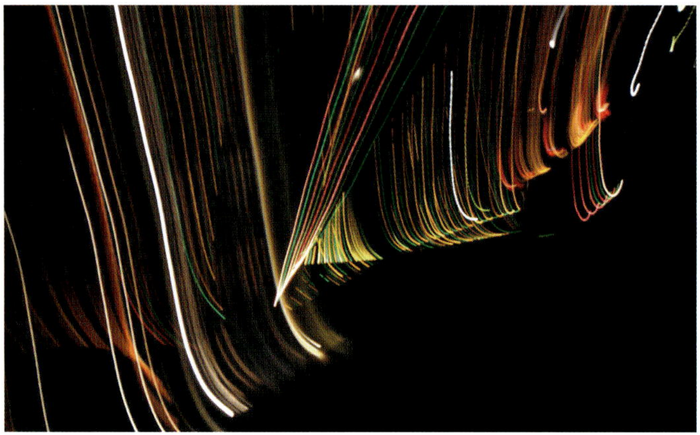

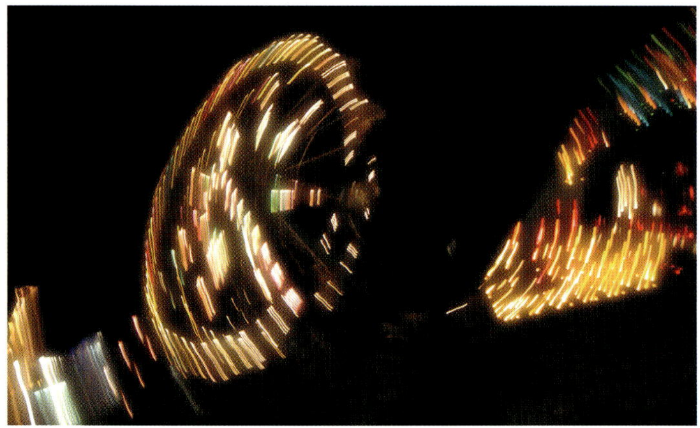

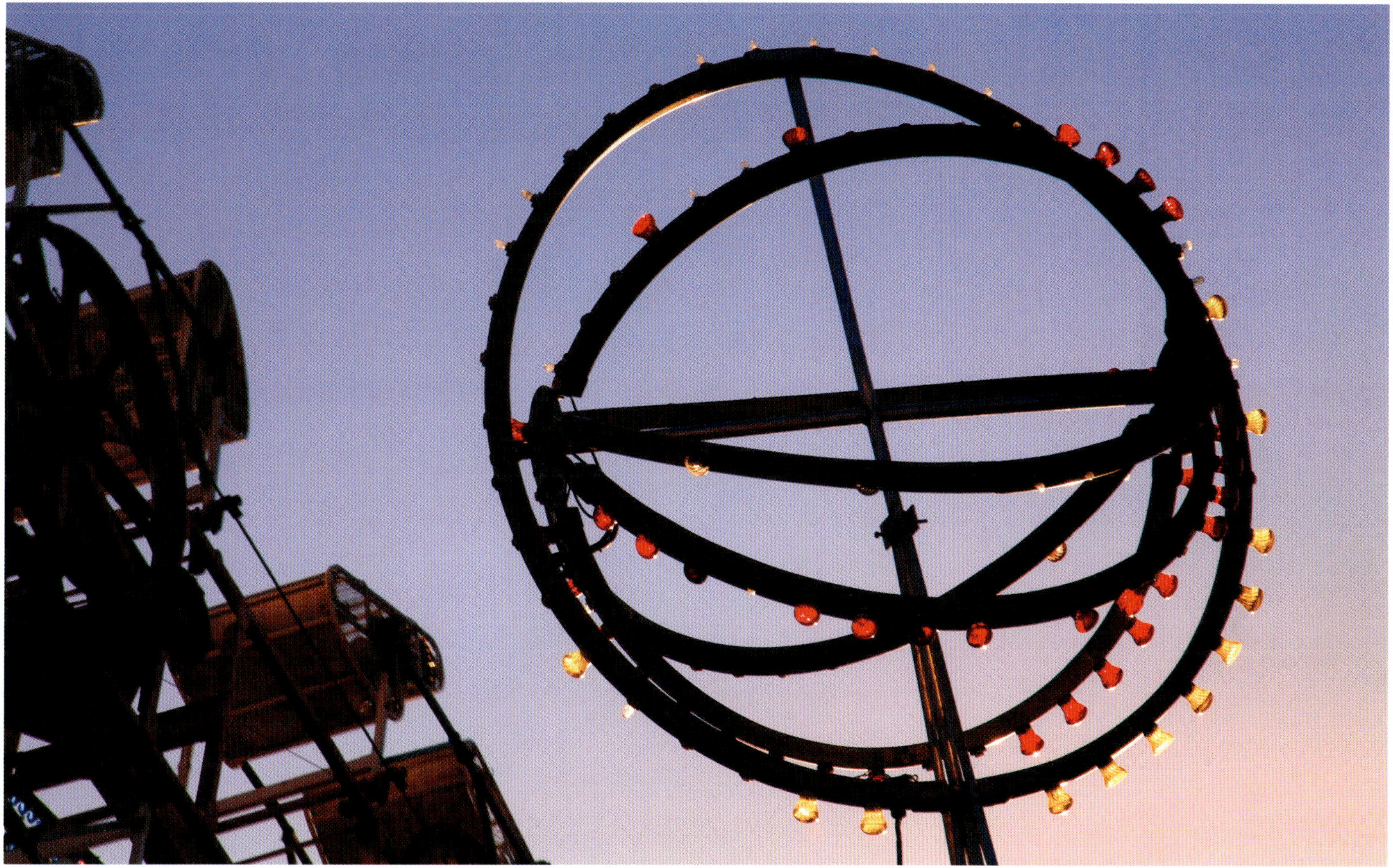

Die Lampe in dieser altmodischen Fassung leuchtet auf, wenn sich die Dunkelheit in diesem italienischen Hinterhof niederlässt. Das Bild zeigt digitales Rauschen, denn es wurde bei schwachen Lichtverhältnissen mit hohem ISO aufgenommen. Schön wäre es, wenn man diesen Effekt vermeiden könnte (der tritt auch bei Filmkameras auf), aber verzichten Sie deshalb nicht auf solche Bilder. Viele Motive und Szene profitieren sogar von der erdigen – fast fühlbaren – Anmutung von digitalem Rauschen und Filmkorn.

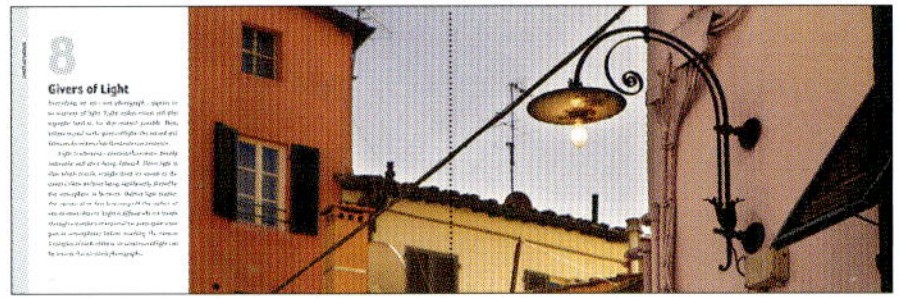

130 131

Vor meiner Reise nach Italien 2007 hatte ich solche einfachen und charmanten Straßenleuchten noch nie gesehen. Es stellte sich jedoch heraus, dass sie in den meisten Städten, die ich besuchte, abends die Lichtquelle darstellten, also fotografierte ich sie, wo immer ich sie antraf. Auf der zweiten Doppelseite in diesem Kapitel finden Sie acht weitere Fotos von solchen Konstruktionen.

Eine Sammlung ähnlicher Stadtbeleuchtungen aus sechs Städten Italiens. Dass ich in Sammlungen denke, half mir, auf Reisen nach Fotogelegenheiten zu suchen. Andere improvisierte Sammlungen, die ich während meiner Italienreise zusammenstellte: Abfluss- und Kanaldeckel, Graffiti, Text und Symbole, Schilder, zweirädrige Gefährte, Türen, Tore und Fenster. Arbeiten auch Sie an Sammlungen? Das geht ganz einfach: Fotografieren Sie einfach etwas, was Ihnen gefällt, und halten Sie nach Ähnlichem Ausschau.

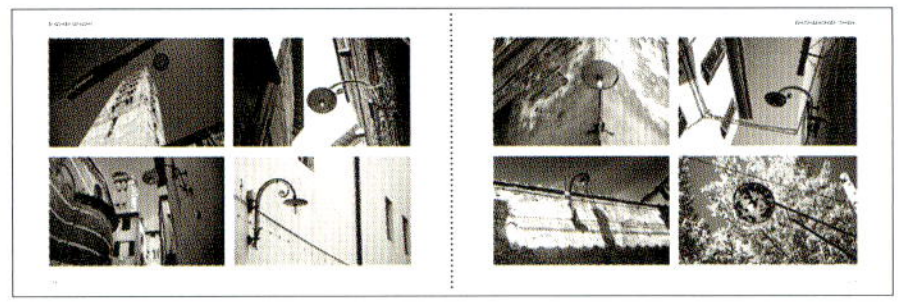

132 133

Wenn Sie Fotoserien präsentieren, sollten Sie überlegen, die Bilder so zu bearbeiten, dass eine klare visuelle Verbindung zwischen ihnen zu erkennen ist. Auf dieser Doppelseite sehen Sie Beispiele dafür. In jedem Foto wurde in Photoshop mit Schwarzweiss die Sättigung verringert, der Kontrast mit Gradationskurven erhöht und mit einem warmen Fotofilter etwas gefärbt.

Fotos von Alltagsgegenständen (wie Glühlampen und Kerzen) kommen oft gut an, denn der Betrachter fühlt sich mit dem Bildinhalt verbunden und vertraut. Viele Kunstfotografen suchen direkt nach Alltagsszenen und -objekten. Auch in der Werbung in Zeitschriften und Webseiten werden solche Motive häufig eingesetzt, vor allem für Themen wie Poesie, Text und Musik.

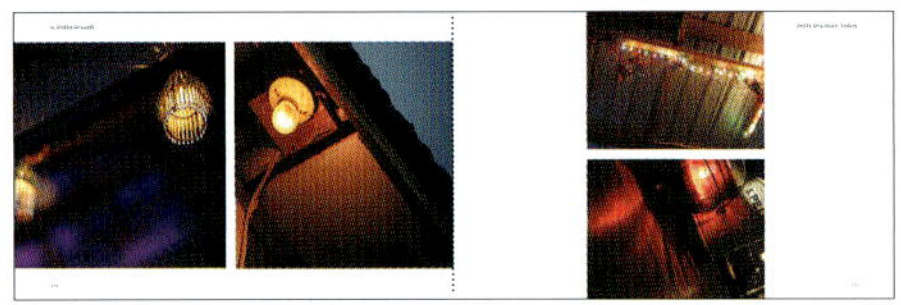

134 135

Ich bin ein Fan von Fotos, die angenehme Momente im Alltag zeigen. Die beiden Bilder auf dieser Seite nahm ich auf, während ich allein in einem Straßencafé saß. Beide Bilder illustrieren angenehme Erinnerungen an einen besonderen Moment an einem speziellen Ort – ähnlich wie das auch ein Tagebucheintrag oder eine Skizze in einem Notizbuch täte.

Irgendeine Interaktion scheint da zwischen der Glühlampe in dieser Szene und dem gemalten Gesicht unten rechts zu bestehen. Vielleicht stimmen Sie mit mir überein, dass diese Ein/Aus-Mentalität einer Glühlampe ein gewisses Gefühl des Seins suggeriert. Jedenfalls hatte ich bei diesem Foto das Gefühl, dass die aufgehängte Glühlampe die Szene deutlich interessanter wirken ließ, als hätte dort ein Rohr aus der Wand gehangen.

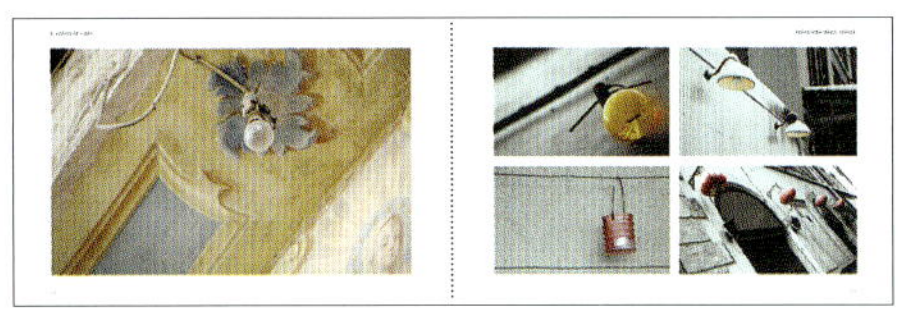

136 137

Bei allen Farben in diesem Bild habe ich die Sättigung verringert, außer bei den Lampen und Laternen. Dieser beschränkte Farbeffekt lässt sich in Photoshop ganz leicht erzielen. Legen Sie zuerst eine Schwarzweiss-Einstellungsebene über das Bild, die die Farbtöne entfernt. Zeichnen Sie dann mit dem Lasso Öffnungen in die Maske der Einstellungsebene, damit die Farben der darunter liegenden Ebene hindurchscheinen können.

Sie suchen nach einer Lo-Fi-Technik (mit einfachster Ausrüstung)? Probieren Sie doch Folgendes: Zielen Sie mit einer Kompaktkamera durch den Sucher einer älteren Kamera wie z. B. einer Polaroid oder Instamatic (evtl. aus zweiter Hand). Experimentieren Sie mit verschiedenen Blenden, Zooms und Brennweiten an der Digitalkamera – verändern Sie auch den Abstand zwischen Objektiv und Sucher –, bis Ihnen die Aufnahmen gefallen.

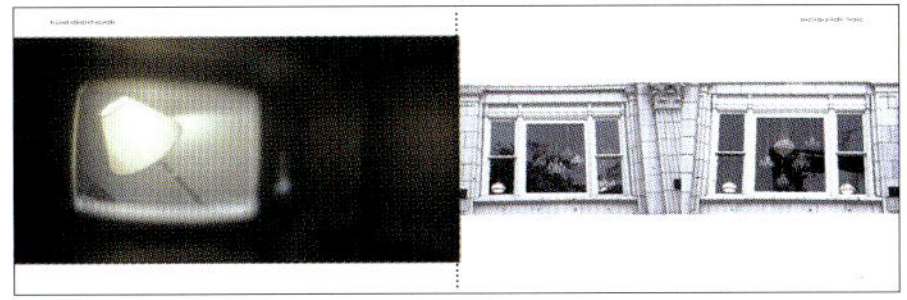

138 139

Hier habe ich zwei Aufnahmen von Lampenkonstruktionen im Obergeschoss eines Antiquitätenladens nebeneinander montiert. Um die Bilder optisch noch interessanter zu machen, habe ich die Reflexionen auf den Scheiben mit einer Gradationskurven-Einstellungsebene verstärkt.

Ein gewisses Gefühl von Unklarheit beschleicht mich bei dieser Aufnahme eines stählernen Lichtmastes mit seinen schimmernden zylinderförmigen Lampen. Der trübe Himmel verleiht der Szene zusätzliche Rastlosigkeit. Mit den Gradationskurven in Photoshop erhöhte ich den Kontrast des Fotos, mit Fotofilter brachte ich den Sepia-Effekt ins Bild, der Filter Rauschen hinzufügen sorgte für die Kornstruktur.

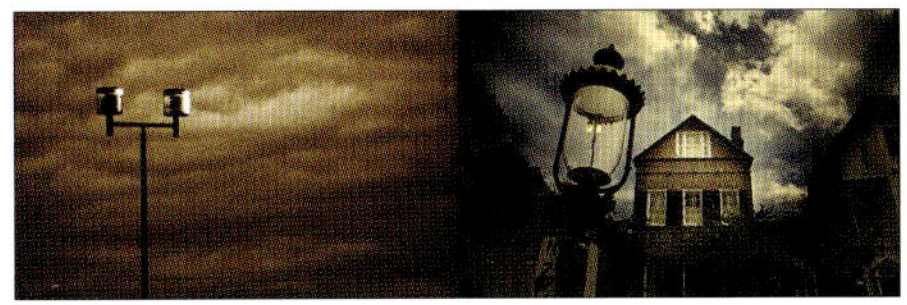

140 141

Stimmungsvolle Effekte wirken auch in dieser Fußweganansicht von einem Haus und dem Laternenmast gegenüber. Dazu fügte ich in Photoshop zwei Gradationskurven-Einstellungsebenen zum Originalbild hinzu: eine, um bestimmte Bereiche des Bildes aufzuhellen, die andere, um Stellen abzudunkeln. Mit Farbton/Sättigung dämpfte ich die Farben im Bild.

Ein Kapitel über das Licht wäre ohne Referenzen an die Sonne einfach unvollständig. Im linken Bild streuen die Wellen das Sonnenlicht an einem späten Nachmittag vor den dunstigen Umrissen einer Insel im Hintergrund (das Bild profitiert von den flexiblen Brennweiten eines Lensbaby). Im rechten Bild entsteht eine spannende und strukturierte Abstraktion, weil das Sonnenlicht durch die schweren Glassteine eines geometrischen Deckenlichts strömt.

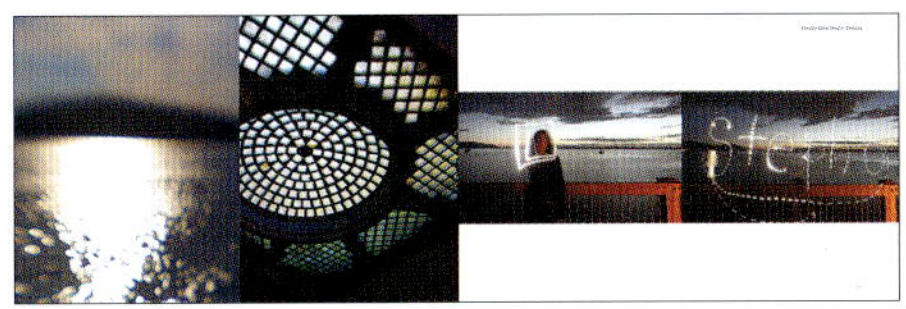

142 143

Hier etwas Lustiges, was Sie mit Ihrer SLR ausprobieren können. Dazu muss es dunkel sein, Sie brauchen etwas Licht (aus einer Taschenlampe, einer Kerze etc.), eine Kamera, ein Stativ und einen Freund. Stellen Sie Ihre Kamera auf das Stativ und wählen Sie eine Belichtungszeit von 15 Sekunden. Lassen Sie Ihren Freund nun in die Szene treten und das Licht bewegen. Wenn er beim Lichtschleudern ziemlich still steht, erhalten Sie ein Bild wie das links. Bewegt sich der Helfer durchs Bild, während er seinen Namen in die Luft schreibt, nimmt die Kamera nur die statische Umgebung dahinter auf (rechtes Bild).

Lichter der Nacht. Nehmen Sie Ihre Kamera mit auf den Rummel und bleiben Sie bis nach Sonnenuntergang. Stellen Sie Ihre Kamera auf ein Stativ und experimentieren Sie mit langen Belichtungszeiten. Probieren Sie verschiedene Blenden und ISO-Einstellungen aus und korrigieren Sie die Einstellungen je nachdem, was Sie auf dem LCD Ihrer Kamera sehen. Um noch abstraktere Fotos zu erzeugen, nehmen Sie die Kamera vom Stativ und schütteln, verwackeln und winken Sie damit während einer Langzeitbelichtung.

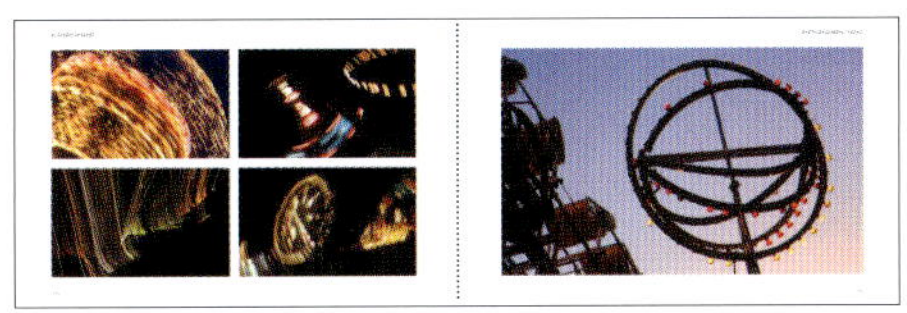

144 145

Rummel und Jahrmärkte sind für Fotografen ein ausgezeichnetes Jagdrevier. Wo sonst finden Sie so viele unregelmäßige Motive so eng beieinander (noch dazu so viele, die mit Licht und Lichtkonstruktionen zu tun haben)? Kreisen Sie die Termine in Ihrem Kalender an, an denen ein Karussell oder ein Jahrmarkt in die Stadt kommt.

9

Schattenreich

Schatten kommen vor. Immer. Drinnen, draußen und dazwischen auch. Aber wer beachtet die schon – denkt darüber nach, wie Schatten Objekte und Szenen in unserer Umgebung beeinflussen (bzw. selbst fantastische Formen erzeugen)?

Wenn Sie Ihr Fotorepertoire um nicht greifbare Motive erweitern wollen, sollten Sie tun, was dieses Kapitel getan hat: den Schatten besondere Aufmerksamkeit widmen und ihnen – zumindest hin und wieder – fotografische Priorität vor den Personen und Objekten einräumen, von denen sie geworfen werden.

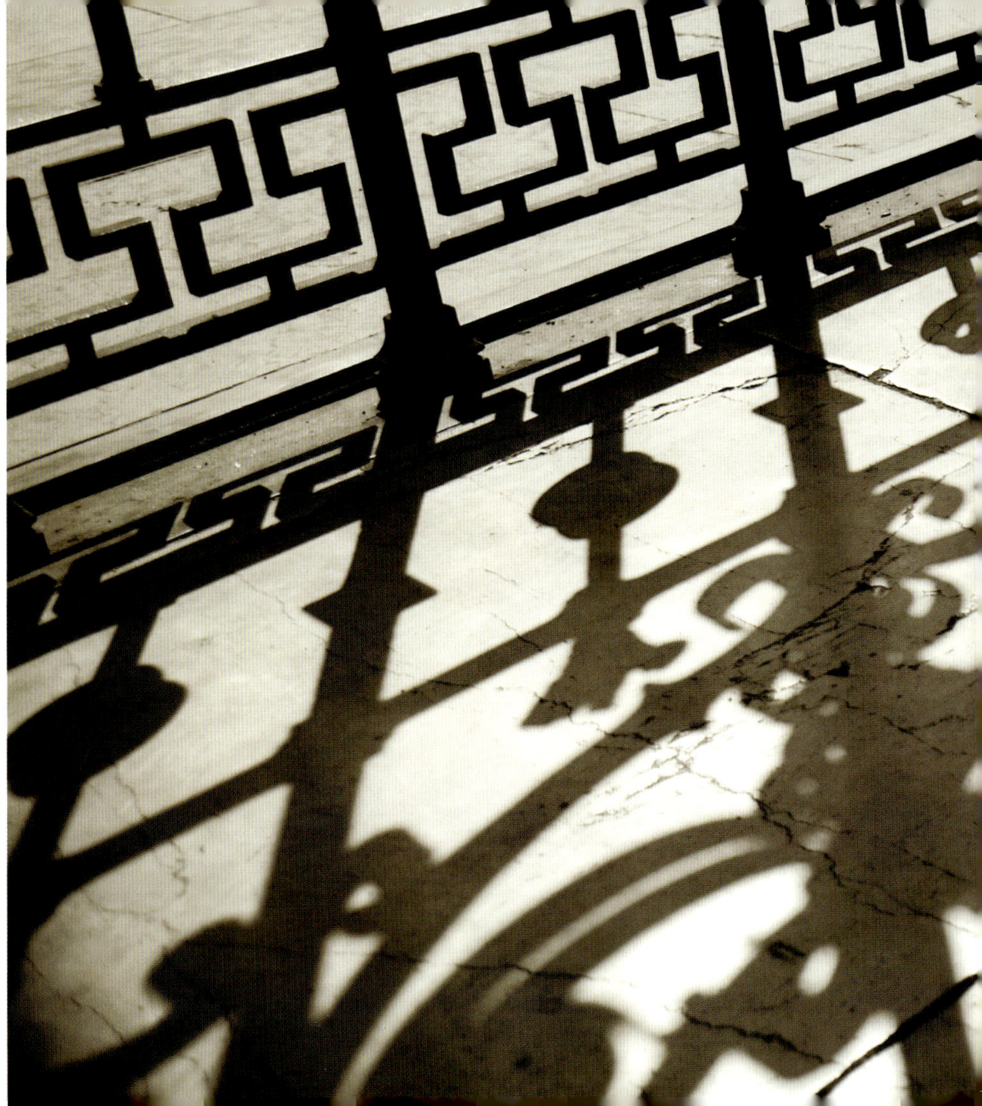

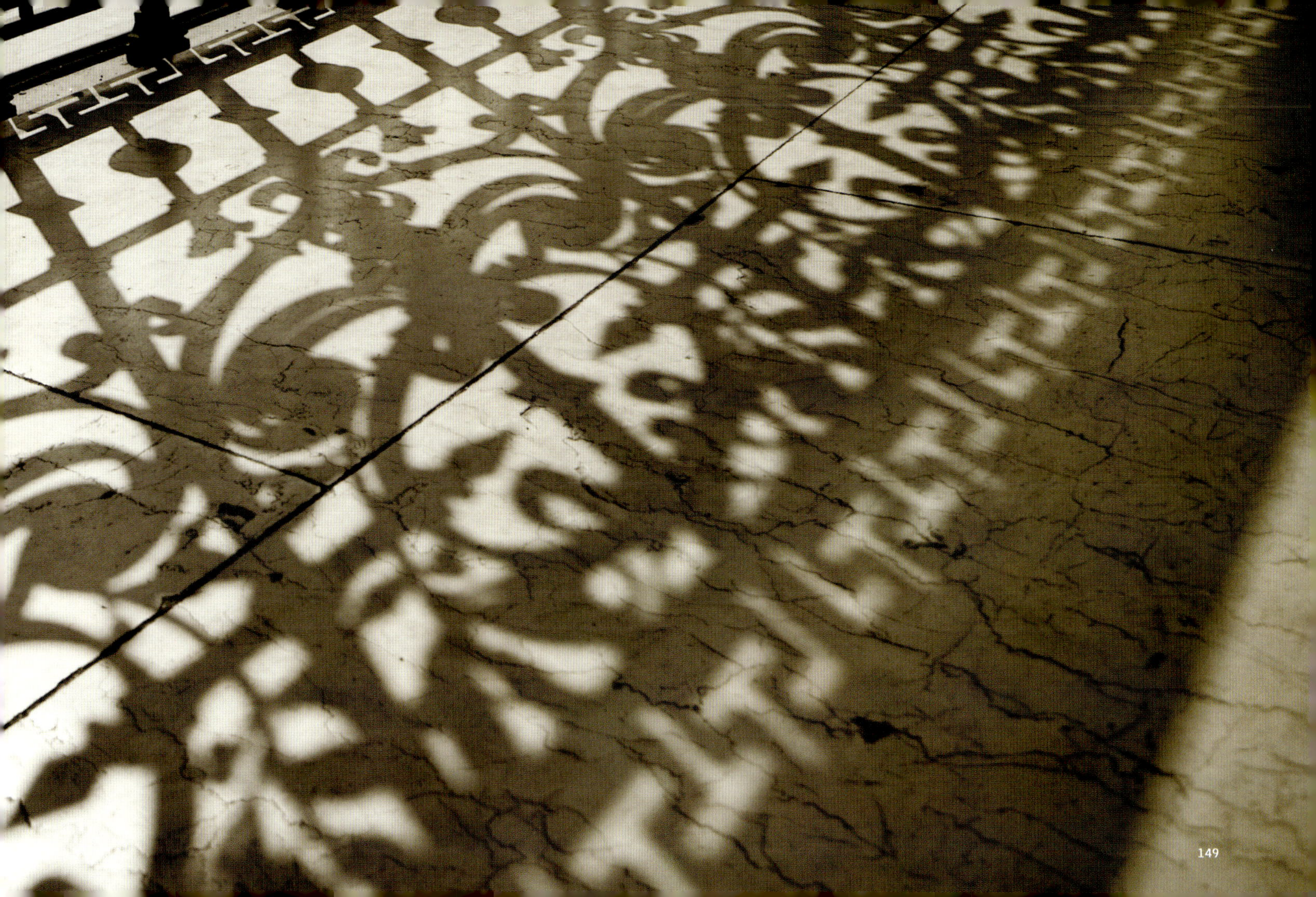

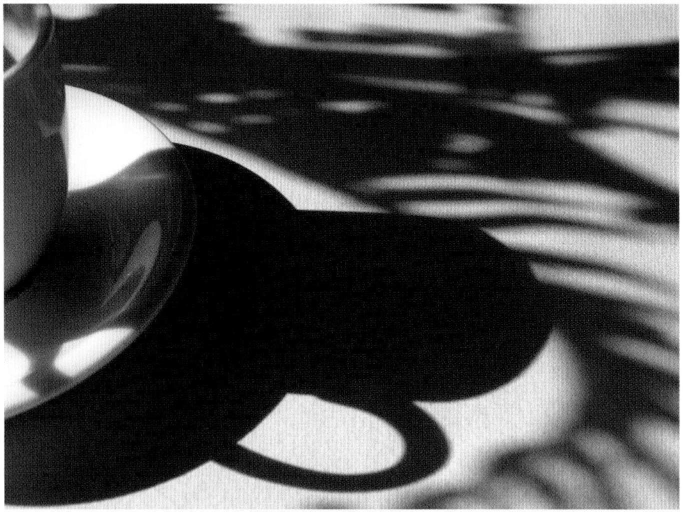

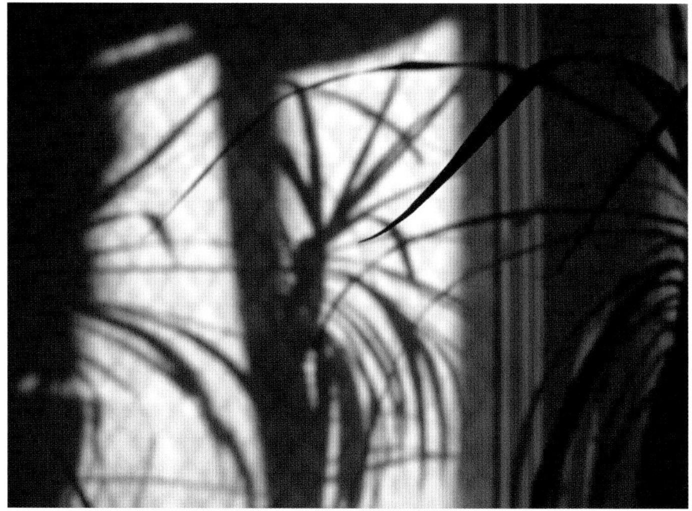

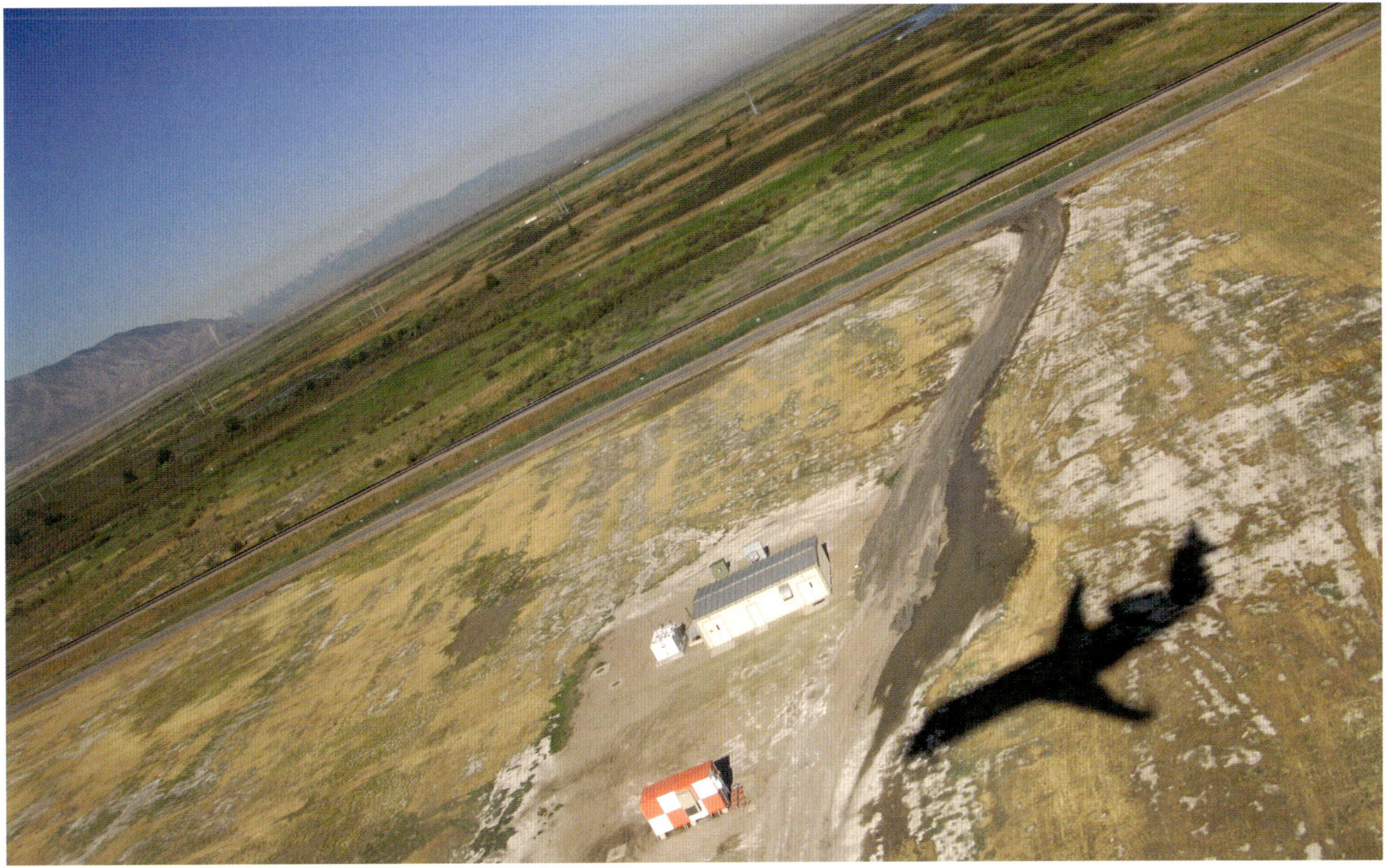

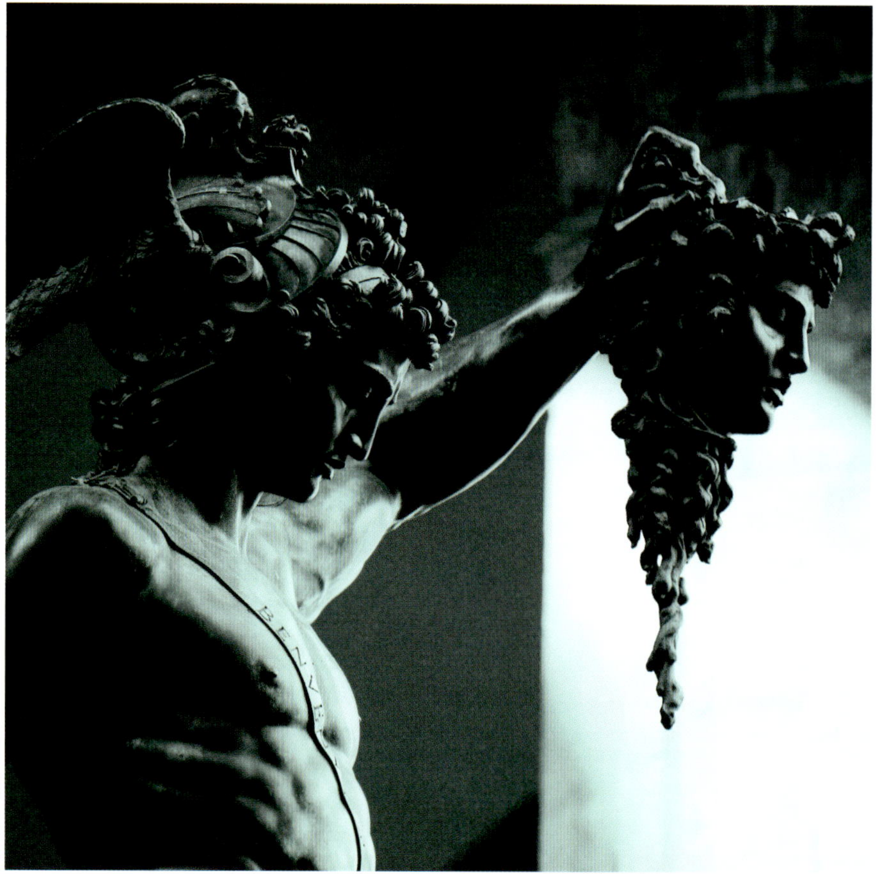

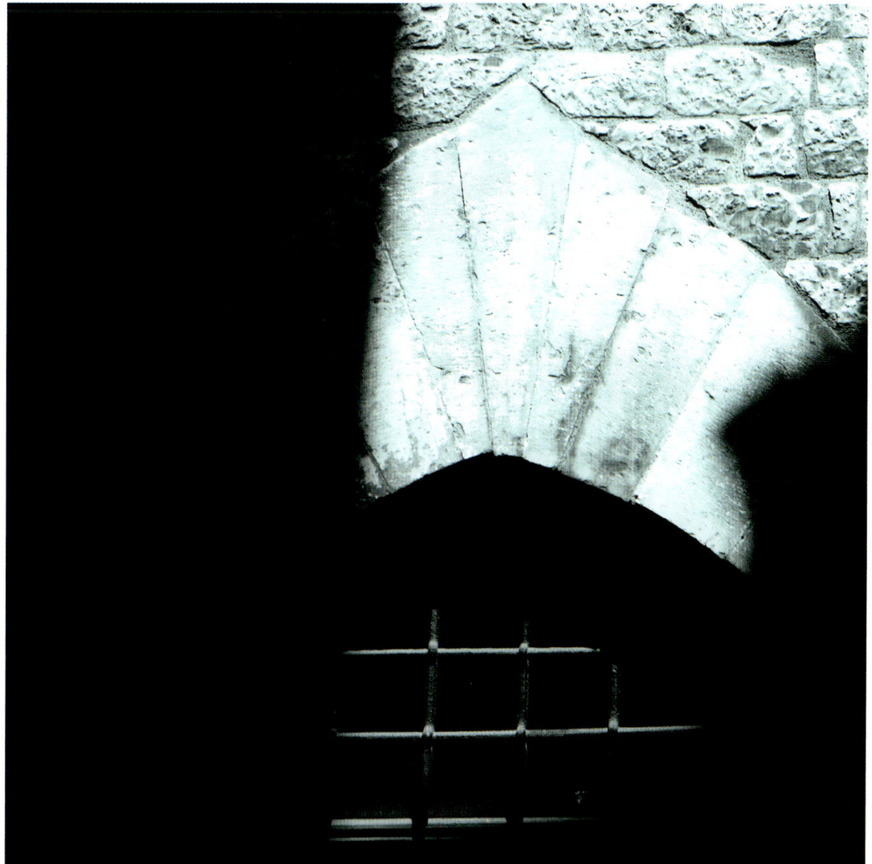

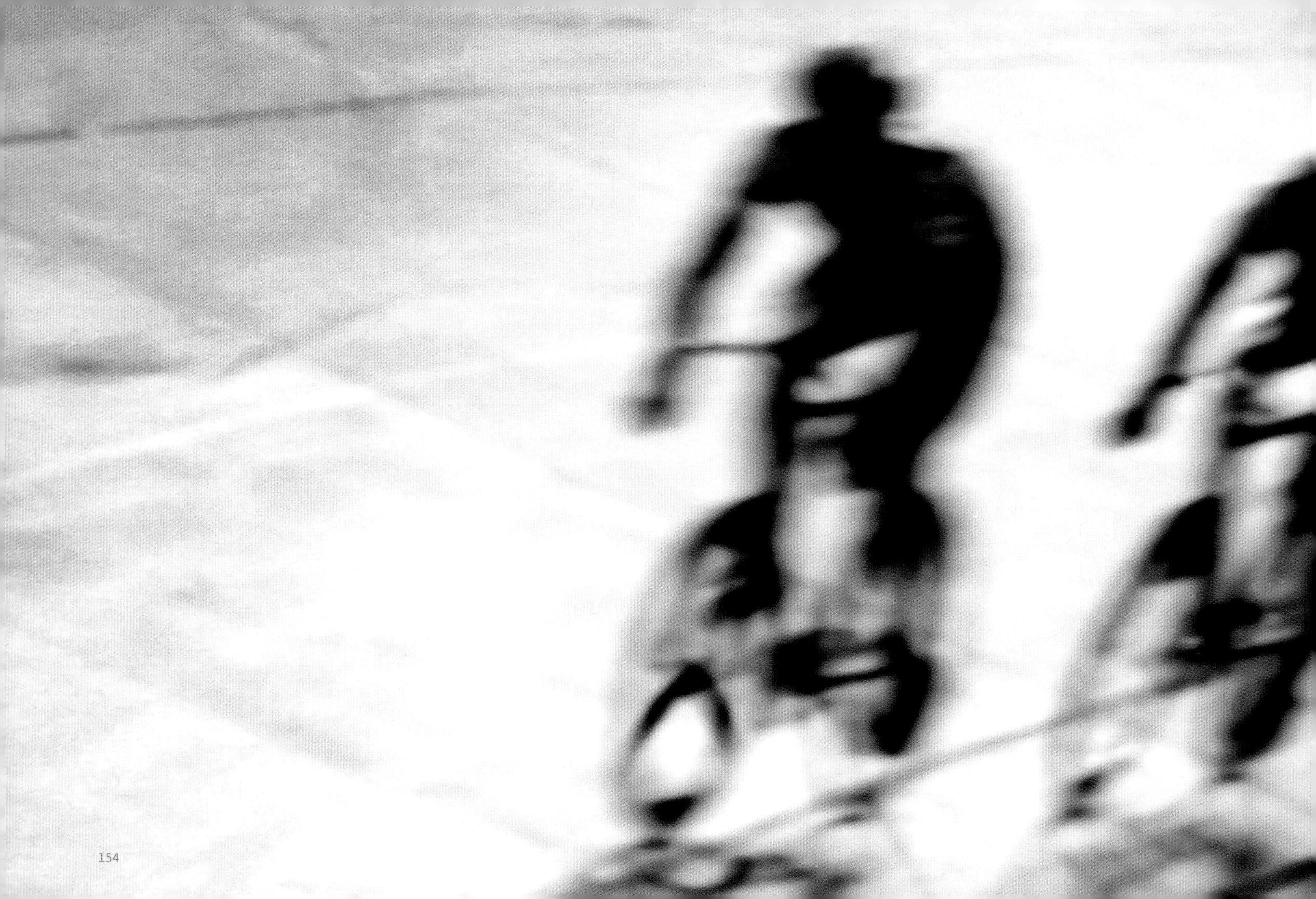

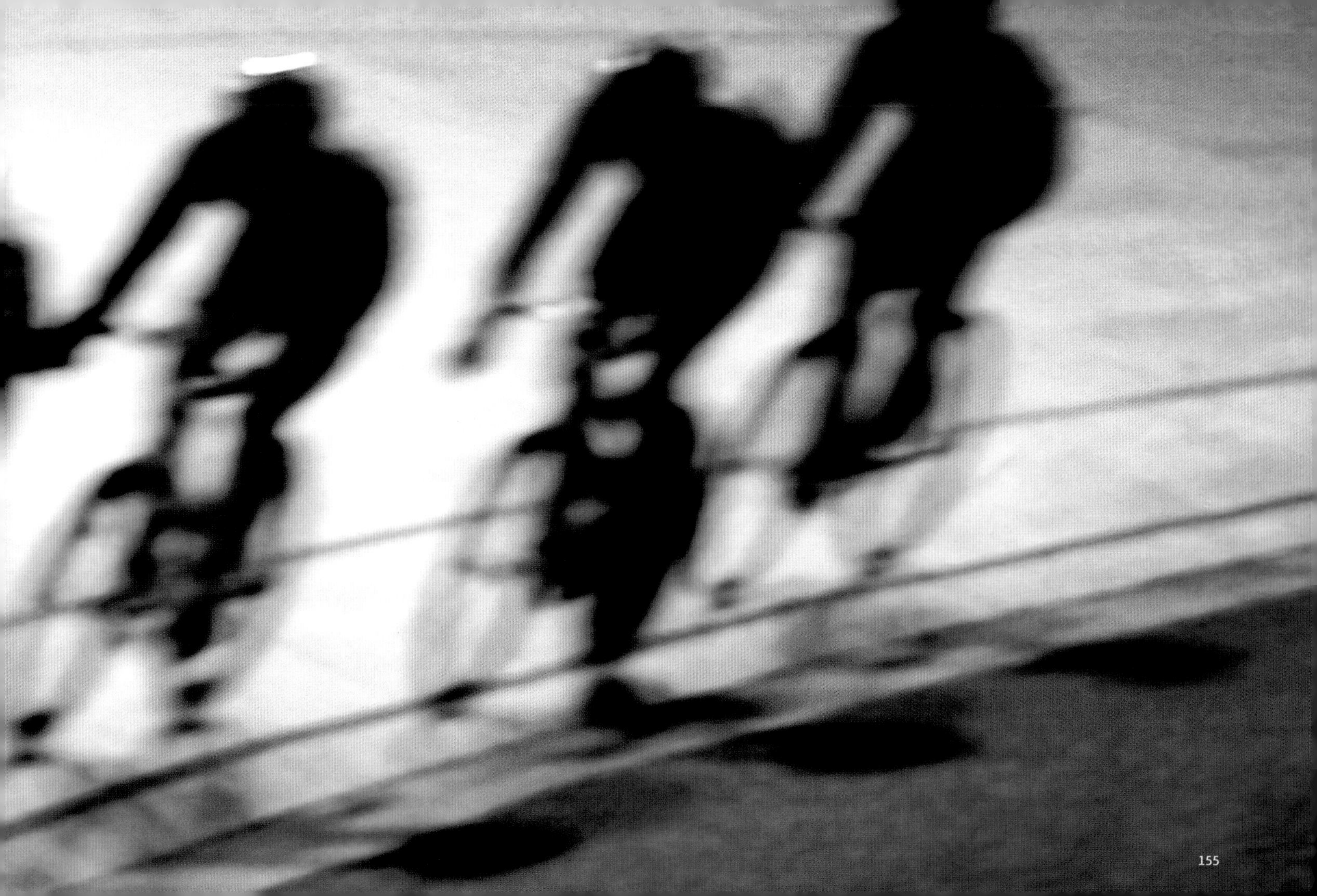

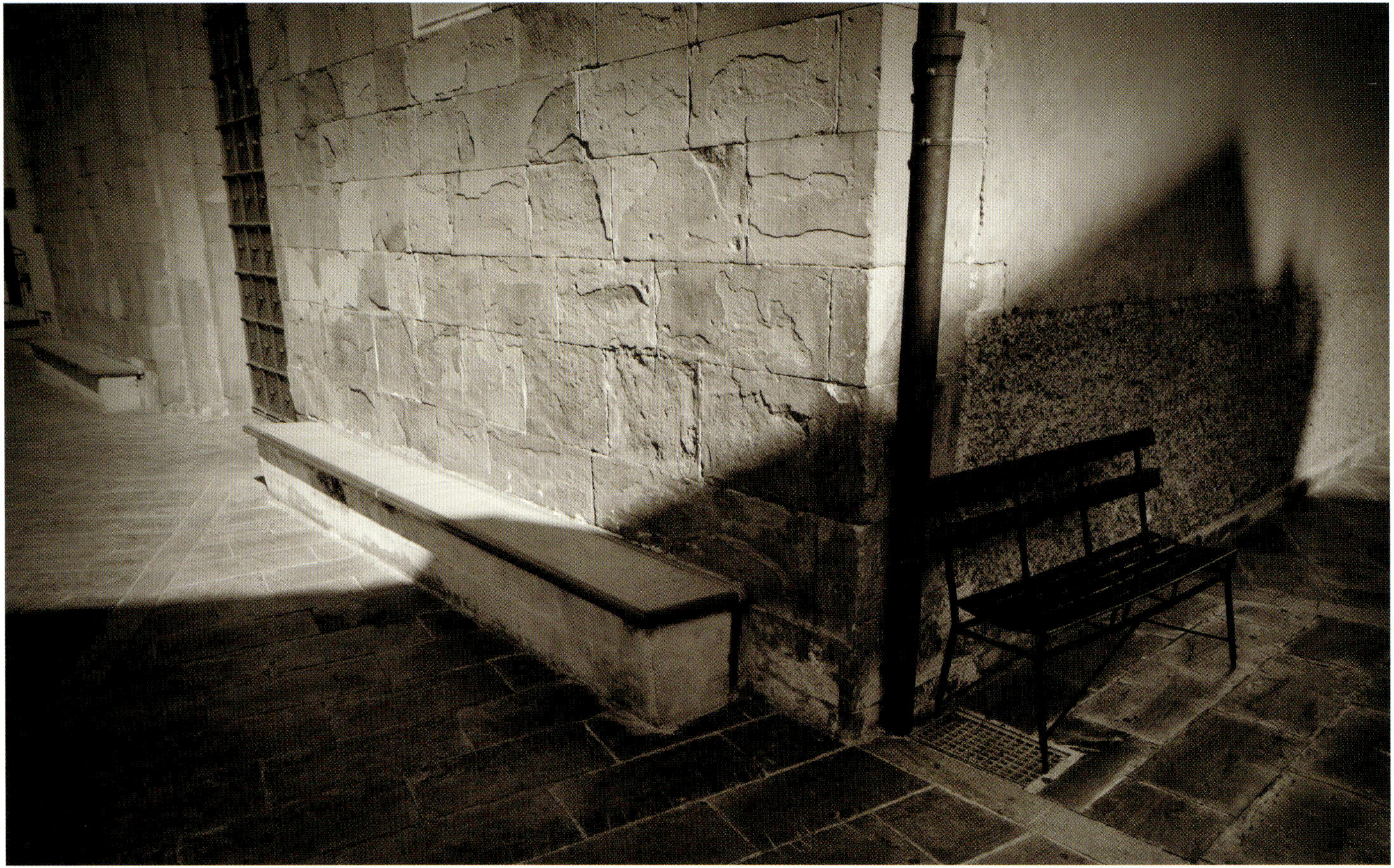

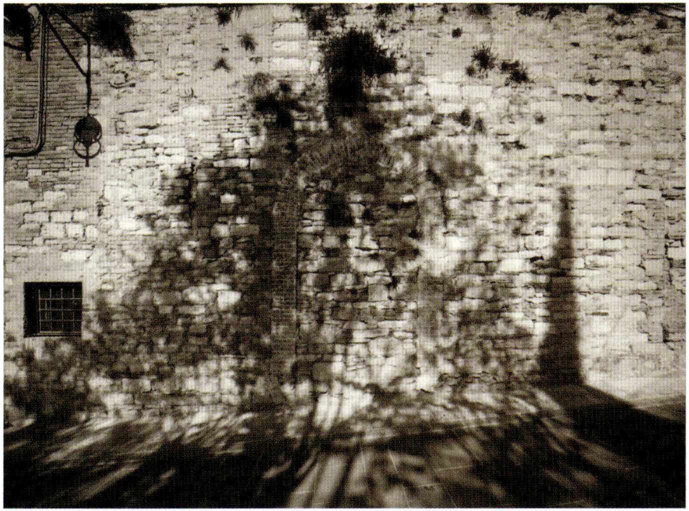

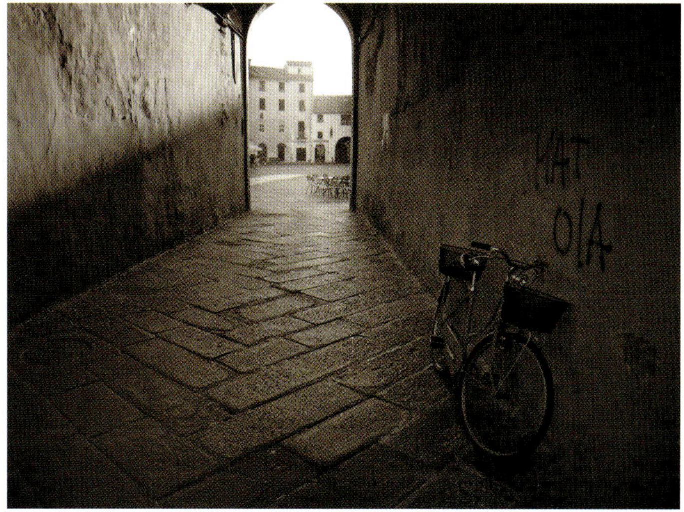

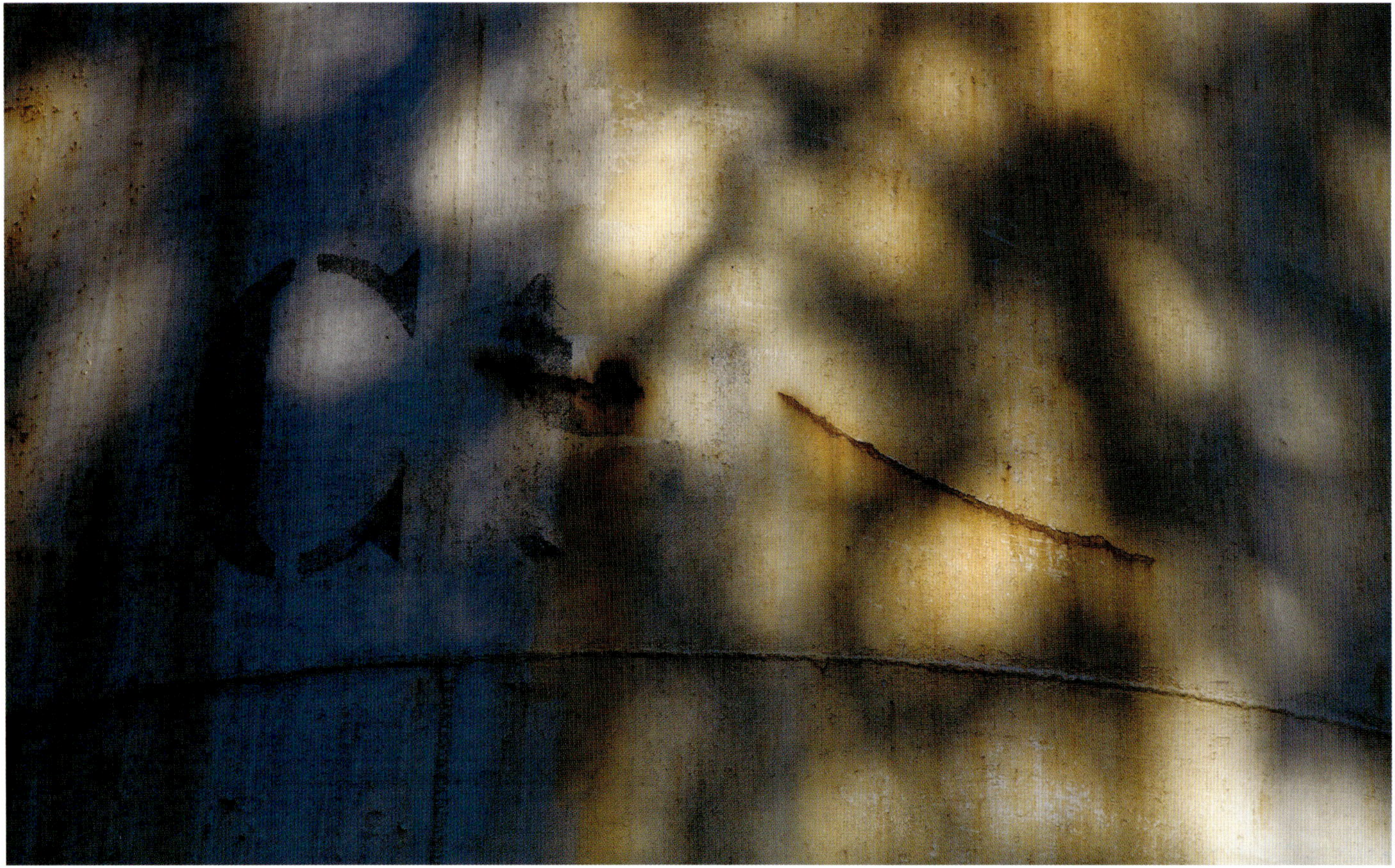

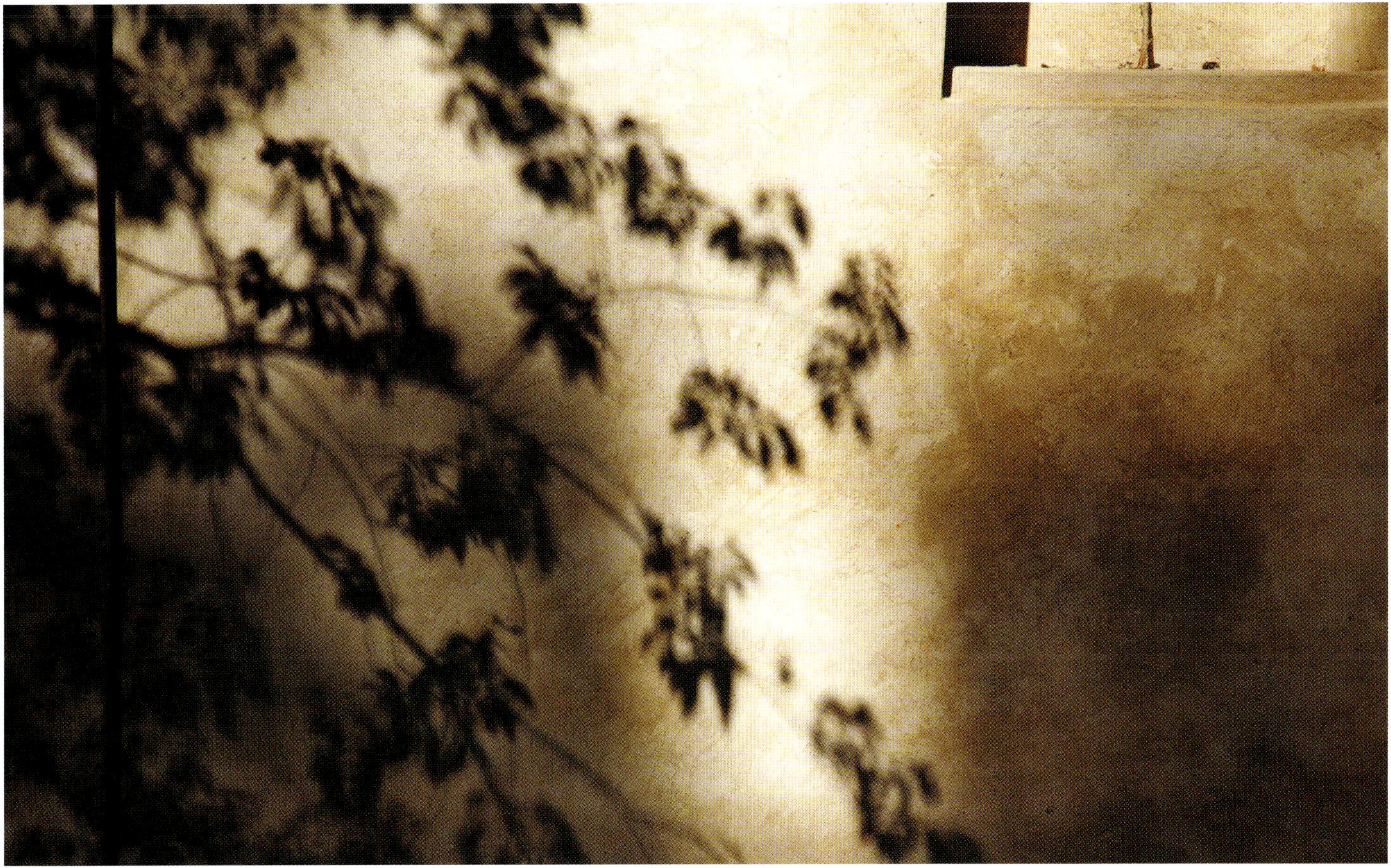

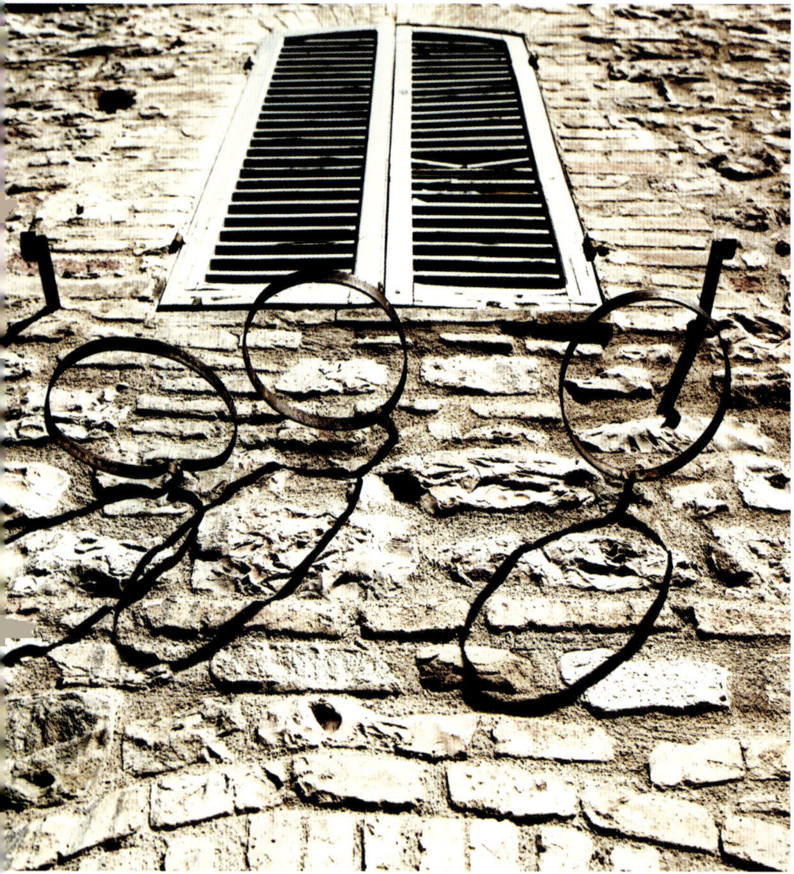

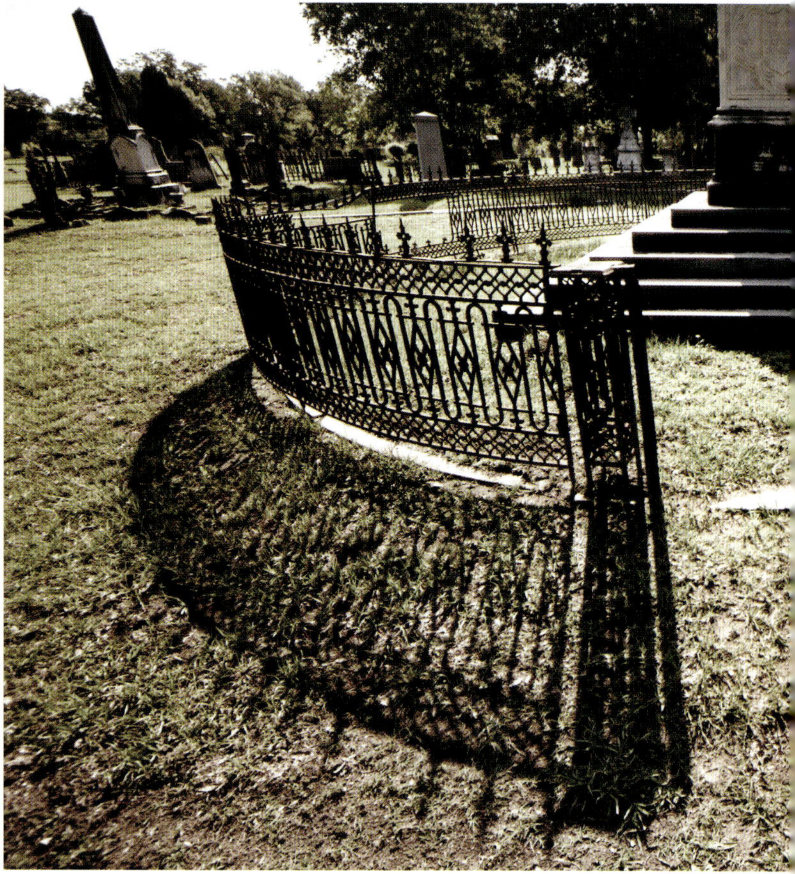

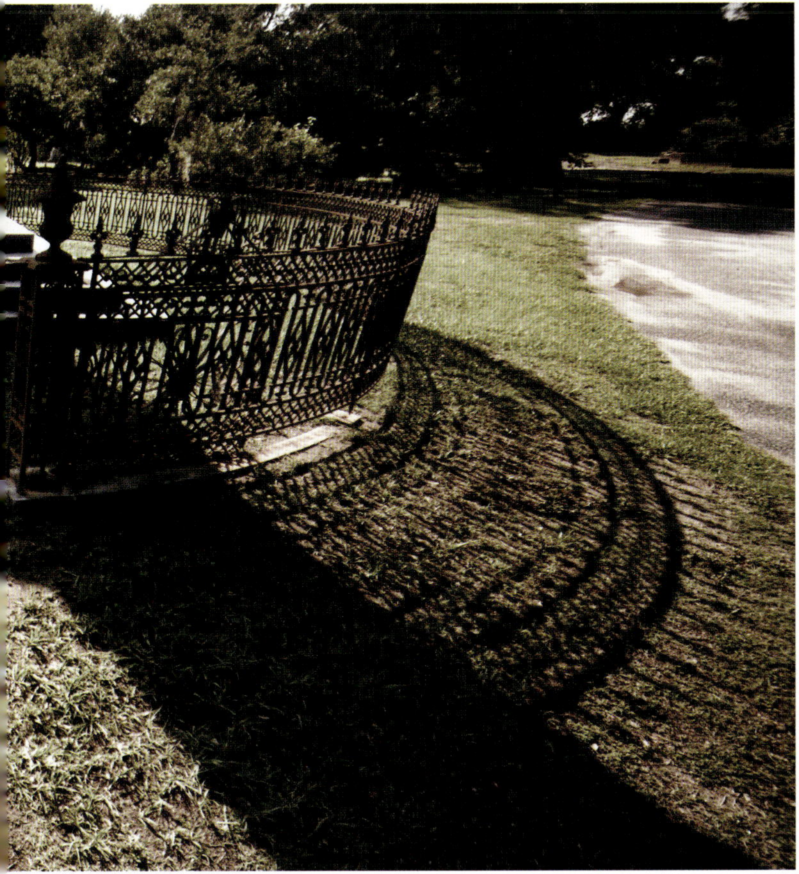

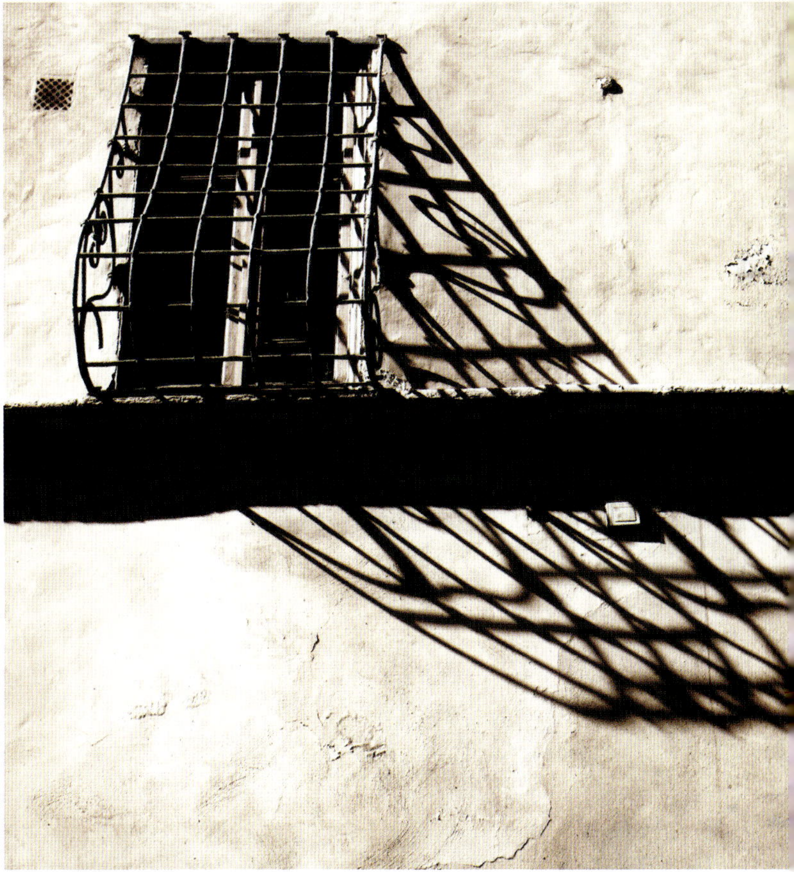

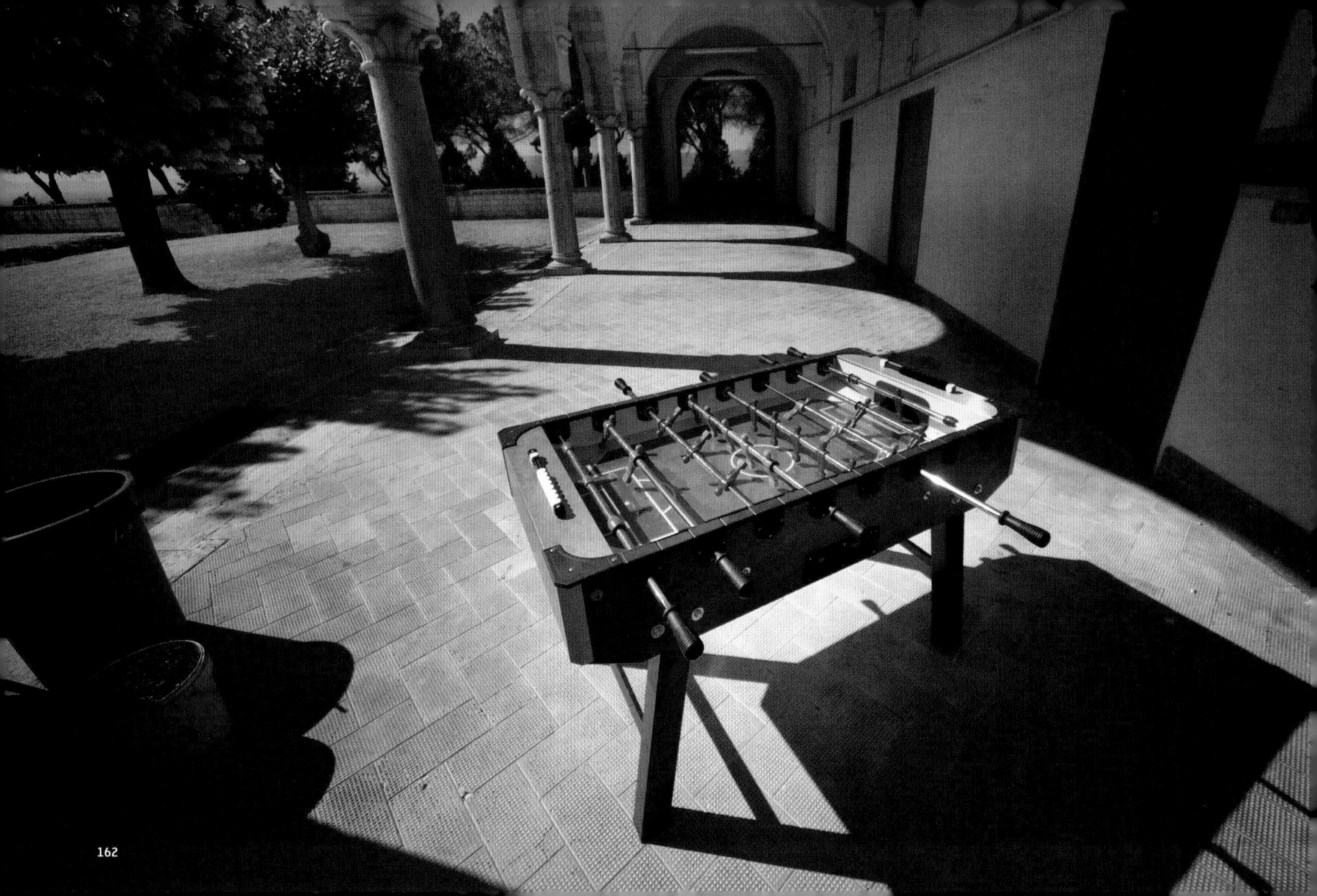

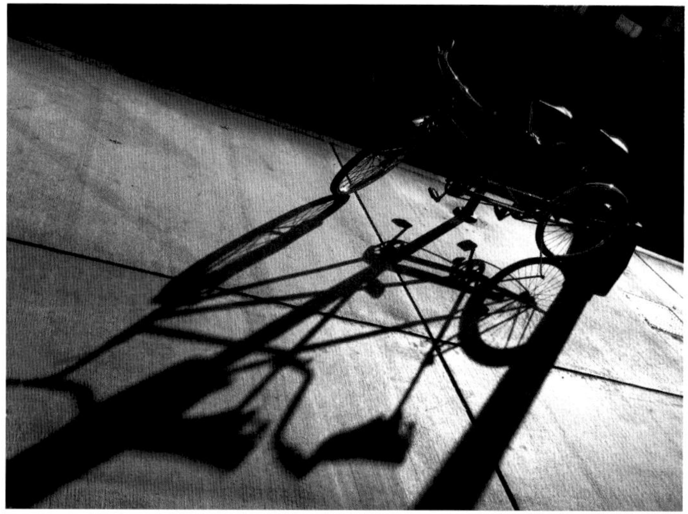

Die Schatten in Form des schmuckvoll geschmiedeten Tores fallen auf die Marmorplatten am Eingang zum Vittorio-Emanuele-II-Monument. Sie können sich sicher sein, dass Ihr Foto einzigartig werden wird, wenn Sie neben einer großen Touristengruppe an einem fotografisch interessanten Ort stehen und Ihre Kamera als einzige zu Boden gerichtet ist.

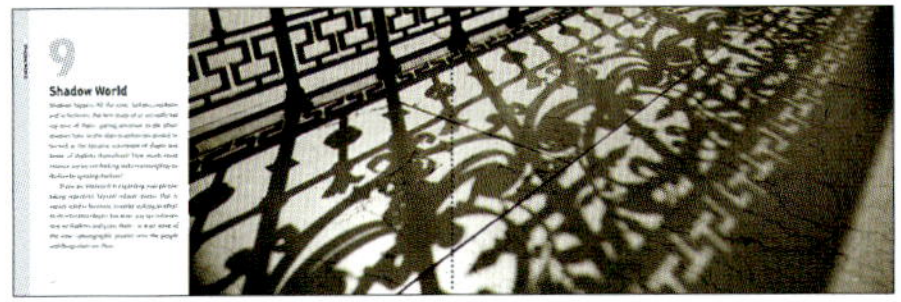

148 149

Im Original fehlte in den Schatten jedes sichtbare Detail (die Kamera hat das Bild anhand der hellen, sonnenbeschienenen Platten auf dem Gehweg belichtet). Mit Tiefen/Lichter in Photoshop reduzierte ich den Anteil der Schatten im Bild und rettete die interessante Struktur der Gehwegplatten.

Wenn »Musik die Stille zwischen den Noten ist«, wie Claude Debussy einmal behauptete, dann ist Fotografie mit Sicherheit das fehlende Licht. In der Fotografie haben lichtarme Bereiche (also Schatten) die erstaunliche Fähigkeit, Objekte dem Betrachter zu beschreiben – ob sich die eigentlichen Objekte jetzt in der Szene befinden oder nicht.

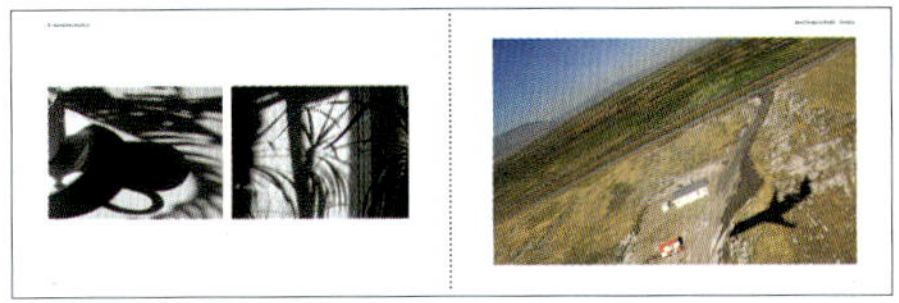

150 151

Ein Flugzeug und sein Schatten sind kurz davor, sich in Salt Lake City wieder zu treffen, nachdem sie sich in Seattle getrennt hatten. Ich reserviere mir immer einen Fensterplatz, wenn ich fliege, und meist verbringe ich den größten Teil der Reise mit Fotografieren. (Dieses Foto und die Serie auf den Seiten 122–123 entstanden während desselben Fluges.)

Schatten im Hintergrund können sowohl in der Komposition als auch in der Stimmung eines Bildes eine wichtige Rolle spielen. Werfen Sie doch einmal einen Blick auf die dramatische Wechselwirkung zwischen Hell und Dunkel in dieser Aufnahme von Cellinis Perseus mit dem Medusenhaupt in Florenz, Italien. (Und wo wir gerade bei dramatischen Geschichten sind, lesen Sie die Lebensgeschichte Cellinis ruhig weiter, wenn Sie ein Fan völlig überdrehter wahrer Geschichten über Intrigen, Leidenschaft, Blut und Ehre sind.)

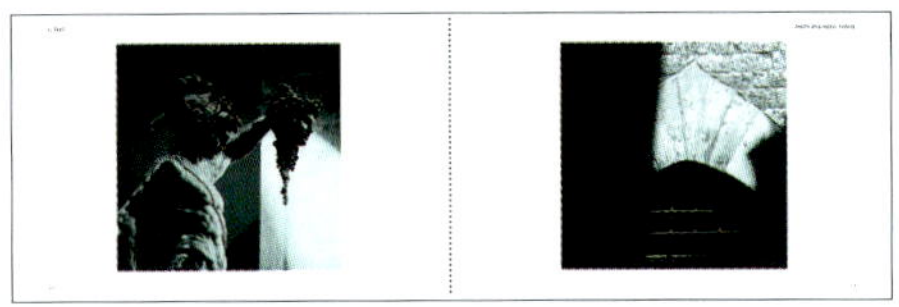

152 153

Lohnende Aufnahmen können auch dann entstehen, wenn man das Motiv nicht unbedingt als das sieht, was es ist, sondern eher als Komposition. Mittagslicht und tiefe Schatten spielen die Schlüsselrolle dabei, diese unspektakuläre Szene in eine starke ästhetische Darstellung aus Kurven, Linien, Tiefen, Lichtern und Strukturen zu verwandeln.

Schattenmenschen. Eine Gruppe von Radrennfahrern unter den Scheinwerfern als Umrisse bei einem Nachtrennen im Marymoor-Velodrom in Redmond, Washington.

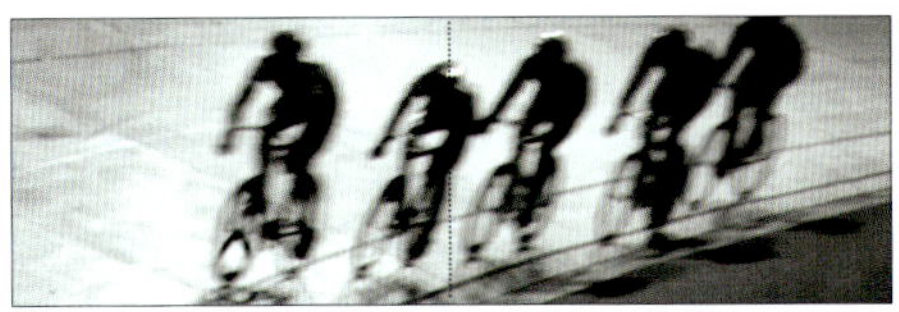

154 155

Für diese Veranstaltung musste ich mir ein nicht so gutes Teleobjektiv borgen, denn mein verlässliches Canon-70–200-mm-Zoom hatte ich verliehen. Das Objektiv, das ich dabei hatte, reichte für »richtige« Sportaufnahmen nicht aus. Also hatte ich keine andere Wahl, als mit dem auszukommen, was ich hatte, und das Beste daraus zu machen. Am Ende war ich mit dem Ergebnis ganz zufrieden. Die impressionistischen Aufnahmen, die dabei entstanden, waren mindestens genauso interessant, wie es technisch einwandfreie Fotos unter anderen Umständen gewesen wären.

Timing ist alles. Diese Bank stand genau unter der Treppe zu der Pension, in der ich während meines Besuchs im Cinque Terre in Italien wohnte. Ich muss mindestens ein Dutzend Mal oder öfter daran vorbeigelaufen sein, mit der Kamera in der Hand, ohne den geringsten Wunsch, die Szene zu fotografieren. Eines Tages kam ich kurz vor Sonnenuntergang in die Pension zurück und bemerkte einen interessanten Schatten. Sofort war mir klar, dass ich diese Fotogelegenheit nicht verpassen durfte.

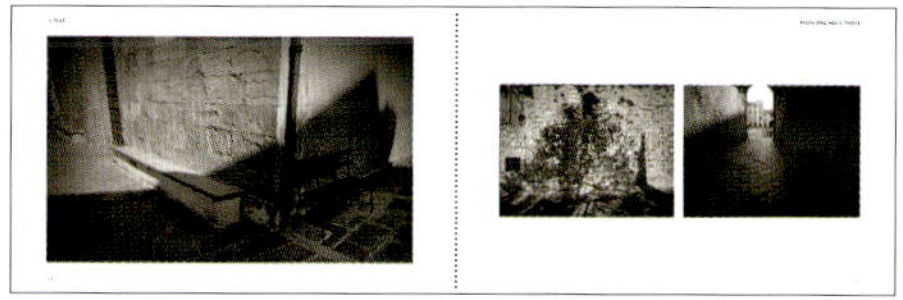

156 157

Links: Die Abendsonne wirft den langen Schatten eines Baumes über einen zugemauerten Torbogen entlang einer Pflasterstraße. Rechts: Die Morgensonne malt einen diagonalen Winkel auf die strukturierte Wand eines Tunnels, der zur runden Piazza Central in Lucca, Italien, führt.

Man nennt das auch Halbschatten – und ich mag diese Art der Illumination sehr. Hier erhielt die schmucklose Metallwand eines Wasserturms durch das Zusammenspiel von Licht und Schatten einen völlig neuen Anstrich.

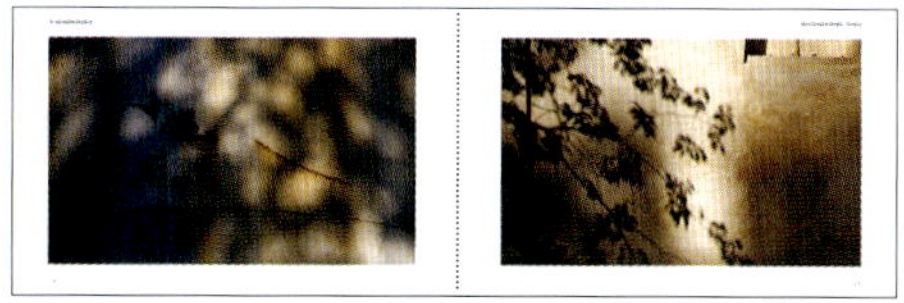

158 159

Schatten von Blättern verzaubern die Stuckwand einer Villa in Italien. Die Bilder auf dieser Doppelseite sind ziemlich unverändert (lediglich die Farben verstärkte ich mit Farbton/Sättigung etwas). Diese natürliche Präsentation passt gut zum einfachen Inhalt und dem festgehaltenen Augenblick in diesen Szenen.

Links und rechts: Während Morgen- und Abendlicht in einer horizontalen Szene die interessantesten Schatten werfen, wirken die direkt nach unten zeigenden Strahlen der Nachmittagssonne bei aufstrebenden Perspektiven besonders raffiniert. Im linken Bild bildet das Trio ovaler Schatten eine attraktive Verlängerung der Metallringe, die die Schatten warfen. Im rechten Bild ist die Stuckwand mit der geneigten Form des Schattens eines Fenstergitters dekoriert.

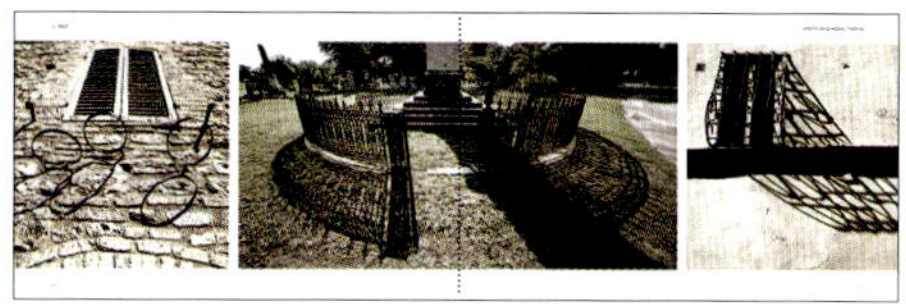

160 161

Mittleres Bild: Wie bei einer Sonnenuhr erstreckt sich der Schatten der Säule durch den geschmiedeten Eisenzaun und dessen dekorativen Schatten. Mit Gradationskurven betonte ich den Kontrast zwischen Licht und Schatten in jedem Bild auf dieser Doppelseite. Außerdem setzte ich eine Schwarzweiss-Einstellungsebene ein, um die Farben in den Bildern zu dämpfen.

Ich hatte keine Lust, auf den Bus zu warten, deshalb ging ich vom Bahnhof am Stadtrand von Assisi, Italien, zu Fuß zum historischen Ortskern auf dem Hügel. Ein steiler Weg – und auch nicht kurz –, aber durchaus lohnend, denn er führte mich zu einigen interessanten Entdeckungen abseits der ausgetretenen Touristenpfade. Meine Lieblingsentdeckung war dieser Kirchgarten mit Schotter, dürren Bäumen, überdachten Gängen, Bleiglas und ... einem Kickertisch. Das Morgenlicht fügte mit seinen Schatten genau den richtigen Touch zu dieser unerwarteten Szene.

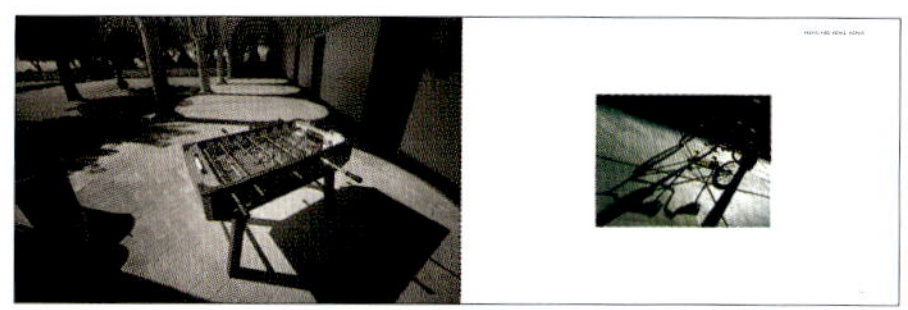

162 163

Dieser Anblick erinnerte mich an die Temperagemälde von Fahrrädern, Menschen und Schatten des amerikanischen Künstlers Robert Vickrey. Ich würde Ihnen dringend empfehlen, einmal die Werke dieses Künstlers genauer zu betrachten. Lassen Sie sich von der Präzision seiner Technik und seinem unglaublichen Gefühl für Licht, Schatten und Komposition inspirieren.

10

Frisch bleiben

Die natürliche Schönheit, Farbe und der Duft von Blumen machen diese für Fotografen fast ebenso unwiderstehlich wie für Bienen. Und weil Blumen schon so lange von so vielen Leuten so gern fotografiert werden, riskiert jeder, der seine Kamera in die Hand nimmt und ein einzigartiges und originelles Blumenfoto machen möchte, letztendlich doch nur mit einem gewöhnlichen und abgegriffenen Bild zu enden. Aber keine Sorge. Mit etwas Kreativität (per Definition der Akt, etwas Neues zu schaffen) finden Sie immer neue Wege, auch überstrapazierte Motive auf Ihre eigene Art und Weise zu präsentieren. Die Bilder in diesem Kapitel sollen Anregungen für innovative Aufnahmen und Bearbeitungen sein – die Motive wurden allesamt schon so oft verwendet, dass sie gut etwas Frische vertragen können.

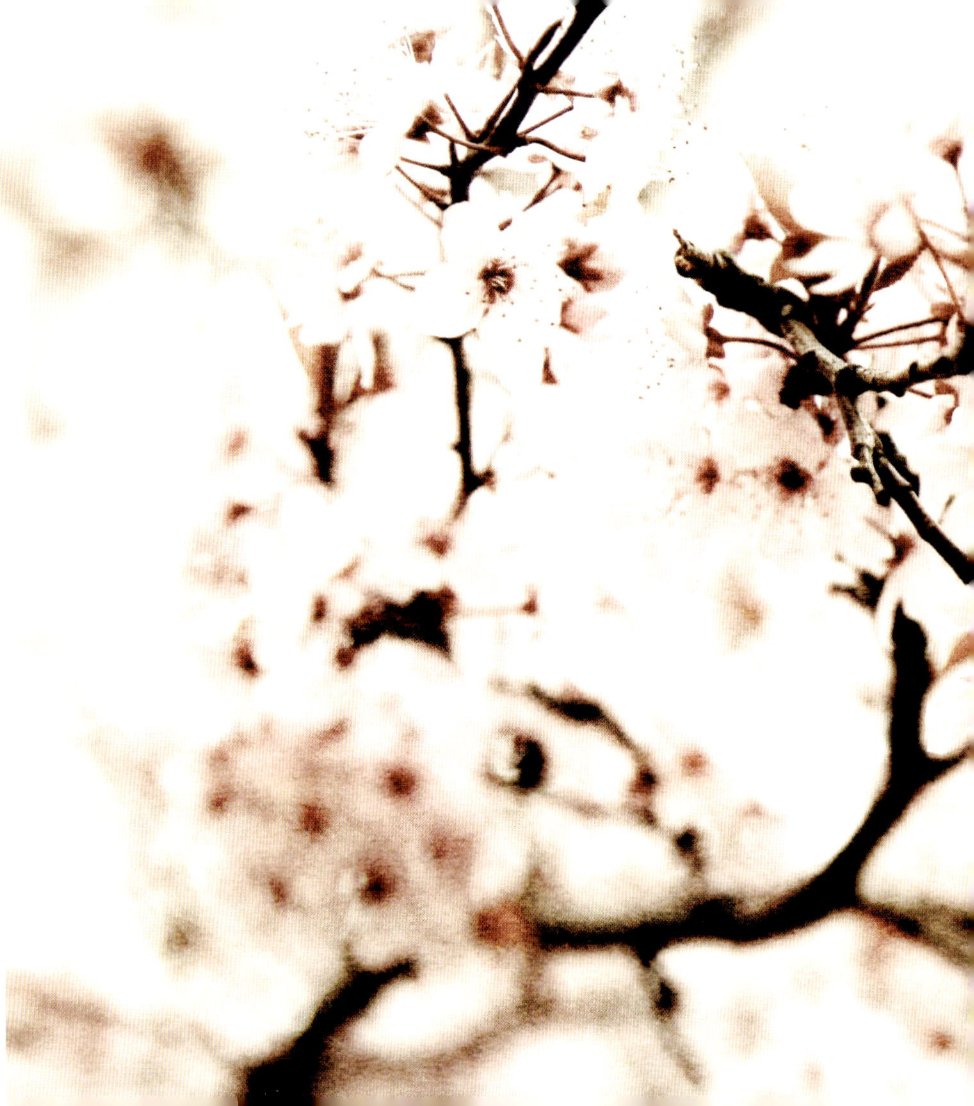

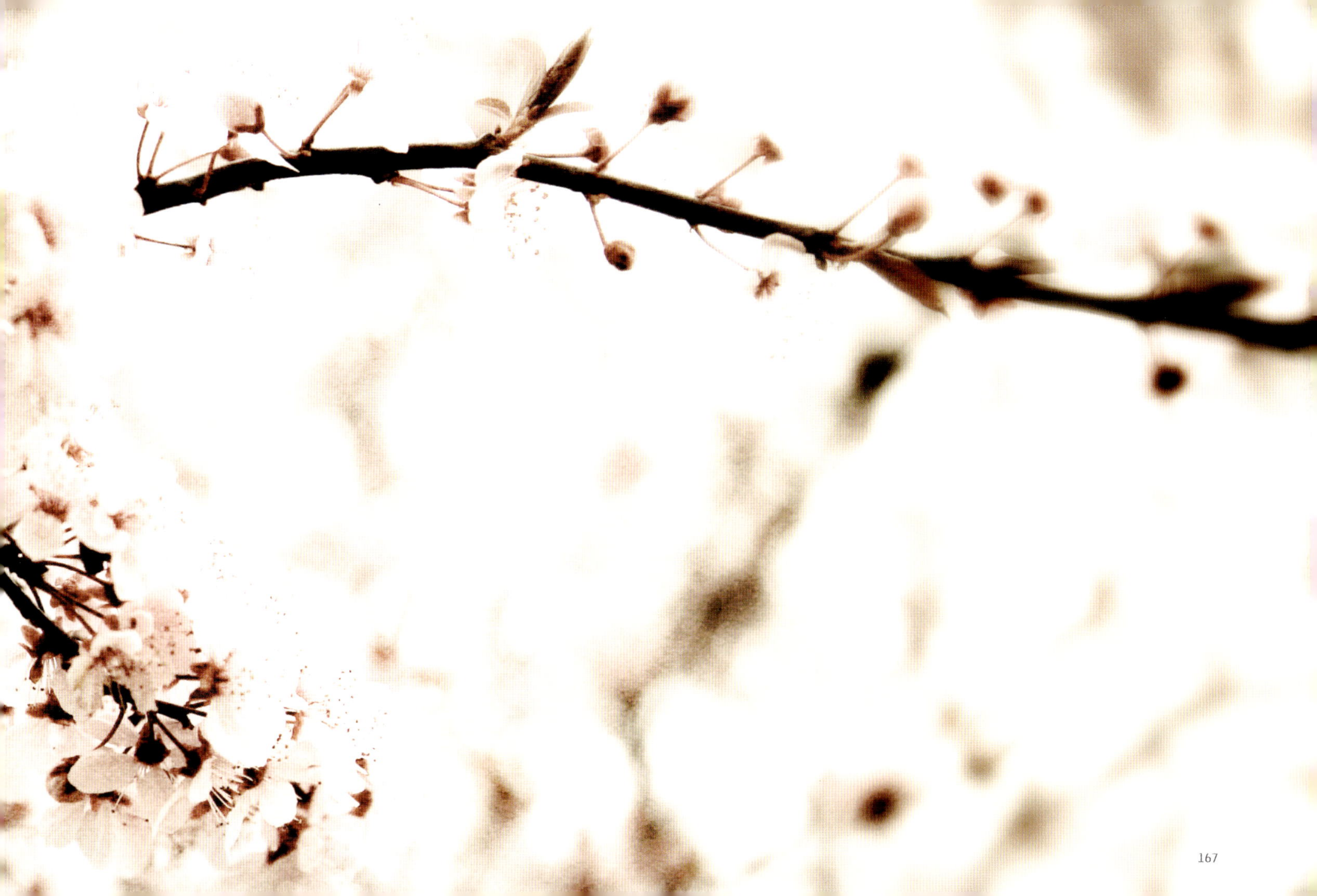

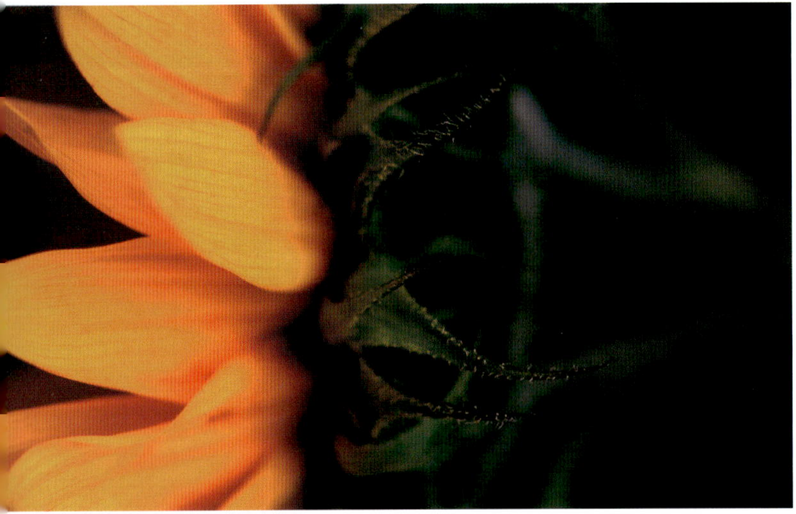

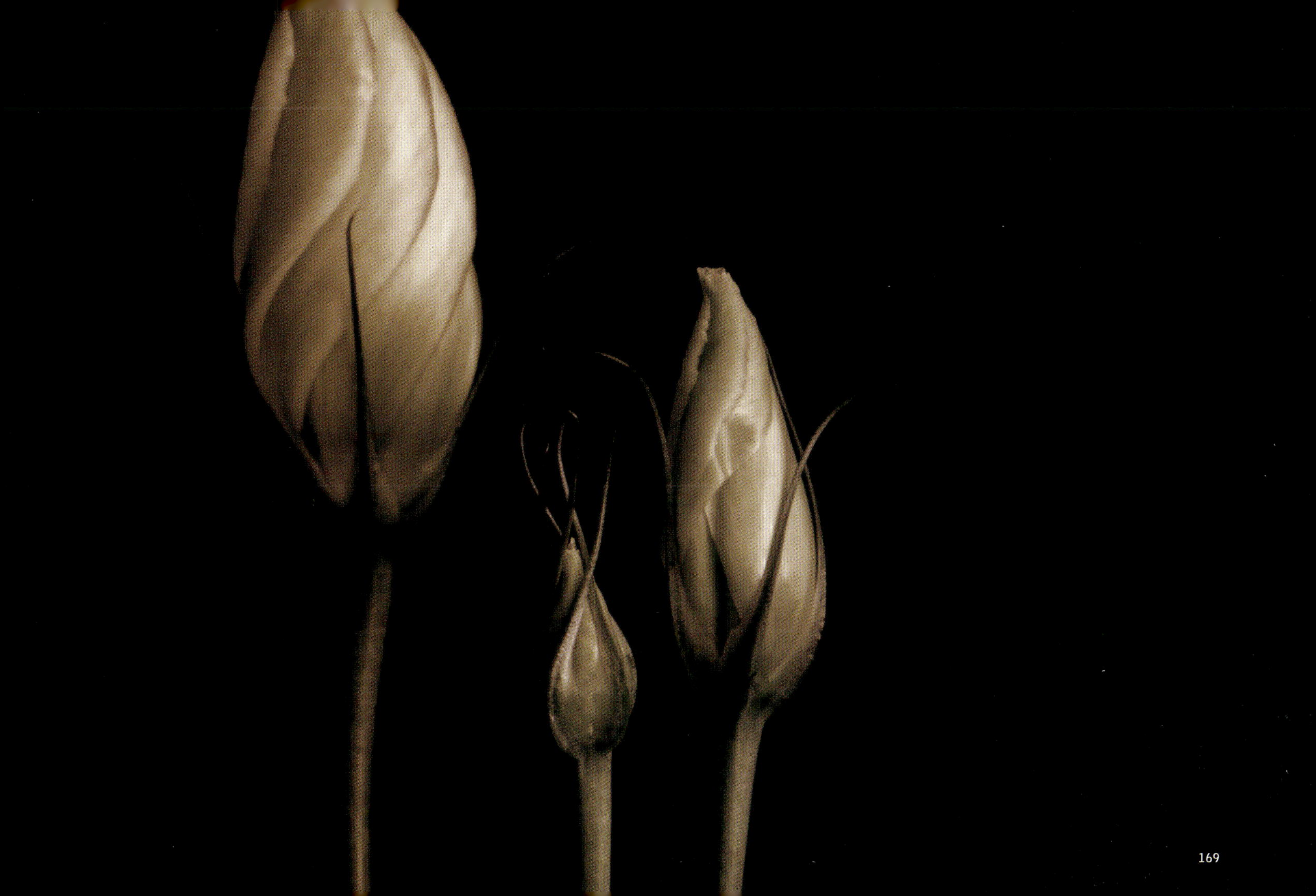

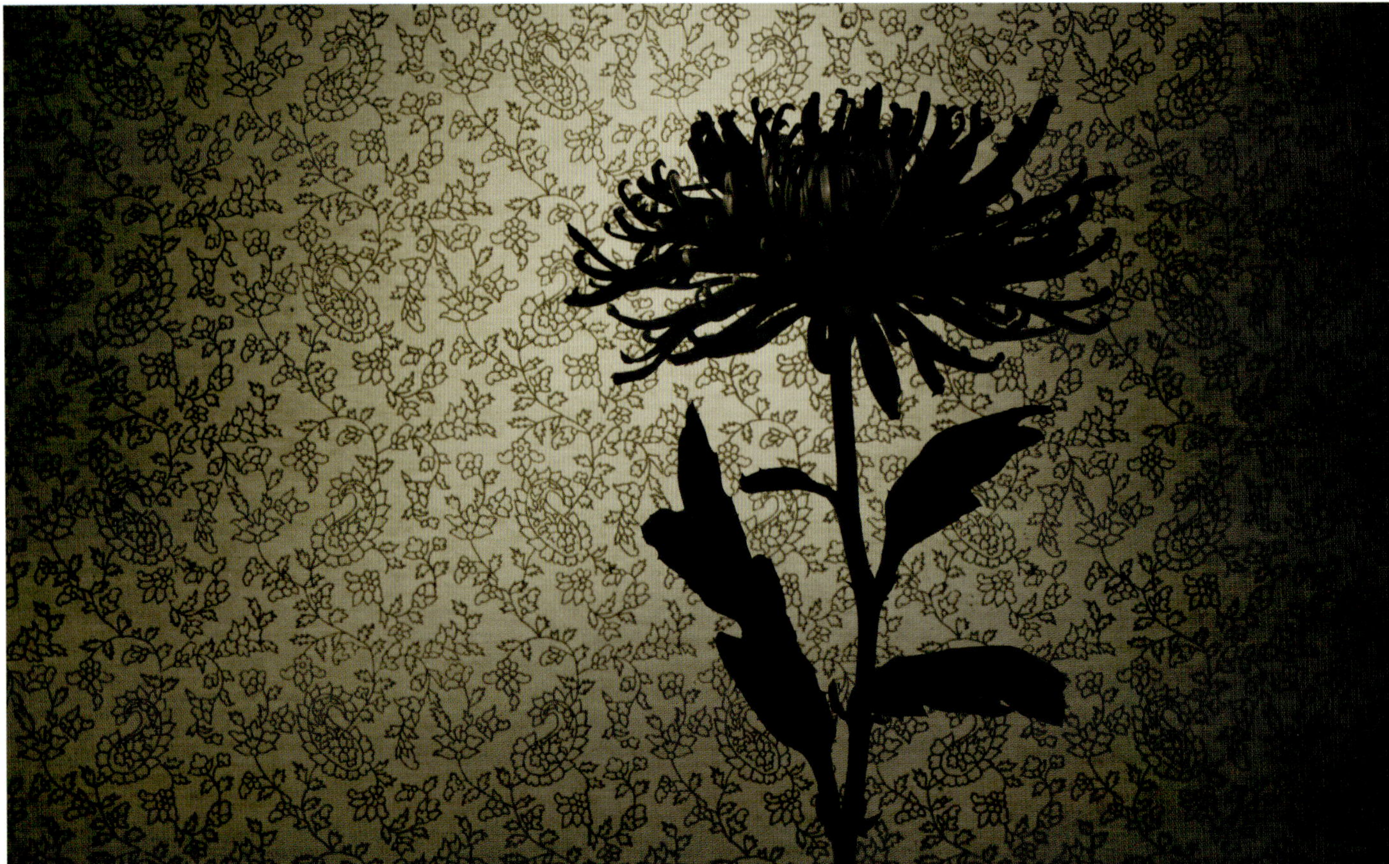

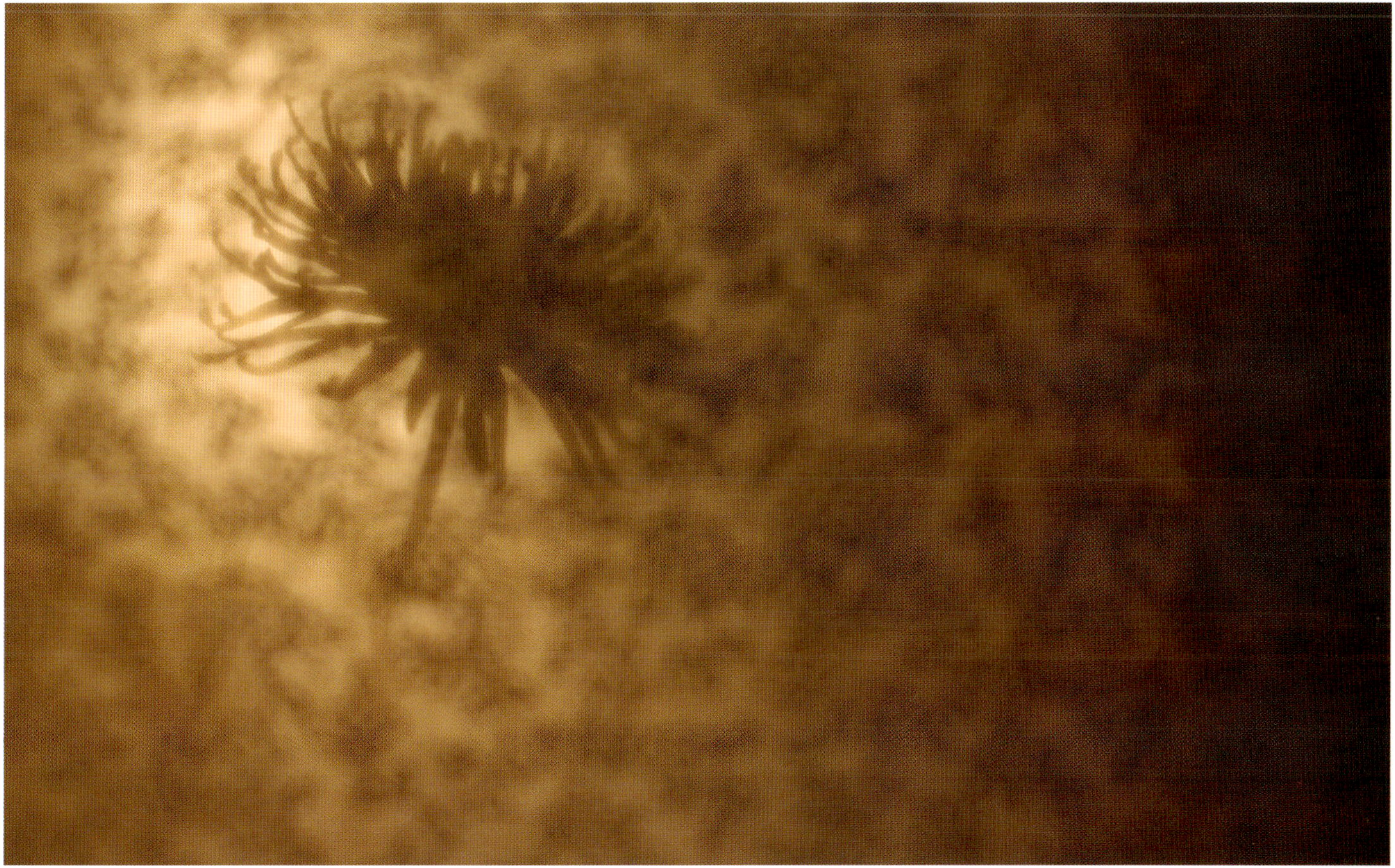

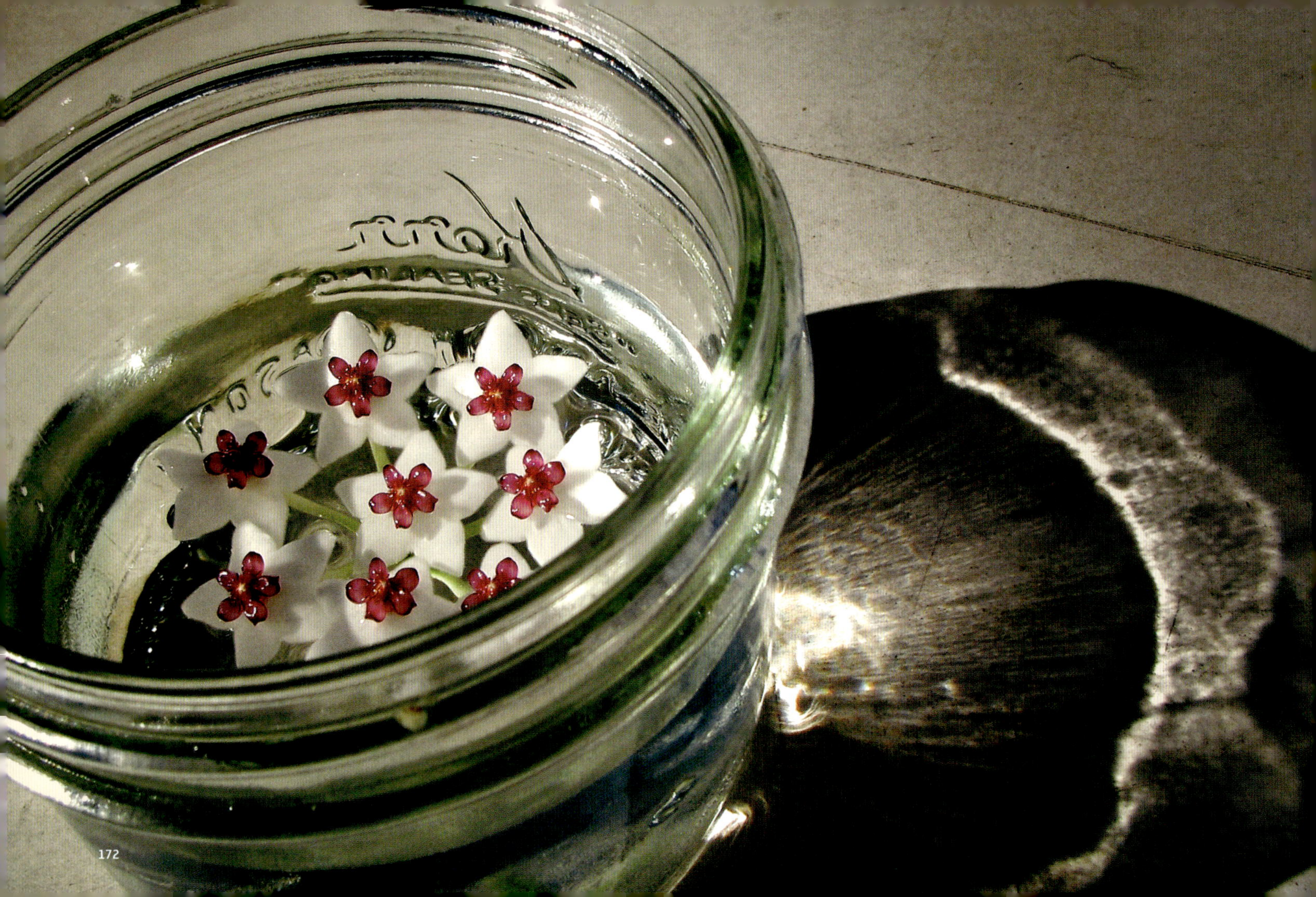

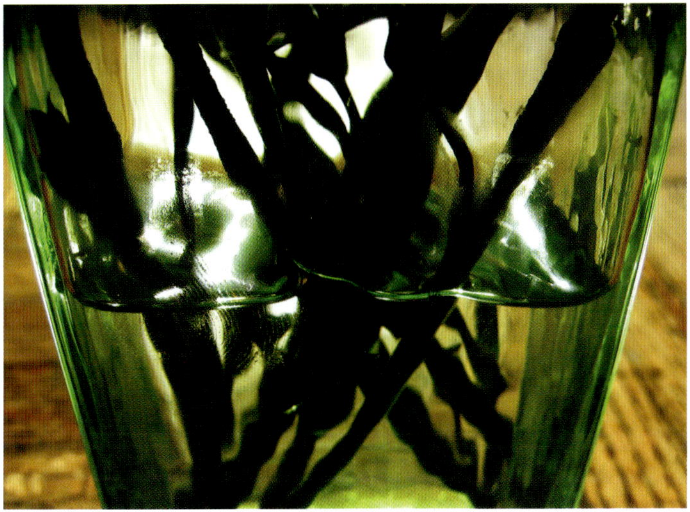

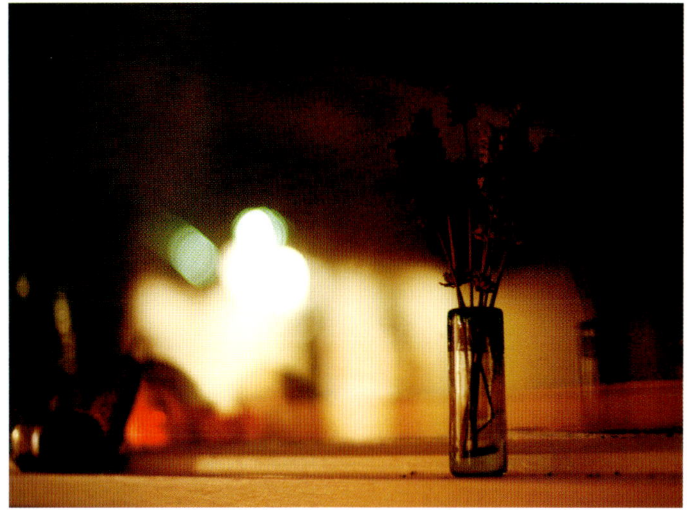

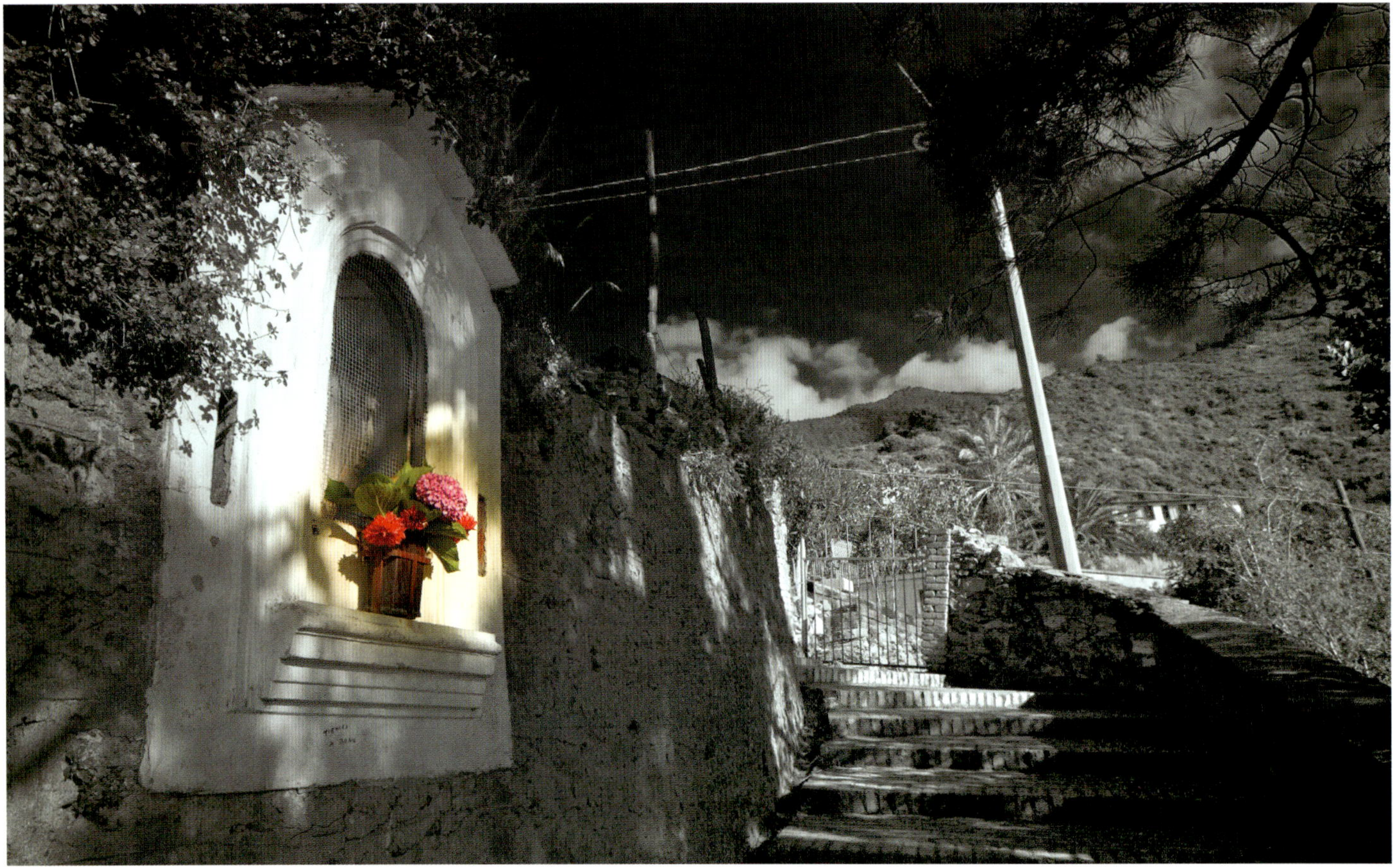

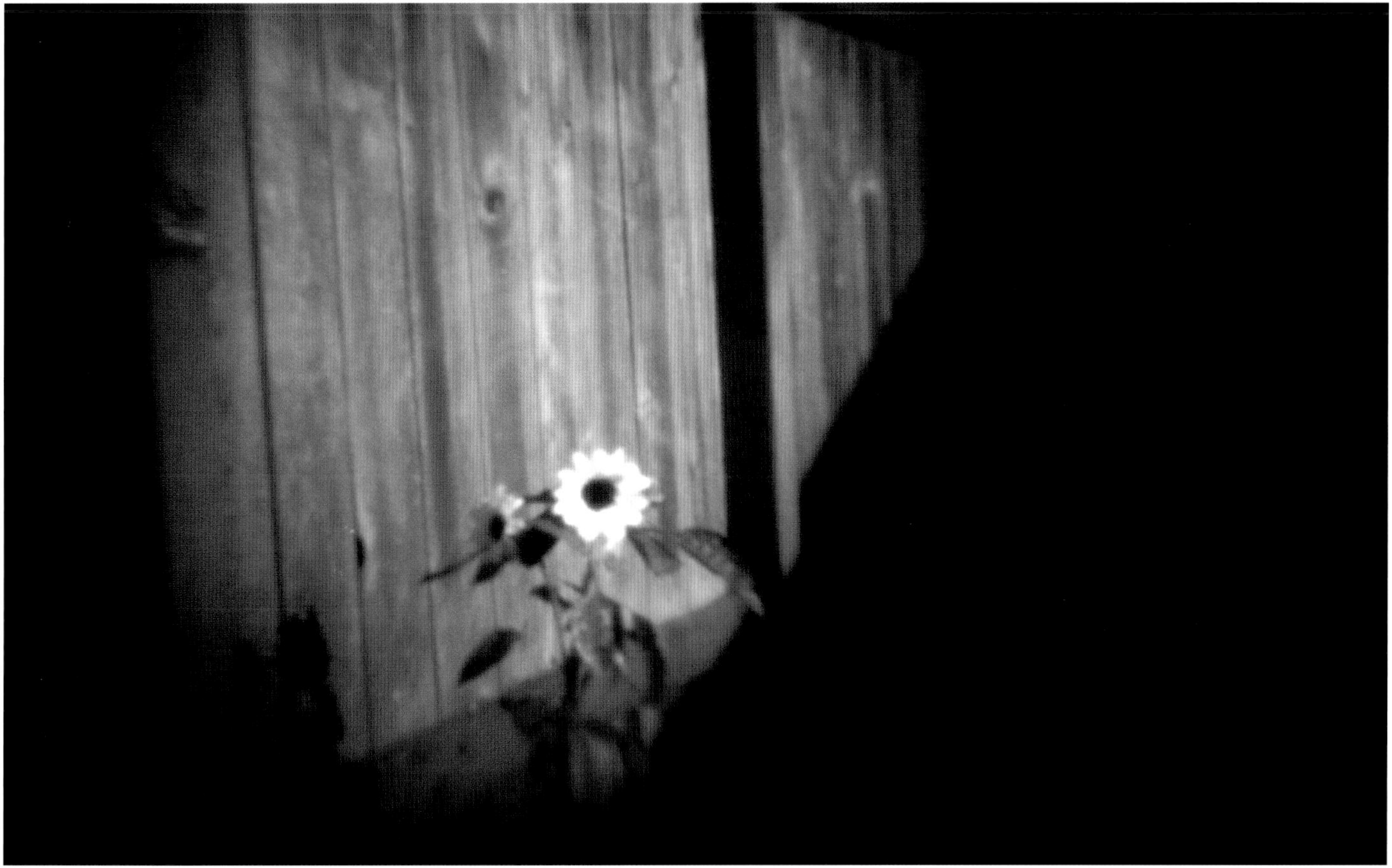

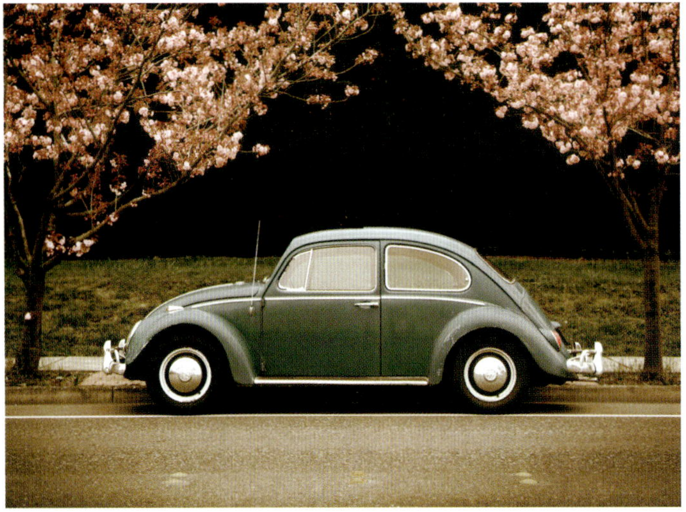

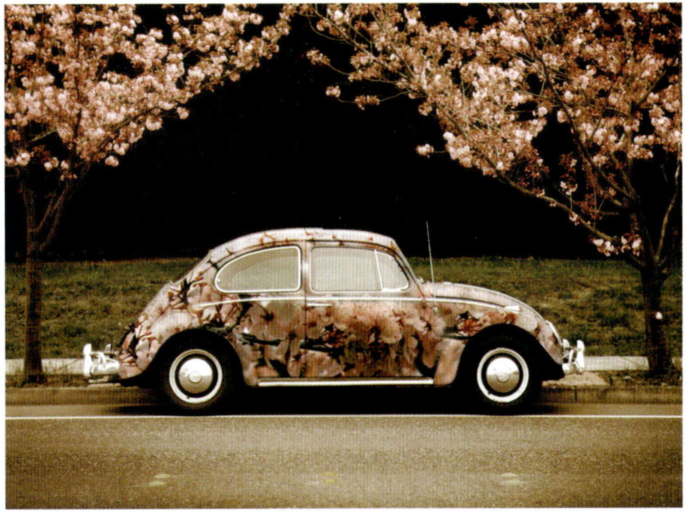

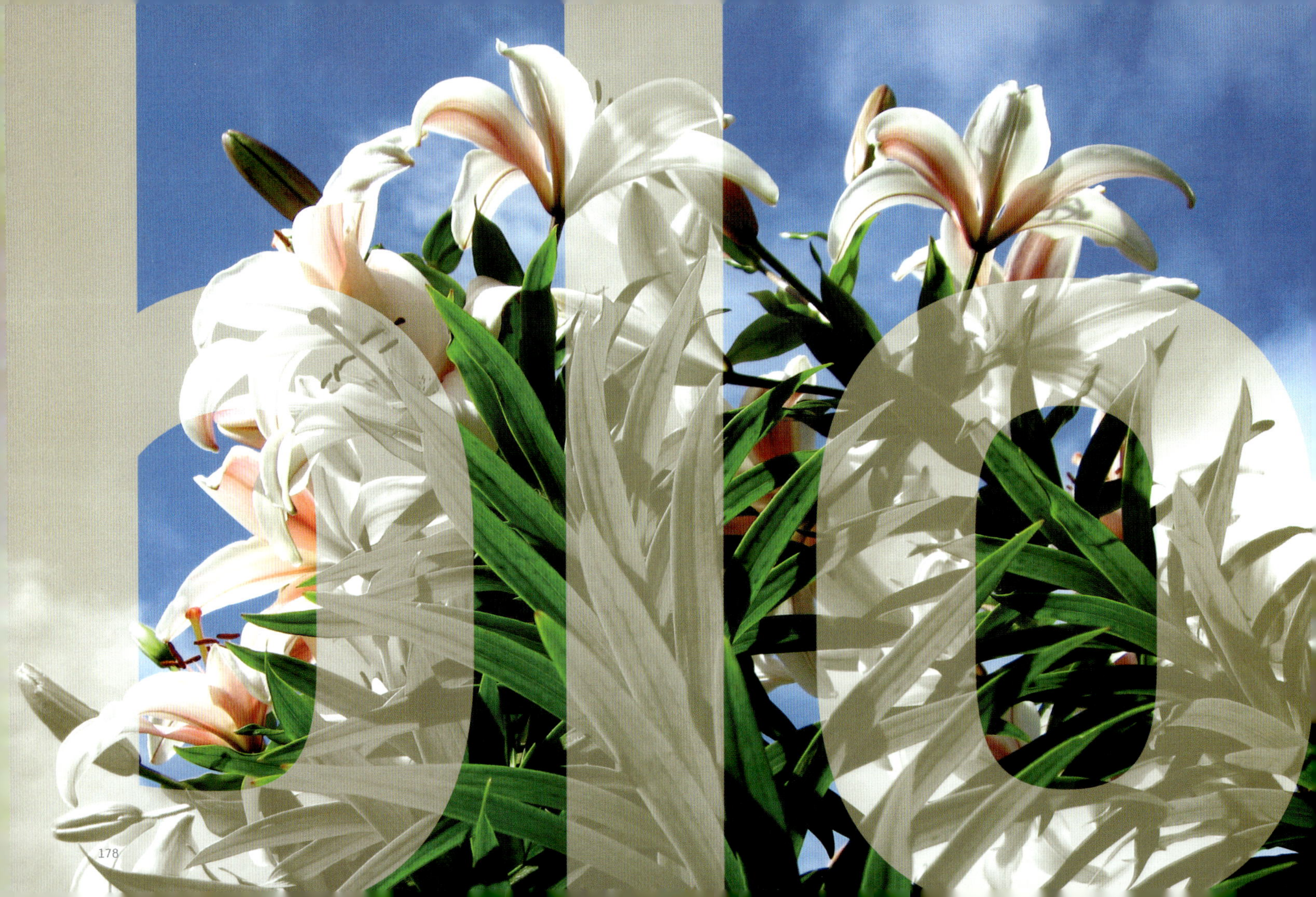

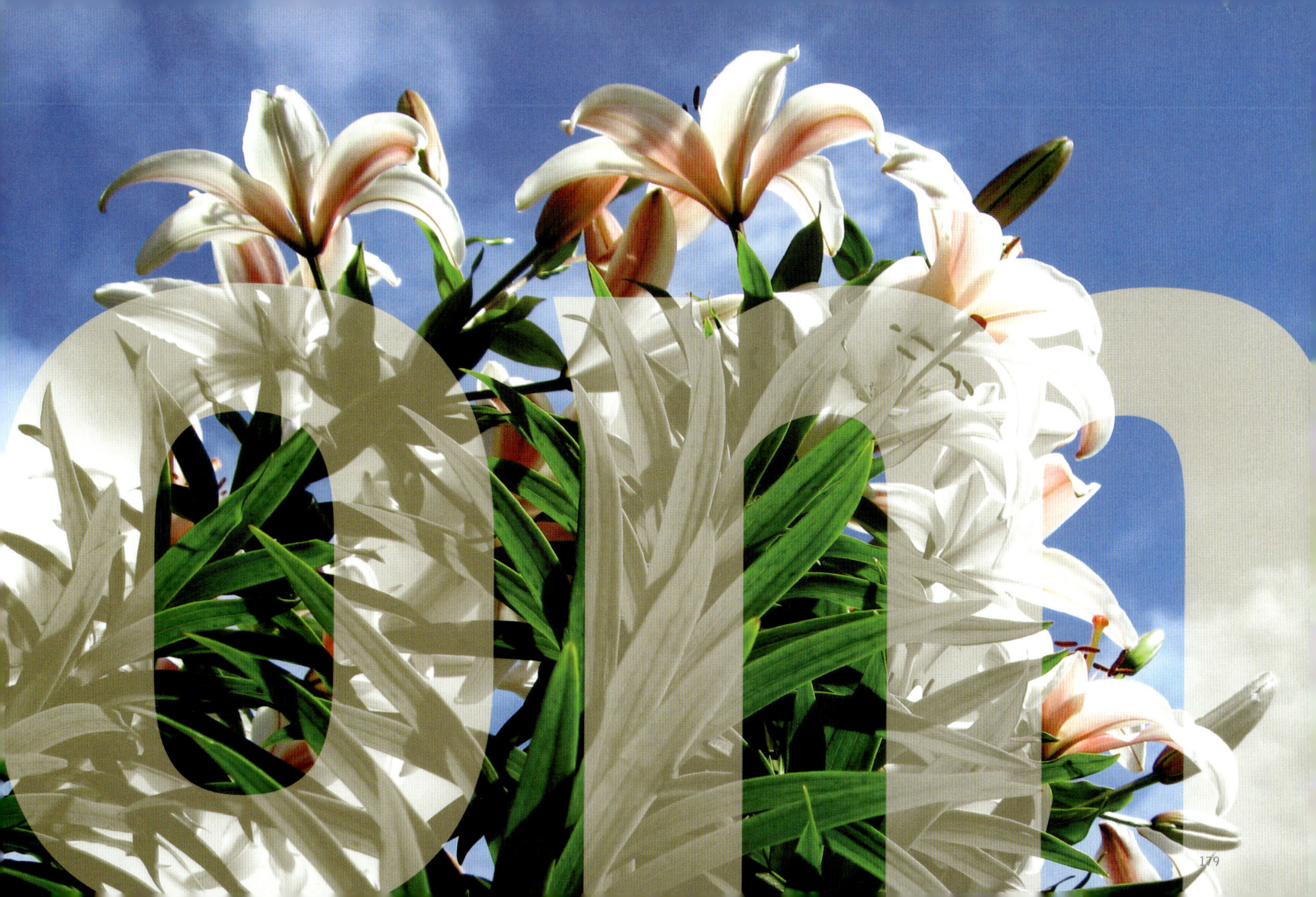

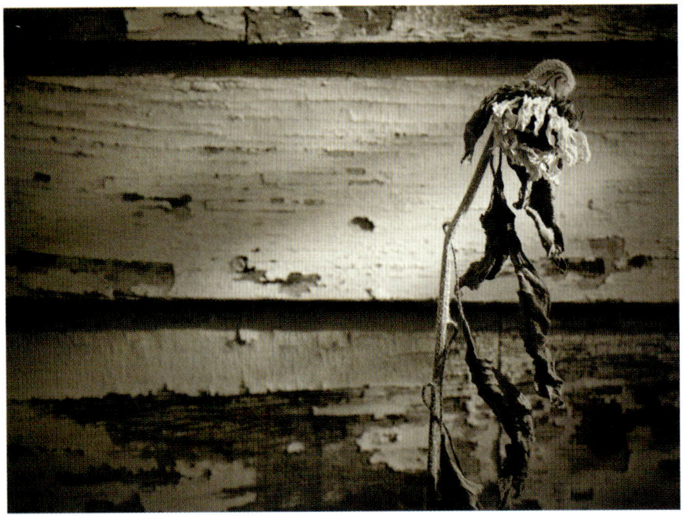

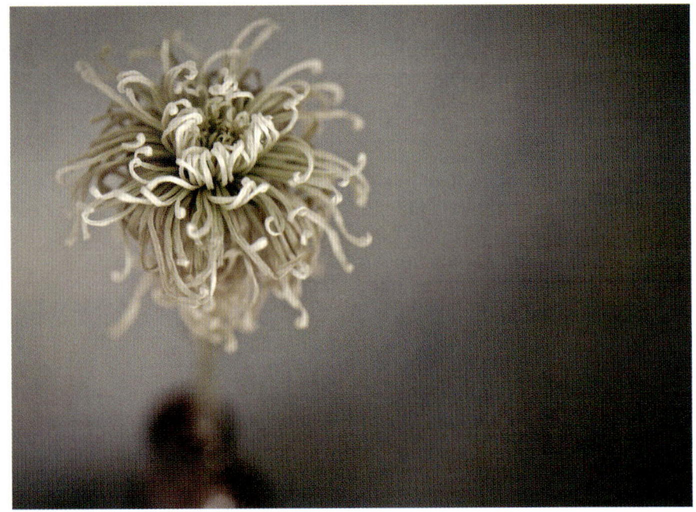

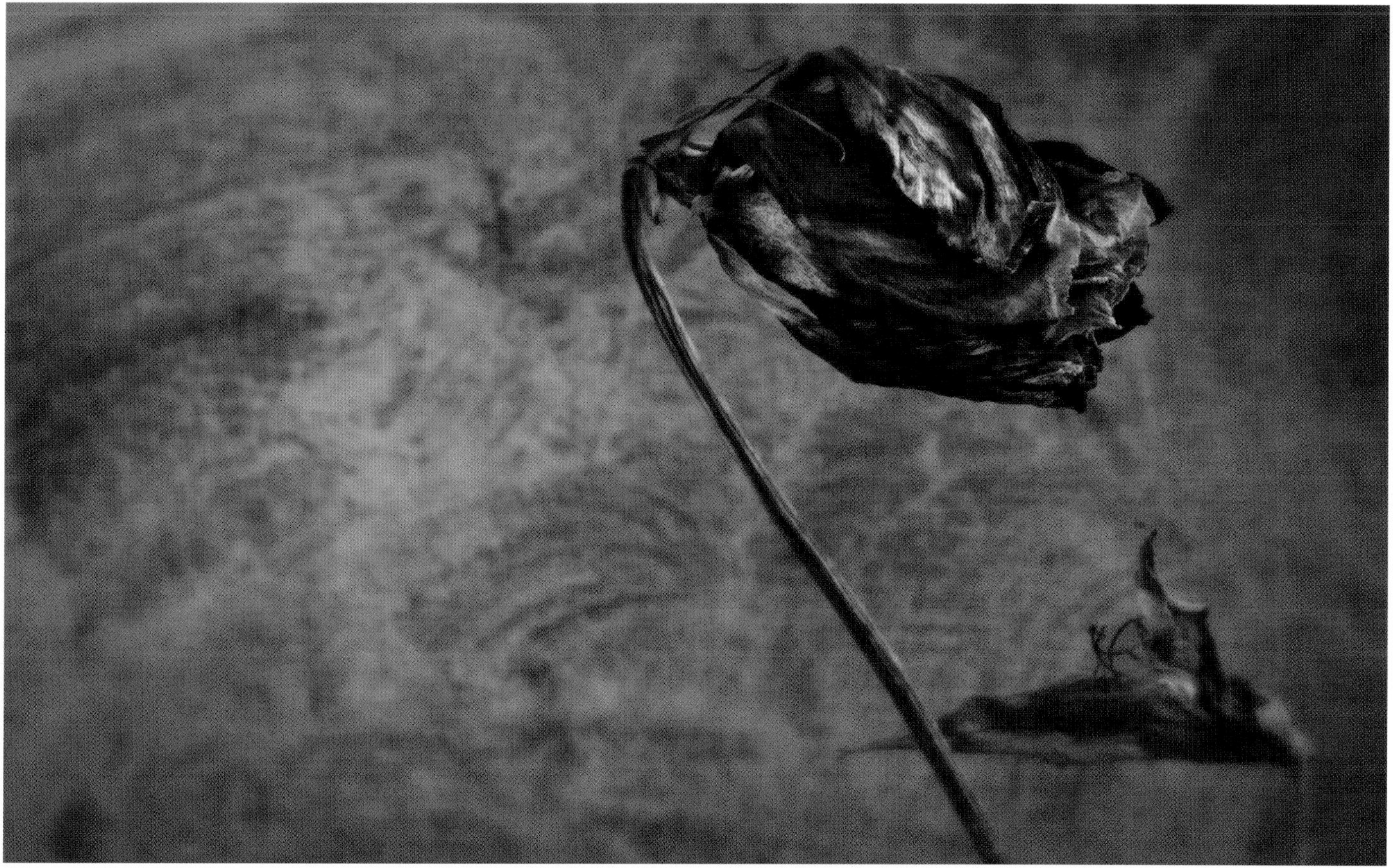

Zu diesem Bild fügte ich eine Fotofilter-Einstellungsebene (Sepia) hinzu und wählte NEGATIV MULTIPLIZIEREN als Füllmethode. Dadurch wurde der Kontrast zwischen den dunklen Zweigen und den hellen Blüten deutlicher, gleichzeitig wurden die Farben im Bild vereinheitlicht. Mit einer FOTOFILTER-Einstellungsebene ist sehr viel mehr möglich, als nur feine Farbtöne zu verändern: Probieren Sie doch einmal die Effekte aus, die mit den verschiedenen Füllmethoden entstehen.

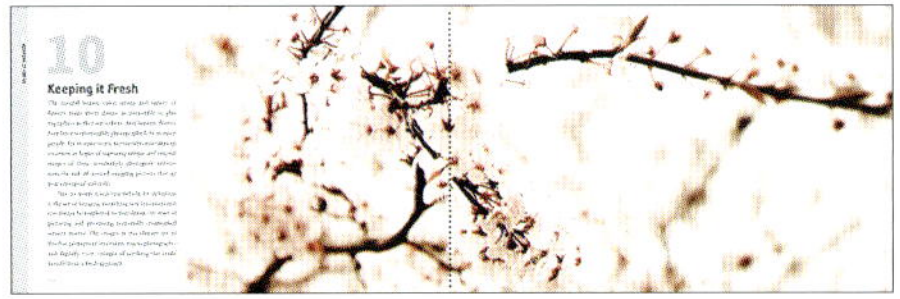

166 167

Es ist völlig in Ordnung, ein Bild in Photoshop zu öffnen, auch wenn Sie nur eine grobe Vorstellung haben, was Sie eigentlich wollen. Arbeiten Sie einfach drauflos und experimentieren Sie mit Filtern, Reglern und Befehlen. Speichern Sie Erfolg versprechende Versionen und machen Sie weiter, bis Sie eine Bearbeitung gefunden haben (oder eine Kombination), die Ihnen zusagt. Diese »ziellose« Arbeitsmethode führt nicht nur zu unerwarteten und interessanten Ergebnissen, so erweitern Sie auch gleich Ihre Photoshop-Kenntnisse und erleben, was dieses Programm alles kann.

Folgende Idee: Kaufen Sie sich Blumen und fotografieren Sie sie zu Hause. Konzentrieren Sie sich dabei auf die Kleinigkeiten – die einzelnen Elemente, die zusammen eine Blume ergeben. Die Details der Sonnenblume auf dieser Seite fotografierte ich mit einem 100-mm-Makroobjektiv. Und wenn Sie gerade keine SLR und kein Makroobjektiv zur Hand haben, probieren Sie es mit der Kompaktkamera. Sie werden überrascht sein, wie gut moderne Minikameras mit solchen Problemen fertig werden.

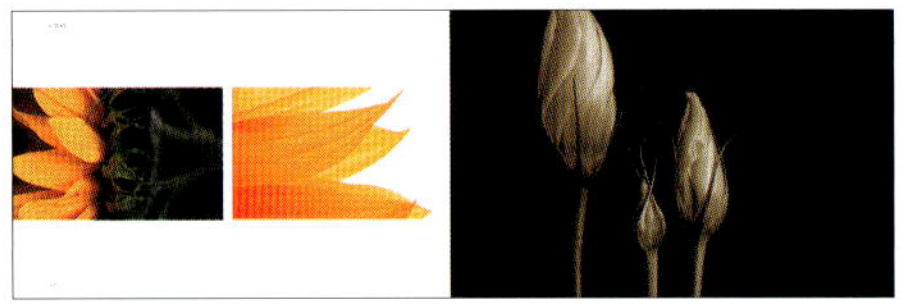

168 169

Vielleicht einmal Blumen fotografieren, bevor sie aufblühen (oder wenn sie verblüht sind, wie am Ende dieses Kapitels zu sehen)? Diese Szene war nicht schwer einzurichten: Die Blumenstiele fixierte ich mit Büroklammern, als Hintergrund musste ein schwarzer Karton herhalten. Das Licht stammte aus einem der Fenster in der Nähe, dazu öffnete ich die Jalousien; schließlich platzierte ich links vom Motiv ein Blatt weißes Papier, um zusätzliches Licht auf die Knospen zu reflektieren. Das Bild wurde mit einem 50-mm-Objektiv aufgenommen.

Ich habe ein Blatt dekoratives Seidenpapier zwischen die Blume und eine helle Schreibtischlampe gehangen. Weil ich die Blume nicht als reine Silhouette darstellen wollte, beleuchtete ich einige ihrer Blütenblätter von oben mit einem LED-Schlüsselanhänger.

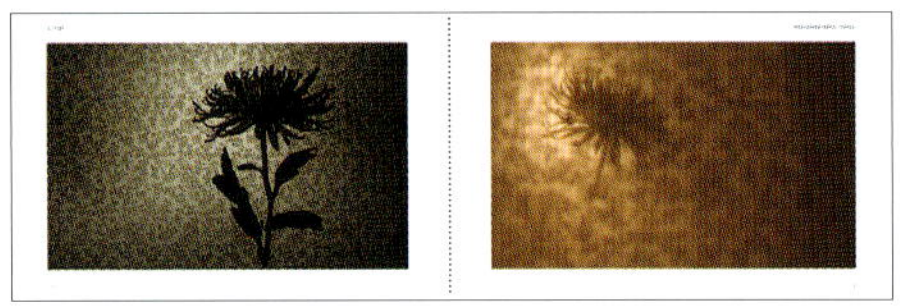

170 171

Nachdem ich das Foto gegenüber aufgenommen hatte, verschob ich die Blume so, dass sie jetzt hinter dem durchscheinenden Papier stand, jedoch noch immer vor der Lampe. Dann fokussierte ich manuell auf die Blume (der Auto-Fokus hätte auf dem Papier bestanden, das am nächsten am Objektiv stand) und öffnete die Blende weit, um eine geringe Schärfentiefe zu erreichen. Ich experimentierte mit verschiedenen Blendenzahlen, bevor ich mich für eine entschied, die das Papier und seine Muster zu meiner Zufriedenheit abstrahierte.

Haben Sie schon einmal eine Hoya-Blüte gesehen? Jede dieser komplexen sternförmigen Blüten ist erbsengroß. Hier schwimmen einige dieser winzigen Blüten in einem Marmeladengläschen, in das kein normaler Blumenstrauß passen würde. Überraschen Sie Ihre Freunde mit einem Foto ungewöhnlicher botanischer Seltenheiten wie dieser hier.

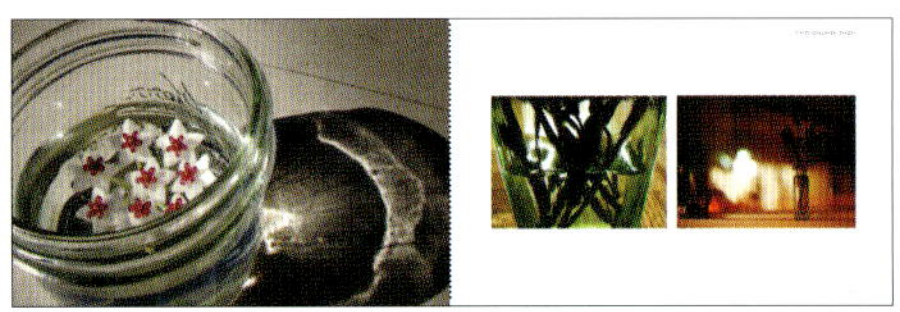

172 173

Manchmal müssen Sie Schönheit ignorieren, um auf attraktive Fotogelegenheiten zu treffen. Links: Die bunten Blüten auf diesen Stängeln animierten mich zum Fotografieren, aber irgendwie hatte ich das Gefühl, bereits genügend Blüten im Kasten zu haben, darum konzentrierte ich mich auf den unteren Teil, das Arrangement aus Glas, Wasser und Stielen. Haben Sie auch manchmal den kleinen Mann im Ohr, der Ihnen sagt, was Sie fotografieren sollen? Hören Sie ganz genau hin.

Zwar sind sie nur ganz klein im Foto zu sehen, aber die Präsenz der Blumen in dieser Bergkapelle wurde durch die ansonsten gedämpften Farben verstärkt. Dazu fügte ich eine Schwarzweiss-Einstellungsebene zum Bild hinzu, um das gesamte Bild einfarbig zu machen. Mit einem weichen Pinsel als Airbrush malte ich um die Blumen herum ein Loch in die Maske der Einstellungsebene.

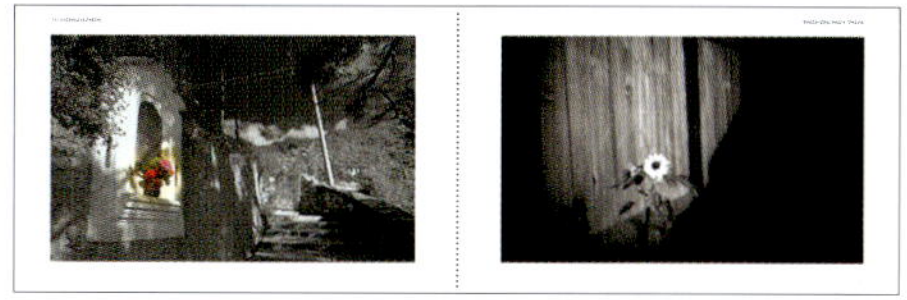

174 175

Eine einzelne Sonnenblume durch ein Pinhole-Objektiv. (Mehr dazu auf den Seiten 12/13 und im Internet.) Wie gefällt Ihnen das viele Schwarz in der Komposition? Haben Sie selbst schon einmal solche Aufnahmen gemacht?

Zum Glück – für dieses Foto – hatte ich am Abend vor der Aufnahme festgestellt, dass der Platz unter dem blühenden Kirschbaum wie ein VW Käfer geformt war. Auch zum Glück war eine Freundin so nett, ihren VW Käfer unter den Baum zu fahren, so dass ich ein paar Fotos schießen konnte.

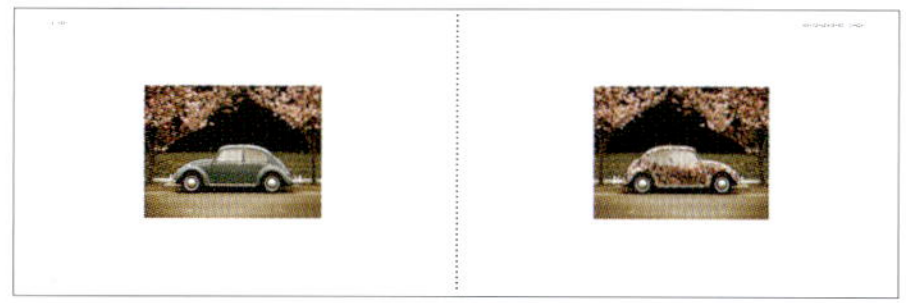

176 177

Hier fügte ich dem Bild mit Photoshop noch etwas mehr Flower Power hinzu: Ich überlagerte das Auto mit Blüten, die ich aus einem anderen Foto kopiert hatte. Dazu wählte ich den Umriss des VW Käfer mit dem Lasso aus und fügte die Blumen in die Auswahl ein. Die neuen Blumen lagen so auf einer eigenen Ebene, als Füllmethode verwendete ich Weiches Licht.

Warum nicht einmal eine typografische Nachricht mit Photoshop einsetzen? Hier wendete ich den Effekt einer Farbton/Sättigung-Einstellungsebene auf die Umrisse des Wortes »bloom« an. Die Einstellungsebene erzeugte eine entsättigte, kolorierte Version des Originalfotos, allerdings nur innerhalb der Auswahl.

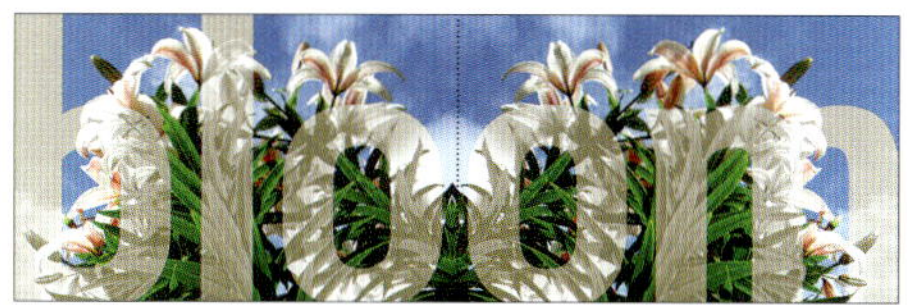

178 179

Das verwendete Bild ist einfach ein Schnappschuss mit einer kompakten Digitalkamera, schnell während einer Kaffeepause aufgenommen. Bevor ich das Bild kopierte und spiegelte, verstärkte ich die Farben mit Gradationskurven und Farbton/Sättigung.

Wenn Sie das nächste Mal zu Hause oder im Büro Blumen haben, fotografieren Sie sie doch einmal, wenn sie bereits verwelkt sind. Hier sehen Sie dieselbe Sonnenblume wie auf dem Foto von Seite 168. Die Blume daneben ist die von den Seiten 170/171. Beide Blumen standen nach der ersten Foto-Session drei Monate lang in einem Regal in meinem Büro, bevor diese Aufnahmen entstanden.

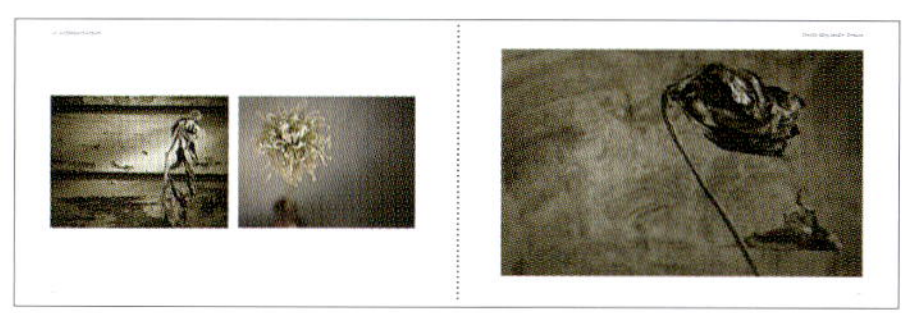

180 181

Dieses Foto nahm ich mit einem 100-mm-Makroobjektiv mit sehr kleiner Blende (f22) auf. Darum sind sowohl die welke Blume als auch der Hintergrund scharf. Mit dem Weichzeichner in Photoshop fügte ich der Umgebung um die Blume etwas Unschärfe hinzu, damit deren Form noch knackiger zur Geltung kommt. Den Bildrand dunkelte ich mit Verzerrungsfilter/Blendenkorrektur/Vignette etwas ab.

11

Pflanzen und Wald

In diesem Kapitel geht es um das Königreich der Pflanzen. Die Tierwelt folgt danach. Zugegeben, die Fotos auf den nächsten Seiten spiegeln die atemberaubende Vielfalt kaum wider. (Wussten Sie, dass es allein im Amazonasbecken über 80.000 Pflanzenarten geben soll und weltweit über eine halbe Million Käferarten?)

Hier geht es aber auch gar nicht ums Katalogisieren. Eher darum, Ideen weiterzugeben, wie auch Sie Flora und Fauna ablichten können.

Die Fotos auf den folgenden Seiten illustrieren meine Vorliebe für Bäume und Waldpflanzen (ich habe den größten Teil meines Lebens in den waldreichen Regionen im Nordwesten der USA zugebracht). Verwenden Sie die Techniken, die Ihnen gefallen, einfach bei den Pflanzen in Ihrer Umgebung.

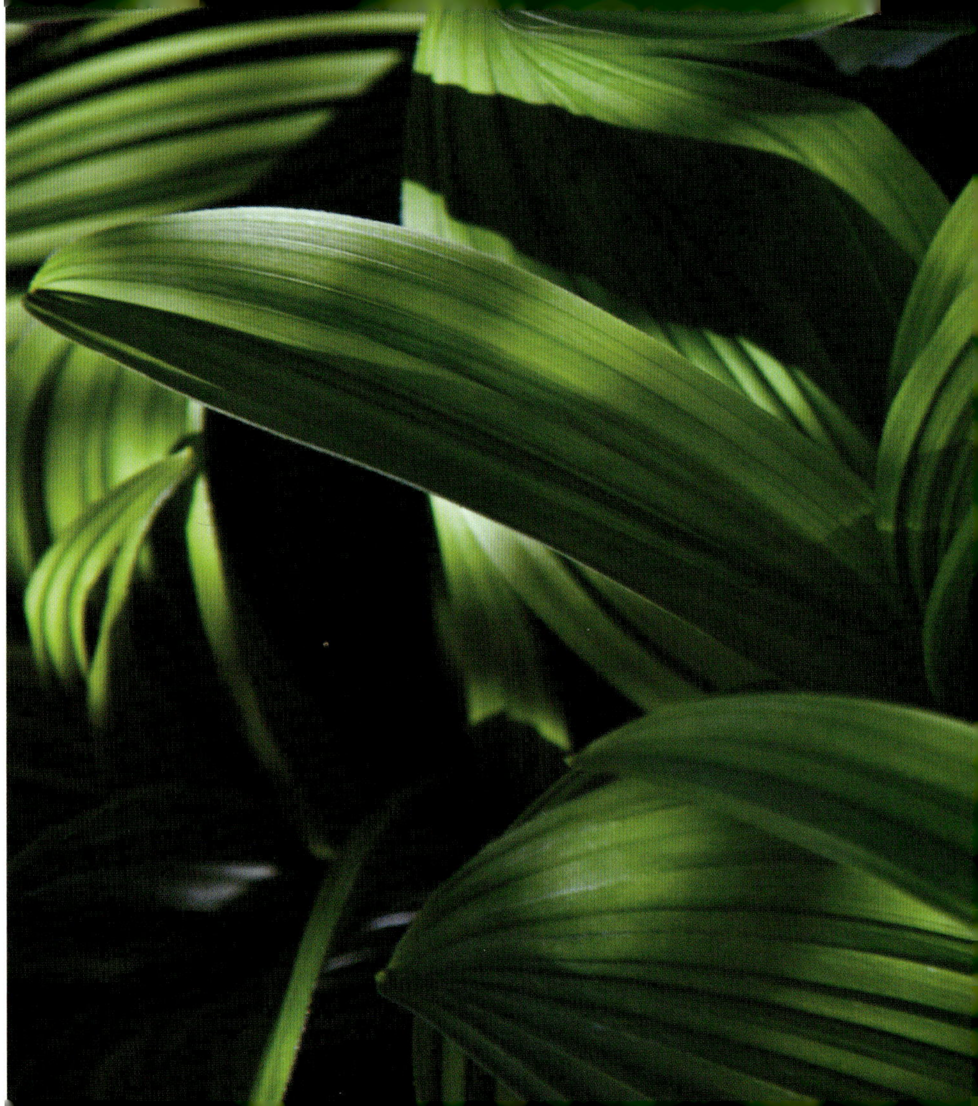

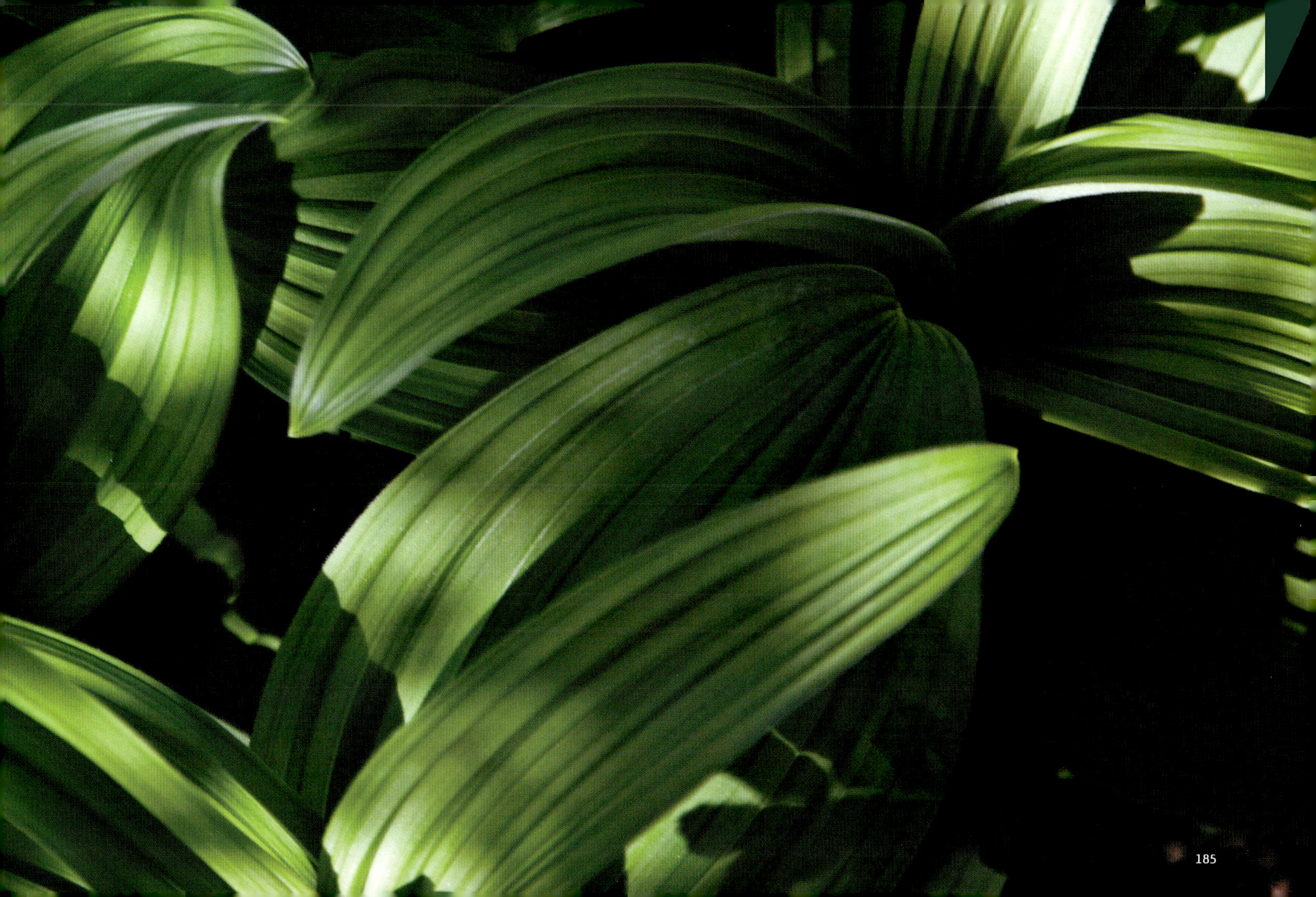

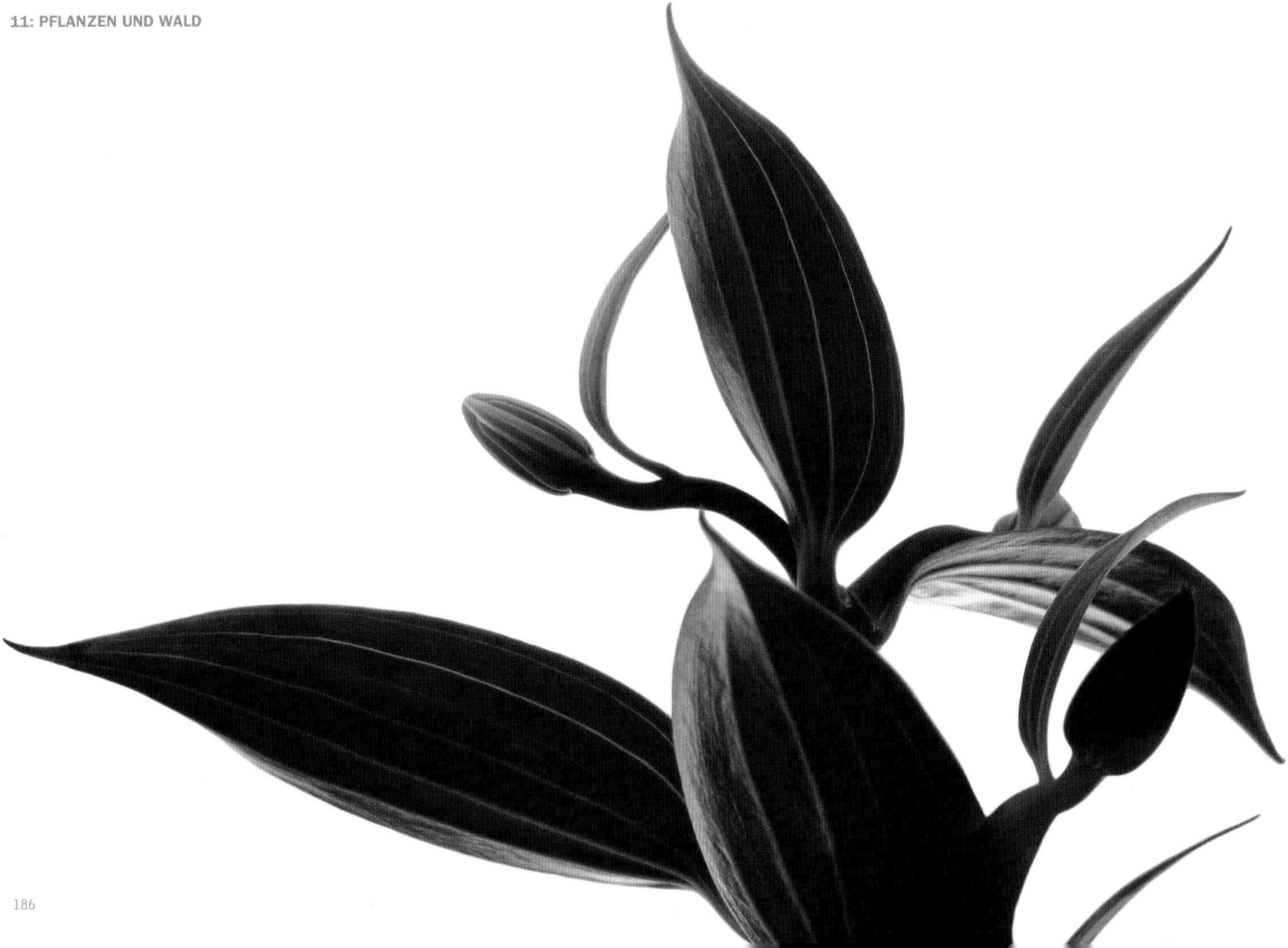

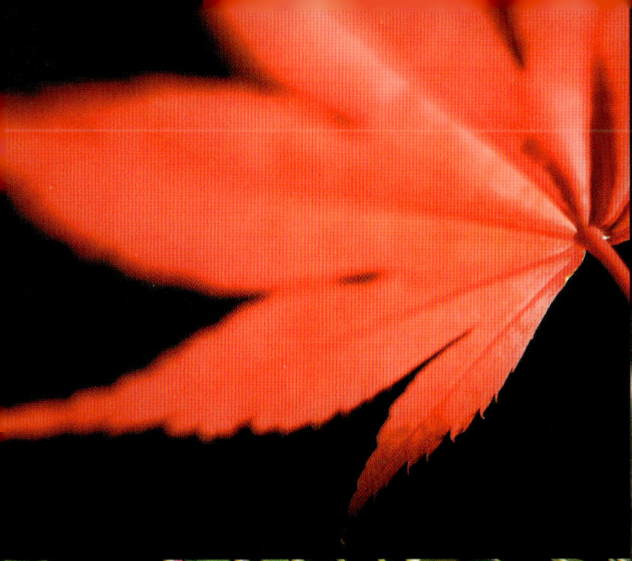
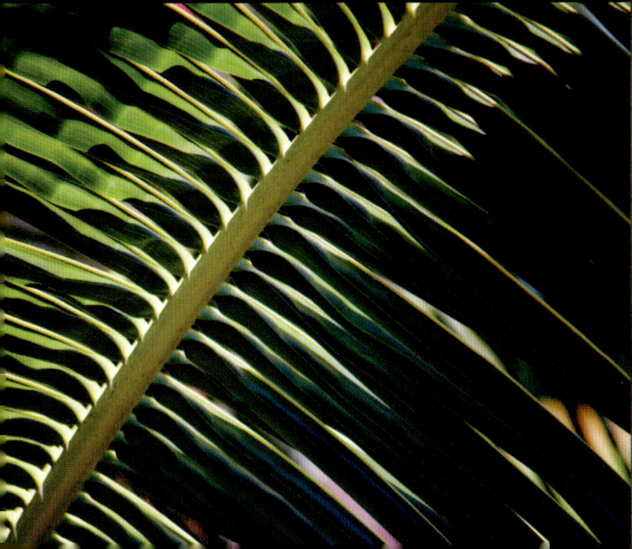
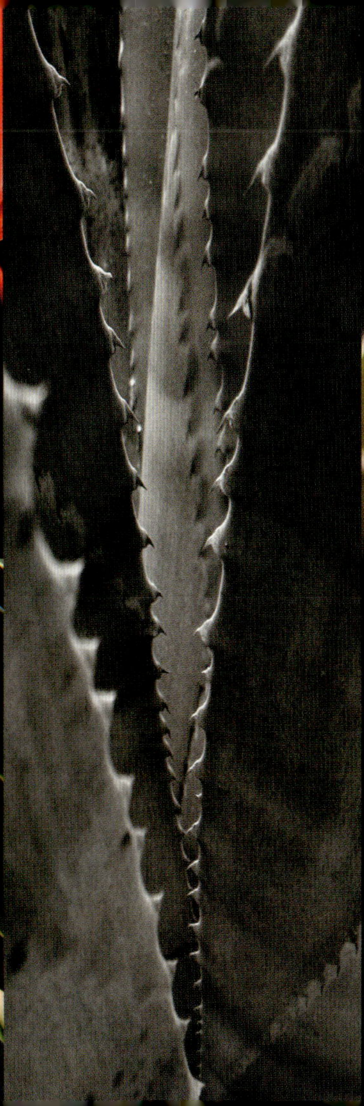
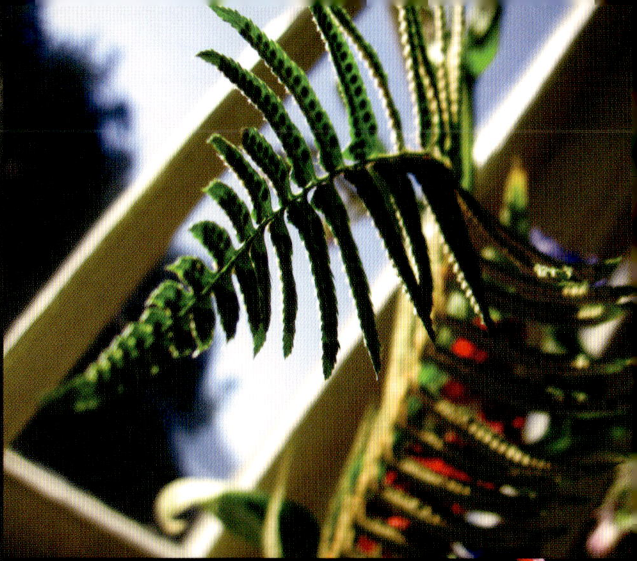
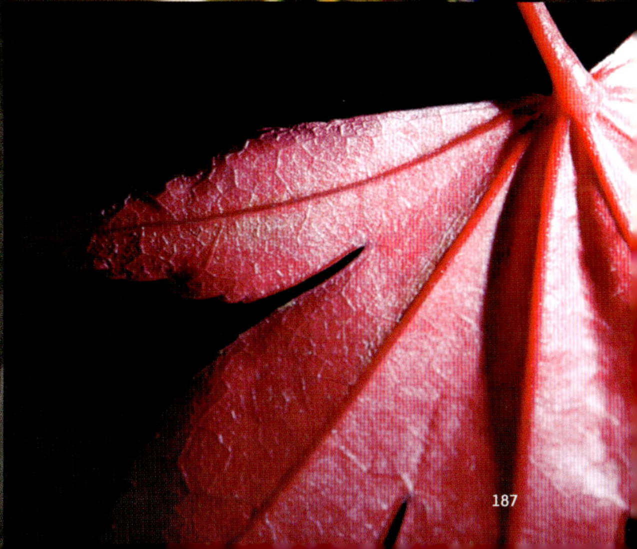

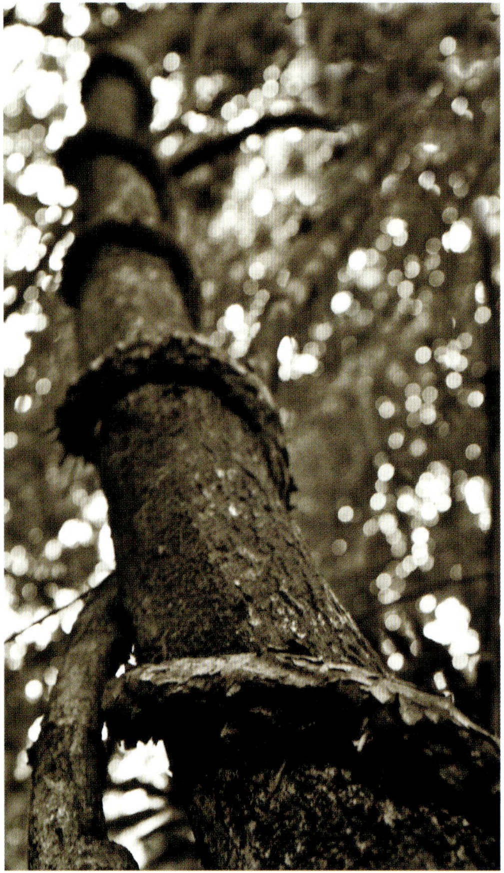

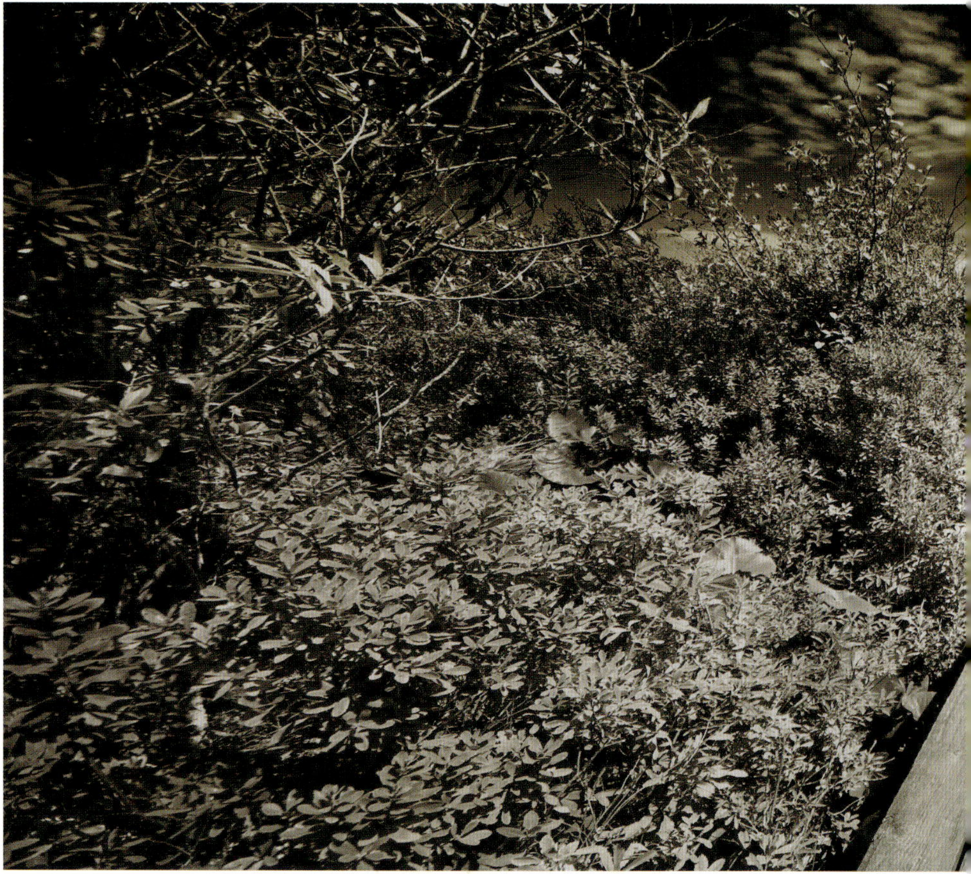

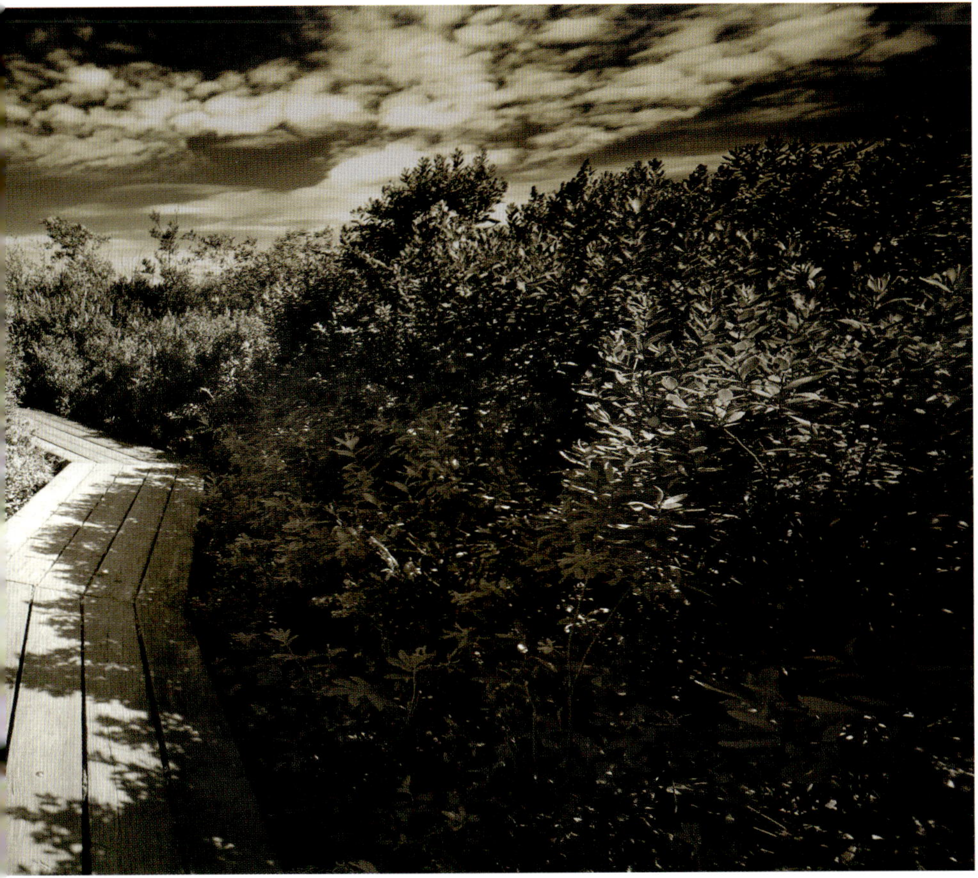

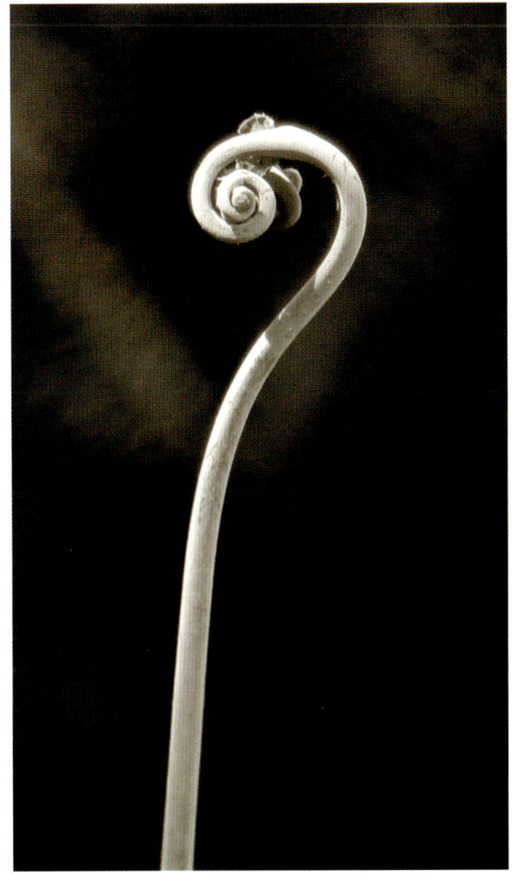

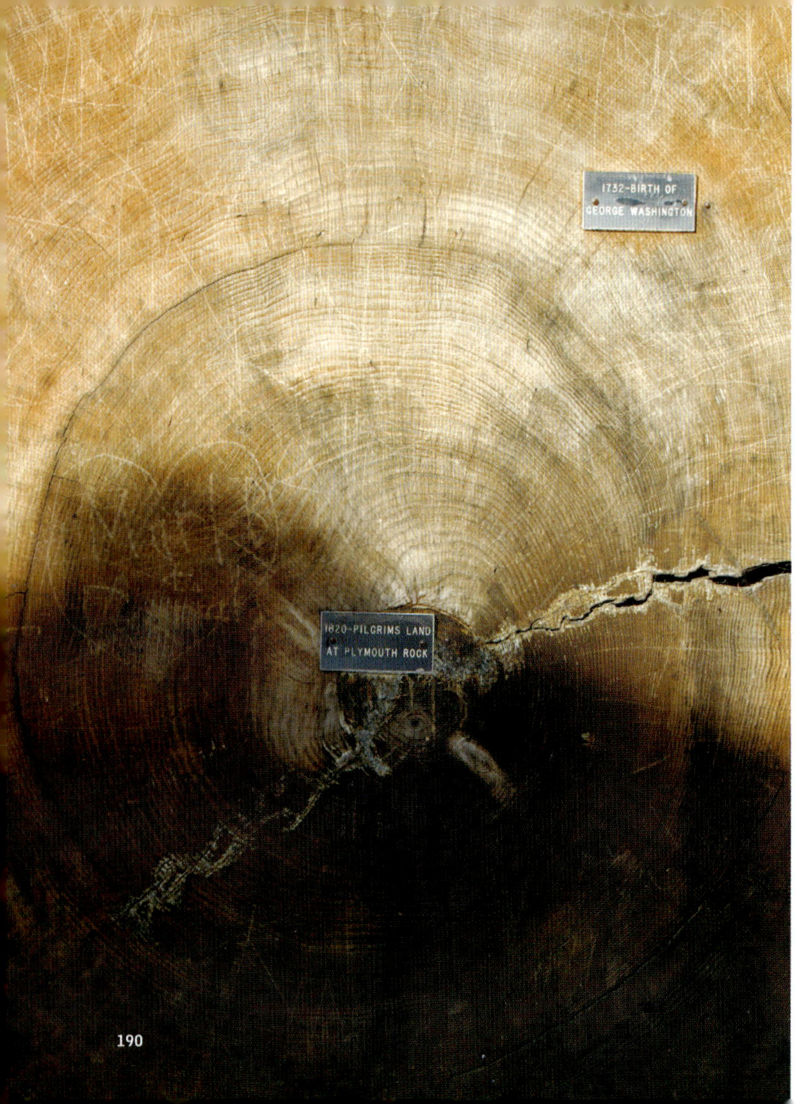
1732-BIRTH OF
GEORGE WASHINGTON
1620-PILGRIMS LAND
AT PLYMOUTH ROCK

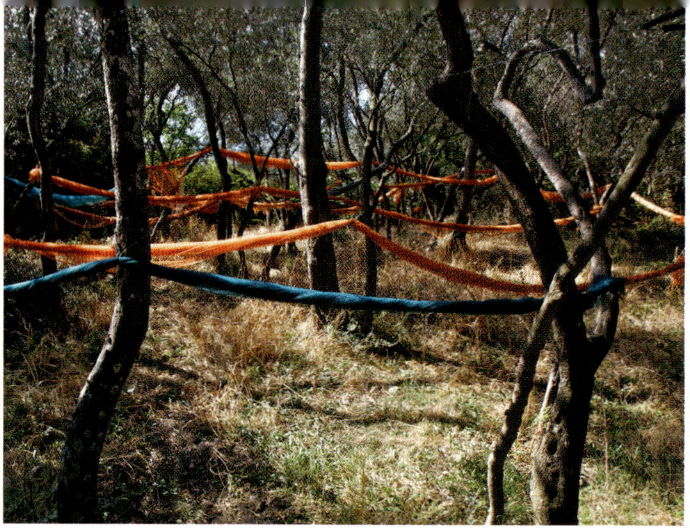

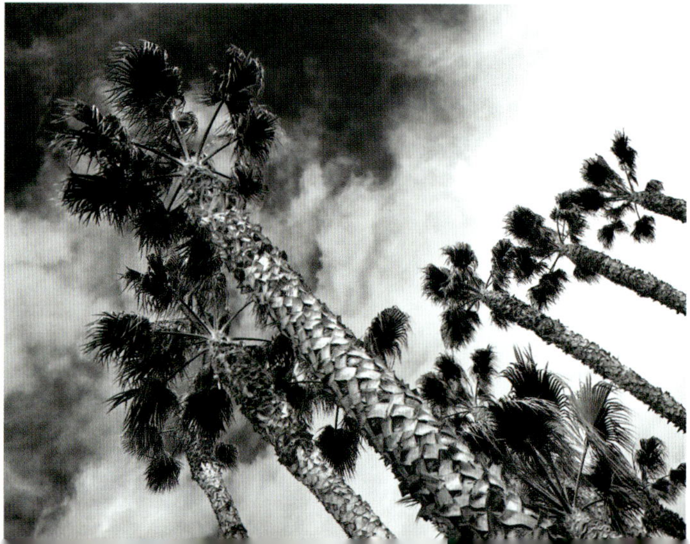

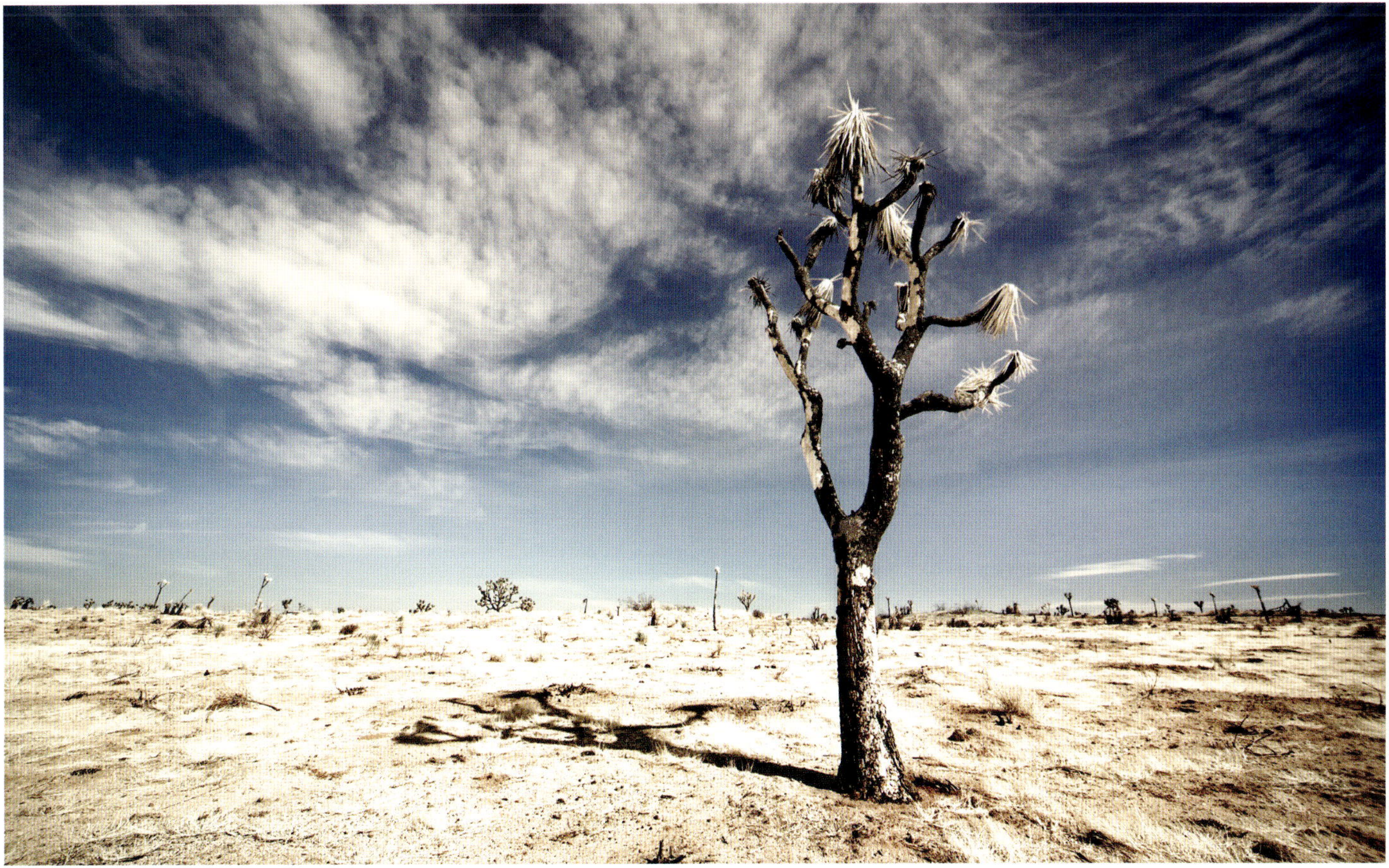

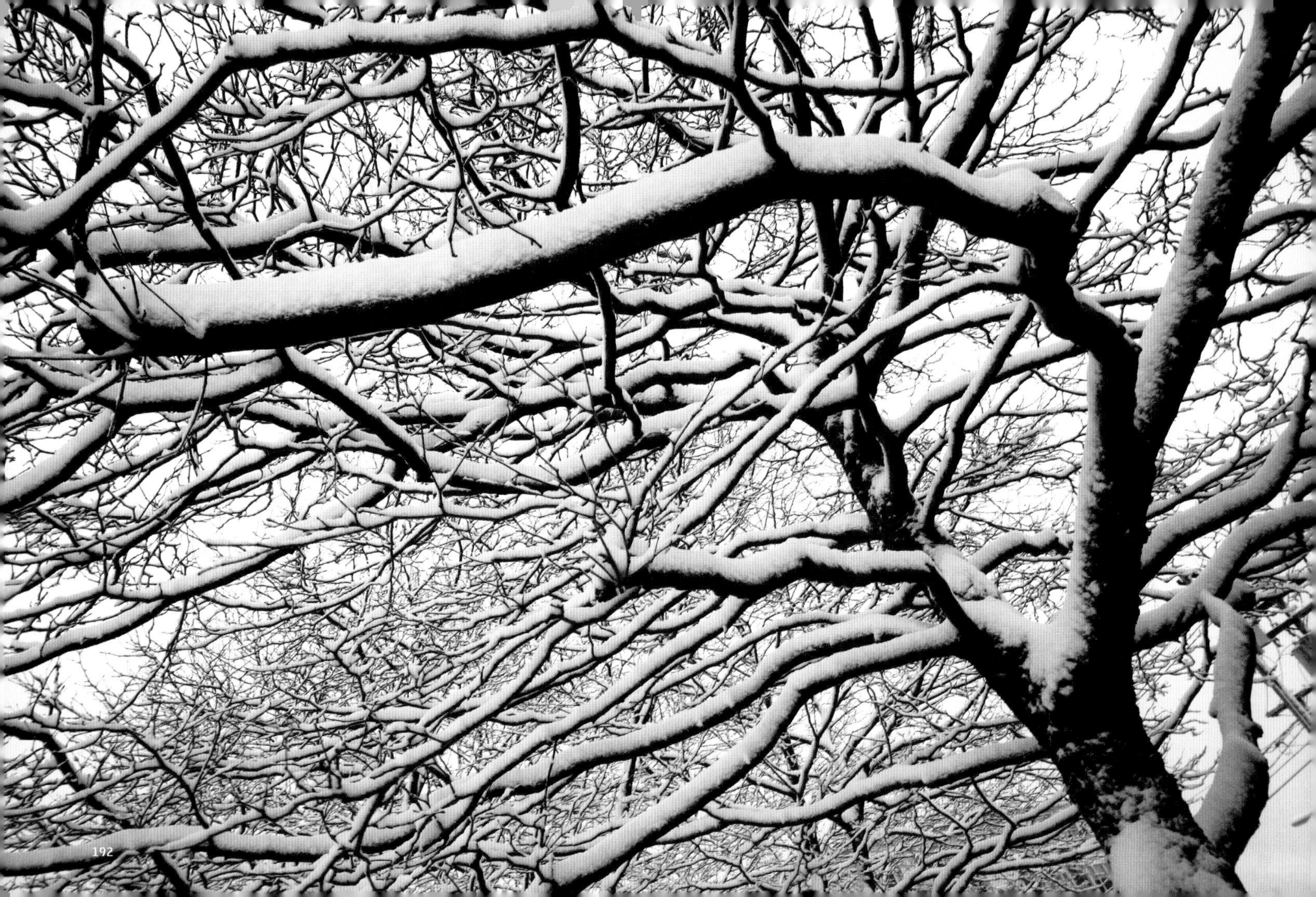

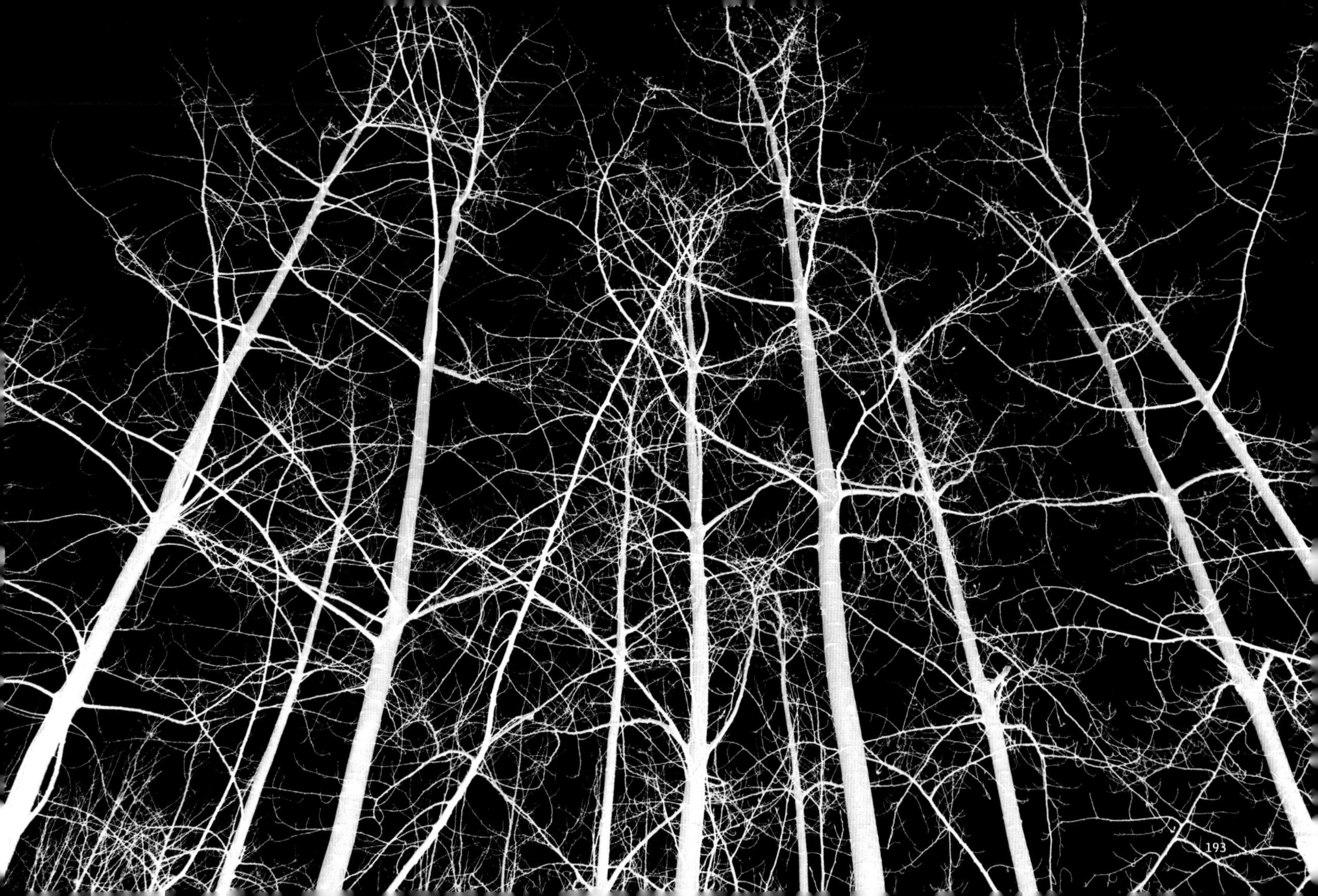

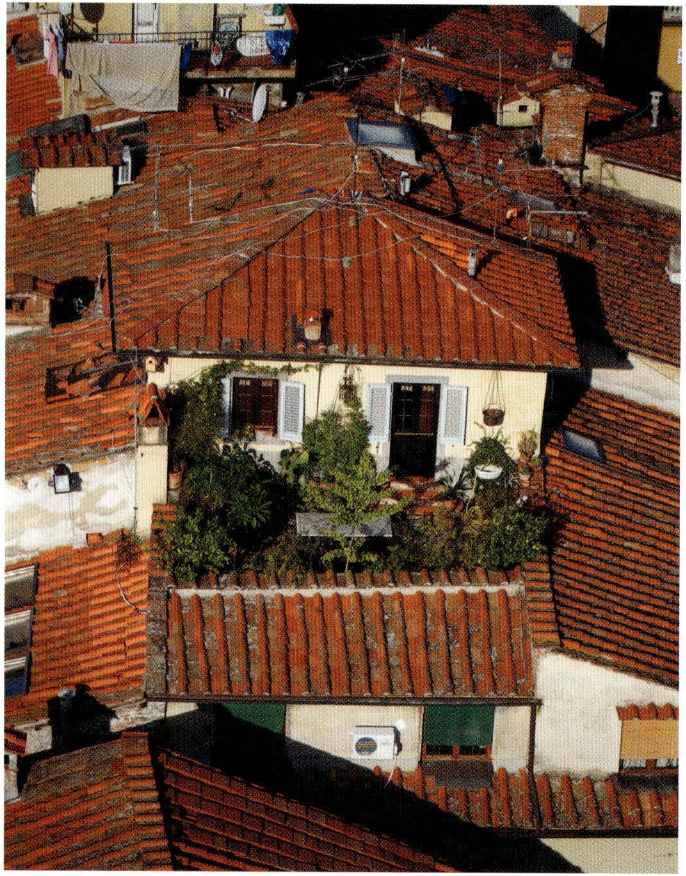

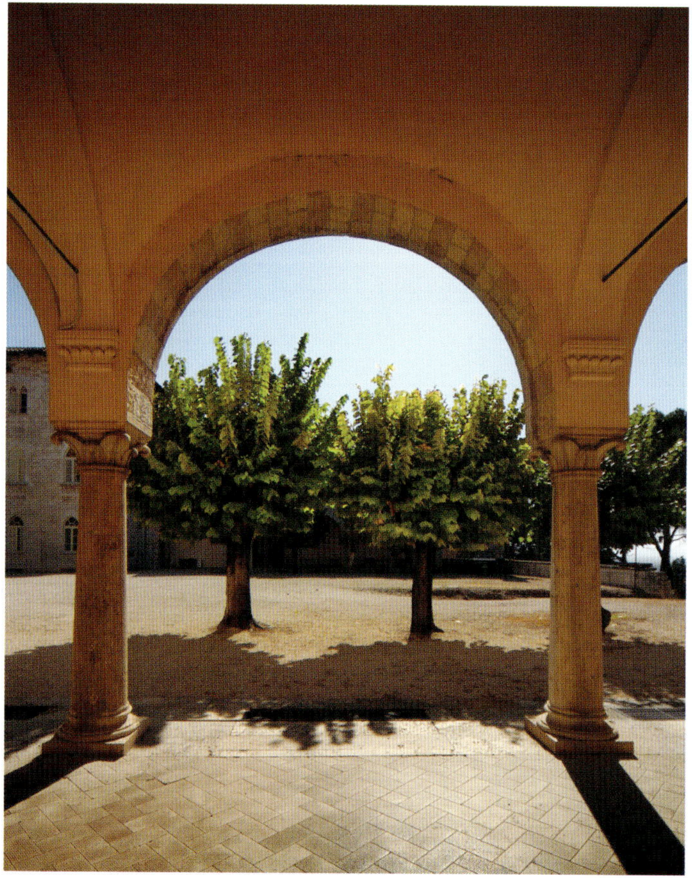

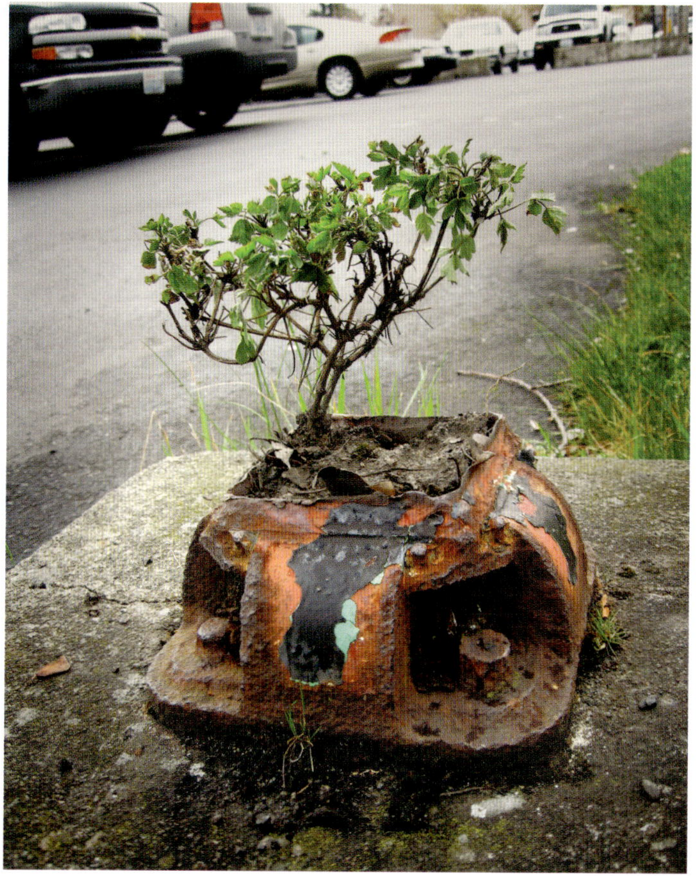

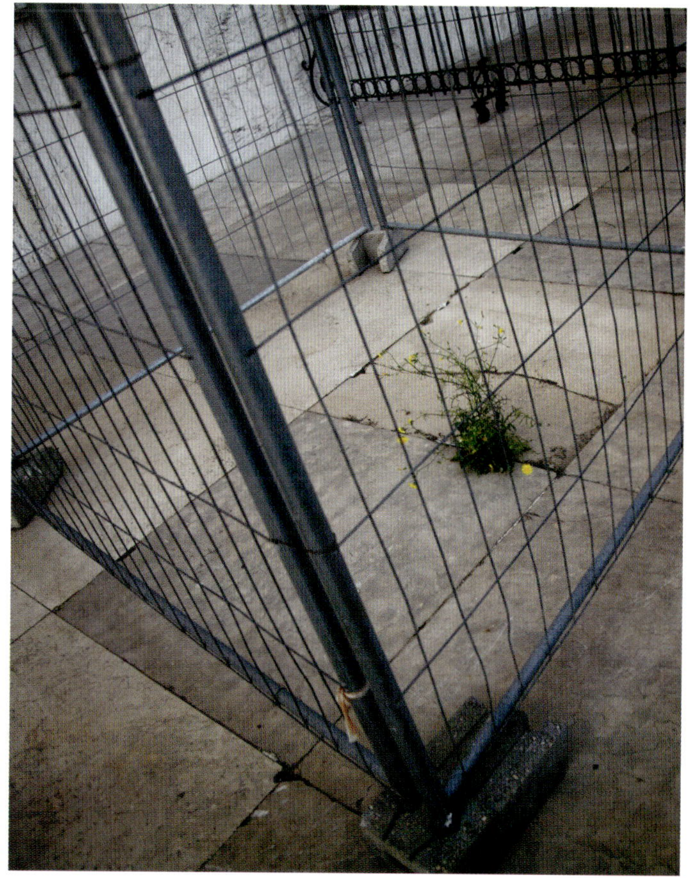

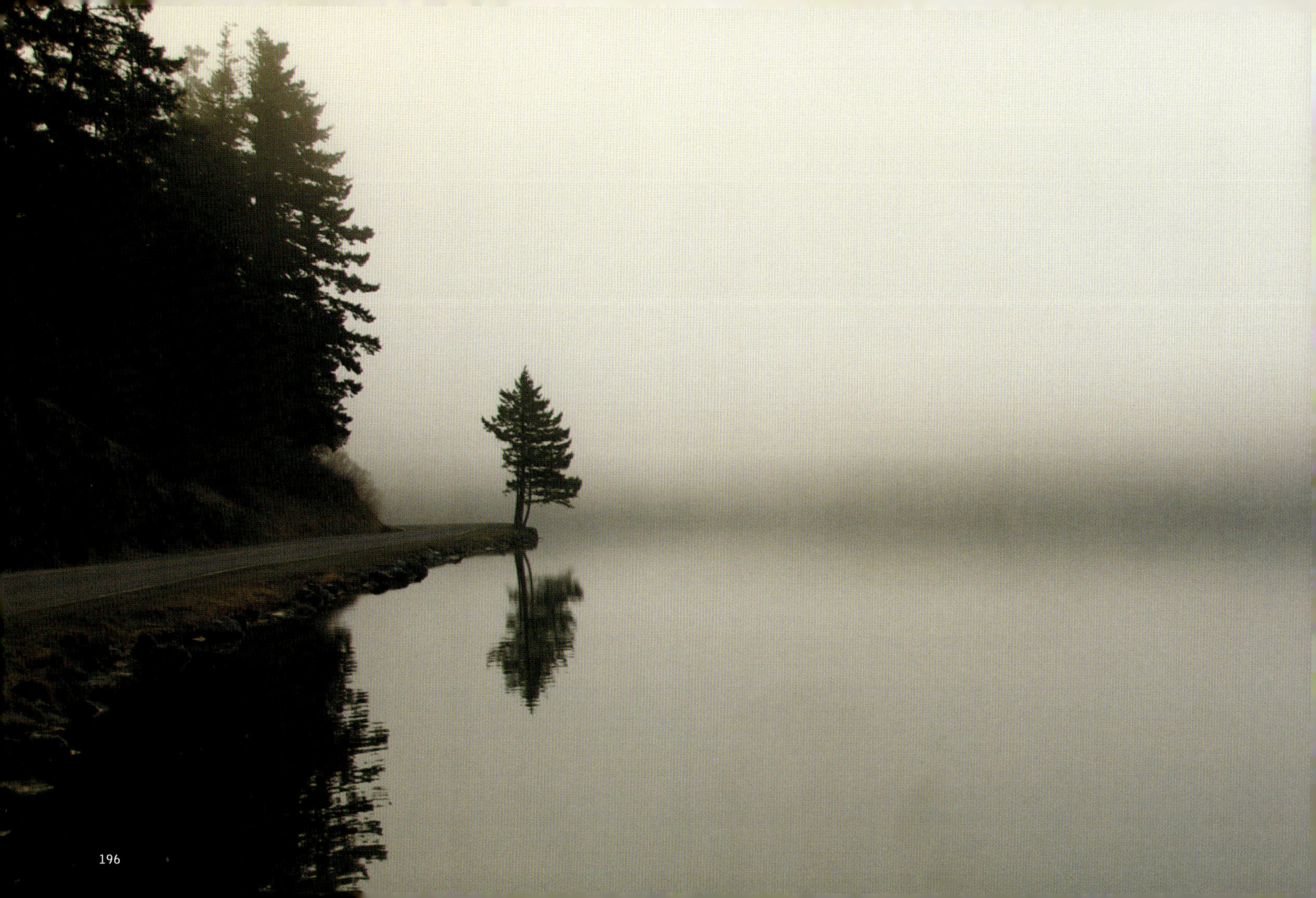

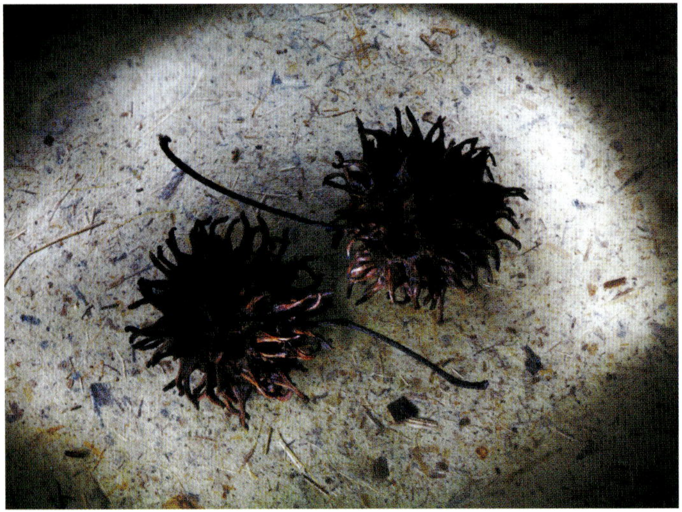

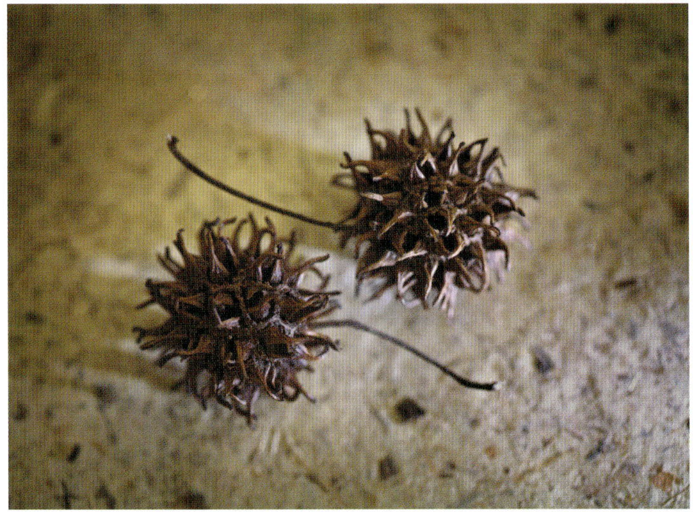

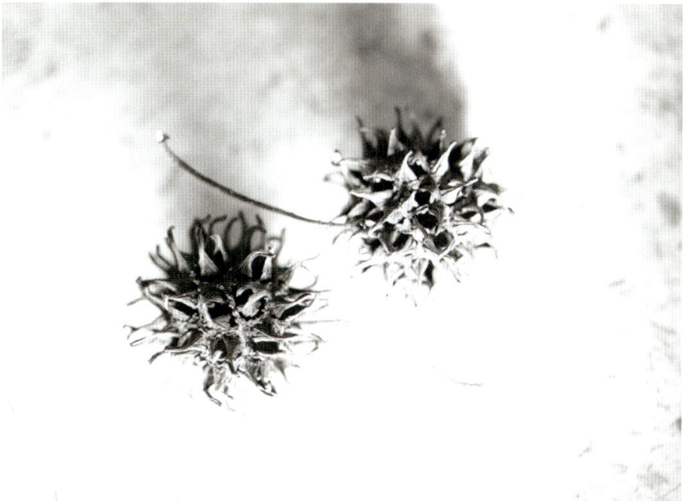

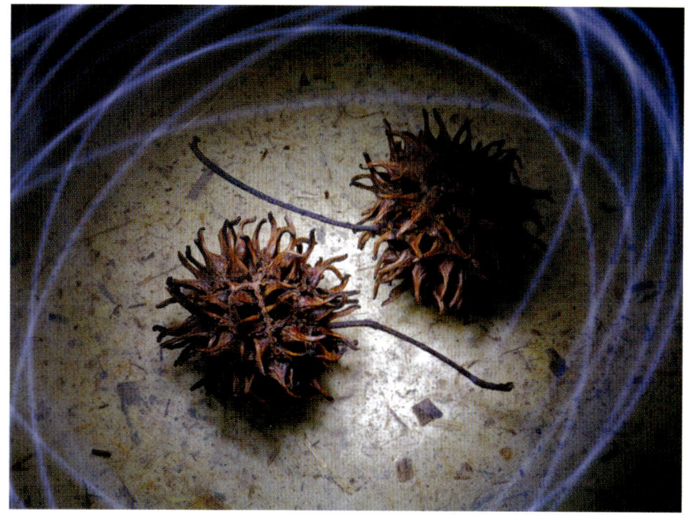

Nieswurz, Christrose, Schneerose, American Hellebore, Itchweed oder wie auch immer man diese wundervollen Hahnenfußgewächse nennt, ihre breiten und glatt geränderten Blätter machen sie zu idealen Fotoobjekten – vor allem wenn sie im leichten Nachmittagsschatten stehen.

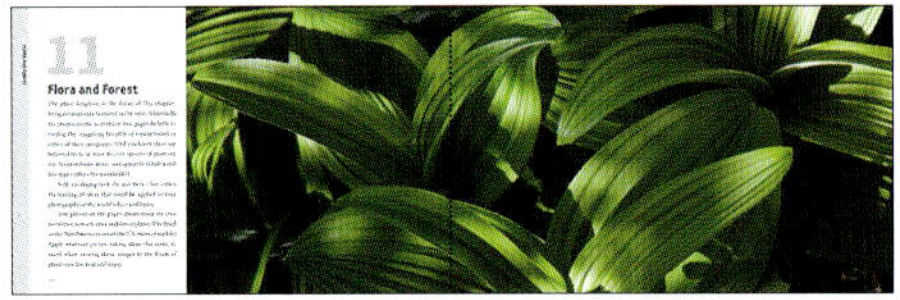

184 185

Die Natur bietet unzählige Szenen voller optischer Strukturen (Bilder, in denen viel los ist, in denen es jedoch kein klares Zentrum gibt). Fotos mit vielen visuellen Strukturen geben nicht nur für sich allein gute Bilder ab, man kann sie auch in der Werbung gut als Hintergründe, thematische Titel auf Broschürencovers, Einstiegen in eine Website oder als Schaufensterhintergrund verwenden.

Dieses frei schwebende Bild entstand, nachdem ich die Umrisse der Pflanze mit dem Lasso in Photoshop aus dem Originalbild ausgewählt hatte. Ich gab der Auswahl eine weiche Auswahlkante, kopierte sie und fügte sie vor einem weißen Hintergrund in ein neues Dokument ein. Um komplexe Formen mit dem Lasso auszuwählen, ist etwas Übung erforderlich. Ich zoome immer weit ins Bild ein und benutze das Polygon-Lasso, damit erzeuge ich eine Auswahl mithilfe eng beieinander stehender Ankerpunkte. In neuen Photoshop-Versionen stehen allerdings komfortablere Auswahlwerkzeuge zur Verfügung.

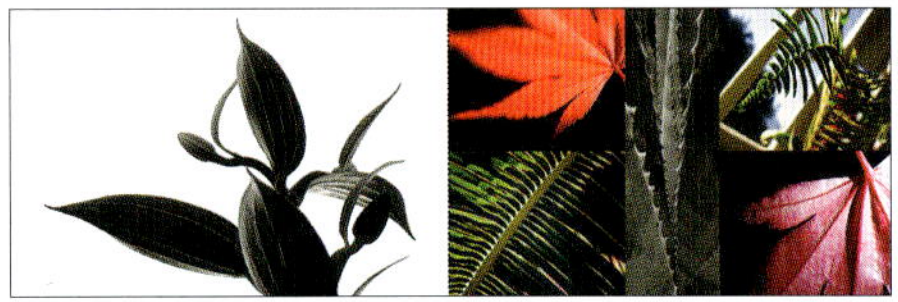

186 187

Interessieren Sie sich für Pflanzen? Sammeln Sie doch Fotos davon. Gehen Sie dabei wie die alten Botaniker vor, die ihre persönlichen Eindrücke ihrer Objekte mit Skizzenblock, Stift und Farbe aufzeichneten. Wie die Arbeiten vieler dieser Naturforscher könnten auch Ihre eigenen Fotos eine Mischung aus wissenschaftlichem Interesse und künstlerischem Ausdruck werden.

Groß, mittel und klein. Ziehen Sie alle drei Sichtweisen in Betracht, wenn Sie von vielen Arten umgeben sind. Von links nach rechts verwendete ich für diese Fotos folgende Objektive: Standard-Zoom (24–70 mm), Weitwinkel (12–24 mm) und Makro (100 mm).

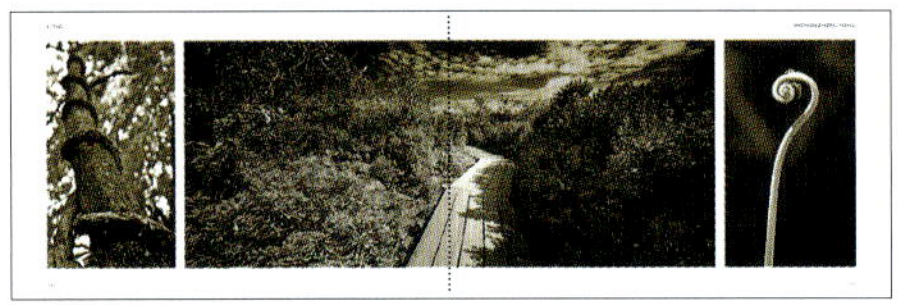

188 189

Wenn ich mehrere Objektive mitnehme, versuche ich, mit den Augen des Objektivs zu sehen, das ich gerade auf der Kamera habe. Zum Beispiel stecke ich zuerst das Weitwinkel auf und suche nach Landschaftsmotiven. Dann wechsle ich zum Standard-Zoomobjektiv und suche mir enger gefasste Szenen und mittelgroße Details (einige sind mir vielleicht bei meiner Suche nach Panoramen aufgefallen). Schließlich nehme ich ein 50-mm-Objektiv oder sogar ein 100-mm-Makro und suche mir kleinste Motive für Nahaufnahmen.

Im Uhrzeigersinn von links: Der Schnitt durch den Stamm einer riesigen Douglasie zeigt deren fantastisches Alter, bevor sie schließlich gefällt wurde; ein Olivenhain – die Baumstämme sind durch bunte Fangnetze verbunden, die für den Winter eingerollt wurden; einige zum Himmel strebende Palmen (mit der Infrarot-Einstellung der Schwarzweiss-Steuerung wandelte ich diese Szene um).

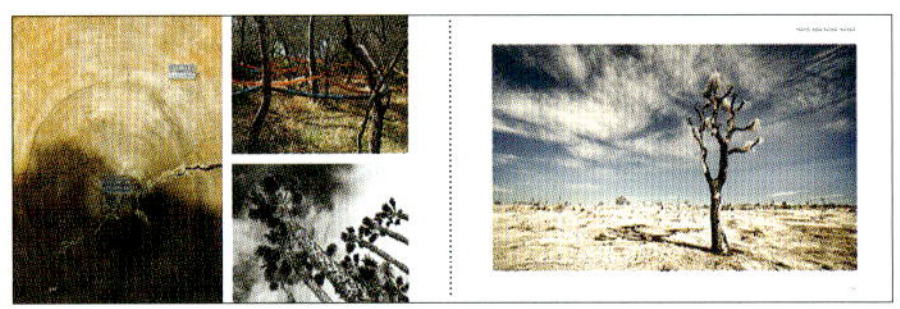

190 191

Ein Josuabaum – während eines kürzlichen Buschbrandes verkohlt – wird unter der sengenden Nachmittagssonne im Joshua Tree National Park weiter gegrillt (Sommertemperaturen erreichen hier über 40 Grad Celsius). Das öde Panorama verstärkte ich, indem ich die Farben im Vordergrund erdig einfärbte. Dazu legte ich eine Schwarzweiss-Einstellungsebene an und wählte die Füllmethode Negativ multiplizieren. Mit Gradationskurven verstärkte ich den Kontrast.

Die Natur greift in Sachen Ästhetik nur selten daneben. Hier bieten Schnee und die Äste eines Baumes eine komplexe fraktale Komposition für die Kamera. Um die Ästhetik der Szene auch gebührend zu präsentieren, konvertierte ich es in Graustufen (das war nicht schwer, weil von vornherein nicht viele Farben im Bild enthalten waren) und erhöhte den Kontrast über Gradationskurven in Photoshop.

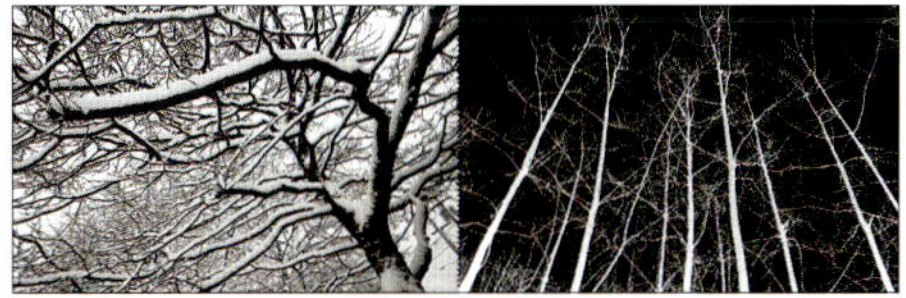

192 193

Hier wurde ein Bild hoch aufragender Bäume umgekehrt (Negativ) und in Graustufen gewandelt – ein gutes Beispiel, wie man ein Foto mit einfachen Effekten in seiner Darstellung und Aussage deutlich verändern kann.

In dieser Aufnahme vom Guinigi-Turm in Lucca, Italien, ist dieser Mini-Garten im linken Bild von einem Meer roter Dachziegel umgeben. Auch in der rechten Komposition wurde etwas visuell eingerahmt – Säulen und ein Bogen bilden den Rahmen für zwei Bäume in einem Hof in Italien (ich stand nur wenige Meter vom Kickertisch von S. 162 entfernt, als ich das fotografierte).

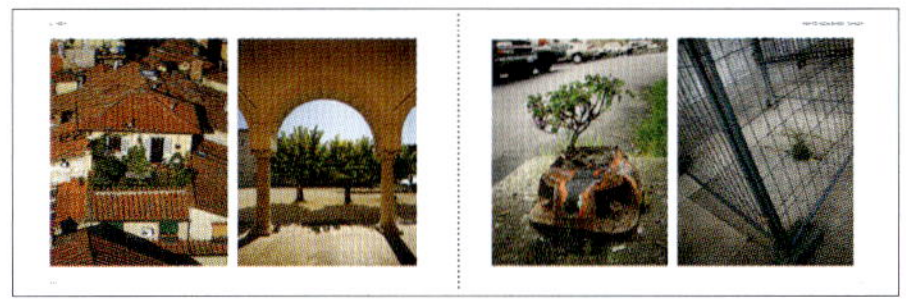

194 195

Links: Im ersten Moment dachte ich, ich hätte einen vergessenen Bonsai gefunden, als ich auf diesen Sprössling stieß, der aus einem längst umgefallenen Lampenmast wuchs. Rechts: Ein zotteliges Grünbüschel kämpft sich durch eine Ritze im Gehweg – nur um sich über der Erde in einem Drahtkäfig eingesperrt wiederzufinden. (Eine mächtige Metapher für hoffnungslose Ausdauer? Eine hoffnungsvolle Metapher für die Macht der Ausdauer?)

Ein Baum und seine Reflexion, beide wachen über den nebelverhangenden Spiegel des Cascade Lake auf Orcas Island im US-Bundesstaat Washington. Ich hatte verschiedene Blickwinkel auf diese Szene ausprobiert, bevor ich mich letztlich für diese entschied – in der am wenigsten zu sehen ist.

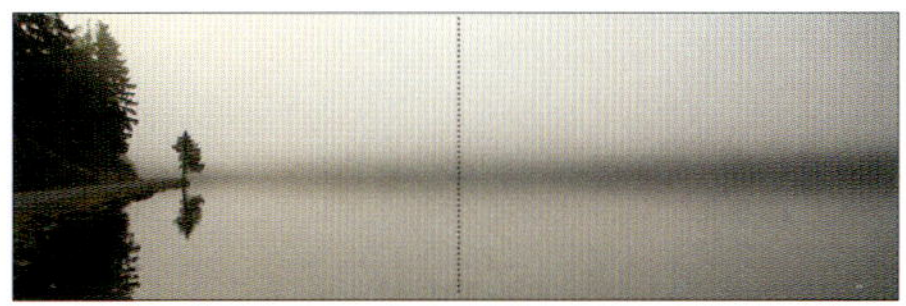

196 197

Auf meinem Weg von einem Ende der Insel zum anderen stieß ich auf diese Szene. (Eigentlich wollte ich gar nicht fotografieren, hatte die Kamera aber dabei.) Aber wie gesagt, ich stieß auf die Szene – und fuhr vorbei. Ein kreatives Bauchgefühl ließ mich jedoch umkehren und das Auto doch an den Straßenrand stellen. Ich kann zwar nicht behaupten, dass die kreativen Kräfte immer meinen inneren Schweinehund besiegen, aber ich arbeite daran. Wie ist das bei Ihnen?

Diese stacheligen Samenkapseln fand ich auf einem Mittagsspaziergang unter Herbstbäumen. Ihre Form und ihre Struktur faszinierten mich, darum steckte ich ein paar in die Tasche und fotografierte sie später im Studio. Holen Sie sich doch auch einmal die Natur nach Hause, wenn Sie draußen auf interessante Sammlerstücke stoßen.

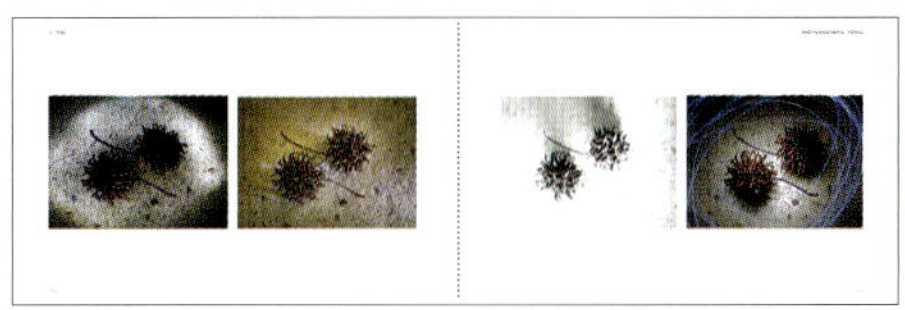

198 199

Diese Szenen wurden mit Licht gemalt. Die Lichtmalerei ist eine Technik, bei der das Motiv an einen dunklen (oder kaum beleuchteten) Ort gelegt wird; die Kamera – lange Belichtungszeit von 5 bis 30 Sekunden einstellen – steht auf einem Stativ; ein Handblitzgerät wird um das Motiv herum frei durch den Raum bewegt, während die Kamera die Aufnahme belichtet. Jedes Bild sieht dabei anders aus. Schauen Sie sich das Ergebnis gleich auf dem LCD der Kamera an und ändern Sie die Einstellungen entsprechend.

12

Tiere

Lassen Sie mich zuerst eines klarstellen: Ich bin kein ausgesprochener Tierfotograf. Ich bin noch nie getaucht, war nie auf Safari und habe auch noch nie eine Woche lang im Seegras gehockt, um seltenen Vögeln aufzulauern. Ich gehe ganz gern hin und wieder mal wandern, mag Nachmittage im Meeresaquarium und spiele gern mit den Haustieren unserer Freunde. Wenn Sie also die Fotos hier anschauen, behalten Sie bitte im Hinterkopf, dass ich sie nur mit recht bescheidener Ausrüstung, einem gesunden Wohlwollen Tieren gegenüber und einer Aversion gegen die Leiden echter Naturfotografen aufgenommen habe, die damit ihren Lebensunterhalt verdienen.

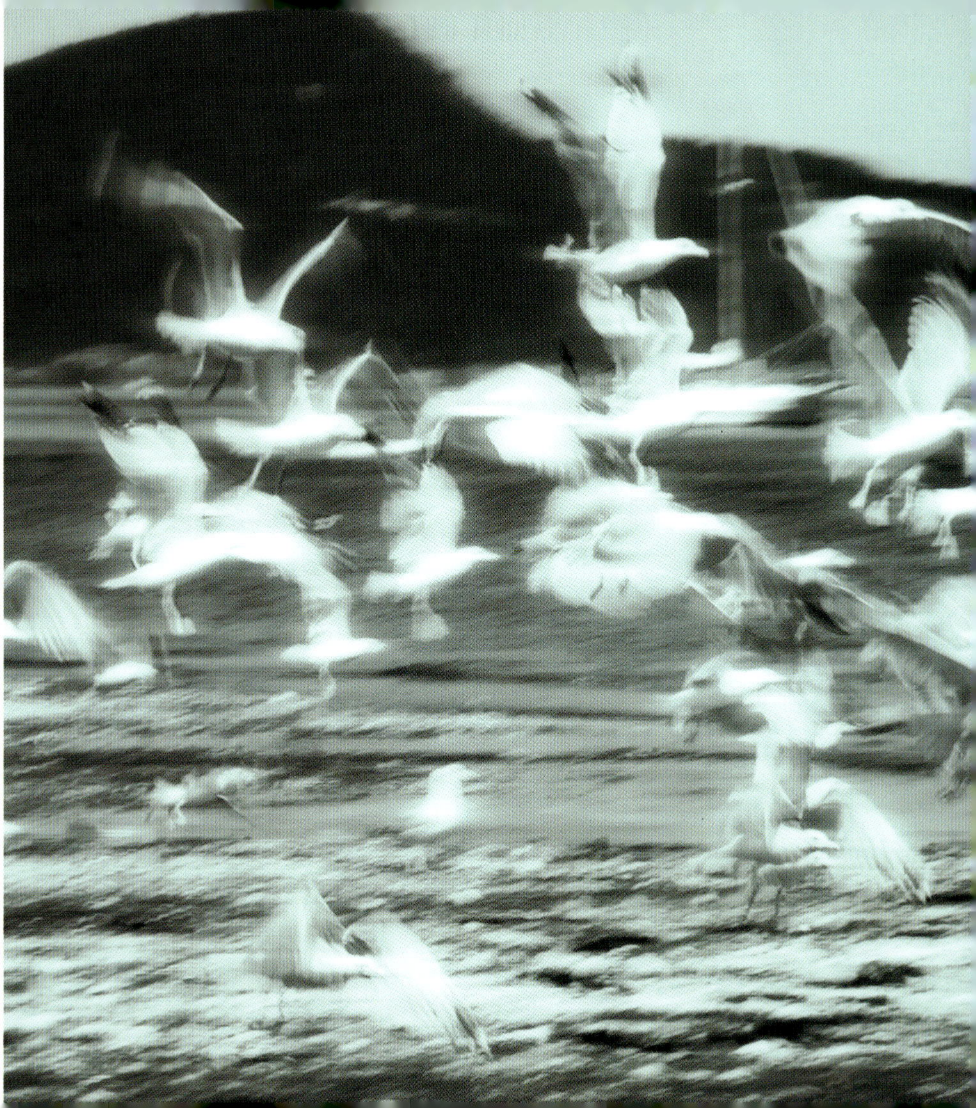

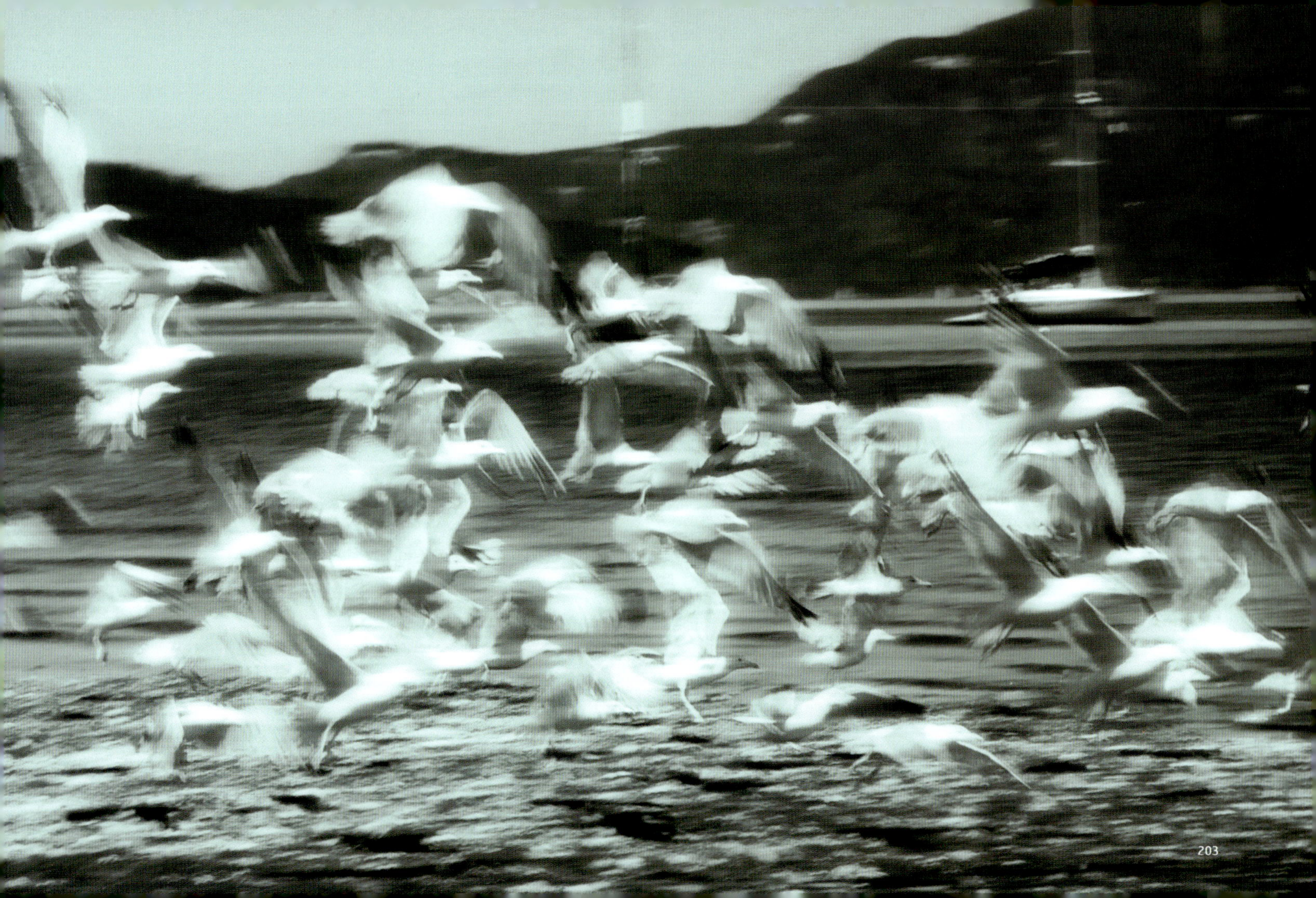

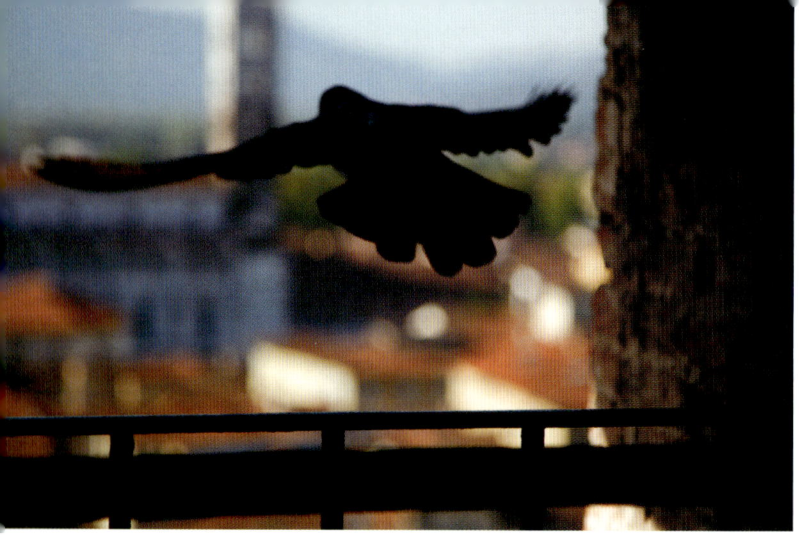
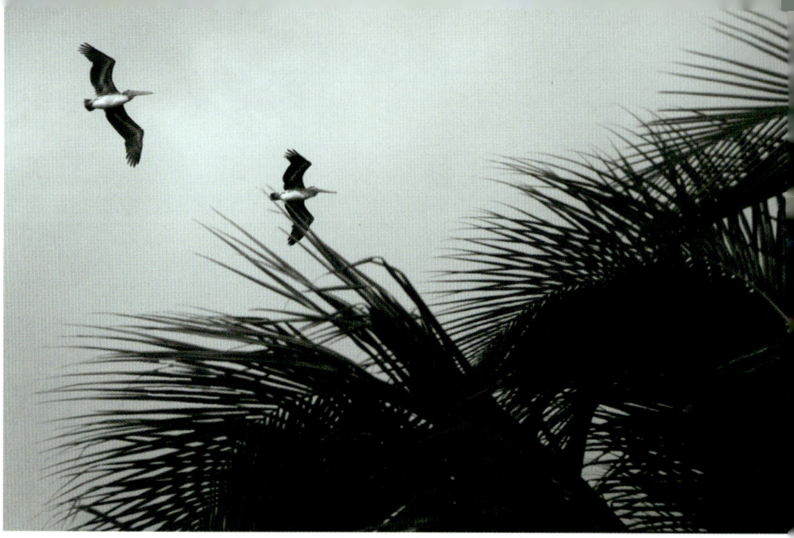
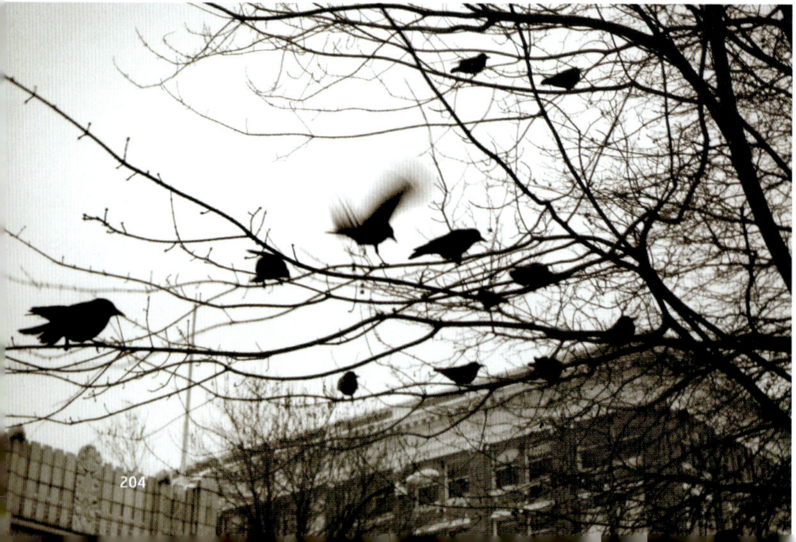
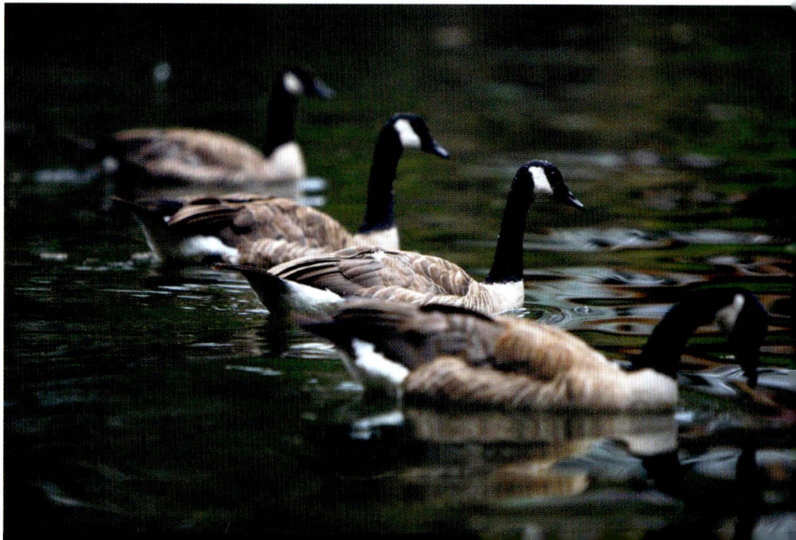

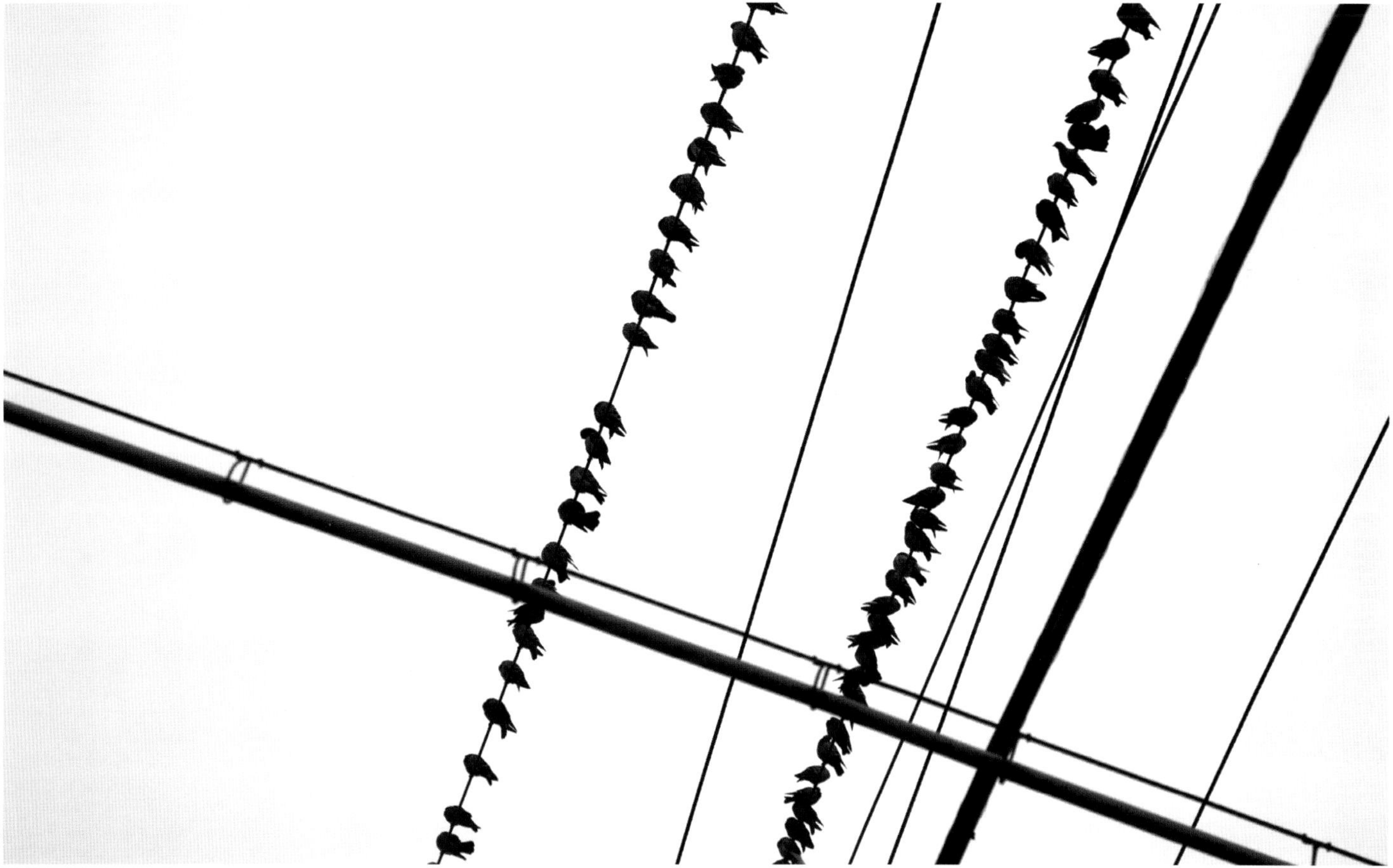

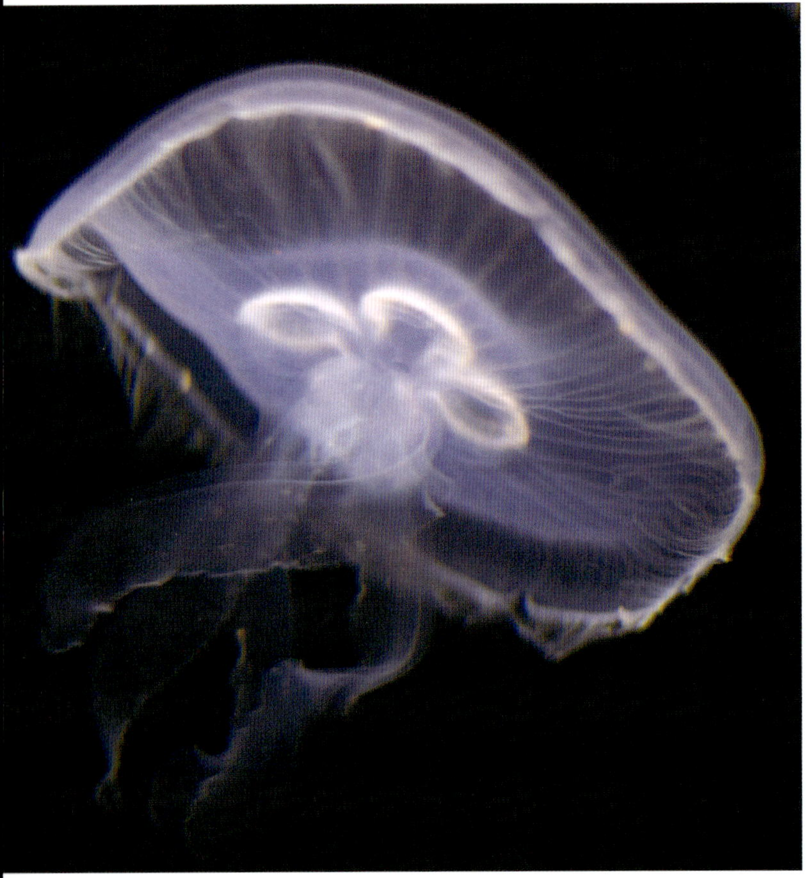

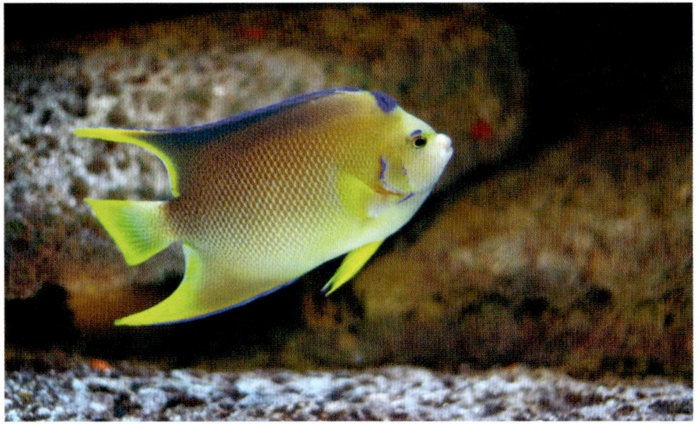

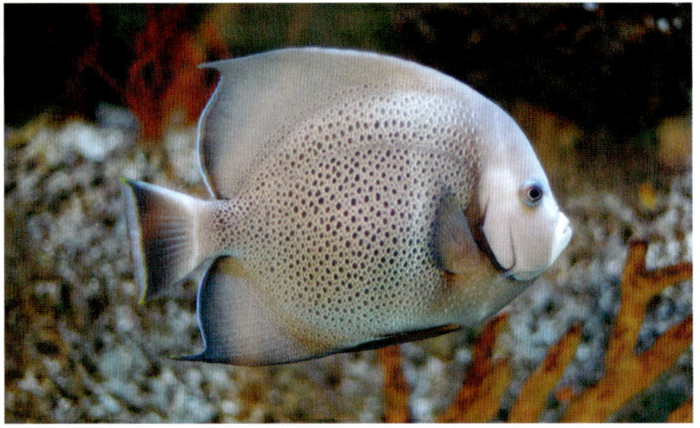

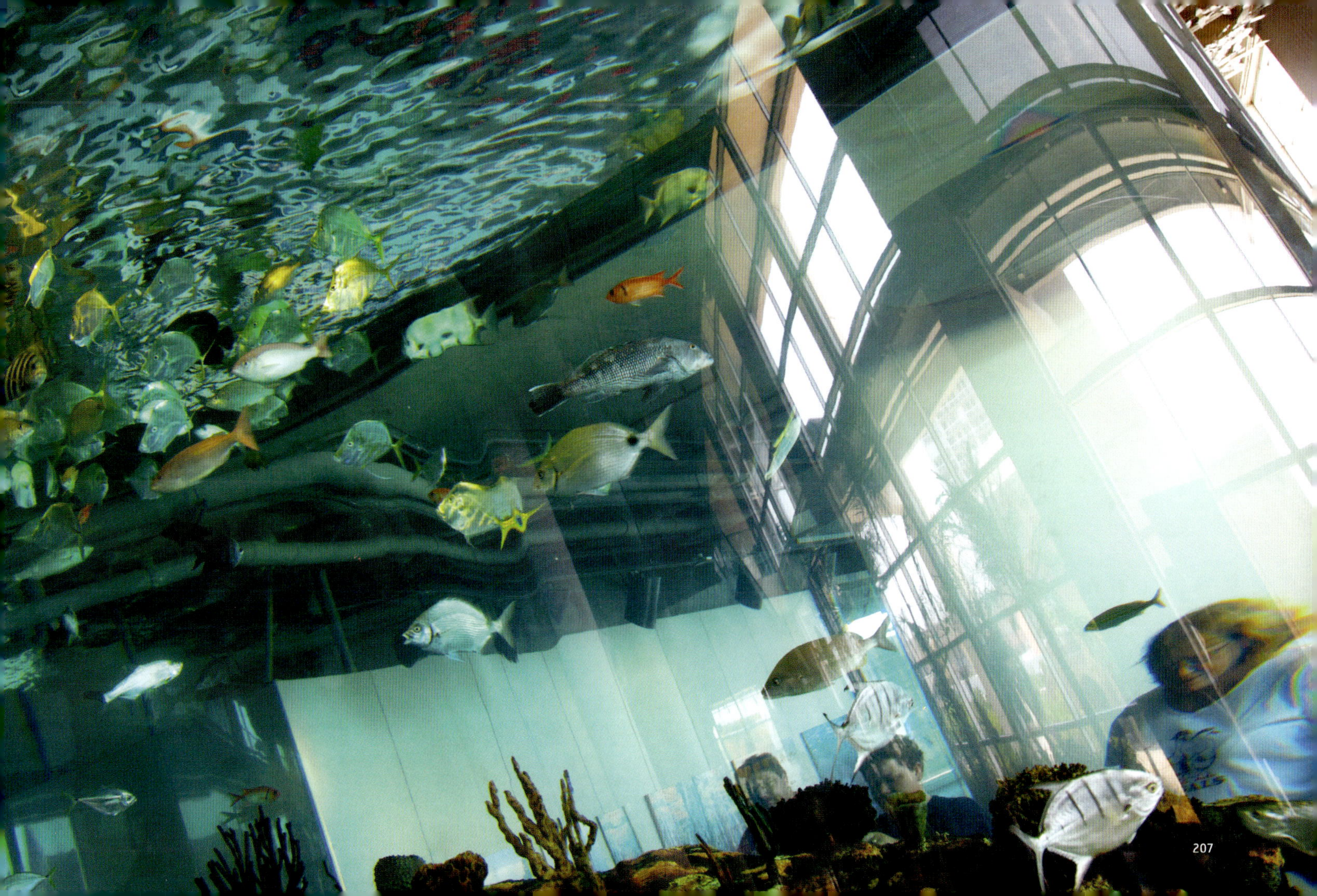

Die Krokodile von Belize:

In Belize leben zwei Arten von Krokodilen: Der häufig vorkommende Alligator und das weniger bekannte Beulenkrokodil. Alligatoren bevölkern Zentralamerika und die karibischen Inseln, vor allem in den Mangrovenwäldern der Küstenregionen und in Flussmündungen (Süß- und Salzwasser). Beulenkrokodile findet man in Süßwasserbereichen im Inland von Belize – Sumpfgebieten, Lagunen und langsam fließenden Gewässern. Beulenkrokodile werden nur halb so groß wie Alligatoren. Keine der beiden Arten gilt als besonders gefährlich für den Menschen, beiden sollte man jedoch mit Vorsicht und Respekt begegnen.

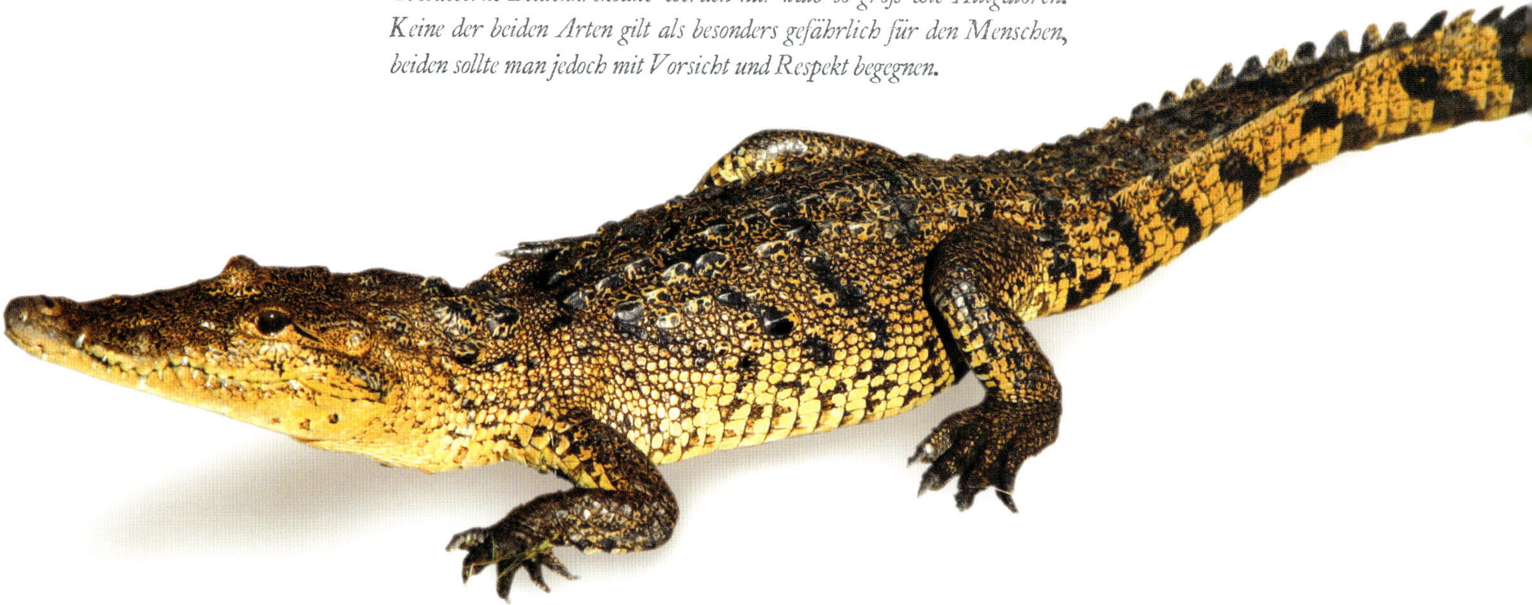

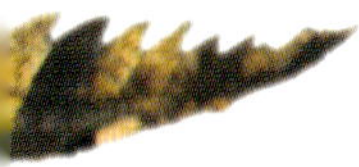

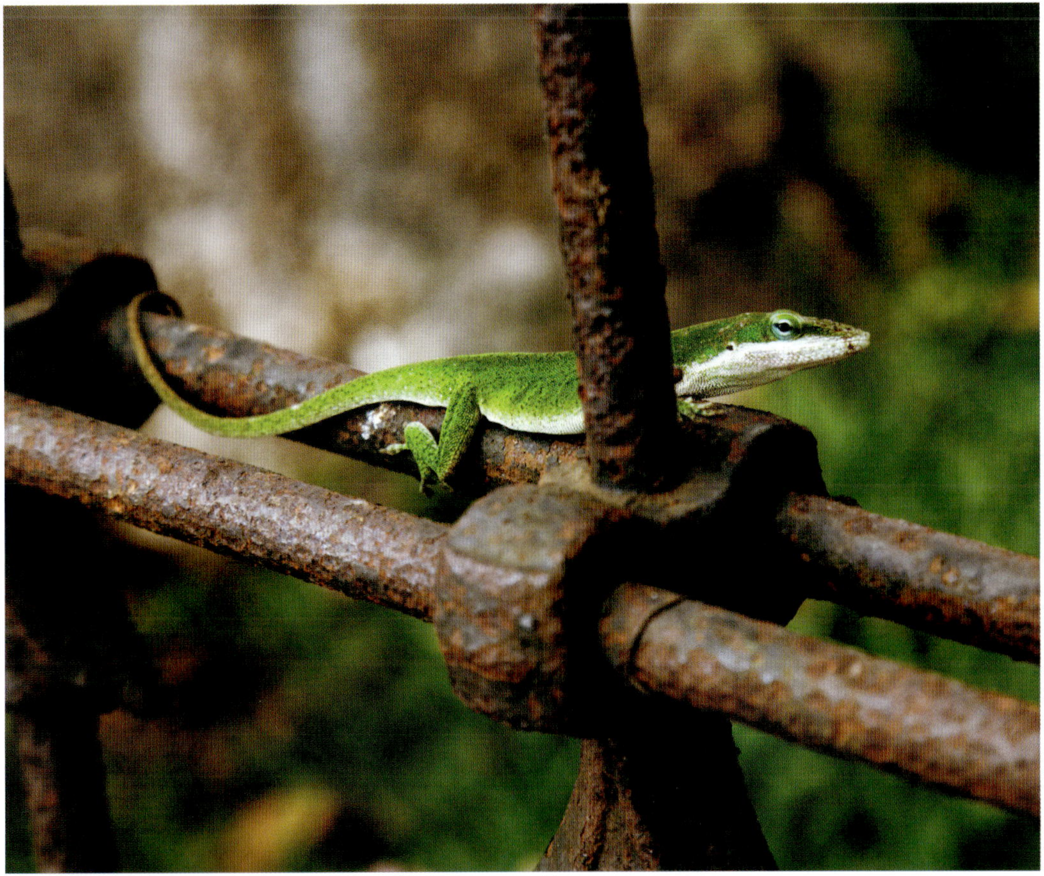

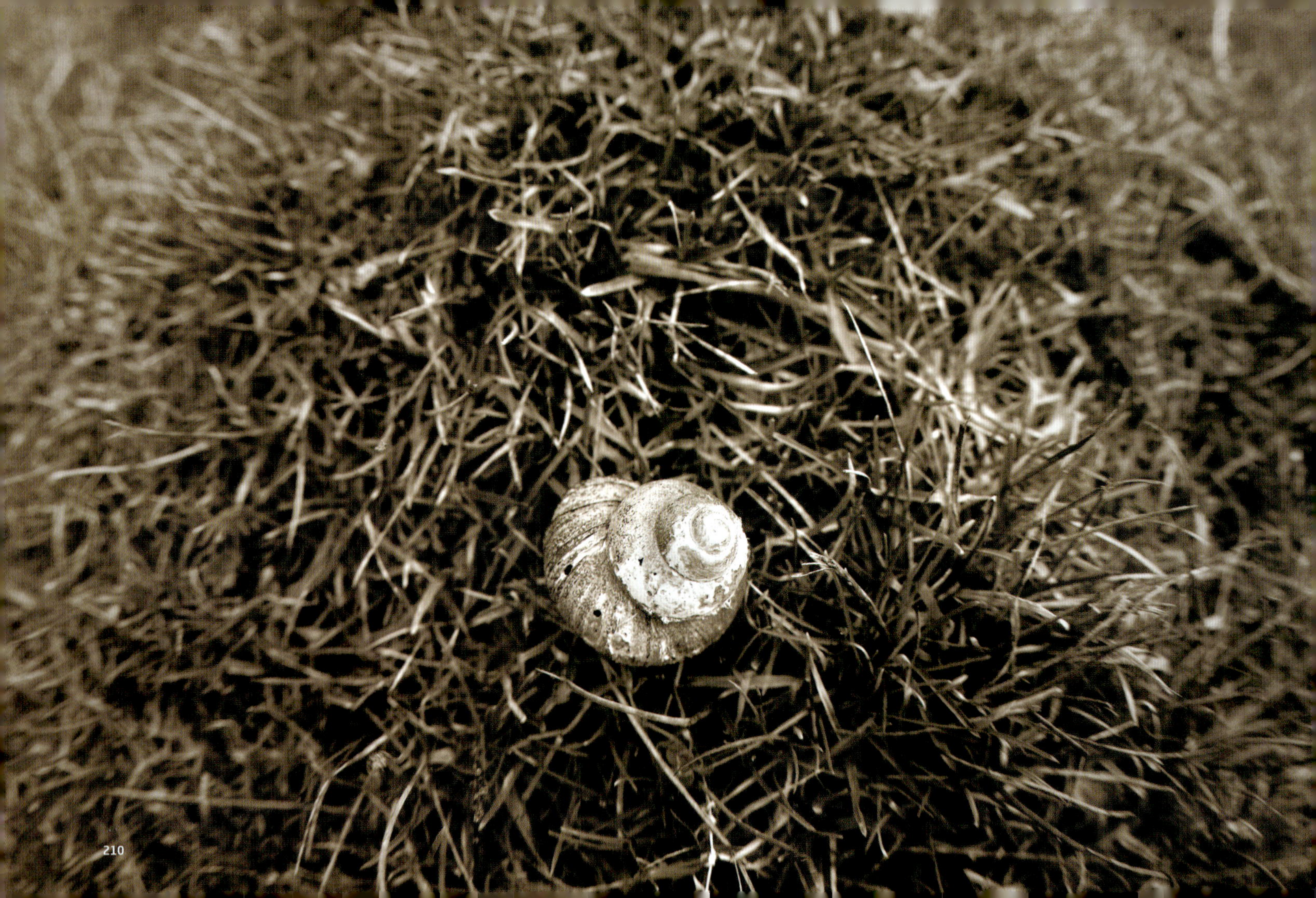

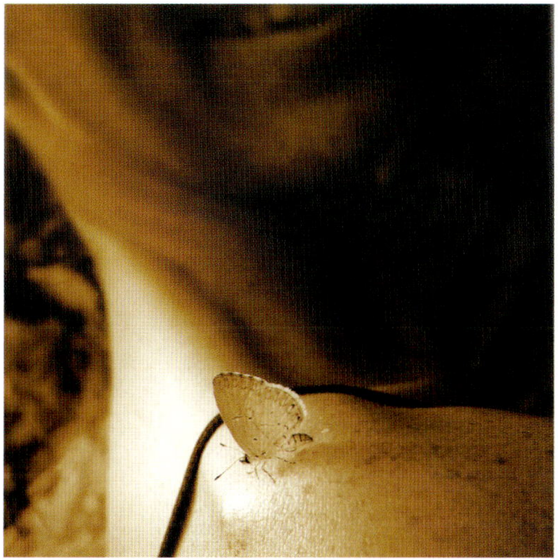

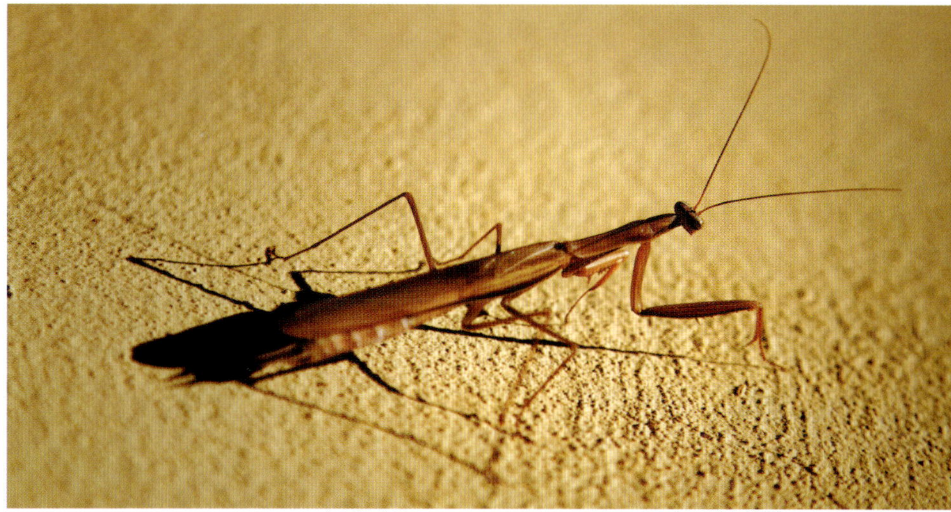

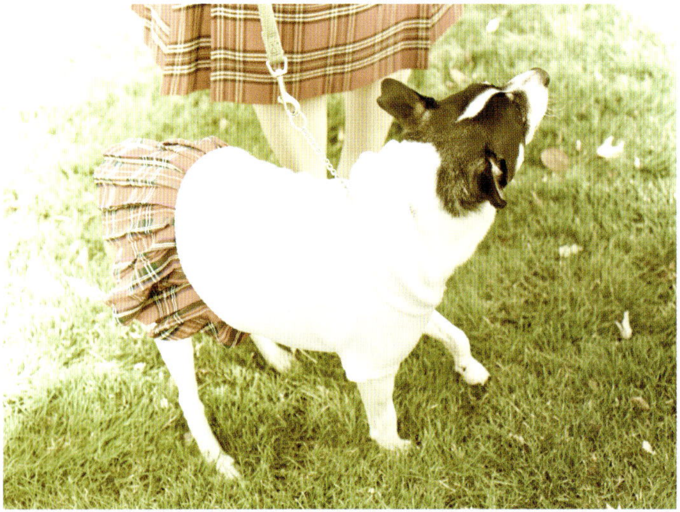

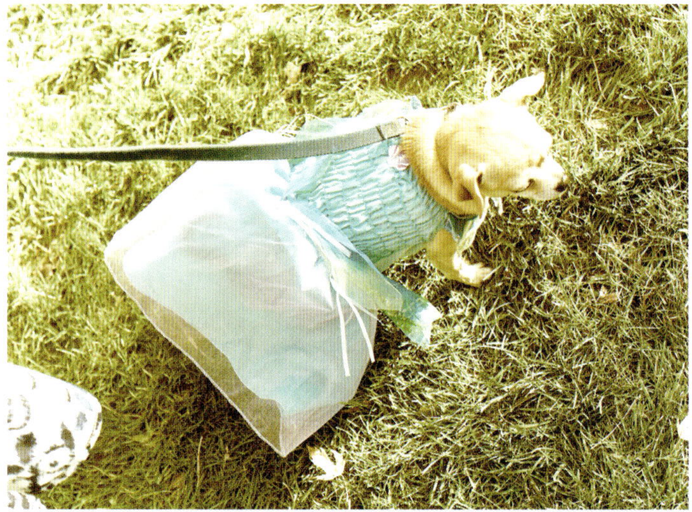

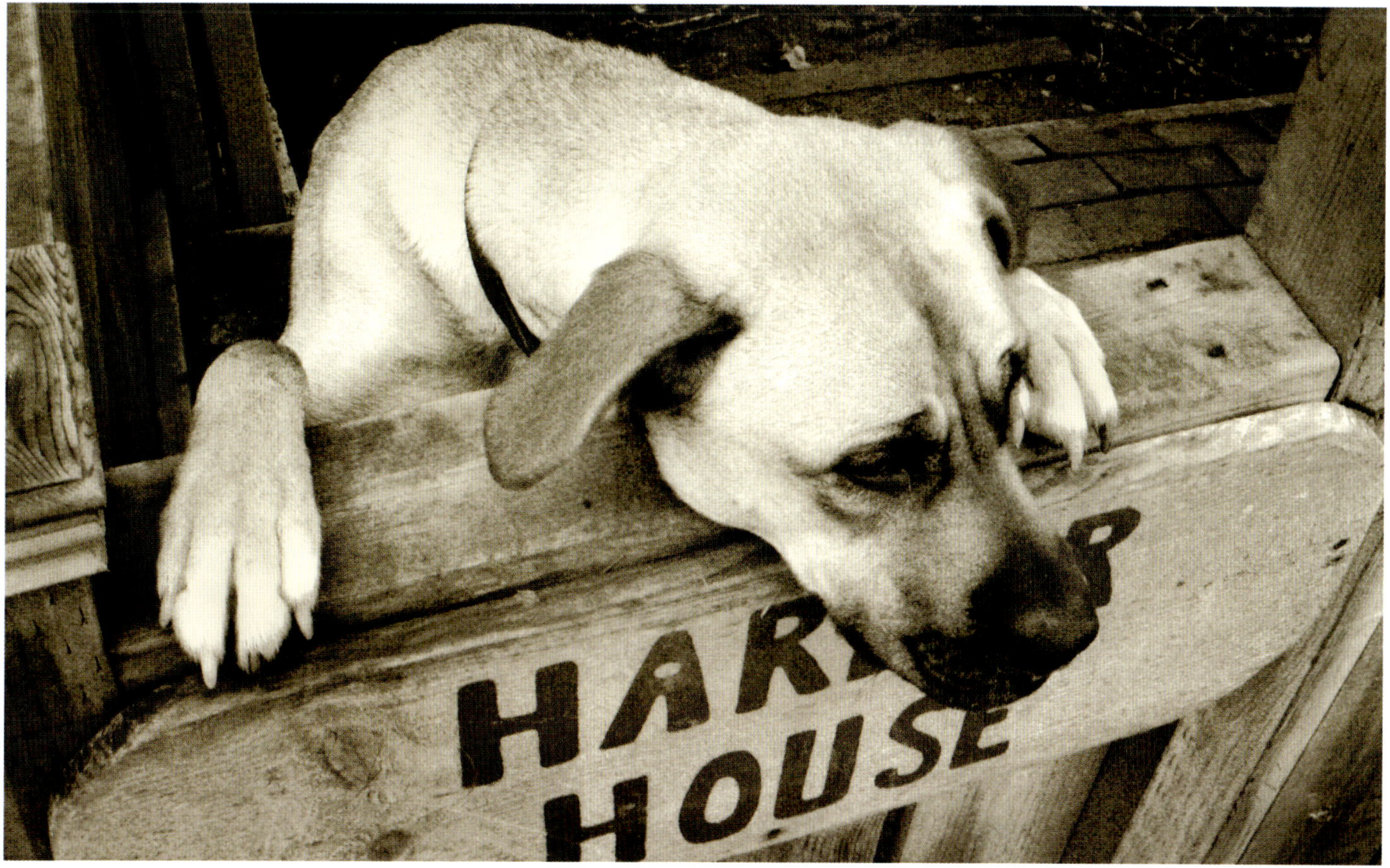
HOUSE

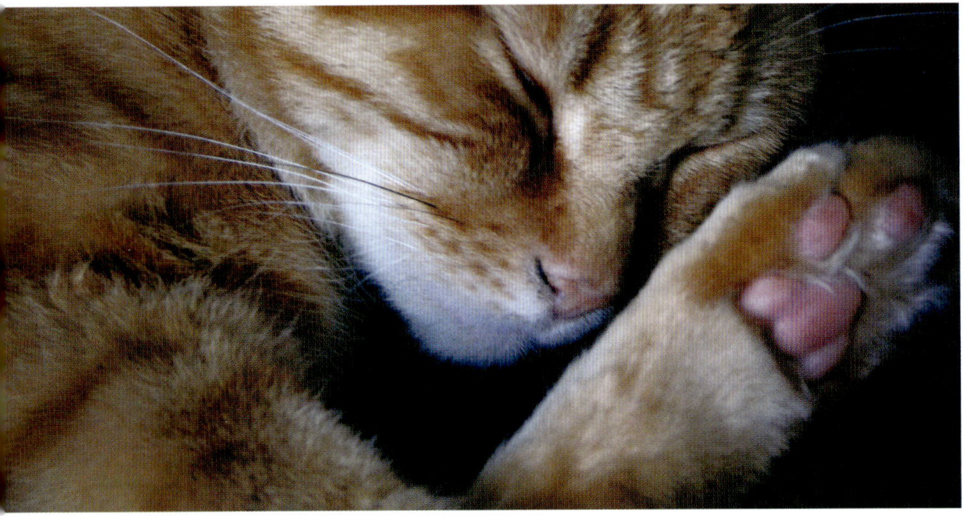

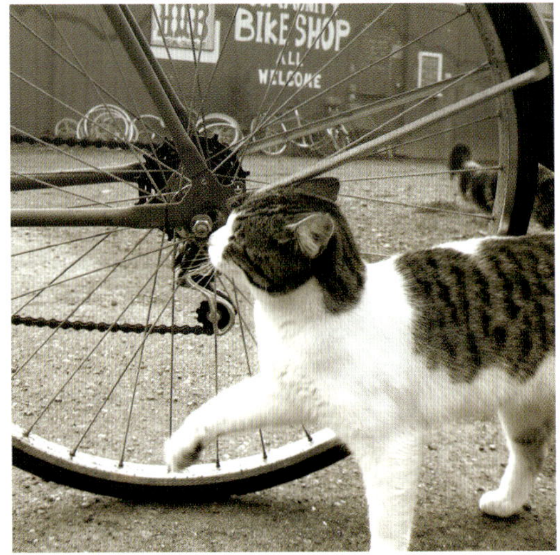
BIKE SHOP
ALL
WELCOME

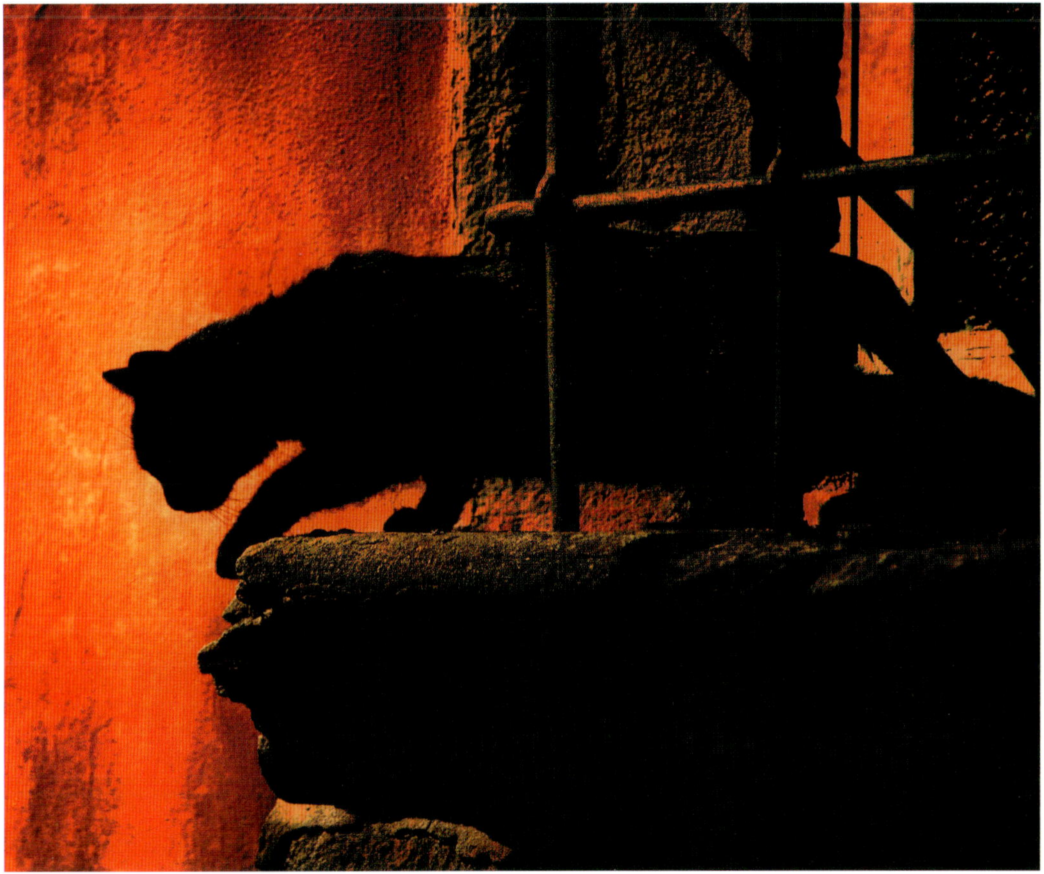

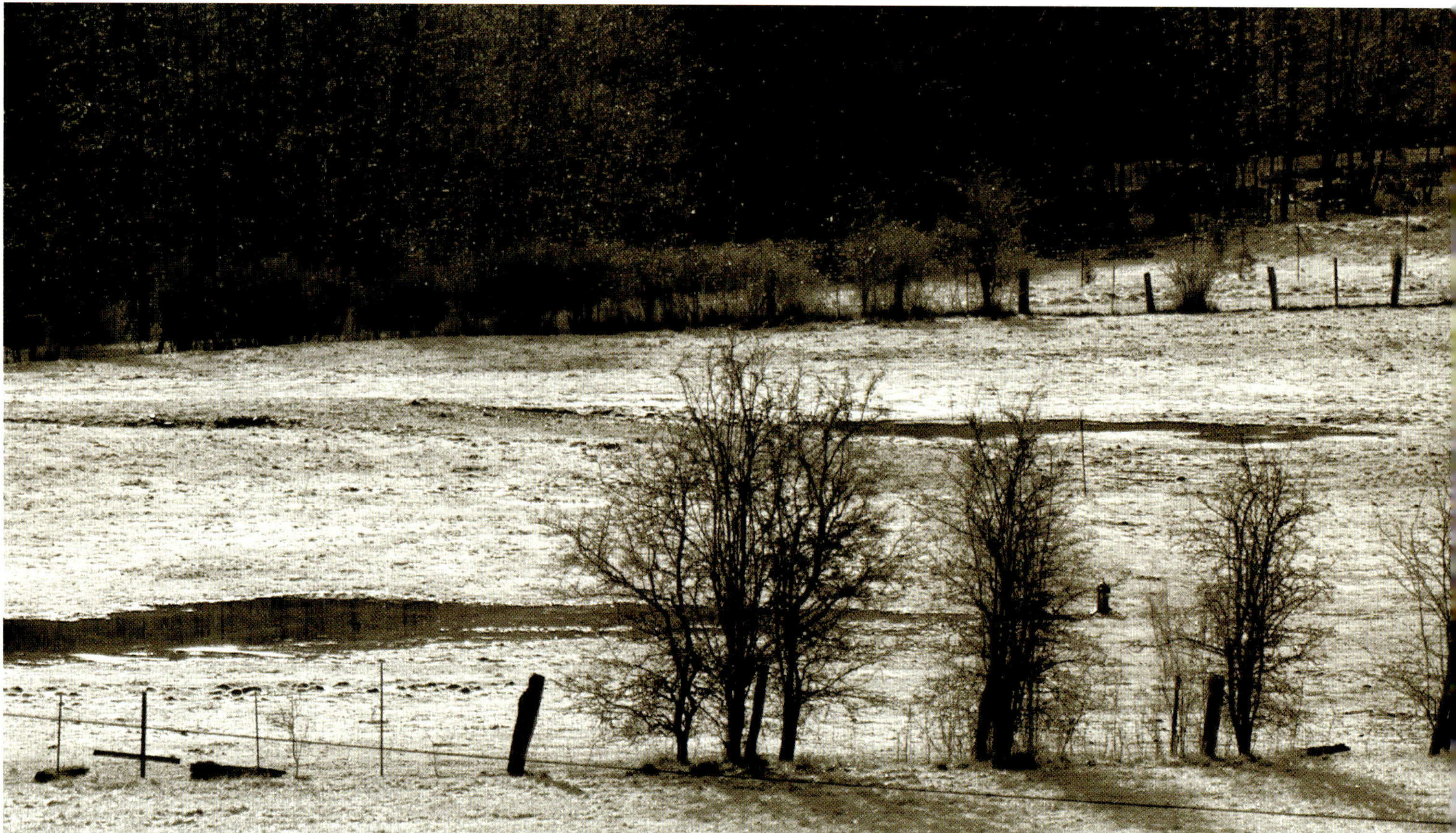

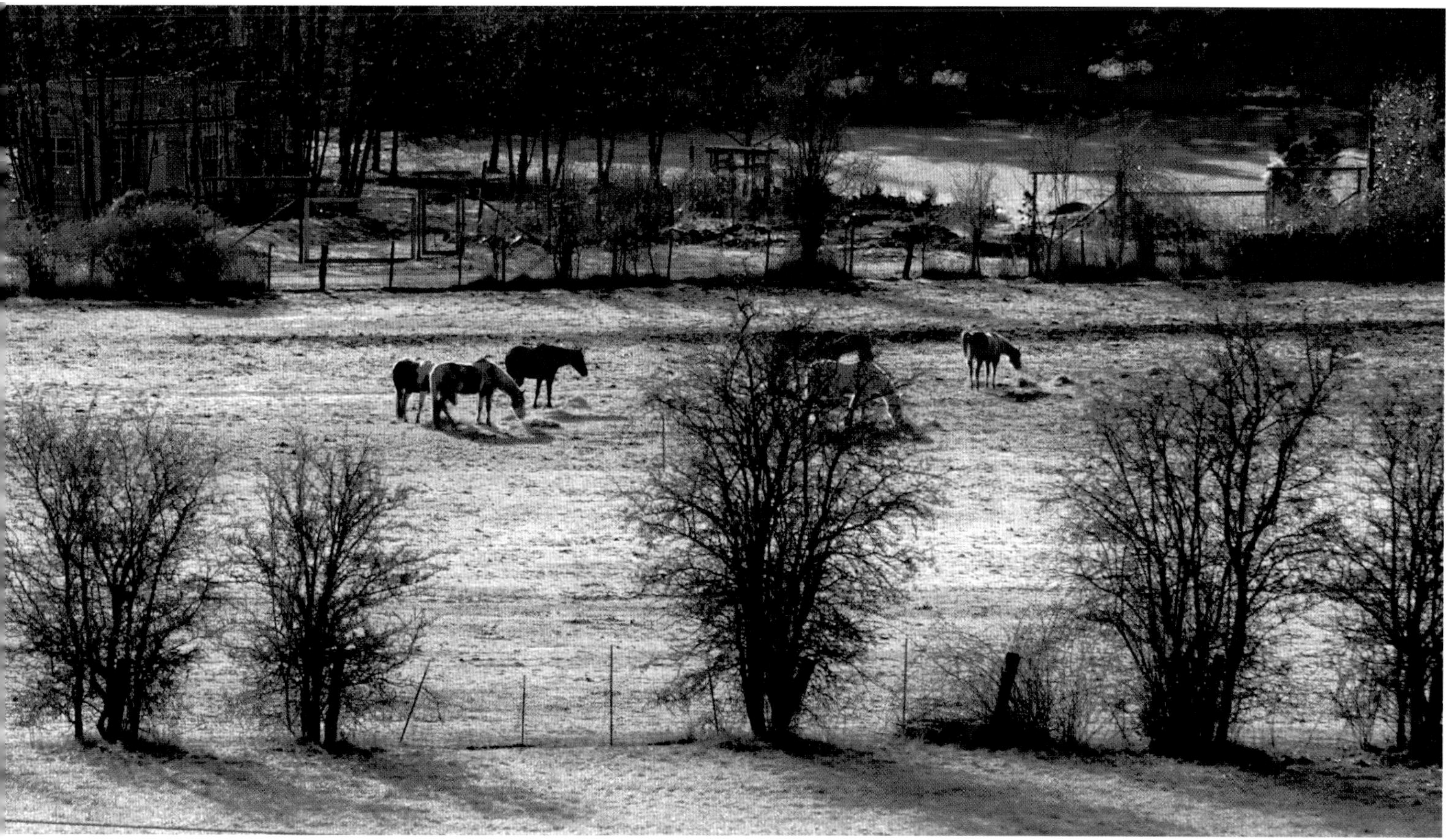

Wie ich bereits eingangs erwähnte, stammen die Fotos hier nicht von einem passionierten Naturfotografen. Die meisten Tiere auf den eben gezeigten Bildern erwischte ich beim Wandern, während ich andere Dinge fotografierte, bei Besuchen bei Freunden oder in einem Meeresaquarium oder Zoo (wo Tiere und Menschen durch Glas-, Metall- oder Holzbarrieren fein säuberlich getrennt sind).

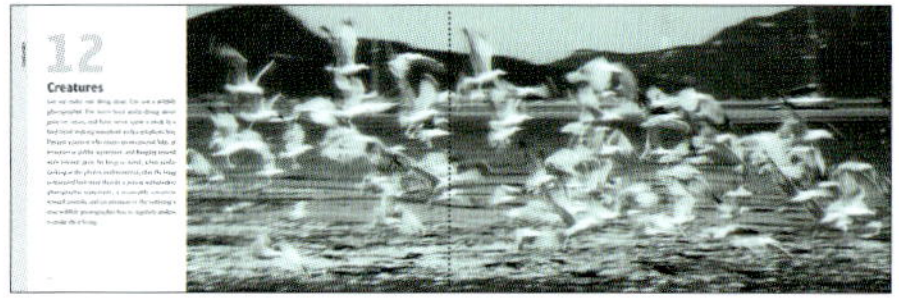

202 203

Die Farben im Originalbild rissen mich nicht gerade vom Hocker, darum entschied ich mich dafür, das Bild in Photoshop mit Schwarzweiss in Graustufen zu wandeln und einzufärben. Wenn auch Sie ein Foto haben, das Ihnen zwar gefällt, bei dem Sie aber nicht sicher sind, wie Sie mehr herausholen können, probieren Sie doch verschiedene Filter, Einstellungen und Effekte in Photoshop aus, um das Bild völlig anders zu präsentieren.

Im Uhrzeigersinn von links: Eine Taube startet über den roten Ziegeldächern von Lucca, Italien; vom Wind zerzauste Palmen und Windböen-surfende Pelikane in Hopkins, Belize; kanadische Gänse schwimmen ordentlich aufgereiht vor der Küste von Orcas Island im US-Bundesstaat Washington; ein Krähenschwarm in den Zweigen über einem Fußweg in meiner Heimatstadt Bellingham, Washington.

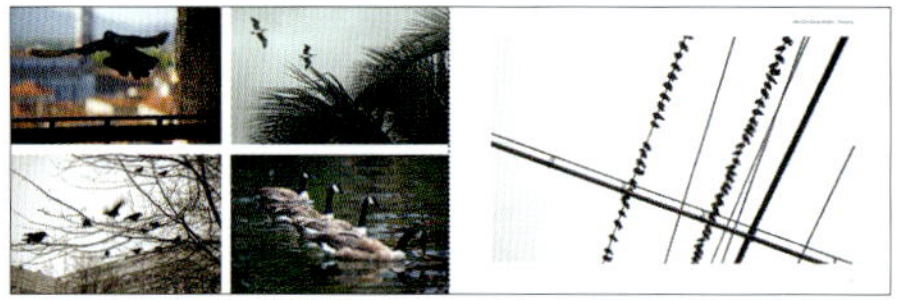

204 205

Dieser sich ausruhende Taubenschwarm verleiht der exakten Komposition aus Stromleitungen eine interessante Note und etwas Abwechslung. Probieren Sie mit dem Sucher verschiedene Kamerawinkel und Bildformate aus, bevor Sie eine solche grafisch strukturierte Szene fotografieren. Machen Sie das Beste aus der vorhandenen Raumverteilung.

Diese Aufnahmen entstanden völlig unspektakulär – in einem Meeresaquarium. Hätten Sie auch ohne meine Bemerkungen vermutet, dass ich dabei trockene Füße behalten konnte? Wie man hier sieht, sind Taucherausrüstung und Unterwasserkamera nicht *immer* nötig, um exotische Fische zu fotografieren.

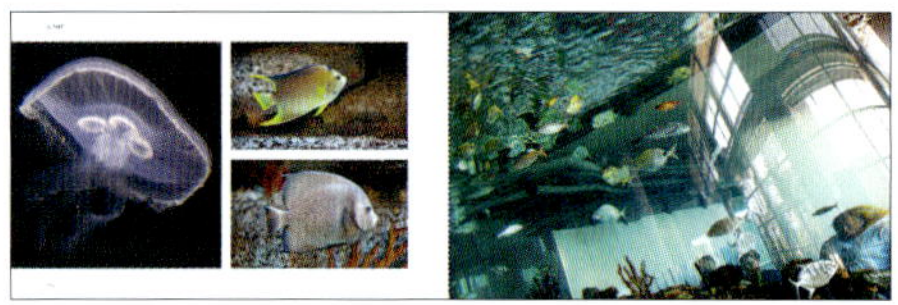

206 207

Wer wird hier angegafft? Die Fische im Aquarium oder die Touristen davor? In diesem Bild wird das natürliche Licht von einer Fensterwand in der Nähe auf die dicke Glaswand des Glasbeckens im wunderschönen Aquarium in Charleston, South Carolina, reflektiert.

Dieses knorrige Krokodil fotografierte ich durch einen Sicherheitszaun in einem Naturpark nahe Hopkins, Belize. Ich wollte das Tier aus seiner Umgebung herauslösen, darum wählte ich es in Photoshop mit dem Lasso und einer weichen Auswahlkante aus, kopierte es und fügte es in ein neues Dokument vor einem weißen Hintergrund ein. Den leichten Schatten unter dem Tier fügte ich mit dem Pinsel hinzu.

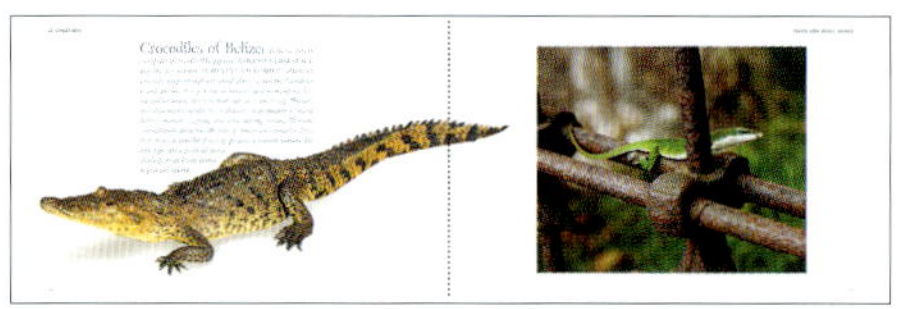

208 209

Tiere zu fotografieren, die zu ihrem eigenen Schutz ganz, ganz still liegen, ist kein Hexenwerk. Diese Echse war so freundlich, so lange ruhig zu halten, bis ich ein Porträt fotografiert hatte. Dennoch hatte ich nur diese Aufnahme: Sobald ich das erste Mal abgedrückt hatte, verschwand das winzige Tierchen.

Diese Nahaufnahme entstand mit einem 15-mm-Fischaugenobjektiv. Ich hielt das Objektiv in minimaler Entfernung vor die kleine Schnecke (deren Haus war ca. so groß wie eine Cent-Münze). Viele Fotografen verwenden Fischaugenobjektive nur, um ausufernde Landschaften und großflächige Motive zu fotografieren. Denken Sie noch einmal darüber nach, wenn Sie auch dazugehören.

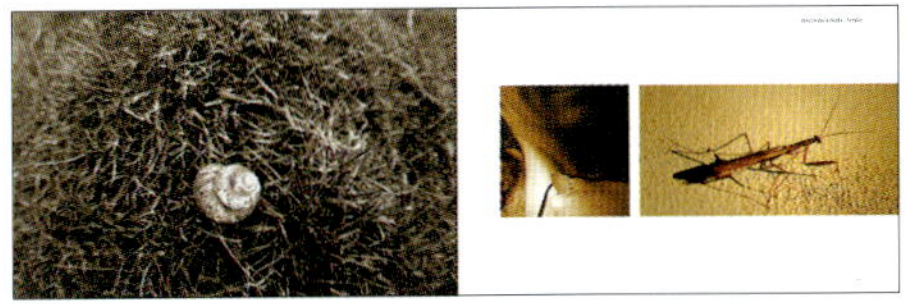

210 211

Rechts: Eine Gottesanbeterin auf der Jagd wärmt sich auf dieser sonnenüberfluteten Wand. Ich fotografierte sie mit einem 50-mm-Objektiv und weit geöffneter Blende – daher die extrem geringe Schärfentiefe. Links: Ein Schmetterling pausiert auf der Schulter eines freundlichen Menschen.

Als ich von der bevorstehenden Halloween-Konstümparty für Hunde hörte, wusste ich, dass ich alles stehen und liegen lassen und die Kamera schultern musste. Naturgemäß boten sich dort mehr als genug Fotomöglichkeiten. Die entstandenen Schnappschüsse erinnerten mich an Fotos von verkleideten Kindern im Familienalbum, darum beschloss ich, sie mit Farbbalance etwas nostalgisch wirken zu lassen. Mit dem Filter Blendenkorrektur/Vignette »überbelichtete« ich die Ränder der Bilder.

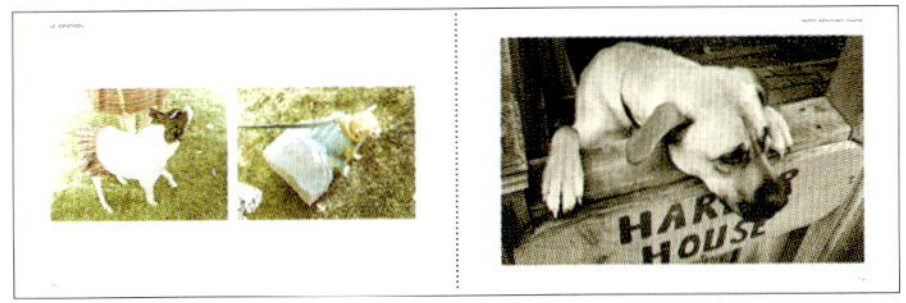

212 213

Hier sehen Sie Rumor, einen süßen und kräftigen Gefährten, der nie die Chance verpasst, Besuchern seinen Kopf zum Streicheln darzubieten. Ich wandelte die Aufnahme mit Schwarzweiss in ein gefärbtes Monochrom-Bild um.

Bilder von Katzen, die sich wie Katzen benehmen. Rechts: Eine junge Katze reibt ihre Wange an einer Fahrradnabe (Katzenpsychologen bezeichnen das als Markierung von Besitzansprüchen). Daneben eine gestreifte Katze beim Mittagsschlaf. Probieren Sie eng beschnittene Nahaufnahmen aus – nicht immer müssen alle Schnurrhaare und auch das letzten Bein auf dem Foto zu sehen sein, um zu wissen, dass es sich bei dem Tier um eine Katze handelt.

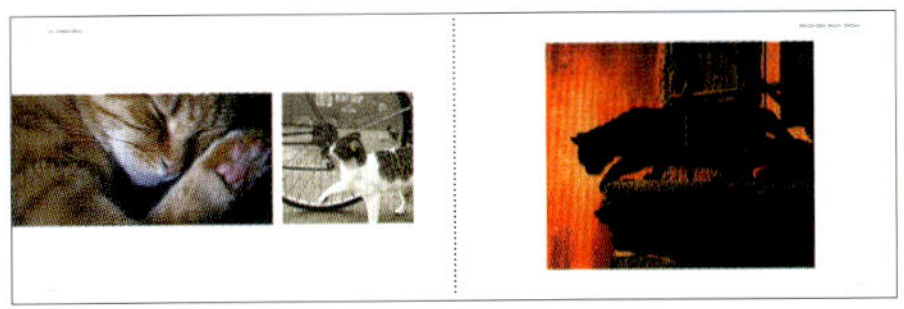

214 215

Von süß zu unheimlich ist es nur ein kleiner Schritt – ein Photoshop-Effekt. Die freundliche Mieze in diesem Bild wurde durch eine Gammakorrektur und verschobene Tonwerte in den Belichtungsreglern in Photoshop in eine bedrohliche Silhouette verwandelt.

Eine Gruppe Pferde grast an einem kühlen Januarmorgen auf einer Wiese. Ich bewegte mich und die Kamera hin und her, bis wir einen Blickwinkel gefunden hatten, von dem aus das Haupt-Trio gut mit der Umgebung harmonierte – genau in der Lücke zwischen den Bäumen.

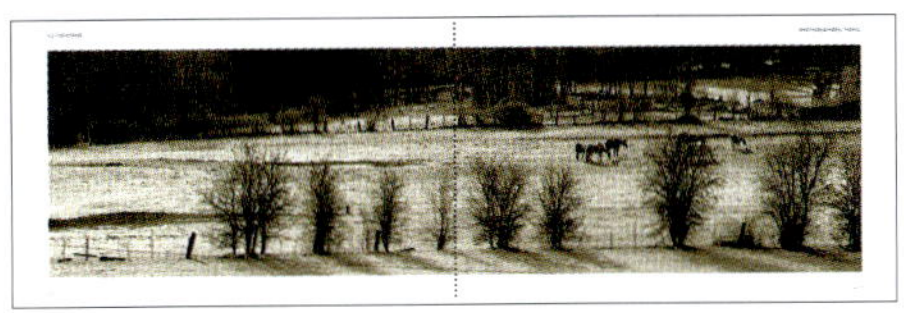

216 217

Dieses Foto nahm ich aus recht großer Entfernung mit voll gezoomtem 70–200-mm-Teleobjektiv auf. Das Originalfoto war sehr blass und ausgewaschen (wegen des leichten Morgennebels). Da ich die Farben ohnehin nicht retten konnte, wandelte ich das Bild mit einer Schwarzweiss-Korrektur in ein Monochrom um. Den Kontrast verstärkte ich mit Gradationskurven in Photoshop.

13

Ähnlichkeiten

Sie haben einen Haufen Fotos auf der Festplatte, mit denen Sie nichts anfangen können? Suchen Sie doch nach gemeinsamen Beziehungen, konzeptionellen oder visuellen Verbindungen, die Paare oder Gruppen von Bildern zu Sammlungen vereinen, die man präsentieren kann.

Neulich durchstöberte ich meine vor sich hin dösenden Fotos auf der Suche nach Bildern, die etwas gemeinsam hatten – eine Ähnlichkeit. In diesem Kapitel zeige ich Ihnen, was ich gefunden habe.

Ähnlichkeiten sind nur ein Konzept, mit dem Sie aus Bildpaaren und -gruppen eine Sammlung aufbauen können. Hier einige Ideen für mögliche Themen: Gegensätze, Vorher und Nachher, Nacht und Tag, Voll und Leer, Bewegung und Ruhe, Alt und Neu, Dinge, die mit A anfangen (dann B, C, D etc.).

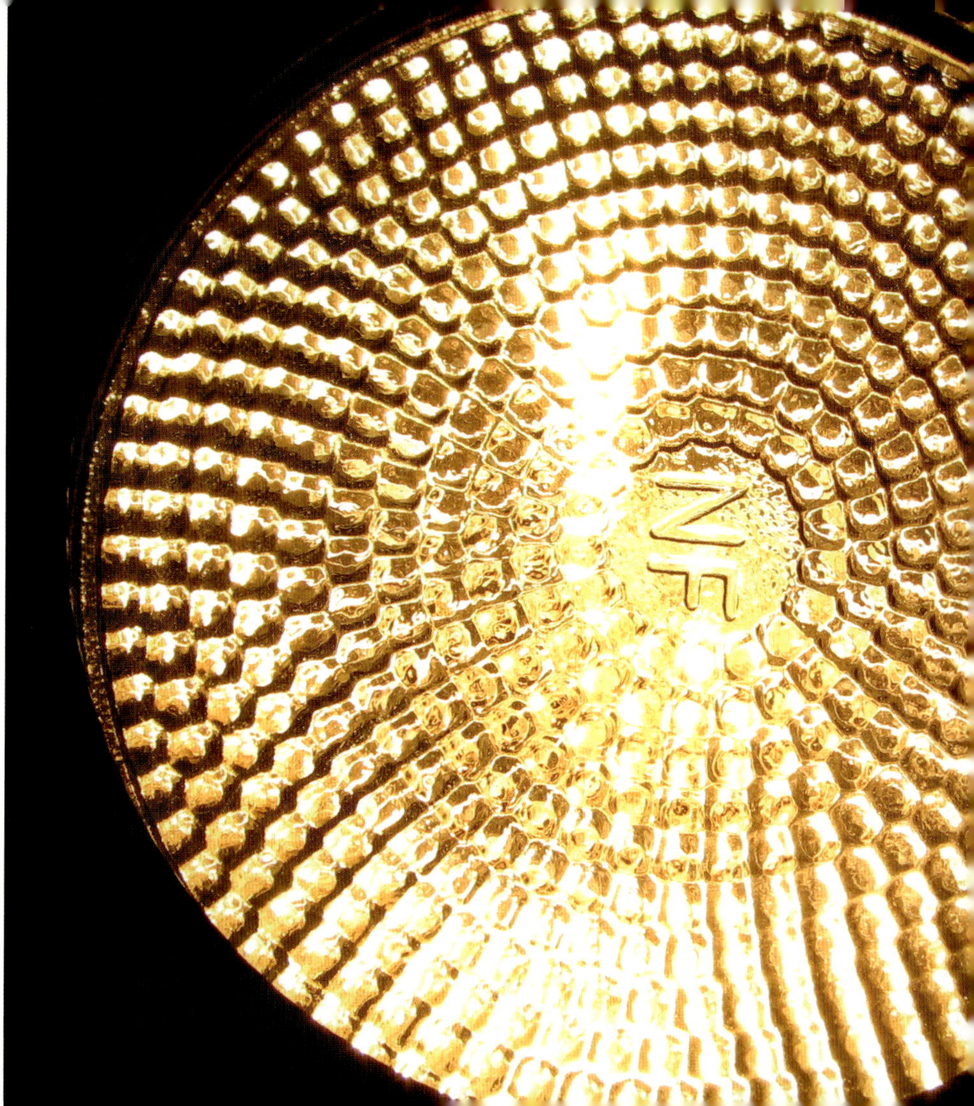

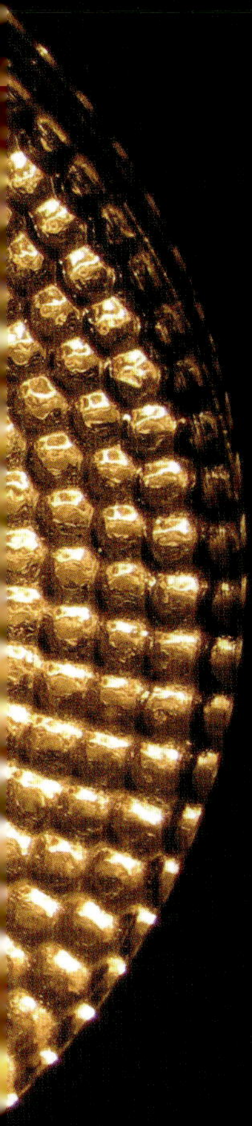

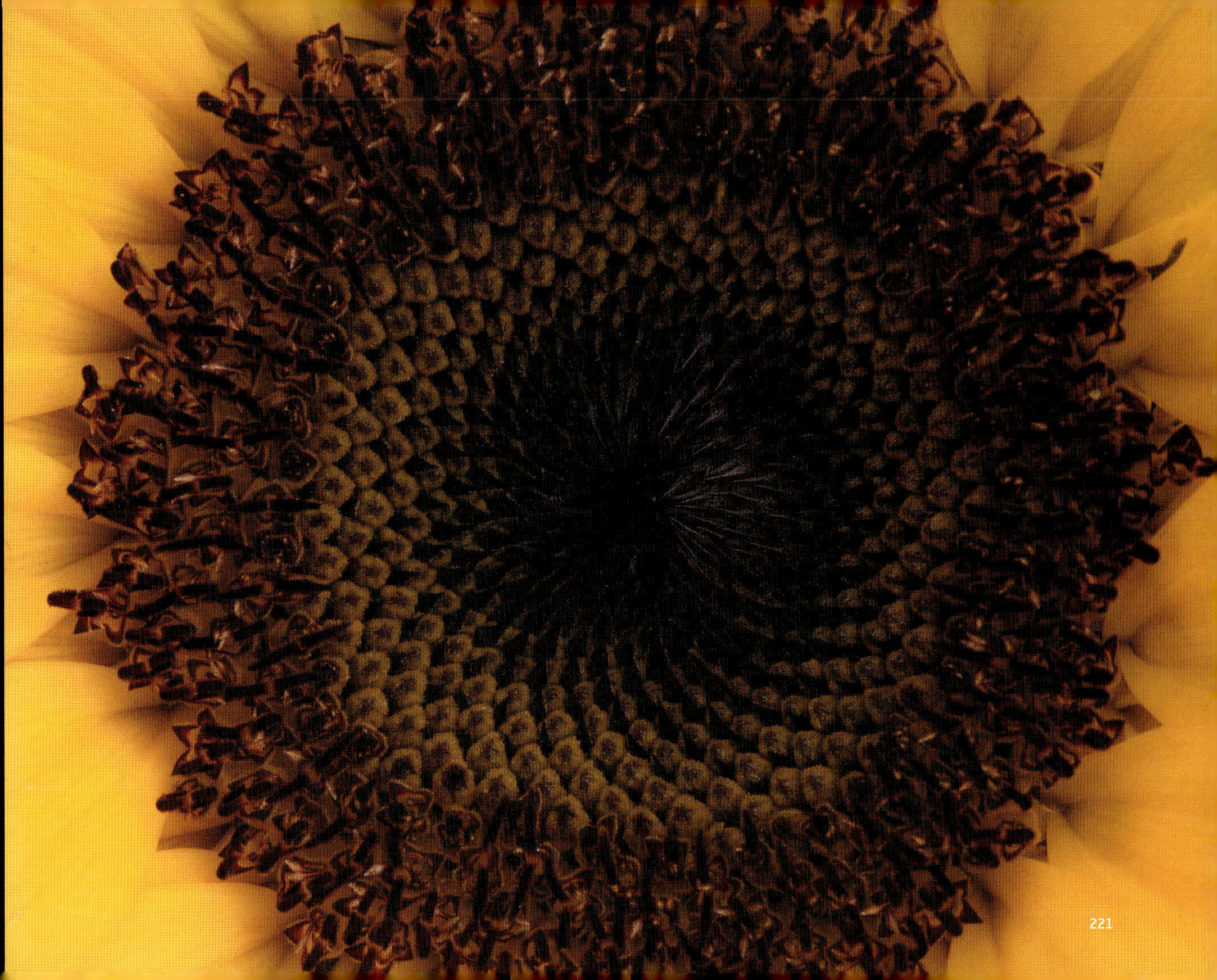

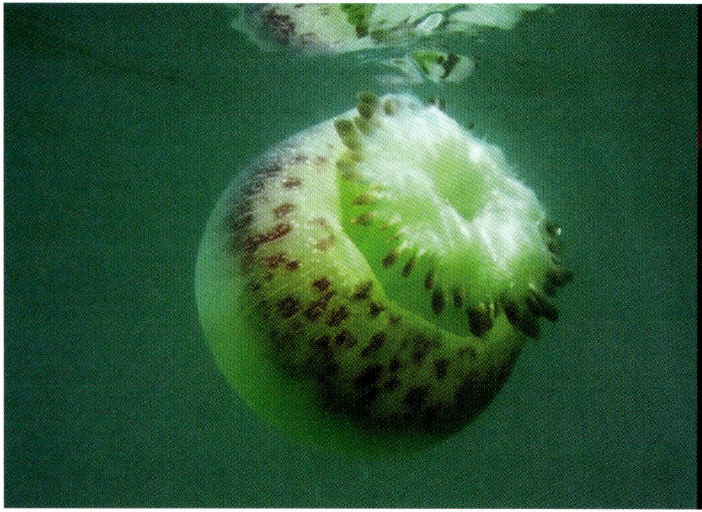

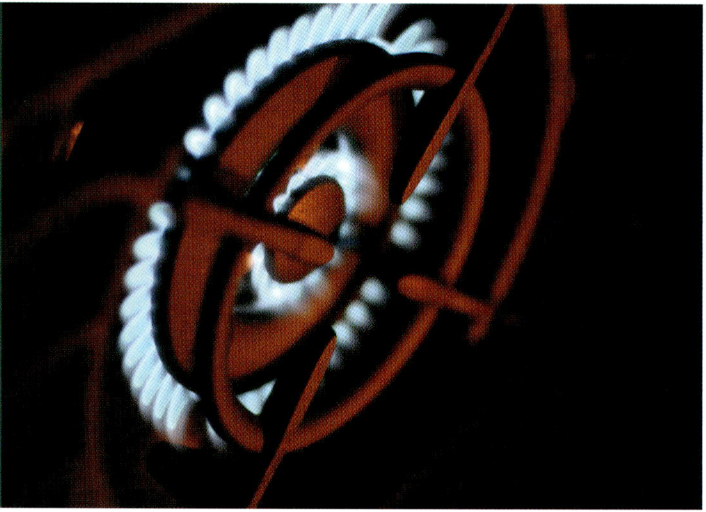

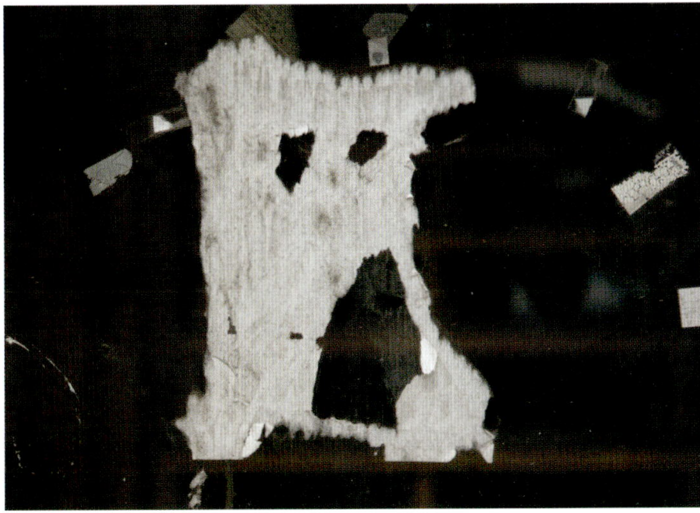

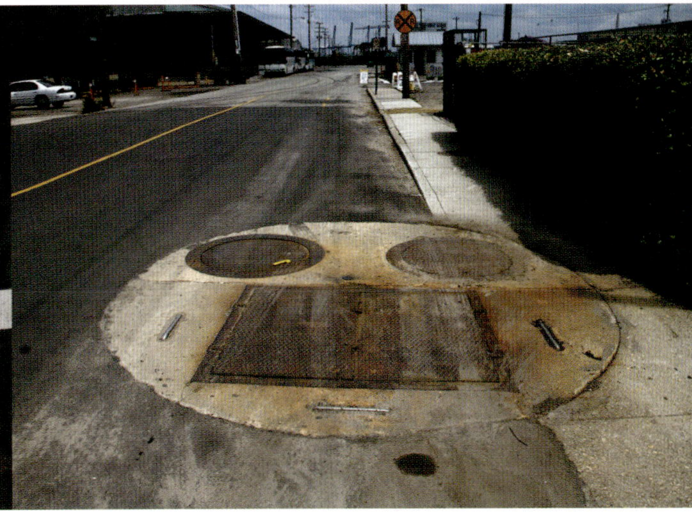

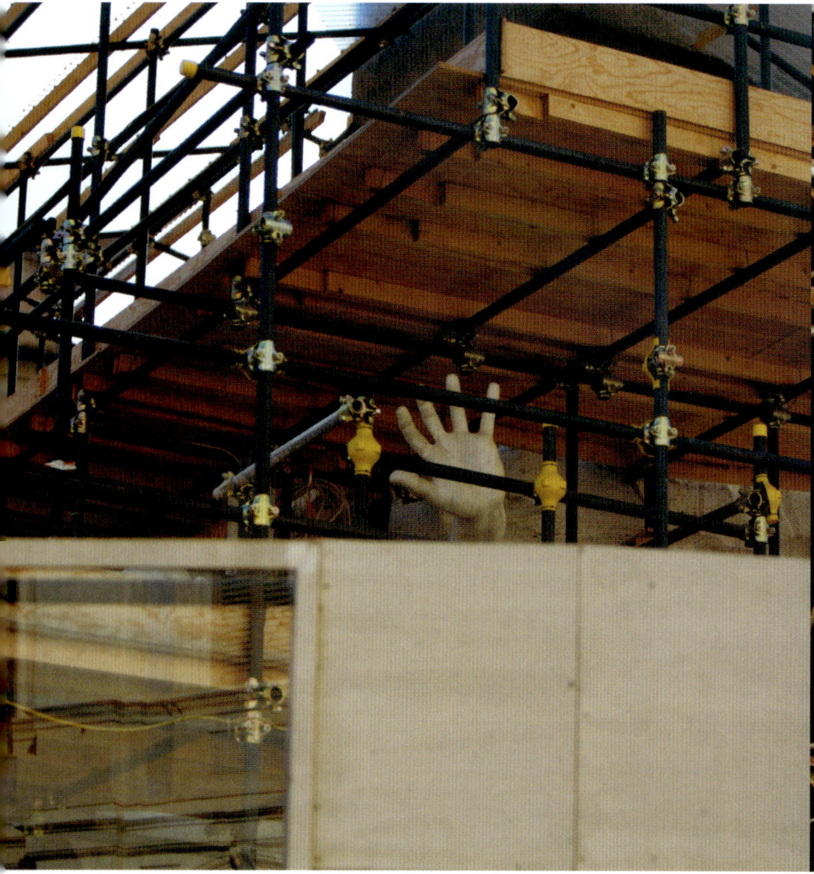

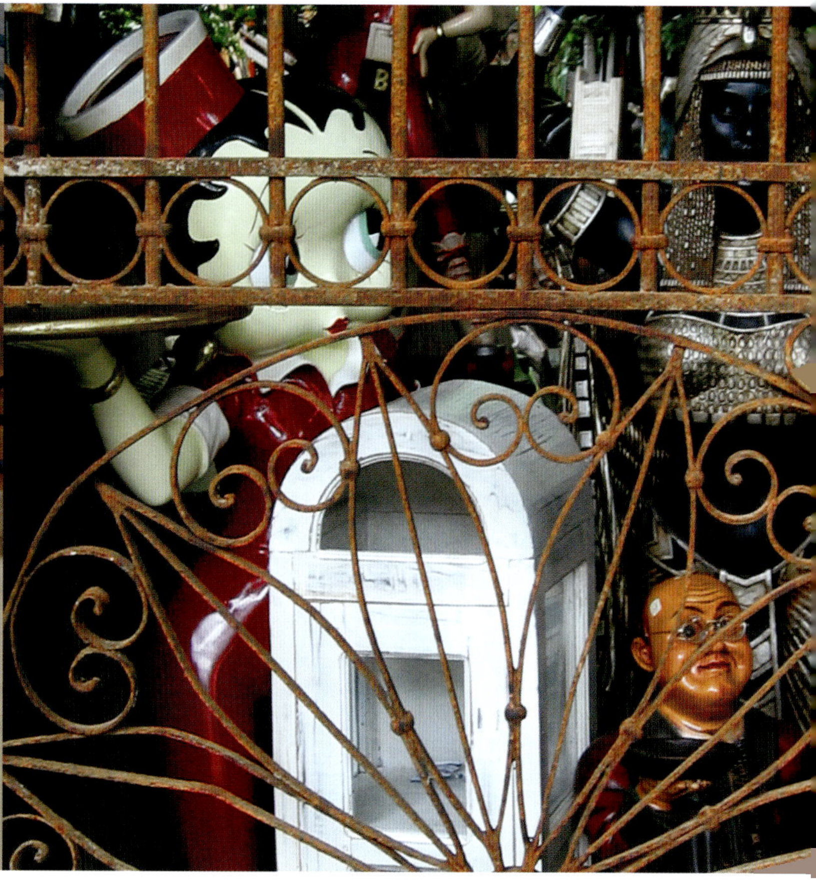

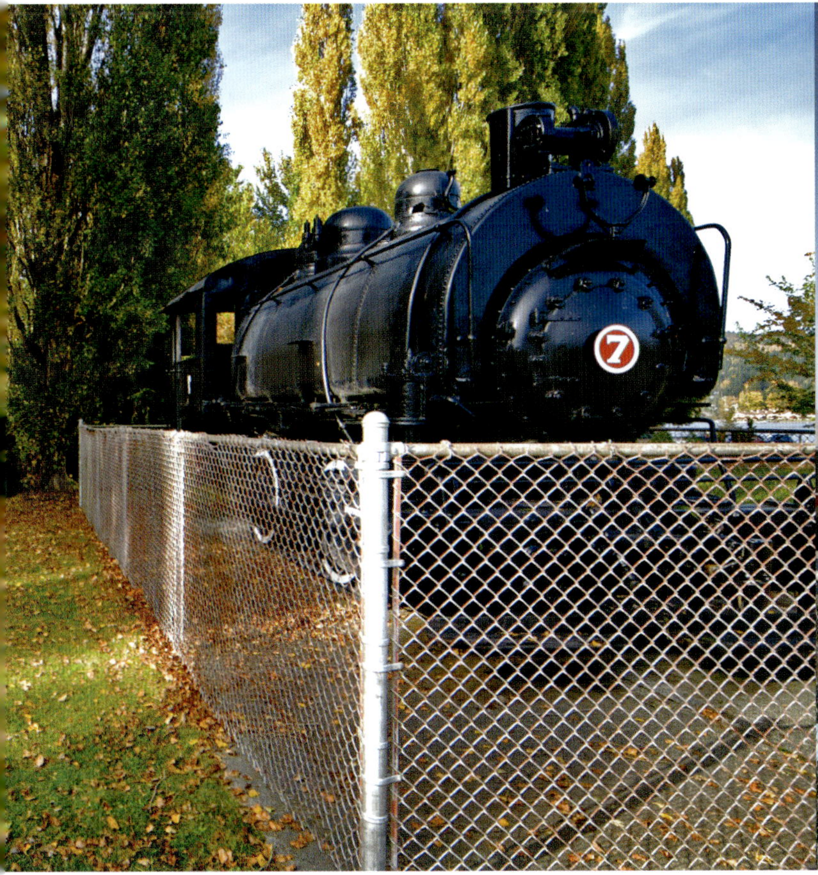
7

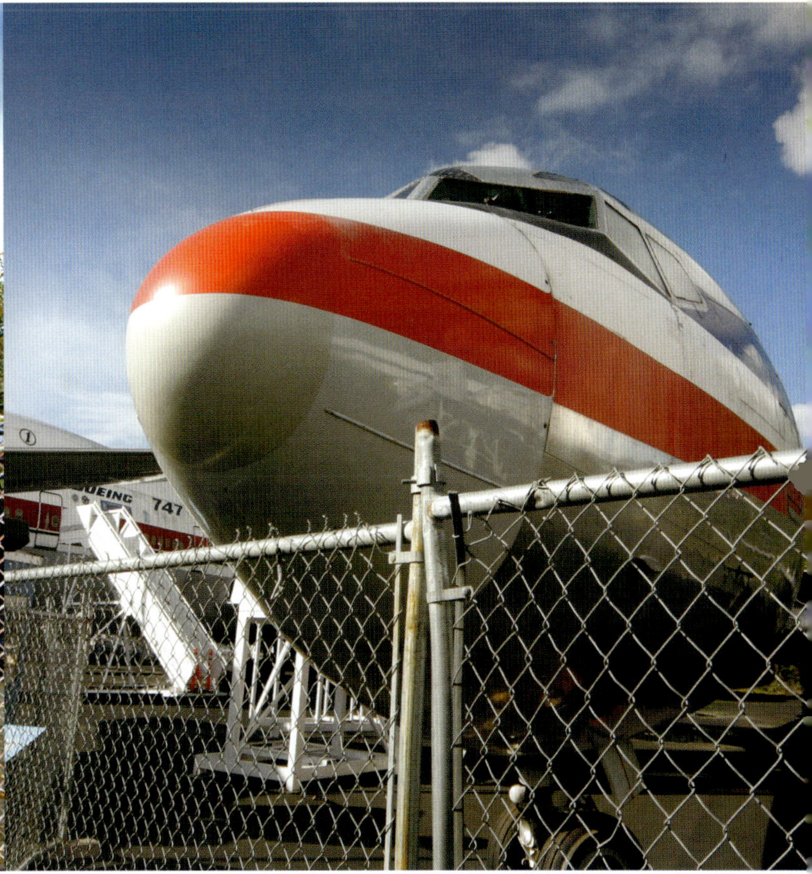
747

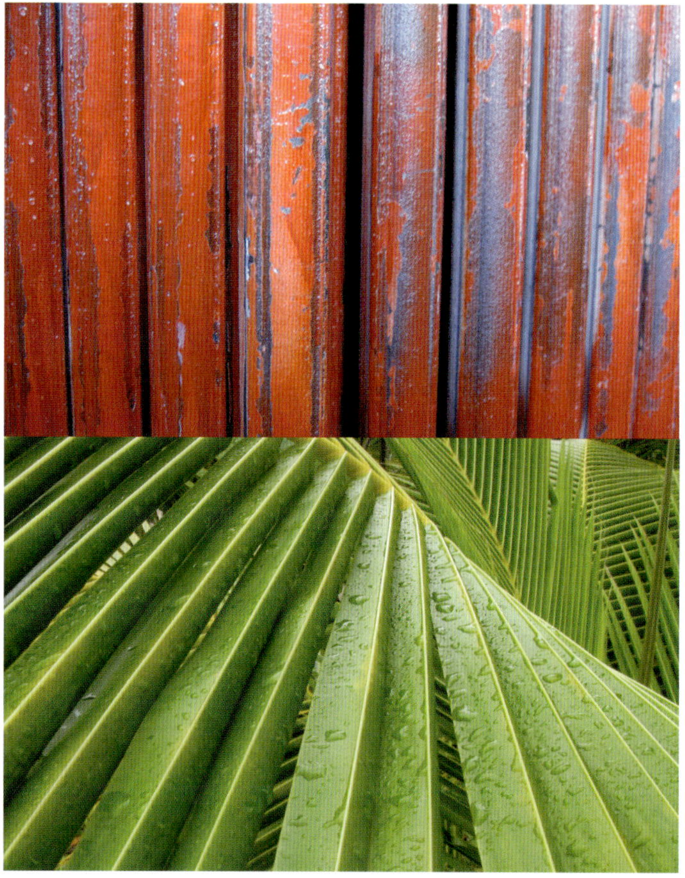

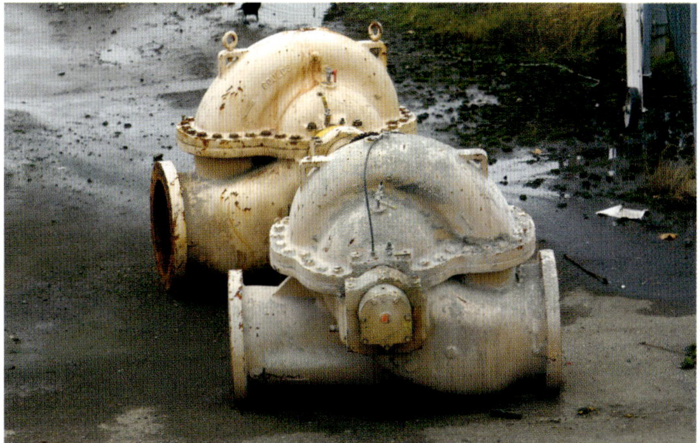

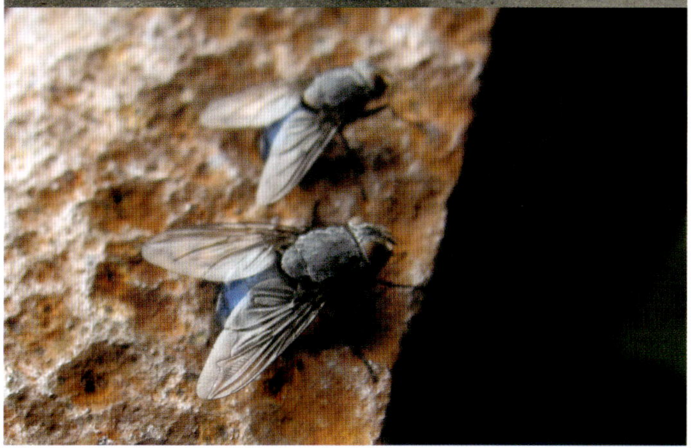

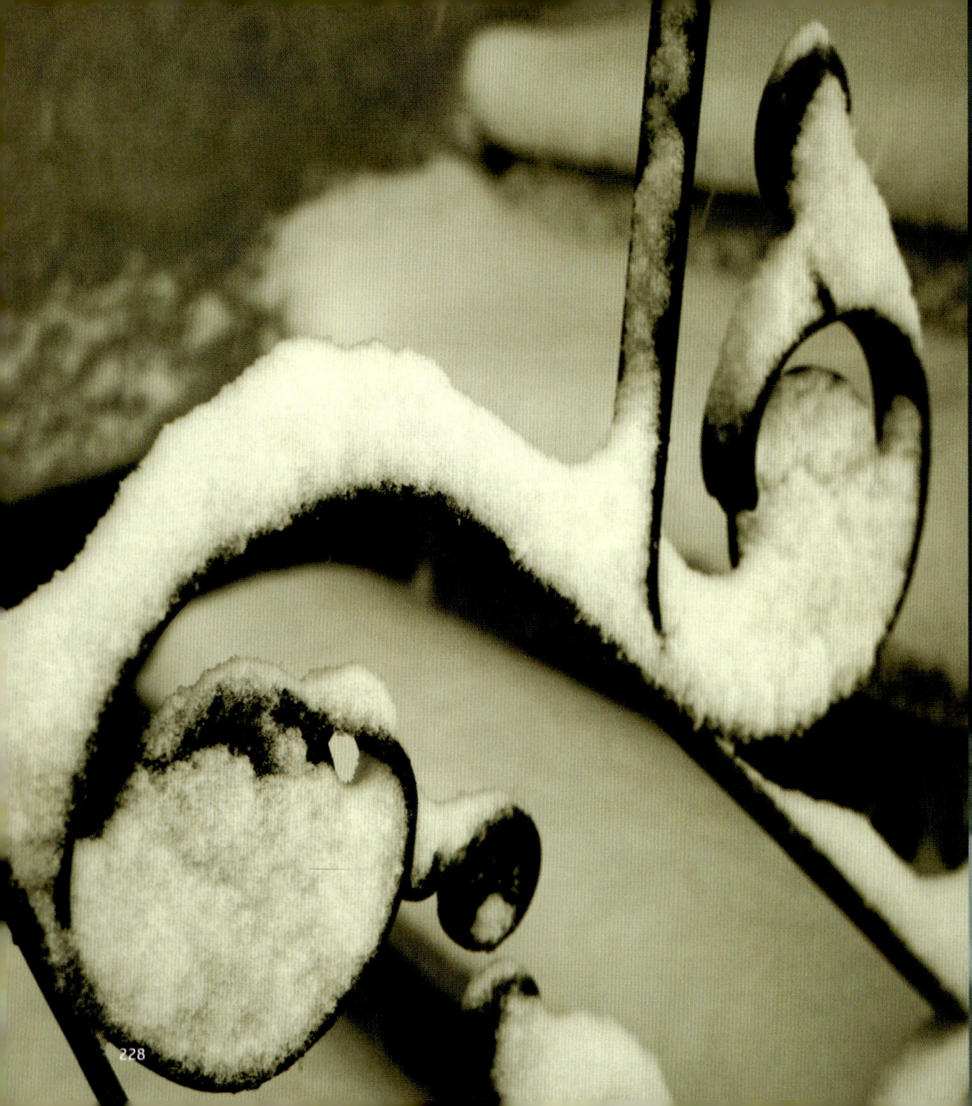

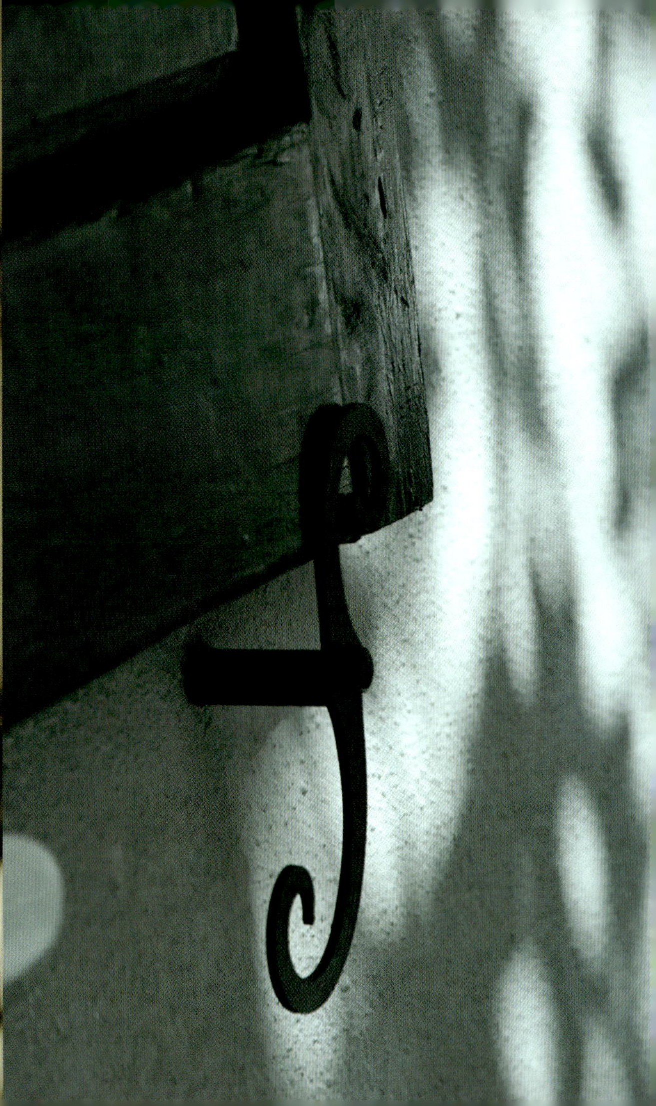

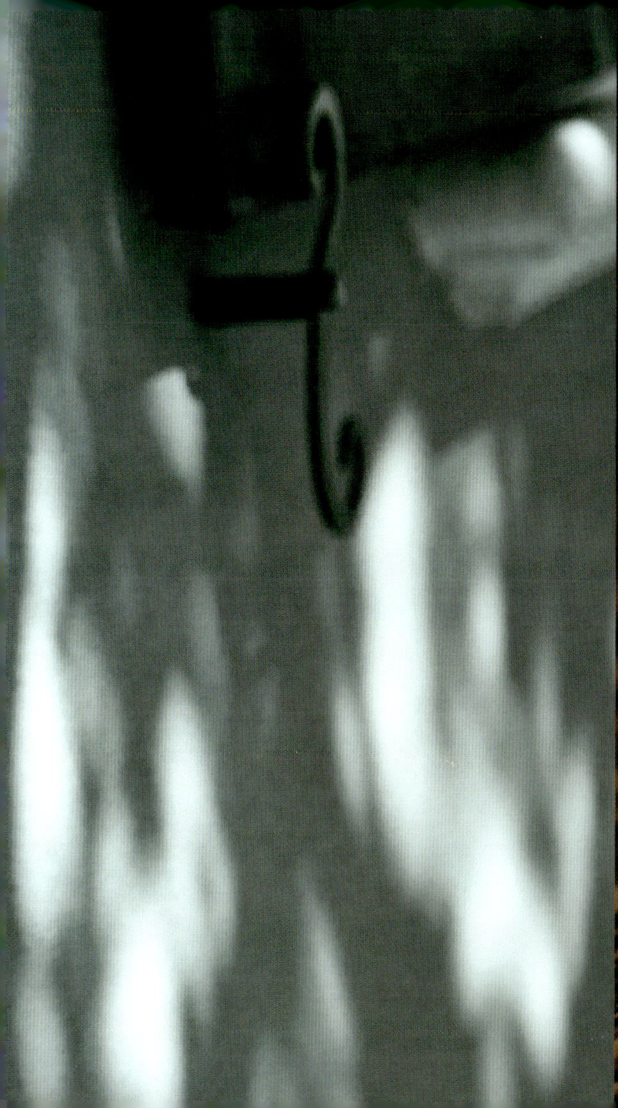
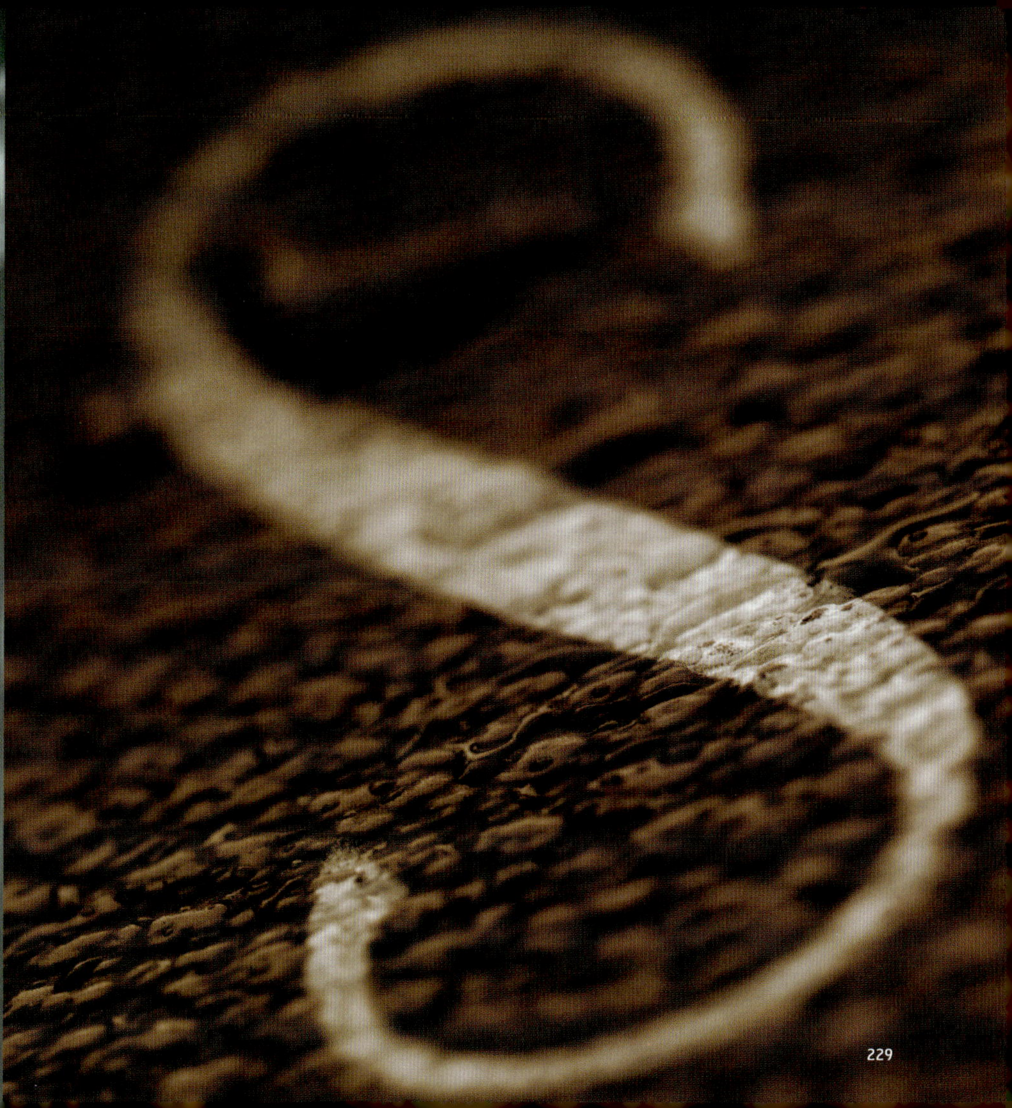

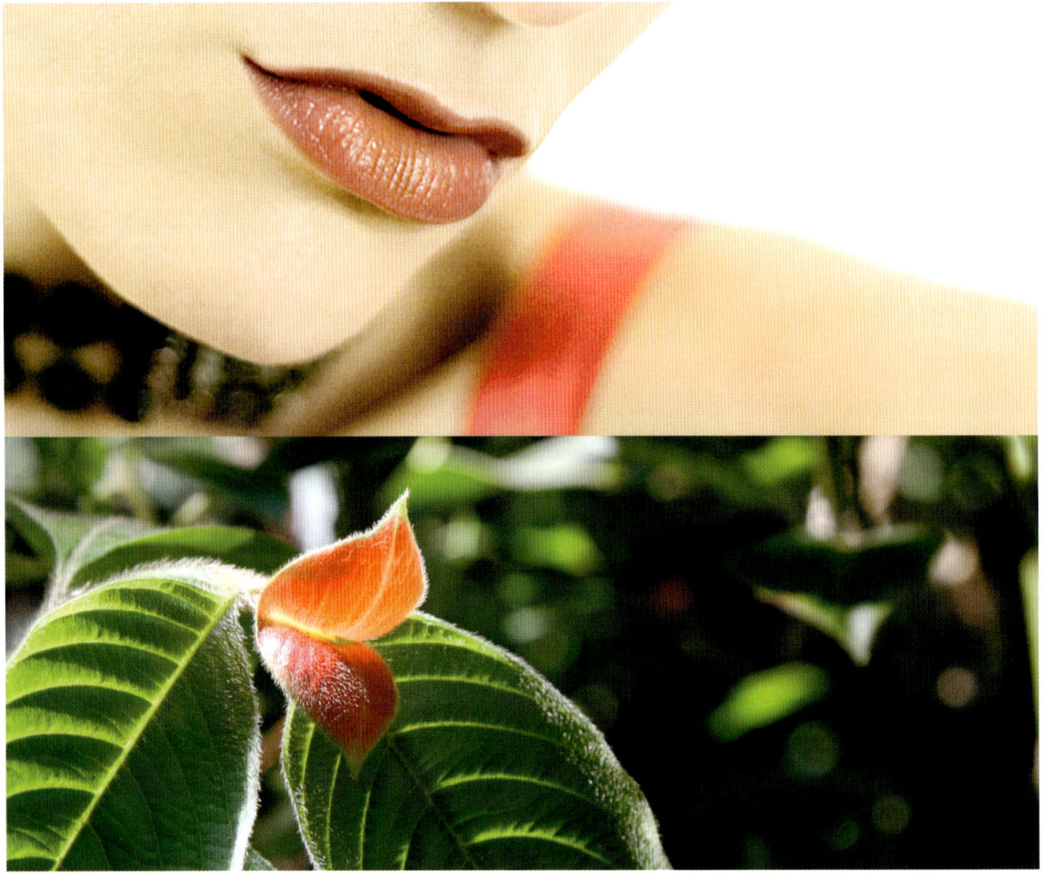

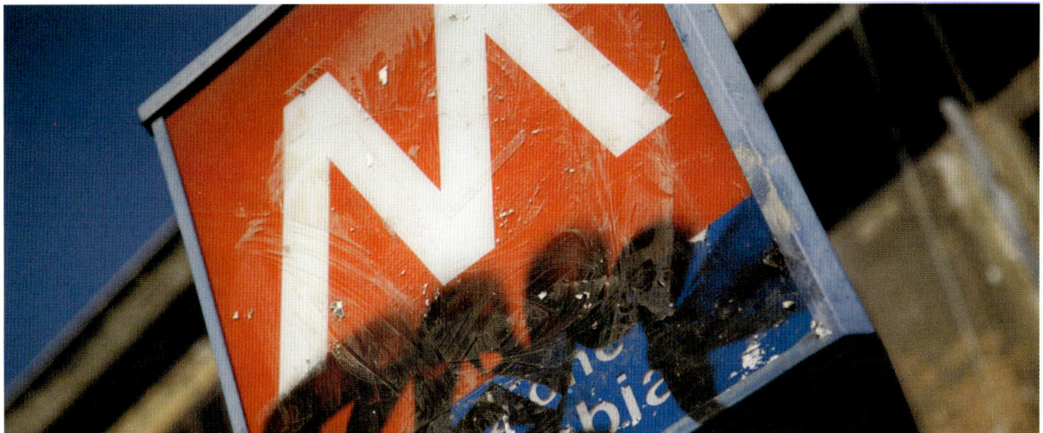

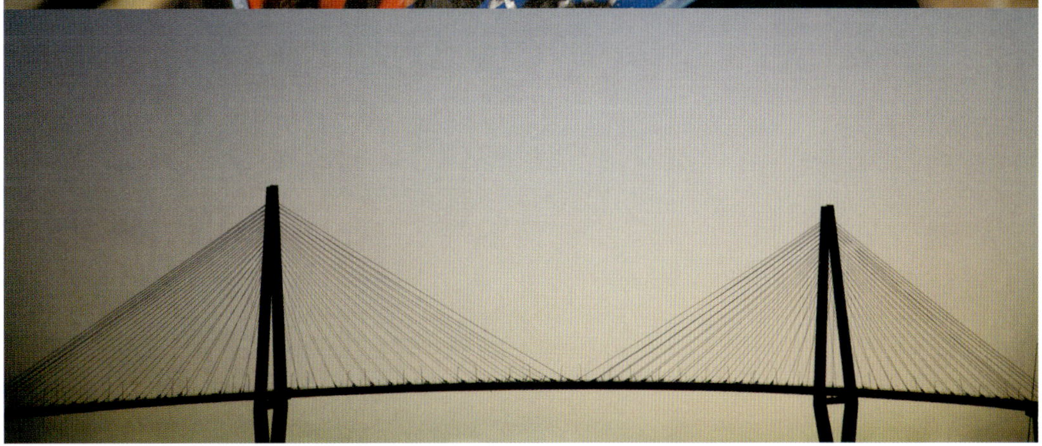

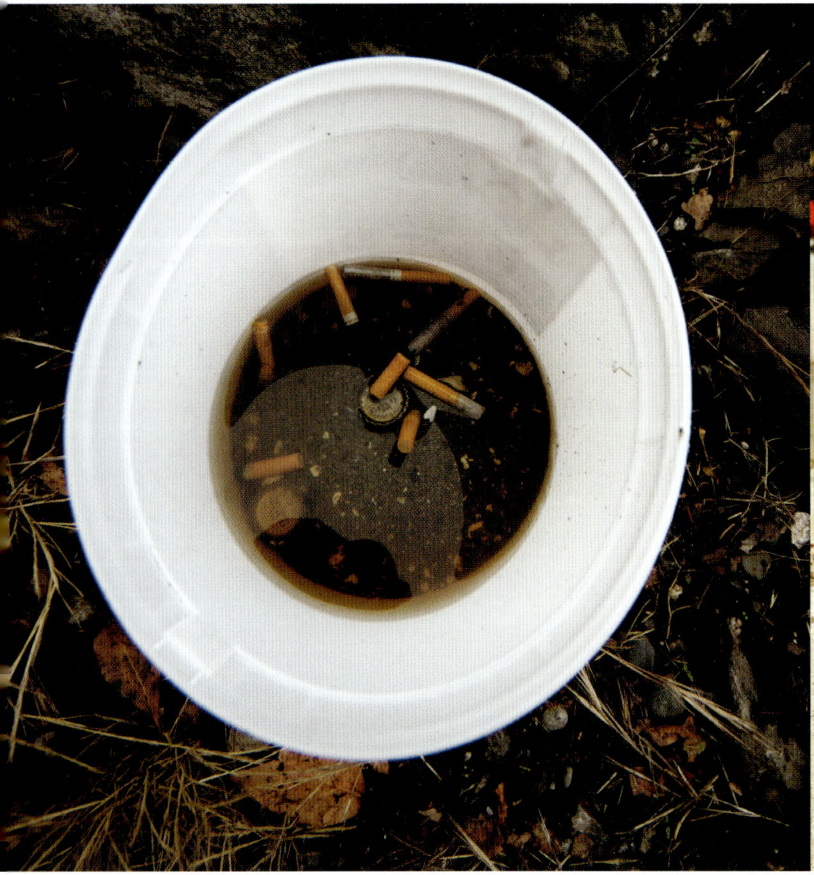

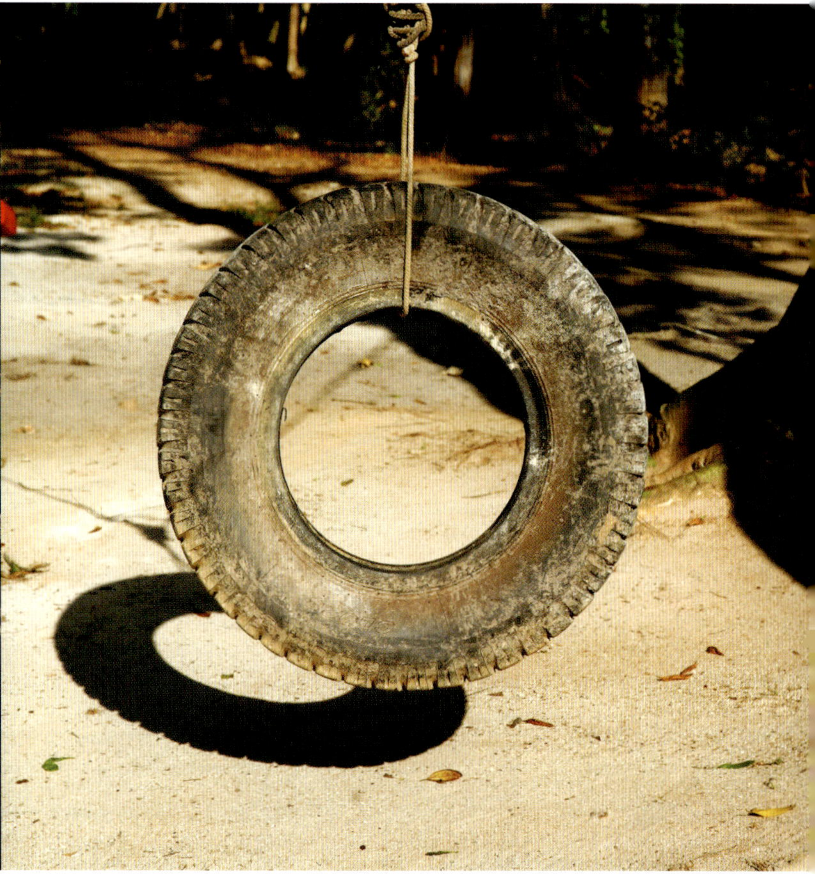

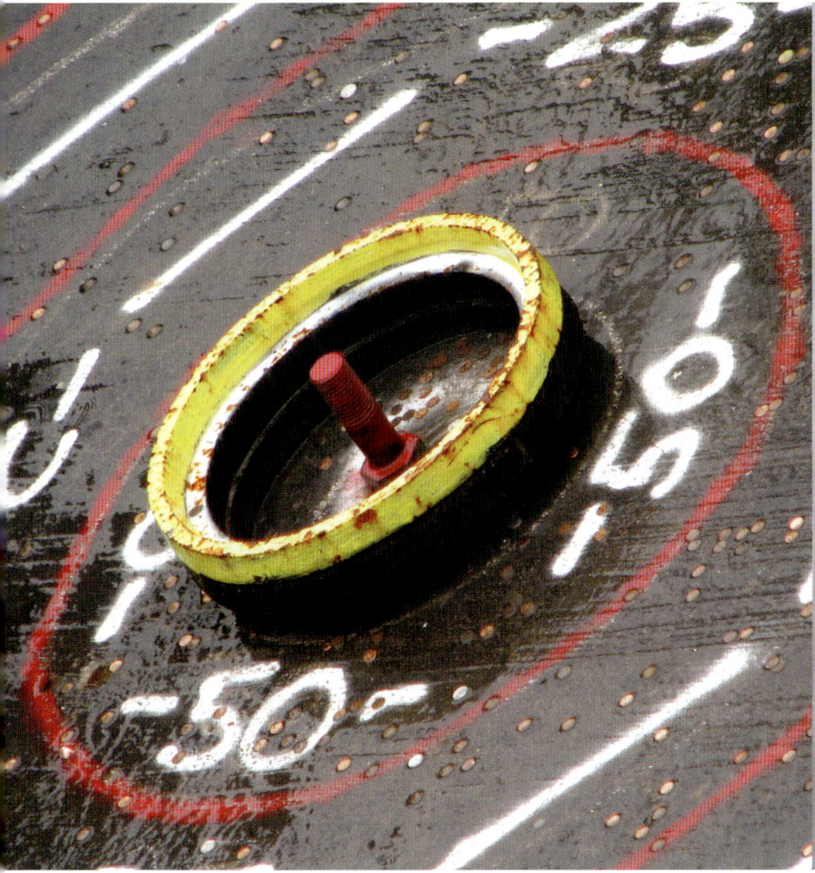
-50-

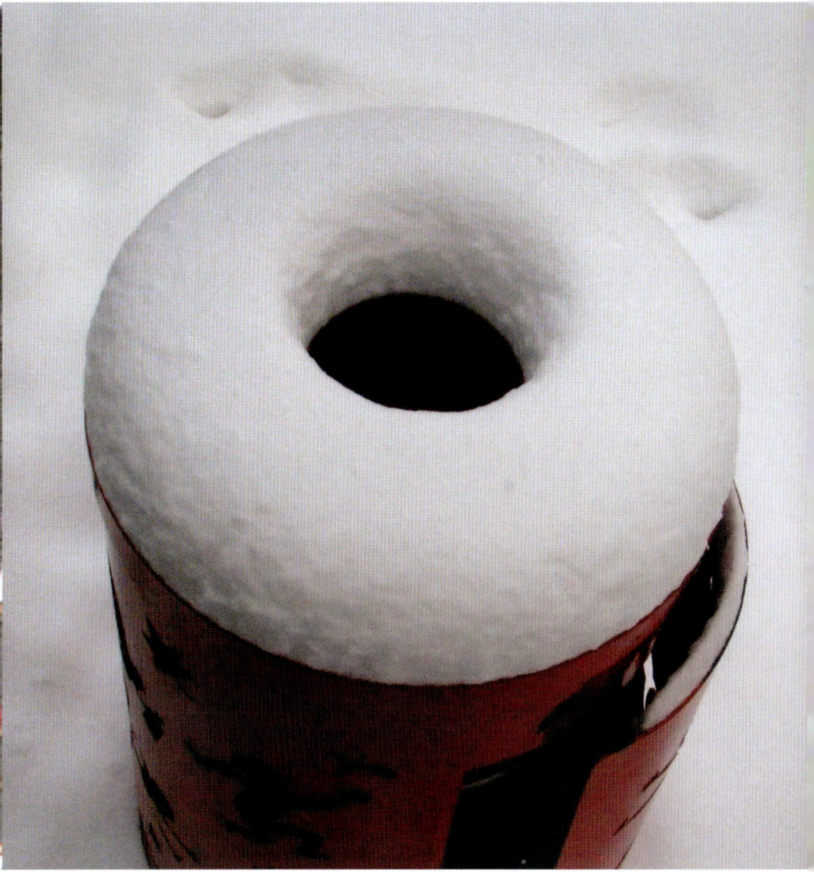

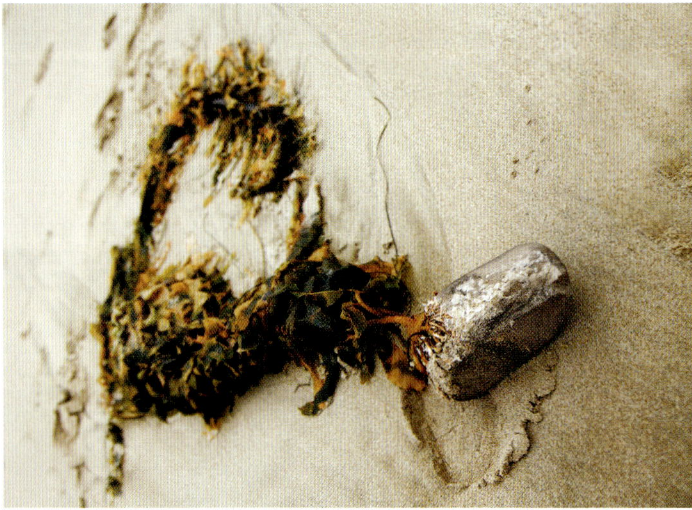

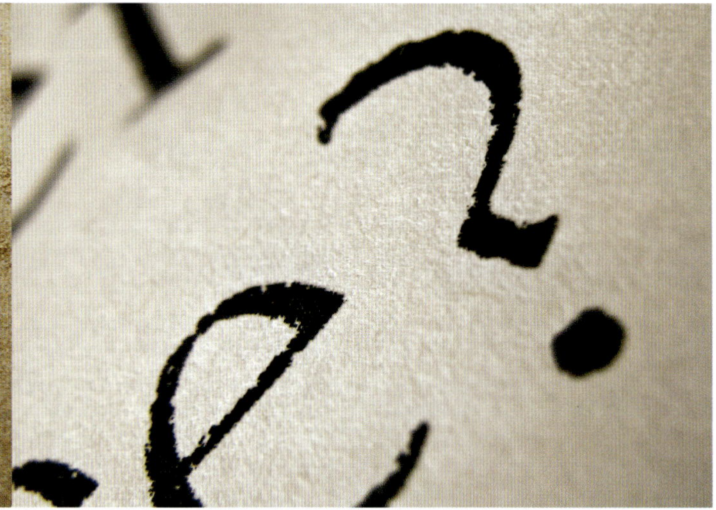

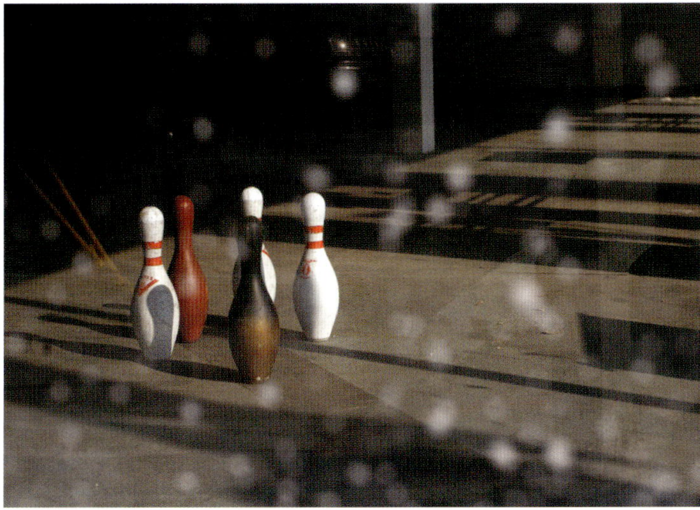

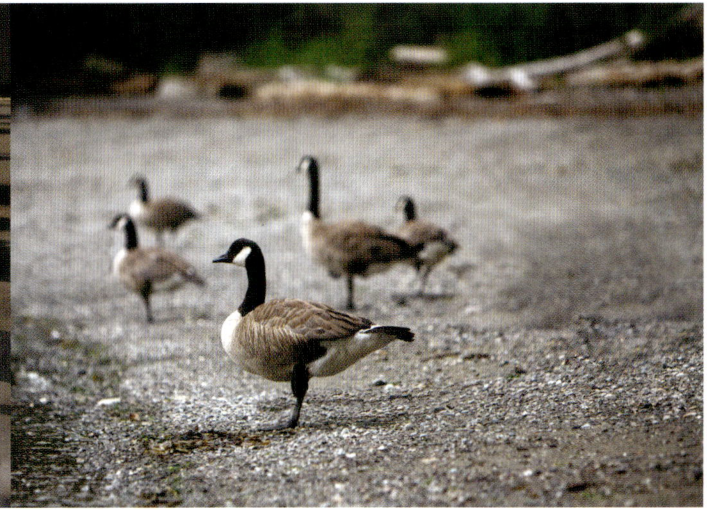

Bei der Geburt getrennt? Das grelle Licht eines Deckenstrahlers und der Blütenstand einer Sonnenblume haben optisch viel gemein. Suchen Sie doch einmal in Ihren Bildern nach Fotos, die optisch oder konzeptionell miteinander verbunden sind. Einige Dutzend solcher Paare könnten eine interessante Kollektion für das Web oder gar eine Galerie ergeben.

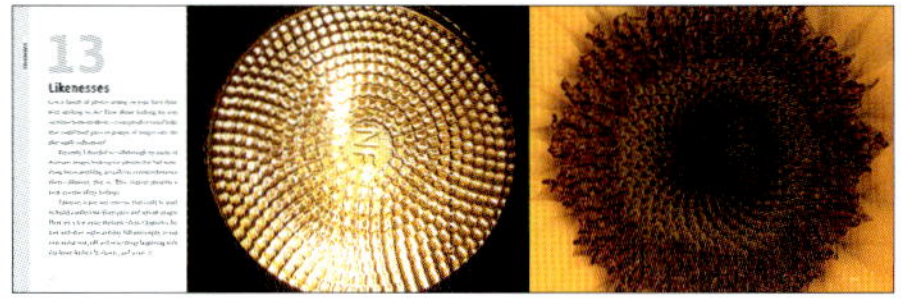

220 221

Die feinen Details in diesen beiden Nahaufnahmen fotografierte ich mit einem 100-mm-Makroobjektiv. Wenn Sie gern feinste Strukturen kleiner Objekte ablichten, sollten Sie über ein solches Objektiv nachdenken.

Im Unterschied zu den Unterwasserfotos auf den Seiten 206 und 207 habe ich diese Kanonenkugel-Qualle in freier Wildbahn aufgenommen (mit einer Kompaktkamera im wasserdichten Gehäuse). Hier paarte ich die Form der Qualle mit einem eher unwahrscheinlichen optischen Verwandten – dem Brenner eines Gasherdes.

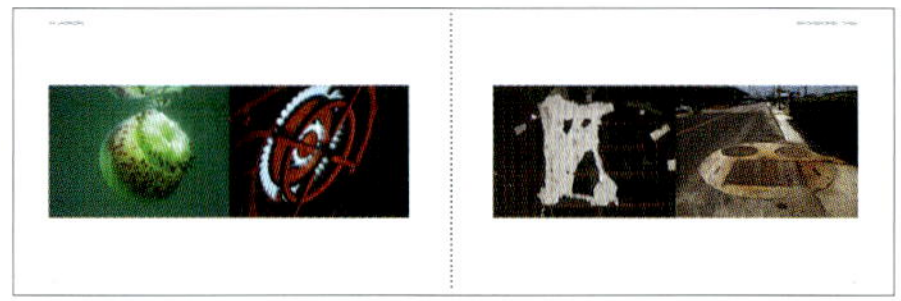

222 223

Links: Die teilweise abgerissenen Reste eines Flugblattes in einem Fenster. Rechts: Drei Kanaldeckel. Diese beiden Bilder lagen auf meiner Festplatte in einem Ordner namens Looks-like-a-face, Sieht-wie-ein-Gesicht-aus. Dort lege ich immer mal wieder Fotos ab.

Ähnliche optische Eigenschaften sind das Verbindungsstück zwischen den meisten Paaren und Bildersets in diesem Kapitel. Im Gegensatz dazu sind die vier Bilder auf dieser Seite durch ein gemeinsames Thema verbunden: Gefangenschaft.

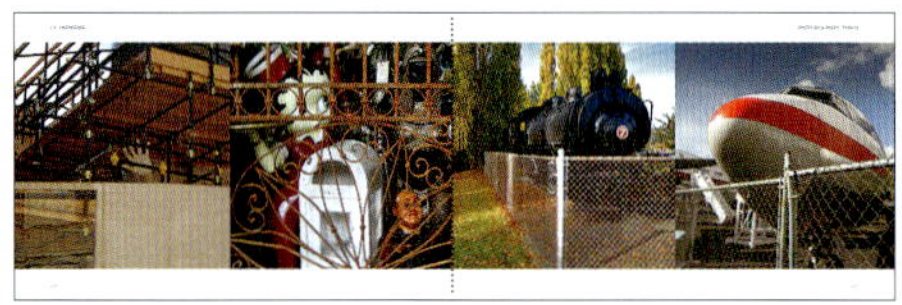

224 225

Von links: Eine Hand von Berninis spektakulärer Skulptur an der Piazza Navona streckt sich Hilfe suchend aus einem Baugerüst; Betty Boop fristet ihr Dasein mit anderen Antiquitäten hinter einem schmiedeeisernen Zaun; eine ausrangierte Dampflok am toten Ende eines Gleises in einem eingezäunten Stellplatz; ein eingezäuntes Flugzeug streckt seine Nase über das Tor hinaus (das Foto würde auch gut zu dem Hund von Seite 213 passen).

Hier ergänzen sich die Rippen eines altmodischen Heizkörpers mit den feuchten Palmwedeln im Bild darunter. Auch die Farben passen gut zusammen.

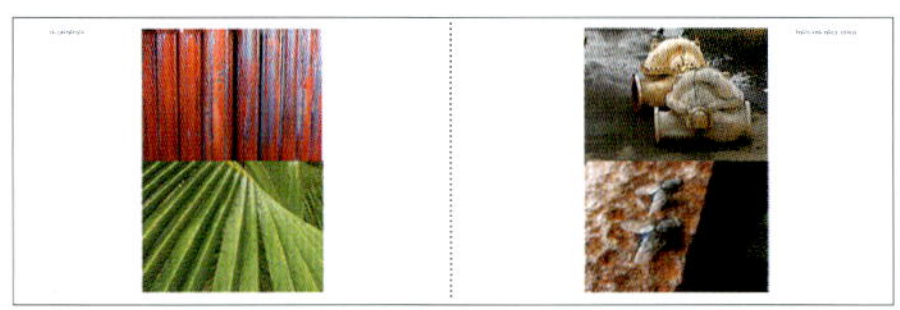

226 227

Wie ein Paar liebestoller Schnecken liegen zwei riesige Ventile (jedes so groß wie eine Waschmaschine) neben einem Haufen Industriemüll auf einem Schrottplatz. Im Bild darunter sehen Sie zwei Fliegen auf rostigem Metall. Das erste Bild fotografierte ich aus der Distanz mit gezoomtem Teleobjektiv. Das zweite Bild fotografierte ich mit der Makro-Einstellung an einer Kompaktkamera – die Fliegen waren nur wenige Zentimeter vom Objektiv entfernt.

S-förmige Wirbel sind die Gemeinsamkeit in den Fotos auf dieser Doppelseite. Von links: Ein Ornament am Zaun, über Nacht zugeschneit; Fensterladen-Klammern im nachmittäglichen Halbschatten; das Logo auf einem Fahrradsattel mit Morgentau.

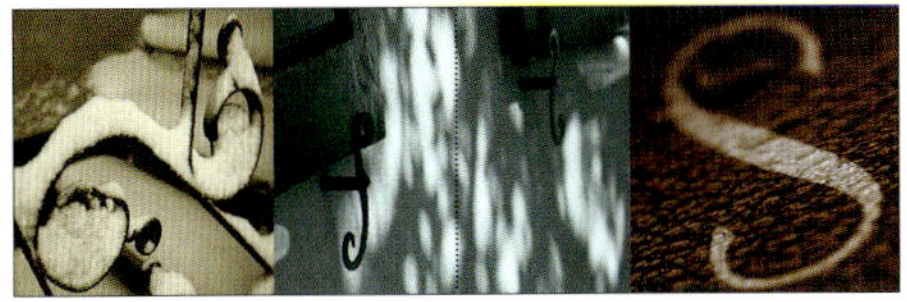

228 229

Obwohl sie inhaltliche Ähnlichkeiten aufweisen, transportieren die Bilder auf dieser Doppelseite dennoch eine gewisse Individualität – nicht zuletzt durch die unterschiedliche Farbgebung. Ich färbte die Bilder mithilfe der vielfältigen Regler in den Schwarzweiß-Einstellungen in Photoshop.

Diese Blume in Form einer Lippe fand ich auf einer Wanderung in einem Naturpark im Dschungel in Belize. Bereits als ich sie fotografierte, wusste ich, dass ich sie meiner Sammlung von Ähnlichkeiten hinzufügen würde – ich musste nur einen Mund mit gut geschminkten Damenlippen finden – und das Porträt fotografieren.

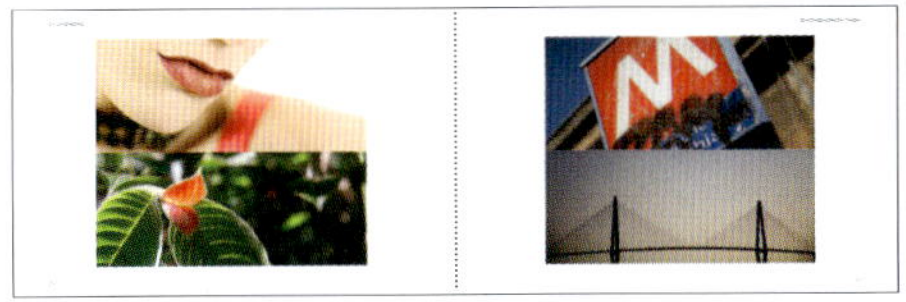

230 231

In manchen Fällen ist die optische oder thematische Ähnlichkeit zwischen den Fotos in diesem Kapitel offensichtlich. In anderen Fällen eher nicht. Wenn Sie eine Sammlung von Ähnlichkeiten aus Ihren Fotos zusammenstellen müssten, wie klar müssten diese Beziehungen sein?

Von links: Ein Eimer als improvisierter Aschenbecher bei einer Hochzeit im Freien; das runde »O« einer Reifenschaukel über seinem ovalen Schatten; ein provisorisches Münzwurfspiel – aufgemalt auf ein Ponton in der Nähe eines Fähranlegers – sammelt Trinkgeld für die findigen Dockarbeiter; ein frostiger Schnee-Donut auf einer Mülltonne.

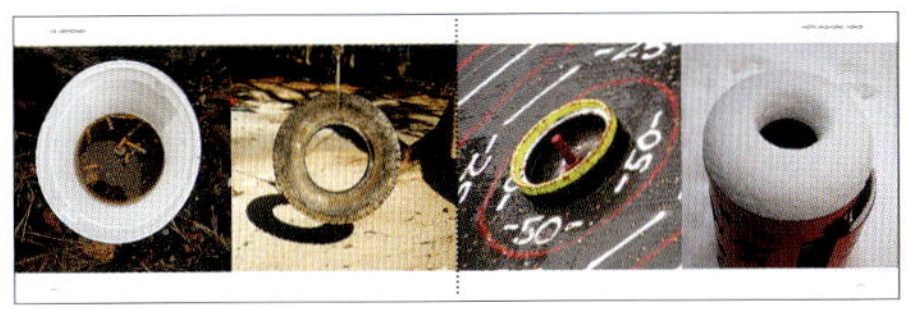

232 233

Wenn Sie die aufgeweichten Zigaretten im Eimer links entdeckt hätten, hätten Sie fotografiert? Ich meine nicht, dass Sie es vielleicht nicht getan hätten – oder dass ich etwas Besonderes bin, weil ich abgedrückt habe –, ich will damit nur Folgendes sagen: Wenn es ein so unspektakuläres Foto wie dieses irgendwann in eine private Sammlung schafft (oder sogar auf eine gedruckte Buchseite), was sollte uns also daran hindern, Fotos von allem und jedem aufzunehmen und zu speichern?

Ein paar Tipps für alle, die ihre eigene Fotosammlung nach Paaren und Serien von Ähnlichkeiten durchsuchen: Legen Sie sich nicht vorher fest – Sie können überhaupt nicht wissen, welche Assoziationen auftauchen, wenn Sie herumstöbern; und wenn Sie ein spannendes Einzelfoto finden, legen Sie es in einen »Warteschleife«-Ordner, wo Sie es wiederfinden, wenn ein passendes zweites Bild auftaucht.

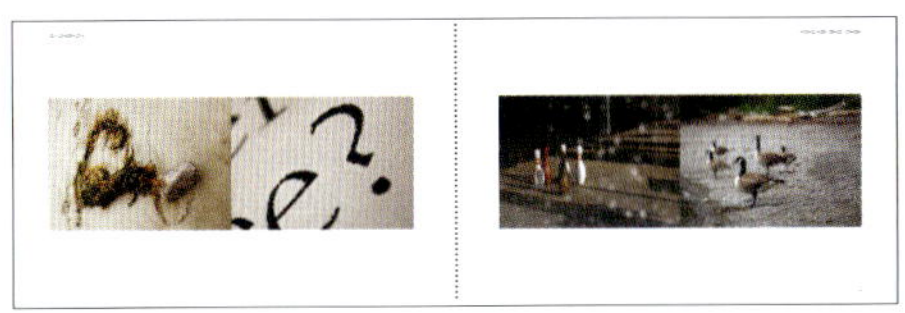

234 235

Im Vergleich zum großen Ganzen war es sicher nichts Weltbewegendes, aber als ich die frappierende Ähnlichkeit zwischen diesen beiden Bildern feststellte, hielt ich das schon für einen seltenen Glücksfall.

14

Metapher und Andeutung

Sie können Immaterielles zwar nicht berühren, wohl aber fotografieren. Nehmen wir den Inhalt dieses Bildes – abgesehen von einer Weinrebe, die sich um einen Metallpflock schlingt, was sehen Sie noch? (Vielleicht ist sehen hier auch das falsche Wort – was nehmen Sie wahr?) Spüren Sie etwas wie Harmonie oder Koexistenz? Oder andere Assoziationen: Streben oder Anstrengung? Das alles ist da – und all das ist ein Thema oder vielleicht ein Text, um den Betrachter in eine gewisse Richtung zu lenken.

Werbekunden und Designer verwenden oft metaphorische Bilder wie dieses auf Buchumschlägen oder CD-Covers, in Zeitschriftenartikeln und Werbeanzeigen.

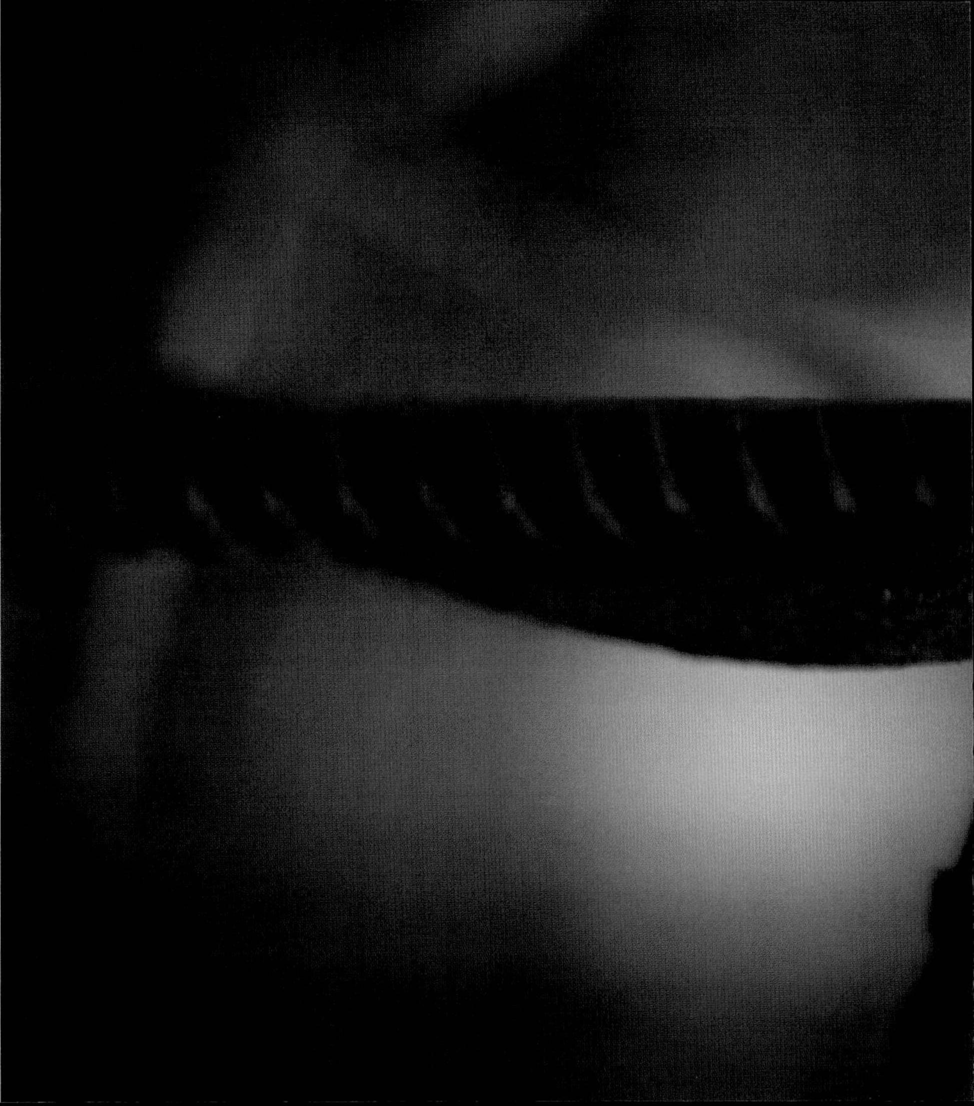

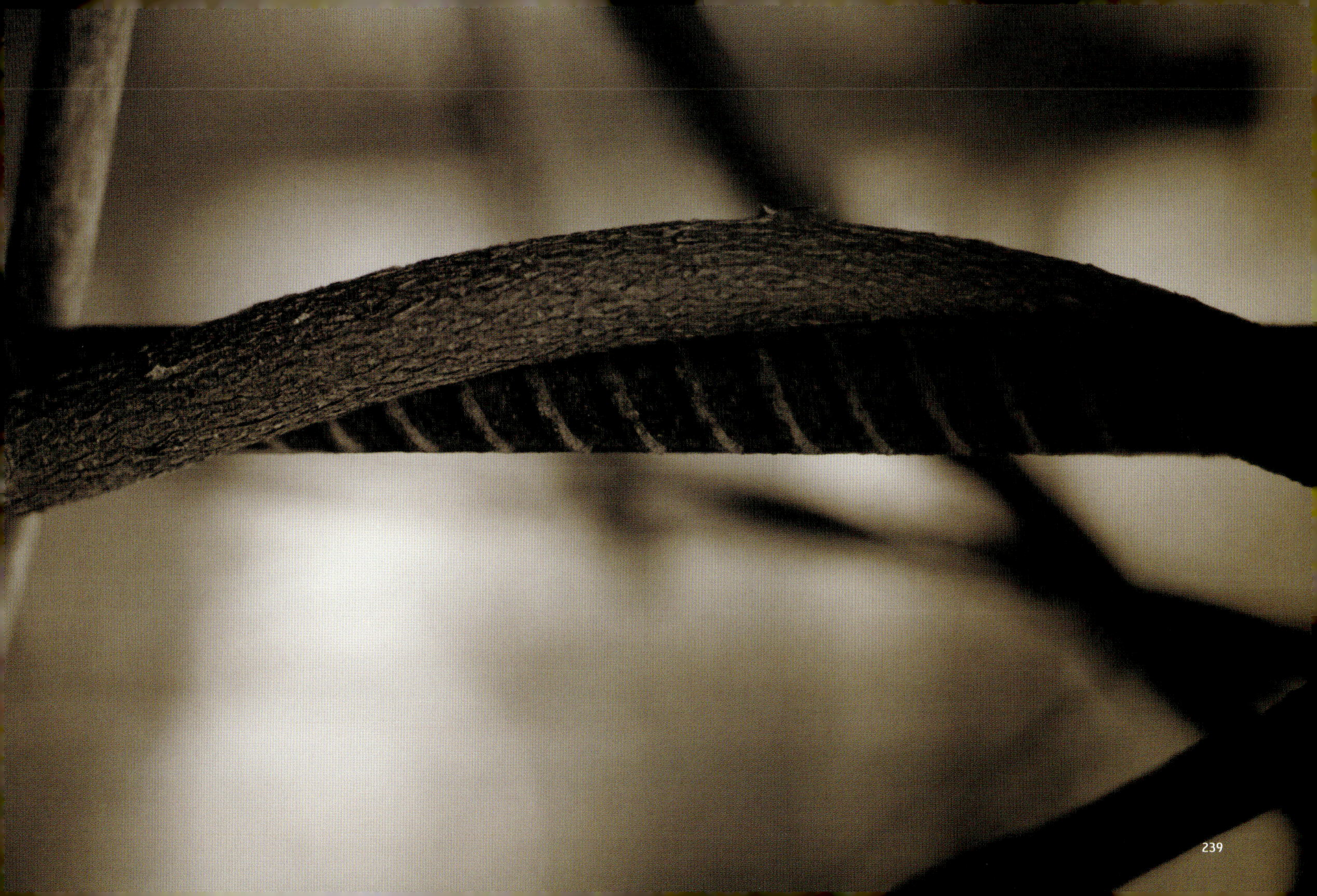

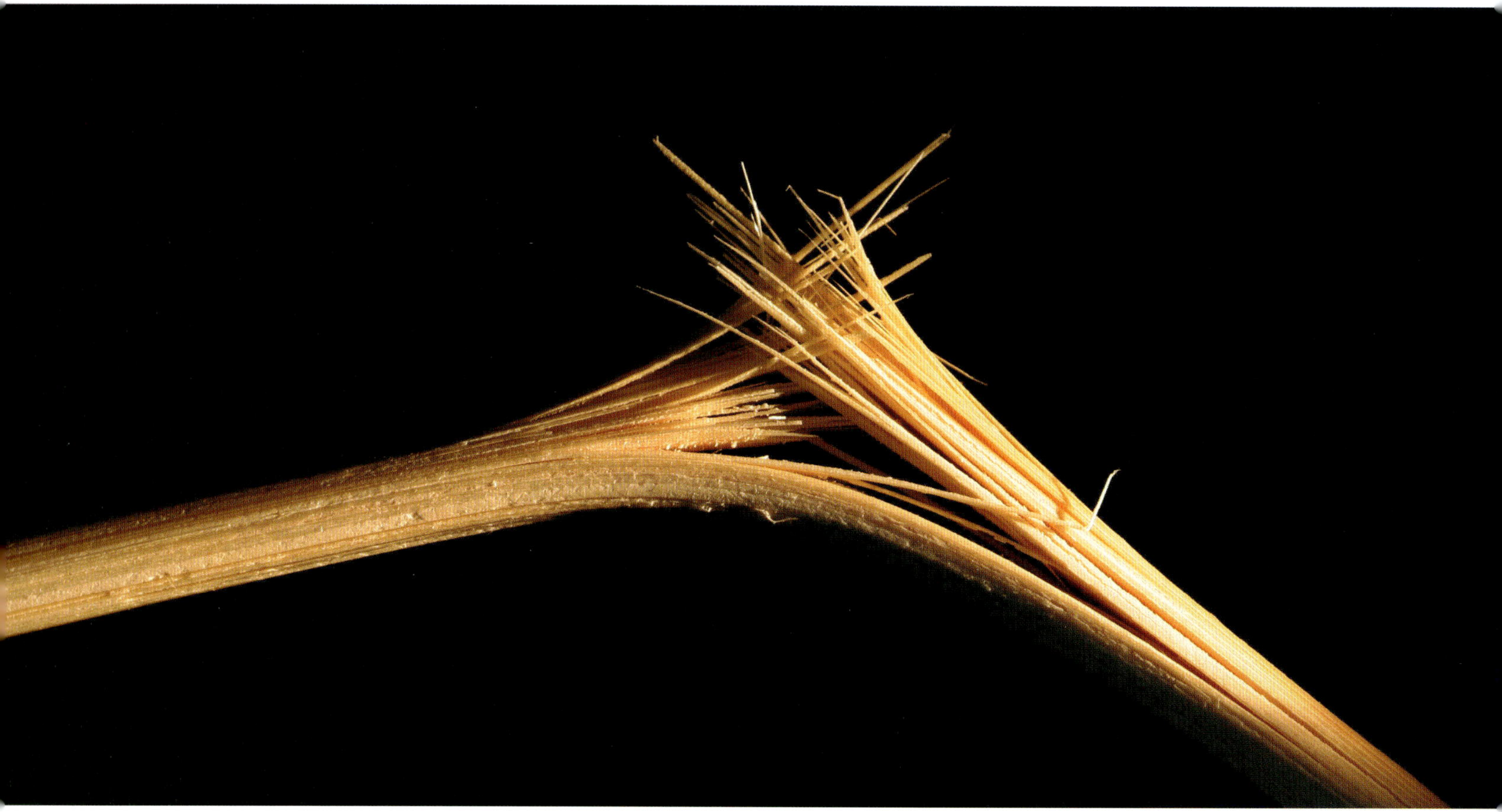

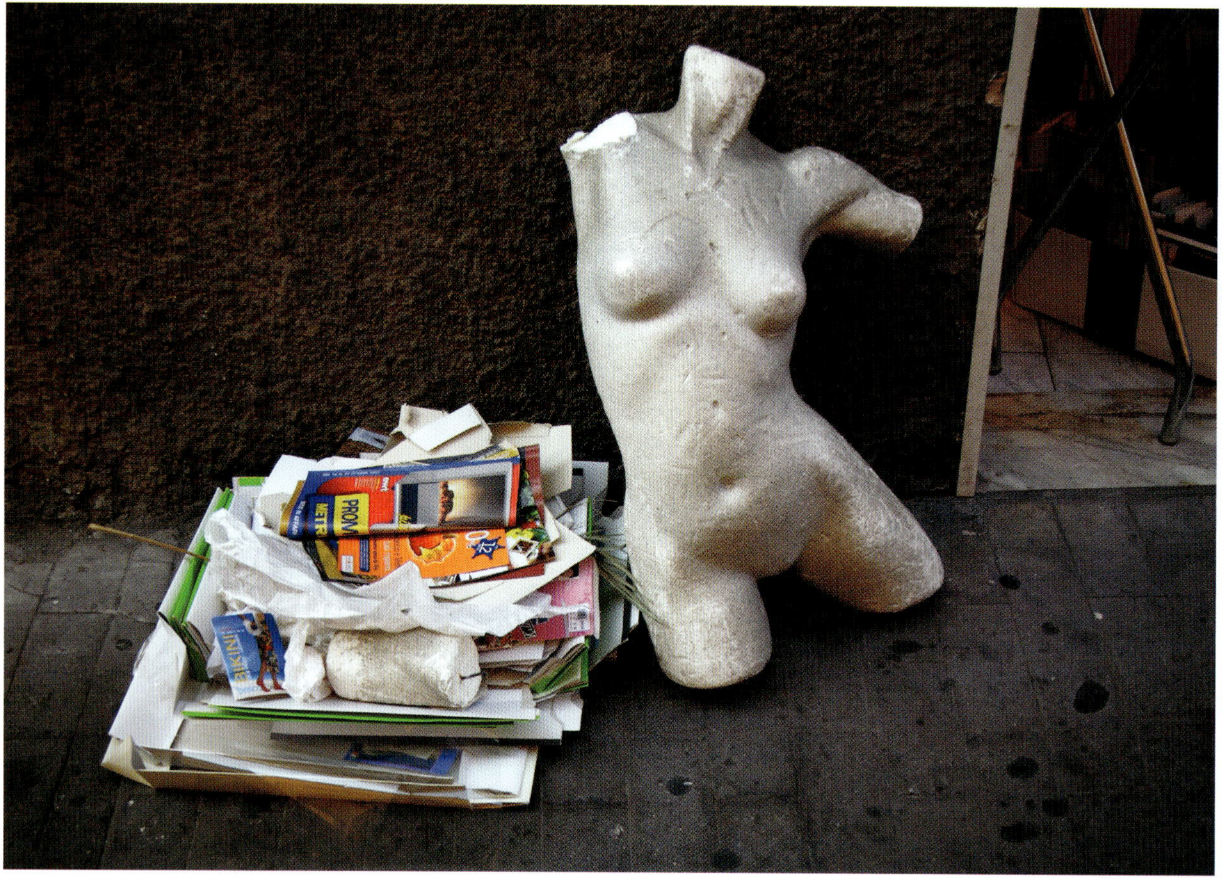

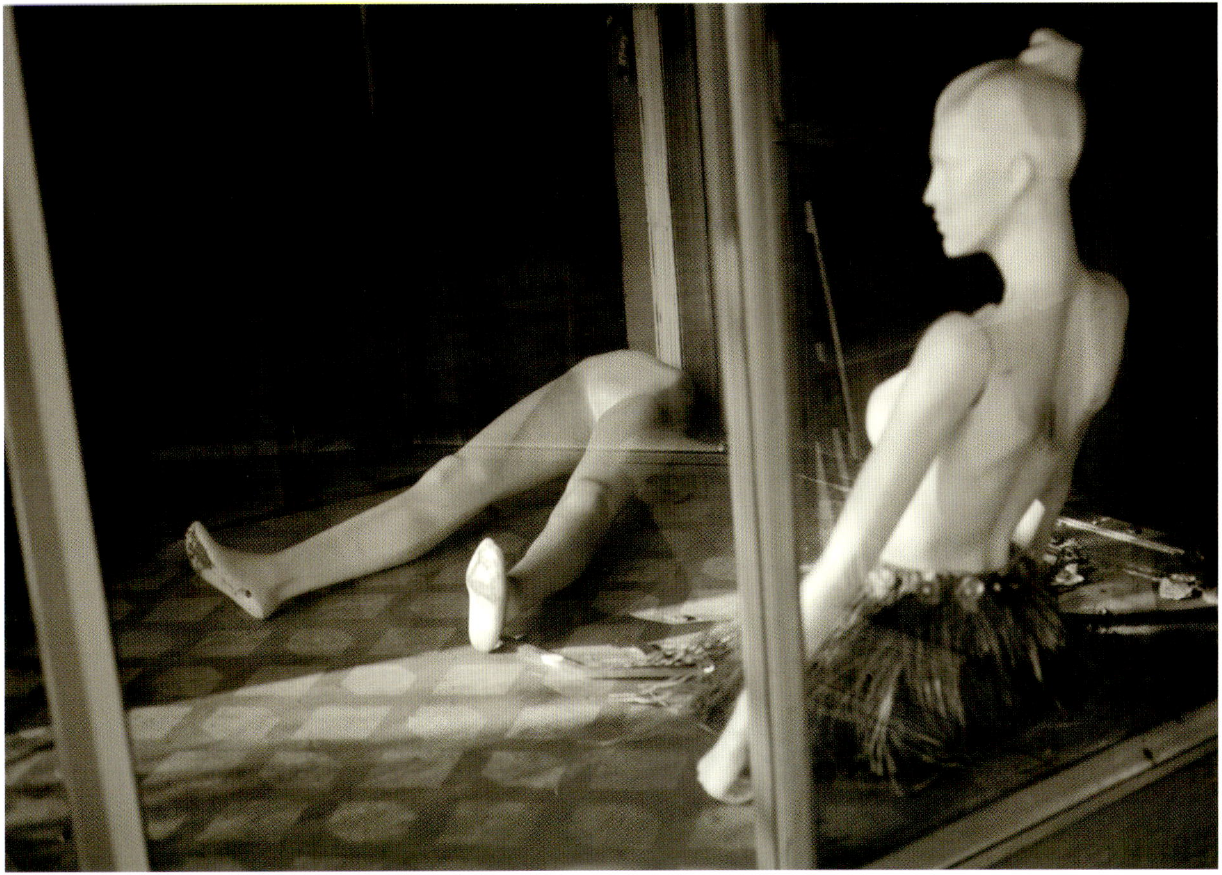

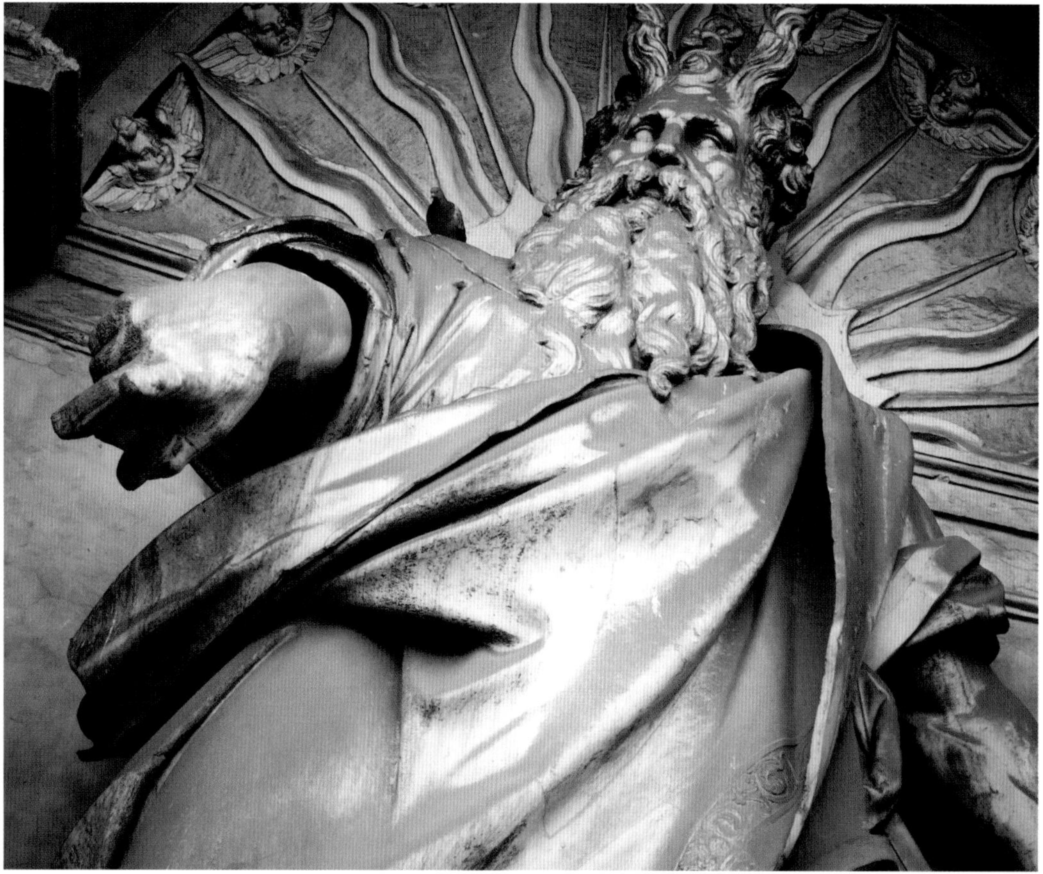

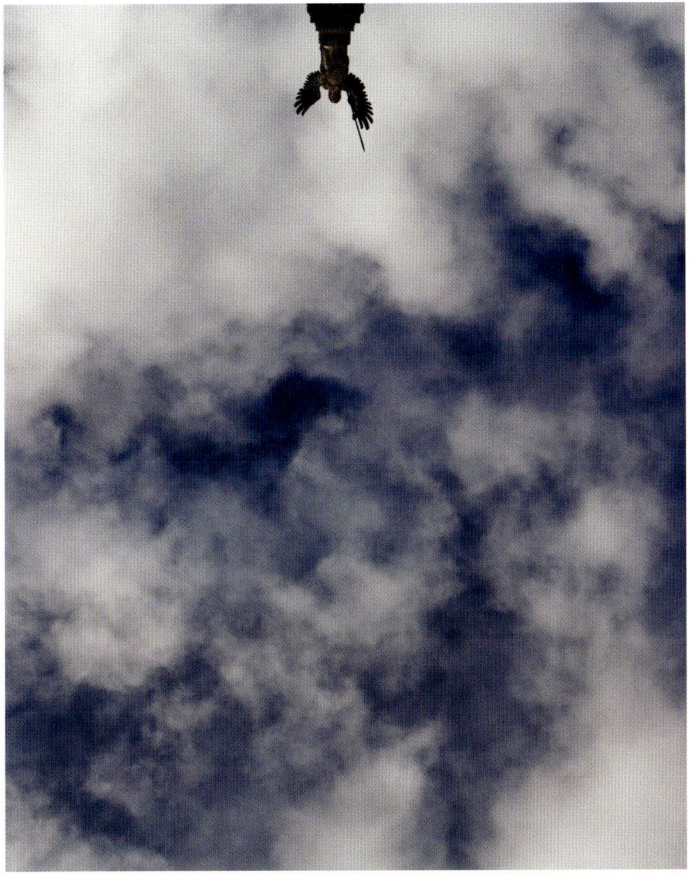

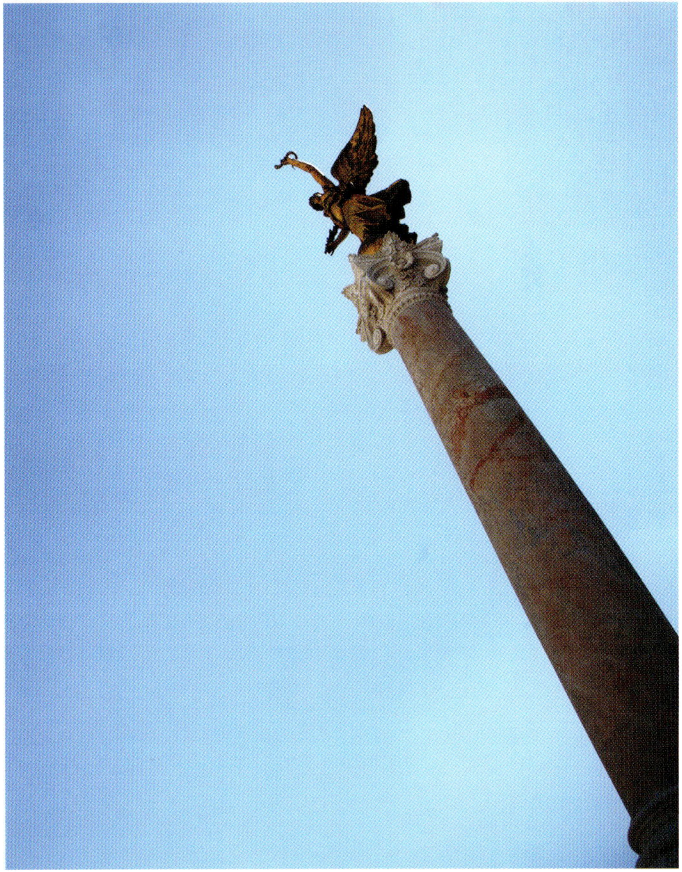

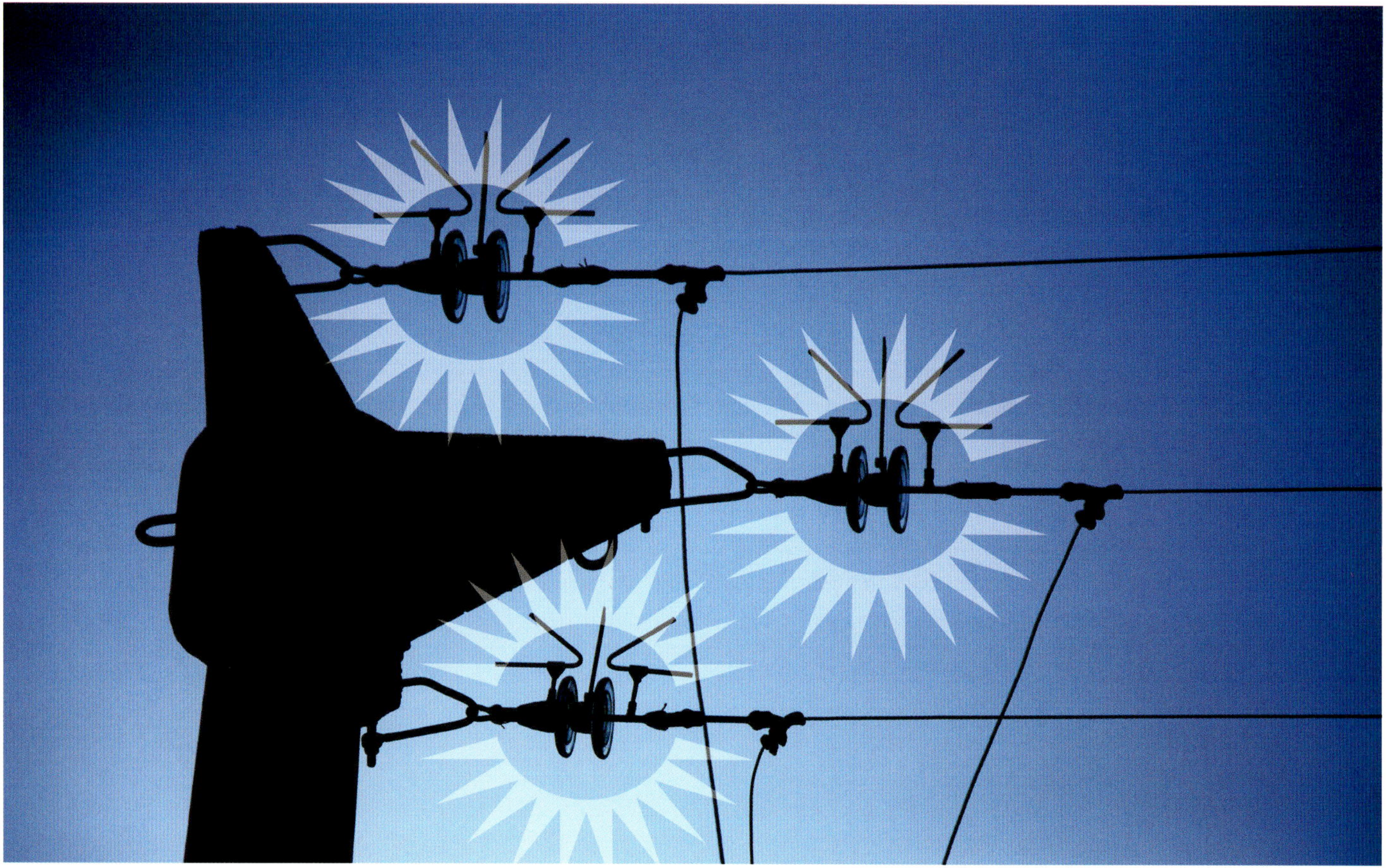

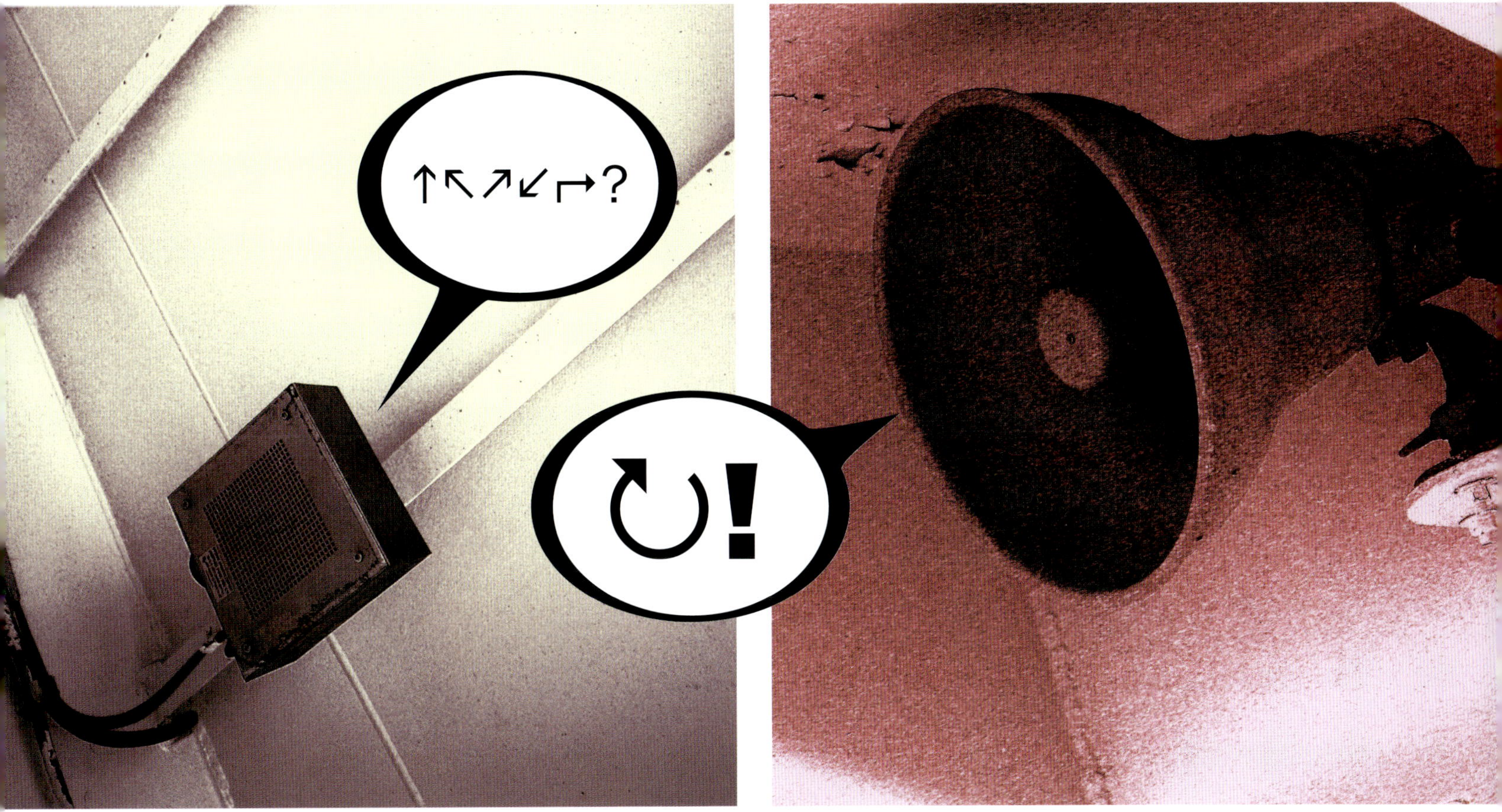

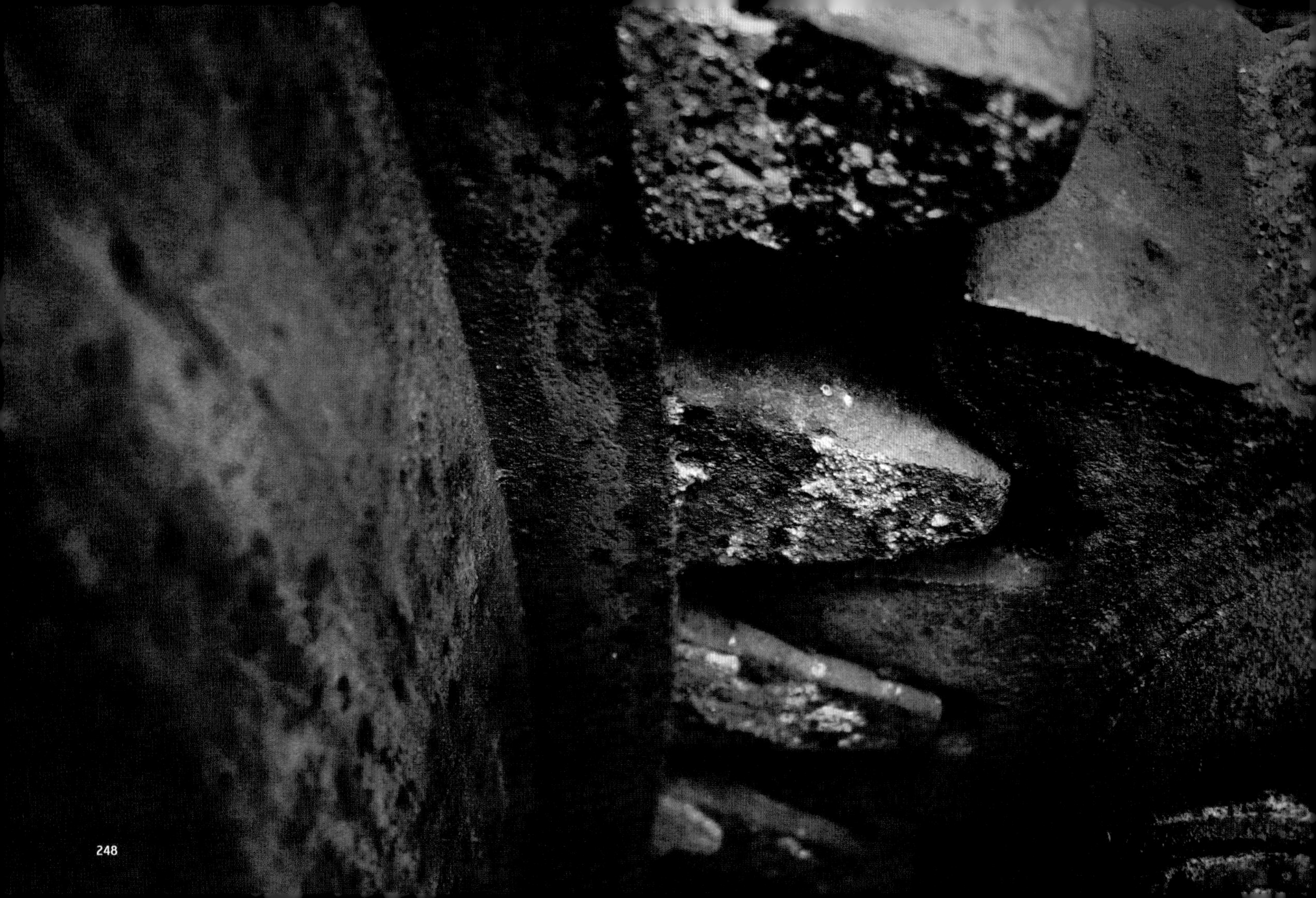

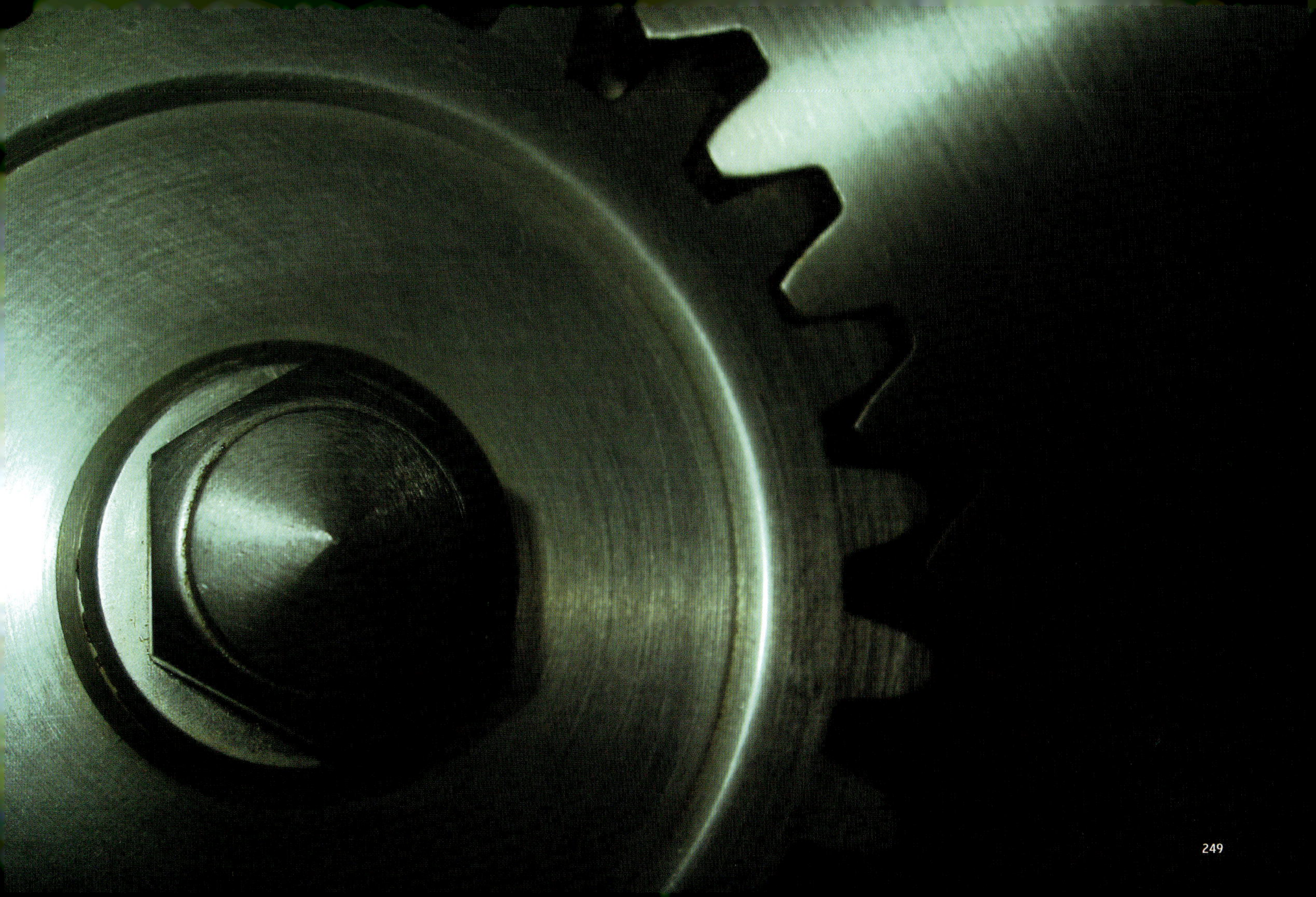

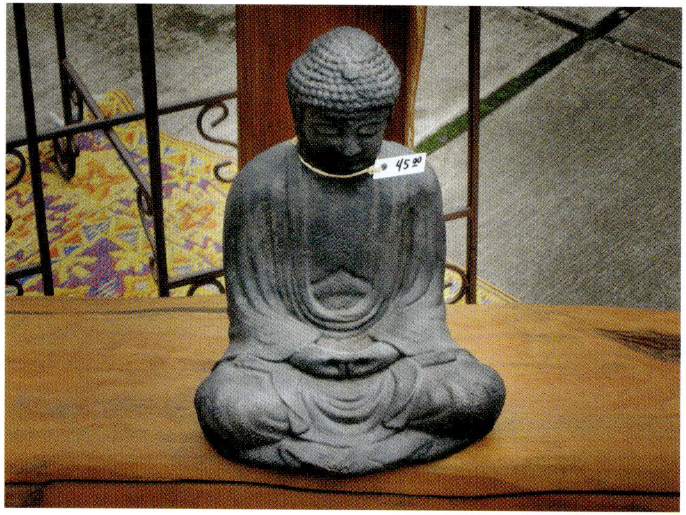
45.00

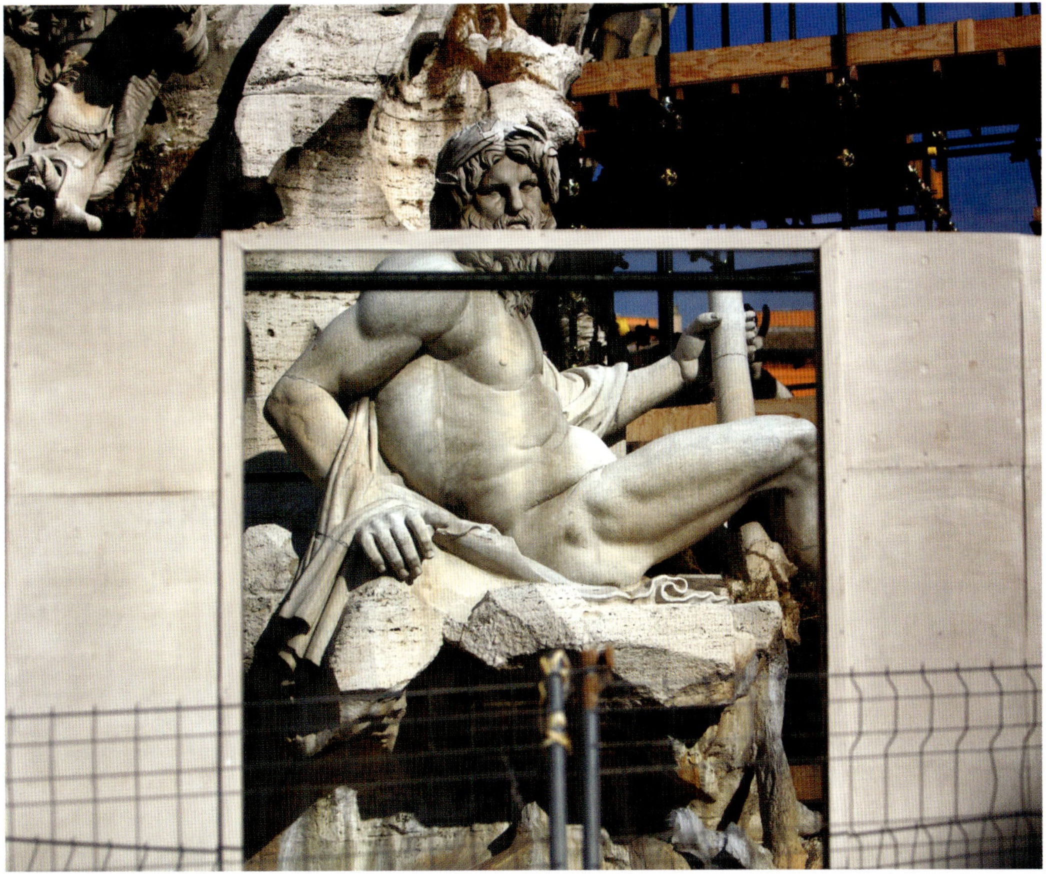

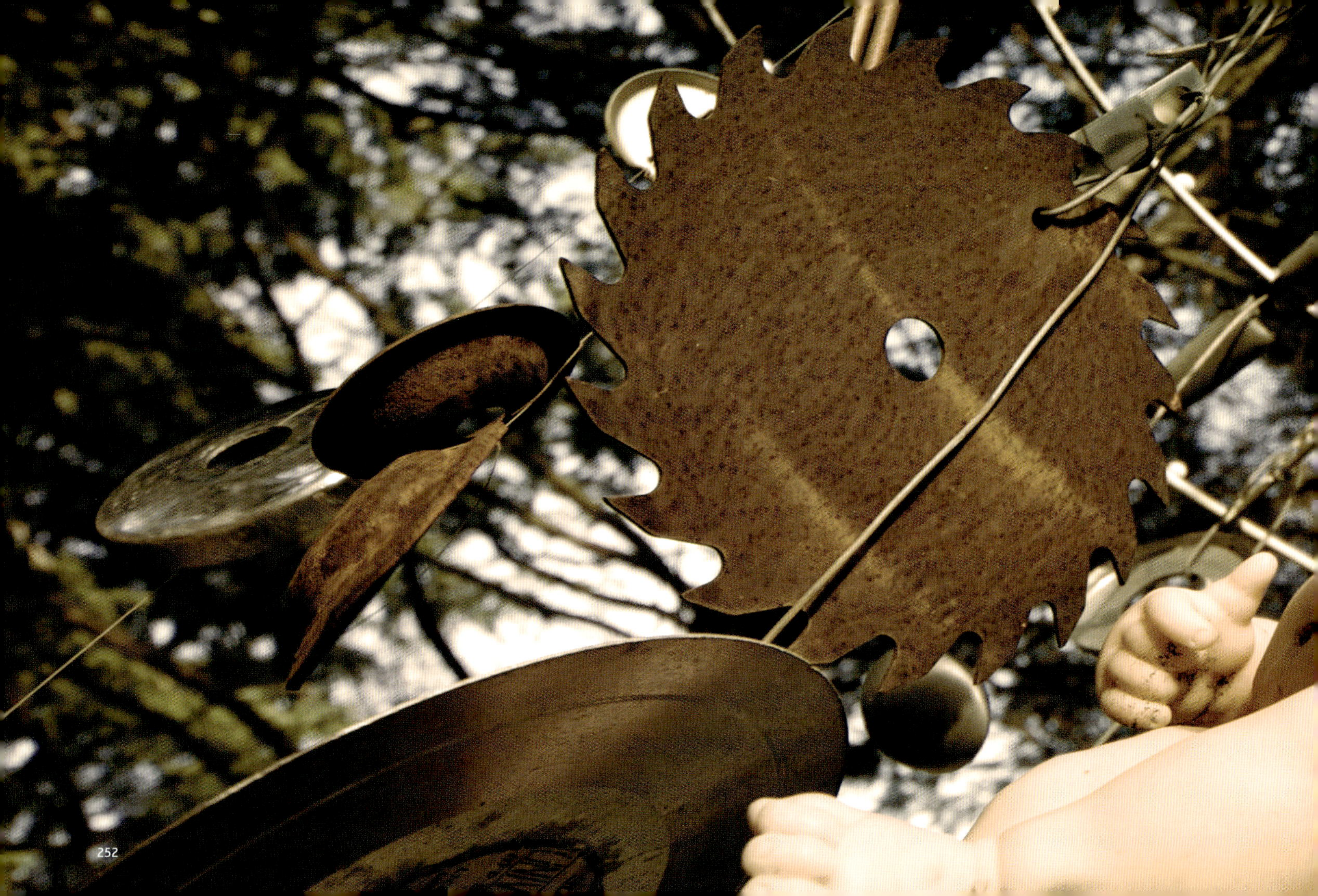

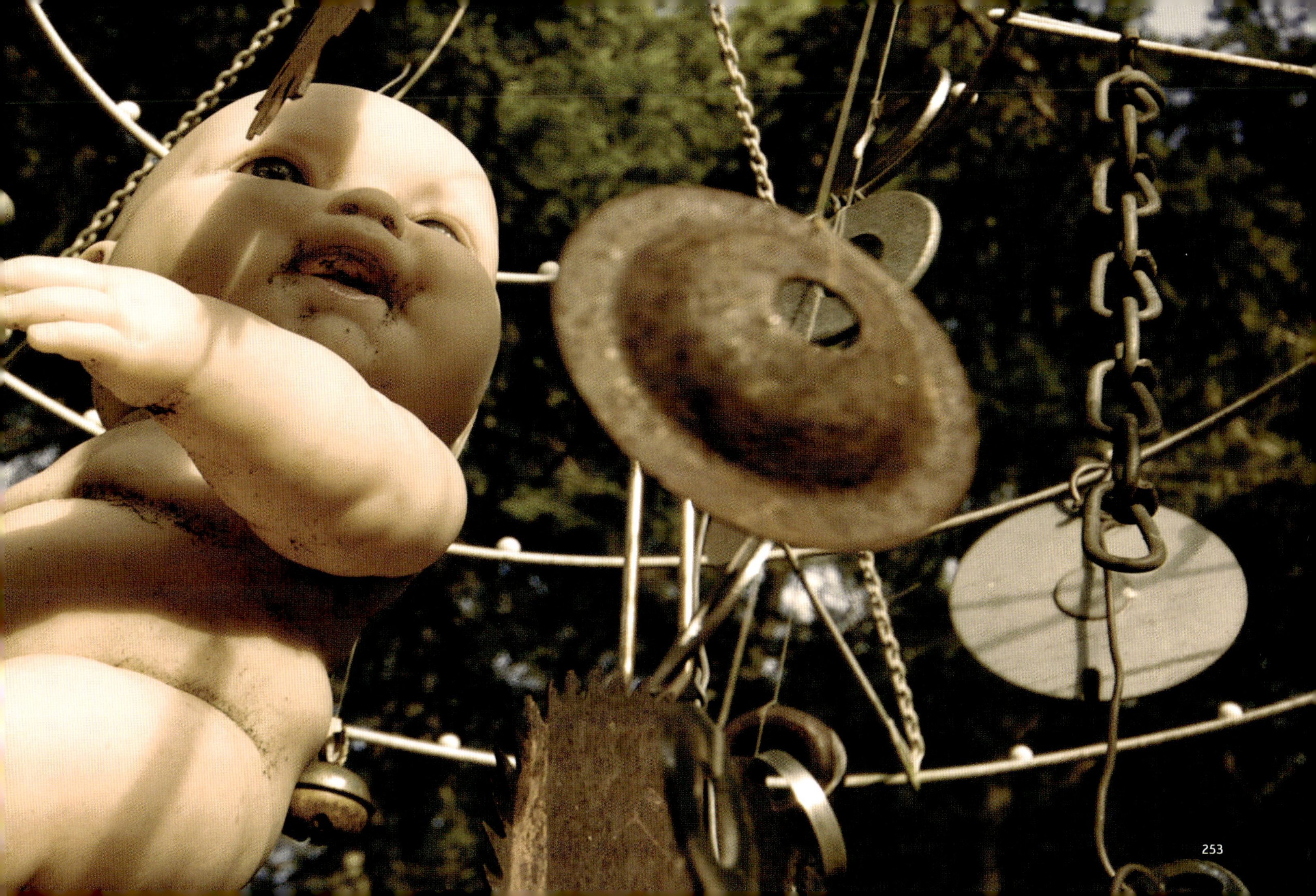

Dieses Bild einer Weinrebe, die sich um einen Stahldraht wickelt, fand ich außerhalb eines kleinen Landwarenhauses. Zum Glück hatte ich mein Auto in der Nähe geparkt – und war auf einen Fototag vorbereitet –, konnte also mein 50-mm-Objektiv holen und in Studioqualität mit geringer Schärfentiefe fotografieren. Später wandelte ich das Foto in Graustufen um, um die Stimmung im Bild besser zu transportieren.

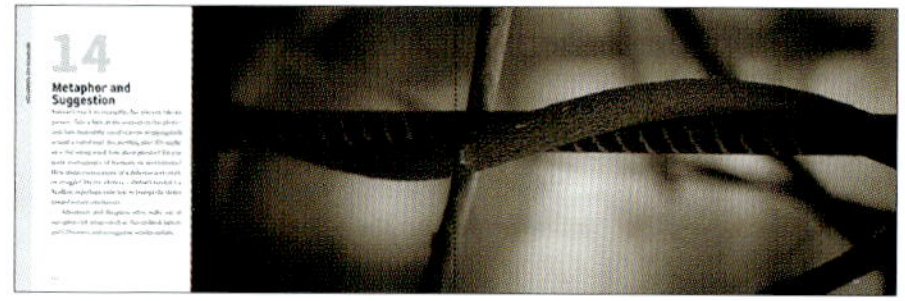

238 239

Die Assoziation zwischen Wein und Stahldraht könnte man als harmonisches Aufeinandertreffen von Gegensätzen verstehen. Oder man interpretiert es als Metapher für einen Kampf. Mit etwas Text könnte man ein Foto wie dieses thematisch in eine bestimmte Richtung lenken.

Eigentlich logisch, dass ein Foto wie dieses als Illustration für Artikel über Nervenzusammenbrüche oder andere emotionale Problemsituationen herangezogen wird. Solche Bilder findet man häufig zur Unterstützung – oder als Ersatz – für Text in Werbung, Design und Literatur. Hier fotografierte ich übrigens einen zerbrochenen Kebap-Spieß.

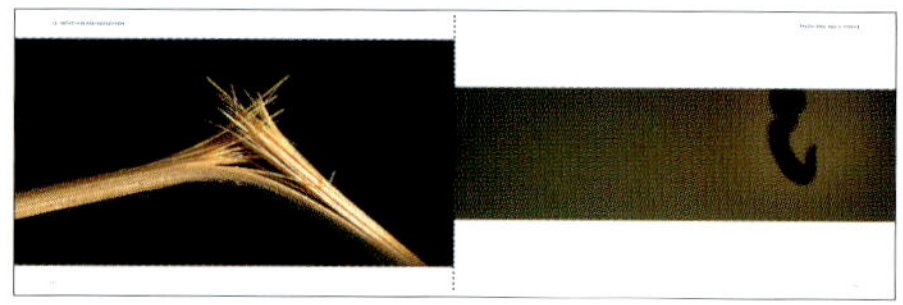

240 241

Dieses Foto eines schweren Hakens, der von einer düsteren Decke eines Lagerhauses hängt, kommuniziert Unbehagen und Angst. Wenn Sie eine Sammlung von Archivbildern zum Verkauf vorbereiten, lassen sich Fotos mit metaphorischem Potenzial ausgesprochen gut anbieten. Trainieren Sie Ihr Auge und halten Sie nach Material im Alltag Ausschau. Haben Sie immer eine Kamera zur Hand: Man kann nie vorhersagen, wann Ihnen eine Metapher über den Weg läuft.

Und Sie dachten schon, Sie hätten einen schlechten Tag erwischt. Auf dieser Doppelseite kommunizieren ein paar abgetakelte Models ein Gefühl von Angst und Elend.

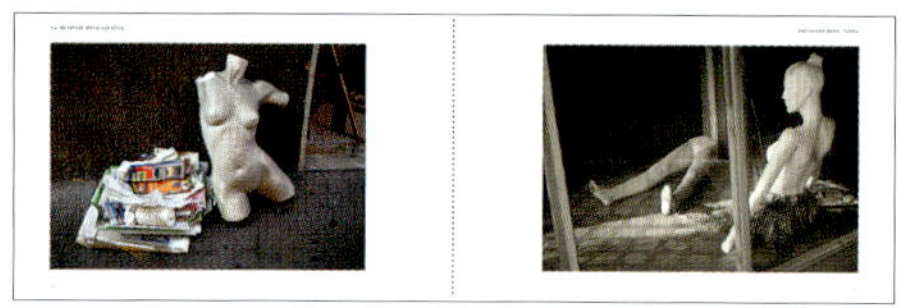

242 243

Zufällige Begegnungen mit solchen Schaufensterpuppen haben häufig zu meinen Lieblingsfotos geführt. An jenem Morgen hatte ich definitiv Glück, als ich dieses Foto aufnahm. Nur wenige Querstraßen von dem demontierten Model auf den Seiten 339 und 340 stieß ich auf dieses wunderschön derangierte Exemplar.

Nur selten auf der Welt trifft man auf so viele ausgezeichnete Skulpturen wie in Florenz und Rom – das sollten Sie im Hinterkopf behalten, wenn Sie Bilder sammeln, die Reproduktionen menschlicher Emotionen einfangen.

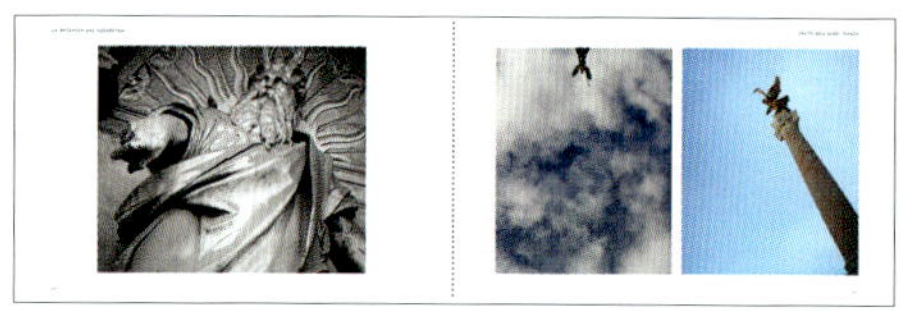

244 245

Wenn Sie fast alles fotografieren, sollten Sie einmal ausprobieren, eine Komposition aus mehr Leerraum als Inhalt zusammenzustellen. Neigen Sie die Kamera hin und wieder so, dass Ihr Motiv in einem ungewöhnlichen Winkel ins Bild tritt. (Und ändern Sie die Wirkung des Bildes vollkommen, indem Sie es verkehrt herum präsentieren.)

Grafische Symbole oder Text können, wenn sie richtig eingesetzt werden, bereits vorhandene Botschaften in einem Bild verstärken. In diesem Bild wurden Explosionen eingezeichnet, um zu unterstreichen, wie viel Energie von den Stromleitungen übertragen wird; gegenüber wurden den gedämpften Fotos von Lautsprechern optisch eine Stimme verliehen, indem ich Sprechblasen und typografische Symbole einsetzte.

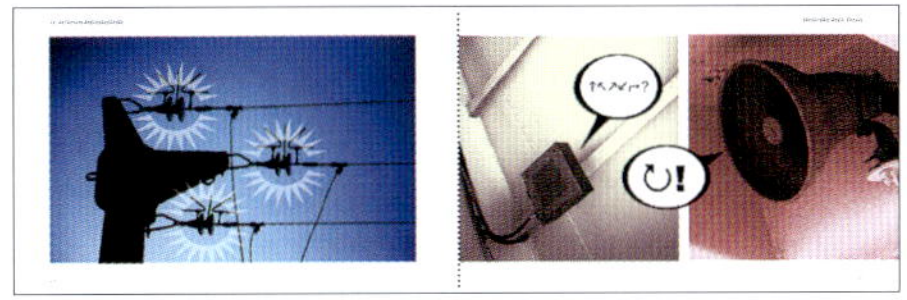

246 247

Wenn Lautsprecher sprechen könnten, was würden sie sagen? Und wie? Wo könnten Sie in Ihren eigenen Bildern »visuelle Stimmen« unterbringen? Welche Botschaften möchten Sie kommunizieren? Lustige? Rührende? Sachliche? Politische?

In diesem Bild vermitteln die beiden starken Zahnräder industrielle Stärke und Geschlossenheit. Der optisch raue Eindruck wurde verstärkt, indem ich die Farben mit Schwarzweiss in Photoshop umwandelte. Mit Gradationskurven intensivierte ich die Tonwerte im Bild und erhöhte den Kontrast.

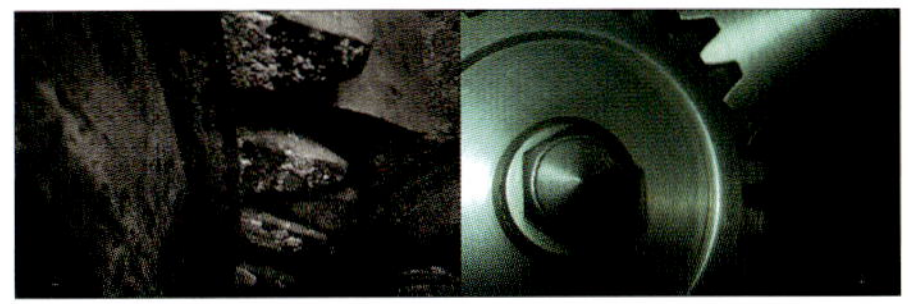

248 249

Hier kommunizieren die schlanken und sauberen Zähne einer völlig anderen Zahnradfamilie eher Erfahrung und Effizienz. Welche Botschaft Sie auch immer mit einem Foto vermitteln wollen, bearbeiten Sie es so, dass Sie die Botschaft bzw. das Thema damit weiter verstärken und unterstreichen. Dieses Bild besserte ich mit einem Aqua-Farbton in Fotofilter auf.

Was kostet die Erleuchtung? In dieser Szene sehen Sie eine geschnitzte Skulptur in friedlicher Meditation, vom kruden Preisschild an ihrem Hals völlig unberührt.

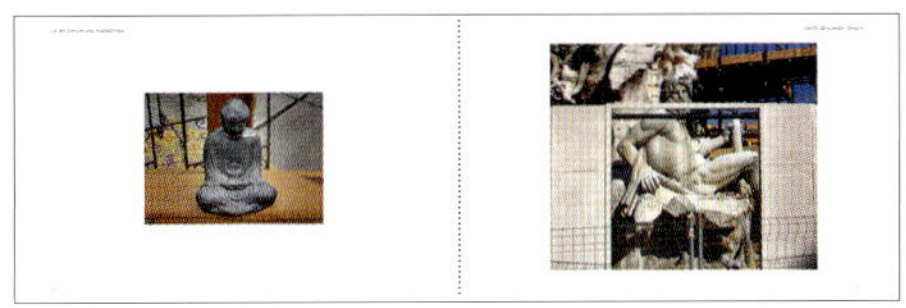

250 251

Beim Umbau gedemütigt. Eine stattliche Figur von Berninis Vierströmebrunnen schaut hinter einem Bauzaun hervor (ein ähnliches Foto sehen Sie auf Seite 224). Sind Sie auch schon weit gereist, um ein bestimmtes Kunstobjekt oder ein Gebäude zu fotografieren, nur um feststellen zu müssen, dass es gerade von Gerüsten umstellt oder renoviert wird? Aber verzagen Sie nicht (also nicht völlig) – machen Sie das Beste aus der Situation und fotografieren Sie eben anders.

Was hat das alles zu bedeuten? Weiß ich auch nicht, aber hier musste ich einfach meine Kamera holen, als ich an diesem verrückten Mobile vor einem Gebrauchtwarenhandel vorüberkam.

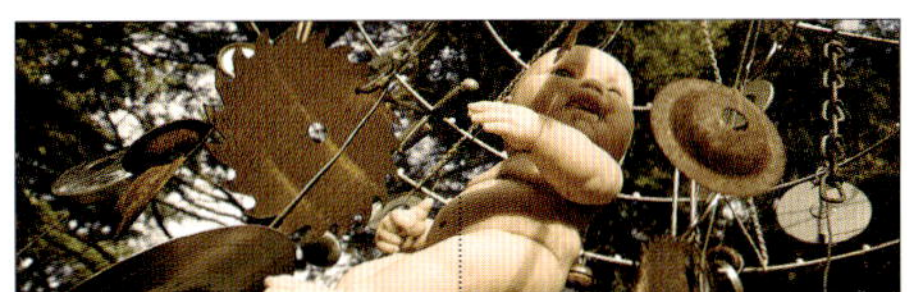

252 253

Diese Aufnahme machte ich mit einem 15-mm-Fischaugenobjektiv. Ich musste mich dazu auf die Zehenspitzen stellen und die Kamera hoch über meinen Kopf halten. Nach jedem Foto überprüfte ich das Ergebnis auf dem LCD der Kamera (es dauerte etwas, bis ich brauchbare Fotos in der Hand hielt). Ich habe nichts gegen Filmkameras, aber dieses LCD an meiner Digitalkamera schätze ich dennoch sehr, vor allem, wenn ich ins Blaue fotografieren muss.

15

Zeichensprache

Schilder können sprechen. Und ihre visuelle Stimme wird nicht nur durch Buchstaben, Zahlen, Wörter und Symbole transportiert, sondern auch durch deren Stil, Design, Farben und den Zustand des Schildes selbst. (Schließlich gilt dieser Spruch nicht nur für Menschen: »Es kommt nicht nur darauf an, was du sagst, sondern wie du es sagst.«)

Aufgrund ihrer vielschichtigen Botschaft und Ästhetik sind Schilder für Fotografen besonders wertvoll – nicht nur als Einzelmotive, sondern auch zur konzeptionellen und thematischen Unterstützung ihrer Umgebung.

Am Ende dieses Kapitels erwähne ich einige Projektideen mit Schilder-Bildern. Schauen Sie sie sich an, wenn Sie nach weiteren Gründen suchen, diese ausdrucksstarken und vielseitigen Motive abzulichten.

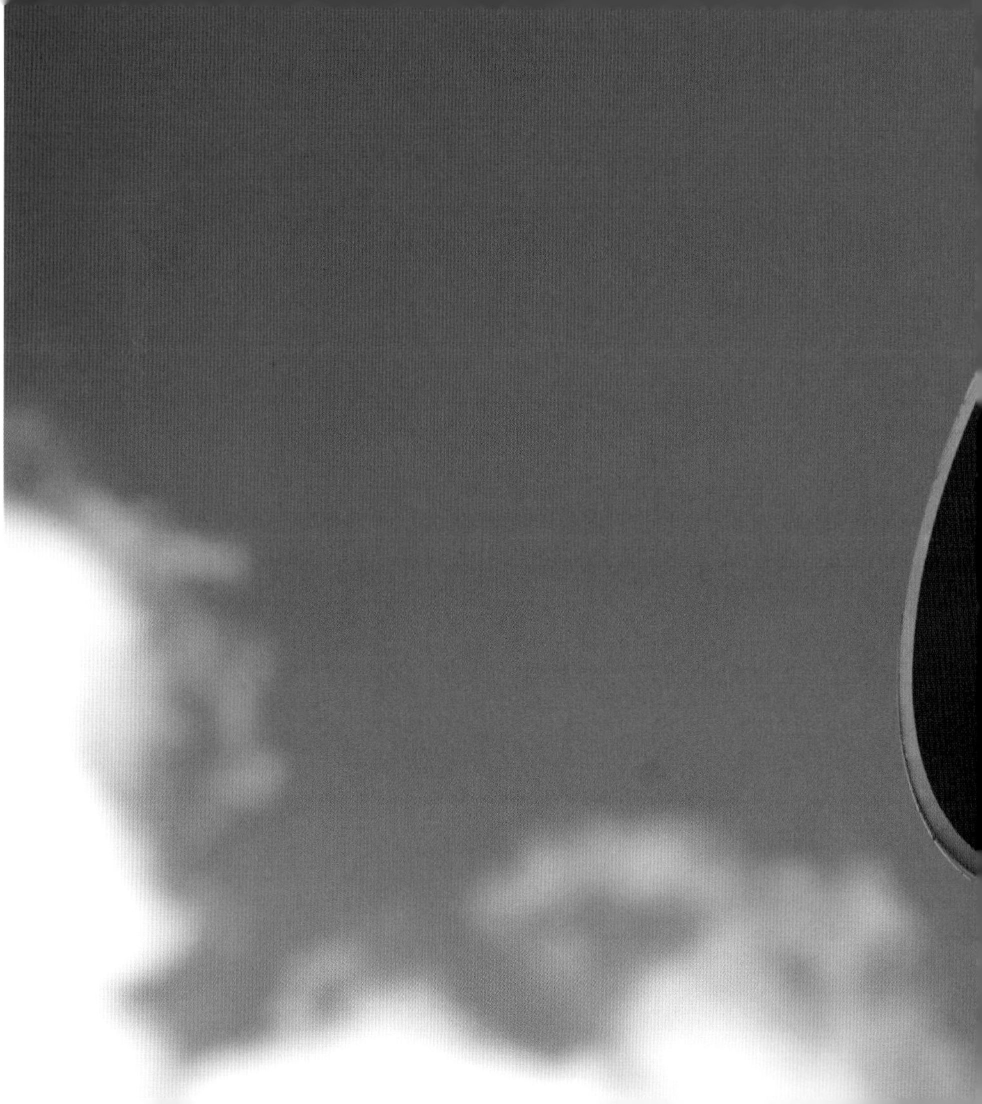

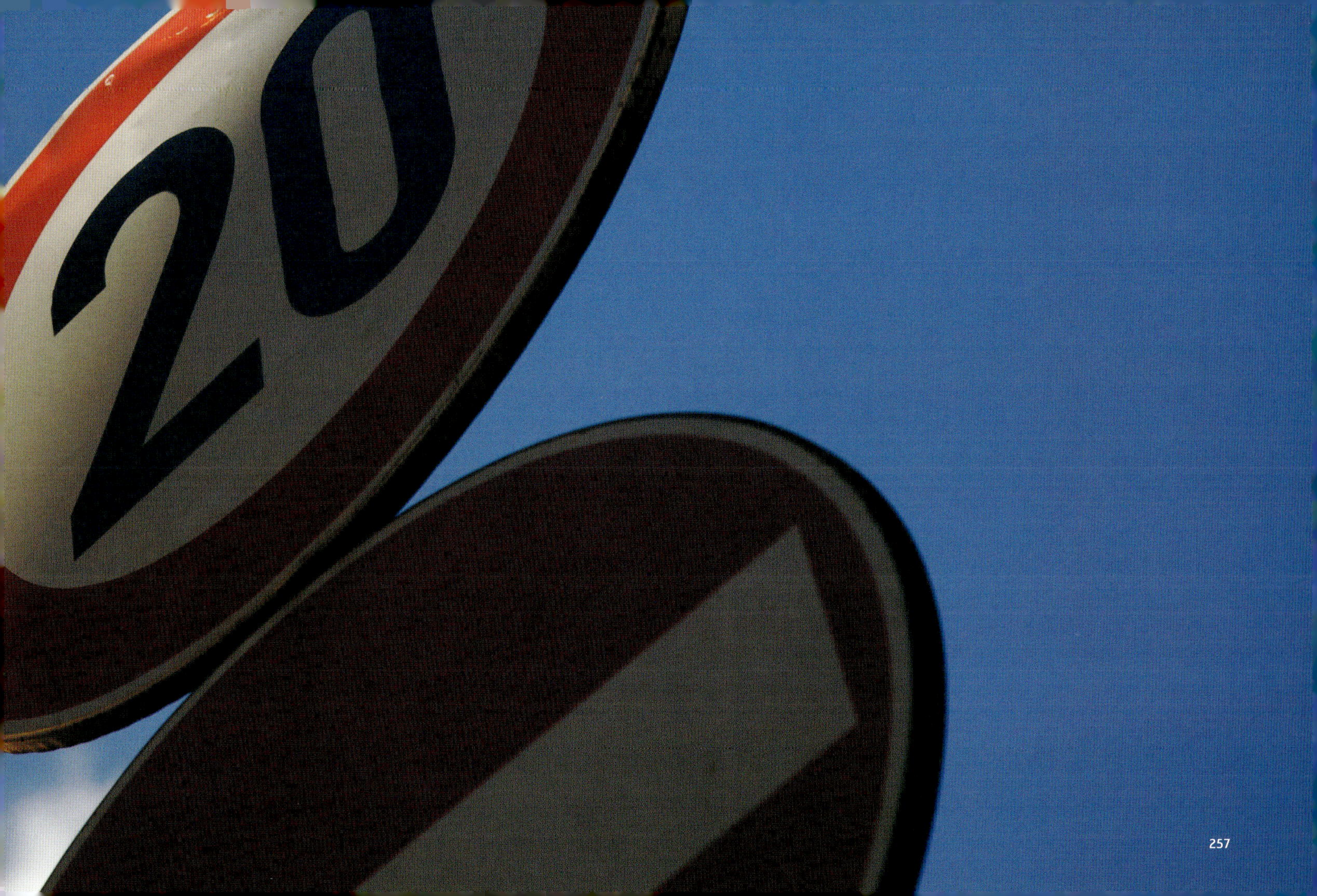
20

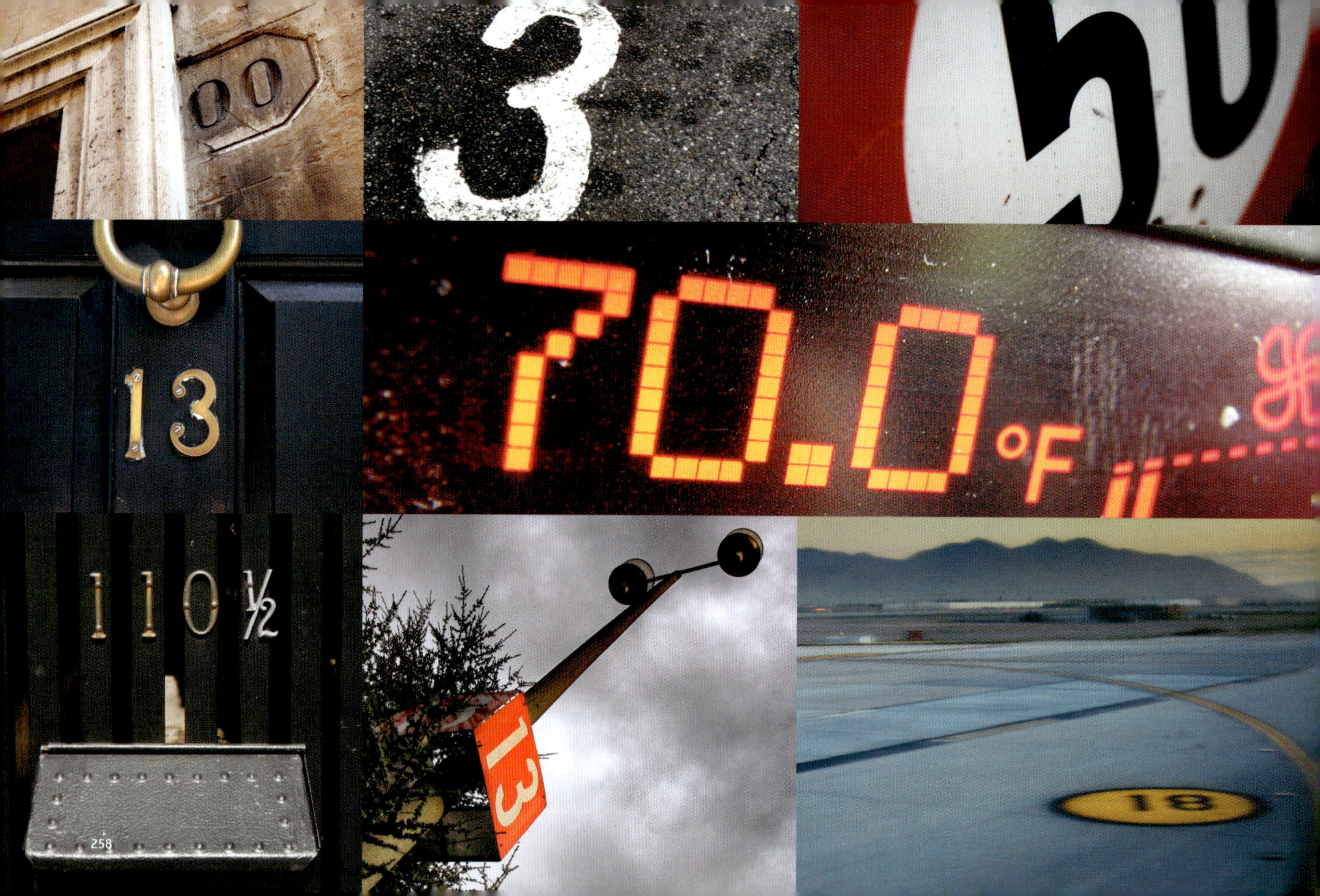
00
3
13
70.0 °F
110½
13
18

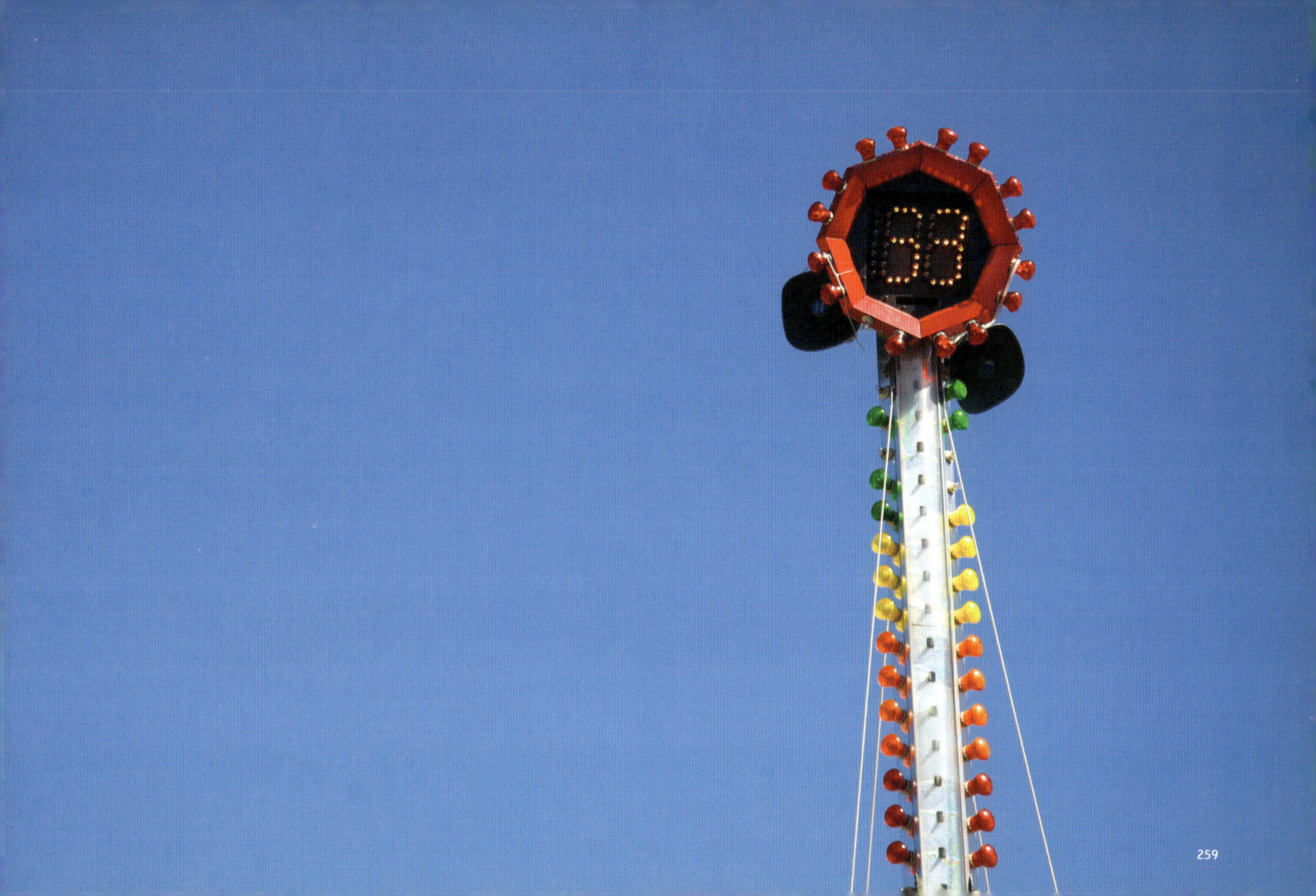
68

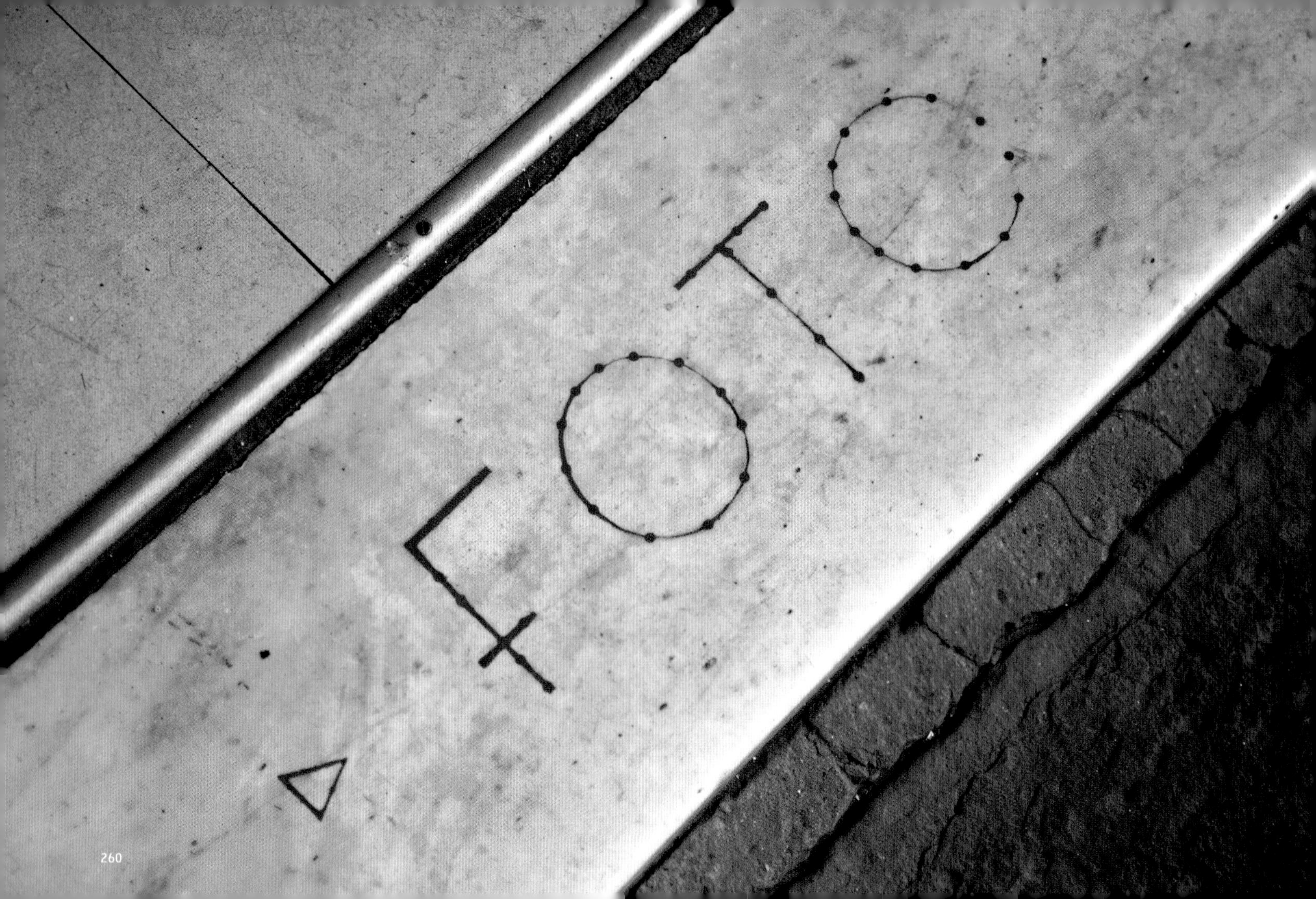

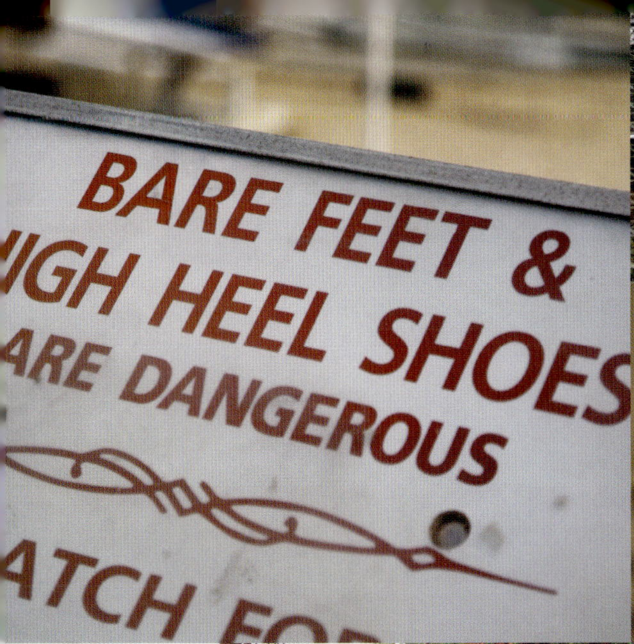
BARE FEET &
IGH HEEL SHOES
ARE DANGEROUS
ATCH FO

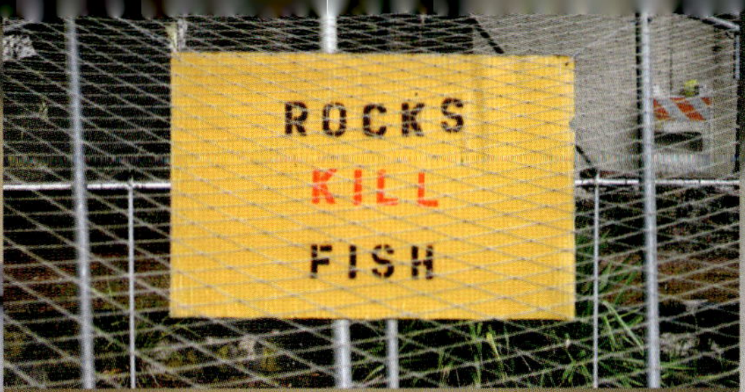
ROCKS
KILL
FISH

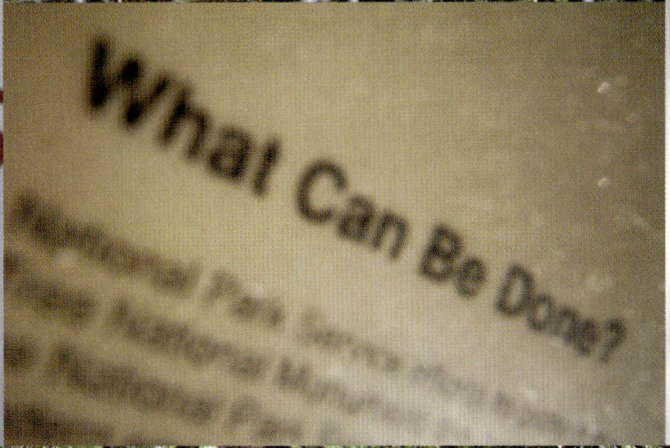
What Can Be Done?

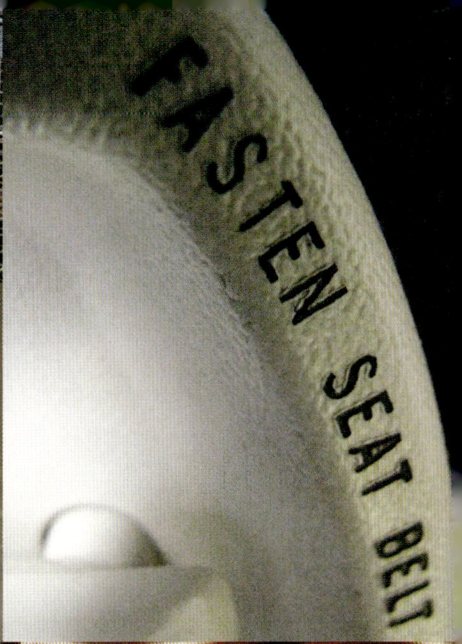
FASTEN SEAT BELT

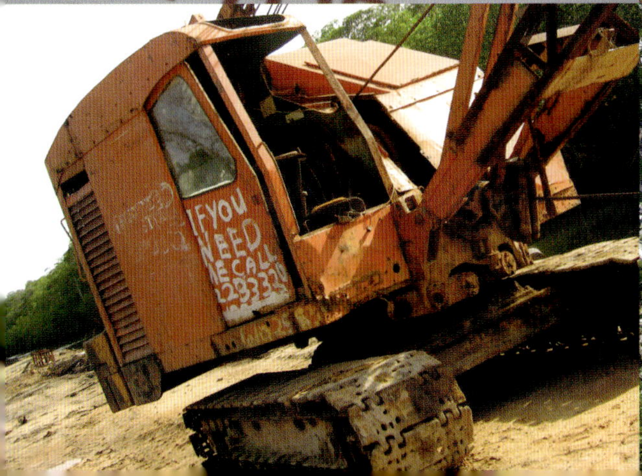
IFYOU
NEED

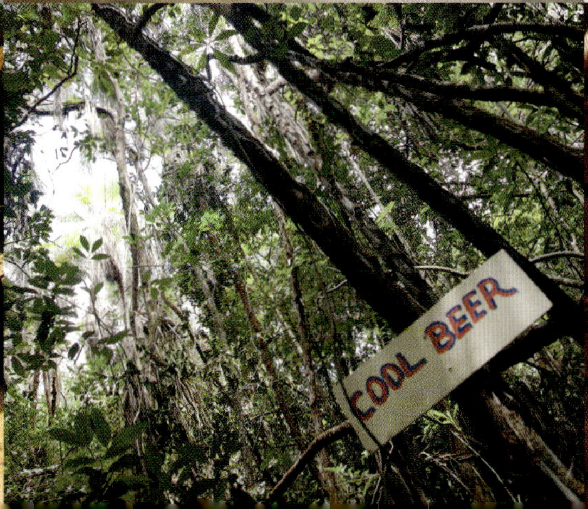
COOL BEER

NO
BLOOD
FOR OIL

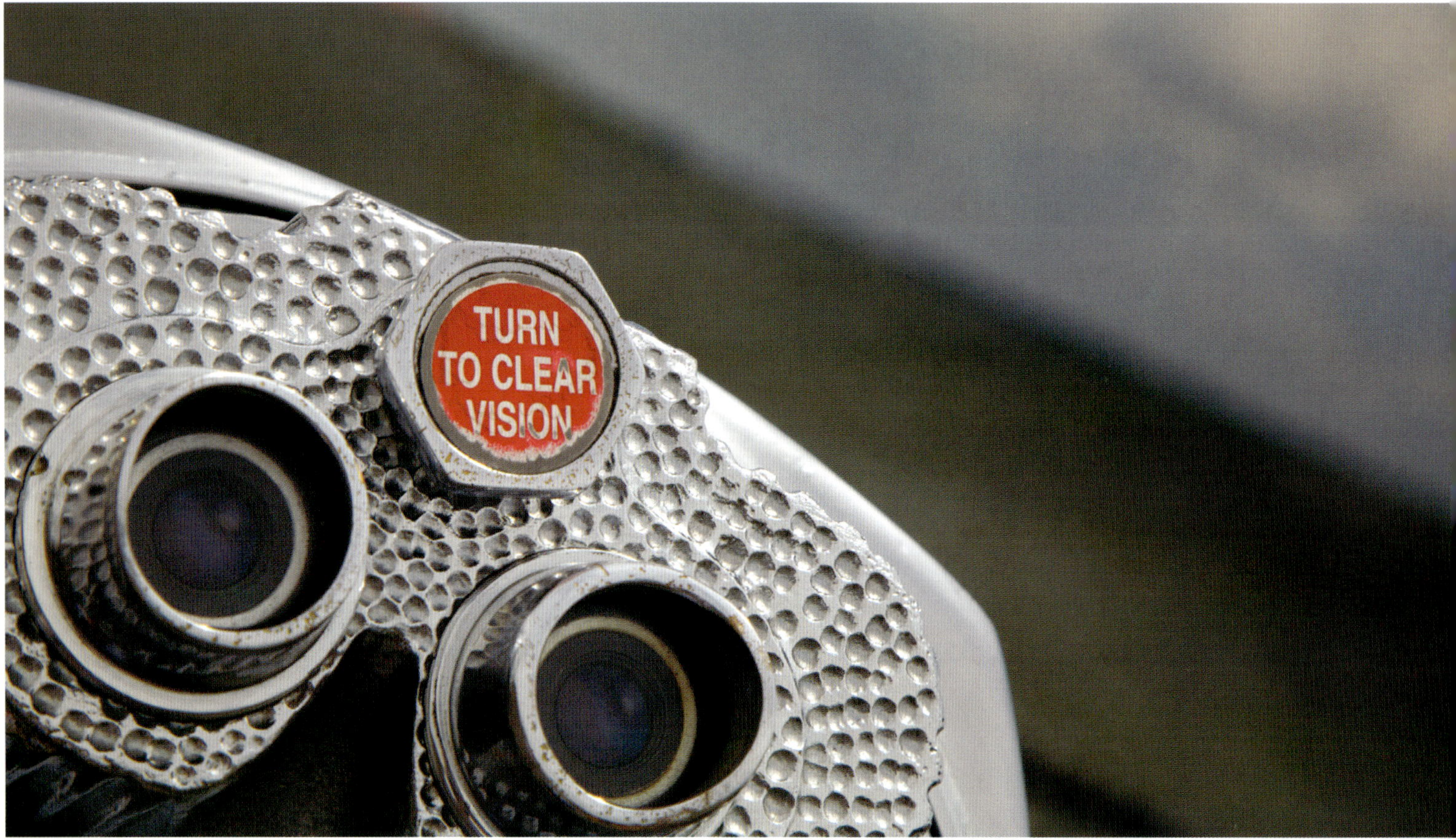
TURN
TO CLEAR
VISION

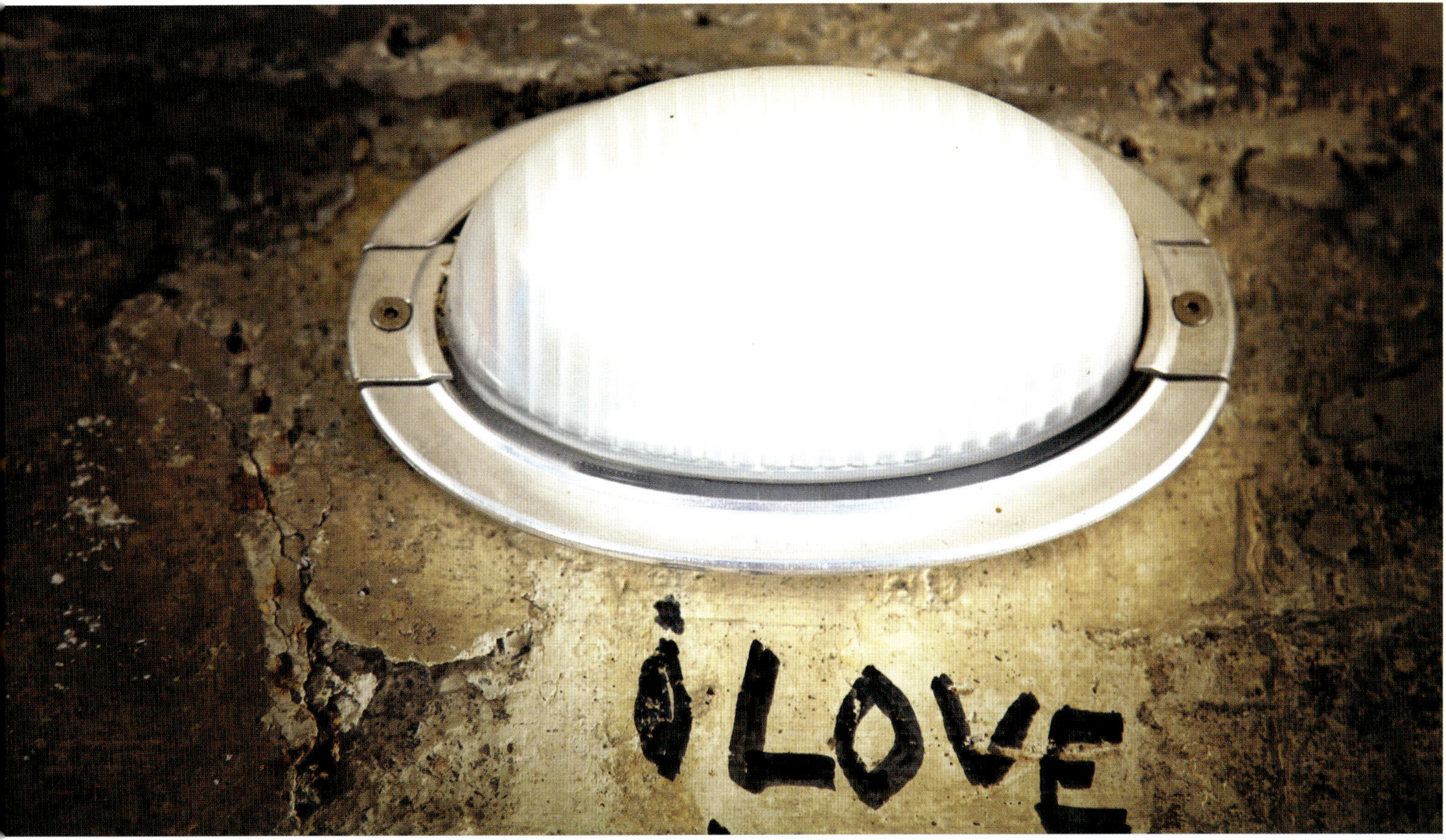
iLOVE

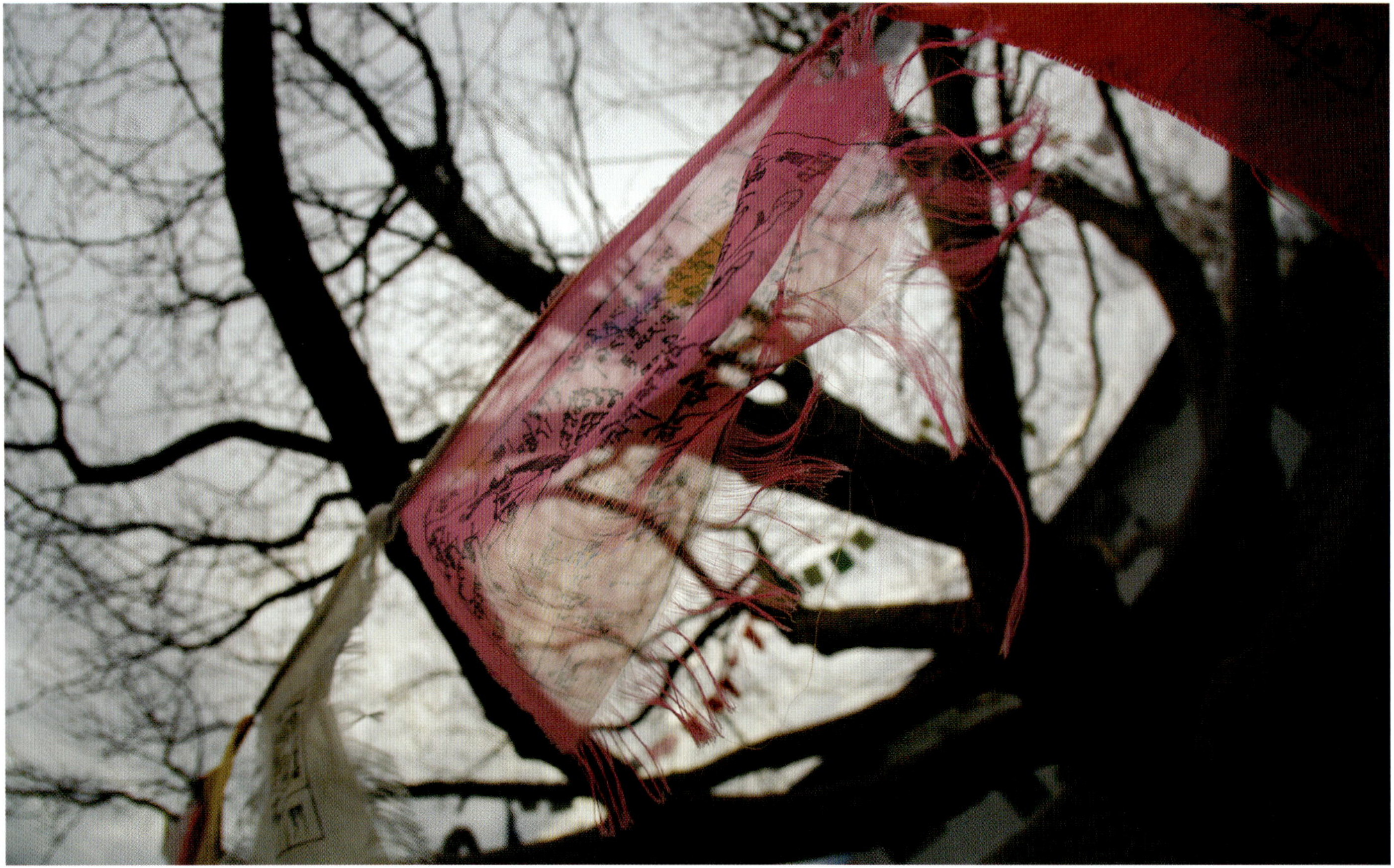

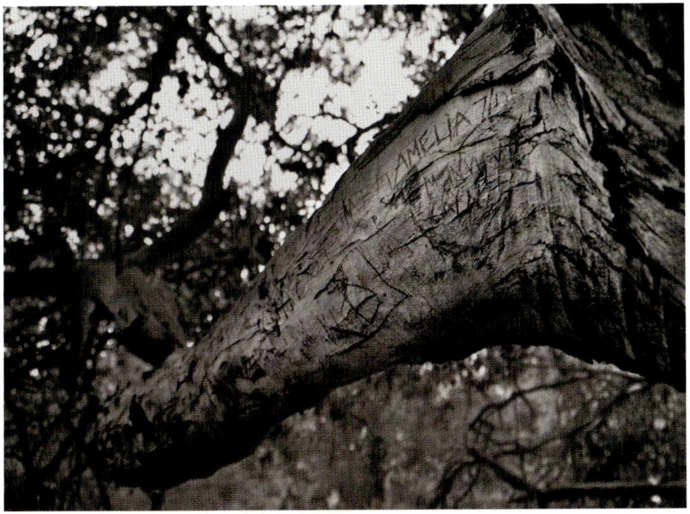
AMELIA

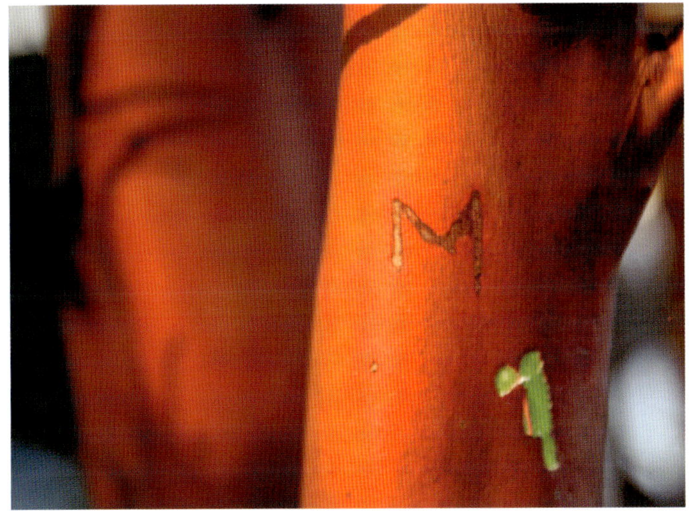
M

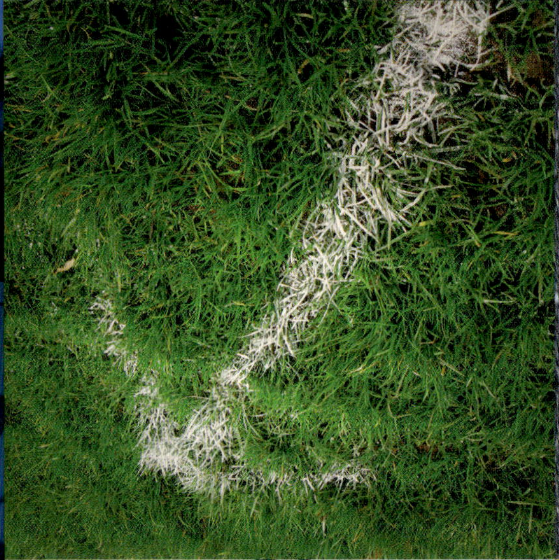

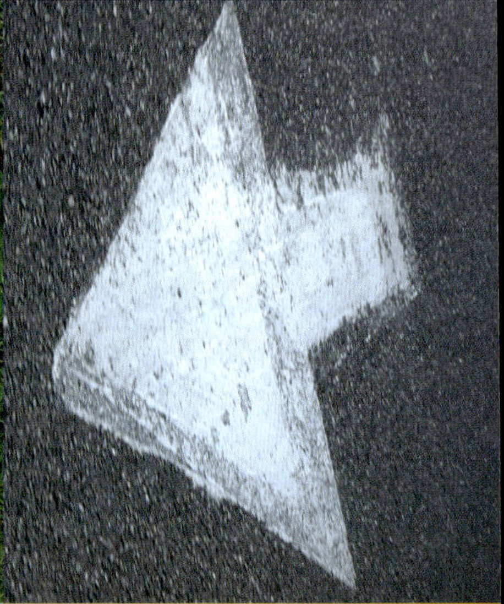

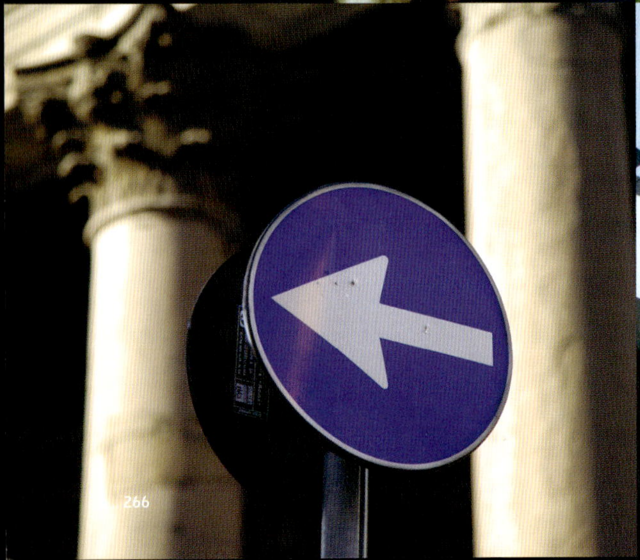

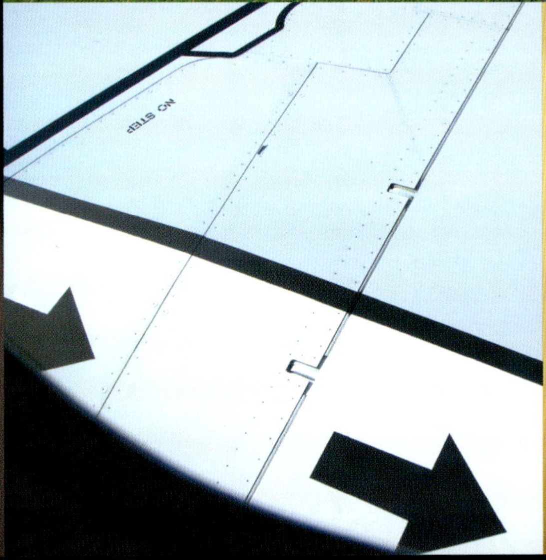
NO STEP

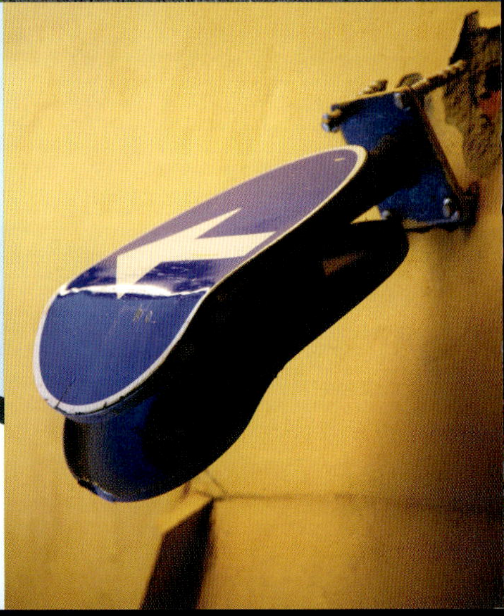

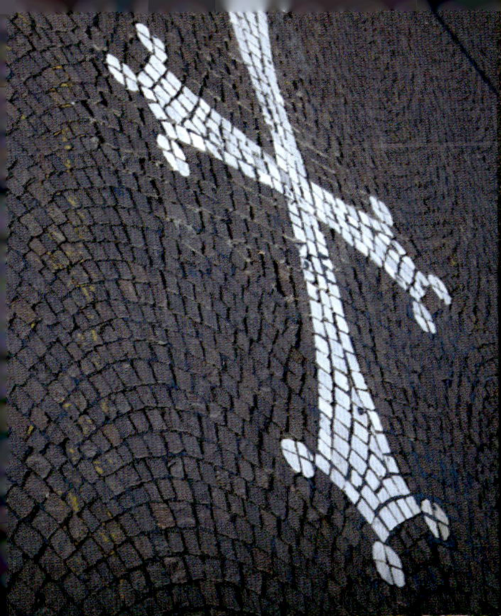

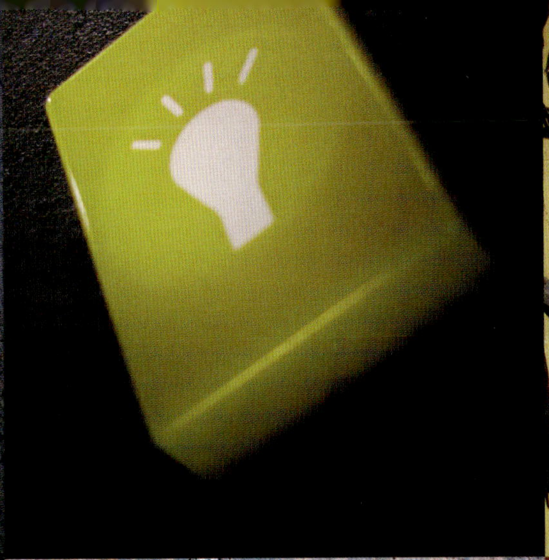

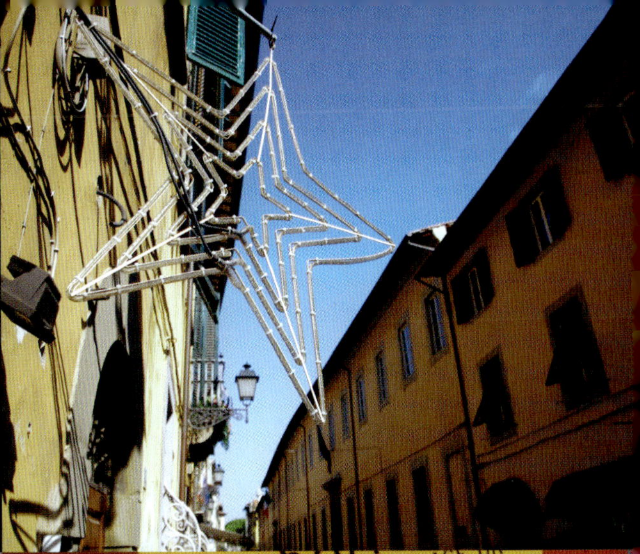

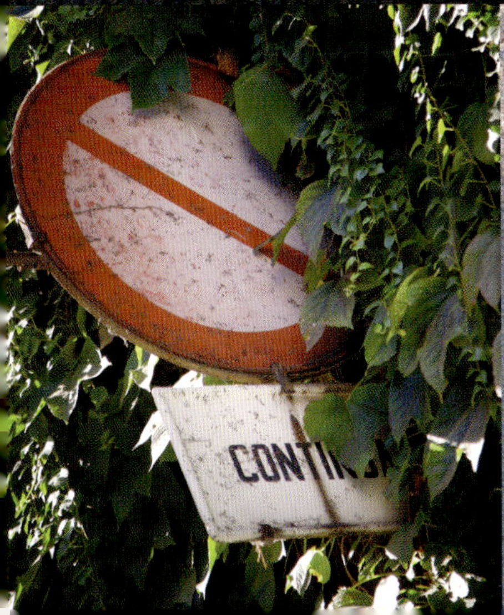
CONTIN

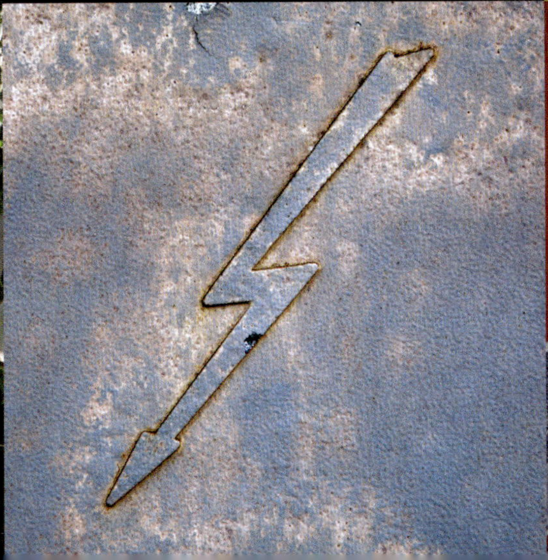

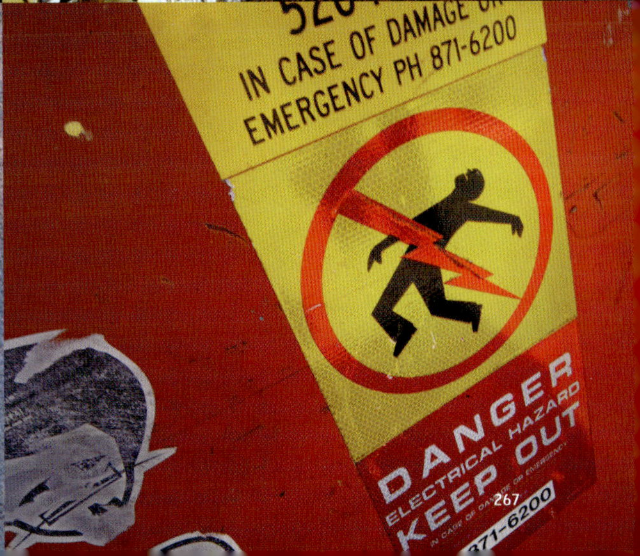
IN CASE OF DAMAGE
EMERGENCY PH 871-6200
DANGER
ELECTRICAL HAZARD
KEEP OUT
871-6200

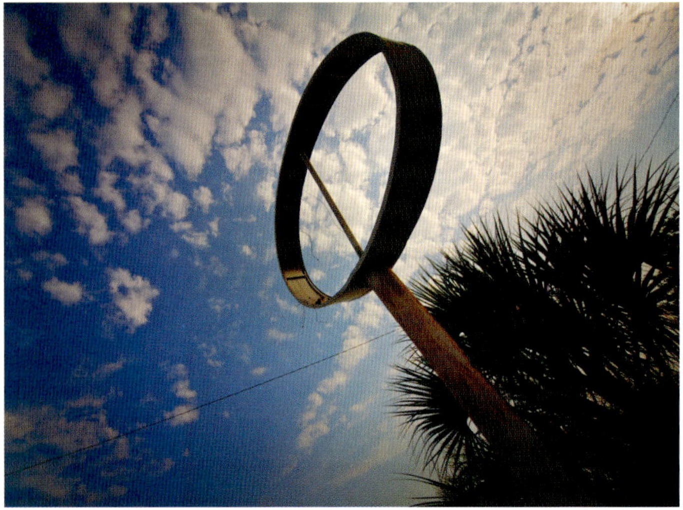

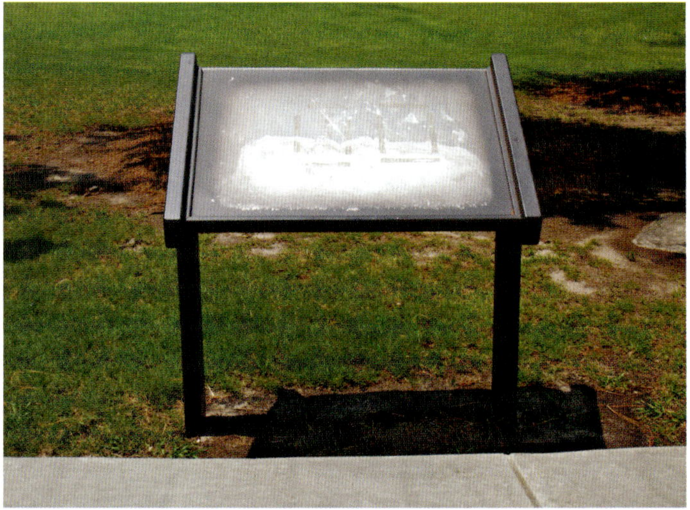

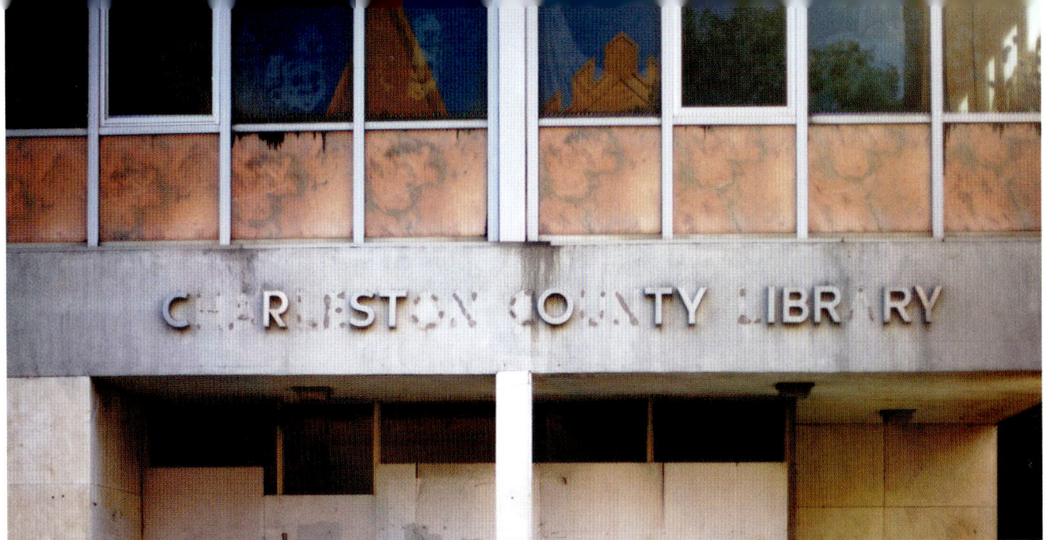

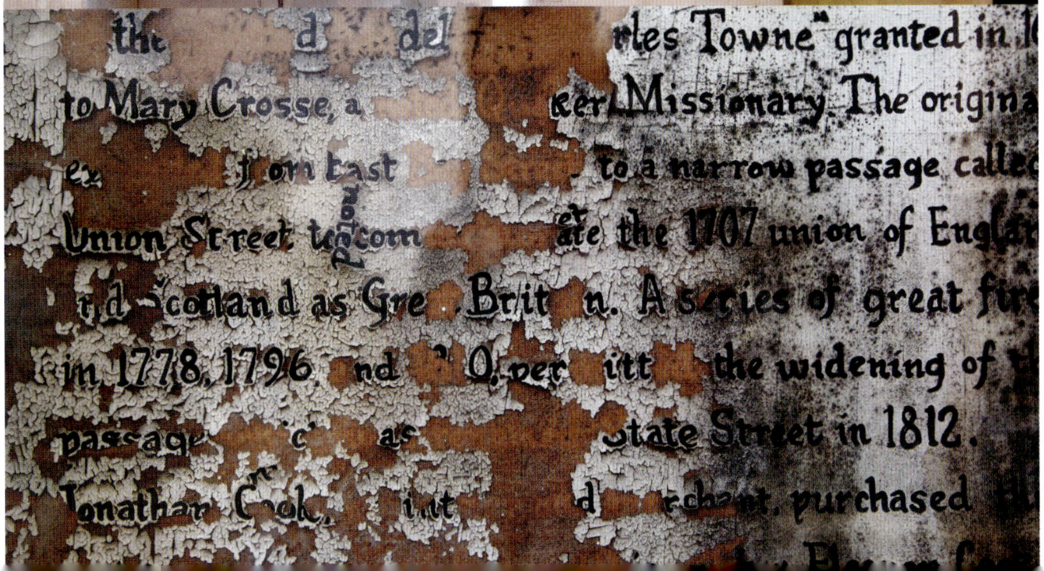
rles Towne" granted in
to Mary Crosse, a
Missionary. The origina
to a narrow passage calle
Union Street
the 1707 union of Engla
Scotland as Gre
in 1778, 1796
the widening of
tate Street in 1812.
purchased

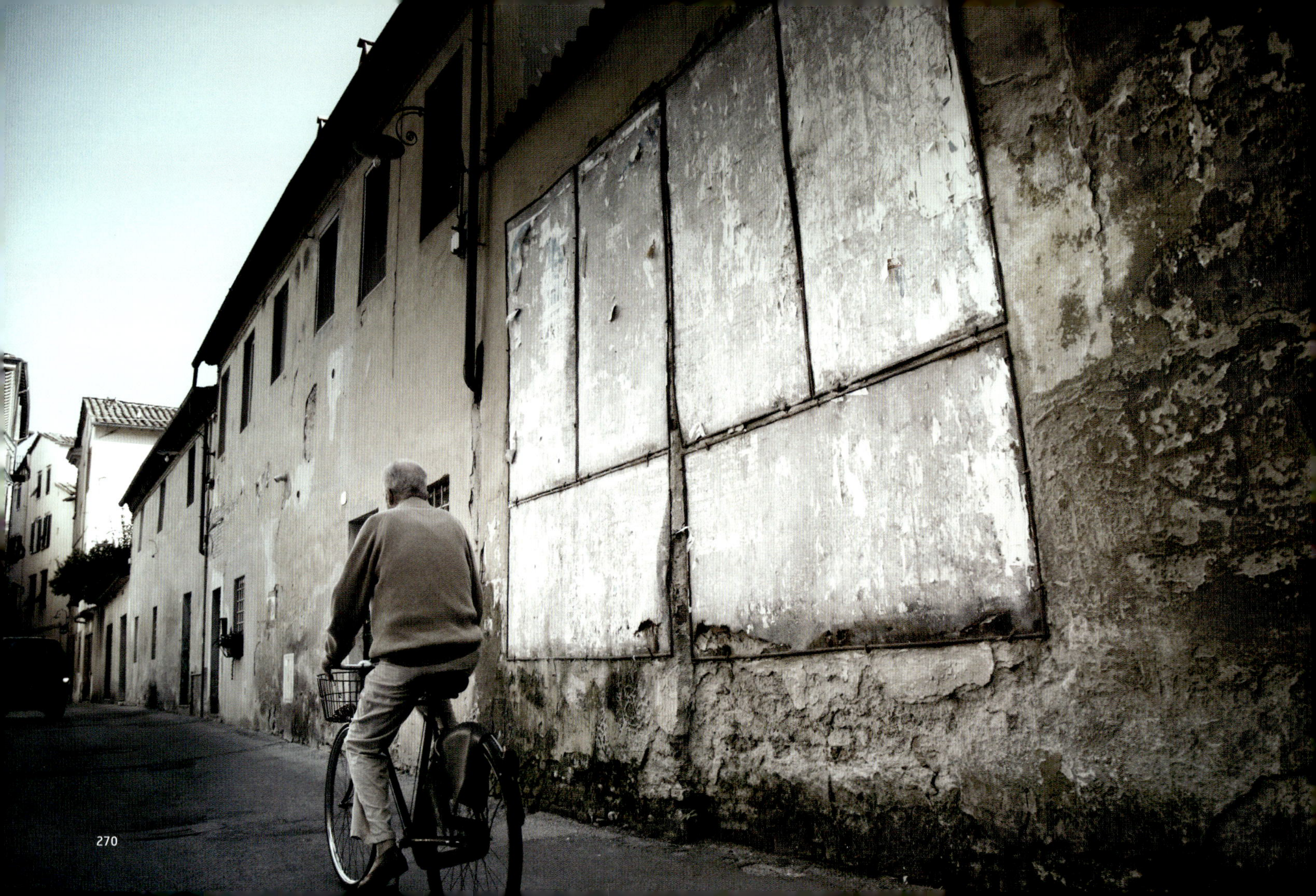

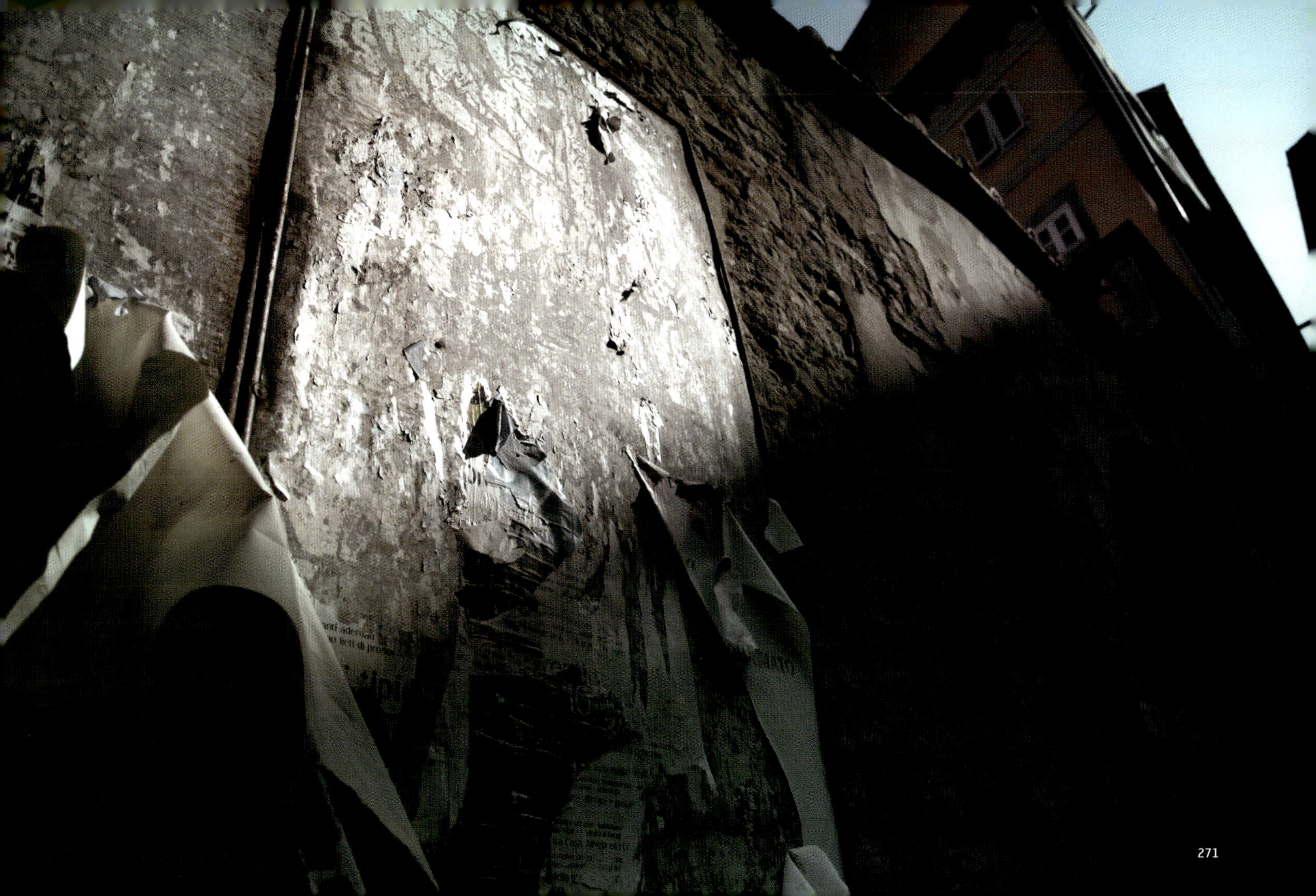

Wie oft fotografieren Sie Schilder, Zahlen, Buchstaben, Wörter und Symbole? Wenn Sie diese Frage mit selten oder nie beantworten, haben Sie wahrscheinlich das kreative Potenzial und den Wert solcher Motive bisher unterschätzt. Falls Sie sich angesprochen fühlen, lesen Sie weiter: In den folgenden Abschnitten biete ich Ihnen verschiedene Projektideen, von denen wenigstens eine etwas für Sie sein könnte.

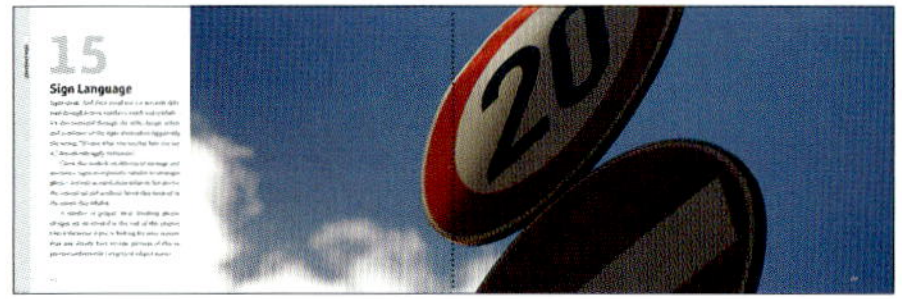

256 257

Sicher, ein Verkehrsschild mit Wolken. Wen interessiert das? Aber in dieser Aufnahme bildet ein angenehmer Mix aus Linien, Kurven, Strukturen und Farben ein äußerst fotogenes Motiv. Sie fragen sich, was Sie mit einem solchen Foto anstellen sollen – ein sonnengetränktes Verkehrsschild mit einer großen Zahl? Lesen Sie einfach weiter.

Einige Vorschläge, was Sie mit Fotos von Zahlen tun können: Legen Sie eine Webgalerie an mit Bildern, auf denen die Zahlen 1 bis 25 zu sehen sind (50? 100?); benutzen Sie die Fotos mit den Zahlen 1 bis 10 als Countdown-Material zu Beginn eines eigenen Videos; stellen Sie eine Sammlung von Archivfotos aus Zahlenfotos zusammen; verwenden Sie ein Zahlenfoto ganzseitig als Kapitelnummer in Ihrem nächsten Roman; stellen Sie einen Kalender mit Zahlenfotos zusammen und verschenken Sie ihn zum Geburtstag.

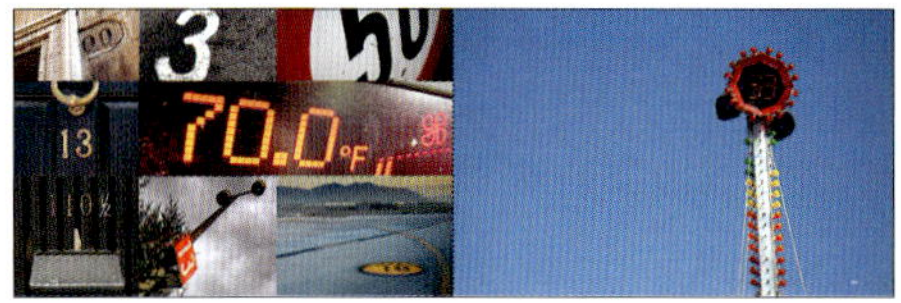

258 259

Wenn Sie Ihre Fotos in Designarbeiten oder in der Werbung verwenden wollen, lassen Sie genügend Raum um das Motiv. Warum? Weil in solchen Fotos viel Platz für Überschriften oder einen Textblock bleibt.

Weitere Projektideen – jetzt für Fotos mit Text: Stellen Sie aus Ihrer Fotosammlung von lustigen, ironischen oder sachlichen Texten eine Webgalerie – oder ein Fotobuch – zusammen; porträtieren Sie Ihren Heimatort nur mit Fotos von Schildern und Graffiti; stellen Sie ein Bild mit Text neben eines, dessen Inhalt gut zum Text passt; drucken Sie eigene Grußkarten und binden Sie den Text auf dem Bild in Ihre Botschaft ein.

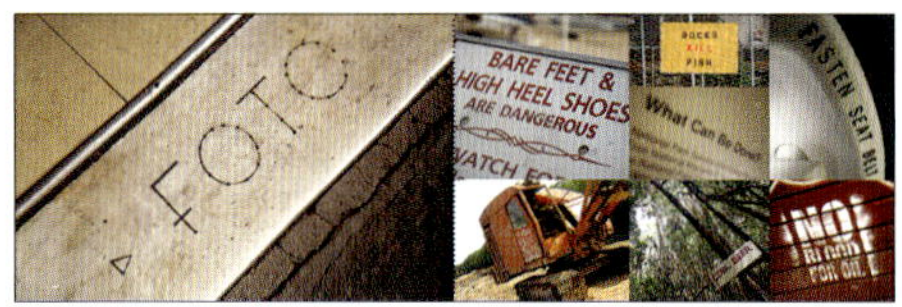

260 261

Wenn Sie ein Wort oder einen Satz gefunden haben, den Sie fotografieren wollen, achten Sie auf den Blickwinkel, der Ihr Fundstück in den richtigen Kontext setzt. Probieren Sie einen erhöhten Standpunkt, eine tiefe Perspektive, gerade und schräge Bildausschnitte.

Links: Ein Touristenfernglas am Meer in Charleston, South Carolina. Rechts: Eine handgeschriebene Nachricht an der Via dell'Amore im Cinque Terre in Italien. Die Lampe war im Originalbild ausgeschaltet. Als ich das unveränderte Bild betrachtete, hatte ich das Gefühl, dass die dunkle Lampe dem freundlichen Gefühlausbruch darunter entgegenwirkte. Ich »schaltete« das Licht also mit dem Abwedler in Photoshop »ein«.

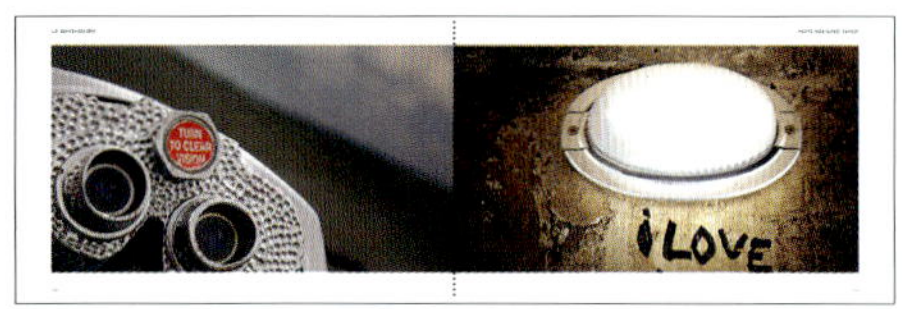

262 263

Schreiben Sie? Kurzgeschichten? Romane? Gedichte? Liedtexte? Verbinden Sie doch Ihre fotografischen Fähigkeiten mit Ihren literarischen. Folgende Idee: Halten Sie nach Szenen mit Wörtern oder kurzen Sätzen Ausschau und verwenden Sie diese Textfragmente als Titel für Ihre Werke. Das Foto sollte neben Ihrem Text präsentiert werden, oder Sie drucken es auf den Umschlag einer eigenen Broschüre mit Ihren Geschichten, Gedichten oder Texten, oder Sie verwenden es als Hintergrund für Ihren Text.

Eine zerfetzte tibetische Gebetsflagge baumelt an einem Ast im Wind. Ich hielt das Objektiv der Kamera (15-mm-Fischauge) sehr nah an die vorderste Flagge, damit sie, aufgebauscht, wie sie war, die Szene füllte. Um die feinen Details und Risse des Stoffes im Bild zu erkennen, wählte ich eine kurze Belichtungszeit.

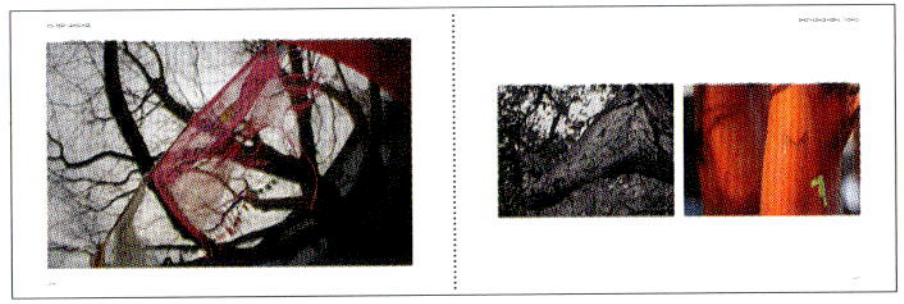

264 265

Ergreifen Sie die Initiative: Fotografieren Sie alle Initialen und Namen, die Sie finden können. So stehen Ihre Chancen besser, beim Geburtstag Ihrer Freunde clevere Karten mit den Anfangsbuchstaben des Geburtstagskindes schicken zu können. Wie diese Bilder zeigen, bin ich für eine Freundin bereit, deren Namen mit einem M beginnt, auch eine Freundin »Amelia« hätte gute Chancen, eine eigene Karte zu bekommen – nur leider kenne ich niemanden mit diesem Namen.

Wenn Sie bedenken, dass ich als Grafikdesigner arbeite, welcher Ordner in meinem Bilder-Browser enthält wohl die meisten Bilder? Falls Sie auf Blumen, Sonnenuntergänge, Berge, Gebäude oder Tiere getippt haben, liegen Sie falsch. Die größten Ordner heißen Schilder und Symbole. Das hat zwei Gründe: Zum einen findet man diese Motive überall, zum anderen kann man leicht erkennbare und zuordenbare Bilder von Symbolen endlos oft einsetzen.

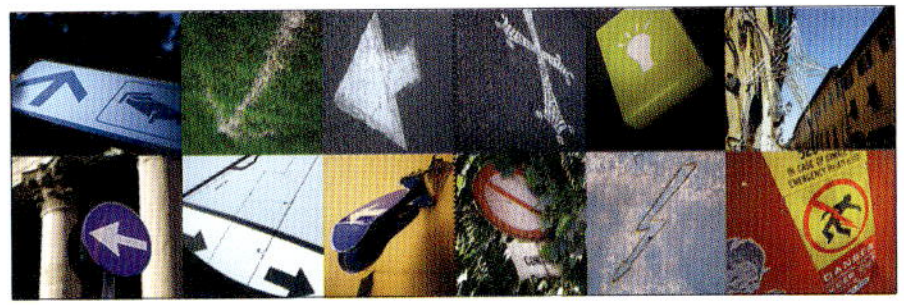

266 267

Wenn wir nicht gerade nach bestimmten Informationen suchen, tendieren wir eher dazu, Schilder und Symbole in unserer Umgebung zu übersehen. Probieren Sie zum Beweis einmal aus, jedes Schild, Symbol, Zeichen, Poster, Flyer und Graffiti anzuschauen, wenn Sie das nächste Mal in der Stadt unterwegs sind. Sie werden überrascht sein, was Sie bisher verpasst haben.

Auf den letzten beiden Doppelseiten dieses Kapitels finden Sie Bilder von Schildern, deren offizielle Botschaft kryptisch oder kaputt ist oder vollkommen fehlt. Dennoch werden Sie beim Betrachten dieser Bilder feststellen, dass die Schilder dennoch etwas zu sagen haben. Ihr maroder Zustand erzählt überraschend deutlich einiges über den Zustand ihrer Umgebung, den Lauf der Zeit und die Wirkung der Umwelt.

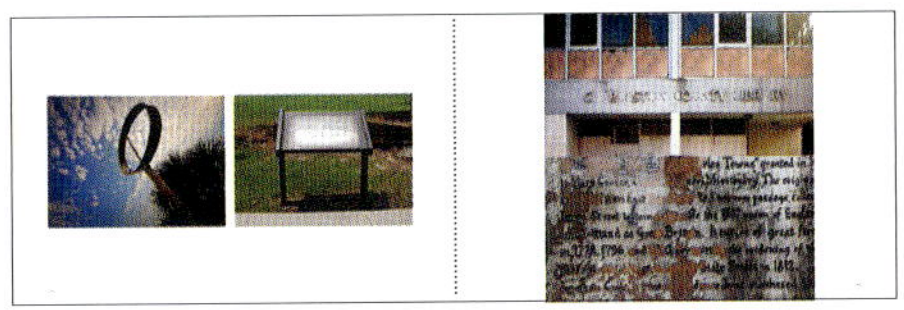

268 269

Gegenüber: Zwei Schilder, die keine Botschaft mehr enthalten (abgesehen vielleicht von den Wolken, die durch den leeren Rahmen zu sehen sind, oder den abstrakten Eindruck, den das Klebeband hinterlassen hat). Diese Seite: Zwei verfallende Schilder, die dabei sind, ihre visuelle Stimme zu verlieren, Buchstabe für Buchstabe, Wort für Wort.

Hier: Ein einsamer Radfahrer fährt an einer abgewaschenen Plakatwand vorüber. Gegenüber: Von Sonne und Regen zerfetzte Plakate hängen der Kamera entgegen. Beide Aufnahmen entstanden in Lucca, Italien – einer Stadt, deren enge und hoch umfriedete Straßen reich an kühlen Schatten und interessanten Lichtreflexionen sind – ein Fest für jeden kameragestählten Touristen.

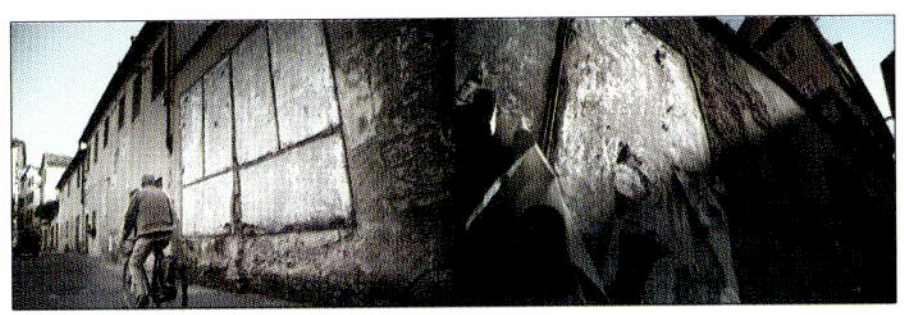

270 271

Das moderne, gedämpfte Farbschema dieser beiden Bilder entstand, indem ich eine Schwarzweiss- Einstellungsebene mit der Füllmethode Negativ multiplizieren zum Bild hinzufügte. Danach setzte ich eine Fotofilter-Einstellungsebene in jedes Bild ein.

16

Verborgene Schätze

Der Müll des einen ist der Schatz des anderen und Schönheit liegt im Auge des Betrachters.

Wenn Sie die Botschaft hinter diesen beiden Redensarten verinnerlichen – und Ihr Portfolio erweitern wollen –, dann haben Sie Glück: Nach Angaben der Umweltschutzbehörde erzeugen allein die USA täglich ca. 6 Millionen Tonnen Müll (oder Schätze?). Sie zweifeln an Ihrem Plan, Müll zu Gold zu machen? Nur Mut: Ein umsichtiger und cleverer Fotograf hat mindestens eine ebenso große Chance, Müll zu fotografieren, wie ein unaufmerksamer und hastiger Fotograf in der Lage ist, ein wenig gelungenes Foto von etwas Schönem zu machen.

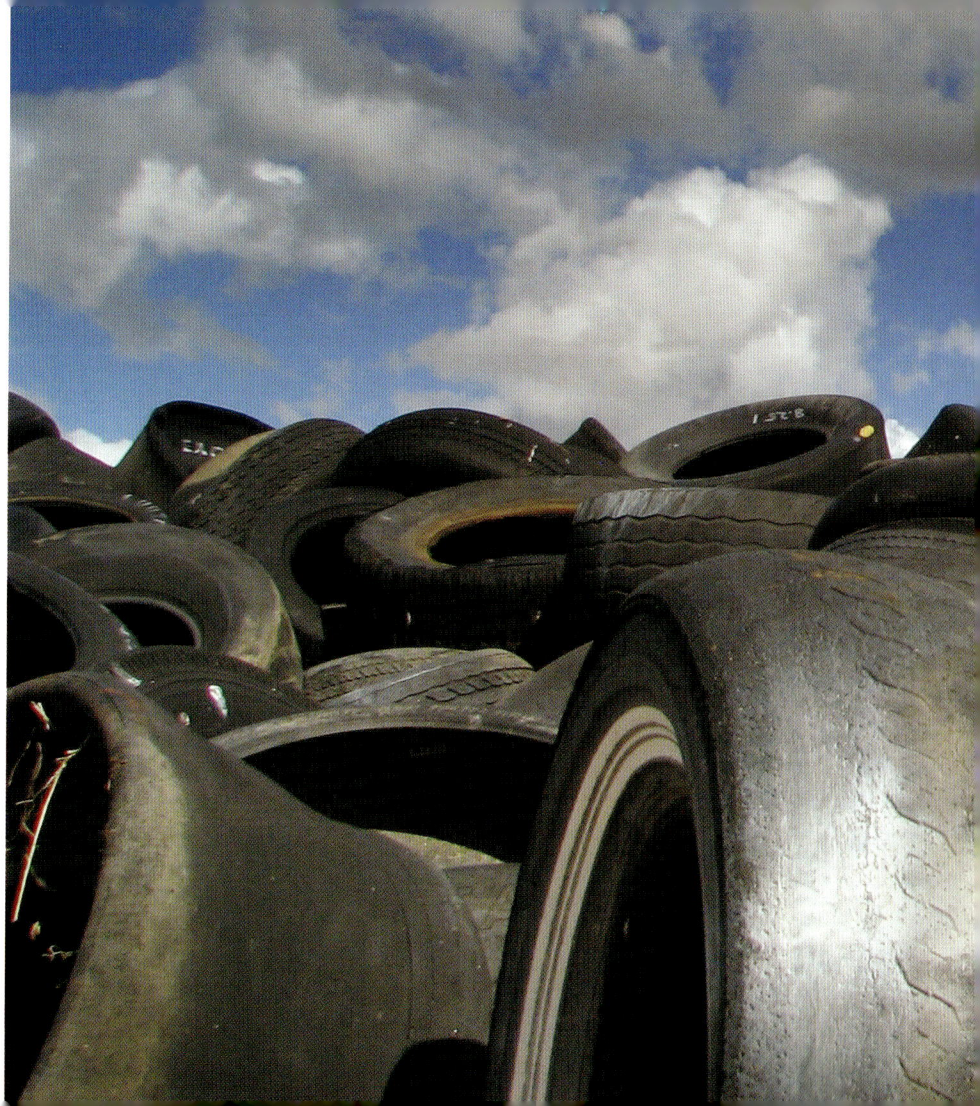

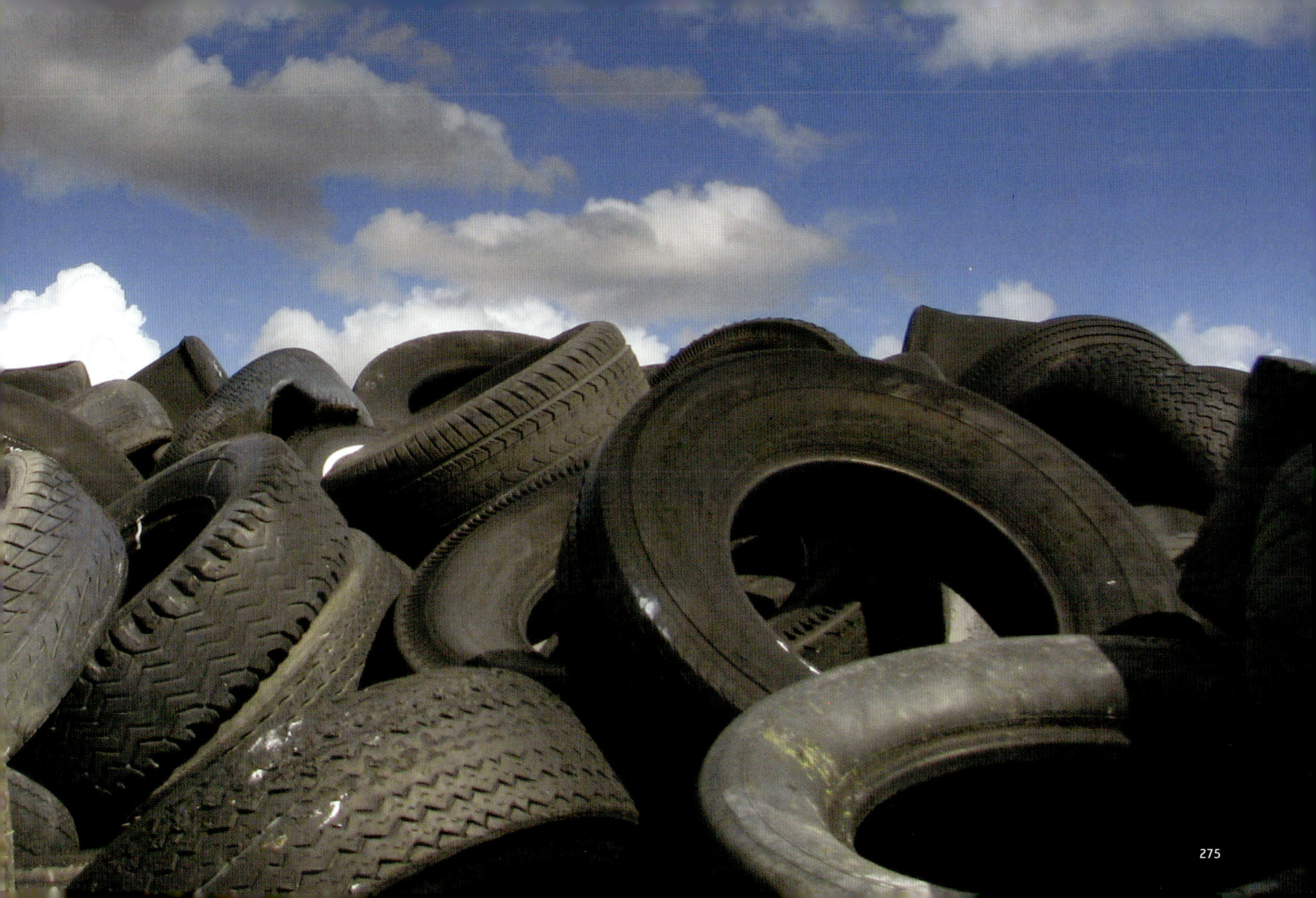

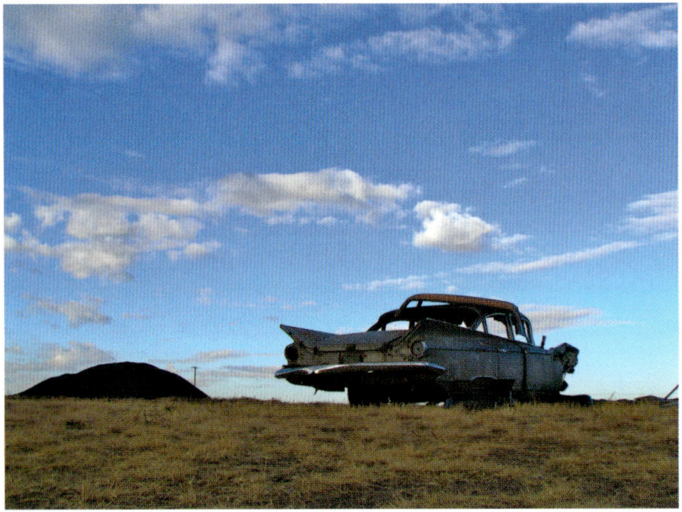

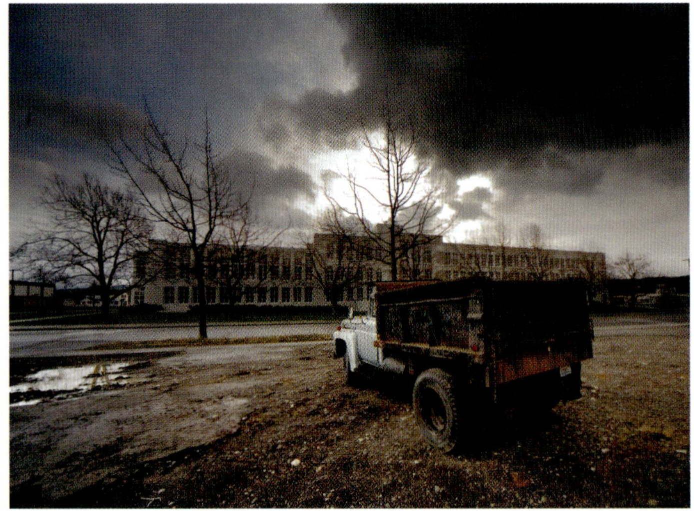

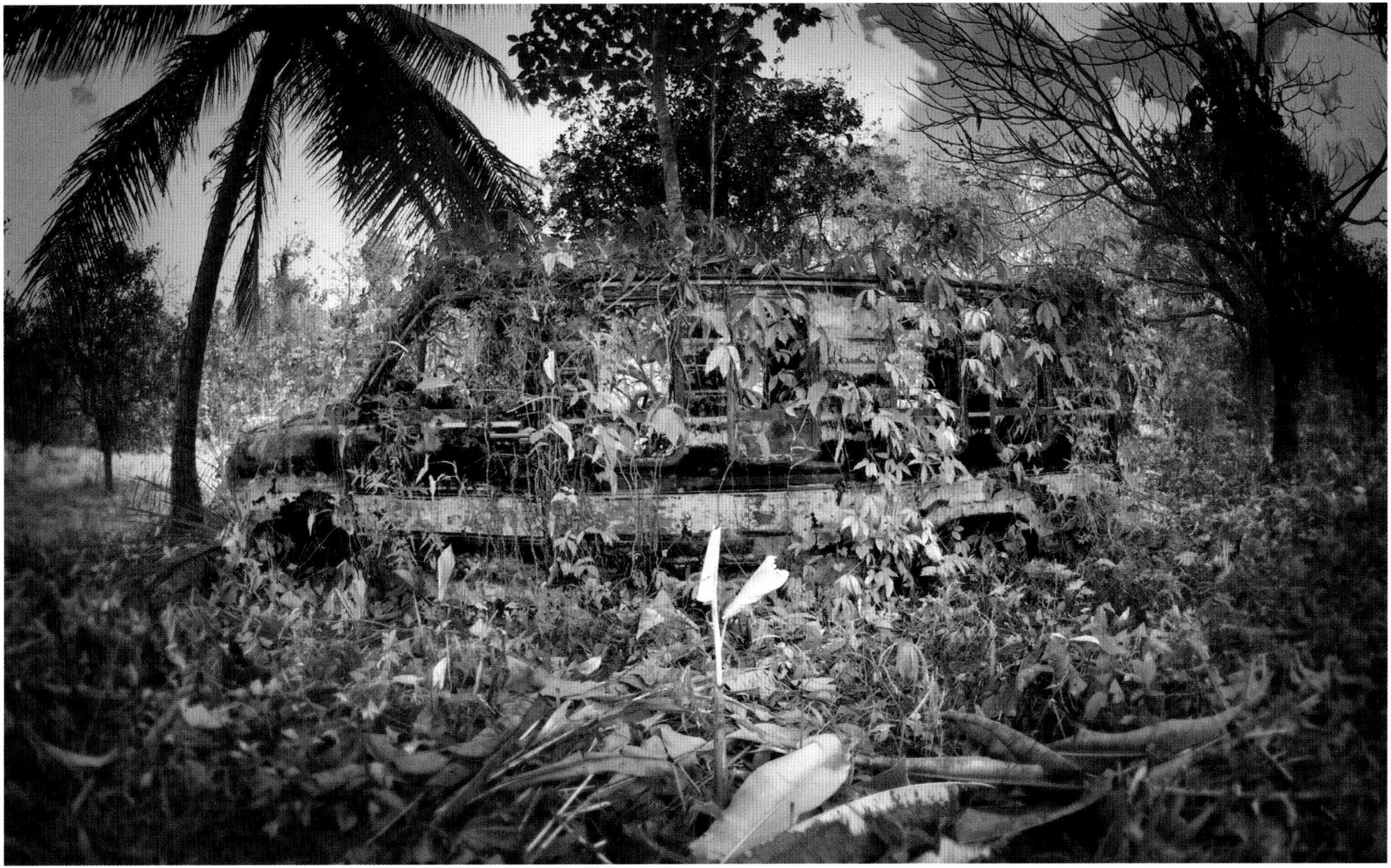

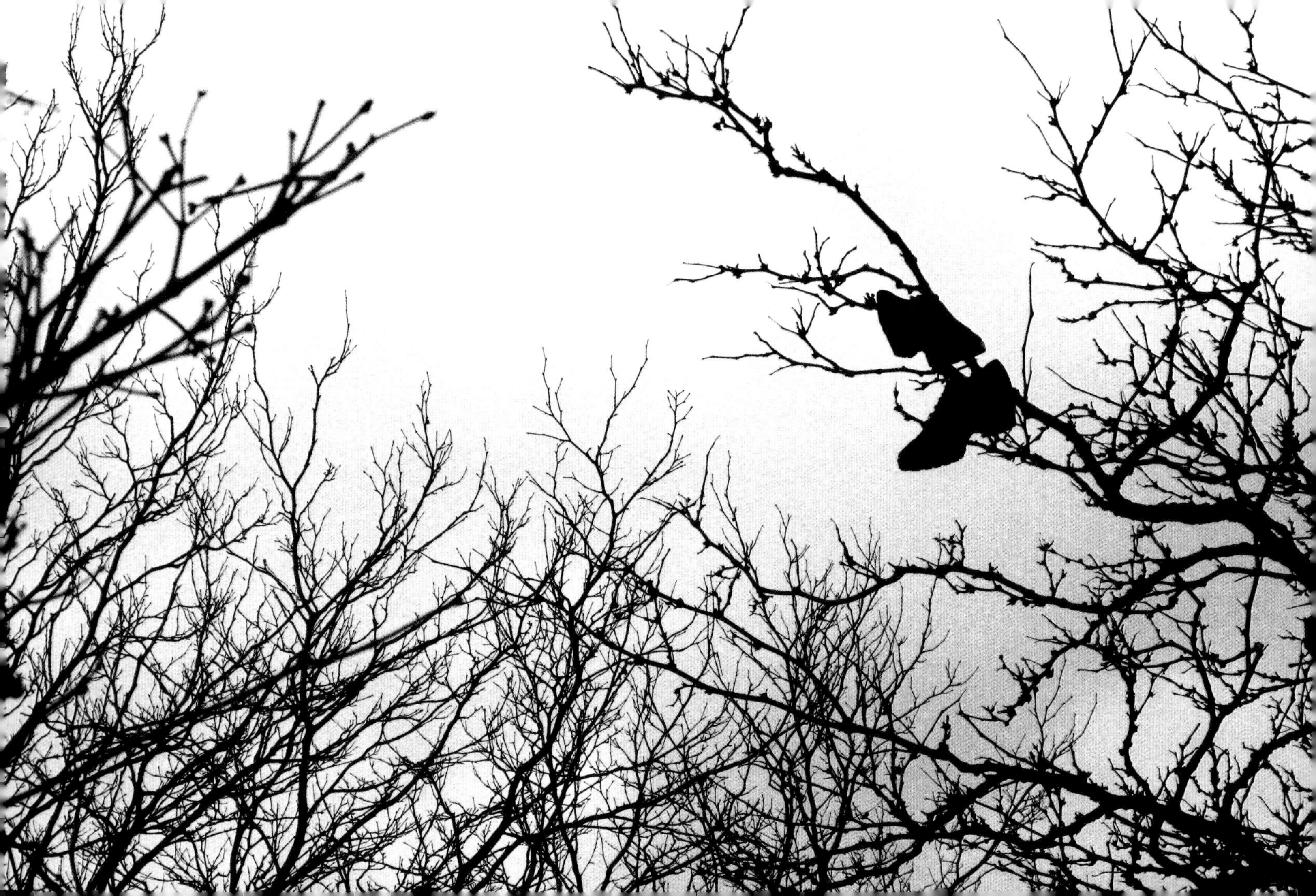

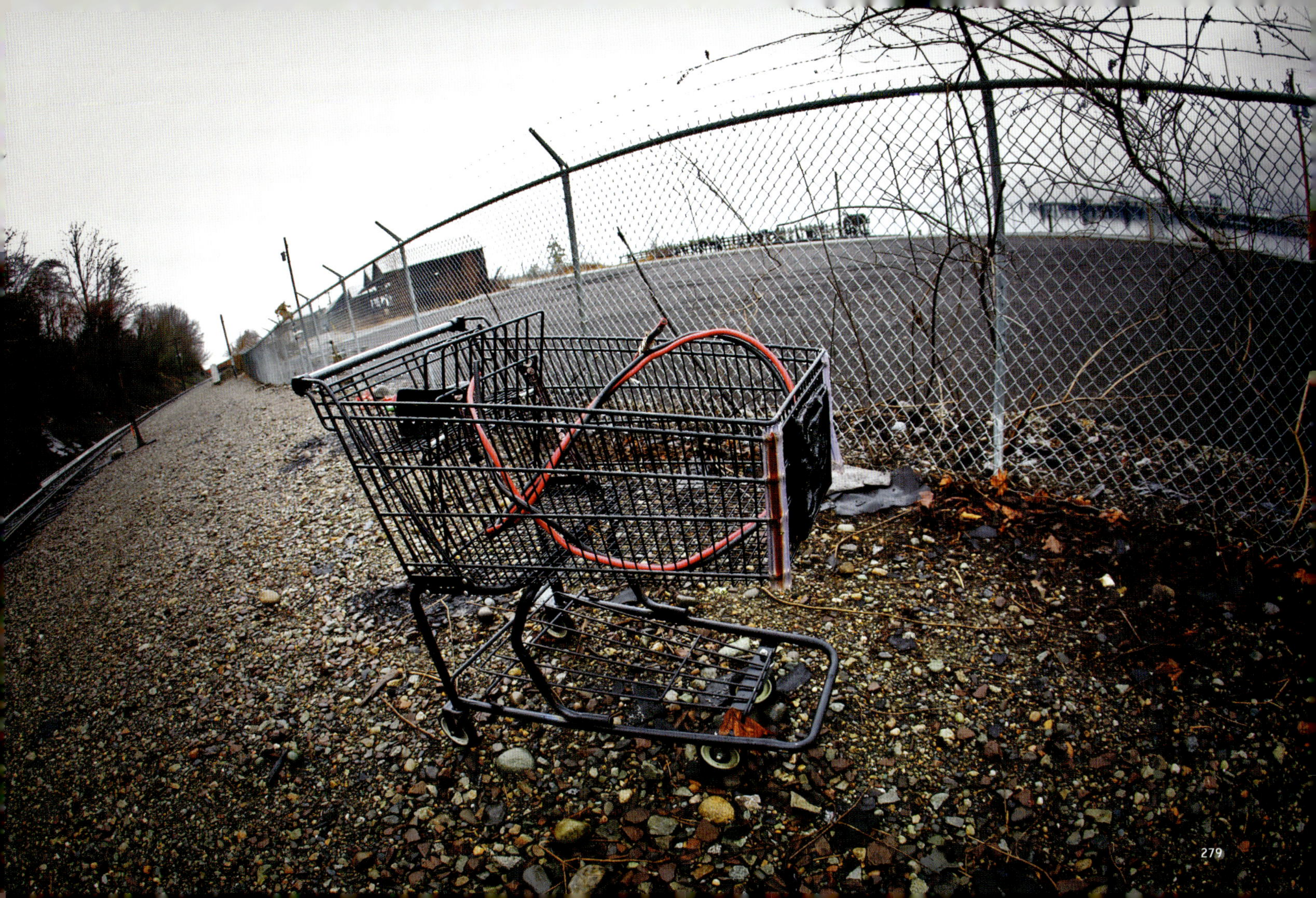

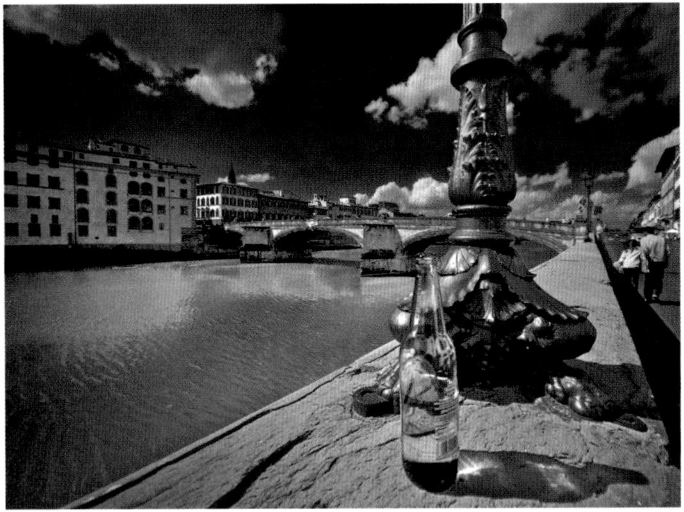

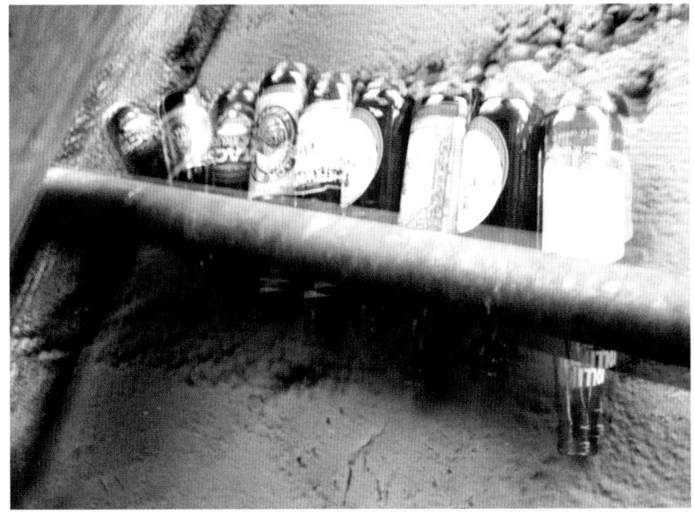

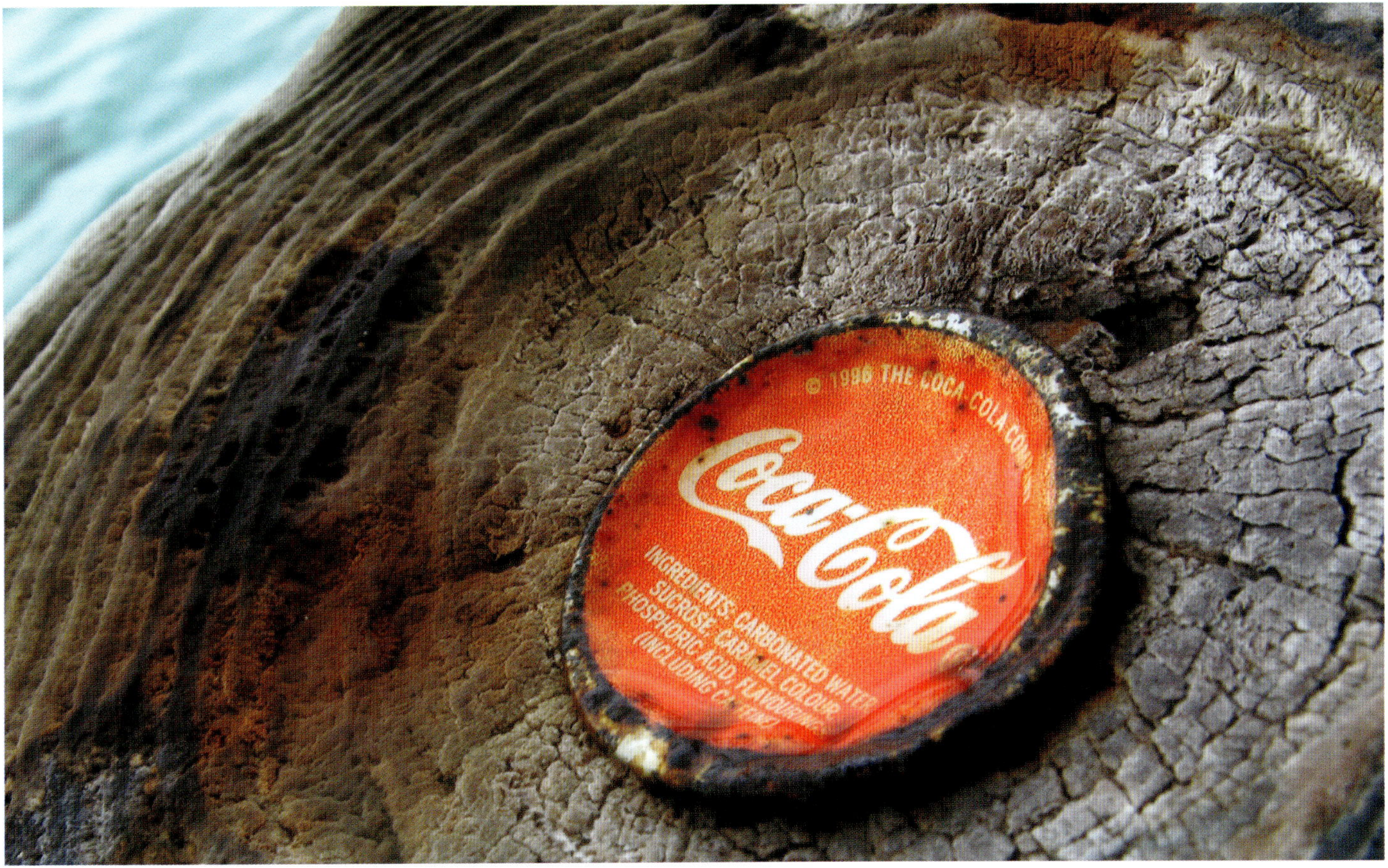
Coca-Cola
INGREDIENTS: CARBONATED WATER
SUCROSE, CARAMEL COLOUR

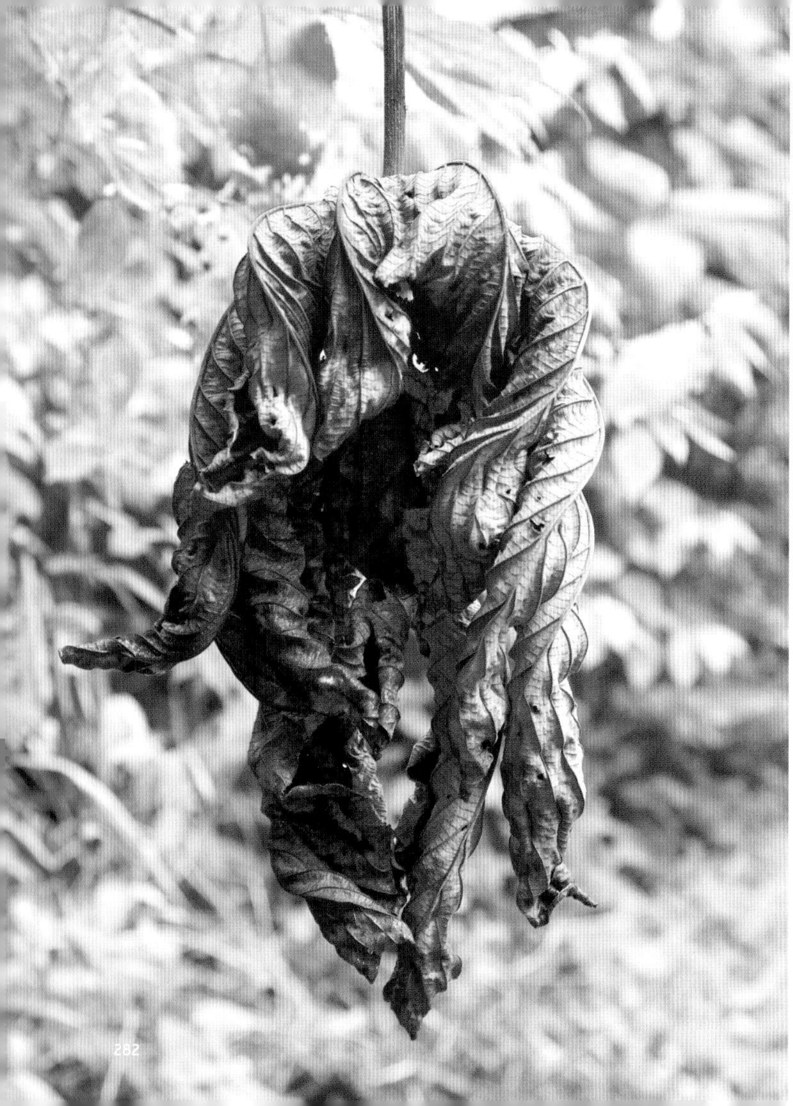

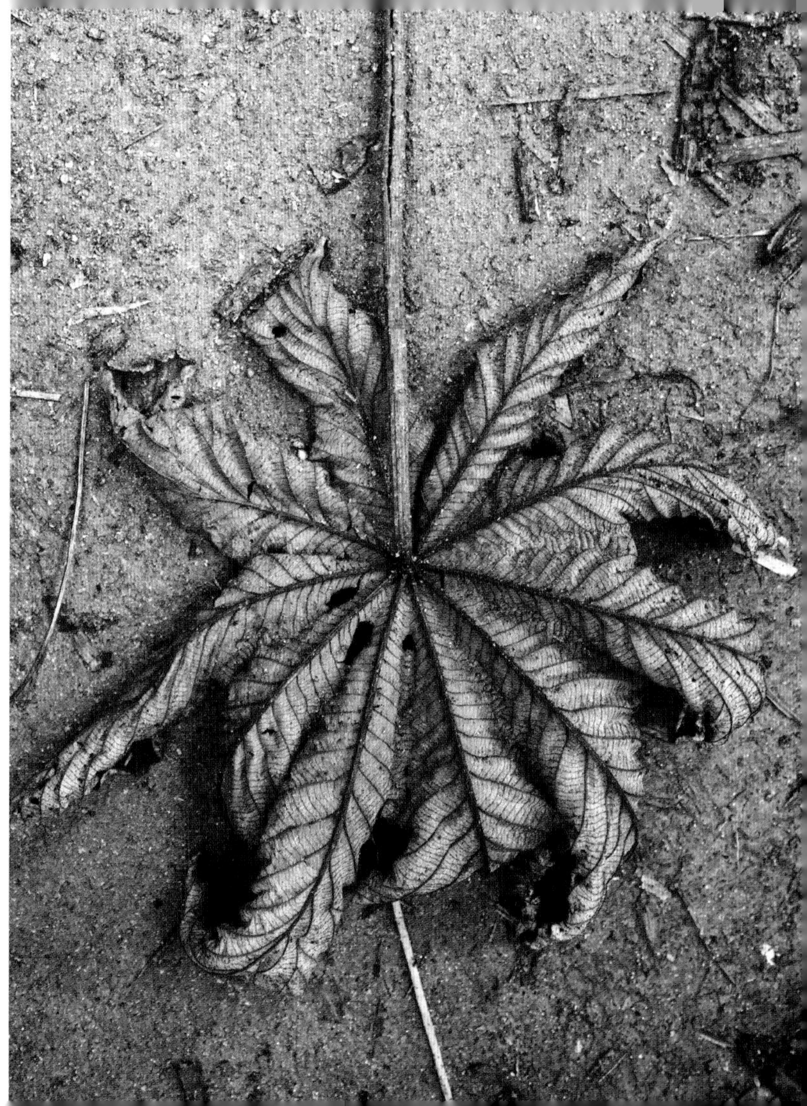

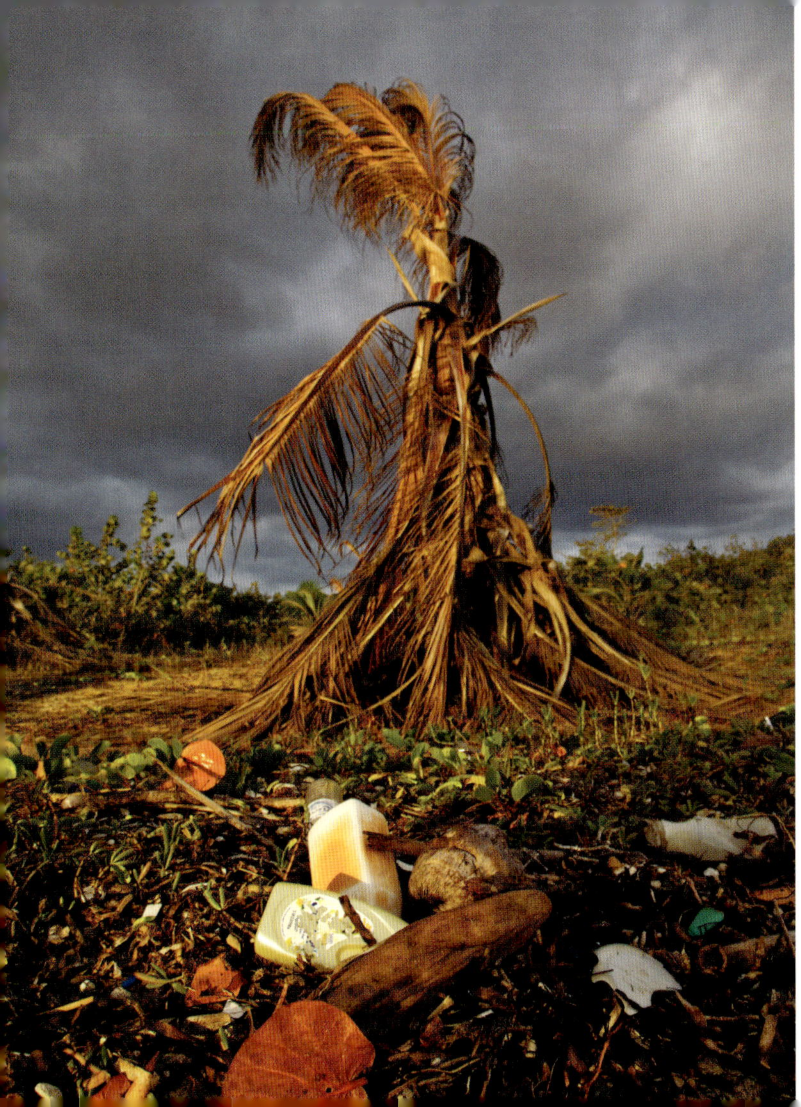

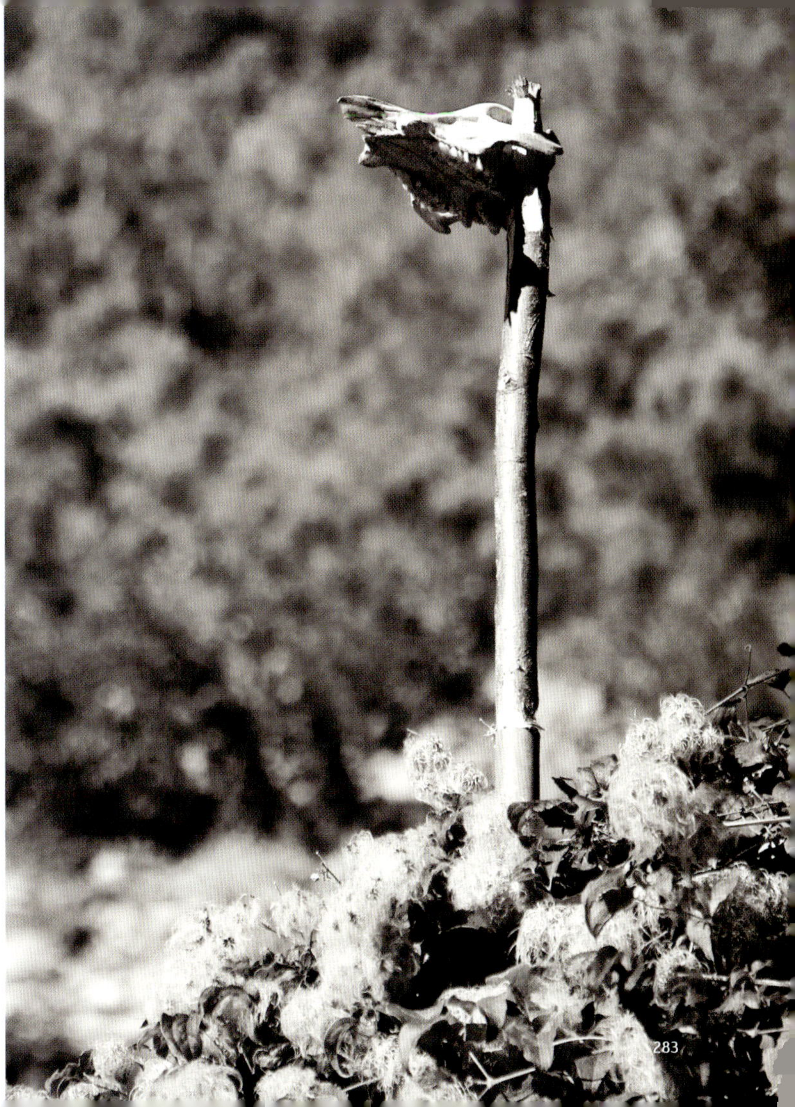

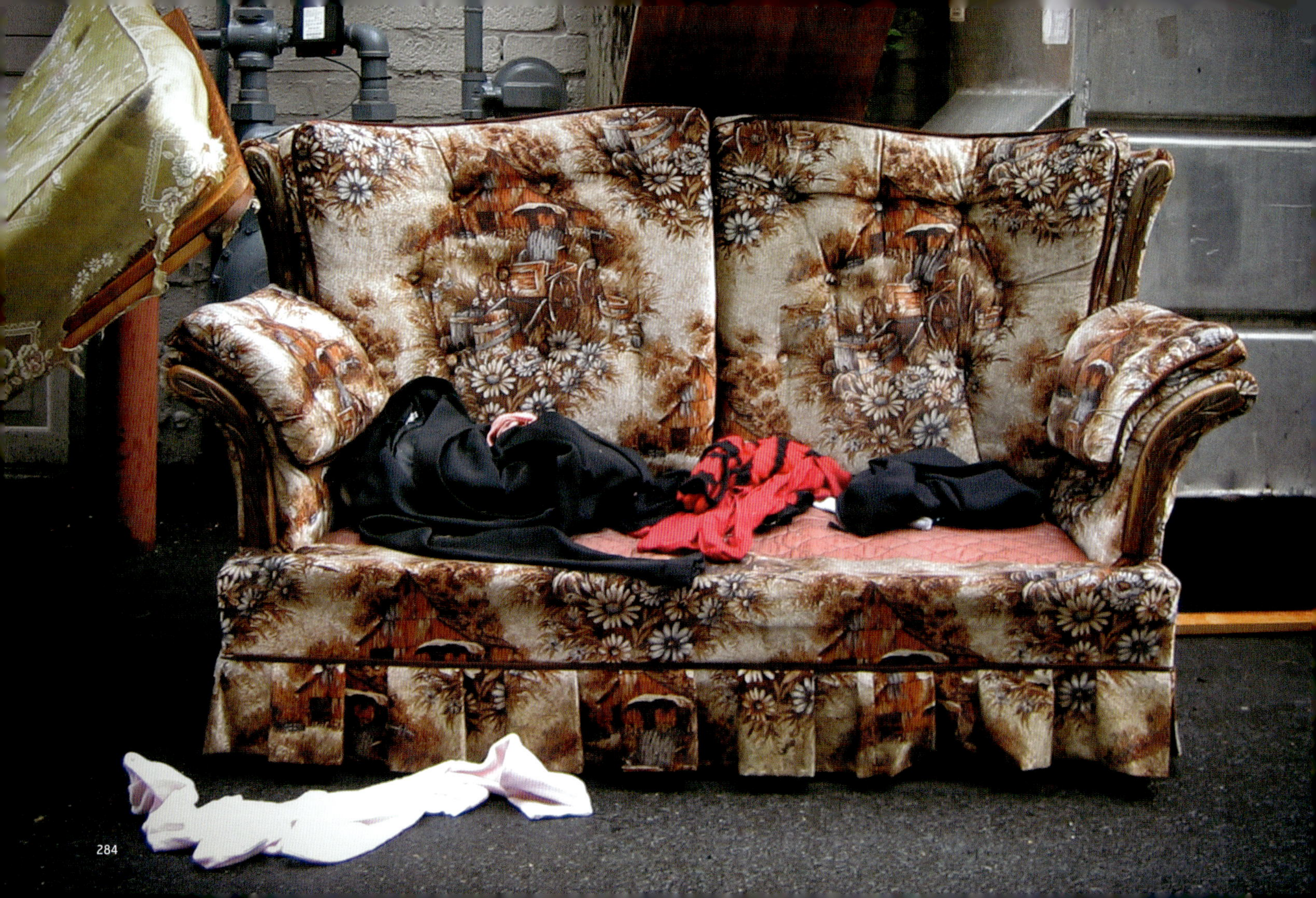

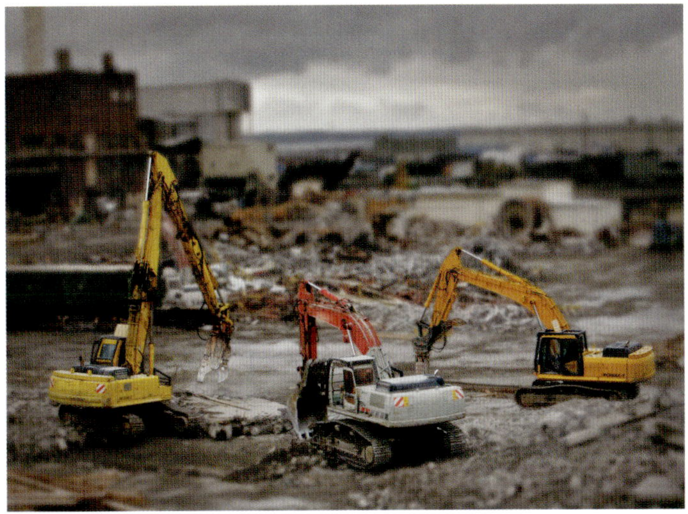

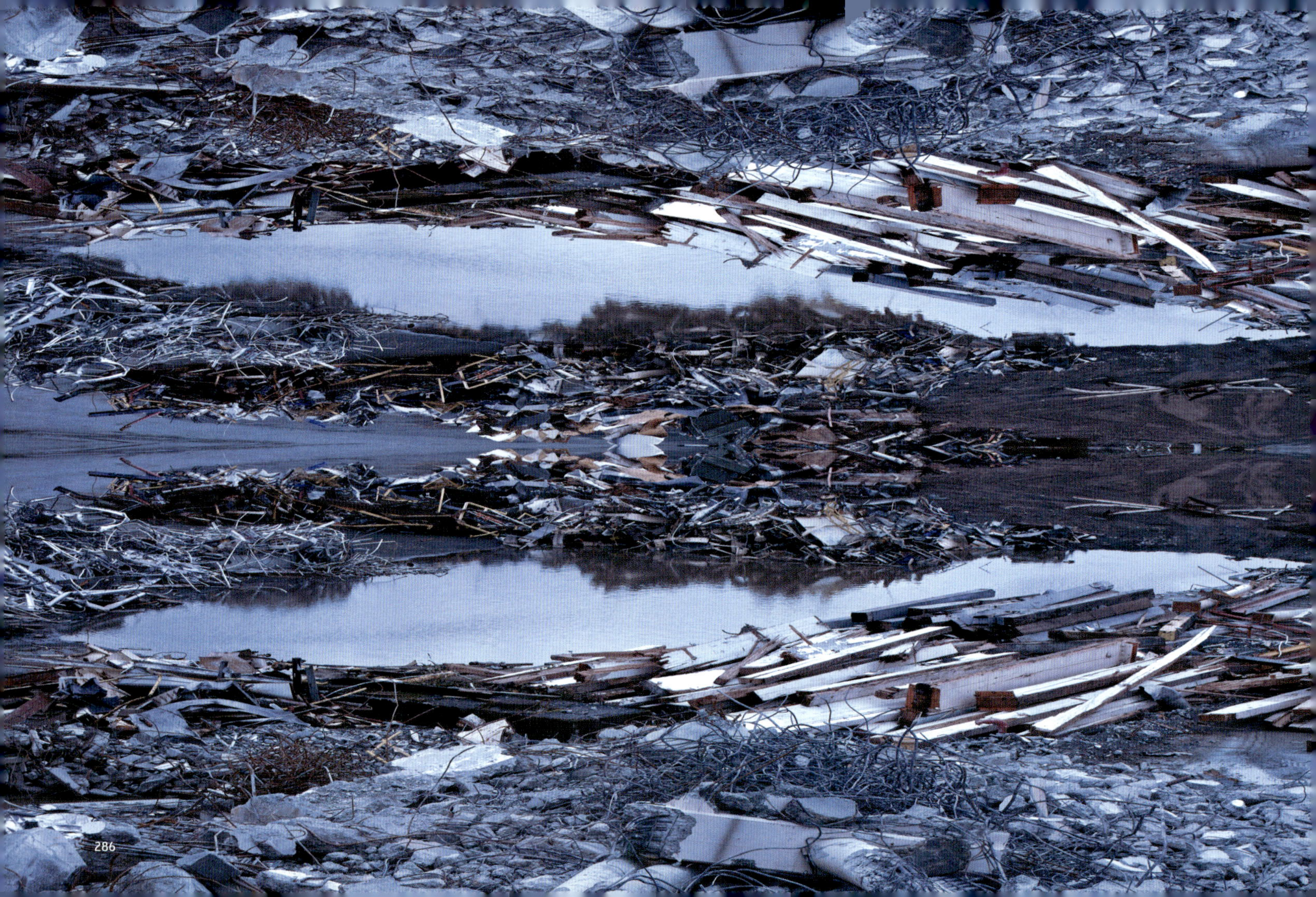

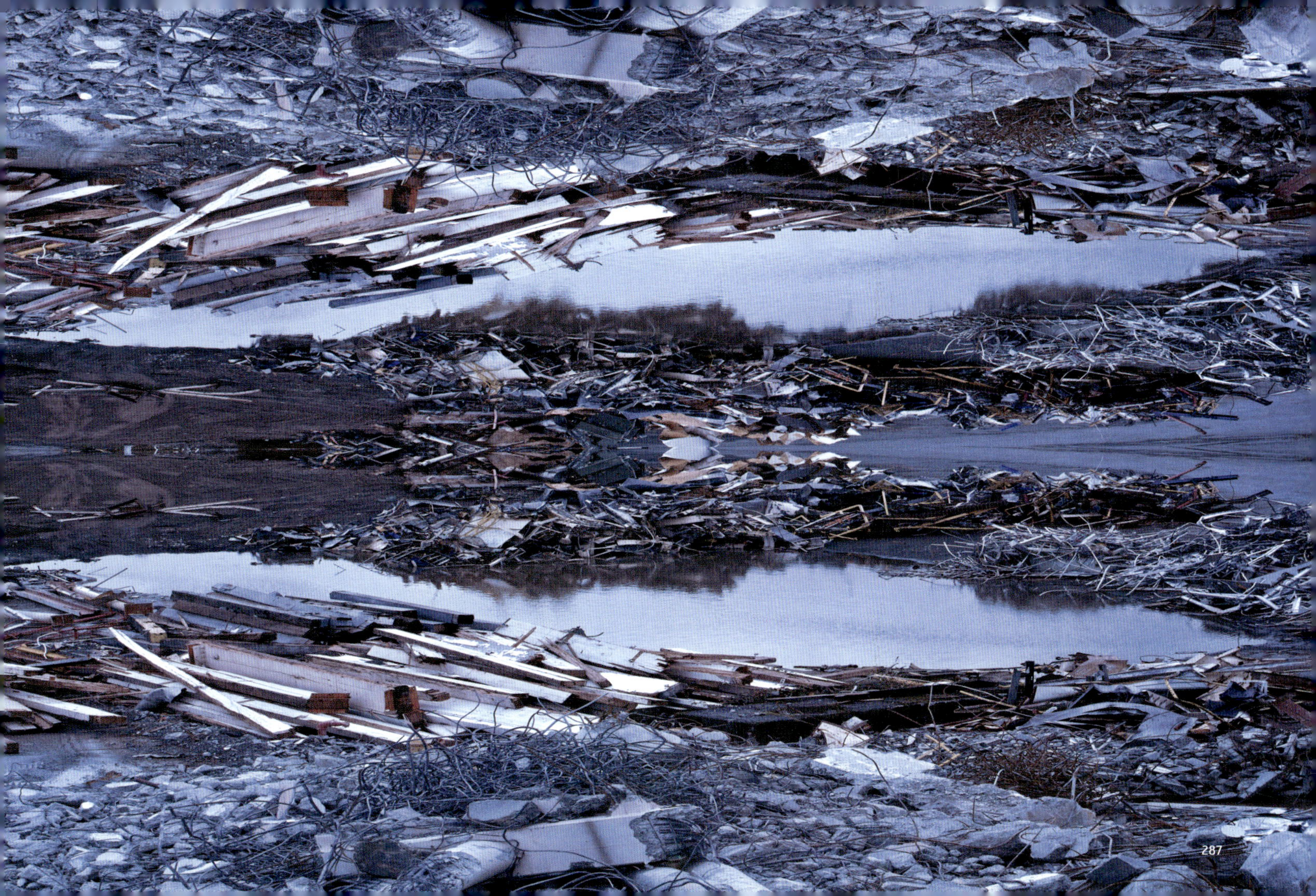

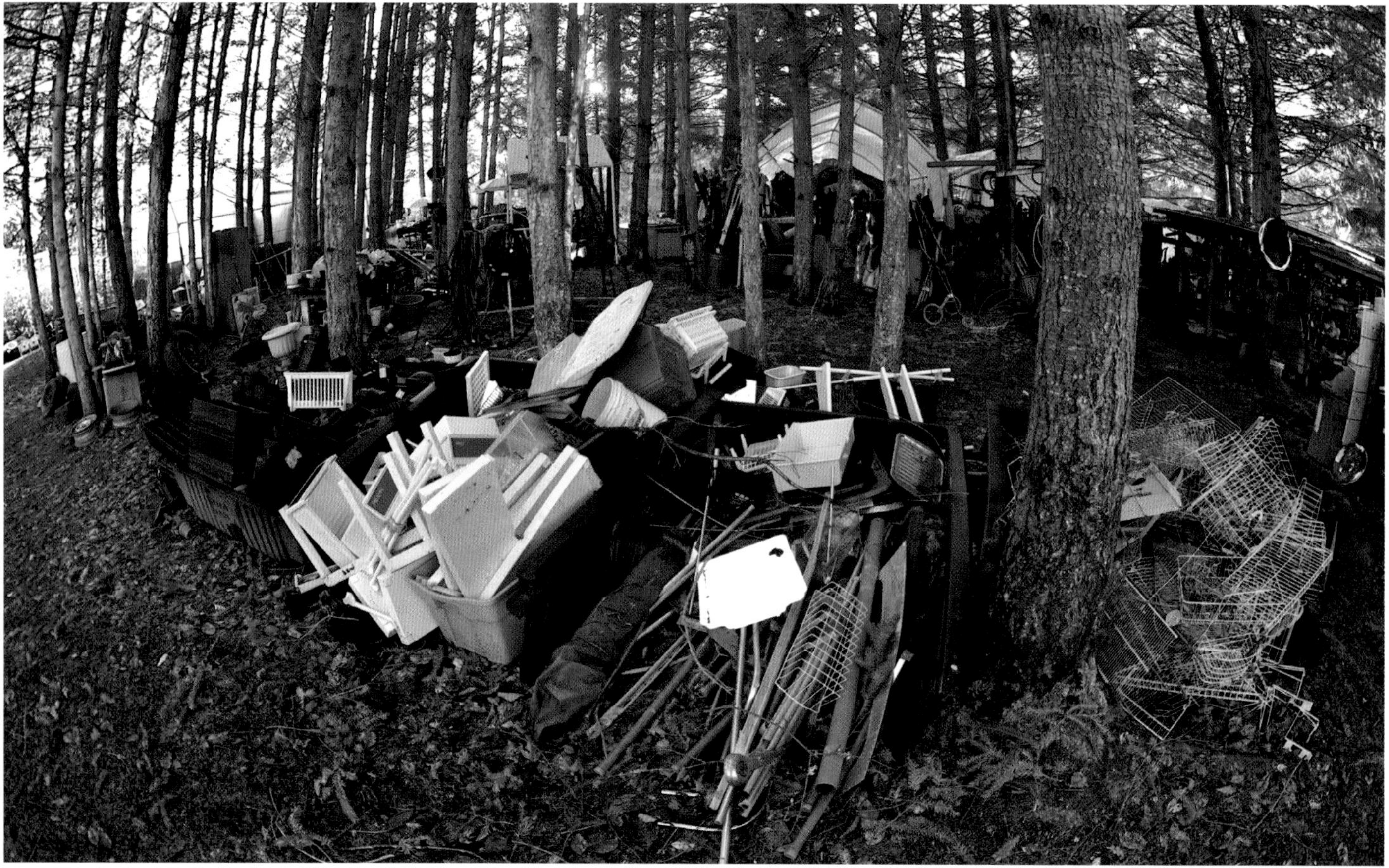

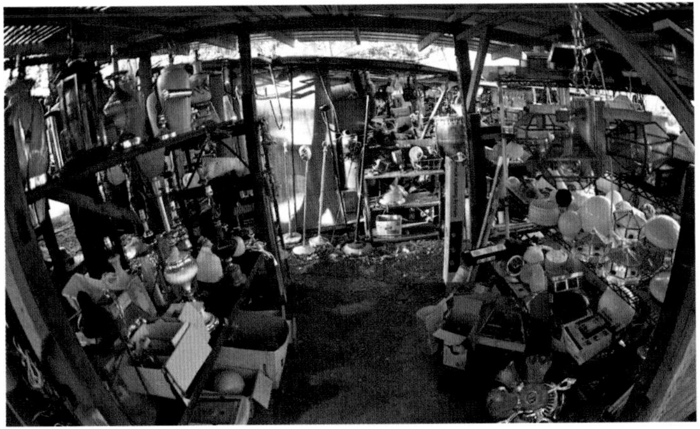

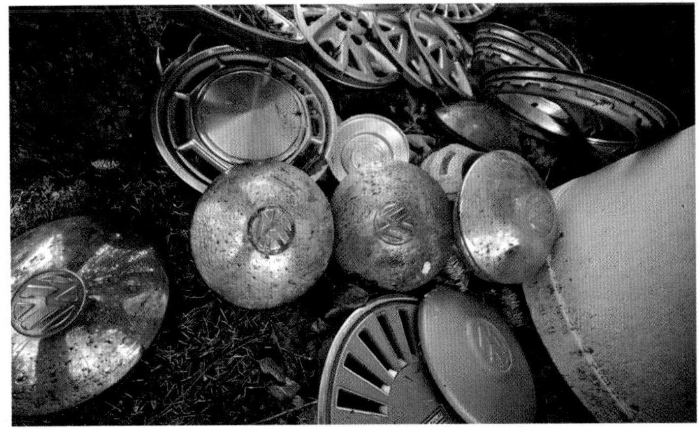

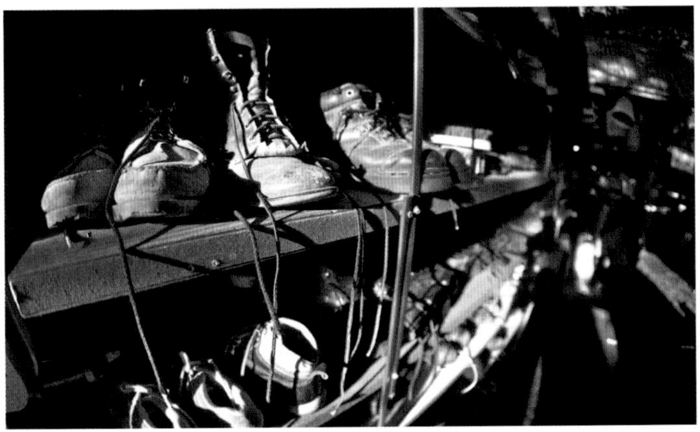

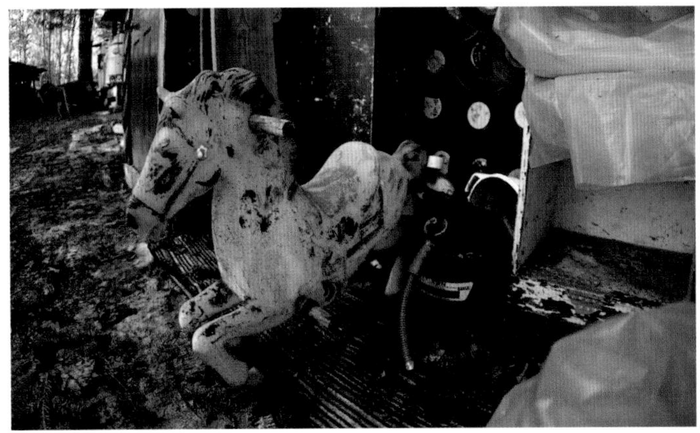

Nase voll von Landschaftaufnahmen? Wie wäre es stattdessen mit »aufgefüllten« Landschaften? Ich fand diesen riesigen Reifenhaufen nahe einer Rennstrecke in Spokane, Washington. Die Rennstrecke wurde umgebaut und die Arbeiter hatten wochenlang das Gelände und das Gestrüpp in der Umgebung nach Müll abgesucht und diesen auf Haufen sortiert (Schrott, Gummi, Holz und Verschiedenes). Der Reifenhaufen war der größte.

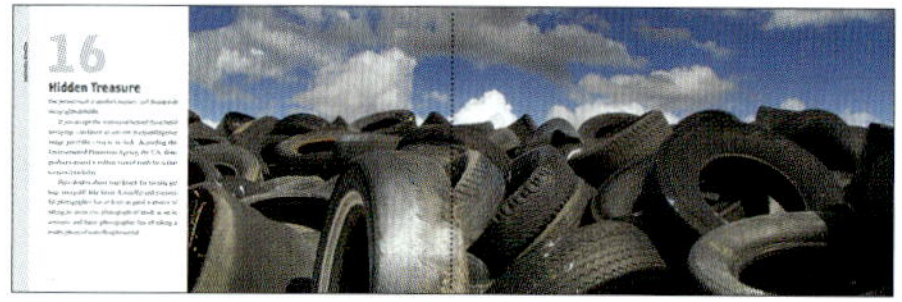

274 275

Zu den überraschendsten Funden der Aufräumarbeiter gehörte ein fast intakter Buick Sedan aus den 50er Jahren, der – wer weiß wie lange – kurz außerhalb der Rennstrecke abgestellt worden war (das Auto sehen Sie auf der nächsten Doppelseite).

Links: Die Strahlen der aufgehenden Sonne haben die Karosse eines Buick Electra aus dem Jahre 1959 noch nicht erreicht, der mitten im Wüstengras steht. Mit FARBTON/SÄTTIGUNG in Photoshop habe ich die Farben in diesem Bild verstärkt. Rechts: Die Farben in diesem Bild dämpfte ich mithilfe der Schieberegler im selben Bedienfeld.

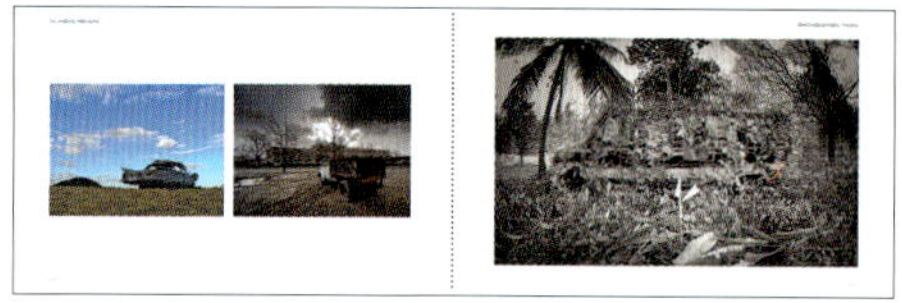

276 277

Dieser Van war eines von zwei amerikanischen Autos, die ich am Rande des Urwaldes während meiner Reise 2007 durch dieses Land antraf. Ich sah beide Autos, während ich mit neuen Freunden aus New York in einem Leihwagen unterwegs war, die mir ihre liebsten Wanderrouten in diesem Gebiet zeigen wollten. Ein sehr aufmerksames Pärchen, das so freundlich war, immer kurz anzuhalten, wenn ich ein Motiv gefunden hatte, das ich unbedingt fotografieren musste (ob sie das Motiv nun toll fanden oder nicht).

Diese Seite: Ein Paar ausrangierter Schuhe baumelt von den leeren Zweigen eines Baumes. Gegenüber: Ein verschrotteter Einkaufswagen mit herrenlosen Starthilfekabeln vor einem verlassenen Industriekomplex. Viele Fotografen (auch ich) mögen die Geschichten, die man in solche verlassenen Szenen hineininterpretieren kann.

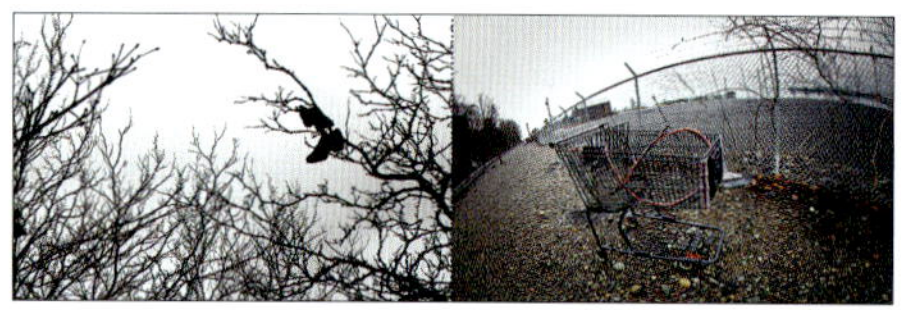

278 279

Haben Sie Lust, Ihre Müllfotos in Schätze zu verwandeln? Machen Sie doch aus Ihrer Sammlung desolater Szenen und verlassener Gegenstände eine Serie Archivfotos für Designer. Werbekünstler sind bekannt dafür, solche Fotos in Zeitungsartikeln, auf Buchtiteln und für Musikverpackungen zu verwenden.

Bekanntheit schafft Beziehungen. Betrachter dieses Fotos stellen womöglich zu den hier abgebildeten fremden Orten eine Beziehung her, weil die Szene ein so gut bekanntes Motiv enthält: eine leere Bierflasche. Die unscharfe Reihe leerer Flaschen im Bild daneben (mit unruhiger Hand im Dämmerlicht einer nächtlichen Straße aufgenommen) kommt Betrachtern vielleicht bekannt vor, die schon einmal ein oder zwei Bier zu viel hatten.

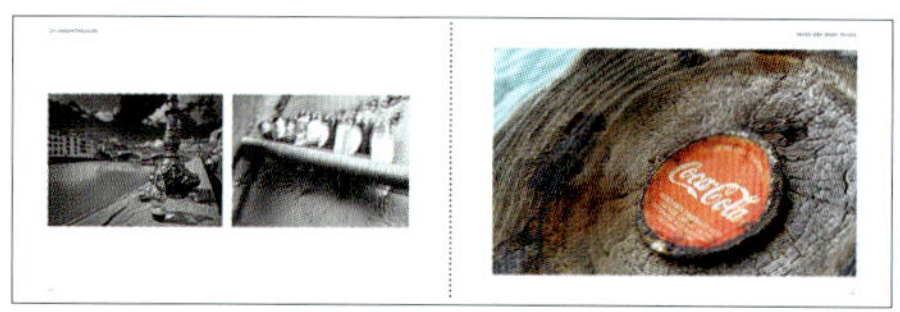

280 281

Ein halber Flaschenverschluss-Oldtimer (ca. 22 Jahre alt, glaubt man dem aufgedruckten Datum) wurde auf die hölzerne Pier in der Bucht von Belize geworfen. Obwohl er so winzig ist, stach die leuchtende Farbe sofort aus dem unnatürlichen Türkis des Meeres hervor.

Auf dieser Doppelseite geht es eher um natürlich gewachsene statt von Menschenhand hergestellte Motive. Das Paar abgestorbener und getrockneter Blätter auf dieser Seite lässt interessante Studien über Form und Struktur zu. (Weitere Fotos lebloser Pflanzen finden Sie auf den Seiten 180 und 181.) Ich habe diese Fotos mit Schwarzweiss in Photoshop in einfarbige Bilder umgewandelt.

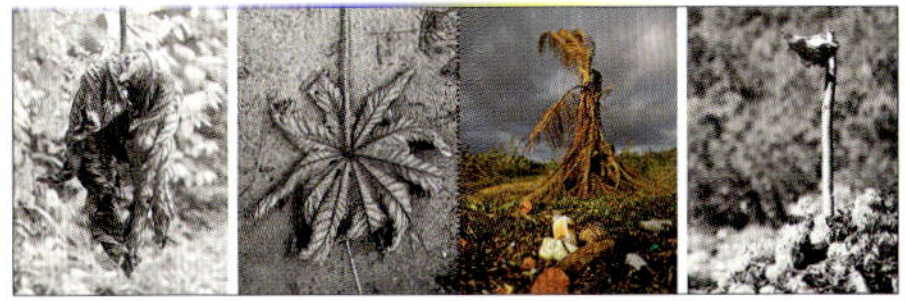

282 283

Hier: Eine zerzauste Palme mitten im Strandmüll an der Küste von Belize. Auf der anderen Seite der Erdkugel hingegen fand ich diesen Schädel, der wohl, auf einen Stock gesteckt, einen Zitronenhain in Italien überwachen soll.

Eine Couch zum Mitnehmen (mit einer Auswahl an Selbstbedienungsgarderobe) in einer Seitenstraße. Wenn Sie hin und wieder einen Blick in aktuelle Magazine werfen, finden Sie auch solche Fotos – ebenso lebensnah wie vieldeutig – in Begleitung von Artikeln und Aufsätzen. Ich bin ein Fan solcher Szenen, deshalb gehe ich auch gern durch Nebenstraßen, wenn ich zu Fuß oder mit dem Rad in der Stadt unterwegs bin.

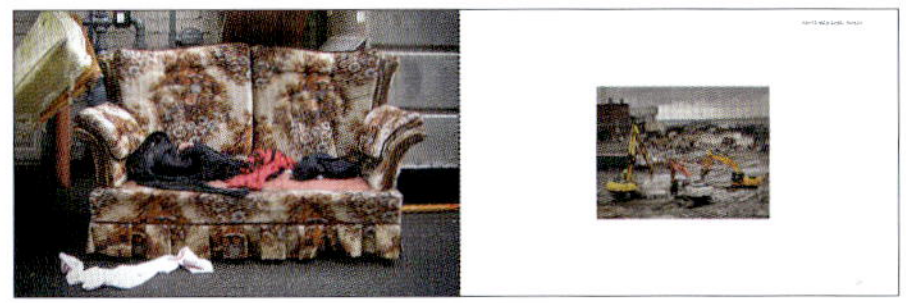

284 285

Was sorgt für dieses Durcheinander? Monster oder Miniaturen? Hier habe ich mithilfe einer digitalen optischen Täuschung eine riesige Baustelle in einen Spielplatz verwandelt. Mit dem Lasso legte ich eine schützende Maske um die optische Ebene der Baufahrzeuge und zeichnete den Rest des Bildes mit dem Weichzeichner weich. (Den Effekt erzielen Sie auch mit einem Tilt-Shift-Objektiv.)

Dieses kaleidoskopische Bild entstand, indem ich ein Foto einer riesigen Abrisshalde duplizierte und spiegelte. Das Originalbild dehnte ich in Photoshop und färbte es vor dem Kopieren und Reflektieren mit Fotofilter blau ein.

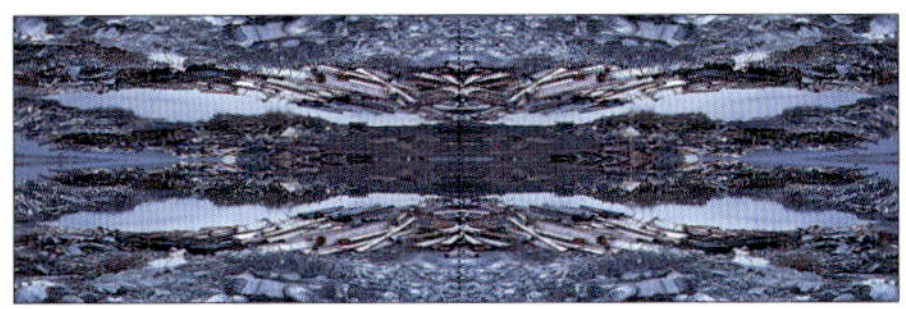

286 287

Dieses mehrfache Spiegeln ist einer meiner Lieblingseffekte. Eine sehr einfache Möglichkeit, eine relativ banale Aufnahme in eine spannende Abstraktion zu verwandeln. Ich wende den Effekt besonders gern auf technische Motive, Pflanzen und architektonische Details an. Durchsuchen Sie doch einmal Ihre Bildersammlung nach Aufnahmen, denen Sie mit dieser Behandlung einen neuen künstlerischen Anspruch zuteil werden lassen.

Wenn Sie Gebrauchtwarenhändler ebenso gern mögen wie ich und ebenso gern ungewöhnliche Motive fotografieren, können Sie sicher nachvollziehen, was mir bei diesem Anblick durch den Kopf ging: *Ich habe das Paradies gefunden.*

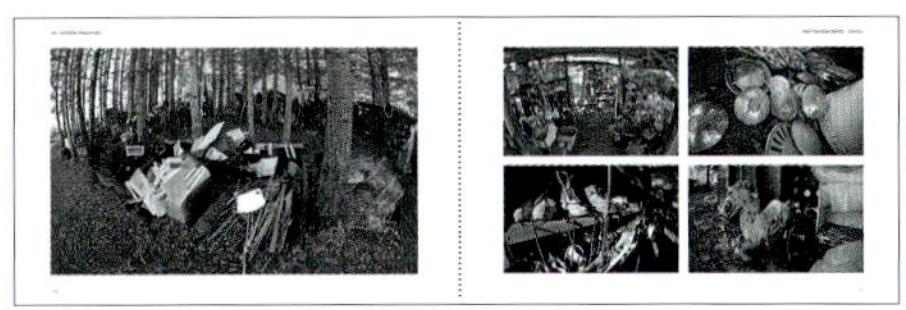

288 289

Gegenüber: Teilansicht des Trödelmarktes und der umgebenden Bäume. Diese Seite, im Uhrzeigersinn von links oben: Lampen aller Form und Größe, sorgfältig in ein behelfsmäßiges Schaufenster gepfercht; eine Sammlung verwaister Chrom-Radkappen; ein Schaukelpferd im (kurzzeitigen) Ruhestand; regalweise Schuhe, die geduldig darauf warten, neue Füße spazieren zu führen.

17

Von innen

Was geschieht hinter dem Ziffernblatt einer Uhr? Wie sieht das Gehirn eines Computers aus? Welche Verstrebungen braucht eine Brücke, um nicht umzufallen? In diesem Kapitel werden alle Schrauben gelöst, Geräte demontiert und wir unternehmen einen Ausflug in das Innenleben komplexer Strukturen – und fotografieren – das normalerweise verborgene Innenleben ganz alltäglicher Dinge.

Falls Sie zu den Neugierigen gehören und gern zu Schraubendreher, Maulschlüssel und hin und wieder auch mal zum Hammer greifen, werden Sie auf der Jagd nach solchen Fotos vermutlich viel Freude haben. Das Rohmaterial finden Sie in Gebrauchtwarenläden, auf Trödelmärkten, im Müll – wo auch immer Sie herumsuchen und Ihre Kreativität ausleben wollen.

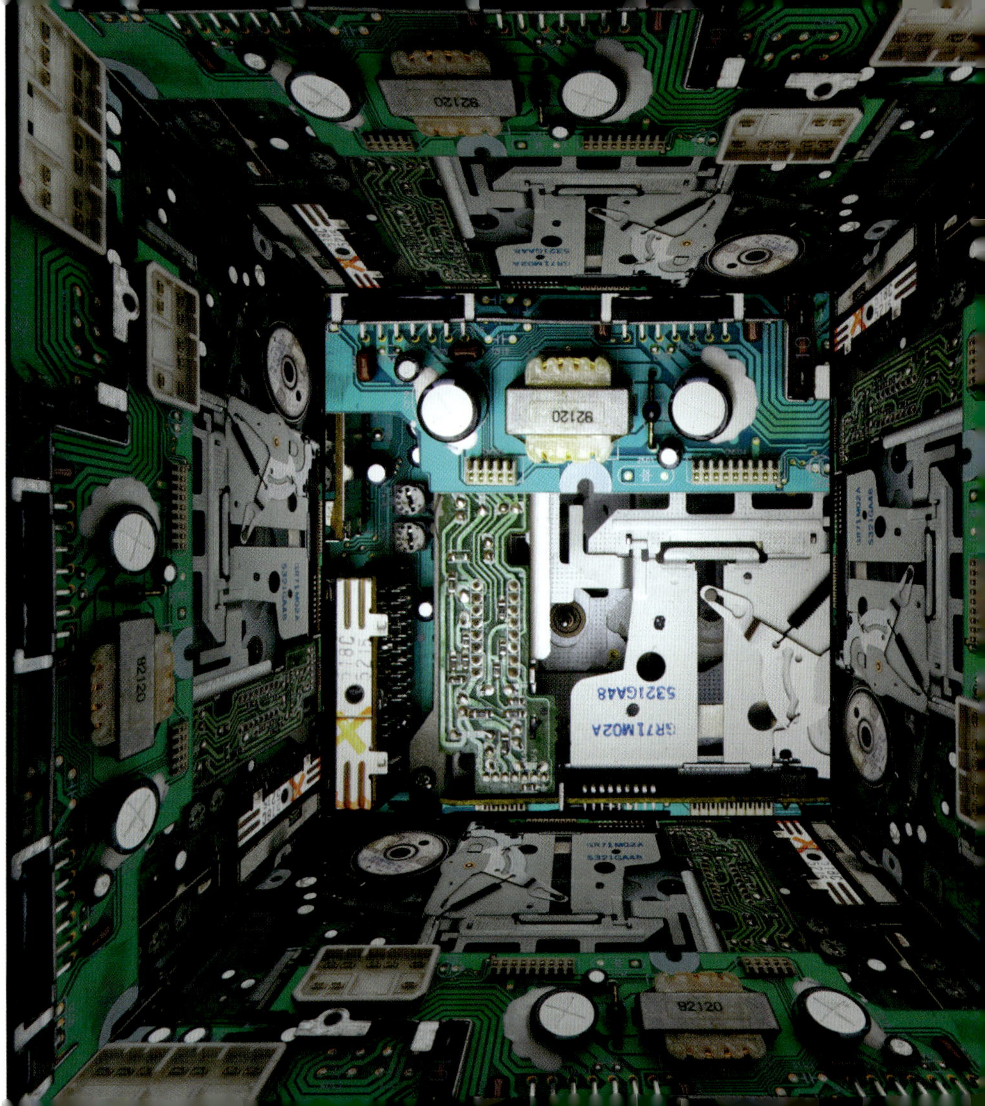

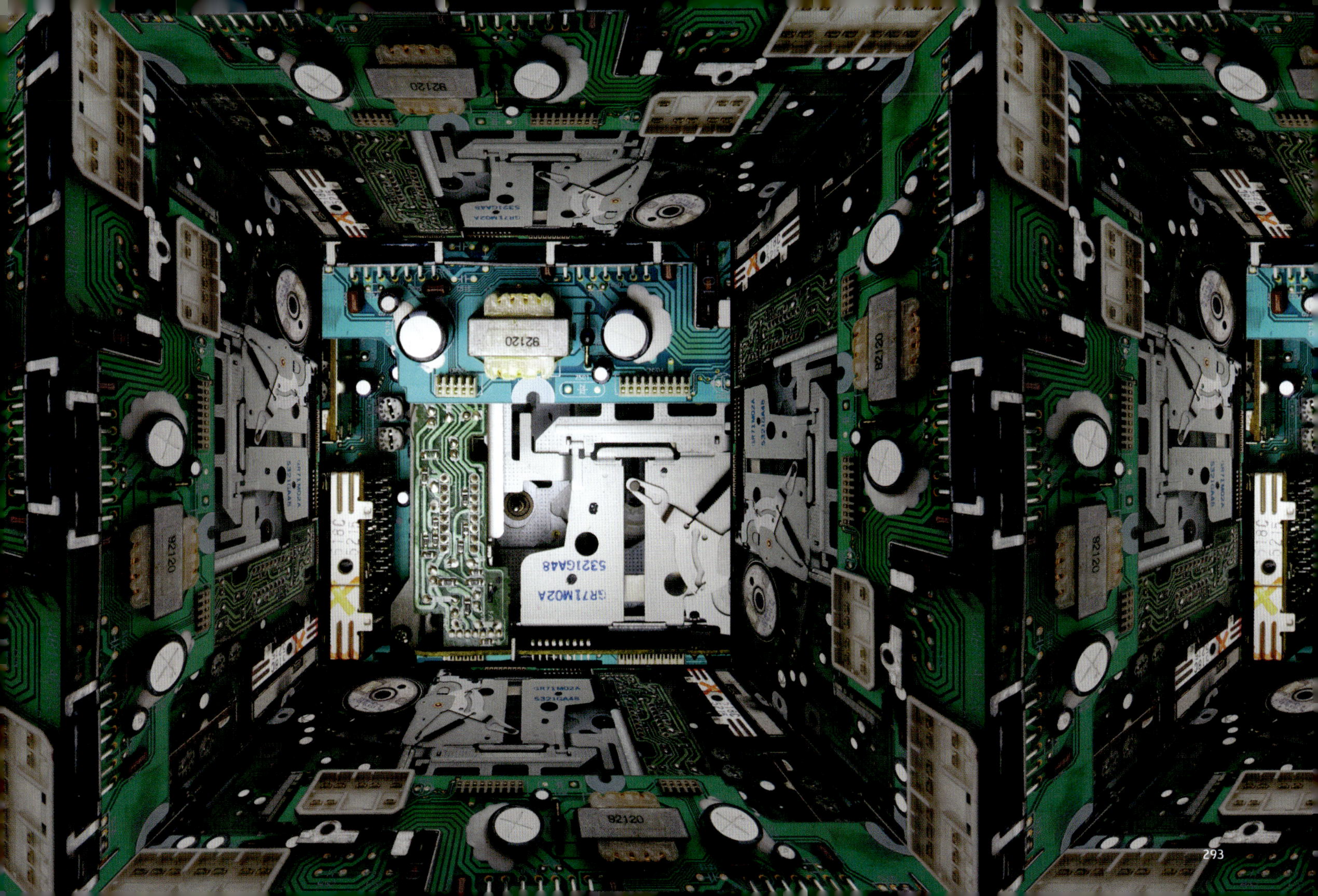
92120

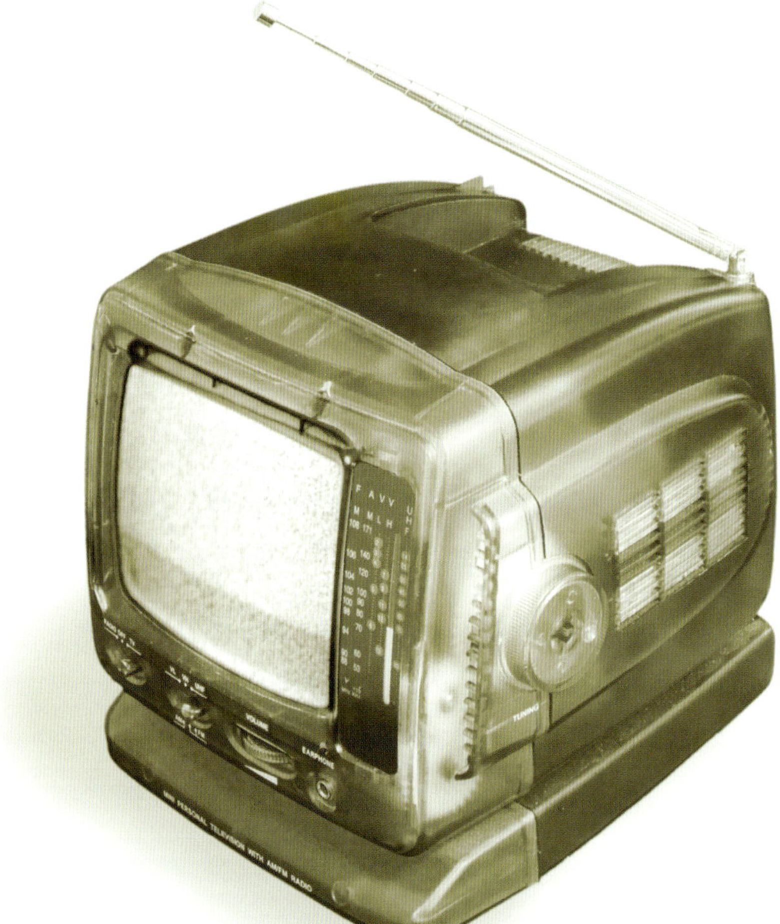
VOLUME
EARPHONE
TUNING
PERSONAL TELEVISION WITH AM/FM RADIO

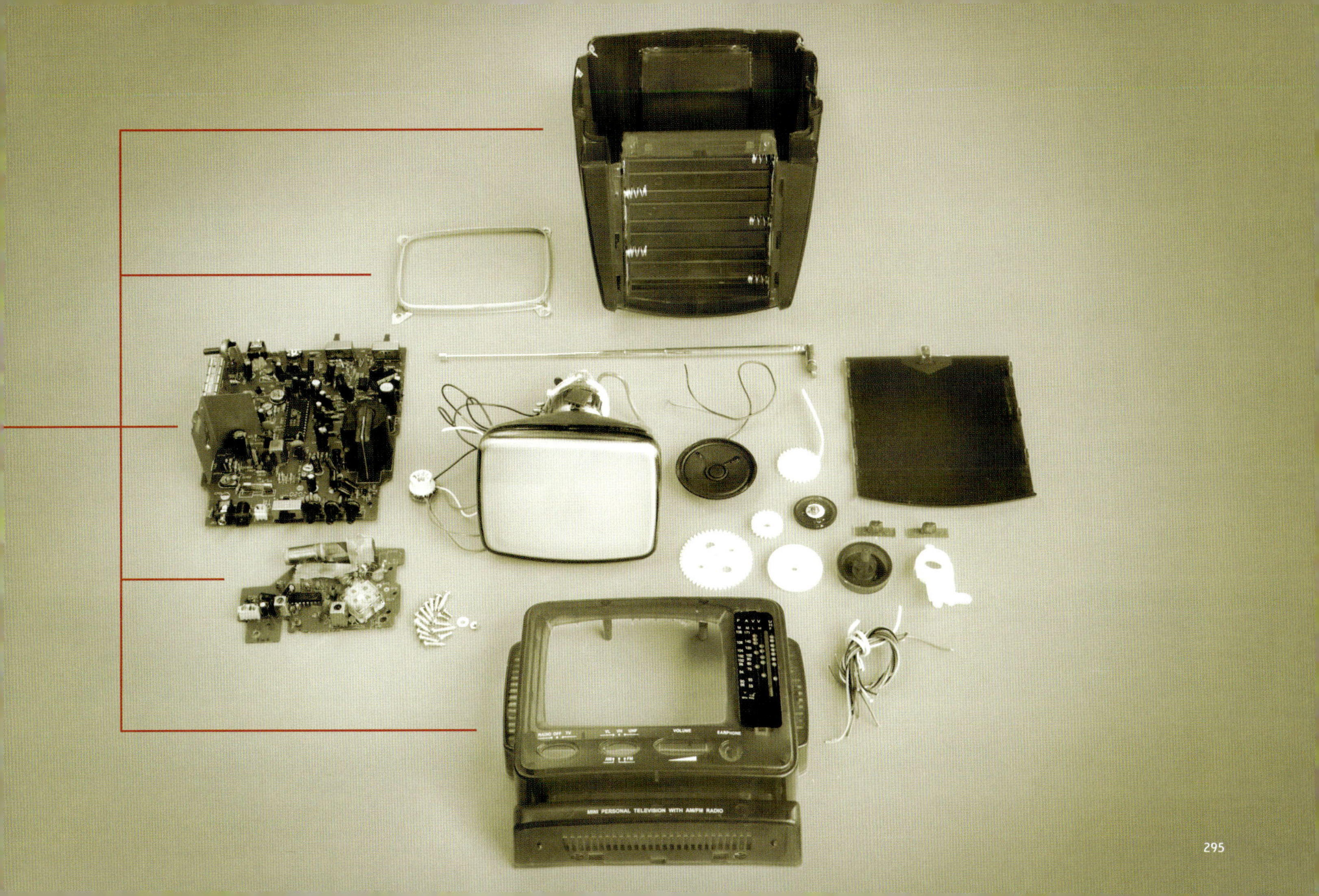
RADIO OFF TV
VOLUME
EARPHONE
MINI PERSONAL TELEVISION WITH AM/FM RADIO

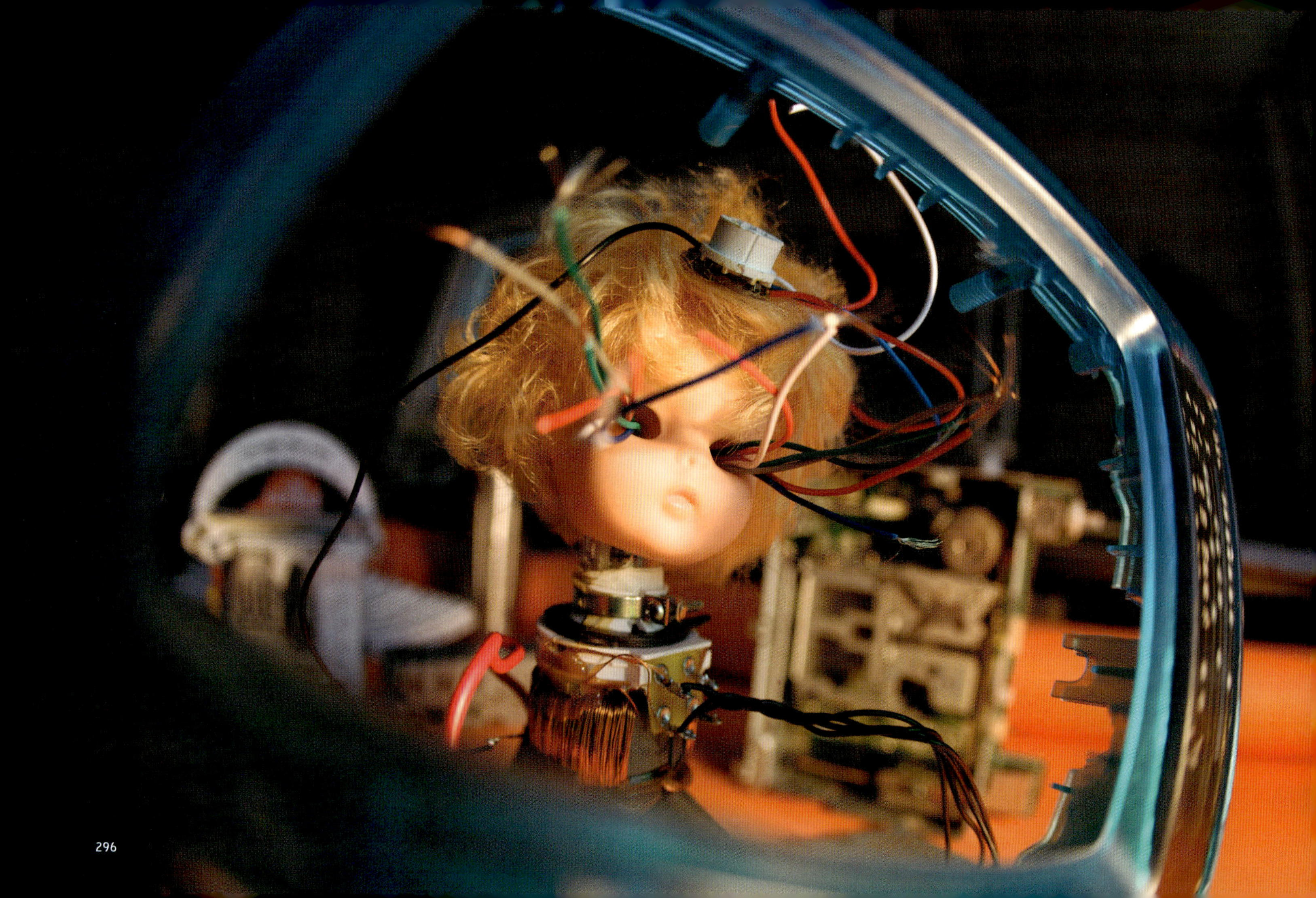

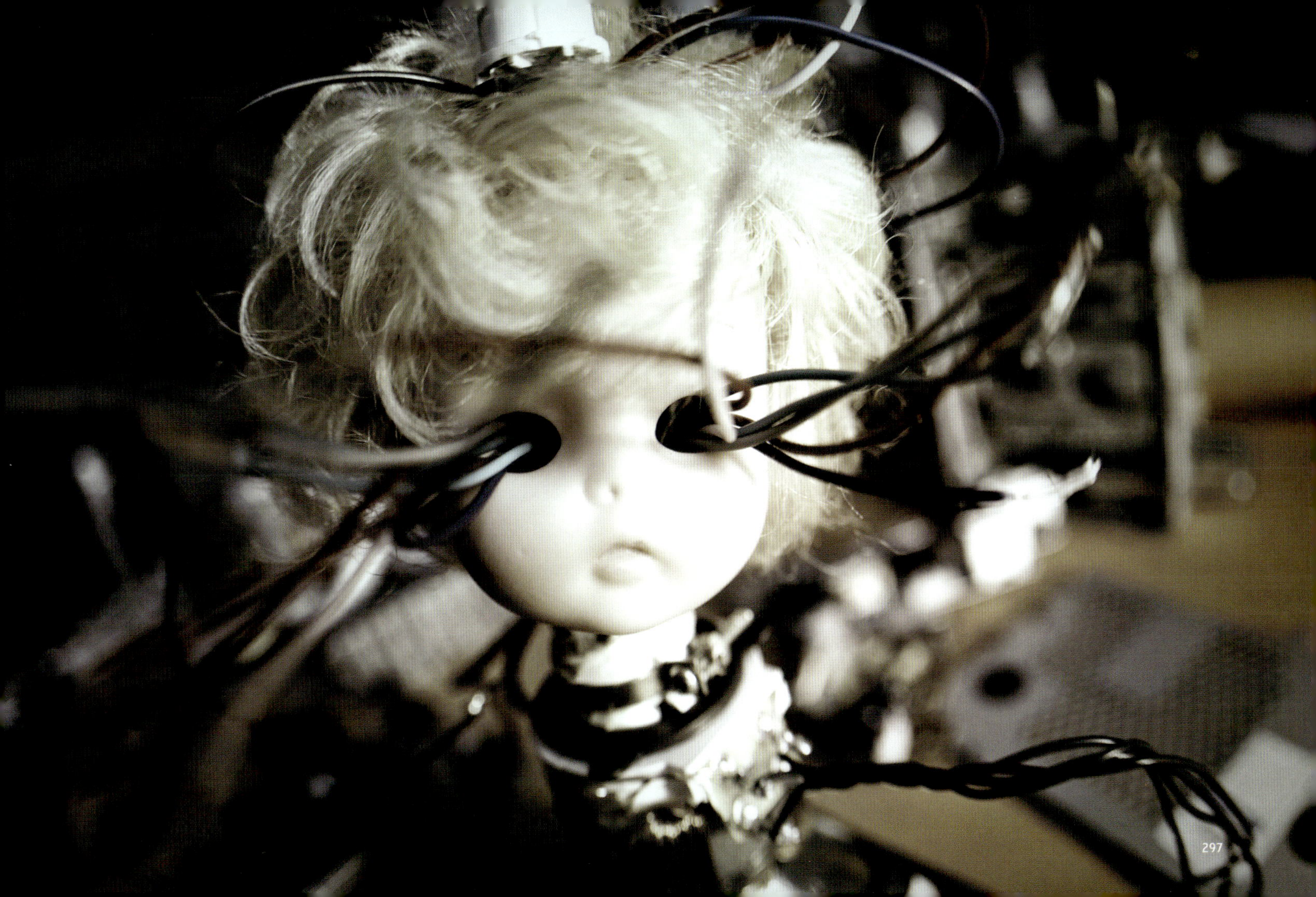

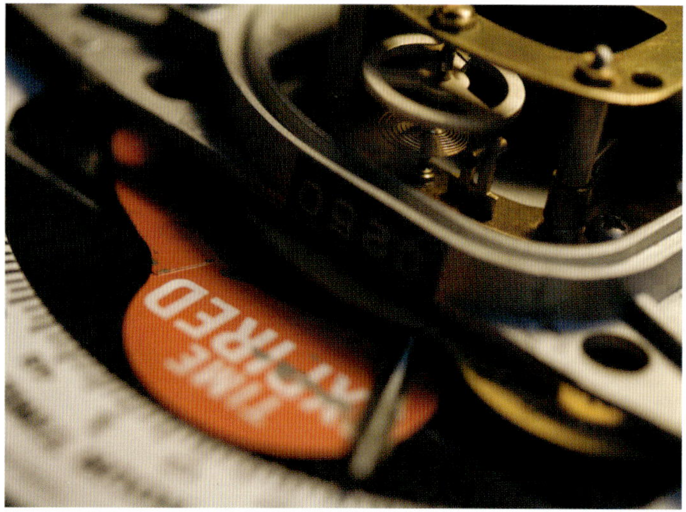
TIME

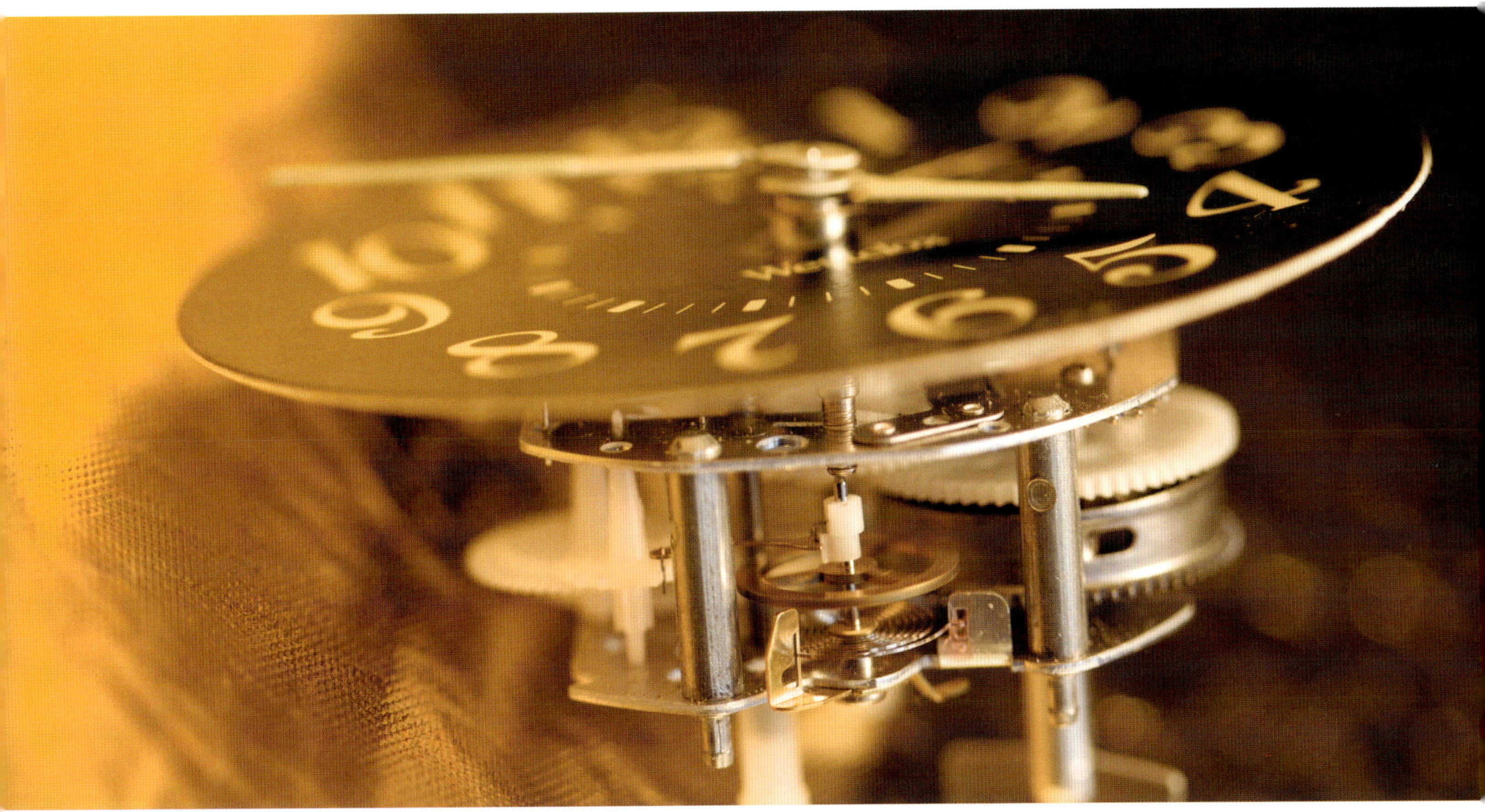

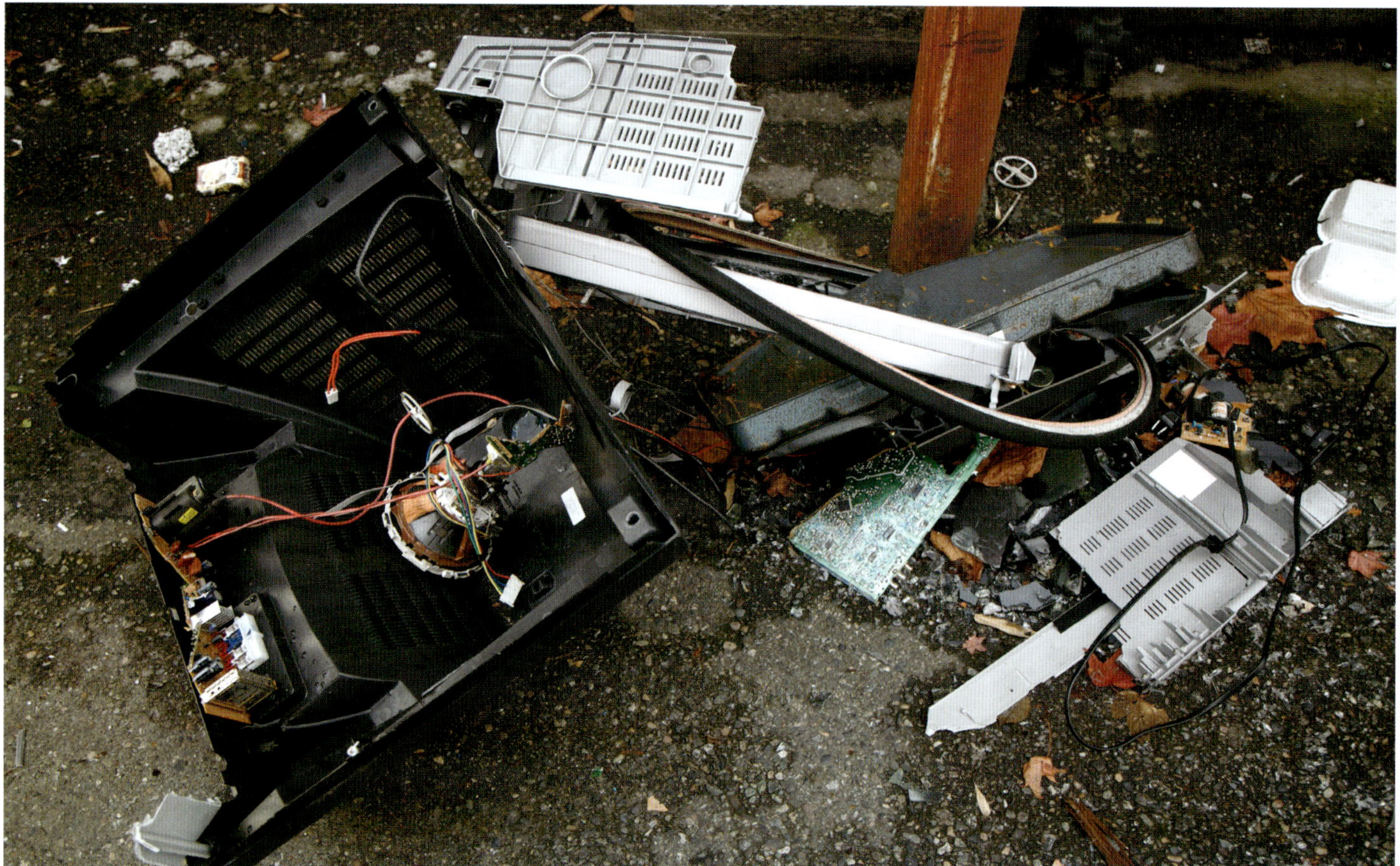

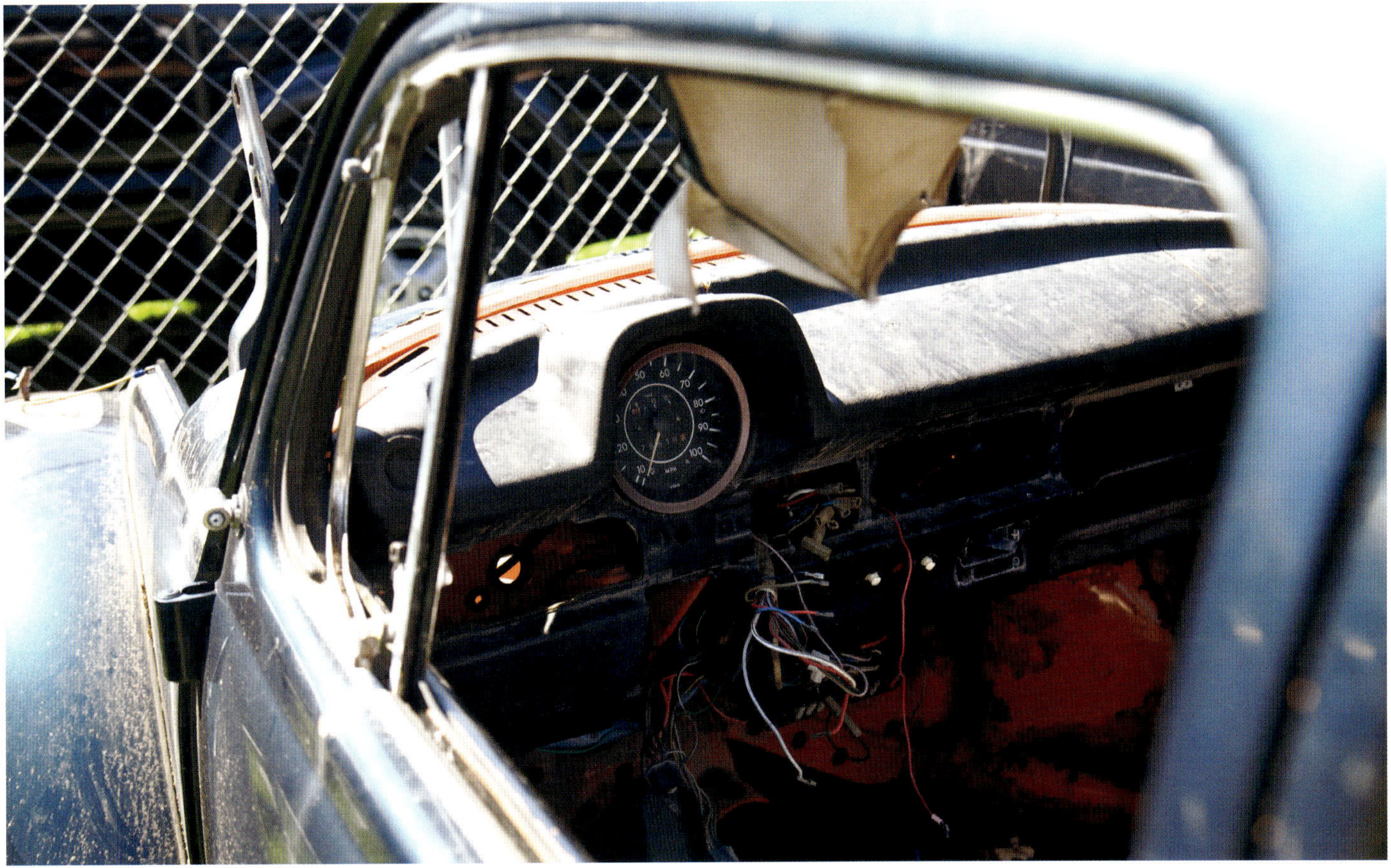
50 60 70
80
90
20
100
10
MPH

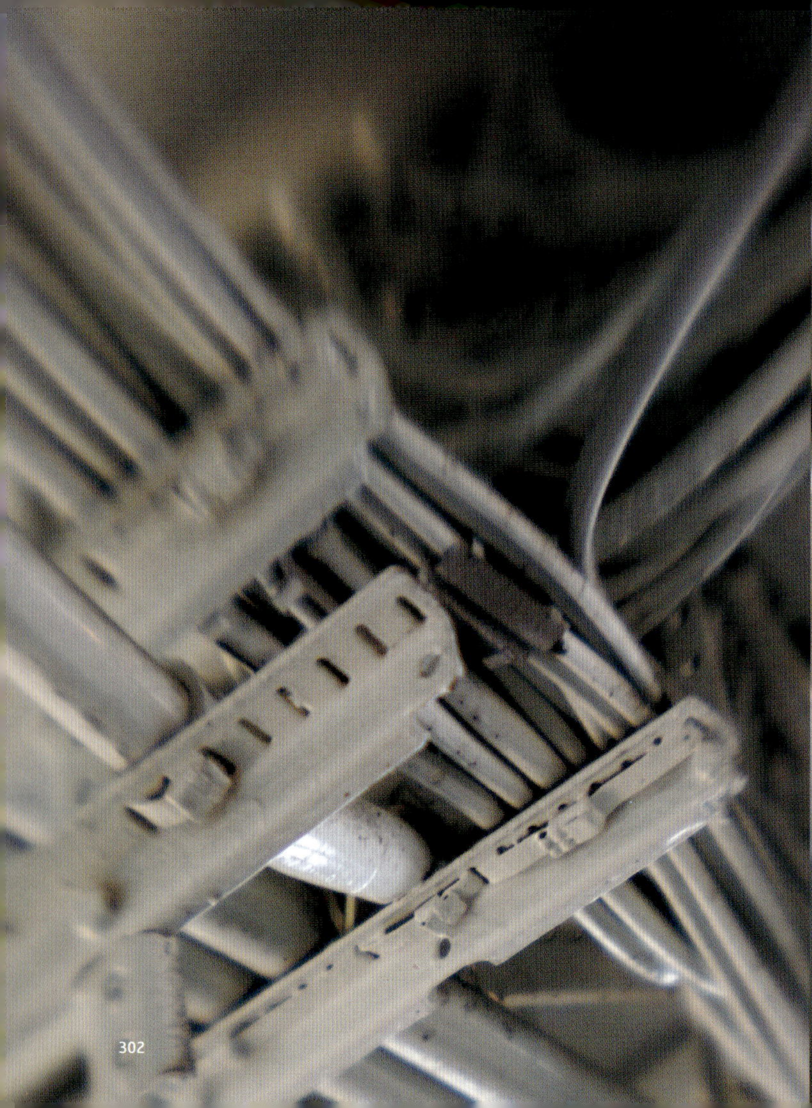
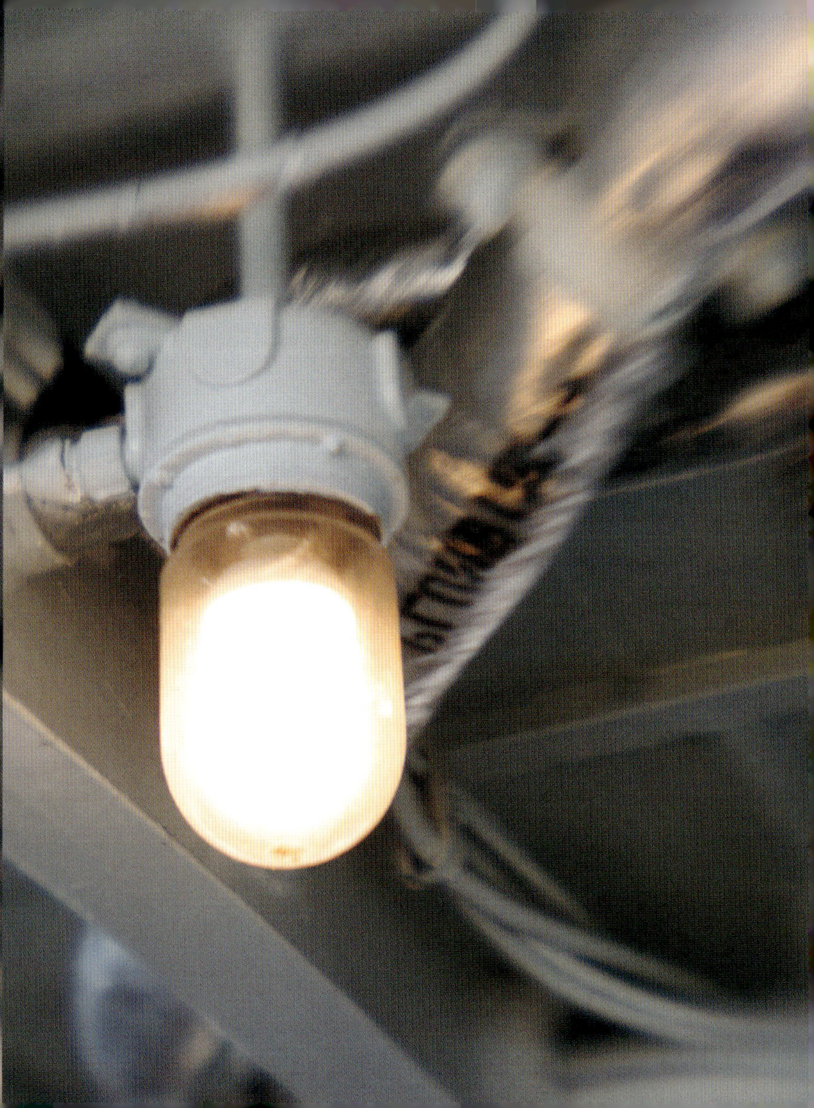

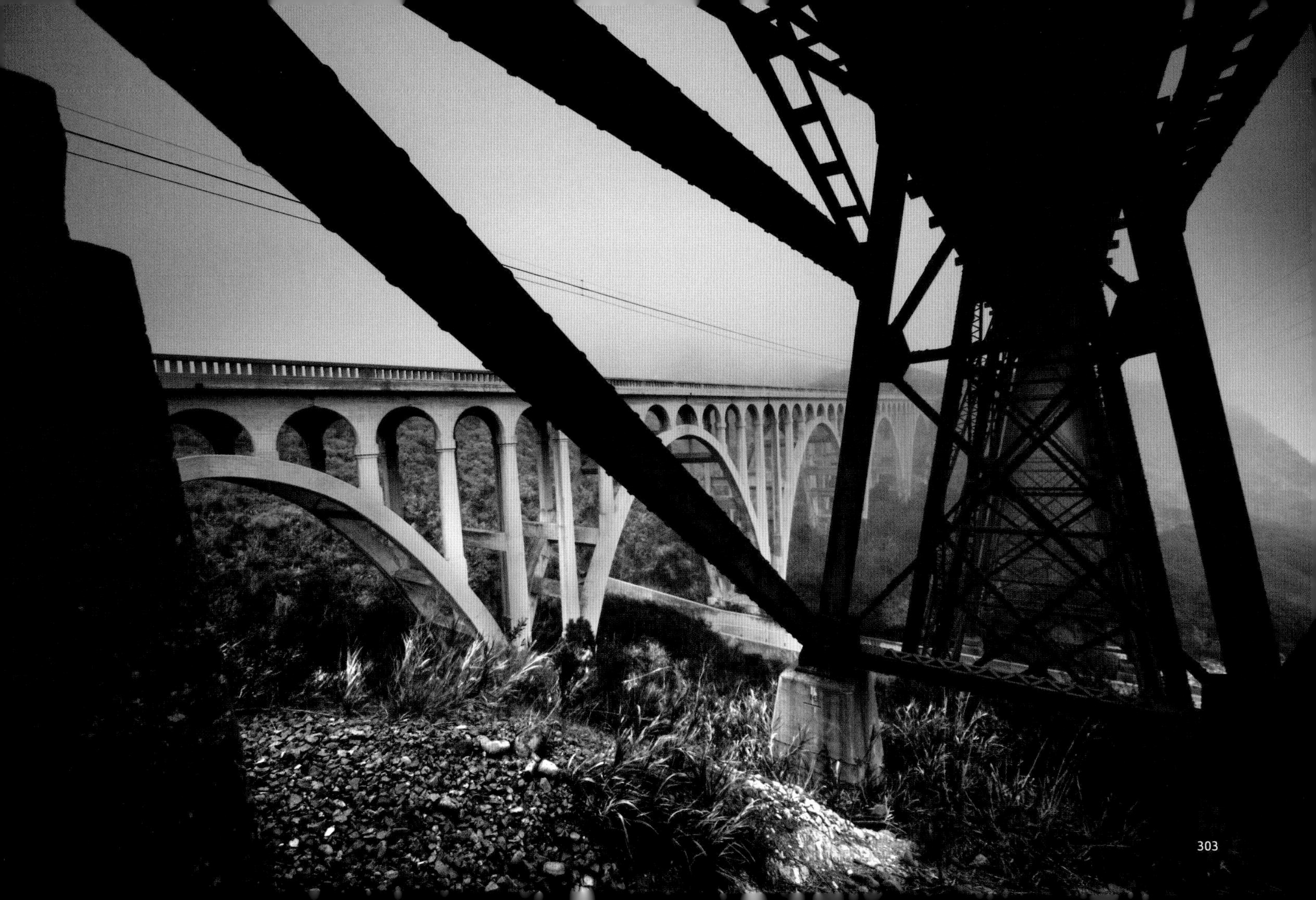

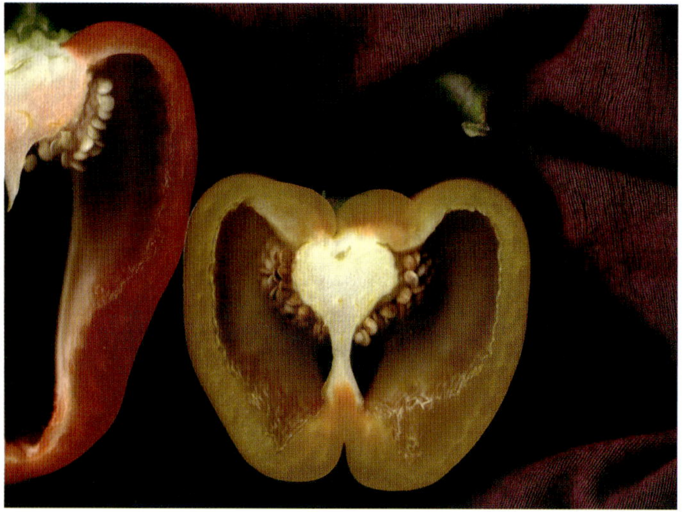

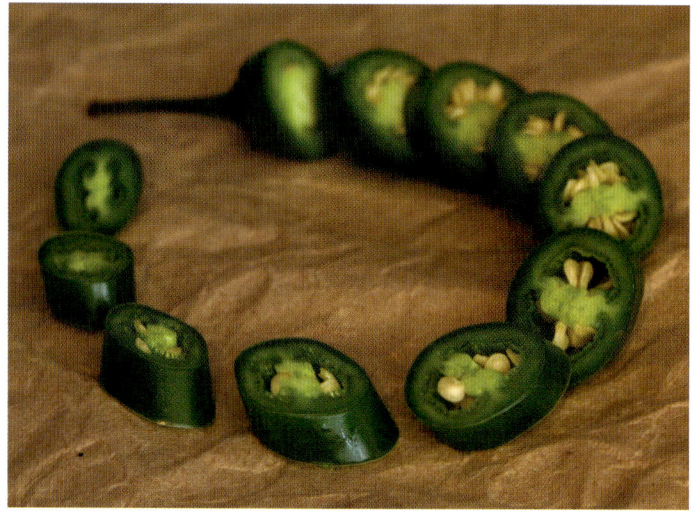

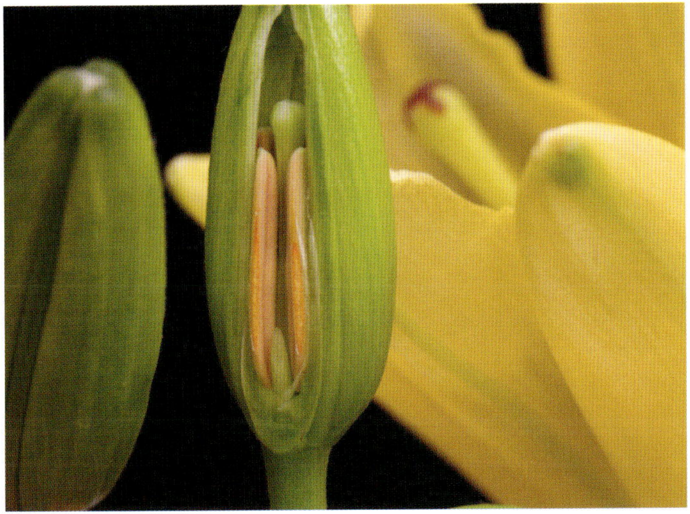

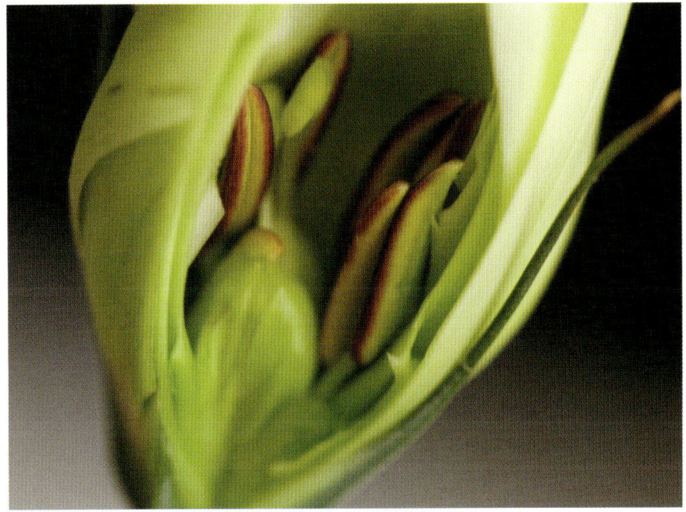

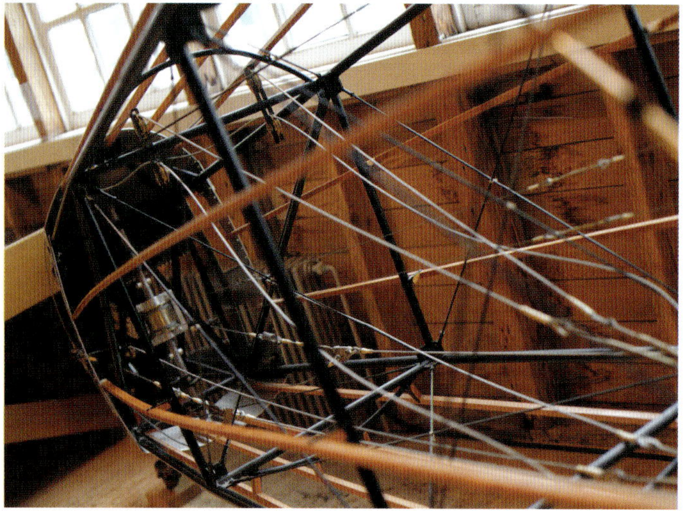

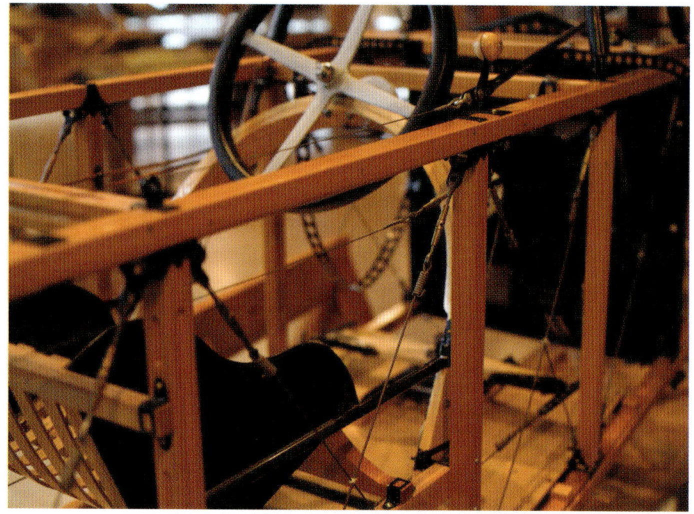

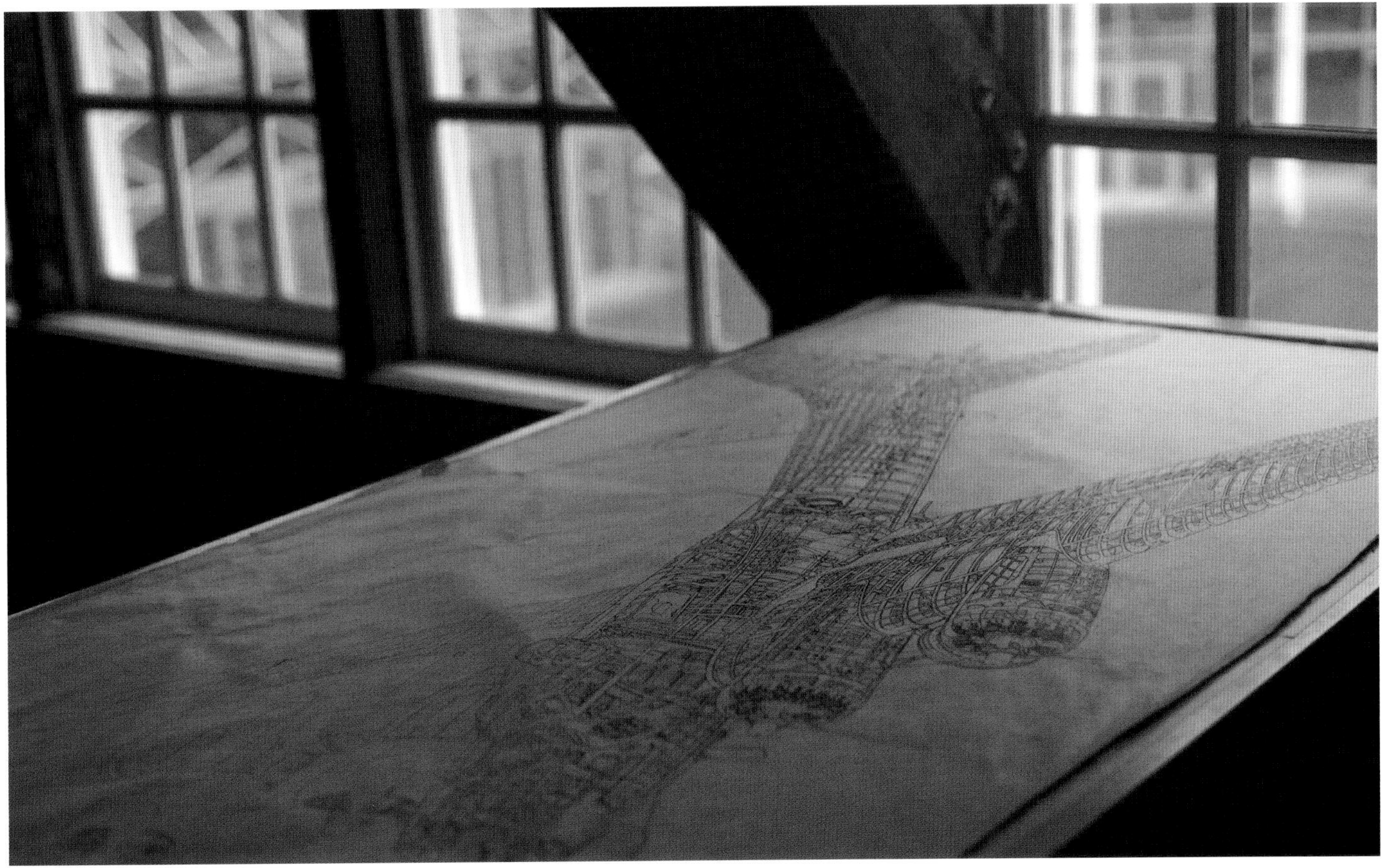

Was ist das denn? Ein Computer von innen oder ein digitaler Fernseher? Die Eingeweide eines Datenspeichers? Etwas ganz anderes? Diese High-Tech-Konstruktion ist nur Fantasie. Ich habe das Bild aus einem einzigen Foto einer Leiterplatte zusammengebaut. Mit Transformieren/Perspektivisch habe ich ein Duplikat des Fotos bearbeitet und mehrfach eingesetzt, um die »Wände« um das Original zu erstellen. Mit Farbton/Sättigung- und Gradationskurven-Einstellungsebenen färbte ich das Bild ein und hellte die Bildmitte auf.

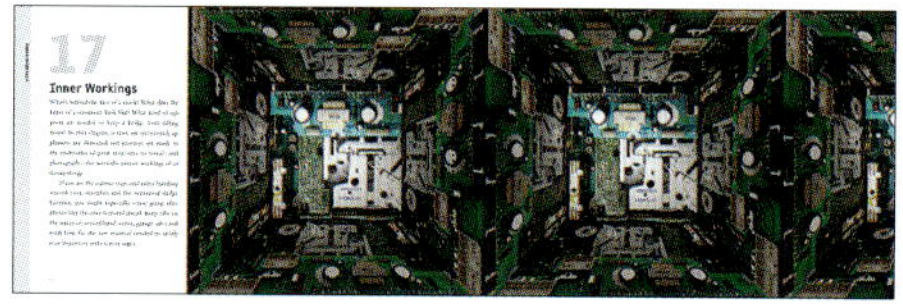

292 293

Eine Illustration wie diese können Sie auch vielfältig für Muster einsetzen. Hier habe ich das zusammengesetzte Original zweieinhalb Mal wiederholt. Ich hätte das Original auch verkleinern und hundertfach wiederholen können, um die Doppelseite zu füllen.

Die meisten haben sich schon als Kinder gefragt, wie Dinge funktionieren und wie mechanische Spielzeuge oder Haushaltsgeräte von innen aussehen. Ich benutzte dieses Kapitel als Vorwand, kaufte einen Mini-Fernseher aus zweiter Hand und nahm ihn mithilfe einiger Schraubendreher auseinander. Hier sehen Sie eine Vorher-/Nachher-Aufnahme. Das Bild auf dieser Seite wählte ich mit dem Lasso aus, dann platzierte ich den Fernseher vor einem weißen Hintergrund, wo ich mit dem Airbrush einen leichten Schatten hinzufügte.

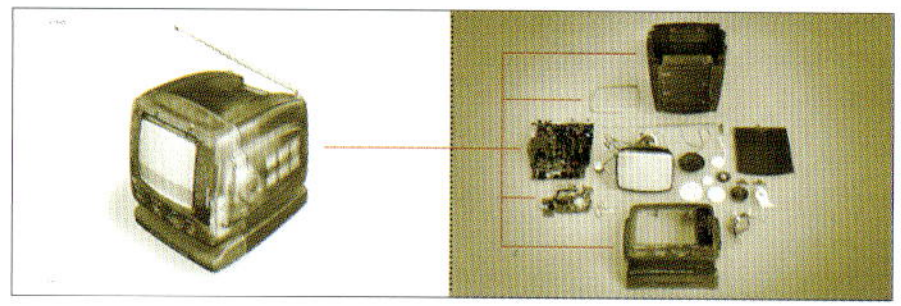

294 295

Eine Projektidee: Sammeln Sie doch ein paar Gerätschaften aus einem Trödelladen und fotografieren Sie die vor und nach der Demontage. Ein Dutzend solcher Fotos sind schon eine ganz anständige Web-Galerie – oder auch ein netter Print an der Wand in einem Cyber-Cafe.

Geben Sie Ihren kreativen Impulsen nach. Nachdem ich den demontierten Fernseher fotografiert hatte, war mein Tisch mit Kabeln, Schaltkreisen, Plastikteilen und einer Röhre übersät. In diesem Moment entdeckte ich eine Puppe in Requisitenregal nebenan und beschloss, mit der Arbeit aufzuhören und endlich kreativ zu sein. Kurze Zeit später hatte ich Franken-Girl, halb TV und halb Puppe (was mir wieder einmal bestätigt hat, dass Fernsehgeräte kaputt deutlich mehr wert sind als sonst).

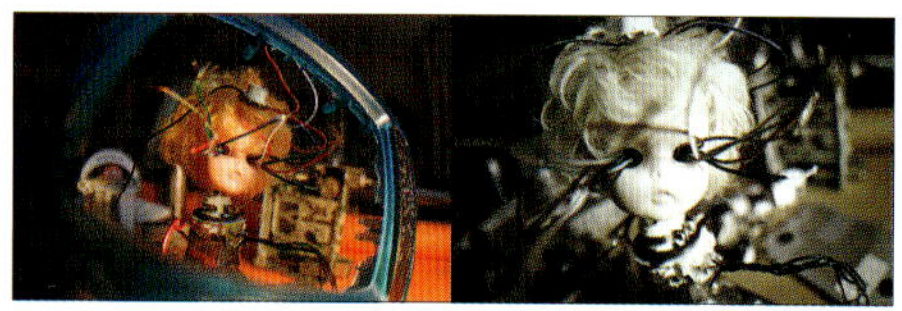

296 297

Wie viel Farbe brauchen Sie? Kommt drauf an ... auf die Stimmung und die Botschaft, die Sie vermitteln wollen. Mit Farbton/Sättigung verstärkte ich die Farben im Bild gegenüber, im Bild auf dieser Seite dämpfte ich sie. Mit Photoshop experimentiert es sich schnell und einfach. Überdenken Sie vorher Ihre Optionen, bevor Sie entscheiden, welcher Look für die Präsentation eines Fotos der richtige ist.

Nur wenige Fotos in diesem Buch sind unter Bedingungen fotografiert, die man als Studio-Setup bezeichnen darf. Für diese Aufnahmen legte ich die Motive zum Beispiel auf meinen Schreibtisch und strahlte sie mit meiner Schreibtischlampe an. Das Uhrwerk rechts legte ich zum Fotografieren auf ein Stück goldenen Stoff. Beide Bilder wurden mit einer SLR und 50-mm-Objektiv aufgenommen.

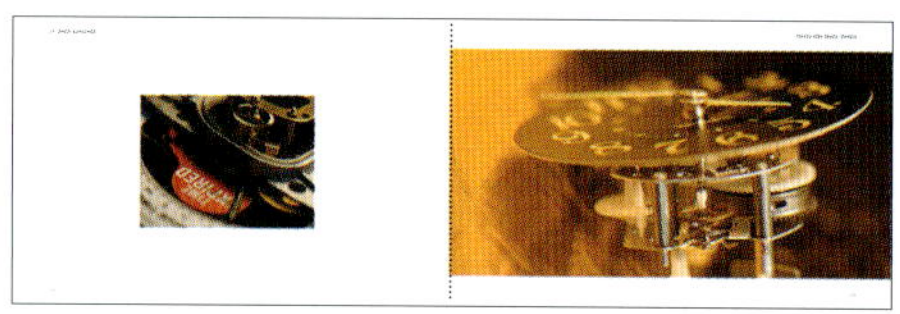

298 299

Neuartige Fotos alltäglicher Objekte tauchen oft in Werbung und Design auf, wo konzeptionelle Arbeiten zur Unterstützung eines Themas oder einer Botschaft eingesetzt werden können. Regelmäßige Besuche in Trödelläden, um Requisiten nachzukaufen, sind eine ausgezeichnete Idee, wenn Sie eine kommerziell brauchbare Sammlung von Alltagsbildern wie diesen zusammenstellen wollen.

Diesen zerstörten Fernseher fand ich auf der Straße, und es sah so aus, als hätte ihn jemand aus dem nahen Hochhaus geworfen (vielleicht fand jemand im dritten Stock Fernsehen genau so »toll« wie ich). Zufällige Szenen wie diese sind ein weiterer Grund für meine Motivation, die Kamera immer bereitzuhalten, und dafür, dass ich meist die Nebenstraßen nehme, wenn ich zu Fuß oder mit dem Rad unterwegs bin.

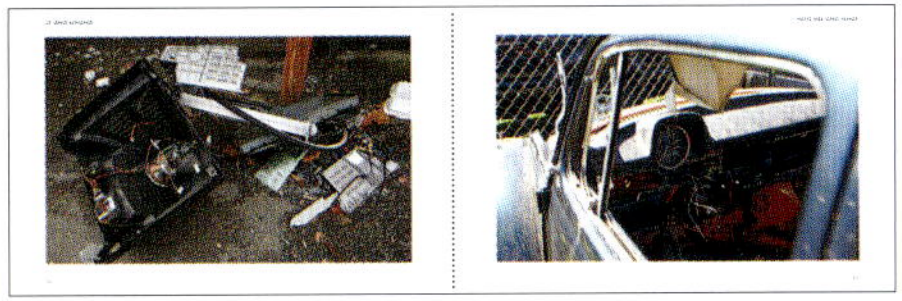

300 301

Kabel kriechen aus einem leicht verrotteten VW Käfer. Beide Bilder auf dieser Doppelseite hätten auch in Schwarzweiß gut gewirkt – wahrscheinlich aber eher künstlerisch als realistisch. In diesem Fall entschied ich mich dafür, die realen Farben beizubehalten.

Freiliegende Kabel und eine Glühlampe an der Decke des mittleren Decks einer Autofähre. Diese Aufnahmen entstanden mithilfe der flexiblen Fokusmöglichkeiten eines Lensbaby. Das Objektiv ist klein, leicht zu transportieren und macht einfach Spaß: Ich lasse es nur selten zu Hause, wenn ich ein paar Objektive mitnehme.

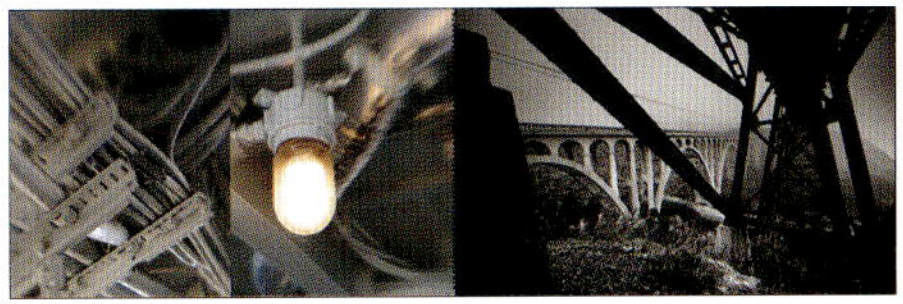

302 303

Andere Größenverhältnisse. Fotografieren Sie doch einmal hinter den Kulissen oder unter größeren Dingen, nicht nur Kleingeräten, Werkzeugen oder Autos. Hier bilden die dunklen Metallstreben einer Eisenbahnbrücke einen scharfen Kontrast zu den geschwungenen, verstärkten Betonbögen der Autobahnbrücke im Hintergrund.

Sie müssen sich ja nicht gleich als Food-Stylist bezeichnen, aber fotografieren Sie doch einfach einmal die Innenseite Ihrer Lieblingsfrüchte oder von Gemüse. Die Motive finden Sie in Ihrem Kühlschrank. Das Foto ganz links – wie auch die auf Seite 15 – entstand, als ich die Objekte auf einen Flachbettscanner legte.

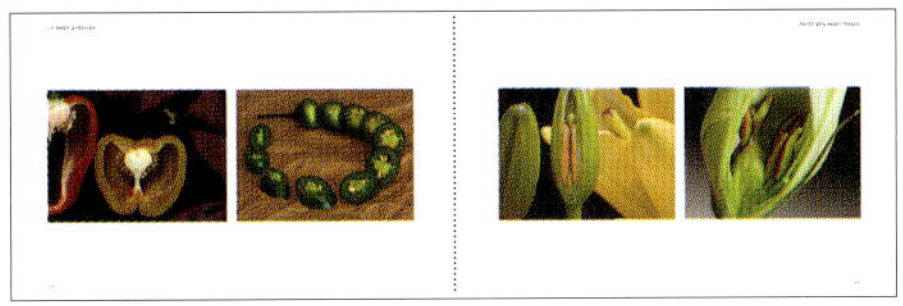

304 305

Mit einem scharfen Cutter legte ich das Innenleben dieser Blüten frei. Wenn Sie sich besonders für die Wunder der Botanik begeistern können, könnten Sie sich einmal eine Sammlung von Innen- und Außendetails Ihrer Lieblingsblumen zusammenstellen.

Beim Fotografieren vom Innenleben einiger Dinge ist es immer ganz schön, wenn man auf Motive trifft, die jemand bereits aus ihrer Hülle befreit hat. Hier sehen Sie Aufnahmen von der Metall-Holzkarosse eines alten Flugzeugs und seiner Steuerung. Sie finden beides in einer wunderschönen Ausstellung im Museum of Flight in Seattle (weitere Fotos aus diesem Museum auf den Seiten 40–57).

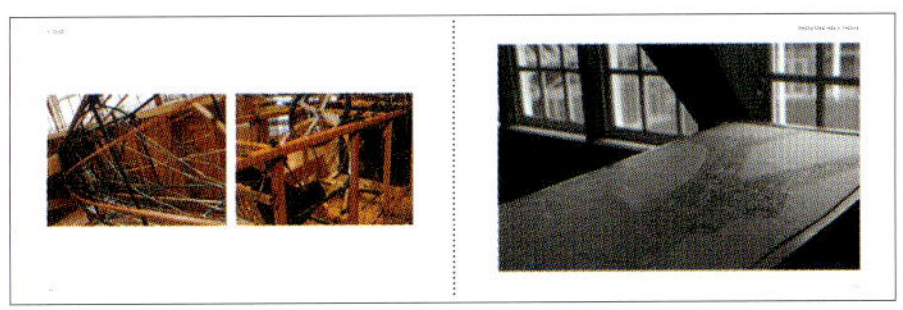

306 307

Manchmal braucht man als Fotograf auch einfach Glück. Ich suchte im Oldtimer-Hangar des Museums nach Motiven für Innenaufnahmen echter Flugzeuge und stieß auf diese detaillierte Explosionszeichnung eines Flugzeugs von 1940.

18

Fahrzeuge

In Anbetracht ihrer Rolle im Leben der Menschen weltweit können nur wenige (wenn überhaupt) nichtorganische Objekte mit der praktischen, emotionalen, sozialen und kulturellen Bedeutung von Autos, Motorrädern, Mopeds und Fahrrädern mithalten.

Und wir finden sie überall! Wenn Sie nicht gerade mitten im Urwald leben oder auf der Spitze eines Gipfels im Himalaja, stehen die Chancen nicht schlecht, dass Sie einfach vor die Tür gehen und ein Fahrzeug fotografieren können, welcher Art auch immer.

Auch ästhetisch gesehen treten Fahrzeuge in allen möglichen Formen, Anordnungen, Farben und Stilen auf. Um es kurz zu machen: Kameras und Fahrzeuge scheinen eben wie füreinander geschaffen zu sein.

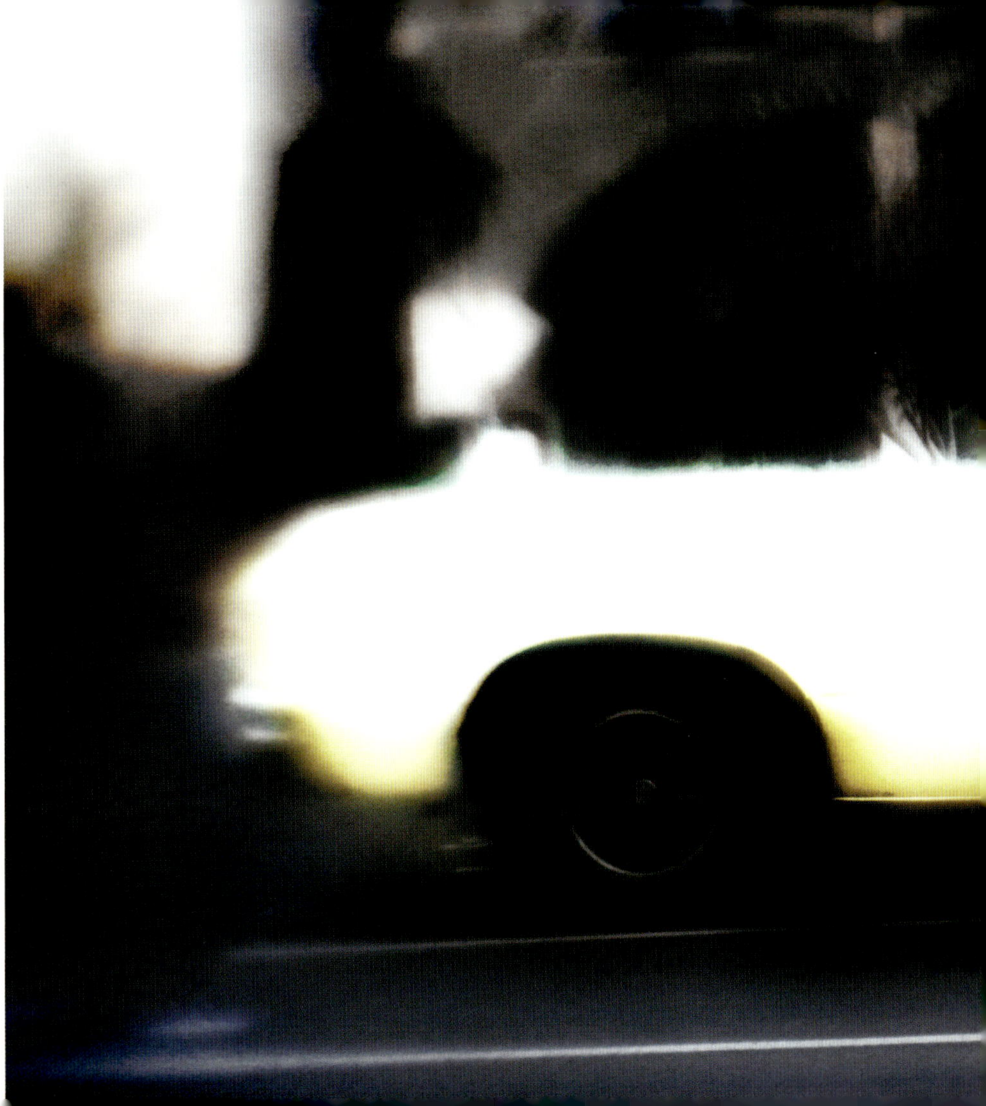

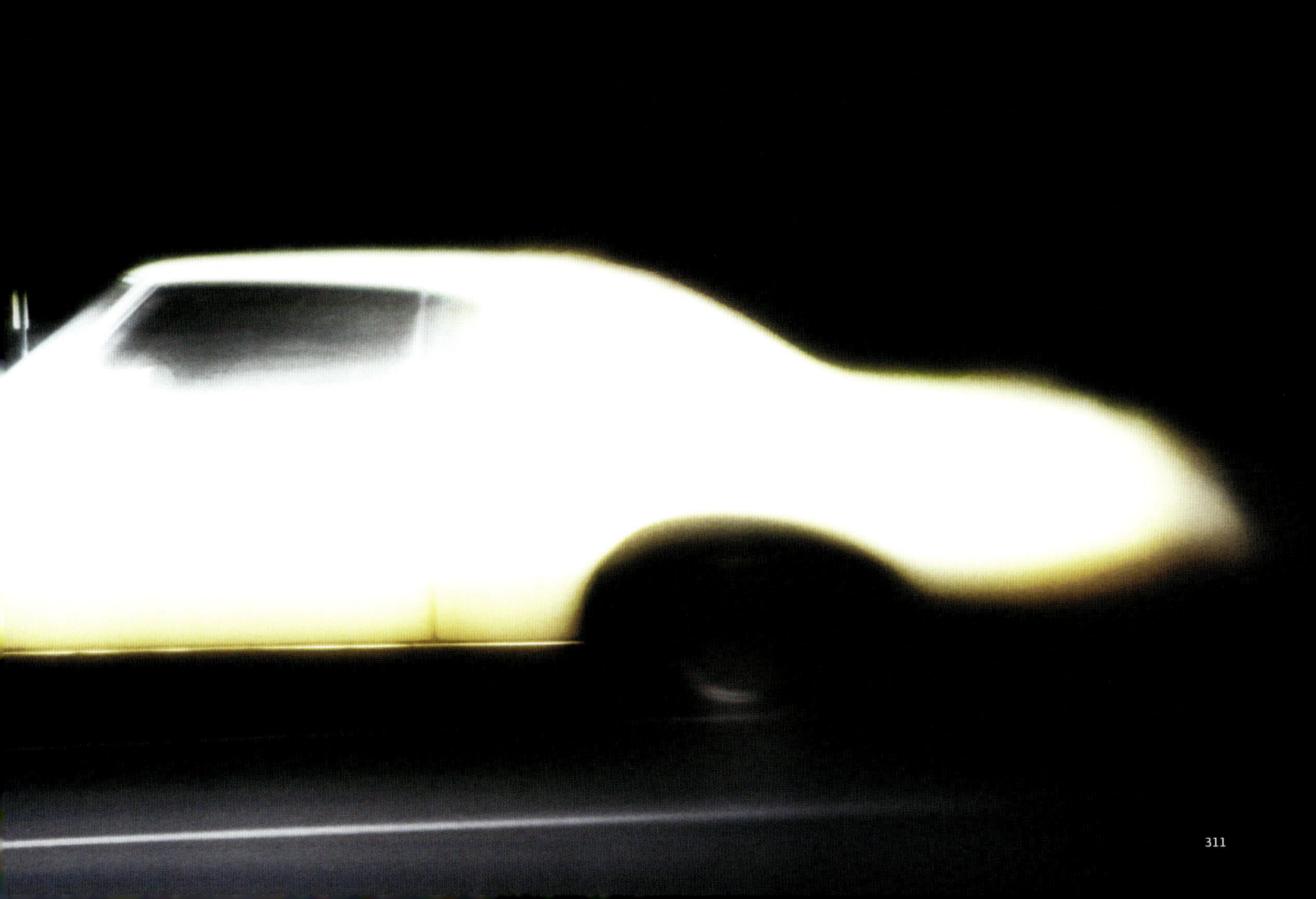

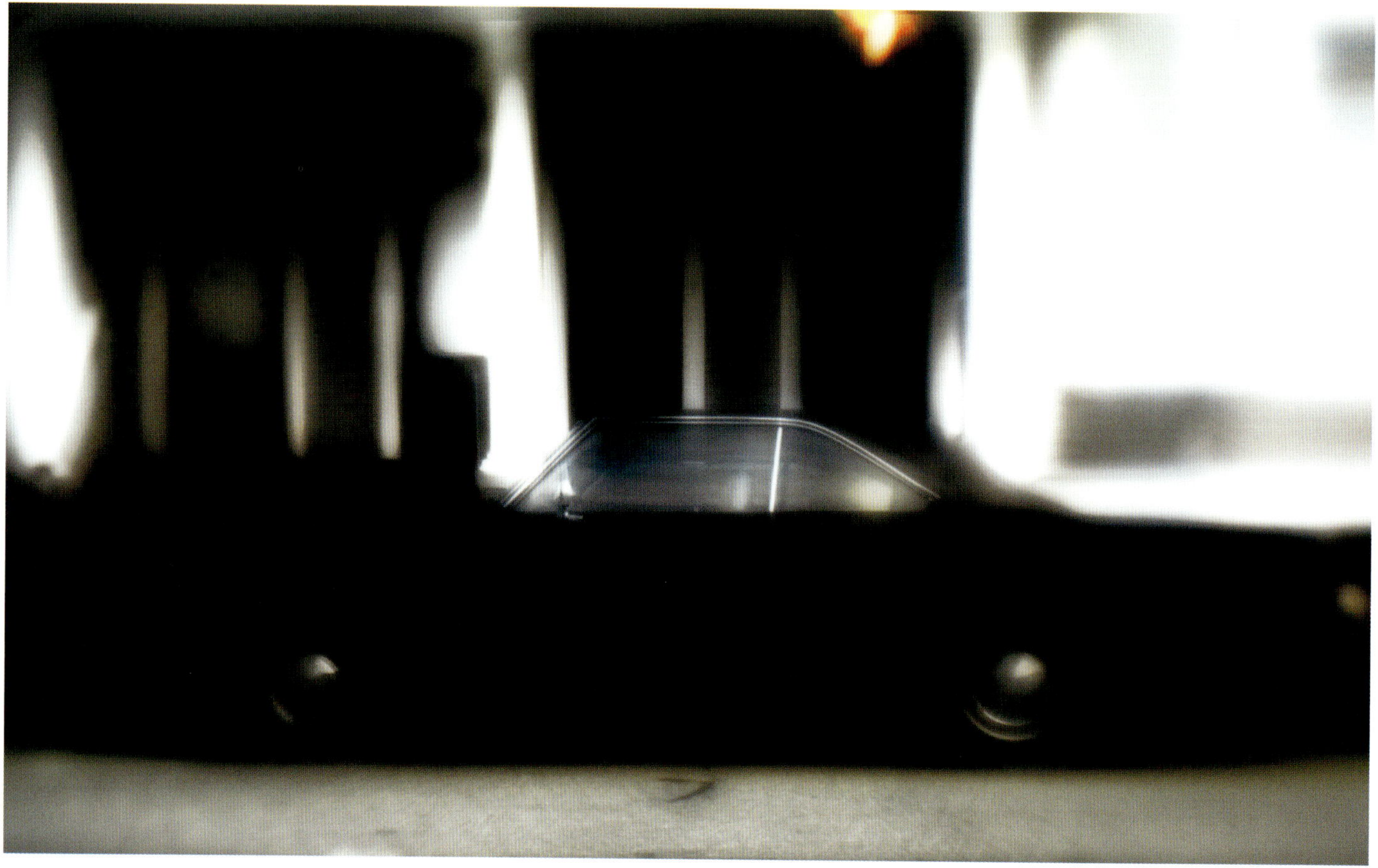

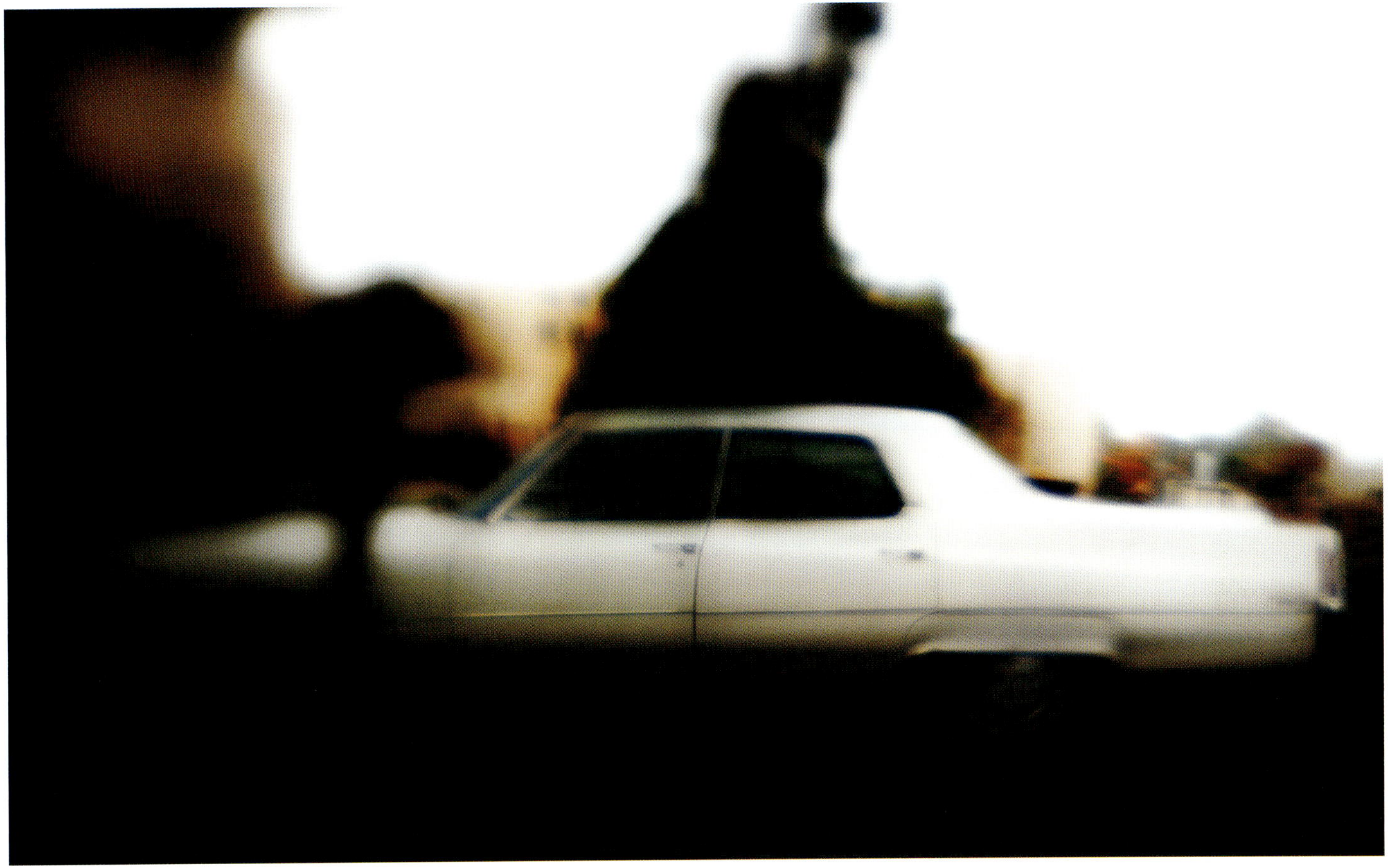

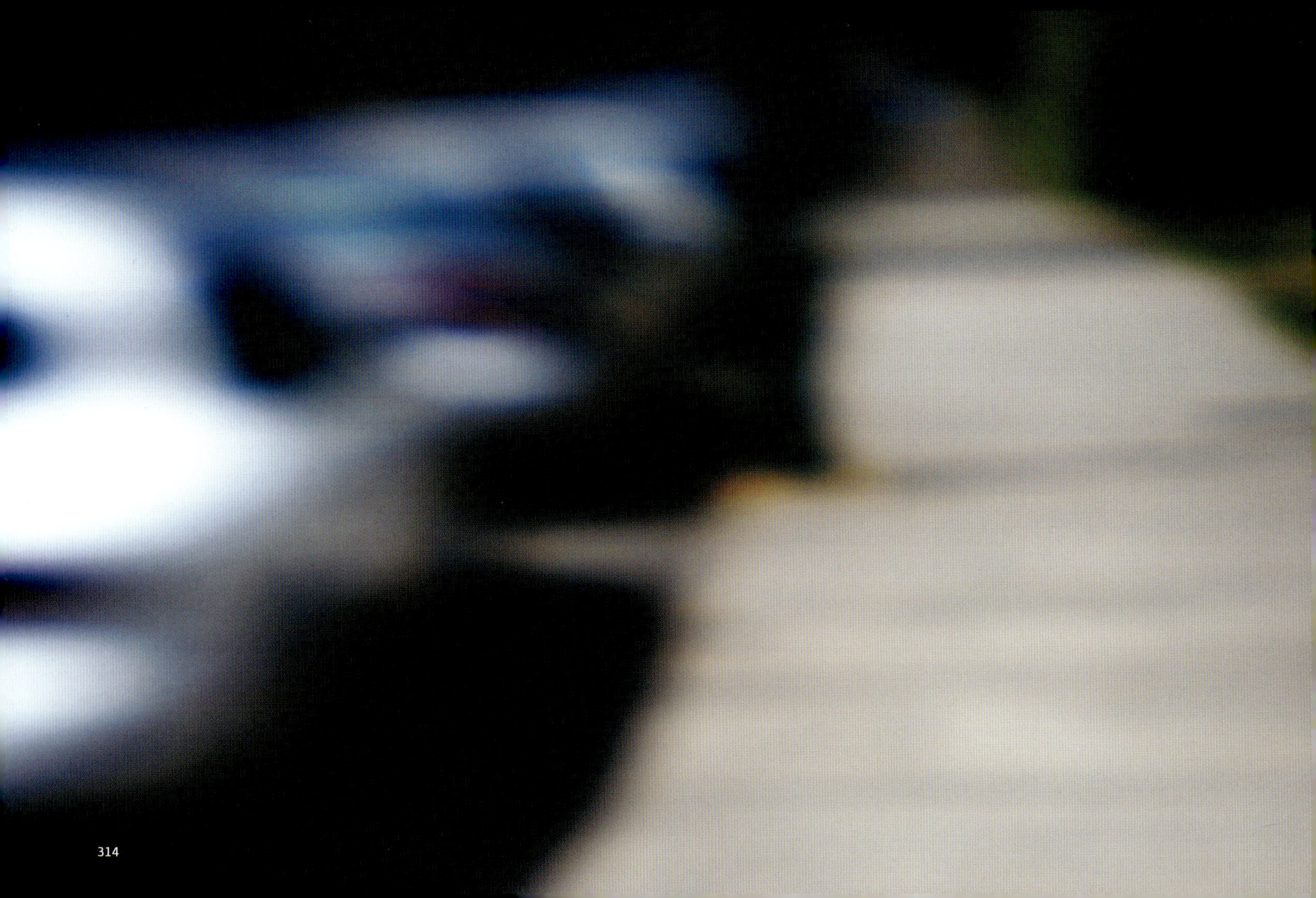

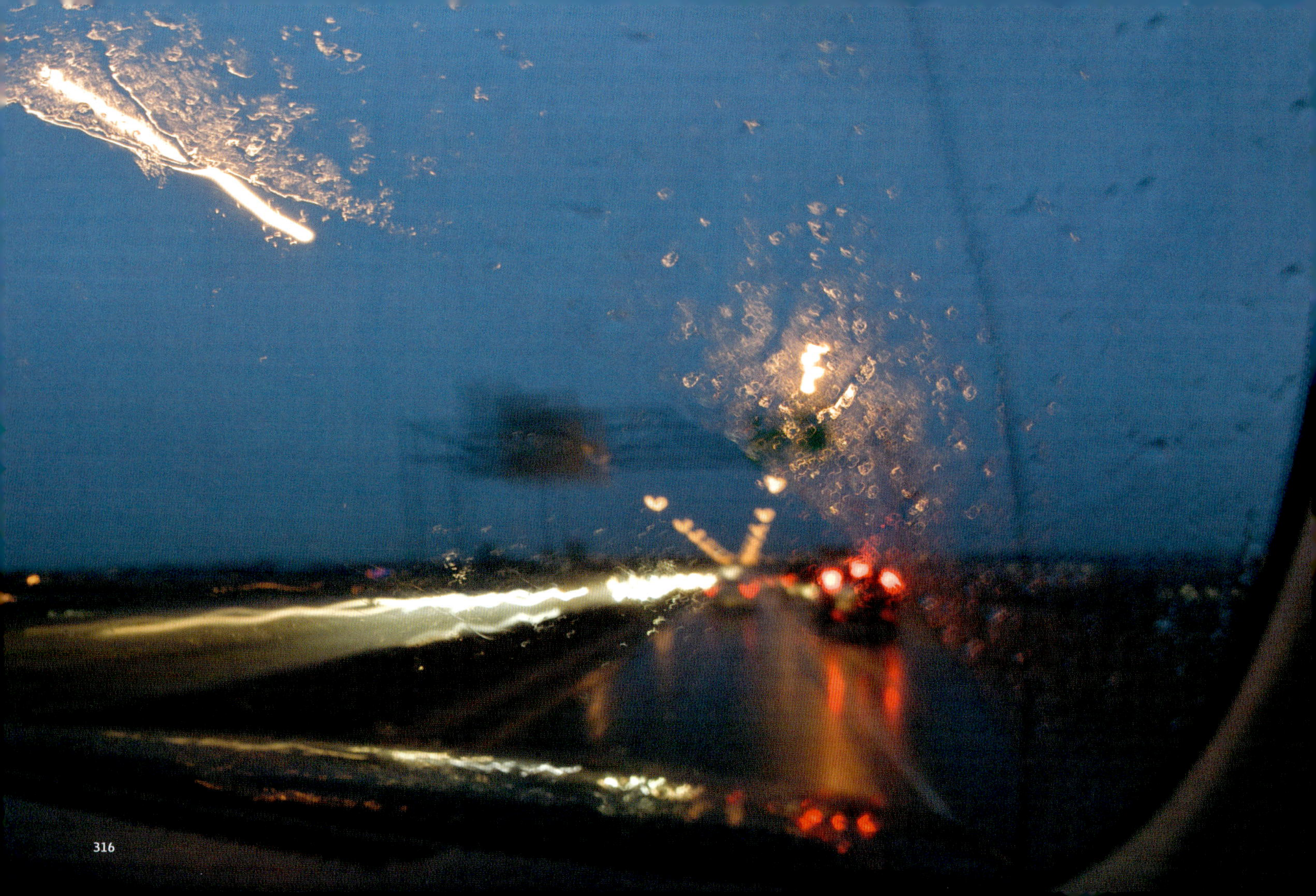

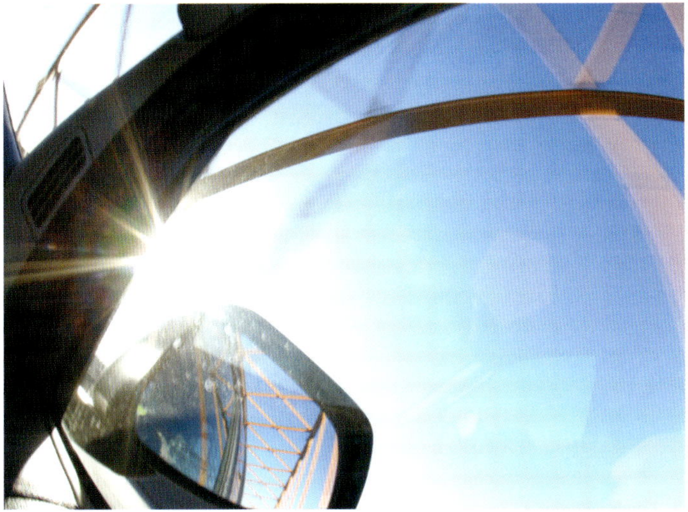

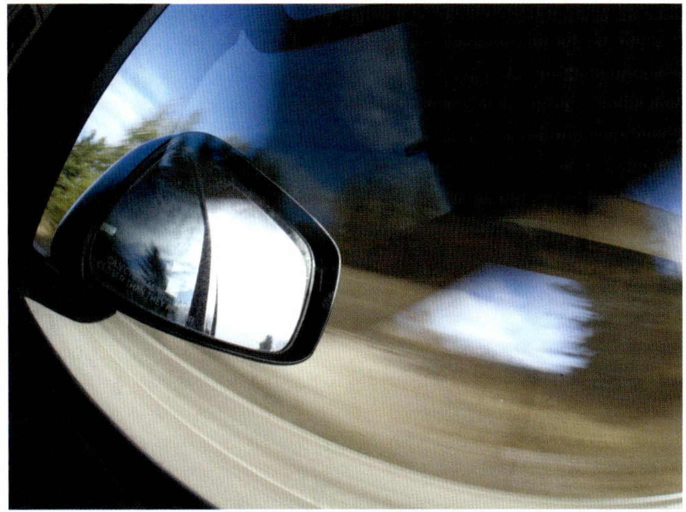

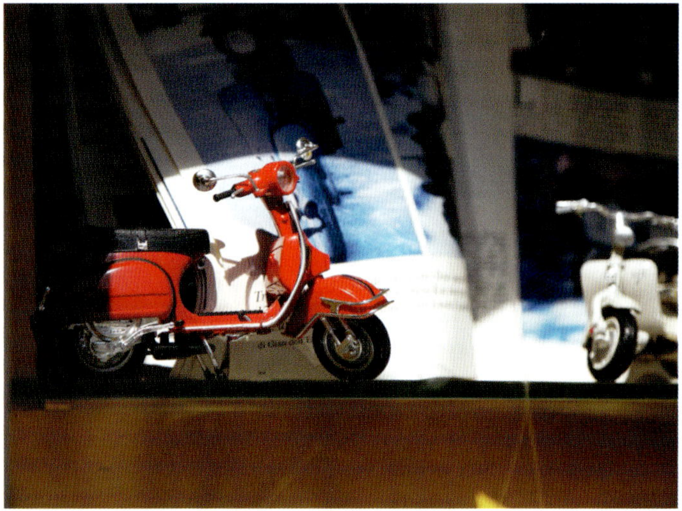

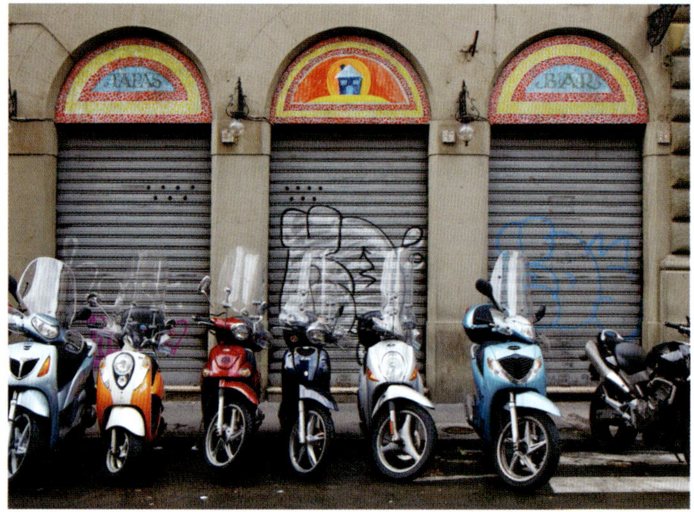
TAPAS
BAR

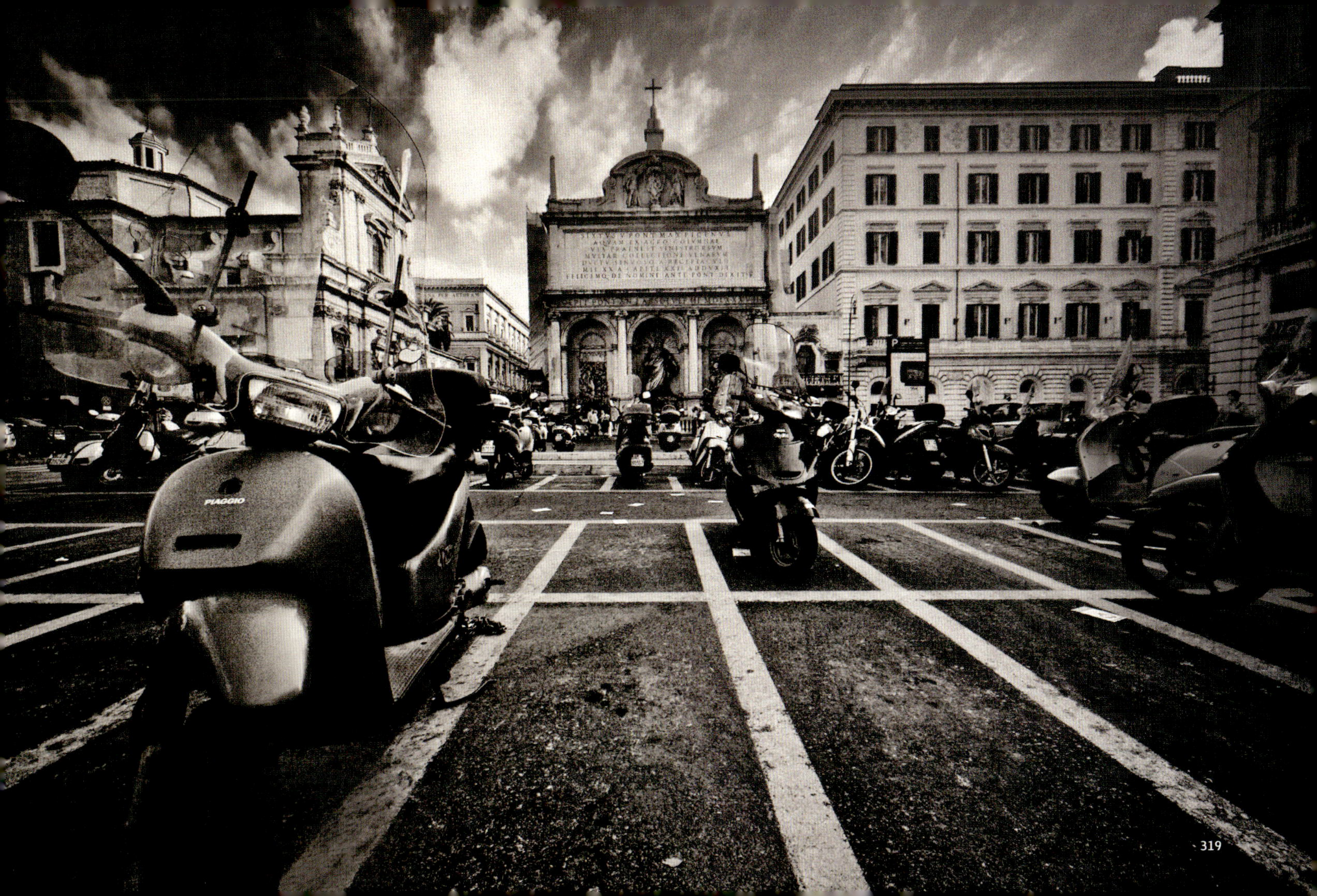
PIAGGIO

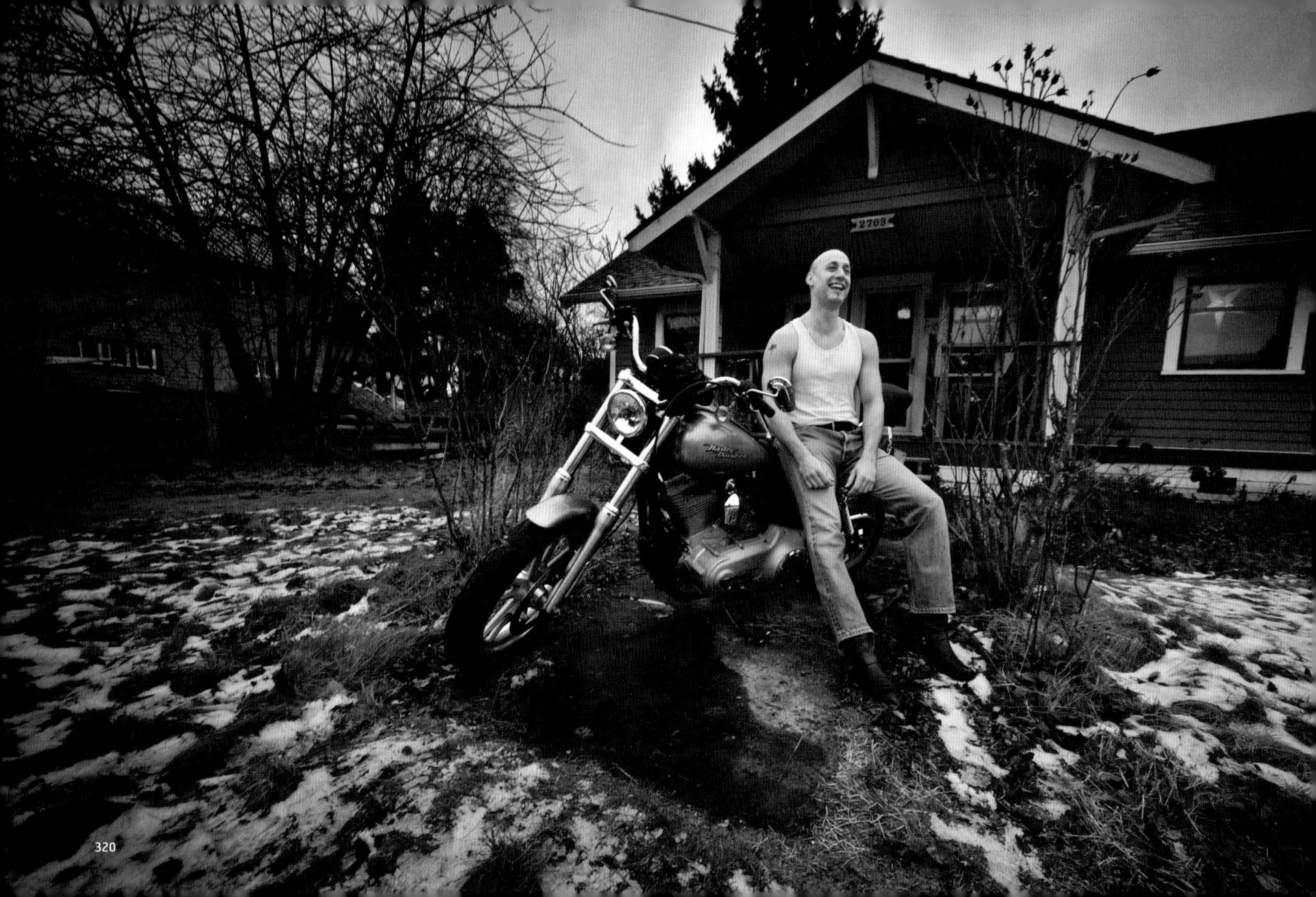
2703

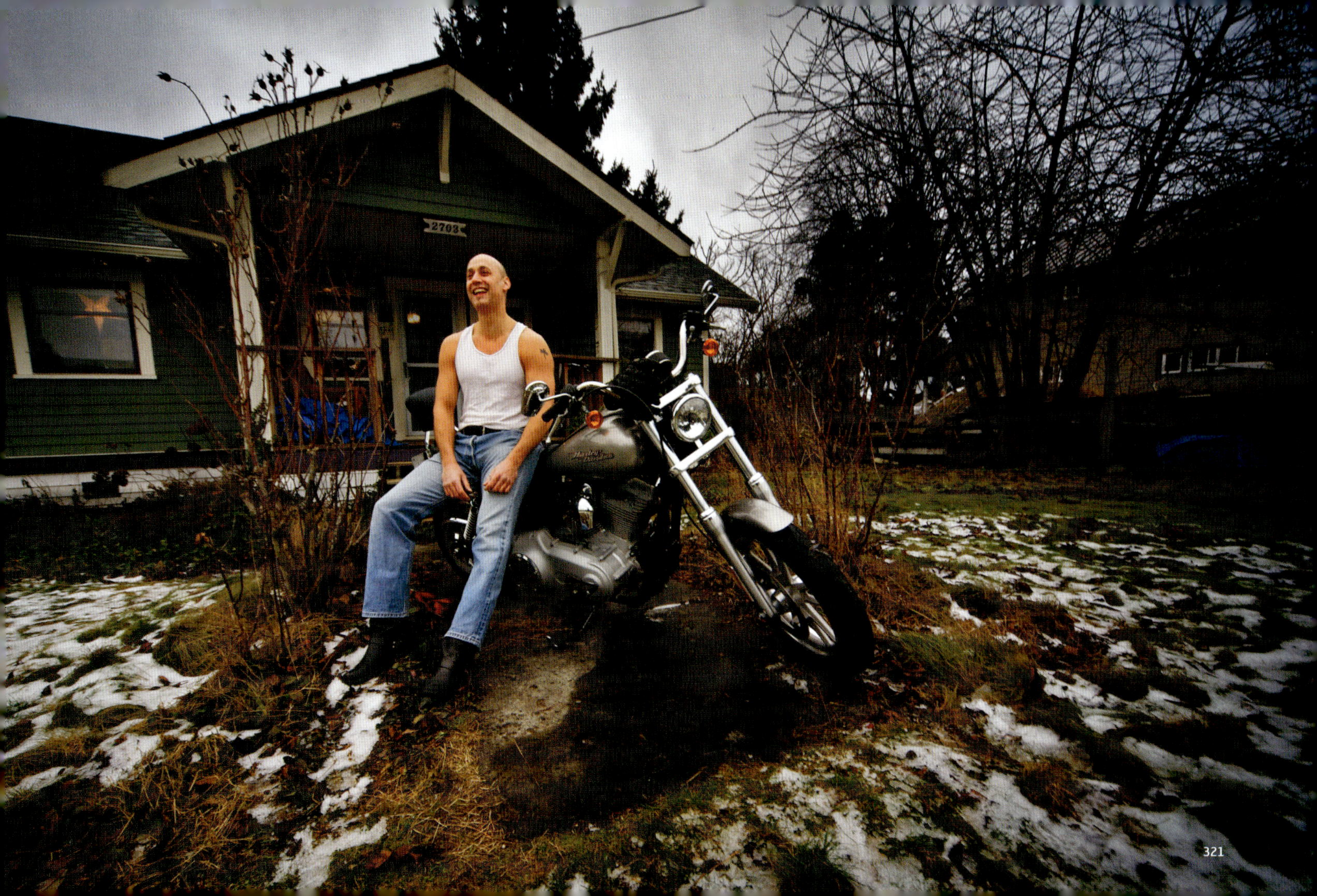
2703

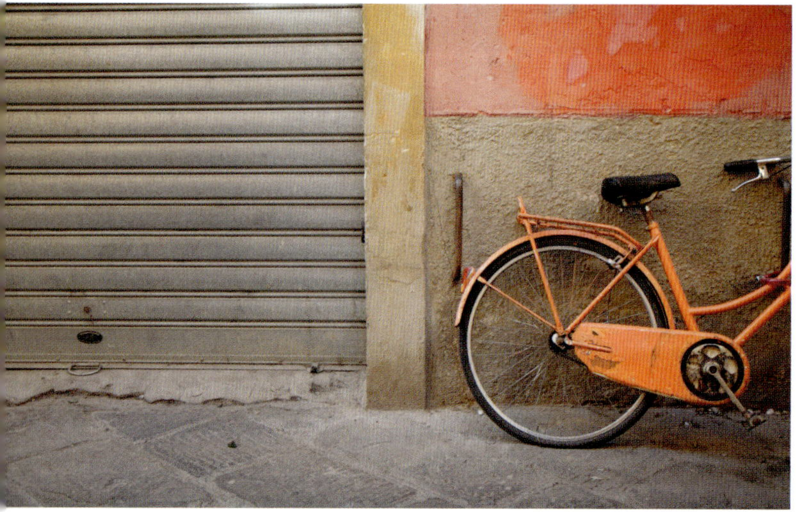

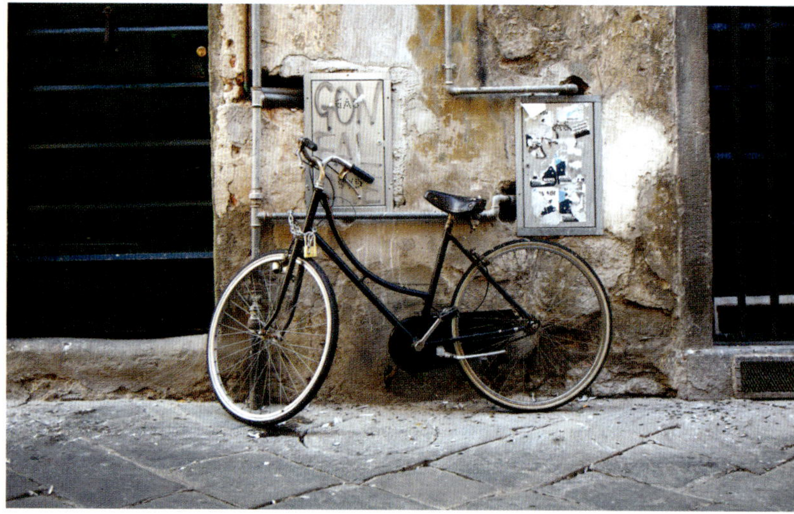

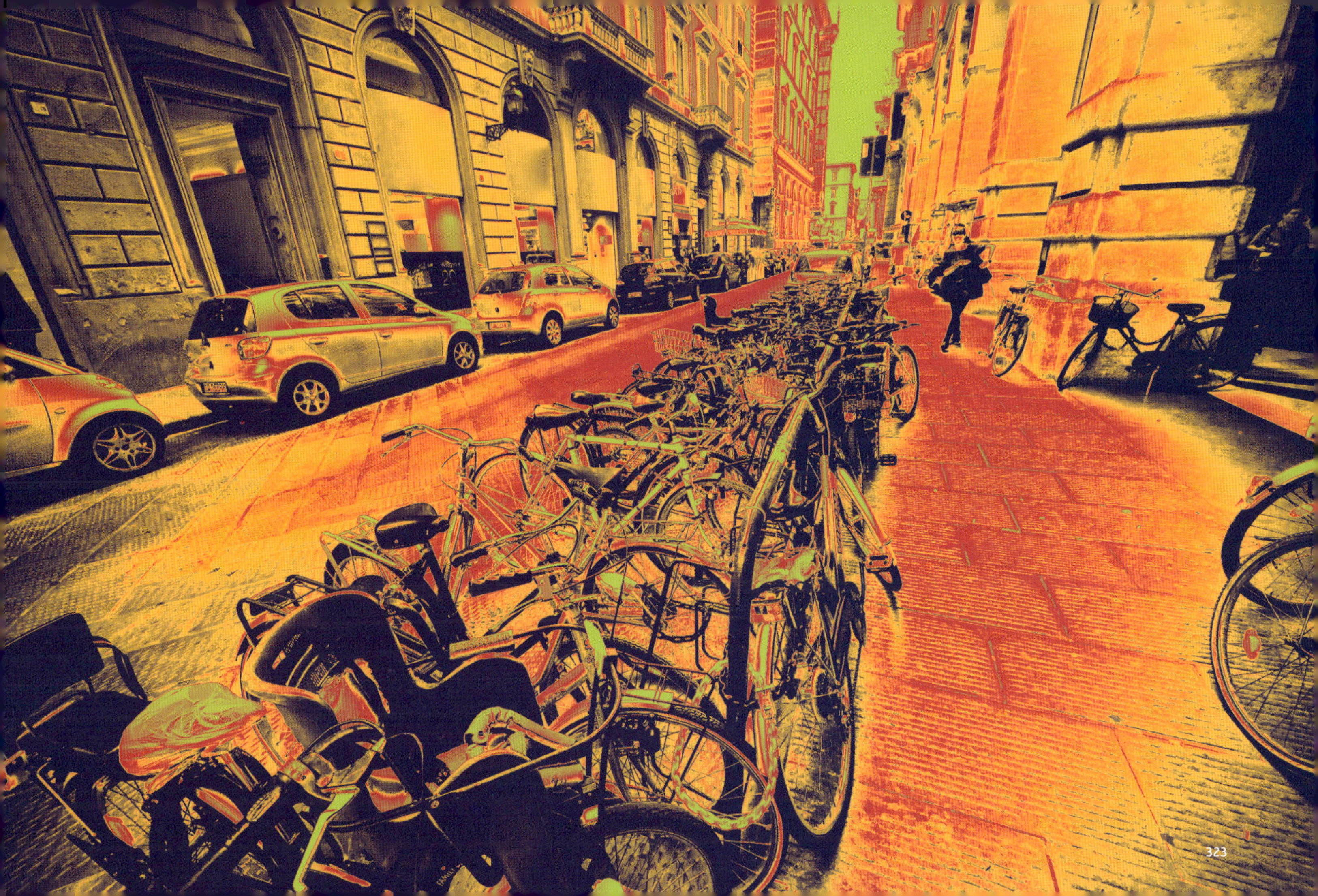

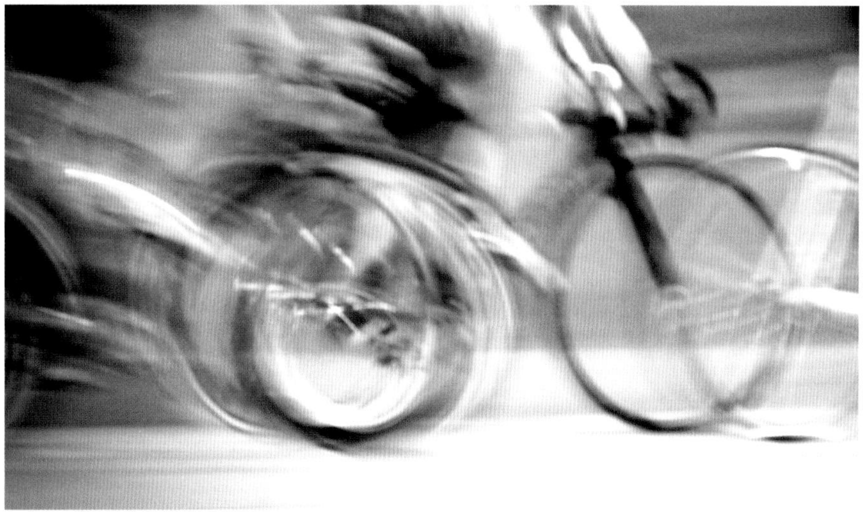

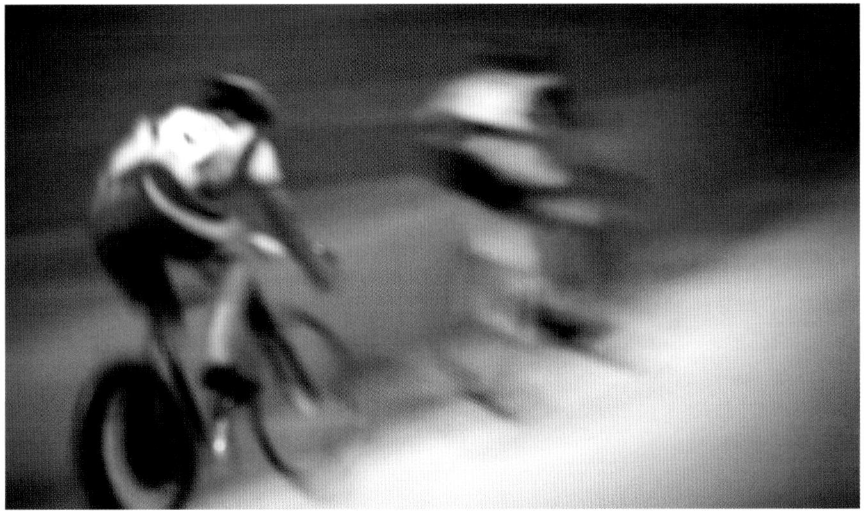

Die ersten drei Fotos in diesem Kapitel stammen aus einer Serie, die ich »Burn Out« genannt habe. Der Titel dient als Referenz an drei Aspekte der Fotos und ihres Inhalts: Sie sind stark ausgebrannt (überbelichtet); der Akt des Burn-outs, wenn man die Räder so durchdrehen lässt, dass die Reifen rauchen; und der emotional-kulturelle Burn-out, den die Gesellschaft in den 60er und 70er Jahren mit riesigen Spritfressern erlebte.

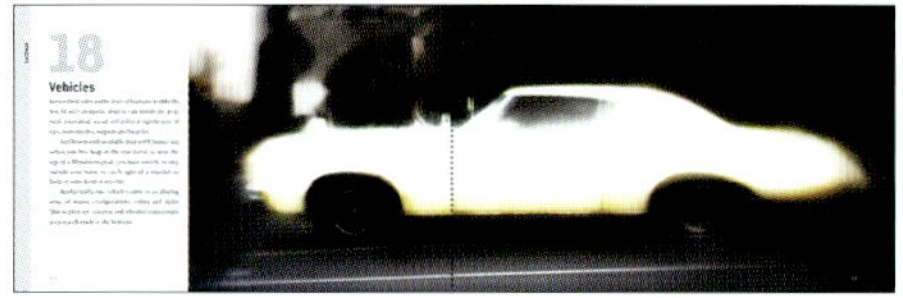

310 311

Außer religiösen Sinnbildern sind nur wenige Objekte so universal wiedererkennbar und mit emotionalen und sozialen Bedeutungen behaftet, nur wenigen wird ein so übernatürlicher Status zuerkannt wie dem Automobil. Hier hatte ich die Reifen bis fast zur Unkenntlichkeit abgedunkelt, darum scheint die Silhouette dieses Sedan aus den 70ern quasi über dem Asphalt zu schweben.

Mit einem Lensbaby nahm ich diese Serie unscharfer und impressionistischer Fotos auf. Ich erhöhte den Kontrast mit einer Gradationskurven-Einstellungsebene in Photoshop, mit Farbton/Sättigung neutralisierte ich alle außer den wärmsten Tonwerten der Szene.

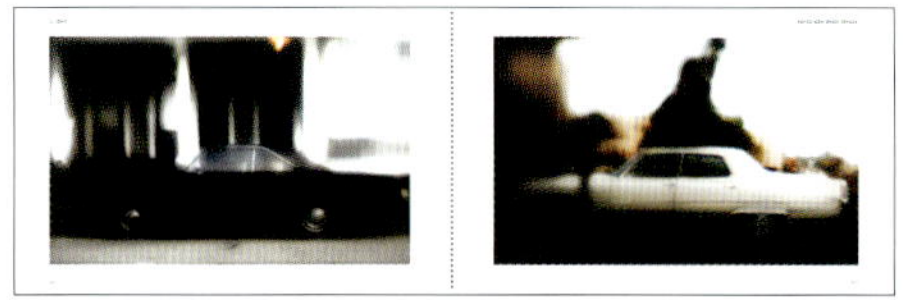

312 313

Je gewöhnlicher Ihr Motiv ist, desto mehr müssen Sie sich anstrengen, um beim Fotografieren neue und kommunikative Wege zu beschreiten. Einige Optionen sollten Sie einmal überdenken: Arbeiten Sie mit einem ungewöhnlichen Objektiv wie einem Lensbaby oder einem Pinhole. Halten Sie nach Situationen Ausschau, in denen das Motiv in ungewöhnlichem oder lustigem Kontext auftritt. Fotografieren Sie aus ungewöhnlicher oder extremer Perspektive. Wenden Sie übertriebene digitale Effekte auf Ihr Foto an. Oder tun Sie alles gleichzeitig.

Und wenn Sie einmal alles falsch machen in der Hoffnung, dass das richtige Bild dabei herauskommt? Dieses Foto zum Beispiel transportiert den Eindruck von Zeit und Ort, statt einfach nur unscharf, überbelichtet, gestreckt und stark beschnitten zu sein.

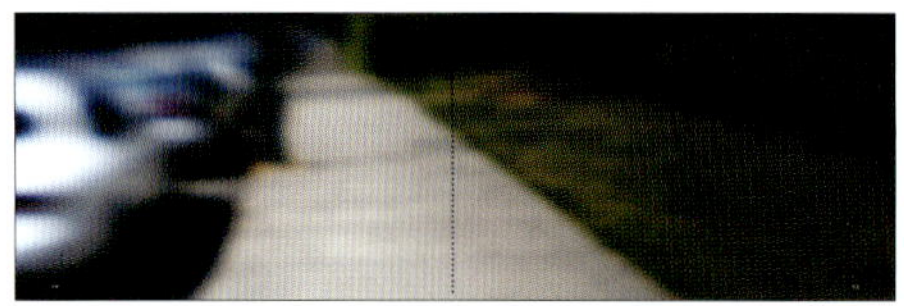

314 315

Noch einmal: Ein Beweis dafür, dass Fotos mit großen, relativ leeren Bereichen gute Kandidaten für grafische Designprojekte abgeben, wenn Text und Bilder in einem Layout kombiniert werden sollen. Der große einheitlich dunkle Streifen rechts könnte zum Beispiel eine Überschrift in heller Farbe enthalten, vielleicht auch die ersten beiden Absätze eines Zeitschriftenartikels.

Beifahrerfotos. Wenn Sie das nächste Mal als Beifahrer unterwegs sind, fotografieren Sie doch einfach. Suchen Sie nach Aufnahmen, die impressionistische Einblicke in Ihre Reise eröffnen (und nicht scharf fokussierte, beschreibende Bilder).

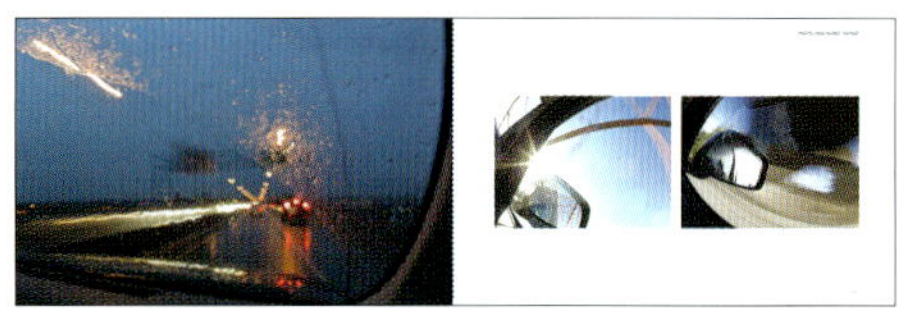

316 317

Jedes Foto auf dieser Doppelseite wurde mit einem 15-mm-Fischaugenobjektiv aufgenommen. Ich fotografierte mit Blendenautomatik, um eine Belichtungszeit zu finden, die eine gewisse Bewegungsunschärfe im Bild zuließ. Ich stabilisierte die Kamera im Innenraum des Wagens, um nur die vorbeihuschenden Elemente außerhalb zu verwischen.

Motorräder und Mopeds gehören zur Kultur Italiens wie Capuccino und Fußball. Als Fan solcher Zweiräder widmete ich während meines zweiwöchigen Aufenthaltes in Rom und Florenz diesen Gefährten einen recht beträchtlichen Anteil an meinem Speicherplatz. Links: Mini-Motorroller geparkt in einem Schaufenster. Rechts: Buntes Wandmosaik über den Hecks einer Reihe von Mopeds und Motorrädern, die die Straße füllten. Gegenüber: Parkplatz, für Autos verboten.

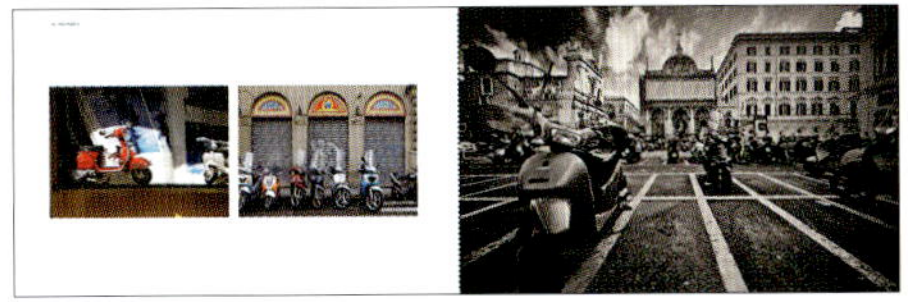

318 319

Rom am Morgen: Der Arbeitstag beginnt und die Mopeds und Motorräder verschwinden von ihren nächtlichen Parkplätzen. Diese Aufnahme machte ich aus flacher Perspektive mit einem 12-24-mm-Weitwinkel. Mit SCHWARZWEISS in Photoshop wandelte ich das Bild um und bestärkte die Illusion von digitalem Rauschen (das den urbanen Charakter einer Stadt unterstreicht). Mit einer GRADATIONSKURVEN-Einstellungsebene erhöhte ich den Kontrast im Bild.

Ein Mann und sein Motorrad. Vergessen Sie nicht, wie wichtig Menschen in Fotos von Dingen sind. Hier eine Projektidee: Fotografieren Sie ein Porträt aller Ihrer engsten Freunde, während diese in einem Lieblingsfahrzeug sitzen, einem Auto, einem Moped, einem Fahrrad etc. Stellen Sie dann alle Bilder zu Hause aus und laden Sie Ihre Freunde ein – und prosten Sie einander zu.

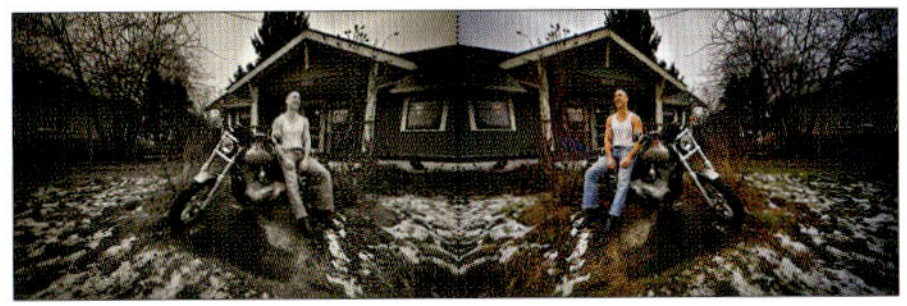

320 321

Als ich bei meinem Freund ankam, war ich begeistert, dass vor seinem Haus noch der Schnee der letzten Nacht lag. Die Szene erhielt so eine erstaunliche Struktur. Und weil ich mich nicht entscheiden konnte, welche Version mir nun besser gefiel – schwarzweiß oder in Farbe –, sehen Sie hier beide. (Aufmerksame Beobachter haben bereits bemerkt, dass ich die Hausnummer und das Logo auf dem Motorrad im gespiegelten Bild digital gedreht habe.)

Als Verfechter des Radfahrens war ich durch die Menge und Vielfalt an Fahrrädern inspiriert, die ich in Italien vorfand. Nur selten eine Straße oder ein Fußweg, der nicht der Länge nach mit einem oder hundert Fahrrädern zugeparkt war – dabei war alles anzutreffen, von rostigen Gebrauchsvehikeln über klassische Tourenräder bis hin zu glänzend polierten Carbon-Rennrädern.

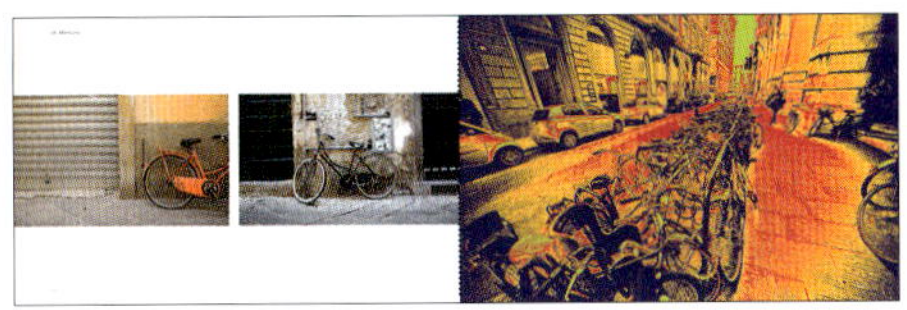

322 323

Diese Straßenszene erlebte eine radikale Bearbeitung mit einem einfachen Photoshop-Befehl: VERLAUFSUMSETZUNG. Wenden Sie diesen Effekt auf einer Einstellungsebene an (statt ihn direkt auf das Bild loszulassen). So können Sie leicht Varianten ausprobieren – und es sich anders überlegen –, bis Sie die Ebenen zur Ausgabe reduzieren.

Die Fotos auf dieser Doppelseite entstanden abends auf einer Radrennbahn (weitere Fotos von dieser Veranstaltung finden Sie auf den Seiten 154 und 155). Das Licht war dämmrig und das geborgte Objektiv, das ich bei mir hatte, konnte nicht genug Licht aufnehmen, um die Bewegung scharf aufzuzeichnen. Es stellte sich aber als rechtes Glück heraus: Die unscharfen Bilder transportierten ausgezeichnet das Gefühl von Geschwindigkeit – was möglicherweise in technisch besseren Fotos verloren gegangen wäre.

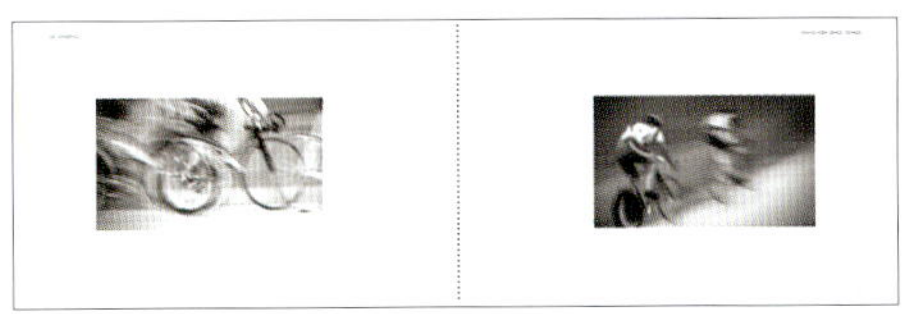

324 325

Ein Tipp: Versuchen Sie, besser zu verstehen, wie Ihre Kamera funktioniert. Geben Sie sich wirklich Mühe, sich die Regeln »richtiger« Fotografie anzueignen (also perfekt belichteter Bilder, scharf fokussierten Inhalts etc.). Unterdrücken Sie dabei jedoch nicht Ihre kreativen Instinkte, die Sie zugunsten interessanter, attraktiver Fotos diese Regeln brechen lassen. Wer die Regeln am besten kennt, ist meist auch der Erste, der sie bricht.

19

Kunst unterwegs

Kameras sind ein einzigartiges kreatives Medium, denn mit ihnen können Sie Ihre eigene Kunst schaffen und gleichzeitig die Kunst anderer im Bild festhalten. In diesem, dem letzten Kapitel von Index Foto-Idee: Things richte ich das Objektiv auf die Kreationen anderer – mit besonderem Augenmerk auf spontane Begegnungen mit Kunst außerhalb von Galerien oder Ausstellungen.

Skulpturen, Installationen, Gemälde und Graffiti finden Sie überall, wo Menschen leben, arbeiten, sich erholen und spielen. Halten Sie nach diesen fotogenen Ausdrucksweisen von Kunst Ausschau. Und wenn Sie sich für ein Foto entscheiden, versuchen Sie, den optischen Eindruck Ihres Fundes zu verstärken, indem Sie so fotografieren, dass die ästhetische und konzeptionelle Botschaft des Kunstobjekts unterstrichen wird.

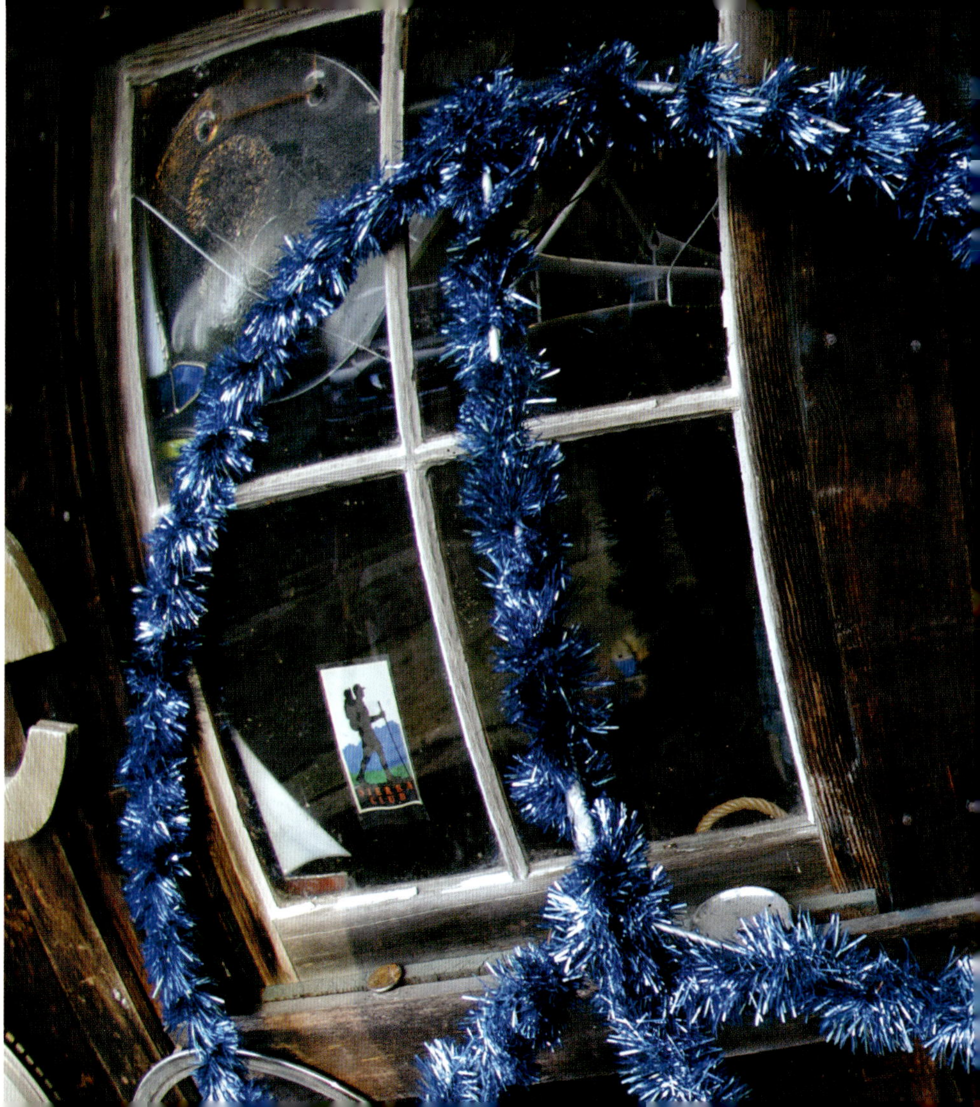

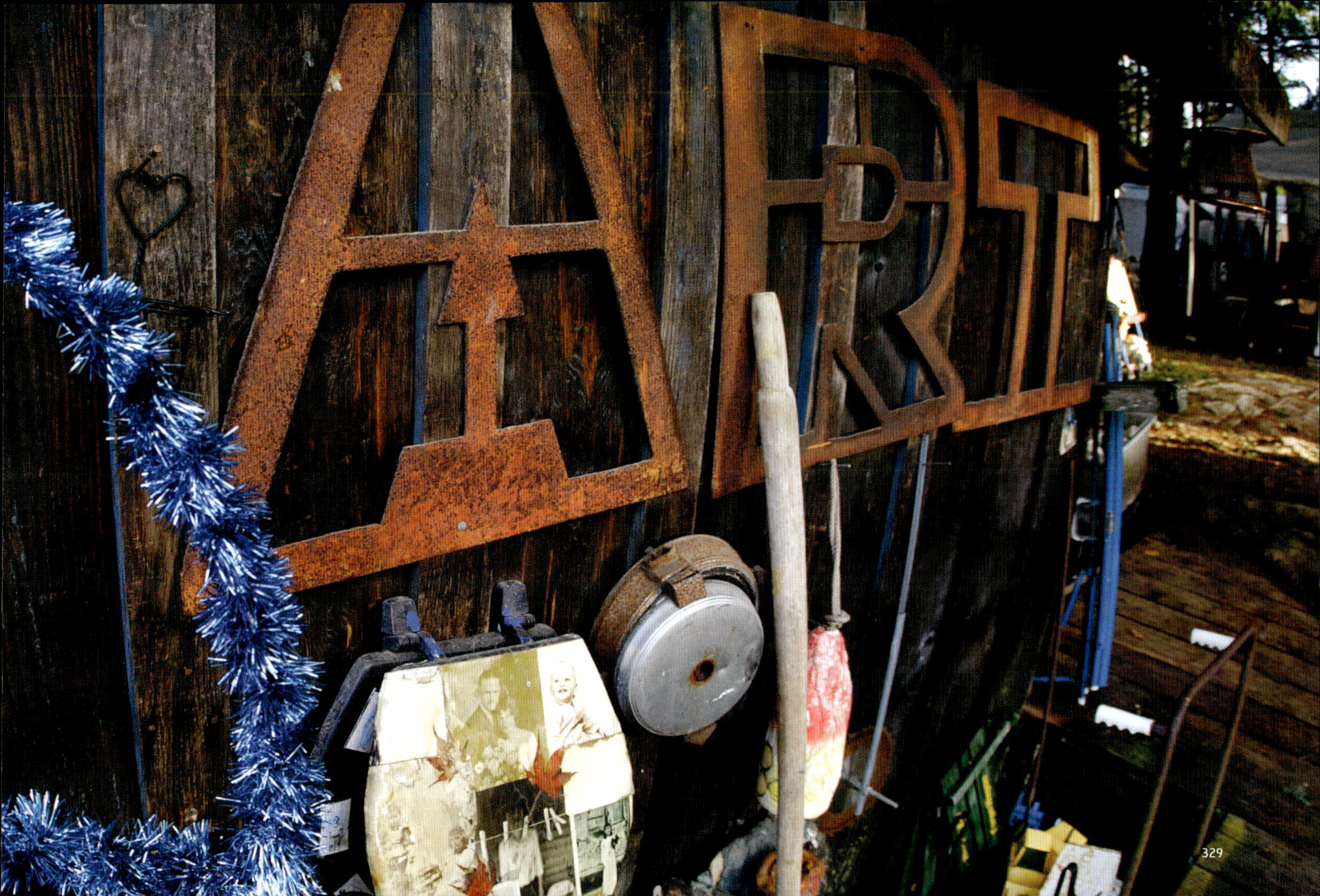
ART

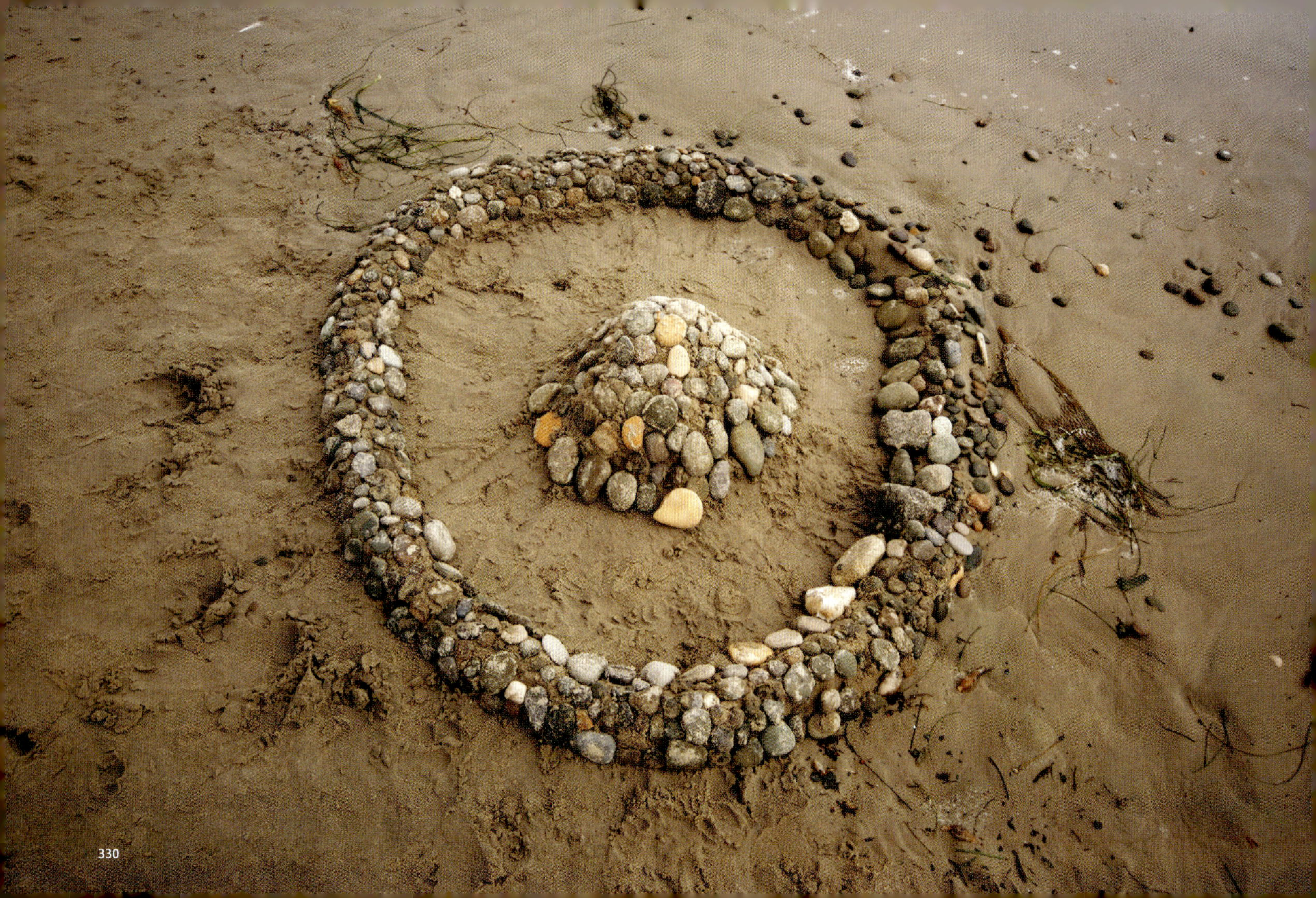

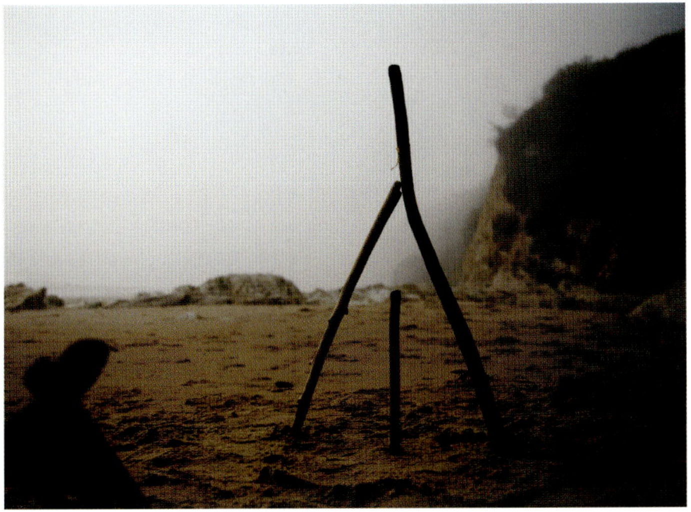

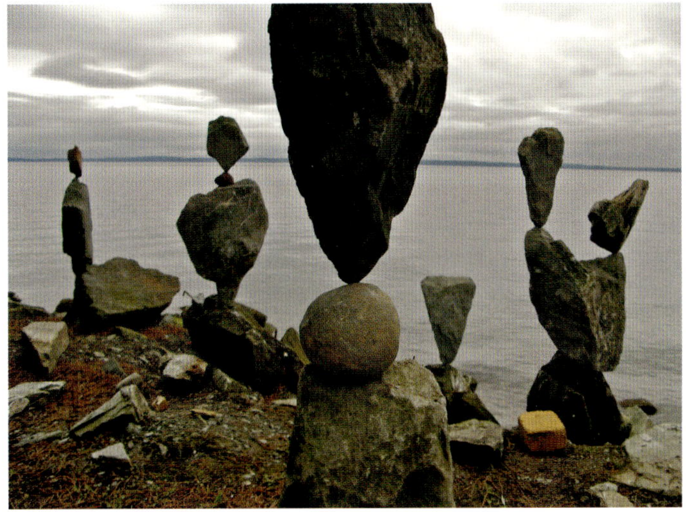

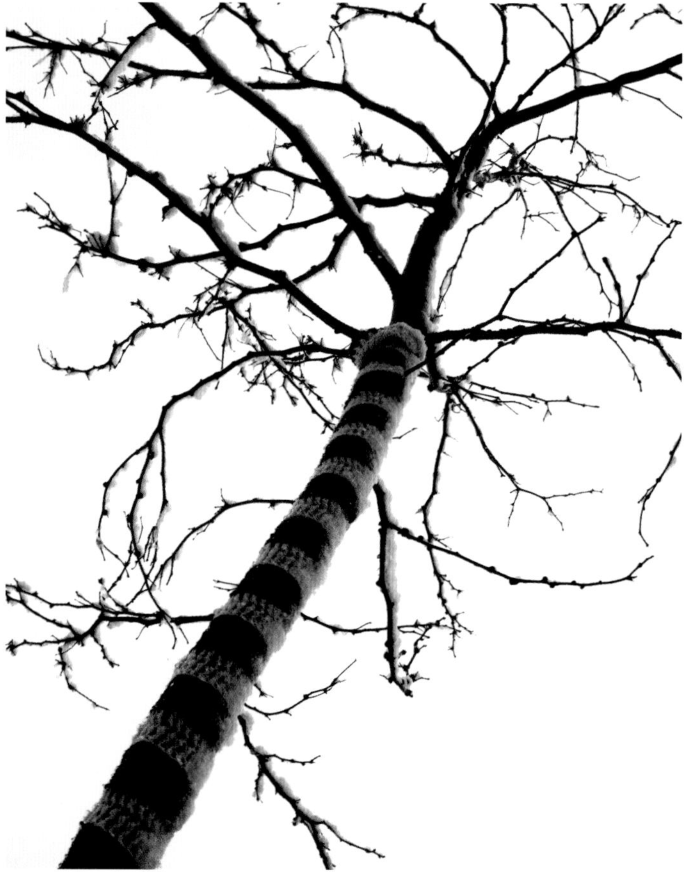

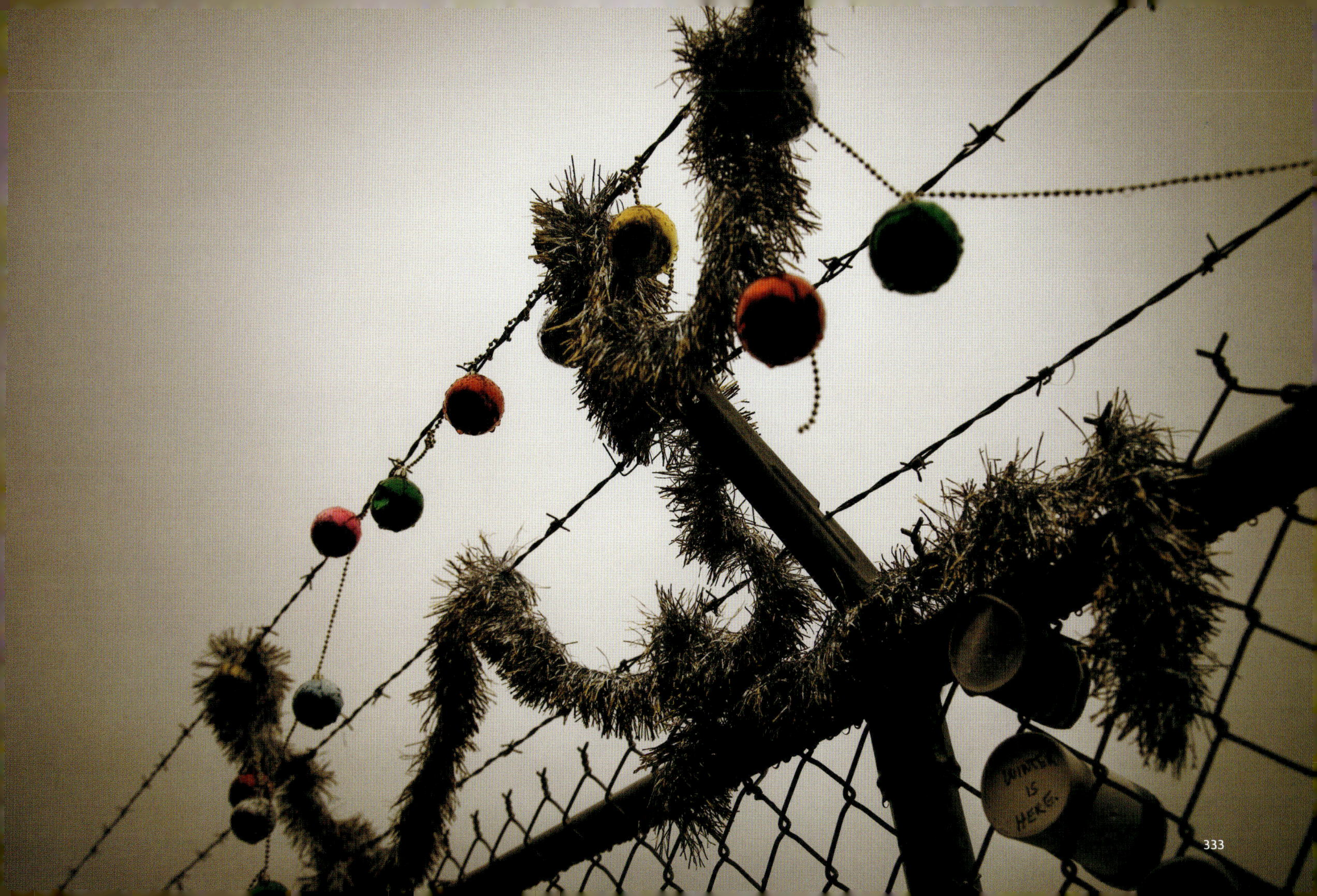

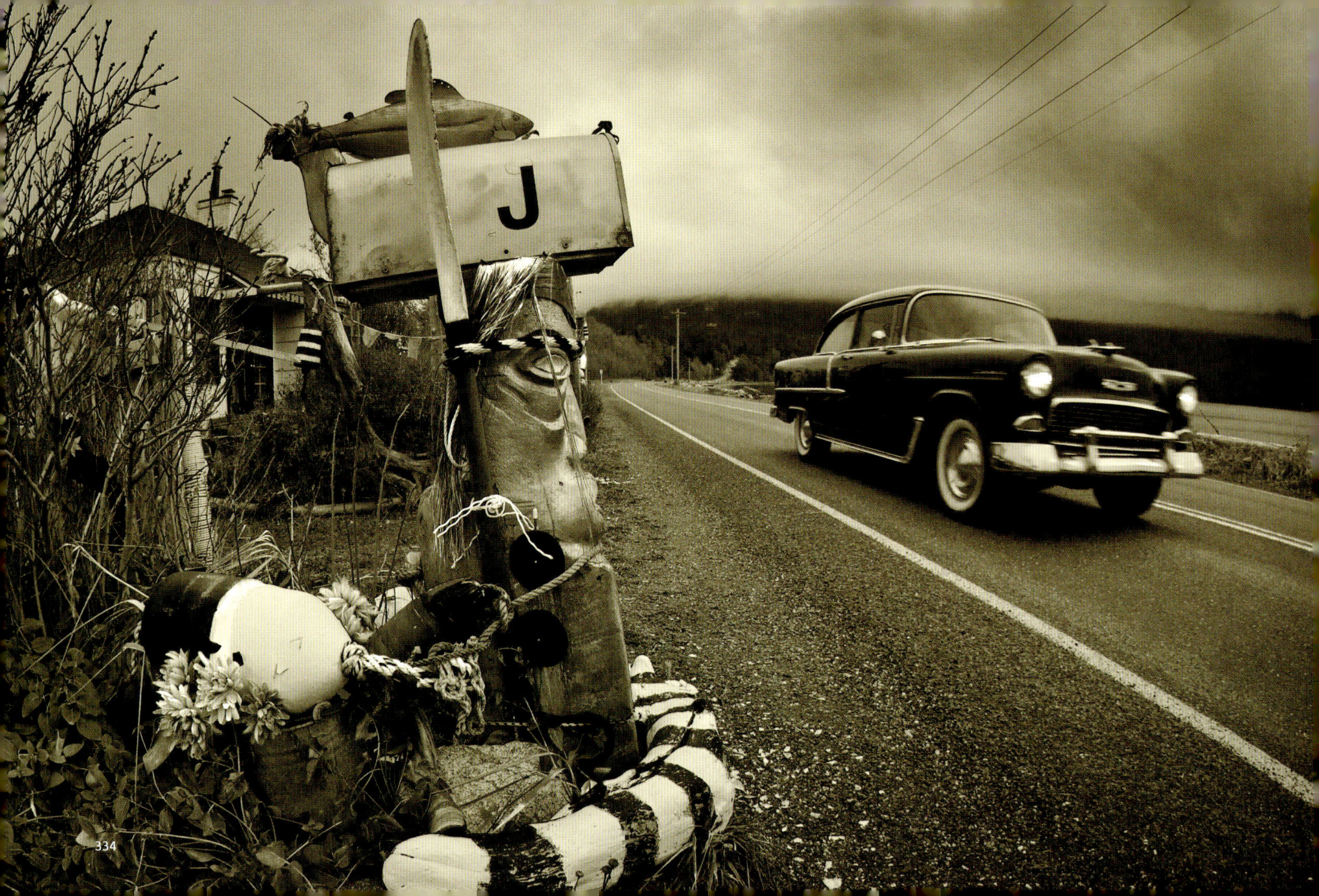
J

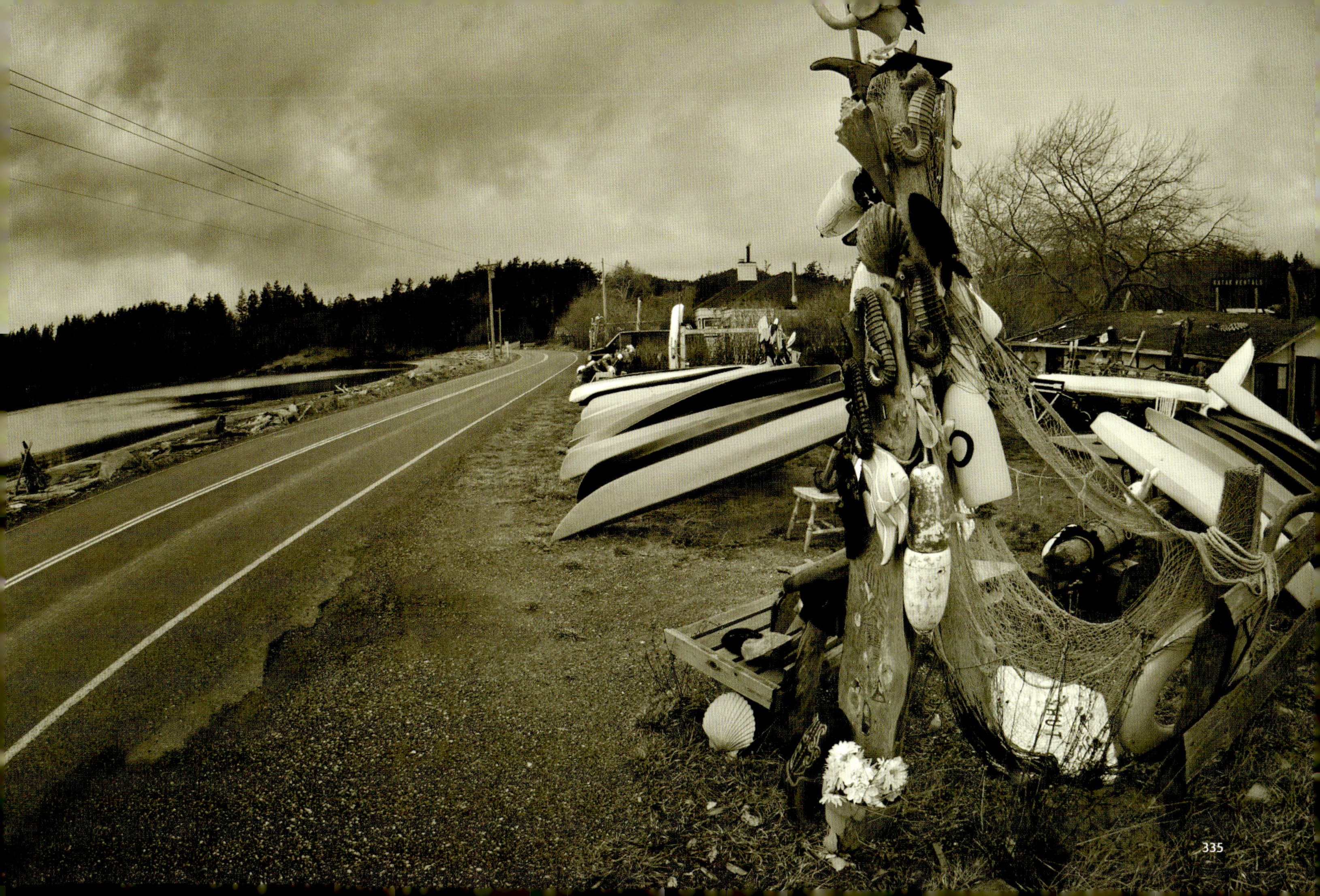

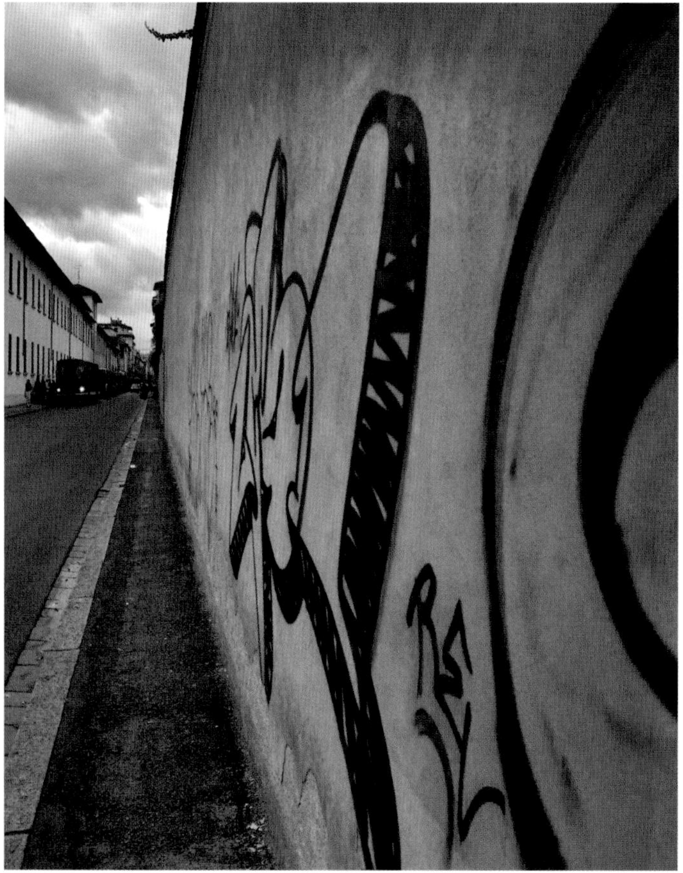

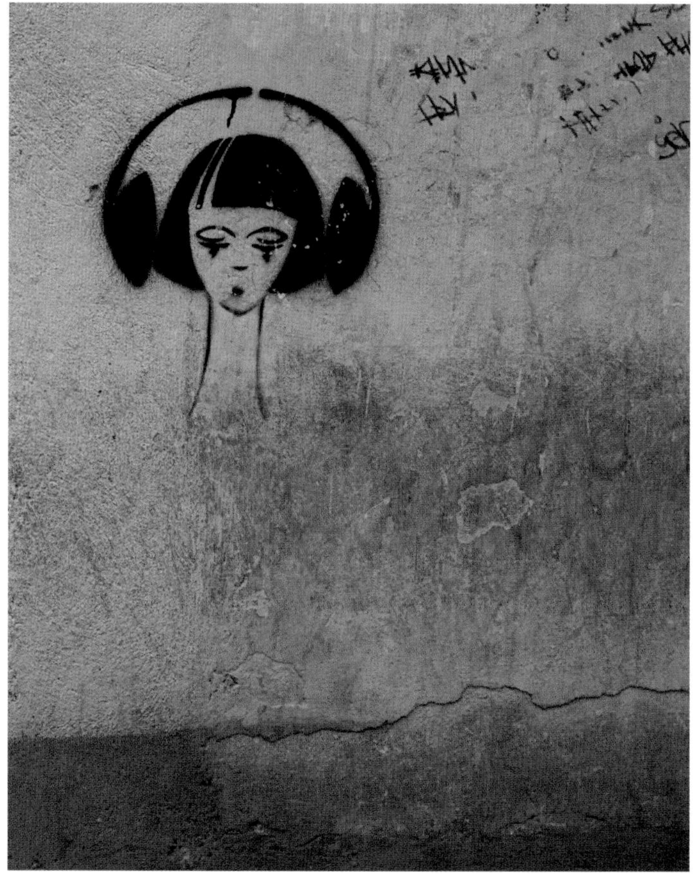

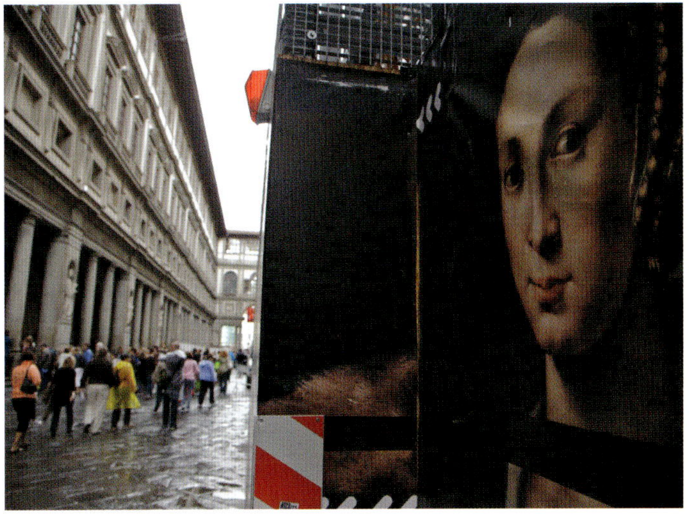

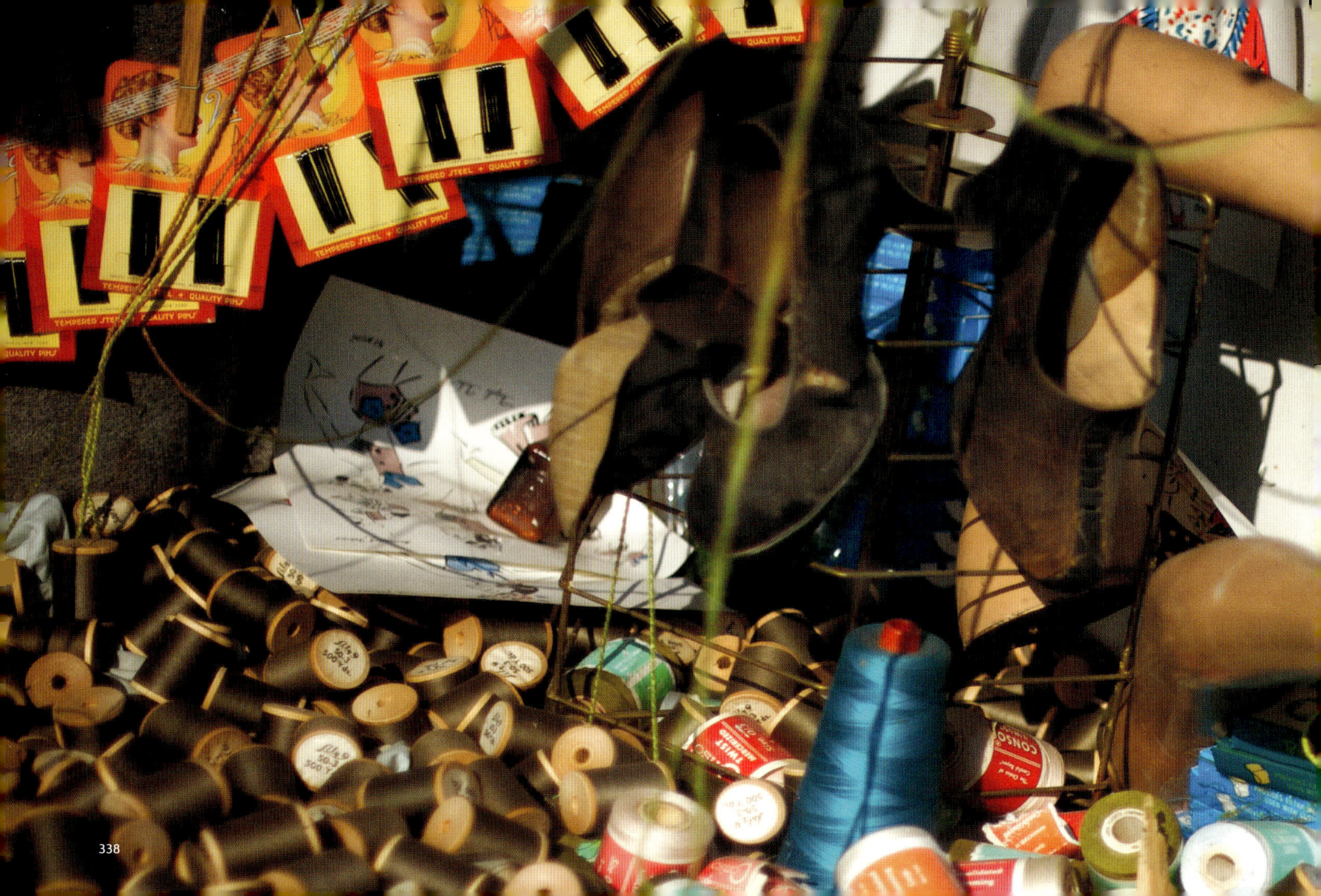
TEMPERED STEEL + QUALITY PINS
TWIST
CONSO

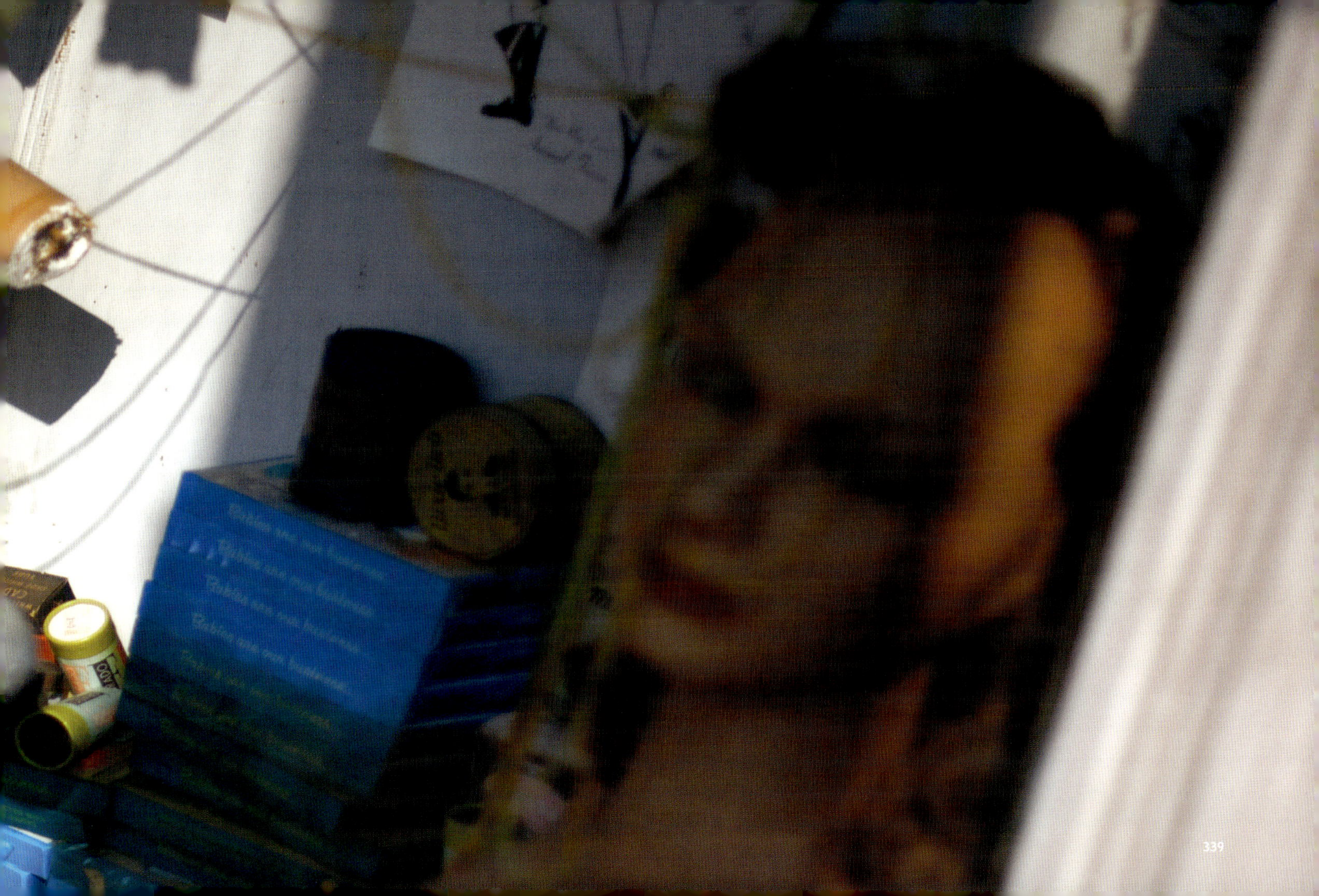

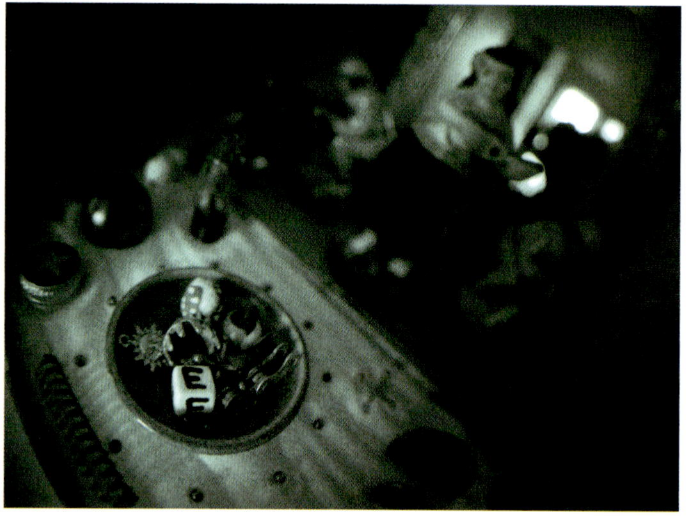

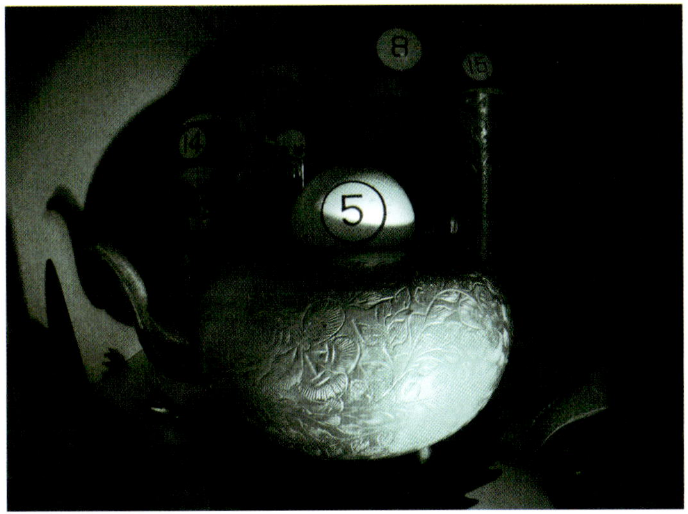
8
15
14
5

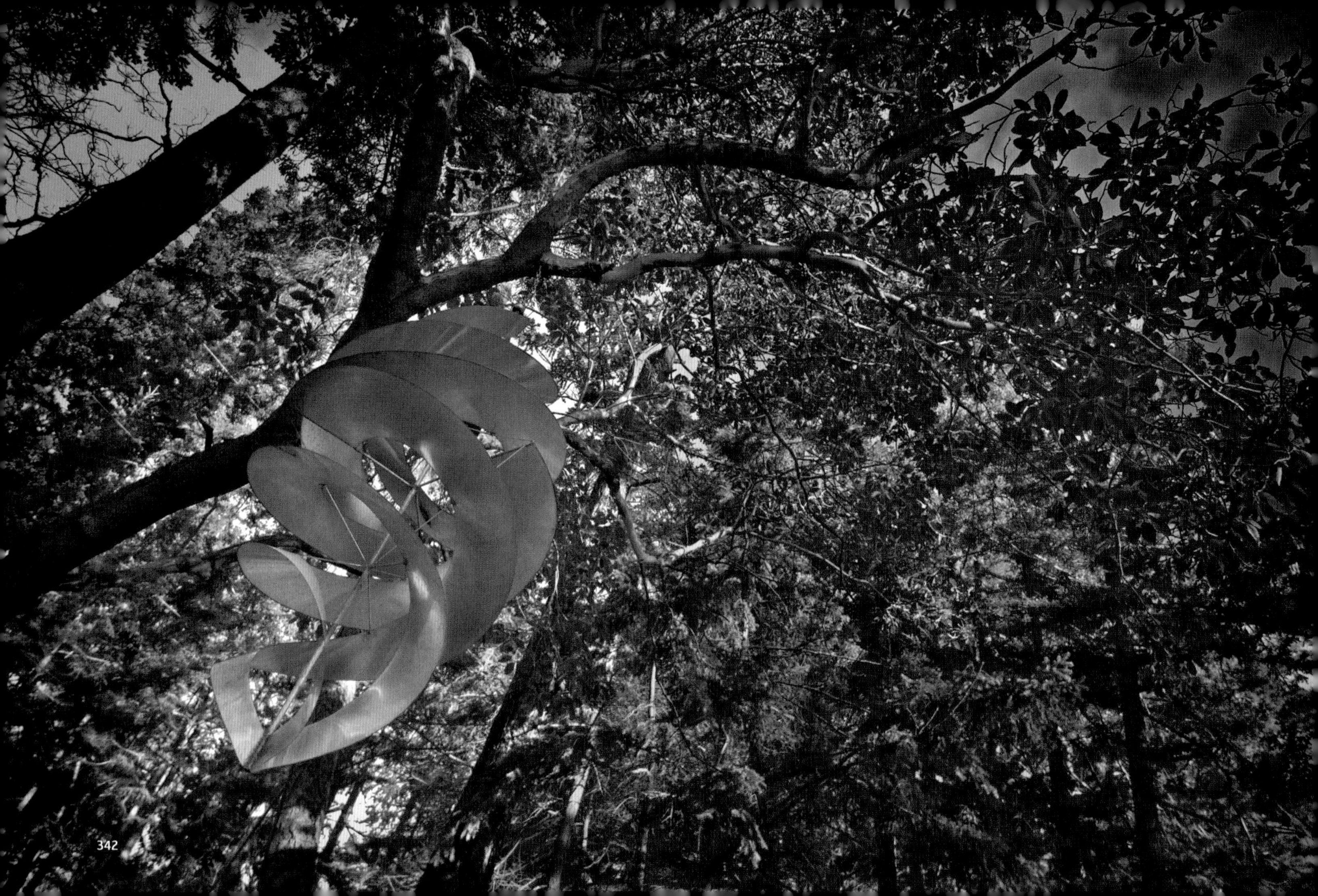

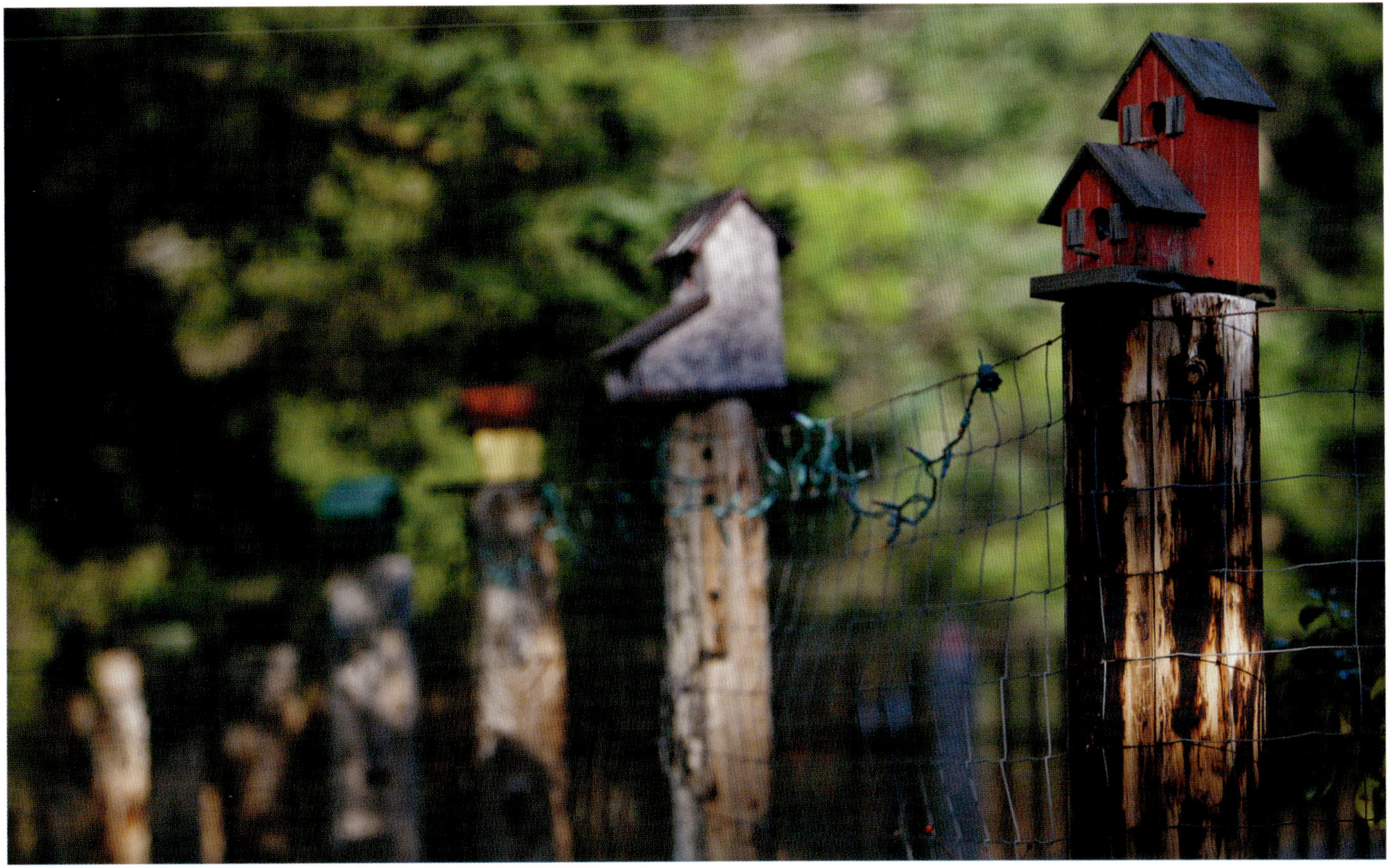

Kunst und Improvisation: Alles finden Sie in diesem Foto. (Sie sehen hier den Bereich vor dem Büro eines Outdoor-Gebrauchtwarenhandels, weitere Bilder finden Sie auf den Seiten 288 und 289). Das Fischaugenobjektiv, mit dem dieses Bild entstand, verleiht der Szene eine kurvenreiche Beweglichkeit.

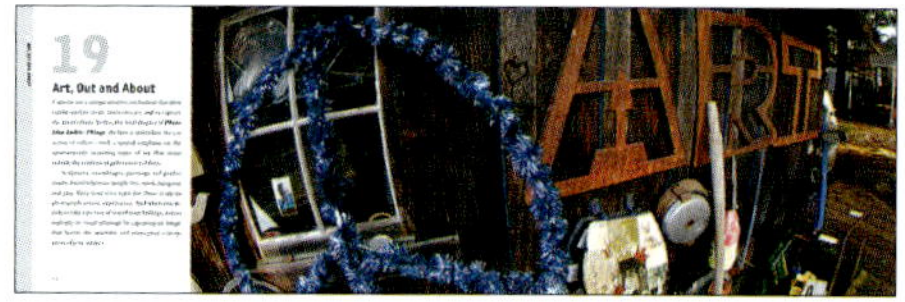

328 329

Als ich sie sah, wusste ich sofort, dass diese Szene dieses Kapitel eröffnen würde. Darum suchte ich bewusst nach Inhalten, die in das extreme Querformat für diese Doppelseite passten. Ich hatte sogar das notwendige Format mit Klebeband auf meinem LCD aufgeklebt – sehr hilfreich zum Freistellen. Wenn Sie regelmäßig vor diesem Problem stehen, für ein bestimmtes Bildformat zu fotografieren, würde ich Ihnen etwas Ähnliches empfehlen.

Am Strand scheinen kreative Kräfte freigesetzt zu werden wie sonst nirgendwo. Keine Ahnung, wer diese clevere Steininstallation aufgebaut hat – sie wurde von einem früheren Strandbesucher einfach zurückgelassen –, damit sich andere daran erfreuen und sie fotografieren können.

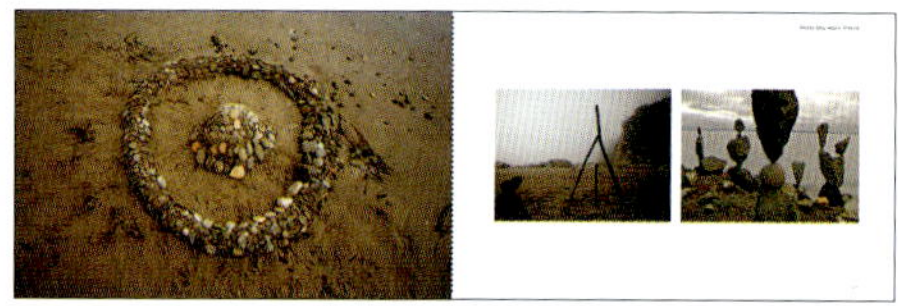

330 331

Links: Der oder die Unbekannte, der bzw. die diese Zweige in den Sand gesteckt hat, hatte vielleicht einen Sinn für Kunst – oder auch nicht. Dennoch gefiel mir diese Ästhetik, ich musste sie im Bild festhalten. Rechts: Ich lief einen Pfad an der Bucht nahe meines Hauses entlang, als ich einen Mann traf, der mit größer Ruhe und Sorgfalt diese großen und mittelgroßen Steine aufeinanderstapelte (ja, sie sind wirklich ausbalanciert und halten ohne Hilfsmittel – kein Leim, kein Kaugummi, nichts).

Im vorigen Winter strickte ein unbekannter Spender Rollkragenpullover für einige Bäume in der Stadt – ein Anblick, der bei Passanten viele lächelnde Gesichter (und gezückte Kameras) zauberte.

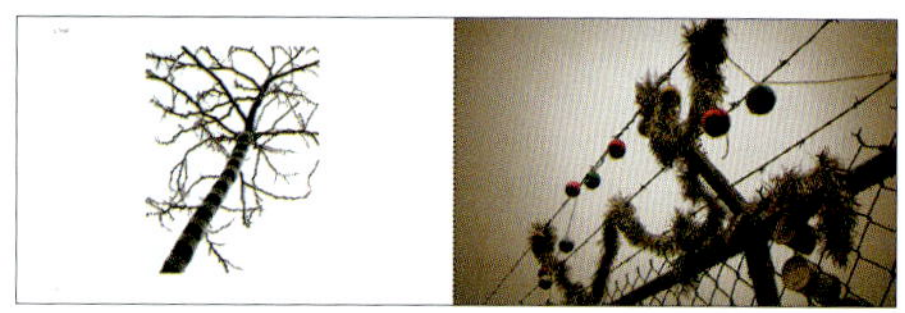

332 333

Außerhalb eines Stacheldrahtzaunes um ein verlassenes Gewerbegebiet stieß ich auf diesen behelfsmäßigen Weihnachtsschmuck. »Winter is here« steht auf dem Becher unten rechts, der im Zaun steckt – eher ein Gefühl der Melancholie als der Freude, angesichts der Düsternis des Tages und der deprimierenden Umgebung. (Der verlassene Einkaufswagen von Seite 279 stand nur einige Meter von dieser Szene entfernt.)

Hier ein weiterer glücklicher Schnappschuss. Diese wunderschön arrangierten Briefkästen fotografierte ich genau in dem Moment, als ein traumhafter Sedan ins Bild rollte – ich kniete mich hin, schaute in den Sucher und drückte ab. Es ist eben wie immer: Wenn man etwas lange genug macht (fotografieren, in diesem Fall), ergeben sich solche glücklichen Momente einfach.

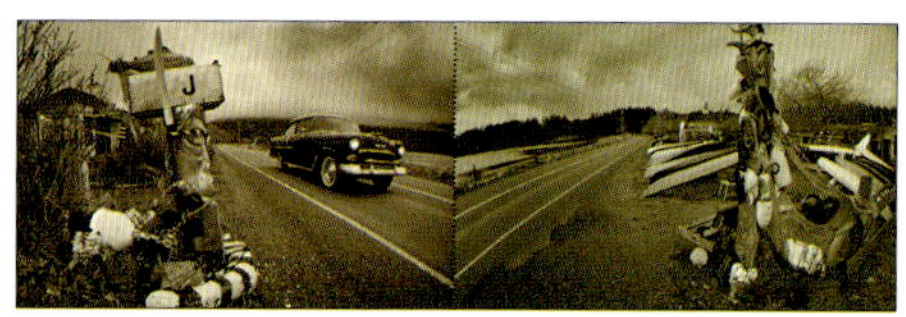

334 335

Hier ein Blick auf dieselbe Straße, denselben Boots-/Ferienhaus-Verleih, nur schaut die Kamera in die entgegengesetzte Richtung. Beide Bilder wandelte ich mit SCHWARZWEISS in Photoshop in monochrome Bilder um und färbte sie ein. Zur besseren Unterscheidung färbte ich die Bilder nicht identisch ein.

Ich habe mich noch nie mit Sprühfarbe auf öffentlichen Plätzen verewigt, fotografiere aber die Graffitis anderer umso lieber. Wenn man es schon nicht besser kann, kann man das Bessere ebenso gut fotografieren.

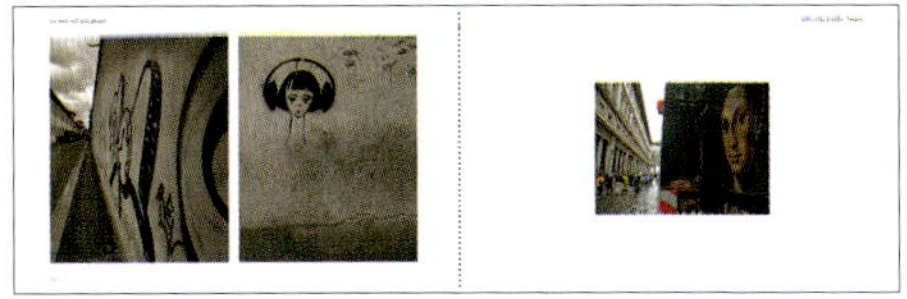

336 337

Die Augen eines originalgetreu reproduzierten Renaissance-Porträts schauen von einem Bauzaun auf uns herab. Eine Menge im Hintergrund sammelt sich am Eingang der spektakulären Uffizzien-Galerie in Florenz.

Dieses dekorierte Schaufenster entdeckte ich, als ich bei meinem ersten Besuch in Charleston, South Carolina, gerade vom Highway abgefahren war. Am nächsten Morgen, ganz früh im hellen Sonnenschein, kehrte ich dorthin zurück, denn mir war klar, dass ich seltene und wertvolle Kunst gefunden hatte. Die Morgensonne beleuchtete das Schaufenster äußerst charmant.

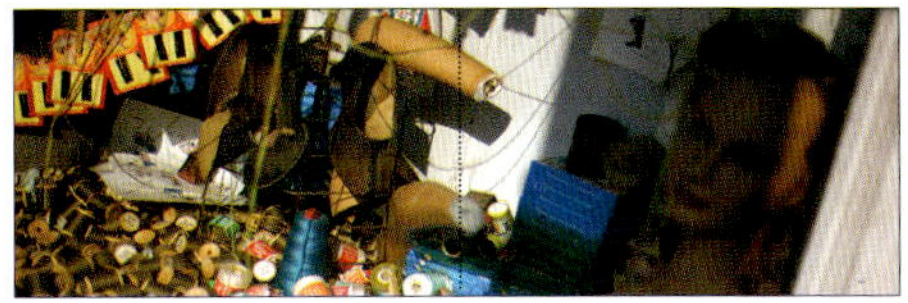

338 339

Der geneigte Bildausschnitt unterstreicht den lebendigen und schrägen Charakter dieser Szene. Viele Fotografen weigern sich, die Kamera zu kippen, wenn sie horizontale Motive fotografieren – wahrscheinlich kommt es einigen Leuten einfach nicht richtig vor. Wenn Sie ein notorischer Geradeaus-Fotograf sind, machen Sie sich locker und wagen Sie hin und wieder ein Schrägbild. Vielleicht gefällt Ihnen das Ergebnis – vielleicht auch nicht –, aber zumindest haben Sie Ihren kreativen Horizont erweitert.

Auf dieser Doppelseite sehen Sie einige Pseudo-Schreine auf einem Regal in meinem Büro. Diese Installationen ändern sich ständig – je nach meiner Stimmung, wie viel Zeit ich habe und ob ich neue Sammlerstücke besitze, die ich mit anordnen möchte. Sammeln Sie Erinnerungsstücke? Falls ja, stellen Sie doch einige zu Gruppen zusammen und fotografieren Sie sie. Oder eine andere Idee: Ordnen Sie doch dieselben Elemente verschiedenartig an und fotografieren Sie sie. Vielleicht ein Dutzend Mal?

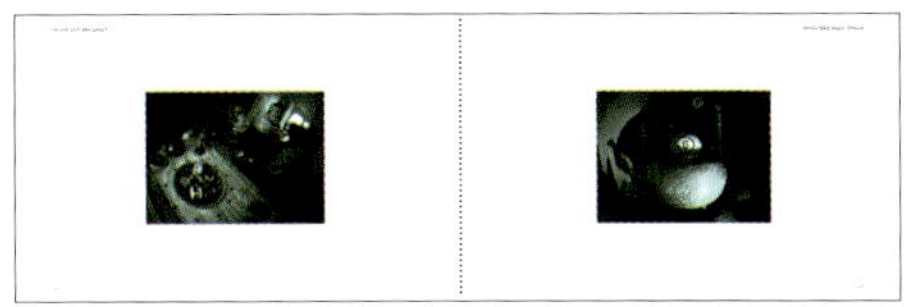

340 341

Diese Sammlung von Objekten befindet sich auf einem Regal, das nur ca. 30 cm hoch, tief und breit ist. Ich fotografierte mit einem 15-mm-Fischauge direkt am Regal. Das Bild auf der gegenüberliegenden Seite entstand nur mit dem vorhandenen Licht, für dieses Bild verwendete ich einen Blitz. Zur Präsentation wandelte ich beide Bilder in Graustufen um und gab ihnen mit Fotofilter einen blau-grünen Schimmer. Mit Rauschfilter/Rauschen hinzufügen imitierte ich digitales Bildrauschen.

Diese große, hängende Metallskulptur schwingt unter dem Blätterdach der hohen Bäume im Wind. Diese Figur stammt von Anthony Howe, einem Künstler, der auf Orcas Island in Washington lebt und arbeitet. Seit Langem schon ist Mr. Howe so freundlich und hängt einige seiner wunderbaren Stücke in die Bäume am Straßenrand, damit sich die Passanten daran erfreuen können.

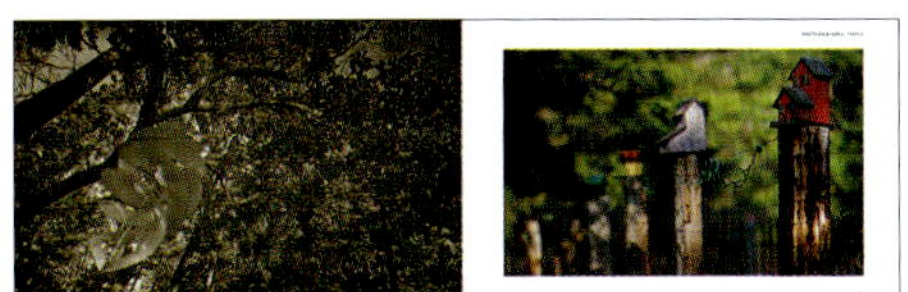

342 343

Die cleveren Kreationen eines talentierten Vogelhausarchitekten schmücken eine Reihe von Zaunpfählen (das gesamte Grundstück war von bunten Vogelhäusern eingerahmt – keines glich dem anderen). Ich fotografierte mit einem gezoomten 70-200-mm-Teleobjektiv von einem Standort, von dem aus ich möglichst viele Vogelhäuser im Bild unterbringen konnte.

Glossar

Hinweis: Alle Photoshop-Werkzeuge, -Regler und -Funktionen sind in Kapitälchen formatiert.

Auflösung. Anzahl der Details, die eine Kamera aufnehmen kann. Auch im Bild auf dem Bildschirm oder im Druck enthaltene Details.

Belichtung. Lichtmenge, die auf dem Sensor auftrifft und dort ein Bild erzeugt.

Belichtungsreihe. Technik, bei der eine Fotoserie aufgenommen wird – jedes Bild bei leicht variierter Belichtung, damit mindestens eine Aufnahme korrekt belichtet ist. Die meisten BELICHTUNGSREIHEN bestehen aus drei Fotos. Voll ausgerüstete Digitalkameras bieten automatische BELICHTUNGSREIHEN an, wobei eine Serie von drei verschieden belichteten Fotos aufgenommen wird, sobald man den Auslöser drückt.

Blende. Die einstellbare, irisähnliche Öffnung im Objektiv regelt, wie viel Licht auf den Sensor trifft. Manche Kameras erlauben eine manuelle Blendeneinstellung, andere bieten eine automatische Funktion an. Die BLENDE beeinflusst sowohl die Belichtungszeit als auch die Schärfentiefe.

CMYK. Abkürzung für Cyan, Magenta, Gelb, Schwarz. Für die meisten Druckaufträge müssen Fotos von RGB in CMYK umgewandelt werden.

Daueraufnahme-Modus. Funktion vieler Digitalkameras, wobei diese einen dauernden Datenstrom aufnehmen, solange der Auslöser gedrückt wird.

Einrahmen. Visueller Begriff, der beschreibt, wenn bestimmte Elemente in einer Komposition andere einschließen.

Einstellungsebene. Ebene, die zu einem Photoshop-Dokument hinzugefügt wird, um Eigenschaften wie Kontrast, Tonwerte und Farbbalance zu korrigieren. Änderungen, die mit einer EINSTELLUNGSEBENE vorgenommen wurden, können durch Doppelklick auf die EINSTELLUNGSEBENE im Ebenen-Bedienfeld modifiziert werden (das wäre nicht möglich, wenn Sie die Änderungen direkt im Dokument vornähmen). EINSTELLUNGEBENEN können auch auf bestimmte Bildbereiche angewendet werden. Dazu malt man mit dem Pinsel oder einem anderen Renderingwerkzeug, um Regionen unterschiedlicher Deckkraft in der Maskenebene zu schaffen, die eine EINSTELLUNGSEBENE automatisch begleitet. Mehr dazu finden Sie im Hilfe-Menü in Photoshop.

Farbton. Alternativ für Farbe.

Farbton/Sättigung. Korrekturbefehl in Photoshop, um Farbe, Intensität und Helligkeit eines bestimmten Tonwerts anzupassen – entweder auf alle Farbtöne in einem Bild oder auf einen bestimmten Ton.

Diese Einstellungen können direkt oder als Einstellungsebene vorgenommen werden.

Farbwert. Relative Helligkeit oder Dunkelheit einer Farbe oder Schattierung verglichen mit einer Skala von Schwarz bis Weiß.

Fischaugenobjektiv. Objektiv mit extremem Weitwinkel – 100 bis 180° und größer.

Freistellen. Nur den gewünschten Bereich eines Fotos zur Präsentation auswählen.

Gradationskurven. Vielseitig anpassbare Photoshop-Funktion, um die Verteilung der Tonwerte und Farbtöne in einem Bild anzupassen.

Graustufenbild. Alternativ für Schwarzweißbild.

Hintergrundlicht. Blitzanordnung, in der sich das Motiv zwischen Kamera und Lichtquelle befindet.

Kanalmixer. Bearbeitungswerkzeug in Photoshop, bei dem der Anwender die Verteilung von Rot, Grün und Blau in einem Bild beeinflussen kann. Diese Farbkanäle können isoliert werden, indem man die Monochrom-Option aktiviert – eine Möglichkeit, ein Bild in Schwarzweiß umzuwandeln.

Lasso-Werkzeuge. Familie von Werkzeugen in Photoshop, die zur manuellen Auswahl von Bildbereichen mit Beschneidungspfaden verwendet werden.

LCD. Liquid Crystal Display. Monitor auf der Rückseite der meisten Digitalkameras, der als Sucher und zur Betrachtung aufgenommener Fotos bzw. zur Steuerung verwendet werden kann.

Makroobjektiv. Objektiv für extreme Nahaufnahmen. Die meisten MAKROOBJEKTIVE haben ein Vergrößerungsverhältnis von 1:1 oder größer.

Monochrom. Bild oder Szene, die aus verschiedenen Werten desselben Farbtons zusammengesetzt ist.

Pixel. Einzelne Zelle in einem komplexen Raster einzelner Farbtöne, aus denen ein Bild einer Digitalkamera besteht.

RGB. Rot, Grün, Blau. Die drei Farben, aus denen Digitalkameras und Computermonitore ihre Bilder erstellen. Bilder im RGB-Format können in andere Farbmodelle (wie CMYK) umgewandelt werden.

Sättigung. Intensität eines Farbtons. Farben mit hoher Sättigung wirken intensiv. Farben mit geringer SÄTTIGUNG erscheinen gedeckt.

Sättigung verringern. Entferung aller Farbwerte aus dem Bild. Ist die SÄTTIGUNG vollständig verringert, entsteht ein Schwarzweißbild.

Schärfentiefe. Zone, in der die Kamera Motive im Fokus hat. Objekte außerhalb dieser Zone (die näher an der Kamera oder weiter davon entfernt sind) erscheinen unscharf. Die Schärfentiefe setzt sich aus mehreren Faktoren zusammen: Brennweite des verwendeten Objektivs, Blendenöffnung (eine geringere Öffnung erzeugt eine größere Schärfentiefe, eine größere Öffnung erzeugt eine geringere Schärfentiefe).

SLR. Single Lens Reflex; Spiegelreflexkamera. Kamera, bei der der Sucher durch dasselbe Objektiv schaut, das das Licht auf den Sensor lenkt. Bei den meisten Kameras können die Objektive gewechselt werden.

Standard-Zoomobjektiv. Vielseitig einsetzbares Objektiv, dessen Blickwinkel mit dem des menschlichen Auges vergleichbar ist. Dieses Objektiv ist zu moderaten Vergrößerungen fähig.

Teleobjektiv. Relativ kompaktes Objektiv, das sehr groß vergrößern kann.

Tiefen/Lichter. Korrekturwerkzeug in Photoshop, mit dem der Anwender Details in zu dunklen oder zu hellen Bildbereichen sichtbar machen kann.

Tonwertkorrektur. Korrekturwerkzeug in Photoshop, mit dem Änderungen am Farbbereich und der Farbbalance vorgenommen werden können.

Überbelichtung. Effekt, der auftritt, wenn Zellen des Bildsensors von zu viel Licht getroffen werden, so dass die entsprechenden Bildbereiche nur noch rein weiß sind. Manche Fotografen halten Überbelichtung in ihren Aufnahmen für inakzeptabel – oder lassen sie nur als visuellen oder thematischen Effekt zu.

Unterbelichtung. Effekt, der auftritt, wenn die Zellen des Bildsensors nicht ausreichend Licht empfangen haben, um die entsprechenden Bildbereiche darzustellen.

Verschlussgeschwindigkeit. Zeitdauer, während der die Blende geöffnet ist (und Licht auf den Sensor treffen kann).

Visuelle Struktur. Dichte Wiederholung von Elementen, die von einem organisierten Muster bis zur freien, chaotischen Anordnung reichen.

Weißabgleich. Art, wie eine Kamera das vorhandene Licht misst und aufnimmt, so dass Weiß – und alle anderen Farben – für das Auge des Betrachters normal erscheinen.

Weitwinkelobjektiv. Objektiv mit weitem Blickwinkel.

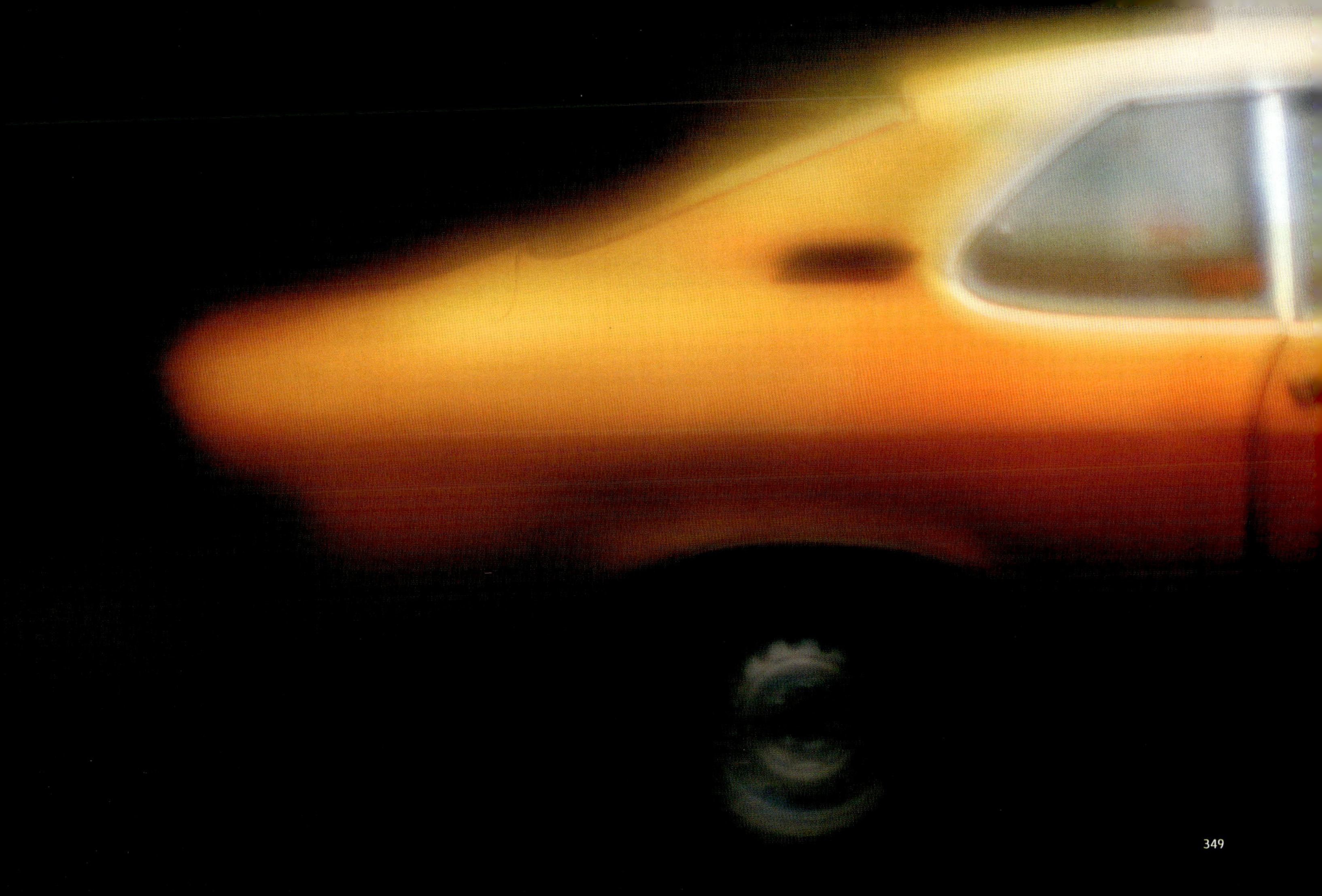

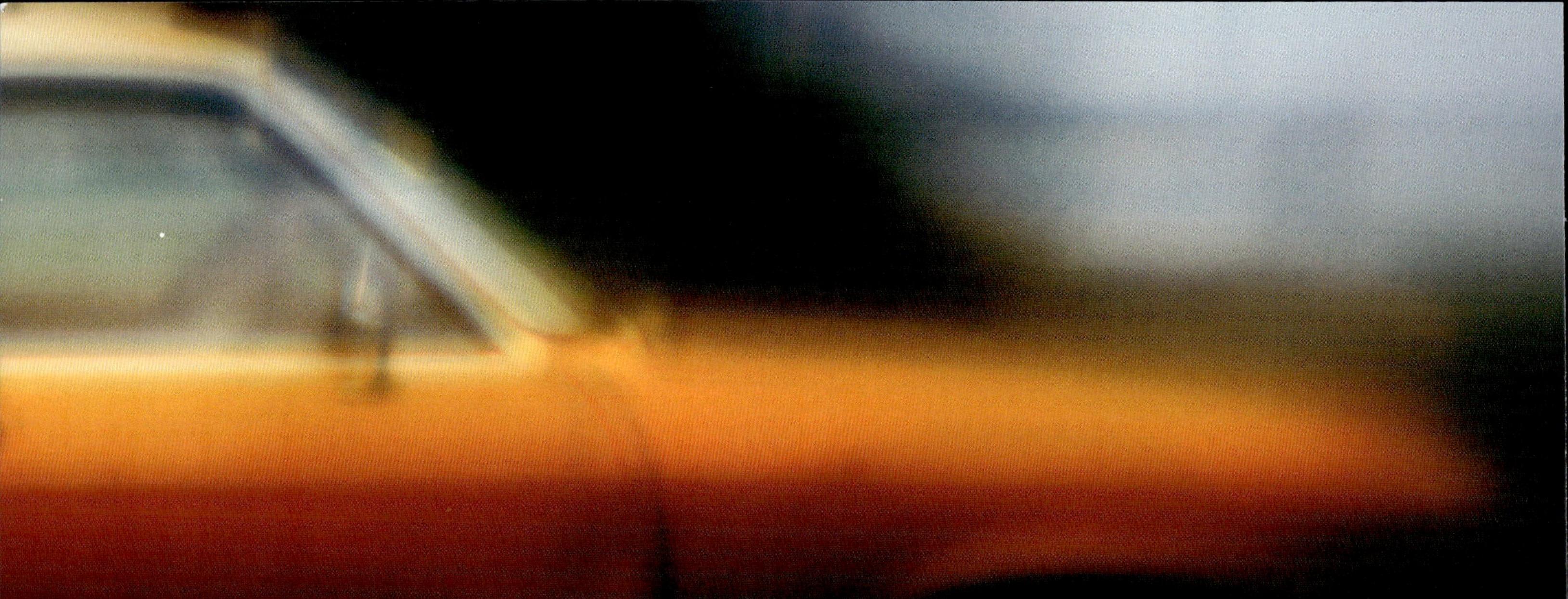

Die folgenden Kameras und Objektive kamen bei den im Buch verwendeten Fotos zum Einsatz:

KAMERAS:

Canon 5d

Canon 20d

Canon S5IS

Canon SD500

Für drei Bilder im Buch verwendete ich einen Canon-LiDI30-Desktop-Scanner.

Objektive:

Canon 50 mm 1:1.4

Canon 15 mm 1:2.8 Fischauge

Canon 100 mm 1:2.8 Makro

Canon 24-105 mm 1:4

Sigma 12-24 mm 1:4.5-5.6

Canon 70-200 mm 1:2.8

Lensbaby Muse

Eigenes Pinhole

Beispielbilder aus
index foto-idee places

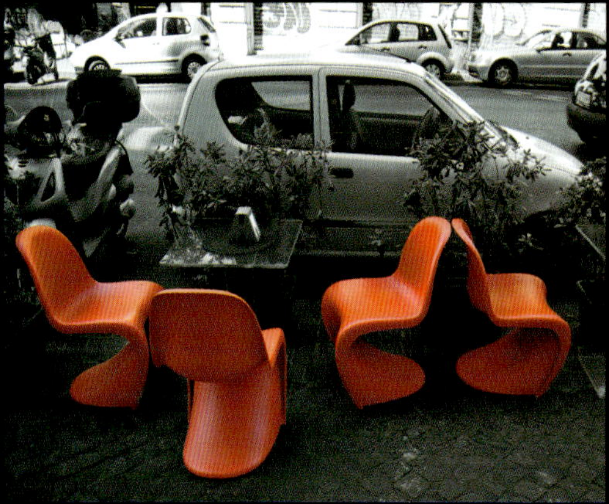

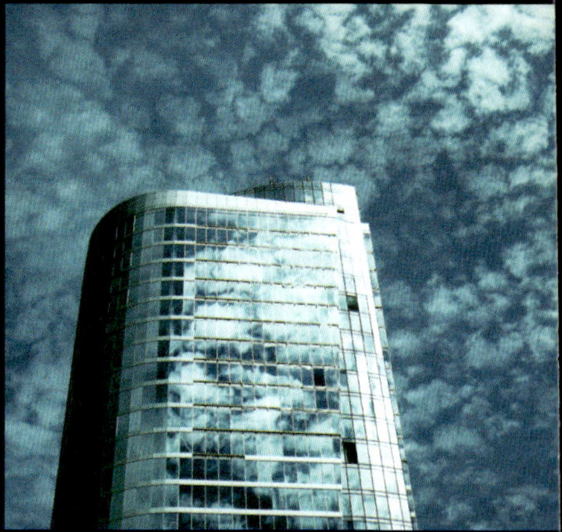

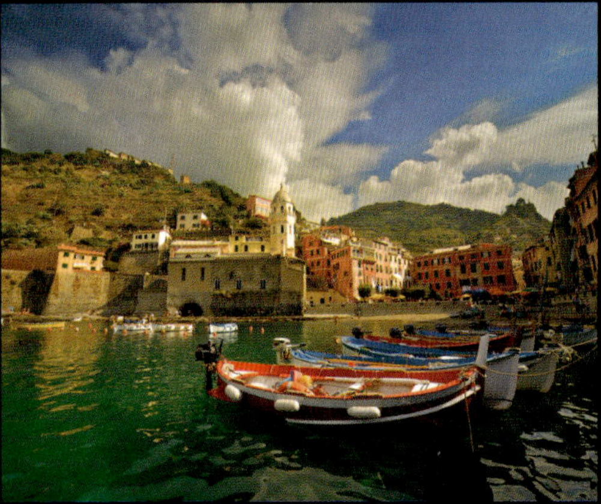

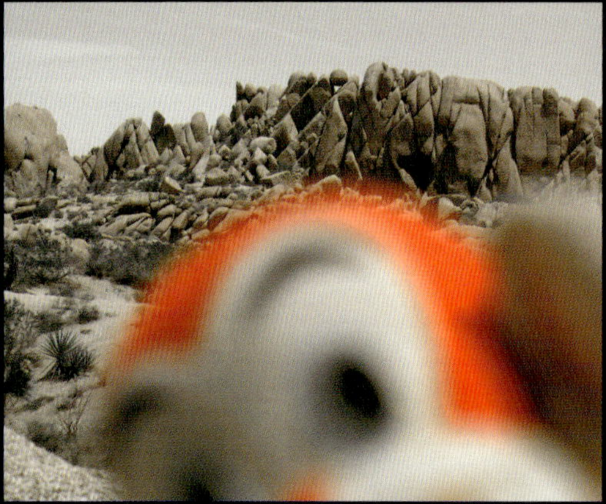

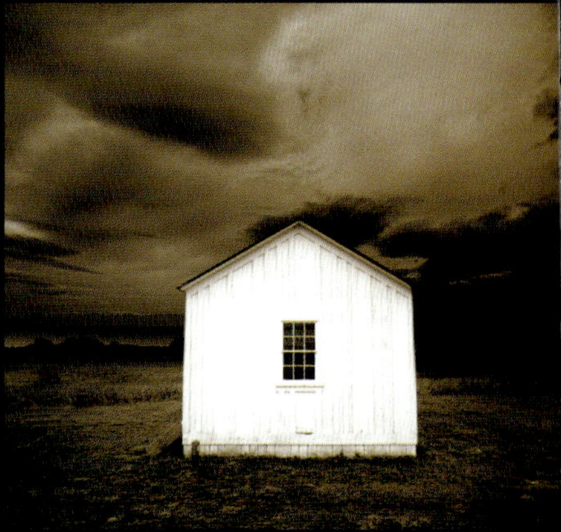

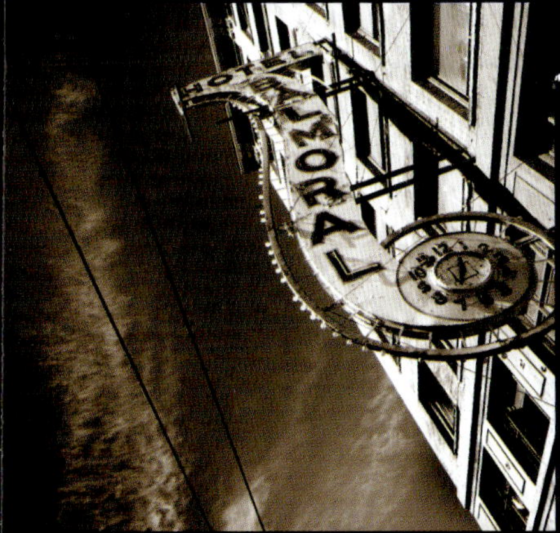
HOTEL

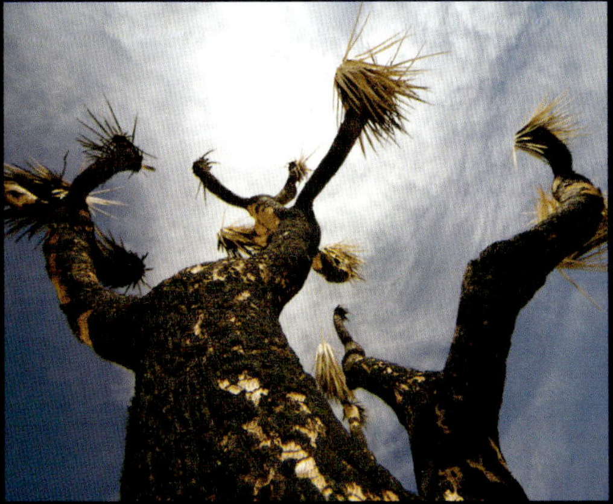

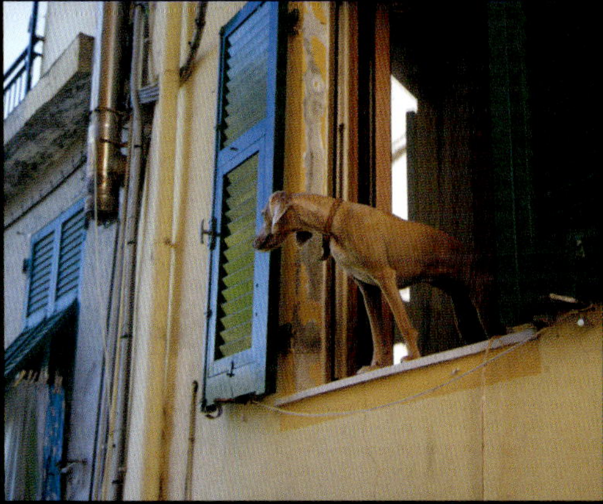

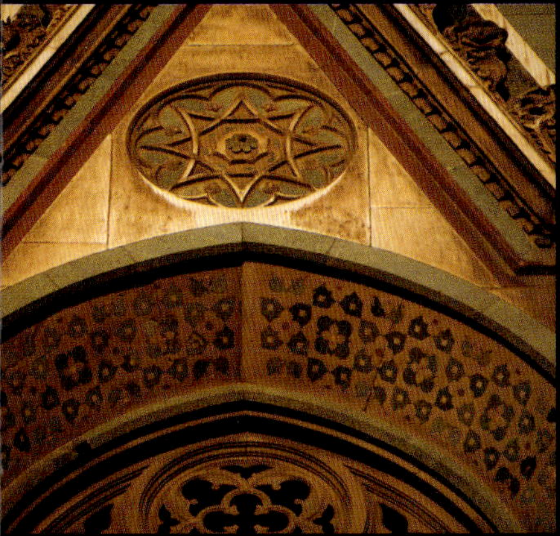

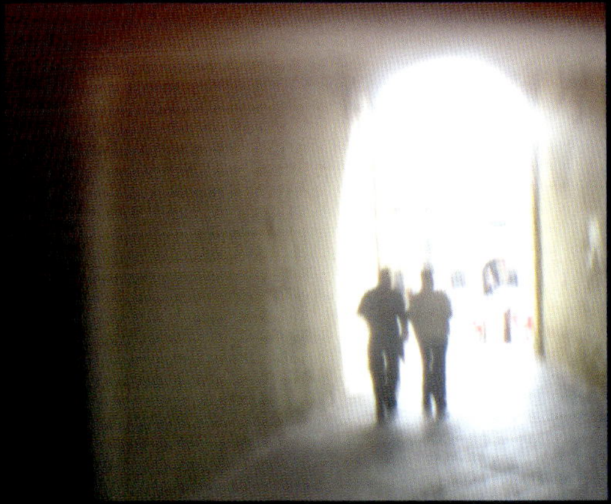

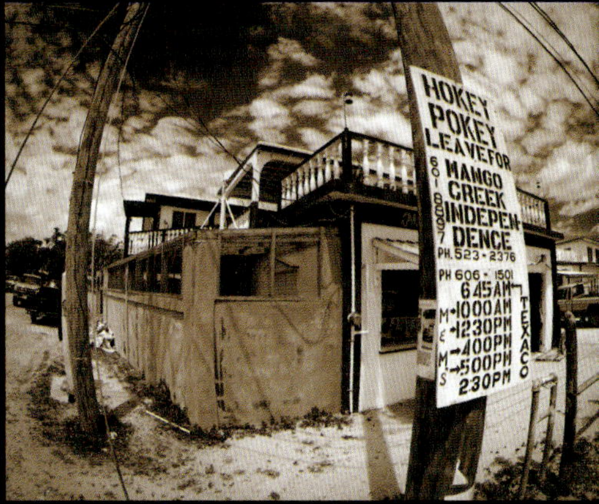
HOKEY
POKEY
LEAVEFOR
MANGO
CREEK
&INDEPEN-
DENCE
601-8897
PH. 523-2376
PH 606-1501
645AM
1000AM
1230PM
400PM
500PM
230PM
M & M.S
TEXACO